izing Java

자바 최적화

| 표지 설명 |

표지 동물은 마코르 염소markhor goat다. 야생 염소인 이 종은 턱수염과 우뚝 솟은 나선형 뿔로 유명하며, 주로 서부 및 중앙아시아의 산악 지대 높은 고도의 산림에 서식한다.

마코르는 풀, 잎, 허브, 과일, 꽃 등 다양한 초목을 주로 먹는 초식 동물이다. 다른 야생 염소처럼 나무에서 과일이나 꽃, 풀 등을 먹고 배설물을 통해 씨앗을 뿌리므로 생태계 내에서 중요한 역할을 한다.

짝짓기 시즌은 겨울이며, 이후의 출생은 4월말에서 6월 초순으로 1~2마리의 새끼를 낳는다. 성숙한 수컷은 대체로 숲속에서 홀로 지내며 암컷과 새끼들은 경사가 높은 암벽으로 이루어진 숲에서 무리 지어 산다.

오라일리 책 표지에 등장하는 동물 대다수는 멸종 위기종이며, 이들 모두 세상에서 중요한 존재다. 이들을 돕는 방법을 알고 싶다면 animals.oreilly.com을 방문해보자. 표지 이미지는 『Riverside Natural History』에서 가져왔다.

자바 최적화

가장 빠른 성능을 구현하는 검증된 10가지 기법

초판 1쇄 발행 2019년 4월 29일
초판 3쇄 발행 2023년 2월 11일

지은이 벤저민 J. 에번스, 제임스 고프, 크리스 뉴랜드 / **옮긴이** 이일웅 / **펴낸이** 김태헌
펴낸곳 한빛미디어(주) / **주소** 서울시 서대문구 연희로2길 62 한빛미디어(주) IT출판2부
전화 02-325-5544 / **팩스** 02-336-7124
등록 1999년 6월 24일 제25100-2017-000058호 / **ISBN** 979-11-6224-177-6 93000

총괄 송경석 / **책임편집** 서현 / **기획** 이상복 / **진행** 서현
디자인 표지 신종식 내지 김연정 **전산편집** 김민정
영업 김형진, 장경환, 조유미 / **마케팅** 박상용, 한종진, 이행은, 고광일, 성화정 / **제작** 박성우, 김정우

이 책에 대한 의견이나 오탈자 및 잘못된 내용에 대한 수정 정보는 한빛미디어(주)의 홈페이지나 아래 이메일로 알려주십시오. 잘못된 책은 구입하신 서점에서 교환해드립니다. 책값은 뒤표지에 표시되어 있습니다.

한빛미디어 홈페이지 www.hanbit.co.kr / 이메일 ask@hanbit.co.kr

지금 하지 않으면 할 수 없는 일이 있습니다.
책으로 펴내고 싶은 아이디어나 원고를 메일(writer@hanbit.co.kr)로 보내주세요.
한빛미디어(주)는 여러분의 소중한 경험과 지식을 기다리고 있습니다.

Optimizing Java

자바 최적화

O'REILLY®

한빛미디어
Hanbit Media, Inc.

지은이 소개

지은이 **벤저민 J. 에반스** Benjamin J. Evans

데브옵스 팀을 위한 성능 툴 개발사인 jClarity의 공동 창업자이자 기술 위원입니다. 자바 커뮤니티 프로세스 집행 위원회에서 런던 자바 커뮤니티 대표로 활동하며 자바 생태계의 표준을 제정하는 일을 했습니다. 자바 챔피언, 자바원 록스타인 그는 『The Well-Grounded Java Developer』(매닝, 2012년)를 공동 집필했고 자바 플랫폼, 동시성, 기타 관련된 주제로 강연을 계속해오고 있습니다.

지은이 **제임스 고프** James Gough

자바 개발자 및 저자입니다. 워릭 대학교에 다니던 중 처음 자바에 매료되어, 졸업 후 런던 자바 커뮤니티에 가입했고 그때부터 이 커뮤니티를 중심으로 수년간 JSR-310 설계/테스트를 담당하며 JCP 집행 위원회에서 활동했습니다. 콘퍼런스 상임 연사이기도 한 그는 현재 모건 스탠리에서 고객 응대 기술 구축에 매진하고 있습니다. 세계 각지를 돌며 다양한 나라에서 오랫동안 자바, C++를 가르쳐왔습니다.

지은이 **크리스 뉴랜드** Chris Newland

자바 기술을 응용해 실시간 주식 데이터를 처리하는 ADVFN 사이트의 선임 자바 개발자입니다. 핫스팟 JVM 내부에서 이루어지는 JIT (적시) 컴파일 결정을 시각화하는 오픈 소스 로그 분석기, JITWatch 프로젝트의 저작자입니다. 자바 챔피언인 그는 여러 콘퍼런스에서 JIT 컴파일 기술 강연을 해오고 있습니다.

옮긴이 **이일웅** leeilwoong@gmail.com

13여 년 동안 자바/스칼라 개발자, 애플리케이션 아키텍트로 활동하며 엔터프라이즈 프로젝트 현장을 누벼온 야전형 정보 기술자이자, 한 여인과 두 딸의 사랑을 한 몸에 받고 사는 행복한 딸바보입니다. 2014년 이후로 십 수 권의 IT 전문서를 번역하며 동료, 후배 개발자들과 지식, 경험을 나누는 일에도 힘쓰고 있습니다. 시간이 나면 피아노를 연주합니다.

자바 언어로 작성된 애플리케이션 성능이 문제일 때 자바 내부의 메커니즘과 작동 원리를 제대로 모르는 엔지니어는 할 수 있는 일이 별로 없습니다. 성능 툴에 표시된 각종 수치와 그래프는 눈에 보이지 않는 저수준에서 수십, 수백 가지 사건들이 서로 조합돼 나타난 스냅샷일 뿐이니까요.

그렇다고 20년이 넘는 세월 동안 수많은 대가의 손을 거쳐 진화해온 자바/JVM을 일반 엔지니어가 처음부터 속속들이 다 이해하기란 거의 불가능합니다. 또 성능 엔지니어가 아닌, 일반 응용 프로그래머가 자바/JVM 소스 코드(C++)를 낱낱이 분석하며 작동 원리를 섭렵할 필요는 없겠죠. 사실, 빠듯한 개발 프로젝트 현장에서 그럴 만한 시간을 내기도 어렵습니다.

그런 점에서 이 책은 주로 애플리케이션 성능을 높이는 '자바 최적화Optimizing Java' 기법을 설명하지만, 지금까지 언어 구문상의 자바 사용법만 익혀 온 많은 자바 개발자가 '자바 해부학Java anatomy'에 입문해 미시적인 세계에 관심을 가지게 할 흥미로운 내용으로 가득합니다. 특히, 바이트코드, JMM, 가비지 수집기 등의 고급 주제는 시중에 출간된 대부분의 자바 도서에서 거의 다루지 않는 내용이므로 자바 기본기를 익힌 중/고급자 개발자분들께는 희소성의 가치가 높은 책입니다.

원래 성능이란 주제 자체가 워낙 광범위한 까닭에 너무 많은 요소가 심하게 응축된 느낌도 없잖지만, 이 책에서 소개된 주요 개념과 각종 용어를 출발점 삼아 다음 학습을 진행하면 자바를 '좀 아는' 분들이 '진짜 많이, 깊이 아는' 경지로 발전할 수 있을 거라고 확신합니다.

절대 평범하지 않은 주제인지라, 기술 용어부터 번역하기가 쉽지 않았고 군데군데 의미를 온전히 전달하지 못한 곳도 있겠지만, 이제 우리나라 출판계에도 이런 고급 전문서가 더 많이 소개되었으면 하는 바람으로 열심히 옮겼습니다. 역자의 부족함으로 인한 오역이나 불분명한 표현이 있더라도 여러분의 넓은 양해 부탁드리며, 한빛미디어 홈페이지를 통해 알려주시면 적극적으로 보완하여 더 완성도 높은 역서로 가꾸겠습니다.

2018년 내내 『스프링 5 레시피』(한빛미디어, 2018)와 이 책 원고를 작업하느라 많은 시간을 함께 보내지 못한 아내와 제이, 솔이 두 딸아이에게 미안한 마음, 고마운 마음 가득 담아 이 책을 바칩니다.

2018년 끝무렵, 몹시 추운 어느 날에

이일웅

제 아내 애나에게 이 책을 바칩니다. 멋진 그림도 그려주고 군데군데 첨삭도 해주고, 그녀는 제가 가장 먼저 아이디어를 함께 나눈 사람이었습니다.

– 벤저민 J. 에번스

이 책을 제가 너무나도 사랑하는 가족, 메건, 에밀리, 애나에게 바칩니다. 가족의 배려와 뒷받침이 없었다면 이 책을 쓸 엄두는 감히 내지 못했을 겁니다. 늘 제가 새로운 걸 배우게 북돋워 주시고 변함없는 지원을 아끼지 않으신 부모님 폴 고프 옹, 헤더 고프 여사께도 감사의 말씀 올립니다. 또 공동 집필하면서 올바른 방향으로 이끌어준 벤저민 에번스 씨, 고맙습니다. 당신과 다시 함께 일하게 돼서 정말 유쾌했습니다.

– 제임스 고프

제가 책을 쓸 수 있게 격려와 성원을 아끼지 않은 아내 리나와 앞으로 호기심이 가득한 아이들로 성장할 두 아들, 조슈아, 휴고에게 이 책을 바칩니다.

– 크리스 뉴랜드

당신은 성능performance이 무엇이라고 생각하십니까?

개발자들에게 애플리케이션의 성능에 대해 물어보면 제일 먼저 속도 측정을 떠올립니다. 초당 트랜잭션 처리 수나 몇 기가바이트의 데이터를 처리했는지 등 '짧은 시간에 얼마나 많은 일을 했느냐?'를 나타내는 지표로 판단하죠. 하지만 여러분이 애플리케이션 아키텍트application architect(AA)라면 이보다 훨씬 넓은 의미의 지표를 측정해야 합니다. 그냥 순차적으로 실행되는 프로그램 흐름보다 리소스(자원) 사용률을 더 주의 깊게 봐야 할 때도 있고, 서비스 자체보다 여러 서비스 간의 연결 성능이 더 중요한 관심사인 경우도 있습니다. 사내 비즈니스 요건이 정해지면 애플리케이션 성능은 더 이상 초 단위가 아닌, 금액으로 환산해서 생각해야 합니다. 그 과정에서 데브옵스팀 운영 비용과 업무 소요 시간을 저울질하며 개발자, 아키텍트들과 언쟁을 벌이기도 하지요.

여러분이 어떤 역할을 맡은 사람이건 이 모든 지표는 중요합니다.

필자는 1996년에 자바 애플리케이션 개발을 시작했습니다. 처음엔 미네소타 대학교 경영대학원에서 애플스크립트AppleScript CGI를 구축해 웹 개발팀이 쓰는 서버 사이드 펄 애플리케이션을 관리했죠. 당시 자바는 이제 막 최초 안정 버전인 1.0.2가 출시되었고 필자는 뭔가 쓸 만한 개발 도구는 없는지 찾아보고 있었습니다.

그 시절, 자바 애플리케이션의 성능을 끌어올리는 최고의 방법은 다른 언어로 코딩하는 것이었습니다. JIT 컴파일러나 병렬/동시성 GC도 없던 원시 시대였고, 지금처럼 자바가 서버 분야를 점령하기 훨씬 전이었으니 그럴 만도 했죠. 하지만 많은 개발자가 자바를 제대로 써보고 싶어 했고 우리는 어떻게든 코드가 매끄럽게 잘 돌아가게 갖은 꼼수를 동원했습니다. 가비지 수집은 느리고 종종 끊어지기도 해서 객체를 풀링, 재사용하는 식으로 해결했고 엄청나게 많은 전역 상태와 정적 메서드로 도배를 했습니다. 진짜 끔찍한 자바 코드를 짰지만, 여하튼 한동안은 잘 작동했습니다.

그러던 중 1999년부터 변화가 찾아왔습니다.

속도를 따라잡기 위해 고군분투했던 수년간의 자바 개발 시절을 뒤로하고 드디어 JIT 기술이 등장하게 됐죠. 메서드 인라이닝inlining(인라인화) 기능이 컴파일러에 추가돼서 이제 메서드 호출 횟수보다 거대한 코드 덩이를 잘게 나누는 일이 더 중요해졌습니다. 우리는 흔쾌히 객체 지향 설계를 수용해 기존 메서드를 아주 잘게 쪼개고 모든 코드를 인터페이스로 감쌌습니다. JIT 컴파일러가 선호하는 좋은 자바 코드를 작성했기 때문에 매번 자바 새 버전이 나올 때마다 조금씩 작동 결과가 좋아지는 모습을 지켜보며 환호성을 질러댔죠. 이윽고 자바는 서버 분야에서도 두각을 드러내며 더 크고 복잡한 애플리케이션을 더 풍성한 추상화 기술로 제작할 수 있는 여건이 조성됐습니다.

가비지 수집기garbage collector(GC) 역시 빠른 속도로 성능이 향상됐습니다. 이제는 풀링 오버헤드로 인한 할당 비용은 미미한 수준이고 멀티스레드 연산을 지원하는 가비지 수집기도 여럿 있습니다. 애플리케이션과 독립적으로 움직이며 중단 시간이 짧은, 거의 동시에 작동하는 가비지 수집기도 차츰 등장하기 시작했죠. 개발자가 마음껏 객체를 만들고 쓰다가 버리면 뒷일은 똑똑한 가비지 수집기가 알아서 잘 처리하게끔 맡겨두는 것이 표준 관례로 자리 잡혔습니다. 음, 이 또한 얼마간은 별문제가 없었죠.

늘 그렇듯, 기술은 스스로를 무효화하는 것이 문제입니다. JIT와 GC 기술이 점점 발전하면서 애플리케이션 성능을 어떻게 개선해야 할지 방향을 정하기 어려워졌고, JVM이 코드를 최적화하고 객체를 거의 자유롭게 풀어주었음에도 애플리케이션 요건은 점점 늘었습니다.

대부분은, 작은 메서드를 적절히 인라이닝하고 인터페이스 및 타입 체크는 저렴하게 처리하면서 JIT 컴파일러가 만든 네이티브 코드는 간결하고 효율적으로 유지하는, '좋은' 코딩 패턴을 따르는 게 맞습니다. 그러나 경우에 따라 사람이 직접 코드를 작성하고 컴파일러 및 CPU 한계를 감안해 추상화와 아키텍처를 재조정해야 할 때도 있습니다. 물론 객체는 정말 자유로운 데다 그들이 메모리 대역폭bandwidth과 GC 사이클을 소비한다는 사실조차 무시해도 좋을 때도 있습니다. 하지만, 최상품 GC나 메모리 서브시스템에도 부하를 일으키는 테라바이트급(또는 그 이상) 데이터셋dataset을 처리해야 할 경우도 생기기 마련입니다.

오늘날 성능 문제를 해결하려면 툴 사용법을 익혀야 합니다. 자바 언어의 작동 원리는 말할 것도 없고 애플리케이션이 상호작용하는 JVM 라이브러리, 메모리, 컴파일러, GC, 심지어 하드웨어 지식까지 총동원해야 합니다. 필자는 제이루비JRuby 프로젝트를 하는 동안 JVM에 관한 불변의 진리 한 가지를 깨달았습니다. 모든 성능 문제는 한 가지 정답이 있는 게 아니라 여러 개 정답이 있다는 사실이죠. 가능한 해결책을 찾고 그중 요건에 가장 알맞은 해결책을 조합하는 게 바로 기술입니다. 지금 여러분의 손에는 한바탕 성능 전투에 임하기 전에 필요한 비밀 병기, 즉 이 책이 들려 있습니다.

자, 동료 여러분! 지금부터 책장을 넘기며 풍성한 툴과 재미난 기법들을 하나씩 섭렵하세요. 가용 리소스를 바탕으로 균형 있게 애플리케이션을 설계하는 방법을 배우세요. JVM을 모니터링하고 튜닝하는 기술을 습득하기 바랍니다. 한물간 라이브러리, 패턴보다 훨씬 효율적인, 최신 자바 기술의 활용법을 터득하세요. 자바로 무궁무진한 가능성을 파헤쳐보시길!

지금이 자바 개발자에게 가장 흥분되는 시기 아닐까요? 지금처럼 자바 플랫폼으로 다재다능하고 응답성 좋은 애플리케이션을 구축할 기회가 많았던 적은 한번도 없었습니다. 건투를 빕니다!

찰리 누터
레드햇 미들웨어
수석 소프트웨어 엔지니어

CONTENTS

CHAPTER 3 하드웨어와 운영체제

CONTENTS

CHAPTER 5 마이크로벤치마킹과 통계

CONTENTS

CHAPTER 6 가비지 수집 기초

CHAPTER 7 가비지 수집 고급

CONTENTS

CHAPTER 10 JIT 컴파일의 세계로

CONTENTS

CHAPTER 1

성능과 최적화

자바 성능을 최적화하는 일(또는 그런 부류의 코드)은 마치 어둠의 마법처럼 느껴집니다. 흔히들 성능 분석이라고 하면 '홀로 고뇌하며 깊은 생각에 빠져 살아가는 고독한 해커(할리우드 영화에서 컴퓨터를 다루는 사람들을 보통 이렇게 묘사하죠)' 나 할 수 있는 고도의 숙련된 기술처럼 바라봅니다. 시스템을 손금보듯 깊숙이 들여다보며 더 빨리 작동시킬 마법 같은 솔루션을 번뜩이며 찾아내는 과정처럼요.

안타깝게도 이런 이미지는 성능이 소프트웨어 팀의 부차적인 관심사인(그런 일이 너무 흔하죠) 상황과 맞물려 있습니다. 그래서 시스템이 결딴나는 지경에 이르러서야 부랴부랴 분석 작업을 해보고 성능 '해결사'에게 구원의 손길을 뻗는 시나리오를 당연하게 생각하는데요. 이는 현실과 조금 다릅니다.

실제로 성능 분석은 **경험주의**empiricism와 질퍽한 **인간 심리학**human psychology이 교묘히 어우러진 분야입니다. 그리고 정작 중요한 건, 관측 지표observable metrics의 절대 수치, 그리고 엔드 유저(최종 사용자, 실제로 시스템을 사용하는 사람)와 기타 이해관계자들이 그 수치를 어떻게 받아들이는가 하는 점입니다. 이 책의 주제는 이 뻔한 패러독스(역설)를 해결하는 것입니다.

1.1 자바 성능: 잘못된 방법

한동안 구글에서 'Java Performance Tuning(자바 성능 튜닝)'이라고 검색하면 1997~1998년에 작성된 글 3개가 상위권을 차지했습니다. 구글 서비스가 처음 시작된, 오래전에 인덱싱된 글들이죠. 초기 검색 랭킹(순위)별로 트래픽이 많이 유입됐고 그만큼 피드백도 활발했기 때문에 계속 상위권을 지킬 수 있었을 겁니다.

그런데 이들 페이지는 지금은 더 이상 안 맞는, 완전 구닥다리 조언들과 심지어는 애플리케이션에 악영향을 끼칠 만한 내용으로 가득 차 있었습니다. 하지만 검색 엔진 결과 상위권을 점유한 탓에 많은 개발자가 끔찍한 조언에 고스란히 노출될 수밖에 없었죠.

예를 들면, 자바 초창기에 메서드 디스패치 성능은 정말 최악이었습니다. 그래서 메서드를 잘게 나누지 말고 하나의 덩치 큰 메서드로 작성하는 게 좋다고 권고하는 개발자가 있었죠. 물론 시간이 지나면서 가상 디스패치 성능은 엄청나게 좋아졌고, 특히 최신 **자바 가상 머신**Java Virtual Machine(JVM)에서는 자동 인라이닝automatic managed inlining 덕분에 가상 디스패치조차 대부분의 호출부call site(콜 사이트)에서 사라지게 됐습니다. '모든 코드를 한 메서드에 욱여넣어라'는 말대로 짠 코드는 바야흐로 현대 JIT(적시) 컴파일러와는 어울리지 않는 퇴물이 됐습니다.

그릇된 조언이 애플리케이션 성능을 얼마나 나쁜 길로 빠져들게 했을지 가늠할 순 없지만, 정량적, 검증 가능한 방식으로 성능을 다루지 않으면 얼마나 안 좋지 영향을 끼칠 수 있는지 사람들이 깨달은 계기가 됐습니다. 또 인터넷에서 찾은 글을 무턱대고 믿어선 안 된다는 교훈을 주었죠.

> **NOTE_** 자바 코드가 실행되는 속도는 매우 변화무쌍하며 전적으로 코드를 실행하는 하부(겉으로 드러나지 않는 내부 구현에 관한) JVM에 따라 다릅니다. 따라서 오래전 작성한 자바 코드도 재컴파일 없이 최신 JVM에서 실행하면 더 빨리 작동될 수 있습니다.

이런 이유로 필자는 코드에 바로 써먹을 수 있는 성능 팁을 나열할 목적으로 이 책을 쓰지 않았습니다. 대신, 우수한 성능 목표를 달성하기 위해 필요한 여러 가지 단면을 종합적으로 집중 조명하고자 합니다.

- 전체 소프트웨어 수명주기의 성능 방법론
- 성능과 연관된 테스트 이론
- 측정, 통계, 툴링tooling[1] (도구 선정)
- (시스템 + 데이터) 분석 스킬
- 하부 기술과 메커니즘mechanism (장치, 수단)

최적화하는 **휴리스틱**heuristics[2]과 각종 코드 수준의 테크닉은 끝부분에서 소개합니다. 모든 최적화 기법에는 개발자가 사용하기 전에 알아두어야 할 함정과 트레이드오프trade-off[3] (상충 관계)가 도사리고 있으니 조심해야 합니다.

TIP_ 어떤 맥락에서 쓰인 조언인지 제대로 알지 못한 채 섣불리 뒷장부터 펼쳐보며 세부 기법을 적용하지 마세요. 적용 원리를 잘 모르고는 어떤 기법도 득보다는 실이 더 많을 겁니다.

일반적인 원칙은 이렇습니다.

- JVM을 더 빨리 작동시키는 '마법의 스위치' 같은 건 없습니다.
- 자바를 더 빨리 실행하게 만드는 '팁, 트릭'은 없습니다.
- 여러분이 못 보게 꼭꼭 숨겨둔 '비밀 알고리즘' 같은 것도 없습니다.

앞으로 자바 성능 분석 및 그와 연관된 이슈를 다루면서 개발자들이 저지르기 쉬운 실수와 갖가지 오해를 점점 구체적으로 살펴보겠습니다. 설마 벌써 책을 덮은 건 아니겠죠? 자, 성능 이야기를 시작해봅시다.

1 역자주_ 사용 목적과 의도에 맞게 소프트웨어 툴을 선정하고 조합하는 등의 활동

2 역자주_ 불충분한 시간이나 정보로 인하여 합리적인 판단을 할 수 없거나, 체계적이면서 합리적인 판단이 굳이 필요하지 않은 상황에서 사람들이 빠르게 사용할 수 있는 어림짐작의 방법 (출처: 위키백과)

3 역자주_ 소프트웨어의 어느 한 부분의 품질을 높이거나 낮추면 다른 부분의 품질을 높이거나 낮추는 데 영향받는 것. 대개 어느 하나를 개선하면 다른 부분이 악화되는 식입니다.

1.2 자바 성능 개요

자바 성능의 본질을 이해하려면 자바 창시자인 제임스 고슬링의 한마디를 거슬러 인용하지 않을 수 없습니다.

> 자바는 블루 칼라(주로 생산직에 종사하는 육체 노동자) 언어입니다. 박사 학위 논문 주제가 아니라 일을 하려고 만든 언어죠.[4]

곧, 자바는 처음부터 지극히 실용적인 언어였습니다. 개발 환경이 '충분히 빠르다면' 개발자 생산성이 높아지는 대가로 어느 정도의 성능 희생은 감수할 만하다는 입장이었죠. 그러나 자바 환경이 고성능 컴퓨팅 애플리케이션에 적합한 수준에 이른 건 비교적 최근에 핫스팟 같은 정교한 JVM이 성숙했기 때문입니다.

실용성을 추구하는 자바 플랫폼의 성격은 여러 방면에서 드러나는데요, 그중 관리되는 **서브시스템**managed subsystem(하위계)이 가장 대표적입니다. 개발자가 일일이 용량을 세세하게 관리하는 부담을 덜어주고, 대신 저수준으로 제어 가능한 일부 기능을 포기하자는 발상이지요.

단적으로, 메모리 관리가 그렇습니다. JVM이 탈착형(떼었다 붙였다 할 수 있는) 가비지 수집 서브시스템 형태로 메모리를 자동 관리하는 덕분에 프로그래머는 수동으로 메모리를 의식하며 개발할 필요가 없습니다.

> **NOTE_** JVM 전반에 걸쳐 등장하는 관리되는 서브시스템은 그 존재 자체로 JVM 애플리케이션의 런타임 동작에 복잡도complexity를 유발합니다.

다음 절에서 다루겠지만, 런타임 동작이 복잡한 JVM 애플리케이션은 실험 대상처럼 다룰 수밖에 없고, 이런저런 측정을 통해 통계치를 내어 보면 불편한 진실을 마주하게 됩니다.

JVM 애플리케이션의 성능 측정값은 정규 분포를 따르지 않는 경우가 많아서 기초 통계 기법(예: **표준편차, 분산**)만 갖고는 측정 결과를 제대로 처리하기에 역부족입니다. 기초 통계 기법은 대부분 암묵적으로 정규 분포를 전제로 하니까요.

쉬운 예로, JVM 애플리케이션(예: 저지연 거래 애플리케이션low-latency trading application)에서 특이

---

4 **역자주_** 전체 원문은 *http://www.win.tue.nl/~evink/education/avp/pdf/feel-of-java.pdf* 참고.

점(아웃라이어)은 매우 중요한 의미를 내포할 수 있습니다. 즉, 측정값을 샘플링sampling(표본 추출)하면 특이점을 일으킨 가장 중요한 이벤트가 묻혀버릴 가능성이 큽니다.

끝으로, 자바 성능 측정값 때문에 판단이 흐려지기 쉬우므로 조심해야 합니다. 환경이 복잡해질수록 시스템을 개별적으로 따로 떼어내 생각하기는 몹시 어렵습니다.

측정하는 행위 자체도 오버헤드(과부하)를 일으키며, 너무 자주 샘플링하거나 매번 결과를 기록하는 것 역시 성능 결과 수치에 적잖은 영향을 끼칩니다. 자바 성능 수치는 일정 부분 세심한 손질이 필요합니다. 자바/JVM 애플리케이션을 우직한 기법으로 접근하면 부정확한 결과가 나올 공산이 큽니다.

1.3 성능은 실험과학이다

대부분의 최신 소프트웨어 시스템이 그렇듯, 자바/JVM 소프트웨어 스택 역시 아주 복잡합니다. 자신이 처한 환경에 적응하며 고도로 최적화하는 JVM을 기반으로 구축된 운영 시스템의 성능 양상은 상당히 미묘하고 복잡하게 나타날 수 있습니다. 이렇게 복잡한 지경까지 이른 건 무어의 법칙Moore's Law과 그로 인한 하드웨어 용량의 전무후무한 발전 때문일 것입니다.

> 소프트웨어 산업의 가장 경이적인 성과는 하드웨어 산업에서 꾸준히 이루어낸 혁신을 끊임없이 무용지물로 만들고 있는 것이다.
>
> – 헨리 페트로스키

오랜 시간에 걸쳐 이룩한 업계의 성과를 수포로 만든 소프트웨어 시스템도 있지만, JVM은 실로 엔지니어링의 개가라고 하지 않을 수 없습니다. 1990년대 후반 이후로 JVM은 아주 다재다능한 초고성능, 범용 실행 환경으로 거듭났지만, 원래 세상은 공평한 법! JVM도 다른 복잡한 고성능 시스템처럼 최상의 성능을 발휘하려면 어느 수준 이상의 스킬과 경험이 필요합니다.

> 명확하게 정의하지 않고 측정하는 건 백해무익하다.
>
> – 엘리 골드렛

JVM 성능 튜닝은 기술, 방법론, 정량적 측정값, 툴을 망라한 개념입니다. 그 목표는 시스템 소유자/유저가 추구하는 측정 결과를 얻는 것입니다. 즉, 성능은 다음과 같은 활동을 하면서 원하는 결과를 얻기 위한, 일종의 실험과학이라고 볼 수 있습니다.

- 원하는 결과를 정의한다.
- 기존 시스템을 측정한다.
- 요건을 충족시키려면 무슨 일을 해야 할지 정한다.
- 개선 활동을 추진한다.
- 다시 테스트한다.
- 목표가 달성됐는지 판단한다.

바람직한 성능 결과를 정의하고 판단하는 과정에서 정량적인 일련의 목표가 수립됩니다. 무엇을 측정할지 대상을 확정하고 목표를 기록하는 행위가 중요한데, 결국 이런 활동들이 프로젝트 **아티팩트**artifact(결과물)와 제품 일부를 형성합니다. 성능 분석은 비기능 요건을 정의하고 달성하는 활동입니다.

즉, 성능 분석은 닭을 해부해보거나 점을 치는 과정이 아니라, 통계치에 근거해 적절히 결과를 처리하는 활동입니다. JVM 성능 분석 프로젝트에서 생성된 데이터를 정확하게 처리하기 위해 필요한 기본 통계 기법은 5장에서 소개합니다.

실무 프로젝트에서는 훨씬 더 정교한 데이터와 통계 지식이 요구됩니다. 모든 통계 기법을 이 책에서 전부 다룰 수는 없지만, 이 책을 출발점 삼아 공부하면 큰 도움이 될 겁니다.

1.4 성능 분류

이 절에서는 기본적인 성능 지표를 소개합니다. 성능 지표는 성능 분석의 어휘집이자, 튜닝 프로젝트의 목표를 정량적인 단위로 표현한 기준입니다. 성능 목표를 정의한 비기능 요건이죠. 다음은 가장 일반적인 기본 성능 지표입니다.

- 처리율
- 지연

- 용량
- 사용률
- 효율
- 확장성
- 저하

지금부터 하나씩 간략히 살펴보겠습니다. 대다수 성능 프로젝트에서 이 모든 지표가 동시에 최적화되는 경우는 거의 없습니다. 성능 이터레이션(반복)[5]을 수행할 때마다 많아야 두세 개 지표가 개선되는 정도지요. 실제로는 어느 한 지표를 최적화하면 다른 지표(들)가 악화되는 경우도 흔합니다.

1.4.1 처리율

처리율throughput은 (서브)시스템이 수행 가능한 작업 비율을 나타낸 지표입니다. 보통 일정 시간 동안 완료한 작업 단위 수로 표시합니다(예: 초당 처리 가능한 트랜잭션 수).

처리율이 실제 성능을 반영하는 의미 있는 지표가 되려면 수치를 얻은 기준 플랫폼에 대해서도 내용을 기술해야 합니다(예: 하드웨어 스펙, OS, 소프트웨어 스택, 그리고 테스트한 시스템이 단일 서버인지, 클러스터cluster 환경인지 등). 그리고 트랜잭션(또는 작업 단위)은 테스트할 때마다 동일해야 합니다. 처리율을 테스트할 때 실행 간 워크로드workload[6] 역시 일정하게 유지해야 합니다.

1.4.2 지연

성능 지표는 수도 배관에 빗대어 설명할 때가 많습니다. 1초에 100리터를 흘려보내는 수도관의 처리율은 바로 1초에 처리되는 부피(100리터)입니다. 이때 **지연**latency은 수도관 자체의 길이에 해당합니다. 즉, 하나의 트랜잭션을 처리하고 그 결과를 반대편 수도관 끝에서 바라볼 때까지 소요된 시간입니다.

5 역자주_ 짧은 주기로 여러 차례 반복하여 성능을 조금씩 개선하는 활동

6 역자주_ 시스템이 주어진 시간 내에 처리해야 할 작업 할당량

지연을 종단 시간이라고도 하며, 대개 그래프에서 워크로드에 비례하는 함수로 표시합니다. 1.5절에도 이런 유형의 그래프가 나옵니다.

1.4.3 용량

용량capacity은 시스템이 보유한 작업 병렬성의 총량, 즉 시스템이 동시 처리 가능한 작업 단위(즉, 트랜잭션) 개수를 말합니다.

용량은 처리율과 밀접한 연관이 있습니다. 시스템에 동시 부하가 증가할수록 처리율(그리고 지연)도 당연히 영향을 받습니다. 이런 이유로 보통 용량은 어떤 처리율 또는 지연 값을 전제로 가능한 처리량으로 표시합니다.

1.4.4 사용률

성능 분석 업무 중 가장 흔한 태스크는 시스템 리소스를 효율적으로 활용하는 겁니다. 가령, CPU라는 리소스는 놀리는(또는 OS에 시간을 빼앗기거나 다른 관리 태스크를 수행하는) 것보다 실제 작업 단위를 처리하는 데 쓰여야 온당하겠죠.

사용률utilization은 워크로드에 따라서 리소스별로 들쑥날쑥할 수 있습니다. 이를테면, 계산 집약적 워크로드(예: 그래픽 처리, 암호화)를 주면 CPU 사용률은 100%에 육박하지만, 메모리 사용률은 얼마 안 나옵니다.

1.4.5 효율

전체 시스템의 **효율**efficiency은 처리율을 리소스 사용률로 나눈 값으로 측정합니다. 직관적으로 당연히 그렇겠죠. 같은 처리율을 더 많은 리소스를 쏟아부어야 달성할 수 있다면 분명 효율이 낮은 것입니다.

대형 시스템에서는 원가 회계 형태로 효율을 측정하는 방법도 있습니다. 처리율이 동일하다는 조건하에 A 솔루션의 총소유비용total cost of ownership[7](TCO)이 B 솔루션의 2배라면 말할 것도 없

7 **역자주_** 한 회사가 어떤 기술을 보유하기 위해 들여야 할 직/간접 비용. 하드웨어/소프트웨어 획득, 설치, 교육, 지원, 유지 보수, 기타 공간/에너지 등등 여러 가지 비용이 듭니다.

이 효율은 절반밖에 안 되는 셈입니다.

1.4.6 확장성

처리율이나 시스템 용량은, 처리하는 데 끌어 쓸 수 있는 리소스에 달려 있습니다. 리소스 추가에 따른 처리율 변화는 시스템/애플리케이션의 **확장성**scalability을 가늠하는 척도입니다. 시스템 확장성은 궁극적으로는 정확히 리소스를 투입한 만큼 처리율이 변경되는 형태를 지향합니다.

서버 클러스터 기반으로 구축된 시스템이 있다고 합시다. 클러스터를 2배 확장하면 처리율은 얼마나 올라갈까요? 클러스터를 2배로 늘려 트랜잭션 처리량도 2배 늘었다면 이 시스템은 '완벽한 선형 확장'을 달성한 것입니다. 그러나 현실적으로 (특히, 오만 가지 부하가 다 걸리는 상황에서) 선형 확장을 달성하기란 매우 어렵습니다.

보통 시스템 확장성은 하나의 단순한 상수 인자가 아니라, 여러 가지 인자들의 영향을 받습니다. 리소스를 어느 정도까지 늘리면 거의 선형적으로 확장되지만, 대부분 부하가 높아지면 완벽한 확장을 저해하는 한계점에 봉착하게 됩니다.

1.4.7 저하

요청(또는 클라이언트) 개수가 증가하건, 요청 접수 속도가 증가하건, 어떤 형태로든 시스템이 더 많은 부하를 받으면 지연 그리고/또는 처리율 측정값에 변화가 생깁니다.

그 변화는 사용률에 따라 다릅니다. 시스템을 덜 사용하고 있으면 측정값이 느슨하게 변하지만, 시스템이 풀 가동된 상태면 처리율이 더는 늘어나지 않는, 즉 지연이 증가하는 양상을 띱니다. 이런 현상을 부하 증가에 따른 **저하**degradation라고 합니다.

1.4.8 측정값 사이의 연관 관계

다양한 성능 측정값은 어떤 식으로든 서로 연결돼 있습니다. 또 구체적인 상호 관계는 시스템이 풀 가동 중인지 여부에 따라 달라집니다. 예를 들어, 일반적으로 시스템 부하가 증가하면 사용률도 달라지지만, 시스템을 많이 사용하지 않는 시간에는 부하가 늘어도 사용률은 별로 눈에 띄게 증가하지 않을 수도 있습니다. 반대로, 이미 시스템에 상당한 부하가 걸려 있는 상태면 부하가 조금만 늘어도 다른 측정값이 크게 요동칠 수 있습니다.

다른 예를 들면, 확장성과 저하는 부하가 증가함에 따라 시스템 양상이 어떻게 바뀌는지 반영하는 지표입니다. 확장성을 감안하면 부하가 늘 때 가용 리소스도 함께 늘려야 하는데, 시스템이 이렇게 확장한 리소스를 제대로 활용할 수 있을지가 관건입니다. 한편, 부하는 늘었는데 리소스는 그대로라면 마땅히 저하되는 성능 측정값(즉, 지연)이 있을 것입니다.

NOTE_ 드물지만 부하 증가로 반직관적인 결과를 얻는 경우도 있습니다. 가령, 부하 변화로 인해 시스템 일부가 리소스를 집중적으로 소모하는 고성능 모드로 전환되면, 더 많은 요청이 시스템에 유입돼도 오히려 지연이 감소하는 모습을 보입니다.

9장에서 다룰 핫스팟 JIT 컴파일러도 좋은 예입니다. JIT 컴파일 대상이 되는 메서드는 '충분히 빈번하게' **인터프리티드 모드**interpreted mode(해석 모드)로 실행돼야 합니다. 따라서 부하가 적을 경우 핵심 메서드가 인터프리티드 모드의 늪에서 허우적거릴 가능성도 있지만, 부하가 많아 메서드 호출 빈도가 증가하면 JIT 컴파일 대상이 될 수도 있습니다. 결국 같은 메서드지만 나중에 호출하는 게 처음보다 훨씬 더 빨리 실행됩니다.

워크로드 종류에 따라서도 천차만별입니다. 예컨대, 금융 시장의 거래는 종단 지점에서 느끼기에 실행 시간(즉, 지연)이 몇 시간 또는 며칠씩 걸릴 수 있습니다. 하지만, 그중 상당수 거래는 주어진 시점에 주요 은행에서 진행 중일 것입니다. 따라서 이런 시스템은 용량이 매우 크지만 지연 역시 매우 큽니다.

그러나 은행 내부의 어느 한 서브시스템만 생각합시다. (어떤 가격에 합의한) 구매자와 판매자를 이어주는 행위를 **주문 체결**order matching이라고 합니다. 이 개별 서브시스템은 주어진 시점에 처리 대기 중인 주문이 몇백 건에 불과하겠지만, 주문 접수부터 체결까지 소요된 지연은 기껏해야 1밀리초('저지연' 거래 시 이 시간이 더 짧음)밖에 안 될 것입니다.

지금까지 여러분이 가장 자주 실무에서 맞닥뜨릴 성능 측정값을 살펴보았습니다. 때때로 조금씩 다르게 정의하거나 아예 다른 지표를 사용하는 경우도 있지만, 이들 지표는 대부분 시스템 성능 튜닝을 가이드하는 용도로 쓰이고 관심이 있는 시스템 성능을 논할 때 체계적인 분류 기준으로 활용됩니다.

1.5 성능 그래프 읽기

성능 테스트에서 자주 등장하는 패턴을 소개하는 것으로 이 장을 마무리하겠습니다. 먼저 실제 측정값을 바탕으로 작성된 그래프와 함께 몇 가지 다른 그래프 사례를 차례로 살펴봅시다.

[그림 1-1]은 부하가 증가하면서 예기치 않게 저하(여기서는 지연)가 발생한 그래프입니다. 이런 형태를 보통 **성능 엘보**performance elbow[8]라고 합니다.

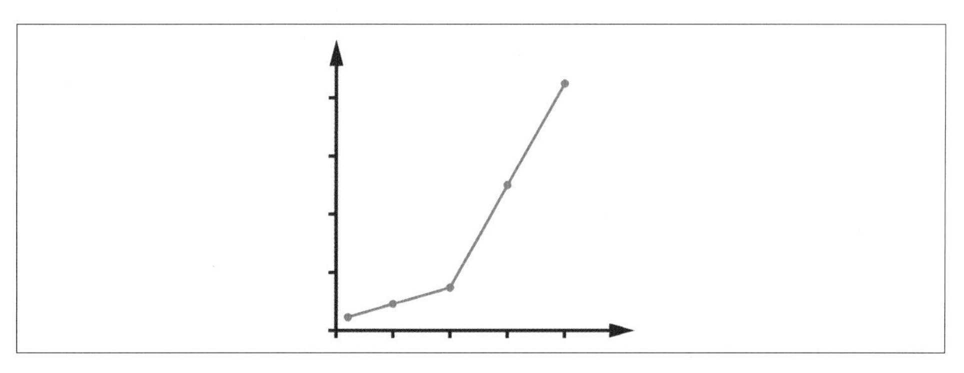

그림 1-1 성능 엘보

이와 반대로, [그림 1-2]는 클러스터에 장비를 추가함에 따라 거의 선형적으로 처리율이 확장되는, 운이 아주 좋은 케이스입니다. 이렇게 이상적인 모습에 가까운 결과는 환경이 극단적으로 순조로울 때(예: 서버 하나에 **세션 어피니티**session affinity (세션 고정)[9]가 필요없는, 무상태stateless 프로토콜[10]을 확장하는 경우)나 가능합니다.

---

8 역자주_ 그래프가 팔꿈치 (elbow)를 굽힌 것처럼 갑자기 꺾여 올라가는 모양을 빗댄 것.

9 역자주_ 로드 밸런서 (load balancer)가 사용자 세션을 특정 서버 (인스턴스 인스턴스)에 고정되도록 바인딩 하는 기술 .

10 역자주_ 컴퓨팅에서 무상태 프로토콜(stateless protocol)은 어떠한 이전 요청과도 무관한 각각의 요청을 독립적인 트랜잭션으로 취급하는 통신 프로토콜로, 통신이 독립적인 쌍의 요청과 응답을 이룰 수 있게 하는 방식. 무상태 프로토콜은 서버가 복수의 요청 시간대에 각각의 통신 파트너에 대한 세션 정보나 상태 보관을 요구하지 않습니다. 반면, 서버의 내부 상태 유지를 요구하는 프로토콜은 상태 프로토콜(stateful protocol)로 부릅니다. 무상태 프로토콜의 예에는 인터넷의 기반이 되는 인터넷 프로토콜 (IP)과 월드 와이드 웹의 데이터 통신의 토대가 되는 HTTP가 있습니 다. (출처 : 위키백과)

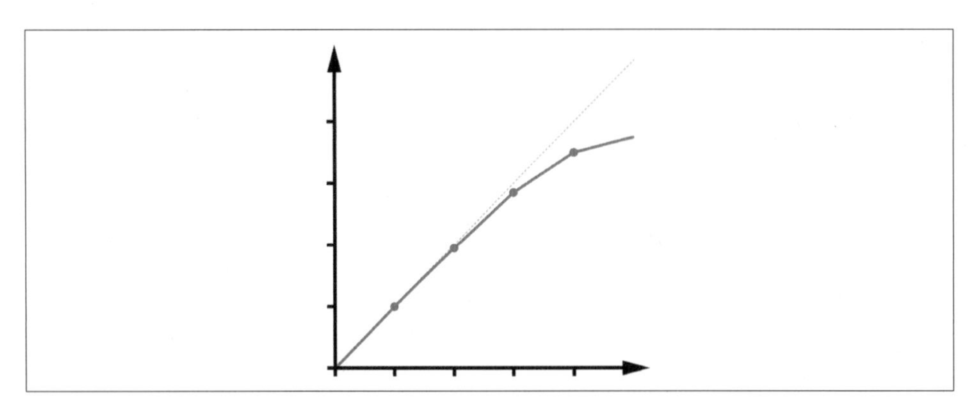

그림 1-2 준-선형적near-linear 확장

12장에서는 IBM의 전설적인 컴퓨터 과학자, 진 암달Gene Amdahl이 발표한 암달의 법칙Amdahl's Law이 나옵니다. 암달에 따르면 근본적으로 확장성에는 제약이 따릅니다. [그림 1-3]은 태스크를 처리할 때 프로세서 개수를 늘려도 실행 속도를 최대 어느 정도까지 높일 수 있는지를 나타낸 그래프입니다.

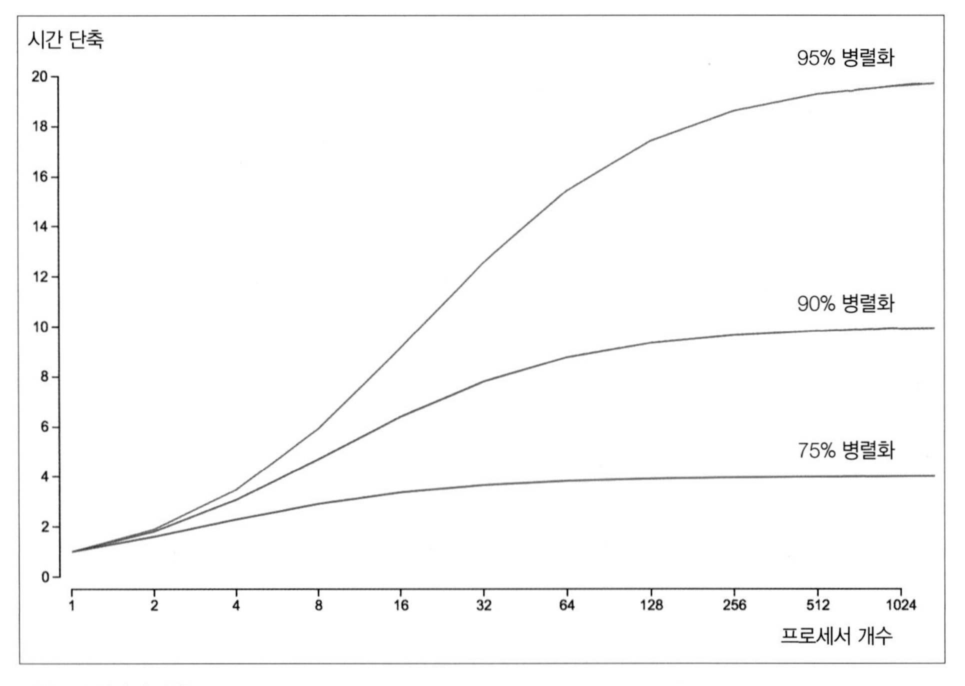

그림 1-3 암달의 법칙

하부 태스크를 75%, 90%, 95% 세 가지 다른 비율로 병렬화했는데요, 그래프를 잘 보면 워크로드에 반드시 순차 실행되어야 할 작업 조각이 하나라도 있으면 선형 확장은 처음부터 불가하며 확장 가능한 한계점도 뚜렷하다는 사실을 알 수 있습니다. [그림 1-2]에서 언급한 내용과 일맥상통하죠? 최선의 경우라도 사실상 선형 확장은 불가능한 미션입니다.

암달의 법칙에 따르면 의외로 제한이 많습니다. 이 그래프 x축은 대수 눈금인데요, 순차 비율이 (겨우) 5%인 알고리즘도 12배 시간을 단축하려면 프로세서가 32개나 필요합니다. 설령, 코어를 아주 많이 늘린다 해도 20배 이상 시간 단축은 어렵죠. 실제로는 순차 비율이 5%보다 훨씬 높은 알고리즘이 태반인지라 최대 속도 향상은 더욱 제약을 받습니다.

6장에서 다시 보겠지만, JVM 가비지 수집 서브시스템의 메모리 사용 패턴은 그 하부 기술 때문에 부하가 별로 없는 건강한 애플리케이션도 [그림 1-4]처럼 '톱니' 모양을 나타냅니다.

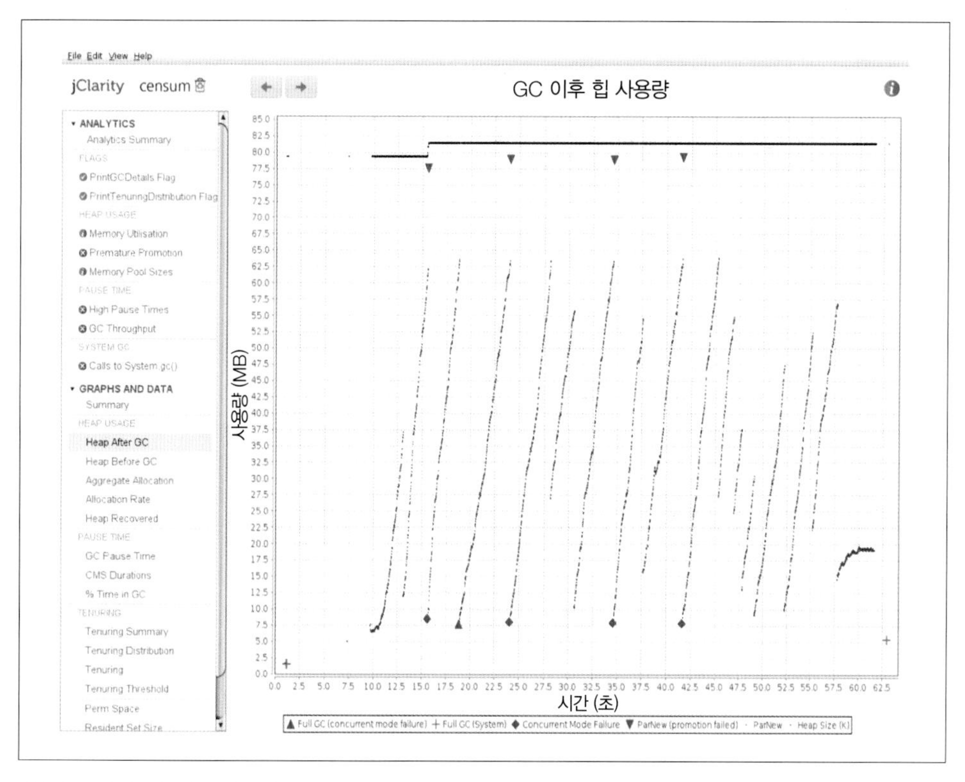

그림 1-4 건강한 메모리 사용 현황

[그림 1-5]는 **피보나치 수열**Fibonnaci numbers[11]을 계산하는 애플리케이션을 실행하여 얻은 그래프로, 애플리케이션에서 **메모리 할당률**memory allocation rate을 성능 튜닝할 때 아주 중요한 메모리 그래프입니다. 90초 부근에서 갑자기 할당률이 급격히 떨어지고 있습니다.

동일한 툴(jClarity 센섬Censum)로 측정한 다른 그래프를 보면, 바로 이 지점에서 애플리케이션에 심각한 가비지 수집 문제가 발생했고 가비지 수집 스레드들이 서로 CPU 경합을 벌인 탓에 메모리를 충분히 할당받지 못했다는 사실을 알 수 있습니다.

또 할당 서브시스템도 4GB/s라는 미친 속도로 메모리를 할당하고 있습니다. 최신 시스템 대부분(서버급 하드웨어까지 포함)의 권장 최대 용량을 훨씬 웃도는 수준이지요. 메모리 할당은 6장에서 가비지 수집을 논하면서 자세히 다룰 예정입니다.

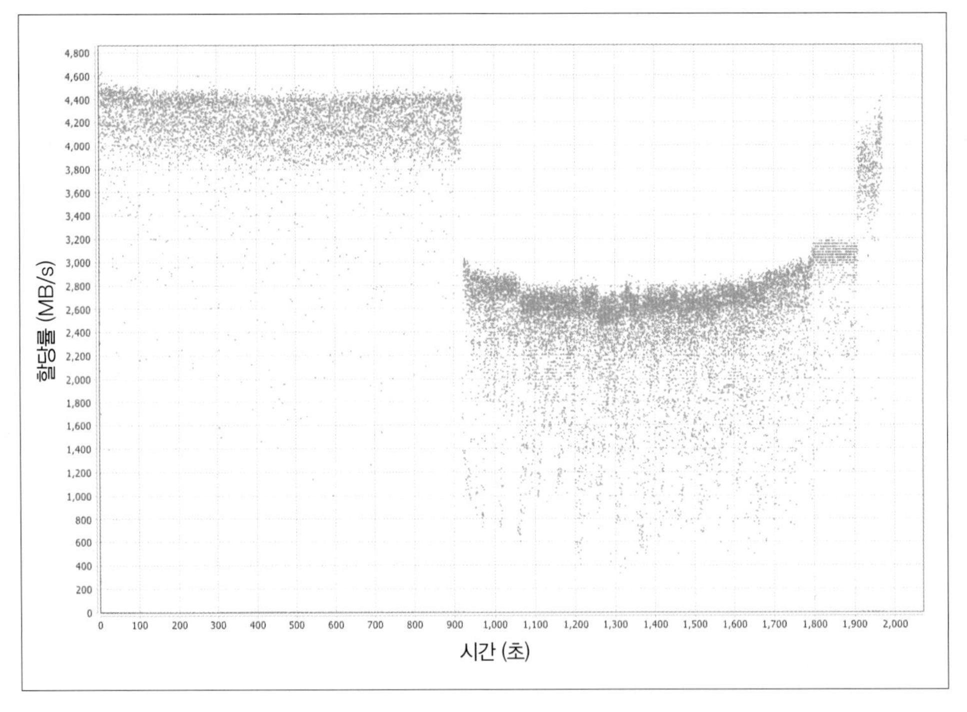

그림 1-5 문제가 있는 할당률 분포

11 **역자주_** 0과 1로 시작 해서 그다음 수는 바로 앞의 두 수의 합이 되는 수열(0, 1, 1, 2, 3, 5, 8, 13, 21, 34, 55, 89, 144, 233, ...)

[그림 1-6]은 시스템 리소스가 누수될 때 흔히 나타나는 징후입니다. 부하가 증가하면서 지표(여기서는 지연)가 차츰 악화되다가 결국 시스템 성능이 급락하는 **변곡점**inflection point에 이르게 됩니다.

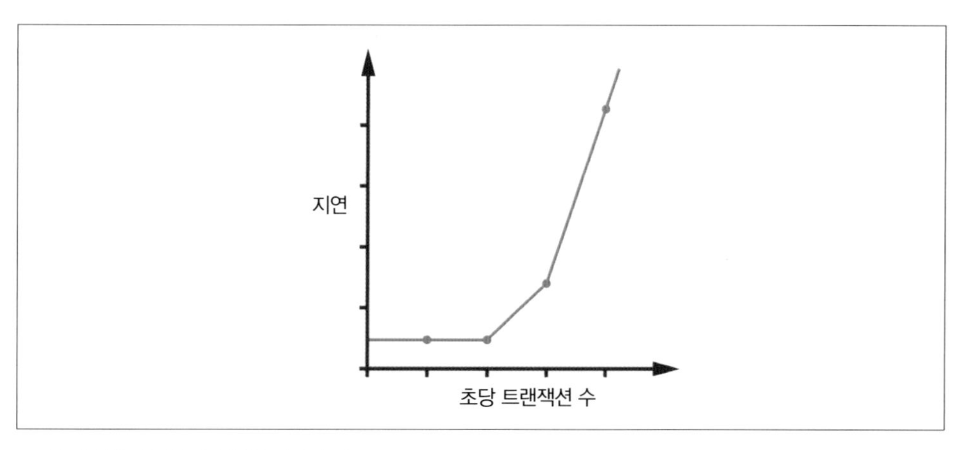

그림 1-6 부하가 높을 때 상당한 지연 발생

1.6 마치며

자바 성능이란 무엇인지 알아보며 첫 장을 시작했습니다. 경험적 과학, 측정에 관한 기본적인 토픽들을 살펴봤고 성능 활동을 멋지게 수행하는 데 꼭 필요한 기본 용어들과 측정값을 설명했습니다. 끝으로, 성능 테스트를 하면 흔히 볼 수 있는 몇 가지 사례를 살펴보았습니다. 다음 장부터는 JVM의 주요 파트를 하나씩 살펴보며 JVM 기반의 성능 최적화가 왜 그렇게 복잡한지 알아보겠습니다.

CHAPTER 2

JVM 이야기

자바는 현존하는 가장 거대한 기술 플랫폼 중 하나입니다. 오라클 자료에 따르면, 개발자 수가 9백만~1천만 명에 달하지요. 처음부터 자바는 개발자가 플랫폼을 저수준에서 다 알 필요가 없도록 설계됐습니다. 그래서 고객이 성능이 느리다고 얘기해도 개발자는 내가 할 일은 다 했노라 항변할 수밖에 없는 상황이 연출되곤 하죠.

그러나 성능에 관심 있는 개발자라면 기본적인 JVM 기술 스택technology stack의 구조를 이해해야 합니다. JVM 기술을 이해하면 더 좋은 소프트웨어를 개발할 수 있고 성능 이슈를 탐구할 때 필요한 이론적 배경지식을 갖추게 됩니다.

이 장은 책 뒷부분에 나오는 고급 주제의 기본 지식을 제공하기 위해 JVM이 자바 코드를 실행하는 방법을 소개합니다. 바이트코드는 9장에서 자세히 다루지만, 먼저 다른 주제와 맞물려 이 장을 가볍게 읽은 다음, 9장을 읽을 때 다시 읽어보는 것도 좋겠습니다.

2.1 인터프리팅과 클래스로딩

자바 가상 머신을 규정한 명세서(보통 VM 스펙이라고 함)에 따르면 JVM은 스택 기반의 해석 머신입니다. (물리적 CPU 하드웨어인) 레지스터는 없지만 일부 결과를 실행 스택에 보관하며, 이 스택의 맨 위에 쌓인 값(들)을 가져와 계산을 합니다.

JVM 인터프리터(해석기)의 기본 로직은, 평가 스택을 이용해 중간값들을 담아두고 가장 마지막에 실행된 명령어와 독립적으로 프로그램을 구성하는 옵코드opcode[12]를 하나씩 순서대로 처리하는 'while 루프 안의 switch문'입니다.

NOTE_ 물론, 오라클/OpenJDK(오픈JDK) VM(핫스팟) 같은 실제 제품급[13] 자바 인터프리터는 이보다 훨씬 복잡하지만, 지금은 머릿속에 '**while 루프 안의 switch문**'이라는 이미지를 떠올리며 이해하면 도움이 될 것입니다.

`java HelloWorld` 명령을 내려 자바 애플리케이션을 실행하면 OS(운영체제)는 가상 머신 프로세스(자바 바이너리)를 구동합니다. 자바 가상 환경이 구성되고 스택 머신이 초기화된 다음, 실제로 유저가 작성한 `HelloWorld` 클래스 파일이 실행되죠.

여러분도 알다시피 애플리케이션의 진입점entry point은 *HelloWorld.class*에 있는 `main()` 메서드입니다. 제어권을 이 클래스로 넘기려면 가상 머신이 실행이 시작되기 전에 이 클래스를 로드해야 합니다.

여기에 자바 클래스로딩classloading 메커니즘이 관여합니다. 자바 프로세스가 새로 초기화되면 사슬처럼 줄지어 연결된 클래스로더가 차례차례 작동하죠. 제일 먼저 부트스트랩 클래스가 기지개를 켜며 자바 런타임 코어 클래스를 로드합니다. 런타임 코어 클래스는 자바 8 이전까지는 *rt.jar* 파일에서 가져오지만, 자바 9 이후부터는 런타임이 모듈화되고 클래스로딩 개념 자체가 많이 달라졌습니다.

부트스트랩 클래스로더의 주임무는, 다른 클래스로더가 나머지 시스템에 필요한 클래스를 로드할 수 있게 최소한의 필수 클래스(예: `java.lang.Object`, `Class`, `Classloader`)만 로드하는 겁니다.

NOTE_ 자바에서 클래스로더는 런타임과 타입 체계 내부에 있는 하나의 객체에 불과합니다. 따라서 클래스 초기 세트를 존재하게 할 방법이 필요하죠. 그렇지 않으면 클래스로더를 정의하는 과정에서 순환성circularity[14]이 문제가 될 것입니다.

---

12 **역자주_** operation code(명령 코드)의 줄임말로, 기계어의 일부로서 수행할 명령어를 나타내는 부호.

13 **역자주_** 실제 비즈니스 업무와 기업 컴퓨팅 환경에서 사용해도 될 정도로 완성도를 갖춘.

14 **역자주_** 어떤 클래스나 인터페이스가 자신의 슈퍼 클래스가 될 수도 있는 역설적인 상황. 실제로 이런 일을 JVM이 감지하면 `ClassCircularityError` 예외를 던집니다.

그다음, 확장 클래스로더가 생깁니다. 부트스트랩 클래스로더를 자기 부모로 설정하고 필요할 때 클래스로딩 작업을 부모에게 넘기지요. 그리 널리 쓰이지는 않지만, 확장 클래스로더를 이용하면 특정한 OS나 플랫폼에 네이티브 코드native code[15]를 제공하고 기본 환경을 오버라이드(재정의)할 수 있습니다. 자바 8에서 탑재된 자바스크립트 런타임 내시혼Nashorn을 바로 확장 클래스로더가 로드합니다.

끝으로, 애플리케이션 클래스로더가 생성되고 지정된 클래스패스에 위치한 유저 클래스를 로드합니다. 애플리케이션 클래스로더를 '시스템' 클래스로더라고 부르는 글도 있는데요, (부트스트랩 클래스로더가 로드하는) 시스템 클래스는 로드하지 않기 때문에 이런 말은 가급적 쓰지 마세요. 확장 클래스로더의 자식인 애플리케이션 클래스로더는 아주 자주 쓰입니다.

자바는 프로그램 실행 중 처음 보는 새 클래스를 **디펜던시**dependency(의존체)에 로드합니다. 클래스를 찾지 못한 클래스로더는 기본적으로 자신의 부모 클래스로더에게 대신 룩업(찾아보기)을 넘깁니다. 이렇게 부모의 부모로 거슬러 올라가 결국 부트스트랩도 룩업하지 못하면 `ClassNotFoundException` 예외가 납니다. 따라서 나중에 뒤탈을 없애려면 빌드 프로세스 수립 시 운영 환경과 동일한 클래스패스로 컴파일하는 것이 좋습니다.

보통 환경에서 자바는 클래스를 로드할 때 런타임 환경에서 해당 클래스를 나타내는 `Class` 객체를 만듭니다. 그런데 똑같은 클래스를 상이한 클래스로더가 두 번 로드할 가능성도 있으니 주의하세요. 한 시스템에서 클래스는 (패키지명을 포함한) 풀 클래스명과 자신을 로드한 클래스로더, 두 가지 정보로 식별됩니다.

2.2 바이트코드 실행

자바 소스 코드는 실행되기까지 꽤 많은 변환 과정을 거칩니다. 첫 단계는 자바 컴파일러 `javac`를 이용해 컴파일하는 것으로, 보통 전체 빌드 프로세스의 한 부분으로 수행합니다.

`javac`가 하는 일은 자바 소스 코드를 바이트코드로 가득 찬 *`.class`* 파일로 바꾸는 겁니다. [그림 2-1]에서 보다시피 소스 코드 번역 작업은 아주 간단합니다. `javac`는 컴파일하는 동안

15 역자주_ 네이티브 코드(native code)는 OS상에서 직접 컴파일하여 바로 기계어로 실행 가능한 코드(예: C/C++ 코드). 반대로, JVM(자바)이나 .Net 프레임워크(C#)처럼 인터프리터가 반드시 있어야 실행되는 코드를 관리되는 코드(managed code)라고 합니다.

최적화는 거의 하지 않기 때문에 그 결과로 생성된 바이트코드는 쉽게 해독할 수 있습니다. 또 `javap` 같은 표준 역어셈블리 툴로 열어보면 원래 자바 코드도 어렵잖게 알아볼 수 있습니다.

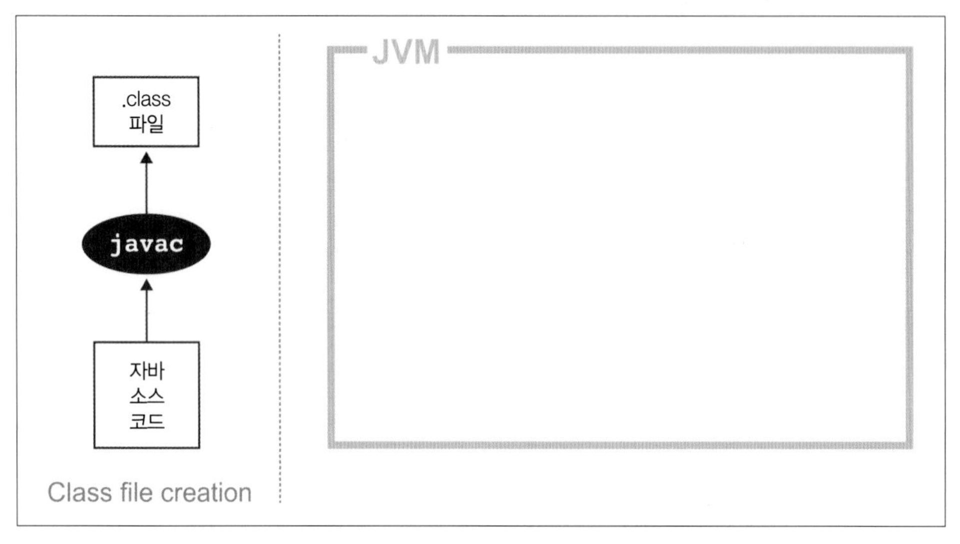

그림 2-1 자바 소스 코드를 컴파일해서 클래스 파일을 만듦

바이트코드는 특정 컴퓨터 아키텍처에 특정하지 않은, **중간 표현형**Intermediate Representation (IR)[16]입니다. 컴퓨터 아키텍처의 지배를 받지 않으므로 이식성이 좋아 개발을 마친(즉, 컴파일된) 소프트웨어는 JVM 지원 플랫폼 어디서건 실행할 수 있고 자바 언어에 대해서도 추상화되어 있습니다. JVM이 코드를 실행하는 원리를 이해하는 중요한 첫 단추입니다.

NOTE_ 이제 자바 언어와 JVM(자바 가상 머신)은 어느 정도 독립적이라서 JVM 앞에 붙인 J자는 오해의 소지가 있습니다. JVM 규격에 따라 클래스 파일로 컴파일되는 JVM 언어는 모두 다 실행되니까요. 스칼라Scala 컴파일러 `scalac`로 컴파일한 바이트코드도 JVM에서 문제없이 작동합니다.

컴파일러가 생성한 클래스 파일은 VM 명세서에 아주 명확히 잘 정의된 구조(표 2-1)를 갖추고 있습니다. JVM은 클래스를 로드할 때 올바른 형식을 준수하고 있는지 빠짐없이 검사합니다.

16 역자주_ 소스 코드를 표현하기 위해 컴파일러 또는 가상 시스템에서 내부적으로 사용하는 데이터 구조나 코드.

표 2-1 클래스 파일 해부도

컴포넌트	설명
매직 넘버magic number	0xCAFEBABE
클래스 파일 포맷 버전	클래스 파일의 메이저/마이너 버전
상수 풀constant pool	클래스 상수들이 모여 있는 위치
액세스 플래그access flag	추상 클래스, 정적 클래스 등 클래스 종류를 표시
this 클래스	현재 클래스명
슈퍼클래스superclass	슈퍼클래스(부모클래스)명
인터페이스interface	클래스가 구현한 모든 인터페이스
필드field	클래스에 들어 있는 모든 필드
메서드method	클래스에 들어 있는 모든 메서드
속성attribute	클래스가 지닌 모든 속성(예: 소스 파일명 등)

모든 클래스 파일은 `0xCAFEBABE`라는 매직 넘버, 즉 이 파일이 클래스 파일임을 나타내는 4바이트 16진수로 시작합니다. 그다음 4바이트는 클래스 파일을 컴파일할 때 꼭 필요한 메이저/마이너 버전 숫자입니다. 클래스를 실행하는 대상 JVM이 컴파일한 JVM보다 버전이 낮으면 안 되겠죠? 메이저/마이너 버전은 클래스로더의 호환성 보장을 위해 검사하고 호환되지 않는 버전의 클래스 파일을 만나면 런타임에 `UnsupportedClassVersionError` 예외가 납니다. 런타임 버전이 컴파일된 클래스 파일 버전보다 낮으면 안 되니까요.

NOTE_ 매직 넘버는 유닉스 환경에서 파일 종류를 식별(윈도우는 보통 파일 확장자로 구분함)할 용도로 쓰이므로 한번 정한 매직 넘버는 나중에 쉽게 바꿀 수가 없습니다. 그래서 당분간은 어쩔 수 없이 성차별 느낌이 배어 있는 `0xCAFEBABE`를 계속 쓸 수밖에 없고 자바 9부터는 모듈 파일에 `0xCAFEDADA` 매직 넘버를 쓰기로 했습니다.[17]

상수 풀에는 코드 곳곳에 등장하는 상숫값(예: 클래스명, 인터페이스명, 필드명 등)이 있습니다. JVM은 코드를 실행할 때 런타임에 배치된 메모리 대신, 이 상수 풀 테이블을 찾아보고 필요한 값을 참조합니다.

17 역자주_ `0xCAFEBABE`는 자바를 창시한 제임스 고슬링이 정한 것입니다(유래가 궁금한 독자는 *https://dzone.com/articles/the-magic-word-in-java-cafebabe* 참고). 16진수로 사용 가능한 알파벳이 A~F이므로 별생각 없이 떠올린 것으로 보이지만 'babe'란 낱말이 남자가 여자에게 치근덕거리며 부르는 비속어 느낌이 강한 것이 문제입니다. 마이크로소프트도 과거에 자사 가상화 제품 코드에 `0xB16B00B5`(Big Boobs, 거대한 가슴)를 넣은 걸 공식으로 사과한 바 있습니다.

액세스 플래그는 클래스에 적용한 수정자를 결정합니다. 플래그 첫 부분은 일반 프로퍼티로, public 클래스인지, 그다음은 상속이 금지된 final 클래스인지를 나타냅니다. 또 이 클래스 파일이 인터페이스인지, 추상 클래스인지도 액세스 플래그로 표시합니다. 플래그 끝부분은 클래스 파일이 소스 코드에 없는 합성 클래스인지, 애너테이션 타입인지, **이늄**enum인지를 각각 나타냅니다.[18]

this 클래스, 슈퍼클래스, 인터페이스 엔트리는 클래스에 포함된 타입 계층을 나타내며, 각각 상수 풀을 가리키는 인덱스로 표시합니다. 필드와 메서드는 시그니처(서명부) 비슷한 구조를 정의하고 여기에 수정자도 포함되어 있습니다. 속성 세트는 더 복잡하고 크기가 고정되지 않은 구조를 나타내는 데 쓰입니다. 예를 들어, 메서드는 Code 속성으로 특정 메서드와 연관된 바이트코드를 나타냅니다.[19]

[그림 2-2]는 클래스 파일 구조를 기억할 때 알아두면 좋은 암기 요령mnemonic입니다.

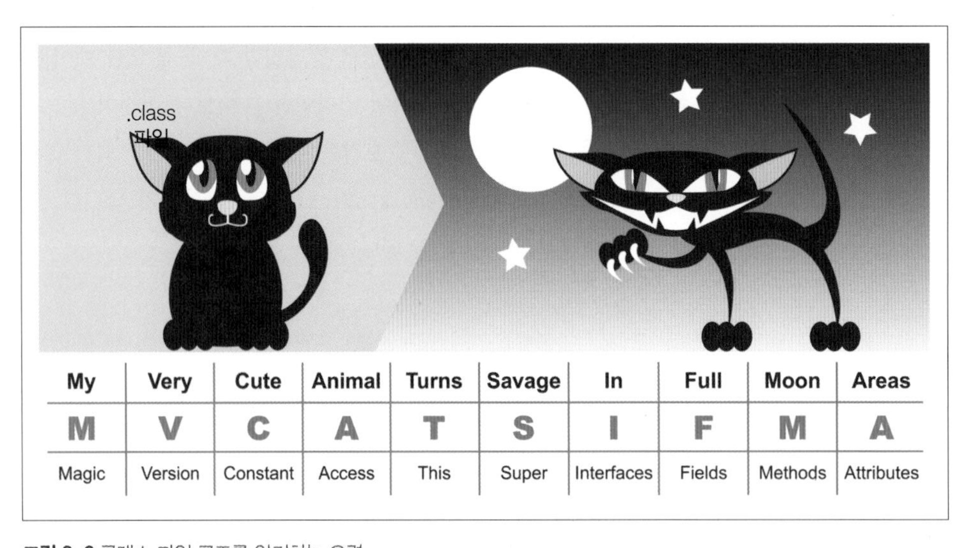

그림 2-2 클래스 파일 구조를 암기하는 요령

---

18 역자주_ 현재 명세서에는 다음 8가지 클래스 접근 플래그가 있습니다. ACC_PUBLIC(0x0001), ACC_FiNAL(0x0010), ACC_SUPER(0x0020), ACC_INTERFACE(0x0200), ACC_ABSTRACT(0x0400), ACC_SYNTHETIC(0x1000), ACC_ANNOTATION(0x2000), ACC_ENUM(0x4000)

19 역자주_ 이 정도 설명만으로 머릿속에 클래스 파일 구조를 그려보기는 어렵습니다. 영문이긴 하지만 *https://blog.lse.epita.fr/articles/69-0xcafebabe-java-class-file-format-an-overview.html*을 보면 그림과 함께 정리가 잘 되어 있으니 참고하세요.

다음과 같이 간단한 `HelloWorld` 클래스를 `javac`로 컴파일하면 무슨 일이 일어날까요?

```
public class HelloWorld {
    public static void main(String[] args) {
        for (int i = 0; i < 10; i++) {
            System.out.println("Hello World");
        }
    }
}
```

자바 SDK에는 클래스 파일 내부를 볼 수 있는 `javap`라는 역어셈블러가 있습니다. `javap -c HelloWorld` 명령을 실행하면 `HelloWorld` 클래스 파일을 들여다볼 수 있지요.

```
public class HelloWorld {
  public HelloWorld();
    Code:
       0: aload_0
       1: invokespecial #1     // Method java/lang/Object."<init>":()V[20]
       4: return
  public static void main(java.lang.String[]);
    Code:
       0: iconst_0
       1: istore_1
       2: iload_1
       3: bipush        10
       5: if_icmpge     22
       8: getstatic     #2     // Field java/lang/System.out ...
      11: ldc           #3     // String Hello World
      13: invokevirtual #4     // Method java/io/PrintStream.println ...
      16: iinc          1, 1
      19: goto          2
      22: return
}
```

HelloWorld.class 파일을 구성하는 바이트코드가 어떻게 배치됐는지 나옵니다. `javap`에 `-v` 옵션을 추가하면 클래스 파일 헤더 전체 정보, 상수 풀 세부 정보 등 좀 더 자세한 내용까지 볼 수 있습니다. 소스 파일에는 메서드가 `main()` 하나뿐이지만 컴파일 후 변환된 클래스 파일

20 **역자주_** 이 책에서는 저자가 직접 작성한 코드가 아닌, 자바 JDK 등 다른 라이브러리의 소스 코드에 포함된 주석, 또는 `javap` 같은 툴을 실행하여 생성된(generated) 텍스트 내부의 주석은 독자의 혼란을 줄이기 위해 따로 번역하지 않았습니다.

에는 javac가 클래스 파일에 디폴트(기본) 생성자를 자동 추가하므로 메서드는 총 2개 생성됩니다.

제일 먼저 생성자에서 this 레퍼런스를 스택 상단에 올려놓는 aload_0 명령이 실행됩니다. 그 다음, invokespecial 명령이 호출되면 슈퍼생성자들을 호출하고 객체를 생성하는 등 특정 작업을 담당하는 인스턴스 메서드를 실행합니다. HelloWorld 클래스는 디폴트 생성자를 오버라이드한 코드가 없으므로 Object 디폴트 생성자가 매치됩니다.

NOTE_ 옵코드는 JVM 내부에서 매우 간결한 형태로, 타입, 작업을 비롯해 지역 변수, 상수 풀, 스택 간의 상호 작용을 나타냅니다.

다음은 main() 메서드입니다. iconst_0으로 정수형 상수 0을 평가 스택에 푸시[push]하고, istore_1으로 이 상숫값을 오프셋 1에 위치한 지역 변수(루프의 i)에 스토어(저장)합니다. 지역 변수 오프셋은 0부터 시작하며, 인스턴스 메서드에서 0번째 엔트리는 무조건 this입니다. 그리고 오프셋 1의 변수를 스택으로 다시 로드(iload_1)한 뒤, 상수 10을 푸시(bipush 10)한 다음 if_icmpge로 둘을 비교합니다('정숫값이 10보다 같거나 큰가?'). 물론 이 테스트는 정숫값이 ≥ 10일 때 성공하겠죠.

처음 몇 차례는 이 비교 테스트가 실패할 테니 8번 명령으로 넘어갑니다. 여기서 System.out의 정적 메서드를 해석(getstatic #2)하고 상수 풀에서 "Hello World"라는 스트링(문자열)을 로드(ldc #3)한 다음, invokevirtual 명령으로 이 클래스에 속한 인스턴스 메서드를 실행합니다. 정숫값은 하나 증가(iinc 1, 1)되고 goto를 만나 다시 2번 명령으로 되돌아갑니다.

이 과정이 if_icmpge 테스트가 성공할 때(i≥ 10일 경우)까지 반복되다가 마지막에 22번 명령으로 제어권이 넘어가 메서드가 반환됩니다.

2.3 핫스팟 입문

1999년 4월, 썬 마이크로시스템즈[Sun Microsystems]는 성능 관점에서 자바에 가장 큰 변화를 가져왔습니다. 바로 자바의 요체인 핫스팟 가상 머신입니다. 핫스팟을 처음 선보인 이후로 자바는 C/C++ 같은 언어에 필적할 만한 성능을 자랑하며 진화를 거듭했습니다(그림 2-3). '어떻게 이런 일이 가능했을까요?' 애플리케이션 개발에 초점을 두고 설계된 자바 언어를 좀 더 깊숙이 알아보겠습니다.

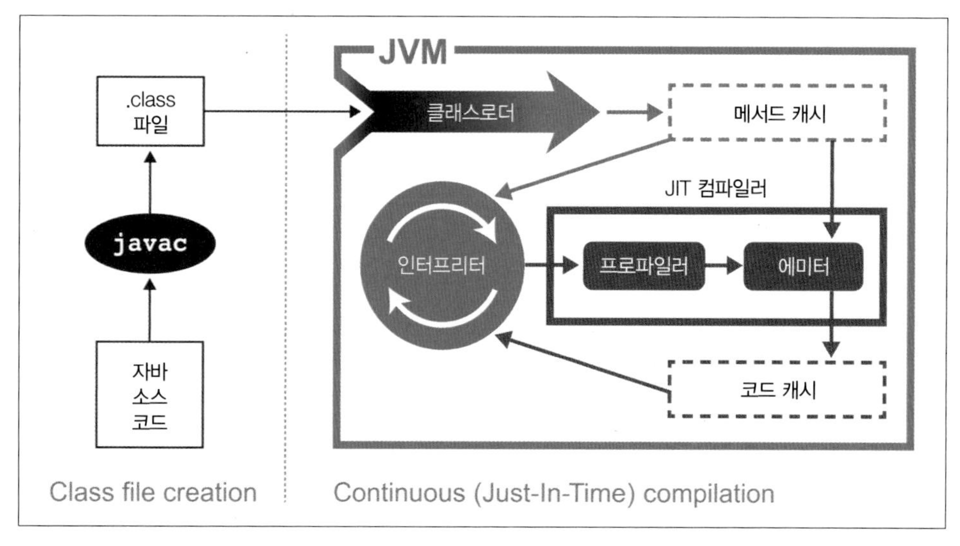

그림 2-3 핫스팟 JVM

언어 및 플랫폼 설계 과정에는 추구하는 바를 끊임없이 저울질하며 결정을 내려야 할 일이 따릅니다. '제로 코스트(비용이 들지 않는) 추상화 zero-cost abstraction' 사상에 근거한 '기계에 가까운' 언어와 개발자의 생산성에 무게를 두고 엄격한 저수준 제어라는 '일을 대행하는' 언어 사이에서 갈등을 겪게 되지요.

> C++ 코드는 제로-오버헤드 원칙을 준수합니다.
>
> 사용하지 않는 것에는 대가를 치르지 않습니다
>
> 즉, 여러분이 사용하는 코드보다 더 나은 코드를 건네줄 수는 없습니다.
>
> – 비야네 스트롭스트룹[21]

제로-오버헤드 원칙은 이론적으로 그럴싸하지만, 결국 컴퓨터와 OS가 실제로 어떻게 작동해야 하는지 언어 유저(개발자)가 아주 세세한 저수준까지 일러주어야 한다는 겁니다. 성능 자

21 **역자주_** C++ 프로그래밍 언어를 개발한 덴마크의 저명한 컴퓨터 과학자.

체가 주 관심사가 아닌 개발자 입장에서는 엄청난 학습 부담으로 다가오겠죠.

뿐만 아니라 이런 언어로 작성한 소스 코드를 빌드하면 플랫폼에 특정한(그 플랫폼에서만 사용 가능한) 기계어로 컴파일됩니다 (이것을 **사전**Ahead-of-Time(AOT) **컴파일**이라고 합니다). 확실히 인터프리터, 가상 머신, 이식성 레이어 같은 대안 실행 모델은 대부분 제로-오버헤드가 아니기 때문입니다.

"여러분이 사용하는 코드보다 더 나은 코드를 건네줄 수는 없습니다"는 표현 역시 문제의 소지가 있습니다. 이 말은 많은 의미를 내포하지만, 특히 개발자는 결코 자동화 시스템보다 더 나은 코드를 작성할 수 없을 거라는 전제가 깔려 있습니다. 하지만 이것은 안전한 추정이 아닙니다. 요즘 어셈블리 언어로 코딩할 사람은 거의 없을 테니 (컴파일러 같은) 자동화 시스템으로 코드를 생성하는 편이 대다수 프로그래머에게는 분명 이롭습니다.

자바는 이러한 제로-오버헤드 추상화 철학을 한번도 동조한 적이 없습니다. 오히려 핫스팟은 프로그램의 런타임 동작을 분석하고 성능에 가장 유리한 방향으로 영리한 최적화를 적용하는 가상 머신입니다. 핫스팟 VM의 목표는 개발자가 억지로 VM 틀에 맞게 프로그램을 욱여넣는 대신, 자연스럽게 자바 코드를 작성하고 바람직한 설계 원리를 따르도록 하는 것입니다.

2.3.1 JIT 컴파일이란?

자바 프로그램은 바이트코드 인터프리터가 가상화한 스택 머신에서 명령어를 실행하며 시작됩니다. CPU를 추상화한 구조라서 다른 플랫폼에서도 클래스 파일을 문제없이 실행할 수 있지만, 프로그램이 성능을 최대로 내려면 네이티브 기능을 활용해 CPU에서 직접 프로그램을 실행시켜야 합니다.

이를 위해 핫스팟은 프로그램 단위(메서드와 루프)를 인터프리티드 바이트코드에서 네이티브 코드로 컴파일합니다. 바로 **JIT**Just-in-Time(적시, 그때그때 하는) **컴파일**이라고 알려진 기술입니다.

핫스팟은 인터프리티드 모드로 실행하는 동안 애플리케이션을 모니터링하면서 가장 자주 실행되는 코드 파트를 발견해 JIT 컴파일을 수행합니다. 이렇게 분석을 하는 동안 미리 프로그래밍한 추적 정보가 취합되면서 더 정교하게 최적화를 할 수 있습니다. 특정 메서드가 어느 한계치threshold(임계점)을 넘어가면 프로파일러profiler가 특정 코드 섹션을 컴파일/최적화합니다.

JIT 방식으로 컴파일하면 여러모로 이점이 많습니다. 무엇보다 컴파일러가 해석 단계에서 수집한 추적 정보를 근거로 최적화를 결정한다는 게 가장 큰 장점입니다. 상황별로 수집한 다양한 정보를 토대로 핫스팟이 더 올바른 방향으로 최적화할 수 있겠죠.

핫스팟은 개발에 공들인 시간만도 수백 년(또는 그 이상)에 이르고 새 버전이 나올 때마다 최신 최적화 기법과 혜택을 추가해 왔습니다. 따라서 최신 성능 최적화의 덕을 보려면 아무래도 핫스팟 새 버전에서 자바 애플리케이션을 실행하는 것이 좋습니다(물론, 다시 컴파일할 필요는 없습니다).

> **TIP_** 자바 소스 코드가 바이트코드로 바뀌고 또 다른 컴파일 단계(JIT)를 거친 후 실제로 실행되는 코드는 처음에 개발자가 작성한 소스 코드와는 사뭇 다릅니다. 성능 관련 탐구를 할 때 아주 중요한 사실이니 꼭 기억하세요. JVM에서 JIT 컴파일 후 실행되는 코드는 원본 자바 소스 코드와는 전혀 딴판일 가능성이 큽니다.

일반적으로 C++(그리고 요즘 떠오르는 러스트Rust[22]) 같은 언어에서는 성능을 좀 더 쉽게 예측할 수 있지만, 저수준의 수많은 복잡한 골칫거리를 유저가 고스란히 안고 갈 수밖에 없습니다.

그렇다고 '성능을 예측할 수 있는 것'이 반드시 '더 나은 것'도 아닙니다. AOT 컴파일러[23]는 여러 기종의 프로세서에서 실행 가능한 코드를 만들지만, 프로세서에 특정한 기능은 어쩔 도리가 없습니다.

자바처럼 프로필 기반 최적화profile-guided optimization(PGO)를 응용하는 환경에서는 대부분의 AOT 플랫폼에서 불가능한 방식으로 런타임 정보를 활용할 여지가 있으므로 **동적 인라이닝**dynamic inlining 또는 가상 호출virtual call 등으로 성능을 개선할 수 있습니다. 또 핫스팟 VM은 시동 시 CPU 타입을 정확히 감지해 가능하면 특정 프로세서의 기능에 맞게 최적화를 적용할 수 있습니다.

---

22 **역자주_** 모질라 리서치에서 개발한 범용 프로그래밍 언어. '안전하고, 병렬적이며, 실용적인' 언어로 디자인되었으며, 순수 함수형 프로그래밍, 액터 기반 병렬 프로그래밍, 명령형 프로그래밍, 객체 지향 프로그래밍 스타일을 지원합니다. (출처: 위키백과)

23 **역자주_** AOT 컴파일(Ahead-Of-Time compile)은 목표 시스템의 기계어와 무관하게 중간 언어 형태로 배포된 후 목표 시스템에서 인터프리터나 JIT 컴파일 등 기계어 번역을 통해 실행되는 중간 언어를 미리 목표 시스템에 맞는 기계어로 번역하는 방식을 지칭합니다. (출처: 위키백과)

TIP_ 프로세서 기능을 정밀하게 감지하는 기법을 **JVM 인트린직**intrinsics(고유체, 내장 함수)이라고 합니다. synchronized 키워드를 써서 설정하는 인트린직 락(고유 락)과는 전혀 무관하니 헷갈리지 마세요.

PGO와 JIT 컴파일은 9, 10장에서 다시 자세히 다룹니다.

핫스팟 특유의 정교한 접근 방식 덕분에 대다수 일반 개발자는 엄청난 혜택을 누리게 됐지만, 제로-오버헤드 추상화를 포기한 탓에 고성능 자바 애플리케이션을 개발하는 사람들은 '상식적인' 추론으로 애플리케이션이 실제로 동작하는 방식을 단순하게 넘겨짚지 않도록 조심해야 합니다.

NOTE_ 한정된 부분의 자바 코드의 성능을 분석하는 건(**마이크로벤치마크**micro-benchmark) 보통 전체 애플리케이션을 대상으로 분석하는 작업보다 훨씬 더 까다롭고, 여느 개발자가 맡기엔 버거운, 고도로 전문적인 분야입니다. 5장에서 다시 이야기합니다.

핫스팟의 컴파일 서브시스템과 더불어 초창기부터 자바를 독보적인 언어로 만들었던 특징은 바로 자동 메모리 관리automatic memory management 기능입니다.

2.4 JVM 메모리 관리

C, C++, 오브젝티브-C 개발자는 메모리 할당/해제 작업을 직접 수행합니다. 메모리와 객체 수명을 사람이 관리하면 좀 더 확정적인 성능을 낼 수 있고 리소스 수명을 객체 생성/삭제와 직접 결부시킬 수 있는 장점이 있지만, 그만큼 반드시 개발자가 메모리를 정확하게 계산해서 처리해야 하는 막중한 책임이 수반됩니다.

그러나 실제로 수십 년간 프로그래밍 역사를 거치면서 메모리 관리 용어나 패턴조차 제대로 모르는 개발자가 태반이라는 사실을 알게 됐습니다. 나중에 등장한 C++, 오브젝티브-C 버전은 표준 라이브러리에 **스마트 포인터**smart pointer[24]를 도입해 어느 정도 성과를 거두긴 했지만, 자바 탄생 무렵엔 부실한 메모리 관리 탓에 애플리케이션 에러가 나는 일이 비일비재 했습니다. 수

24 역자주_ C++ 11부터 새롭게 선보인, 포인터처럼 동작하는 클래스 템플릿. 헤더 파일에 unique_ptr, shared_ptr, weak_ptr 세 종류가 정의되어 있고 사용을 마친 메모리를 자동으로 해제합니다.

많은 개발자와 관리자가 비즈니스 가치를 부여하는 활동을 멈추고 언어 자체와 씨름하다가 귀중한 시간을 허비했지요.

자바는 **가비지 수집**Garbage Collection[25]이라는 프로세스를 이용해 힙 메모리를 자동 관리하는 방식으로 해결합니다. 가비지 수집이란 한 마디로, JVM이 더 많은 메모리를 할당해야 할 때 불필요한 메모리를 회수하거나 재사용하는 불확정적nondeterministic 프로세스입니다.

GC를 만드는 일은 결코 간단하지 않았고 자바 역사를 통틀어 온갖 가비지 수집 알고리즘이 개발/응용됐습니다. 일단 GC가 실행되면 그동안 다른 애플리케이션은 모두 중단되고 하던 일은 멈춰야 합니다. 이 중단 시간은 대개 아주 짧지만, 애플리케이션 부하가 늘수록 이 시간도 무시할 수 없습니다.

가비지 수집은 자바 성능 최적화의 중심 주제이므로 6, 7, 8장에 걸쳐 자세히 다룹니다.

2.5 스레딩과 자바 메모리 모델(JMM)

자바는 1.0부터 멀티스레드 프로그래밍을 기본 지원했습니다. 다음 구문(자바 8 기준)으로 자바 개발자가 얼마든지 실행 스레드를 새로 만들 수 있죠.

```
Thread t = new Thread(() -> {System.out.println("Hello World!");});
t.start();
```

그런데 원래 자바 환경 자체가 JVM처럼 멀티스레드 기반인 까닭에 자바 프로그램이 작동하는 방식은 어쩔 수 없이 한층 더 복잡해졌고 성능 분석가도 작업하기가 훨씬 힘들어졌습니다.

주류 JVM 구현체에서 자바 애플리케이션 스레드는 각각 정확히 하나의 전용 OS 스레드에 대응됩니다. 공유 스레드 풀을 이용해 전체 자바 애플리케이션 스레드를 실행하는 방안(**그린 스레드**green threads)도 있지만, 쓸데없이 복잡도만 가중시킬 뿐, 만족할 만한 수준의 성능은 나오지 않는 거로 밝혀졌습니다.

25 **역자주_** 가비지 컬렉션, 쓰레기 수집 등으로 표기한 문헌도 있지만, 이 책에서는 의도적으로 원어 음차(가비지)와 우리말(수집)을 결합시킨 '가비지 수집'이라는 용어를 쓰겠습니다.

NOTE_ 모든 JVM 애플리케이션 스레드의 이면에는 해당 `Thread` 객체의 `start()` 메서드가 호출될 때 생성되는 유일한 OS 스레드가 있다고 보면 됩니다.

1990년대 후반부터 자바의 멀티스레드 방식은 다음 세 가지 기본 설계 원칙에 기반합니다.

- 자바 프로세스의 모든 스레드는 가비지가 수집되는 하나의 공용 힙을 가진다.
- 한 스레드가 생성한 객체는 그 객체를 참조하는 다른 스레드가 액세스할 수 있다.
- 기본적으로 객체는 변경 가능하다mutable. 즉, 객체 필드에 할당된 값은 프로그래머가 애써 `final` 키워드로 불변immutable 표시하지 않는 한 바뀔 수 있다.

JMM은 서로 다른 실행 스레드가 객체 안에 변경되는 값을 어떻게 바라보는지를 기술한 공식 메모리 모델입니다. 자, 스레드 A와 스레드 B가 둘 다 객체 `obj`를 참조할 때 스레드 A가 `obj` 값을 바꾸면 스레드 B는 무슨 값을 참조하게 될까요?

언뜻 보기에 간단한 문제 같지만 OS 스케줄러(3장)가 언제라도 CPU 코어에서 강제로 스레드를 방출할 수 있기 때문에 의외로 복잡합니다. 스레드 A가 아직 처리 중인 객체를 스레드 B가 시작되면서 참조할 때 잘못된, 무효 상태의 객체를 바라보게 될 가능성이 도사리고 있으니까요.

상호 배타적 락mutual exclusion lock은 코드가 동시 실행되는 도중 객체가 손상되는 현상을 막을 수 있는 자바의 유일한 방어 장치지만 실제로 애플리케이션에 사용하려면 상당히 복잡해질 수 있습니다. JMM의 상세한 작동 원리와 실제로 스레드/락을 다루는 방법은 12장에서 다룹니다.

2.6 JVM 구현체 종류

오라클이 제작한 핫스팟 이외에도 제각기 다른 방법으로 구현한 자바 구현체가 많습니다.[26]

OpenJDK

OpenJDK는 자바 기준 구현체reference implementation[27]를 제공하는 특별한 오픈 소스(GPL) 프로젝트입니다. 오라클이 직접 프로젝트를 주관/지원하며 자바 릴리즈 기준을 발표합니다.

오라클 자바(Oracle)

가장 널리 알려진 구현체로, OpenJDK가 기반이지만 오라클 상용 라이선스로 재라이선스를 받았습니다. 오라클 자바에 변경된 내용은 (아직 공식적으로 발표하지 않은 보안 패치를 제외하고) 거의 전부 OpenJDK 공개 저장소에 커밋됩니다.

줄루(Zulu)

줄루는 아줄 시스템Azul Systems이 제작한, 자바 풀 인증을 받은 무료(GPL 라이선스) OpenJDK 구현체입니다. 상용 라이선스 문제로 제약받을 일 없이 자유롭게 재배포할 수 있습니다. 아줄 시스템은 OpenJDK 유료 지원 서비스를 제공하는 몇 안 되는 업체입니다.

아이스티(IcedTea)

아이스티는 레드햇의 작품으로, 역시 풀 인증을 받았고 재배포 가능합니다. 레드햇은 자바 풀 인증을 받은 OpenJDK 기반의 자바 구현체를 제작한 (오라클을 제외한) 최초의 회사입니다.

징(Zing)

징은 아줄 시스템이 제작한 고성능 상용 JVM입니다. 자바 풀 인증을 받았고 64비트 리눅스에서만 작동합니다. 대용량 힙 메모리(수십 ~ 수백 GB)와 멀티 CPU 서버급 시스템을 위해 설계된 제품입니다.

---

26 역자주_ 전체 리스트는 *https://en.wikipedia.org/wiki/List_of_Java_virtual_machines* 참고

27 역자주_ 다른 개발자가 어떤 하드웨어나 소프트웨어를 구현할 때 참조할 수 있는 샘플 프로그램.

J9

IBM이 만든 J9는 상용 JVM으로 출발했다가 (핫스팟처럼) 중간에 오픈 소스로 바뀌었습니다. 지금은 이클립스 OMR 프로젝트 기반으로 제작되며 IBM 상용 제품의 근간을 이루고 있습니다. 자바 인증 체계와 완전히 호환됩니다.

애비안(Avian)

애비안은 100% 자바 인증을 받은 구현체가 아니므로 제품으로 쓰기에 완전한 솔루션은 아니지만, JVM의 세부 작동 원리가 궁금한 개발자에게 훌륭한 학습 도구 역할을 하는, 흥미로운 오픈 소스 프로젝트라서 목록에 추가했습니다.

안드로이드(Android)

구글 안드로이드가 '자바에 기반한' 프로젝트라고 보는 분들이 많지만, 사실 조금 복잡한 속사정이 있습니다. 원래 안드로이드는 논JVMnon-JVM 가상 머신 용도의 다른 파일 포맷(*.dex*)으로 변환하기 위해 (완전히 순수했던 하모니 프로젝트Harmony project[28]에 있던) 여러 가지 자바 클래스 라이브러리 구현체와 교차 컴파일러cross compiler[29]를 사용했습니다.

이 책은 핫스팟에 관한 내용이 대부분이지만, 오라클 자바, 아줄 줄루, 레드햇 아이스티, 그 밖의 다른 OpenJDK에서 파생된 JVM에도 똑같이 적용됩니다.

NOTE_ 유사한 버전을 비교해보면 사실 핫스팟 기반 구현체 간에 큰 성능 차이는 없습니다.

핫스팟을 대신할 구현체의 존재를 알리고자 일부에 지나지 않지만, IBM J9 및 아줄 징Azul Zing에 관련된 내용도 수록했습니다. 관심 있는 독자는 성능 목표를 수립한 후에 측정, 비교를 거듭하며 깊이 있게 연구해보세요.

안드로이드는 자체 런타임에서 직접 지원되는 OpenJDK 8 클래스 라이브러리를 사용하는 방향으로 옮아가는 추세입니다. 안드로이드 기술 스택은 다른 예제와는 다소 거리가 있으므로 이

28 역자주_ 오픈 소스 자바 SE를 표방하며 아파치 재단의 지원 하에 대부분 IBM 직원들이 코드를 작성했습니다(*http://harmony.apache.org* 참고).

29 역자주_ 컴파일러가 실행되는 플랫폼이 아닌 다른 플랫폼에서 실행 가능한 코드를 생성할 수 있는 컴파일러. (출처: 위키백과)

책에서 안드로이드는 고려 대상에서 제외합니다.

2.6.1 JVM 라이선스

JVM 구현체는 거의 다 오픈 소스이고 IBM J9(이클립스 라이선스)와 상용 제품인 아줄 징(아줄 줄루는 GPL 라이선스)을 제외하면 대부분 핫스팟(GPL 라이선스)에서 비롯된 제품입니다.

그런데 오라클 자바(자바 9 이후) 라이선스 체계는 좀 복잡합니다. 오라클 자바의 기반은 OpenJDK 코드 베이스이지만 오픈 소스가 아닌, 상용 제품입니다. 그래서 오라클은 모든 OpenJDK 컨트리뷰터contributor[30]들이 OpenJDK의 GPL 라이선스와 오라클사의 상용 라이선스, 이중 라이선스에 동의한다는 서명을 받아냈습니다.

지금까지 오라클 자바의 업데이트 버전은 각각 OpenJDK 주 브랜치mainline branch에서 가져왔지만, 차기 릴리즈부터는 주 브랜치에는 패치하지 않겠다고 합니다. 그러면 오라클 JDK와 OpenJDK의 격차가 점점 더 벌어지는 현상을 막을 수 있고, 소스가 동일한 오라클JDK와 OpenJDK의 바이너리 간의 유의미한 차이점도 사라질 겁니다.

다시 말해, 오라클 JDK와 OpenJDK는 라이선스 외에는 아무런 차이가 없습니다. 하지만 오라클 라이선스에는 개발자가 조심해야 할 몇 가지 조항이 포함되어 있으니 눈여겨보세요.

- 회사 밖으로 오라클 바이너리를 (이를테면, 도커 이미지 형태로) 재배포하는 행위는 허용되지 않는다.
- 사전 동의(보통 서비스 지원 계약) 없이 오라클 바이너리를 함부로 패치하면 안 된다.

또 오라클 JDK에서만 작동하는 상용 기능과 툴에도 동일한 라이선스 조항이 적용됩니다. 그러나 앞으로 오라클이 자바를 릴리즈하면서 이런 상황은 달라질 것입니다(15장 참고).

여러분이 새로이 배포 환경을 기획하는 개발자/아키텍트라면 JVM 업체를 신중하게 고려해서 선정하세요. 트위터나 알리바바처럼 큰 기업은 자체 OpenJDK 빌드 버전을 따로 두기도 하지만, 이 정도로 기술 역량을 축적한 회사는 그리 많지 않습니다.

---

30 역자주_ 오픈 소스의 코드를 작성/수정하는 일뿐만 아니라, 오류 제보, 주석 작성, 문서화 등 소프트웨어 개발에 도움을 주는 사람들.

2.7 JVM 모니터링과 툴링

JVM은 성숙한 실행 플랫폼으로, 실행 중인 애플리케이션을 인스트루먼테이션instrumentation[31], 모니터링, 관측하는 다양한 기술을 제공합니다. 다음은 이런 종류의 툴에 쓰이는 몇 가지 중요한 기술입니다.

- 자바 관리 확장Java Management Extensions(JMX)
- 자바 에이전트Java agent
- JVM 툴 인터페이스JVM Tool Interface(JVMTI)
- 서비서빌리티 에이전트Serviceability Agent(SA)

JMX는 JVM과 그 위에서 동작하는 애플리케이션을 제어하고 모니터링하는 강력한 범용 툴입니다. 여느 클라이언트 애플리케이션처럼 메서드를 호출하고 매개변수를 바꿀 수 있습니다. 모든 사용법을 전부 다 설명할 순 없지만, 어쨌든 JMX(및 이와 관련된 네트워크 전송 프로토콜 RMI)는 JVM을 관리하는 기본 수단입니다.

자바 에이전트는 (그 이름답게) 자바 언어로 작성된 툴 컴포넌트로, `java.lang.instrument` 인터페이스로 메서드 바이트코드를 조작합니다. 에이전트는 다음과 같이 JVM에 시작 플래그를 추가해서 설치합니다.

```
-javaagent:<에이전트 JAR 파일이 위치한 경로>=<옵션>
```

에이전트 JAR 파일에서 **매니페스트**manifest(*manifest.mf* 파일)는 필수입니다. 또 `Premain-Class` 속성에 에이전트 클래스명을 반드시 지정해야 합니다. 이 클래스는 자바 에이전트의 **등록 후크**registration hook 역할을 수행하는 `public static premain()` 메서드를 구현해야 합니다.[32]

자바 인스트루먼테이션 API로도 부족하면 JVMTI를 대신 사용할 수 있습니다. JVMTI는 JVM의 네이티브 인터페이스이기 때문에 JVMTI를 사용하는 에이전트는 필히 C/C++ 같은 네이티브 컴파일 언어로 작성해야 합니다. 네이티브 에이전트가 JVM 이벤트를 모니터링하며 알림을

31 역자주_ 컴퓨터 프로그래밍에서 인스트루먼테이션(instrumentation)은 오류 진단이나 성능 개선을 위해 애플리케이션에 특정한 코드를 끼워 넣는 것.

32 역자주_ 자바 인스트루먼테이션 API는 JVM이 로드한 바이트코드를 조작하는 기능을 제공하며, premain() 메서드는 그 이름답게 애플리케이션 main() 메서드 이전(pre)에 실행됩니다.

받을 수 있도록 만든 통신 인터페이스죠. 네이티브 에이전트를 설치하는 플래그는 자바 에이전트와 약간 다릅니다.

```
-agentlib:<에이전트 라이브러리명>=<옵션>
```

또는

```
-agentpath:<에이전트 경로>=<옵션>
```

JVMTI 에이전트를 네이티브 코드로 개발해야 하는 요건 때문에 실행 중인 애플리케이션에 악영향을 미치거나 심지어 JVM을 멎게 할 만한 코드를 작성하기 쉽습니다.

그래서 가급적 JVMTI보다 자바 에이전트로 작성하는 게 낫고 아무래도 코딩하기도 자바 에이전트가 더 쉽습니다. 물론 간혹 자바 API로 가져올 수 없는 정보는 JVMTI로 가져올 수밖에 없습니다.

마지막으로 SA는 자바 객체, 핫스팟 자료 구조 모두 표출 가능한 API와 툴을 모아놓은 것입니다. SA를 이용하면 대상 JVM에서 코드를 실행할 필요가 없습니다. 핫스팟 SA는 **심볼 룩업**symbol lookup 같은 기본형을 이용하거나 프로세스 메모리를 읽는 방식으로 디버깅합니다. SA는 코어 파일core file (크래시 덤프 파일crash dump file이라고도 함) 및 아직 생생한 자바 프로세스까지 디버깅할 수 있습니다.

2.7.1 VisualVM

`javac`, `java` 등의 잘 알려진 바이너리뿐만 아니라 JDK에는 유용한 가외 툴이 참 많습니다. 넷빈즈NetBeans 플랫폼 기반의 시각화 툴인 VisualVM도 사람들이 잘 모르고 지나치는 툴입니다.

> **TIP_** `jvisualvm`은 초기 자바 버전에 있다가 이제는 더 이상 안 쓰는 `jconsole`을 대체하는 툴입니다. 아직도 `jconsole`를 사용하는 독자는 VisualVM으로 갈아타세요(VisualVM 내부에는 `jconsole` 플러그인을 실행할 수 있게 해주는 호환 플러그인도 있습니다).

자바 최근 버전에 내장된 VisualVM은 안정된 버전이라서 그냥 쓰면 되지만 더 최신 버전을 써야 할 경우에는 *http://visualvm.java.net/*에서 파일을 내려받으세요. 그리고 JRE에 포함된 기본 바이너리가 실행될 수 있으니 디폴트 경로에 `visualvm` 바이너리 경로를 잊지 말고 추가하기 바랍니다.

> **TIP_** 자바 9부터는 주요 배포 파일에서 VisualVM이 빠졌기 때문에 개발자가 따로 바이너리 파일을 내려받아야 합니다.

VisualVM을 처음 시작하면 자신이 실행되는 머신을 보정calibrate하는 과정을 거치므로 성능 보정에 영향을 줄 만한 다른 애플리케이션은 닫는 게 좋습니다. 보정 후 VisualVM이 시동되면 시작 화면이 표시됩니다. VisualVM 뷰 중에서 가장 익숙한 Monitor(모니터) 화면입니다(그림 2-4).

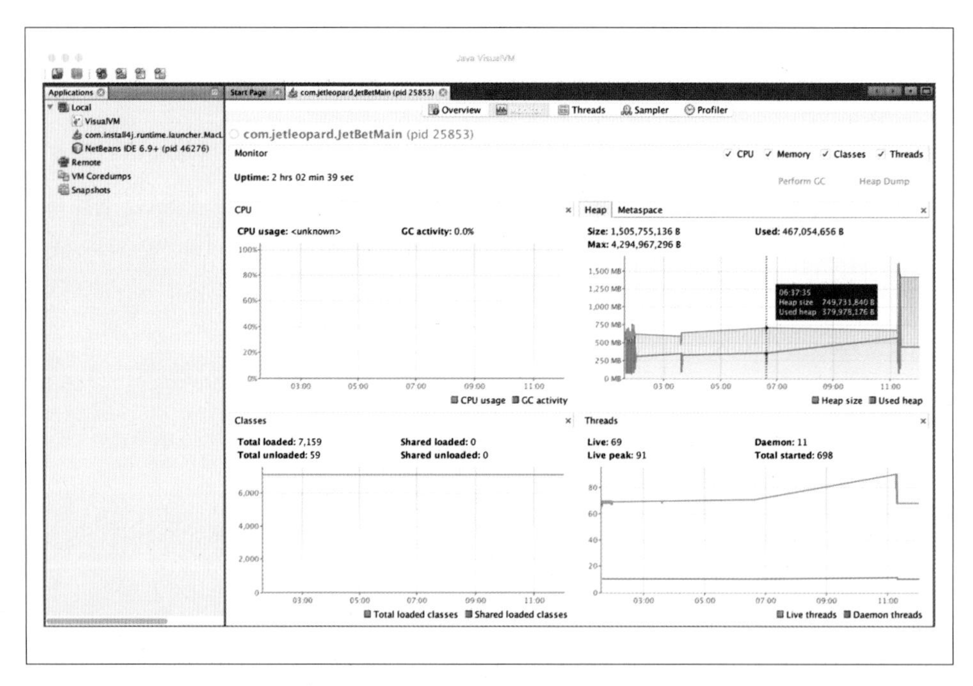

그림 2-4 VisualVM Monitor 화면

VisualVM은 JVM **어태치 메커니즘**attach mechanism[33]을 이용해 실행 프로세스를 실시간 모니터링

33 역자주_ 자바 Attach API를 이용해 애플리케이션을 타깃 JVM에 부착(attach)하는 장치를 말합니다.

합니다. 프로세스가 로컬인지, 원격인지에 따라 작동 방식이 조금 다릅니다.

로컬 프로세스는 아주 간단해서 VisualVM은 화면 좌측에 프로세스를 죽 나열합니다. 그중 하나를 더블클릭하면 우측 패널에 새 탭이 뜹니다.

원격 프로세스에 연결하려면 원격지로부터 (JMX를 통해) 인바운드(안으로 들어오는) 접속이 허용돼야 합니다. 표준 자바 프로세스에서 이 말은 원격 호스트에서 `jstatd`이 실행되고 있어야 한다는 뜻입니다(더 자세한 내용은 `jstatd` 매뉴얼 페이지 참고).

> **NOTE_** 애플리케이션 서버나 실행 컨테이너는 `jstatd`를 직접 서버에서 실행한 것과 동등한 기능을 제공하므로 `jstatd` 프로세스를 별도로 띄울 필요가 없습니다.

탭에서 hostname(호스트명), display name(표시명)을 입력해서 원격 프로세스에 접속합니다. 디폴트 접속 포트는 1099번이지만 원하면 다른 번호로 쉽게 바꿀 수 있습니다.

VisualVM은 다섯 가지 탭을 기본 제공합니다.

개요(Overview)

자바 프로세스에 관한 요약 정보를 표시합니다. 프로세스에 전달한 전체 플래그와 시스템 프로퍼티, 그리고 실행 중인 자바 버전도 정확히 나옵니다.

모니터(Monitor)

예전 JConsole 뷰와 거의 비슷한 탭입니다. CPU, 힙 사용량 등 JVM을 고수준에서 원격 측정한 값들이 표시됩니다. 로드/언로드된 클래스 개수 및 실행 중인 스레드 개수 등 현황도 알 수 있습니다.

스레드(Thread)

실행 중인 애플리케이션 각 스레드(애플리케이션 스레드 + VM 스레드)가 시간대별로 표시됩니다. 스레드별 상태와 짧은 변화 추이를 보면서 필요시 **스레드 덤프**thread dump를 뜰 수 있습니다.

샘플러 및 프로파일러(Sample and Profiler)

CPU 및 메모리 사용률에 관한 단순 샘플링 결과가 표시됩니다. 자세한 내용은 13장에서 다룹니다.

VisualVM은 플러그인 아키텍처 덕분에 다른 툴을 손쉽게 추가해서 핵심 기능을 보충할 수 있습니다. 플러그인 중에는 JMX 콘솔과 상호작용하거나 오래된 JConsole과 연결 짓는 플러그인도 있고, VisualGC라는 아주 유용한 가비지 수집 플러그인도 있습니다.

2.8 마치며

JVM 내부의 전체 모습을 빠르게 훑어보았습니다. 중요한 주제들이 너무 많아 일부만 피상적으로 다루었는데요, 자세한 내용은 뒷장에서 다시 자세히 이야기하겠습니다.

다음 장에서는 운영체제와 하드웨어의 작동 세부에 대해 공부합니다. 자바 성능 분석가가 자신이 측정한 결과를 이해하려면 이 정도 배경지식은 당연히 필요하겠죠. 또 VM과 네이티브 서브시스템이 상호작용하는 예제 코드 하나를 살펴보면서 타이밍 서브시스템에 대해서도 자세히 알아보겠습니다.

CHAPTER 3

하드웨어와 운영체제

자바 개발자가 왜 하드웨어에 관심을 가져야 할까요?

오랫동안 컴퓨터 업계는 무어의 법칙(인텔 공동 설립자인 고든 무어Gordon Moore가 프로세서 능력의 장기적 추이를 전망한 가설)대로 흘러갔습니다. (사실상 관찰이나 추정이라 해야 할)이 법칙은 여러 가지 방법으로 나타낼 수 있지만, 가장 일반적인 표현은 다음과 같습니다.

> 대량 생산한 칩상의 트랜지스터 수는 약 18개월마다 2배씩 증가한다.

시간이 흐르면서 컴퓨터 파워가 기하급수적으로 증가하는 현상을 나타낸 말입니다. 1965년 이래 정말 무어의 법칙대로 인류 진보 역사를 통틀어 거의 전무후무한, 놀라운 발전을 이룩했고 요즘 세상의 (대부분은 아닐지라도) 많은 분야가 변화했습니다.

NOTE_ 무어의 법칙은 이미 수십 년 동안 사망했다고 볼 수 있습니다. 칩 기술의 혁명적인 진보는 (마침내) 종말을 고했다고 할 수 있는 뚜렷한 근거가 많습니다.

하드웨어는 최신 컴퓨터의 저렴해진 '트랜지스터 가격' 이점을 극대화하기 위해 점점 더 복잡해졌고, 그 위에서 작동하는 소프트웨어 역시 새로운 기능을 발전시키는 과정에서 복잡도를 더했습니다. 그 결과, 소프트웨어는 강력한 파워를 자유자재로 구사할 수 있을 정도로 발전했지만, 성능 향상을 꾀하려면 복잡한 기반 기술에 의지해야 할 수밖에 없게 됐습니다.

엄청난 성능 개선의 혜택을 일반 애플리케이션 개발자도 누릴 수 있었지만, 그 결과 복잡한 소프트웨어가 어지러이 자리 잡게 되었죠. 소프트웨어 애플리케이션은 이제 글로벌 사회의 모든 부문을 깊숙이 차지하고 있습니다.

마크 안드레센은 이렇게 표현했습니다.

> 소프트웨어가 세상을 먹어치우고 있다.
>
> – 마크 안드레센

자바 언어는 컴퓨팅 파워가 향상되면서 여러모로 많은 혜택을 받았습니다. 언어 및 런타임 설계가 (어쩌면 운 좋게도) 프로세서가 강력해지는 시류와 잘 맞아떨어졌죠. 하지만 성능을 진지하게 고민하는 자바 프로그래머는 가용 리소스를 최대한 활용할 수 있도록 자바 플랫폼의 근간 원리와 기술을 잘 알고 있어야 합니다.

자바 애플리케이션을 플랫폼 및 코드 수준에서 최적화하는 기법과 최신 JVM의 소프트웨어 아키텍처는 뒷장에서 다룹니다. 이 장에서는 앞으로 이어질 모든 이야기를 이해하는 단서가 될 만한, 최신 하드웨어와 OS에 관한 기본 지식을 빠르게 훑어보겠습니다.

3.1 최신 하드웨어 소개

아직도 많은 대학교의 하드웨어 아키텍처 수업 시간에는 너무 간단하고 고전적인 하드웨어 내용을 강의하는 경우가 허다합니다. 하드웨어를 레지스터 기반으로 산술, 로직, 로드, 스토어 연산을 수행하는 '지극히 뻔한' 머신으로 바라보는 거죠. 그러다 보니 학계는 CPU에게 실제로 일을 시키는 C 프로그래밍이야말로 진리의 원천인 양 지나치게 강조하는 편이지만 요즘은 이런 생각이 맞지 않습니다.

1990년대 이후, 애플리케이션 개발자 세상은 대부분 인텔 x86/x64 아키텍처 위주로 돌아갔습니다. 인텔 x86/x64 아키텍처는 근본적으로 많은 변화를 겪은 분야이고, 이후에 등장한 수많은 고급 기능들이 핵심부를 형성하고 있습니다. 이제 프로세서 작동 원리를 단순화한 멘탈 모델(정신 모형)은 전혀 맞지 않고 그런 모델을 토대로 직관적인 추론을 하면 완전히 생뚱맞은 결론을 내리기 쉽습니다.

이 장에서는 그간 발전된 여러 가지 CPU 기술을 알아보겠습니다. 일단, 요즘 자바 개발자에게 가장 중요한 메모리 이야기부터 시작합니다.

3.2 메모리

무어의 법칙에 따라 개수가 급증한 트랜지스터는 처음엔 클록 속도clock speed를 높이는 데 쓰였습니다. 클록 속도가 증가하면 초당 더 많은 명령어를 처리할 수 있으니까요. 프로세서 속도는 놀라우리만치 빨라졌는데, 4.77MHz로 작동했던 최초의 IBM PC 칩에 비하면 요즘 2GHz가 넘는 프로세서는 수백 배 더 빨라진 겁니다.

하지만 클록 속도가 증가하니 다른 문제가 생겼습니다. 칩이 빨라질수록 데이터도 더 빨리 움직여야 하는데, 시간이 갈수록 프로세서 코어의 데이터 수요를 메인 메모리가 맞추기 어려워졌습니다(그림 3-1).[34]

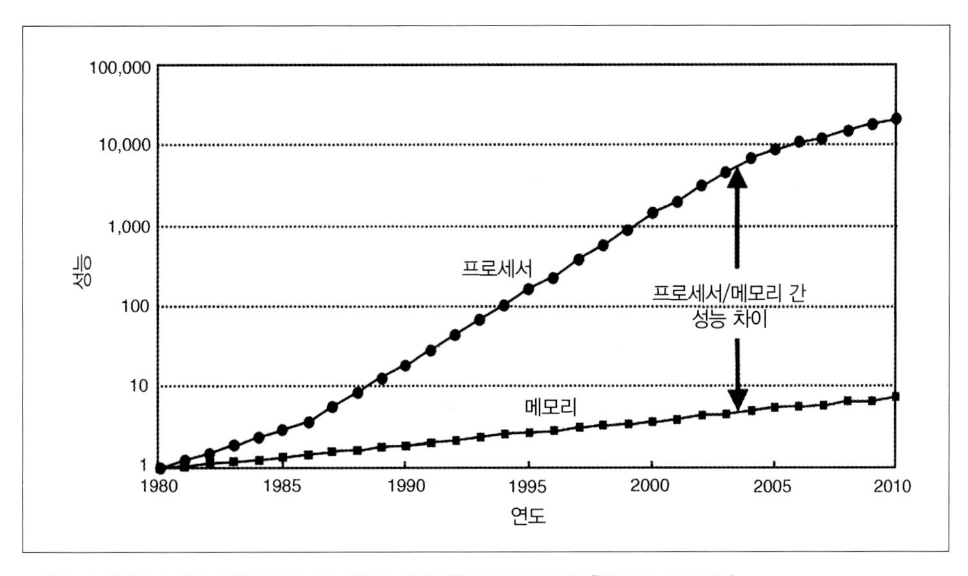

그림 3-1 메모리 속도와 트랜지스터 개수 (출처: 헤네시Hennessy와 패터슨Patterson, 2011년)

34 출처: 『Computer Architecture: A Quantitative Approach,5th Edition』(Morgan Kaufmann, 2011)

결국, 클록 속도가 올라가도 데이터가 도착할 때까지 CPU는 놀면서 기다려야 하니 아무 소용 없게 됐죠.

3.2.1 메모리 캐시

그래서 CPU 캐시가 고안됐습니다. CPU 캐시는 CPU에 있는 메모리 영역입니다. 레지스터보다는 느리지만 메인 메모리보다는 훨씬 빠르죠. 자주 액세스하는 메모리 위치는 CPU가 메인 메모리를 재참조하지 않게 사본을 떠서 CPU 캐시에 보관하자는 아이디어입니다.

요즘 CPU에는 액세스 빈도가 높은 캐시일수록 프로세서 코어와 더 가까이 위치하는 식으로 여러 캐시 계층이 있습니다. CPU와 가장 가까운 캐시가 **L1**(레벨 1캐시), 그다음 캐시가 **L2** 식으로 명명하죠. 프로세서 아키텍처에 따라 캐시 개수 및 설정 상태는 제각각이지만, 일반적으로 각 실행 코어에 전용 프라이빗 캐시 L1, L2를 두고, 일부 또는 전체 코어가 공유하는 L3 캐시를 둡니다. [그림 3-2][35]는 캐시를 쓰면 액세스 시간이 얼마나 빨라지는지 비교한 자료입니다.

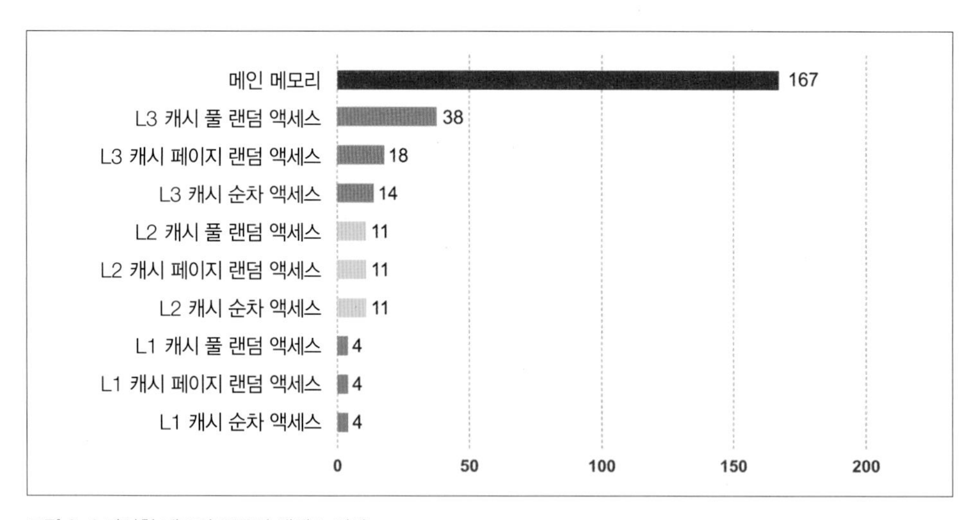

그림 3-2 다양한 메모리 종류별 액세스 시간

35 접근 시간은 연산 당 클록 사이클 수로 표시함 (출처: 구글)

이렇게 캐시 아키텍처를 이용해 액세스 시간을 줄이고 코어가 처리할 데이터를 계속 채워 넣습니다. 클록 속도와 액세스 시간의 차이 때문에 최신 CPU는 더 많은 예산을 캐시에 투자합니다.

[그림 3-3]은 그 결과 완성된 설계도입니다. CPU 코어마다 전용 L1, L2 캐시가 있고 모든 코어가 공유하는 L3 캐시가 있습니다. 메인 메모리는 노스브리지Northbridge[36] 컴포넌트를 거쳐 액세스하고 이 버스를 관통함으로써 메인 메모리 액세스 시간이 확 줄어듭니다.

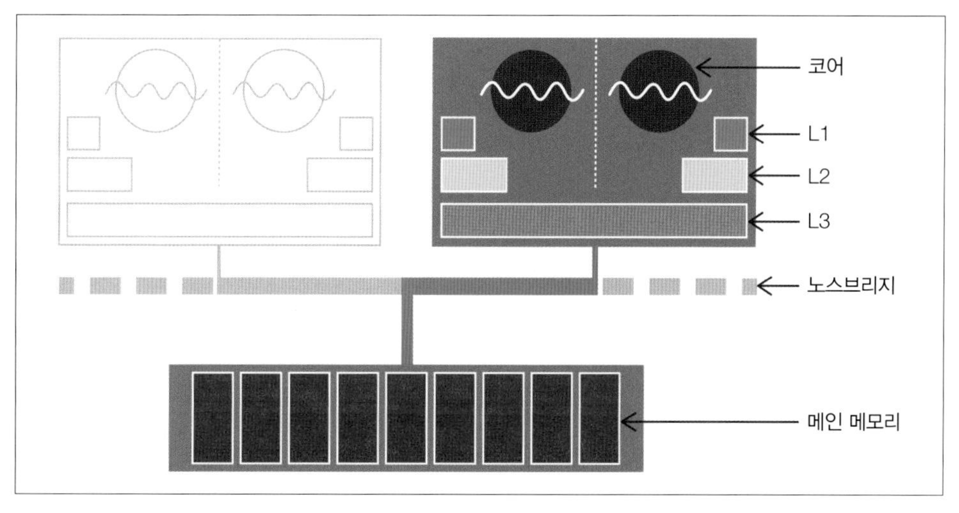

그림 3-3 전체 CPU 및 메모리 아키텍처

이렇게 캐시 아키텍처를 추가한 덕분에 프로세서 처리율은 현저히 개선됐지만, 또 다른 새로운 고민거리가 시작됐습니다. 메모리에 있는 데이터를 어떻게 캐시로 가져오고 캐시한 데이터를 어떻게 메모리에 다시 써야 할지 결정해야 했죠. 이 문제는 보통 **캐시 일관성 프로토콜**cache consistency protocol이라는 방법으로 해결합니다.

NOTE_ 책 후반부에서 다시 언급하겠지만 병렬 처리 환경에서 이런 식으로 캐싱하면 또 다른 문제가 발생합니다.

36 **역자주_** 노스브리지(northbridge)는 일반적으로 CPU, 램, 바이오스 롬, PCI 익스프레스 (또는 AGP) 그래픽 카드 사이의 통신을, 사우스브리지(southbridge)는 IDE 컨트롤러 등의 주변 장치와의 입출력을 담당합니다.

프로세서의 가장 저수준에서 MESI(및 그 변종variants)라는 프로토콜이 자주 눈에 띕니다. MESI 프로토콜은 캐시 라인(보통 64바이트) 상태를 다음 네 가지로 정의합니다.

- Modified(수정): 데이터가 수정된 상태
- Exclusive(배타): 이 캐시에만 존재하고 메인 메모리 내용과 동일한 상태
- Shared(공유): 둘 이상의 캐시에 데이터가 들어 있고 메모리 내용과 동일한 상태
- Invalid (무효): 다른 프로세스가 데이터를 수정하여 무효한 상태

요는, 멀티 프로세서가 동시에 공유 상태에 있을 수 있다는 것입니다. 하지만, 어느 한 프로세서가 배타나 수정 상태로 바뀌면 다른 프로세서는 모두 강제로 무효 상태가 됩니다(표 3-1).

표 3-1 프로세서 간 MESI 상태 변이표

	M	E	S	I
M	–	–	–	Y
E	–	–	–	Y
S	–	–	Y	Y
I	Y	Y	Y	Y

이 프로토콜에서는 프로세서가 상태를 바꾸겠다는 의사를 브로드캐스팅(방송)합니다. 공유 메모리 버스를 통해 전기 신호를 보내면 다른 프로세서가 이를 알아차리죠[그림 3-4]는 전체 상태 변이state transition 흐름을 정리한 것입니다.

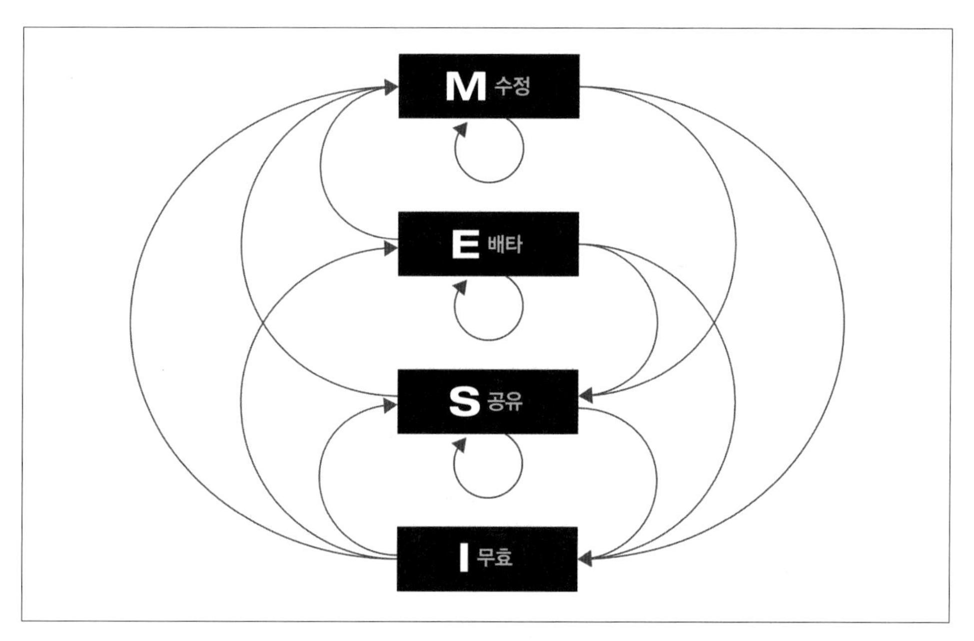

그림 3-4 MESI 상태 변이 다이어그램

프로세서가 처음 나왔을 당시에는 매번 캐시 연산 결과를 바로 메모리에 기록했습니다. 이를 **동시 기록**write-through(라이트-스루)이라고 하며, 메모리 대역폭을 너무 많이 소모하는 등 효율이 낮아 요즘은 거의 안 씁니다. 나중에 출시된 프로세서는 **후기록**write-back(라이트-백) 방식을 채택하여 캐시 블록을 교체해도 프로세서가 변경된(더티dirty) 캐시 블록만 메모리에 기록하므로 메인 메모리로 되돌아가는 트래픽이 뚝 떨어집니다.

캐시 기술 덕분에 데이터를 신속하게 메모리에서 쓰고 읽을 수 있게 됐습니다. 메모리 대역폭 측면에서 그 효과를 나타낼 수 있는데요, 이론적으로 가능한 **최대 전송률**burst rate은 다음 인자에 따라 달라집니다.

- 메모리 클록 주파수
- 메모리 버스 폭(보통 64비트)
- 인터페이스 개수(요즘은 대부분 2개)

DDR RAM(DDR은 Double Data Rate(이중 데이터 전송률)의 약자로, 클록 신호 양단에서 통신합니다)은 최대 전송률이 2배입니다. 2015년도 상용 하드웨어에 이 공식을 적용하면 이론적인 최대 쓰기 속도는 8~12GB/s에 달합니다. 물론 실제로는 다른 시스템 요소 때문에 제약을 받겠지만 이 값 하나만 보더라도 하드웨어, 소프트웨어가 얼마나 밀접한 연관이 있는지 알 수 있습니다.

캐시 하드웨어의 작동 원리를 나타낸 간단한 코드를 살펴봅시다(예제 3-1).

```
public class Caching {

    private final int ARR_SIZE = 2 * 1024 * 1024;
    private final int[] testData = new int[ARR_SIZE];

    private void run() {
        System.err.println("Start: "+ System.currentTimeMillis());
        for (int i = 0; i < 15_000; i++) {
            touchEveryLine();
            touchEveryItem();
        }
        System.err.println("Warmup Finished: "+ System.currentTimeMillis());
        System.err.println("Item Line");
        for (int i = 0; i < 100; i++) {
            long t0 = System.nanoTime();
            touchEveryLine();
            long t1 = System.nanoTime();
            touchEveryItem();
            long t2 = System.nanoTime();
            long elItem = t2 - t1;
            long elLine = t1 - t0;
            double diff = elItem - elLine;
            System.err.println(elItem + " " + elLine +" "+ (100 * diff / elLine));
        }
    }

    private void touchEveryItem() {
        for (int i = 0; i < testData.length; i++)
            testData[i]++;
    }

    private void touchEveryLine() {
        for (int i = 0; i < testData.length; i += 16)
            testData[i]++;
    }
```

```
    public static void main(String[] args) {
        Caching c = new Caching();
        c.run();
    }
}
```

예제 3-1 캐싱 예제

소스 코드만 보면 당연히 `touchEveryItem()` 메서드가 `touchEveryLine()` 메서드보다 16배 더 많이 일(데이터 업데이트)을 할 것 같습니다. 하지만 여기서 포인트는, 섣부른 직감만으로 JVM 성능 문제를 잘못 판단하기 쉽다는 사실입니다. [그림 3-5]는 이 클래스를 실행한 샘플 결과 자료입니다.

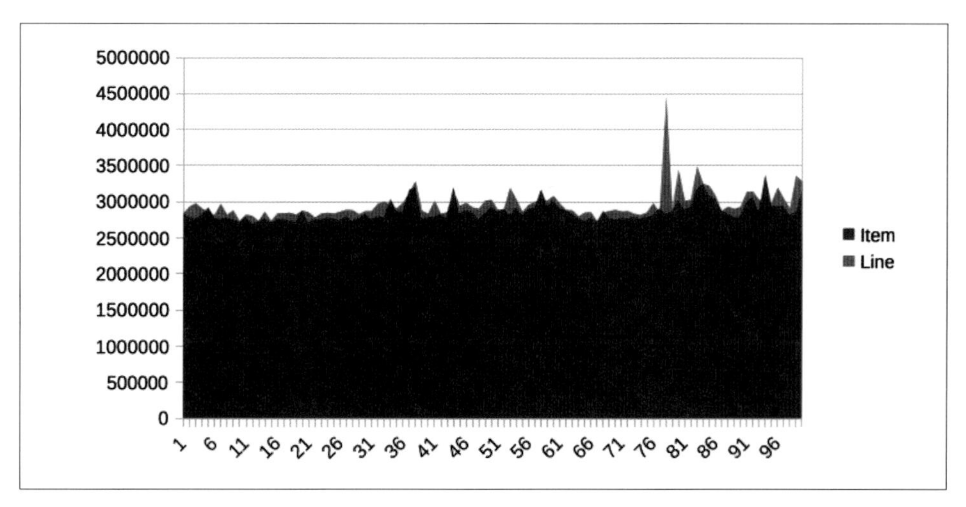

그림 3-5 캐싱 예제의 소요 시간

이 그래프는 각 함수를 100회 실행한 결과입니다. 시간 경과에 따른 패턴이 서로 비슷합니다. '16배 더 일을 많이 하리라'는 예상은 보기 좋게 빗나갔군요.

외려 가장 지배적인 영향을 미치는 곳은 메모리 버스를 예열시키는 부분입니다. `touchEveryItem()`, `touchEveryLine()` 두 메서드를 이용해 배열 콘텐츠를 메인 메모리에서 캐시로 퍼 나르는 코드죠.

통계 수치상으로 보면 거의 일정한 모습을 보이다가 간혹 중앙값median value[37]에서 30~35%나 벗어난 특이점이 간혹 나옵니다.

대략 100메가바이트짜리 메모리 덩이를 나르는 단순 메모리 연산을 1회 수행할 때마다 약 3밀리초(평균 2.86밀리초) 소요된 것입니다. 실제 메모리 대역폭은 이론적 최대치인 3.5GB/s에 조금 못 미치지만, 그런대로 나쁘지 않은 수치입니다.

> **NOTE_** 최신 CPU에는 예측 가능한 (대부분 데이터 사이를 듬성듬성 활보stride하는) 데이터 액세스 패턴을 감지하는 하드웨어 프리페처(미리 읽는 장치)가 있습니다. 이 예제는 현실적으로 가능한 최대 메모리 액세스 대역폭에 가깝게 맞추려고 하드웨어 프리페처를 십분 활용했습니다.

자바 성능을 논할 때는 객체 할당률에 대한 애플리케이션 민감도가 아주 중요합니다. 좀 전 예제의 결과는 앞으로 이야기할 할당률의 기준 잣대로 몇 차례 더 언급할 예정입니다.

3.3 최신 프로세서의 특성

흔히 하드웨어 엔지니어들은 신기능이 무어의 법칙에 따라 '트랜지스터 예산을 쏟아부은' 결과라고 합니다. 메모리 캐시는 점점 증가한 트랜지스터를 가장 확실하게 활용하는 분야지만, 지난 수년간 여러 가지 다른 기술도 등장했습니다.

3.3.1 변환 색인 버퍼(TLB)

변환 색인 버퍼 Translation Lookaside Buffer(TLB)는 여러 캐시에서 아주 긴요하게 쓰이는 장치입니다. 가상 메모리 주소를 물리 메모리 주소로 매핑하는 페이지 테이블의 캐시 역할을 수행하죠. 덕분에 가상 주소를 참조해 물리 주소에 액세스하는 빈번한 작업 속도가 매우 빨라집니다.

---

37 **역자주_** 중앙값 또는 중위수는 어떤 주어진 값들을 크기의 순서대로 정렬했을 때 가장 중앙에 위치하는 값. 예를 들어 1, 2, 100의 세 값이 있을 때, 2가 가장 중앙에 있기 때문에 2가 중앙값입니다. (출처: 위키백과)

NOTE_ JVM에도 똑같이 TLB라고 약칭하는 메모리 관련 기능이 있습니다. TLB라는 용어가 나오면 어느 쪽을 가리키는 말인지 꼭 확인하세요.

TLB가 없으면 L1 캐시에 페이지 테이블이 있어도 가상 주소 룩업에 16사이클이나 걸리기 때문에 성능이 제대로 나오지 않습니다. 모든 최신 칩에서 TLB는 사실상 필연입니다.

3.3.2 분기 예측과 추측 실행

분기 예측branch prediction은 최신 프로세서의 고급 기법 중 하나로, 프로세서가 조건 분기하는 기준값을 평가하느라 대기하는 현상을 방지합니다. 요즘 나온 프로세서는 다단계 명령 파이프라인을 이용해 CPU 1사이클도 여러 개별 단계로 나누어 실행하므로 (각기 다른 실행 단계에서) 여러 명령이 동시 실행 중일 수도 있습니다.

이런 모델에서는 조건문을 다 평가하기 전까지 분기 이후 다음 명령을 알 수 없는 게 문제입니다. 그 결과, 분기문 뒤에 나오는 다단계 파이프라인을 비우는 동안 프로세서는 여러 사이클(실제로는 최대 20회) 동안 멎게 됩니다.

NOTE_ 추측 실행speculative execution은 불명예스럽게도 2018년 초반 아주 많은 CPU에 영향을 끼친 주요 보안 문제의 근원입니다.

이런 일이 없도록 프로세서는 트랜지스터를 아낌없이 활용해 가장 발생 가능성이 큰 브랜치를 미리 결정하는 휴리스틱을 형성합니다. 마치 도박이라도 하듯 미리 추측한 결과를 바탕으로 파이프라인을 채우는 거죠. 운 좋게 추측이 맞아떨어지면 아무 일도 없었던 것처럼 CPU는 다음 작업을 진행하고, 틀리면 부분적으로 실행한 명령을 모두 폐기한 후 파이프라인을 비우는 대가를 치릅니다.

3.3.3 하드웨어 메모리 모델

"어떻게 하면 서로 다른 여러 CPU가 일관되게 동일한 메모리 주소를 액세스할 수 있을까?" 멀티코어 시스템에서 메모리에 관한 가장 근본적인 질문입니다.

이 질문의 해답은 하드웨어에 따라 다르겠지만, JIT 컴파일러인 javac와 CPU는 일반적으로 코드 실행 순서를 바꿀 수 있습니다. 물론 코드 실행 순서를 바꿔도 현재 스레드가 바라보는 결과는 아무런 영향이 없다는 전제가 필요합니다.

예를 들어, 다음 코드 조각을 봅시다.

```
myInt = otherInt;
intChanged = true;
```

두 할당문 사이에 다른 코드는 없으니 실행 스레드 입장에선 이들이 어떤 순서로 오든 상관없습니다. 그래서 실행 환경은 명령 순서를 자유롭게 바꿀 수 있지요.

그러나 이 변수들을 바라보는 다른 스레드 입장에서 실행 순서가 달라지면 `intChanged`는 `true`로 보여도 `myInt`는 옛날 값을 읽을 가능성이 있습니다.

이런 종류의 순서 바꾸기reordering 방식(스토어 → 스토어)은 x86 칩에서는 불가능하지만, CPU 아키텍처에 따라 조금씩 차이가 있습니다(표 3-2).

표 3-2 하드웨어 메모리 지원

	ARMv7	POWER	SPARC	x86	AMD64	zSeries
로드 → 로드 (loads moved after loads)	Y	Y	–	–	–	–
스토어 → 로드 (loads moved after stores)	Y	Y	–	–	–	–
스토어 → 스토어 (stores moved after stores)	Y	Y	–	–	–	–
로드 → 스토어 (stores moved after loads)	Y	Y	Y	Y	Y	Y
아토믹 로드 (atomic moved with loads)	Y	Y	–	–	–	–
아토믹 스토어 (atomic moved with stores)	Y	Y	–	–	–	–
모순 명령 (incoherent instructions)	Y	Y	Y	Y	–	Y

JMM은 프로세서 타입별로 상이한 메모리 액세스 일관성을 고려하여 명시적으로 약한 모델 weak model[38]로 설계됐습니다. 따라서 멀티스레드 코드가 제대로 작동하게 하려면 락과 volatile을 정확히 알고 사용해야 합니다. 12장에서 다시 살펴보겠지만 아주 중요한 주제입니다.

최근 수년간 소프트웨어 개발자들은 더 나은 성능을 얻기 위해 하드웨어 작동 원리를 깊이 이해하려고 노력하는 편입니다. 마틴 톰슨Martin Thompson 등의 사람들은 이러한 움직임을 **기계 공감** mechanical sympathy이라고 표현합니다. 기계 공감은 특히 저지연, 고성능을 필요로하는 분야에 많이 적용됐습니다. 최근 락-프리lock-free[39] 알고리즘 및 자료 구조 관련 연구 결과에도 나오는 내용인데, 이 책 뒷부분에서 다시 한번 설명하겠습니다.

3.4 운영체제

OS의 주 임무는 여러 실행 프로세스가 공유하는 리소스 액세스를 관장하는 일입니다. 모든 리소스는 한정돼 있고 프로세스는 저마다 리소스를 더 차지하려고 덤벼들기 때문에 리소스 양을 보고 골고루 나누어 줄 중앙 시스템이 있어야 합니다. 한정된 리소스 가운데서도 메모리와 CPU 시간은 가장 중요한 쌍벽입니다.

메모리 관리 유닛 Memory Management Unit(MMU)을 통한 가상 주소 방식virtual addressing과 페이지 테이블은 메모리 액세스 제어의 핵심으로서, 한 프로세스가 소유한 메모리 영역을 다른 프로세스가 함부로 훼손하지 못하게 합니다.

앞서 설명한 TLB는 물리 메모리 주소 룩업 시간을 줄이는 하드웨어 기능입니다. 아무래도 버퍼를 사용하면 소프트웨어가 메모리에 액세스하는 성능이 향상되지만, MMU는 개발자가 세부를 파악해서 직접 손대기엔 너무 저수준 영역이므로 대신 OS 액세스 스케줄러를 자세히 살펴보겠습니다. CPU 액세스를 제어하는 OS 액세스 스케줄러는 유저 입장에서 훨씬 시각적인 OS 커널 요소입니다.

---

38 **역자주_** 여기서 약한(weak), 강한(strong)이라는 말은 메모리 모델(memory model)이라기보다 메모리 정렬(memory ordering)에 관한 수식어입니다. 그림과 함께 정리가 잘 된 *http://preshing.com/20120930/weak-vs-strong-memory-models/*를 참고하세요.

39 **역자주_** 기존 락을 걸어 동기화하던 코드에서 락을 없앤 것.

3.4.1 스케줄러

프로세스 스케줄러process scheduler는 CPU 액세스를 통제합니다. 이때 **실행 큐**run queue(실행 대상이지만 CPU 차례를 기다려야 하는 스레드 혹은 프로세스 대기 장소)라는 큐를 이용합니다. 최신 시스템은 거의 항상 가능한 수준보다 더 많은 스레드/프로세스로 가득하기 때문에 CPU 경합을 해소할 장치가 절실합니다.

스케줄러는 인터럽트에 응답하고 CPU 코어 액세스를 관리합니다. [그림 3-6]은 자바 스레드의 수명주기를 나타낸 그림입니다. 자바 명세서에는 이론적으로 자바 스레드가 굳이 OS 스레드와 일치할 필요 없는 스레딩 모델(그린 스레드green thread)을 허용한다고 씌어 있지만, 실제로 이런 방식이 유용하지 않다는 사실이 밝혀져 주류 운영 환경에서는 배제됐습니다.

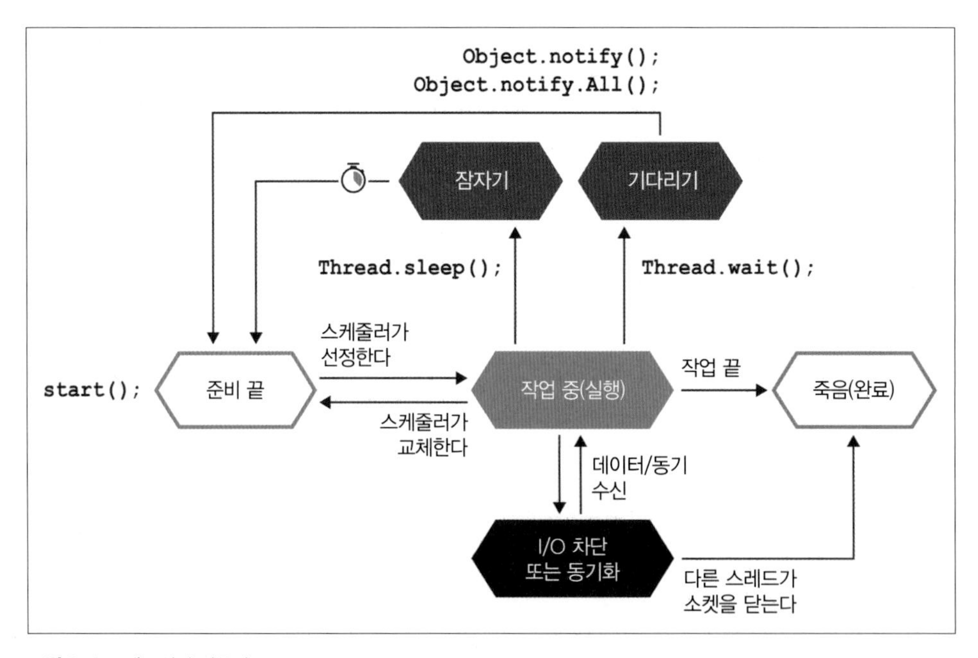

그림 3-6 스레드의 수명주기

그림 속의 OS 스케줄러는 스레드를 시스템 단일 코어로 분주히 나릅니다. 스케줄러는 할당 시간(구형 OS는 보통 10~100밀리초) 끝 무렵에 실행 큐로 스레드를 되돌려서 큐의 맨 앞으로 가 다시 실행될 때까지 대기시킵니다.

스레드가 자신이 할당받은 시간을 자발적으로 포기하려면 `sleep()` 메서드로 잠들 시간을 설정하거나 `wait()` 메서드로 대기 조건을 명시합니다. 스레드는 I/O 또는 소프트웨어 락에 걸려 블로킹될 수도 있습니다.

이 모델을 처음 보는 독자는 실행 코어가 하나뿐인 머신을 머릿속에 그려보세요. 물론, 실제 하드웨어는 훨씬 더 복잡하고, 요즘 머신은 거의 멀티코어라서 여러 실행 경로를 정말 동시에 실행할 수 있습니다. 진정한 멀티 프로세싱 환경에서 어떻게 실행될지는 너무 복잡하고 감을 잡기조차 어렵습니다.

OS는 그 특성상 CPU에서 코드가 실행되지 않는 시간을 유발합니다. 쉽게 간과하기 쉬운 OS의 특징이죠. 자신의 할당 시간을 다 쓴 프로세스는 실행 큐 맨 앞으로 갈 때까지 CPU로 복귀하지 않습니다. CPU가 아껴 써야 할 리소스임을 감안하면 코드가 정작 실행되는 시간보다 기다리는 시간이 더 많다는 뜻입니다.

그러므로 실제로 관측한 프로세스에서 나온 통계치는 시스템에 있는 다른 프로세스의 동작에도 영향을 받습니다. 이런 **지터**jitter[40]와 스케줄링 오버헤드는 측정 결과에 노이즈noise를 끼게 만드는 주요인입니다. 통계 속성 및 실제 결과를 처리하는 문제는 5장에서 다룹니다.

스케줄러의 움직임을 확인하는 가장 쉬운 방법은 OS가 스케줄링 과정에서 발생시킨 오버헤드를 관측하는 겁니다. 다음 코드는 1밀리초씩 총 1,000회 스레드를 재웁니다. 스레드는 한번 잠들 때마다 실행 큐 맨 뒤로 가고 새로 시간을 할당받을 때까지 기다리므로 이 코드의 총 실행 시간을 보면 여느 프로세스에서 스케줄링 오버헤드가 얼마나 될지 짐작할 수 있습니다.

```
long start = System.currentTimeMillis();
for (int i = 0; i < 1_000; i++) {
    Thread.sleep(1);
}
long end = System.currentTimeMillis();
System.out.println("Millis elapsed: " + (end - start) / 4000.0);
```

OS마다 코드 실행 결과는 천차만별입니다. 유닉스는 대략 10~20%가 오버헤드입니다. 윈도우 초기 버전은 형편없는 스케줄러로 악명 높아서 윈도우 XP의 경우 스케줄링 오버헤드는 180%에 이릅니다(즉, 1밀리초로 1,000번 잠드는 데 2.8초나 걸리죠!). 어떤 상용 OS 업체는

40 역자주_ 원하는 신호와 실제로 발생하는 신호 간에 발생하는 '불안정한 신호의 차이들'. (출처: 위키백과)

벤치마킹 실행을 감지해서 지표를 조작하는 코드를 배포판에 몰래 끼워 넣었다가 발각된 사례도 있습니다.

타이밍timing은 성능 측정, 프로세스 스케줄링, 기타 애플리케이션 스택의 다양한 파트에서 아주 중요합니다. 그럼, 자바 플랫폼은 타이밍을 어떻게 처리하는지 간략히(JVM과 하부 OS가 타이밍을 어떻게 지원하는지 좀 더 자세히) 알아보겠습니다.

3.4.2 시간 문제

POSIXportable operating system interface(이식 가능 운영체제 인터페이스, 포직스) 같은 업계 표준이 있어도 OS는 저마다 다르게 작동합니다. `os::javaTimeMillis()` 함수를 예로 들어보죠. OpenJDK에서 이 함수에는 실제로 작업을 수행하고 자바 `System.currentTimeMillis()` 메서드의 반환값을 공급하는 OS에 특정한 호출이 있습니다.

2.5절에서 설명했지만 `os::javaTimeMillis()`는 호스트 OS가 제공하는 기능에 의존하는 함수라서 네이티브 메서드로 구현합니다. 다음은 BSD 유닉스(즉, 맥 OS 운영체제)에서 사용하는 함수입니다.

```
jlong os::javaTimeMillis() {
  timeval time;
  int status = gettimeofday(&time, NULL);
  assert(status != -1, "bsd error");
  return jlong(time.tv_sec) * 1000  +  jlong(time.tv_usec / 1000);
}
```

솔라리스, 리눅스, AIX의 구현 코드도 BSD와 거의 같지만, 유독 마이크로소프트 윈도우는 완전히 다릅니다.

```
jlong os::javaTimeMillis() {
  if (UseFakeTimers) {
    return fake_time++;
  } else {
    FiLETIME wt;
    GetSystemTimeAsFileTime(&wt);
    return windows_to_java_time(wt);
```

```
    }
  }
```

윈도우는 유닉스 timeval 구조체[41] 대신, 64비트 FILETIME 구조체를 이용해 1601년 이후 경과한 시간을 100나노초 단위로 기록합니다. 또 윈도우는 물리 타이밍 하드웨어에 따라 달라지는 시스템 클록의 '실 정확도real accuracy'라는 개념이 있어서 자바에서 타이밍 콜을 해도 그 작동 방식은 윈도우가 위치한 머신에 따라 달라집니다. OS마다 상이한 것은 타이밍만이 아닙니다.

3.4.3 컨텍스트 교환

컨텍스트 교환context switch은 OS 스케줄러가 현재 실행 중인 스레드/태스크를 없애고 대기 중인 다른 스레드/태스크로 대체하는 프로세스입니다. 종류는 다양하지만 뭉뚱그려 말하면, 컨텍스트 교환은 스레드 실행 명령과 스택 상태를 교체하는 모든 일에 연관되어 있습니다.

유저 스레드 사이에 발생하든, 유저 모드에서 커널 모드로 바뀌면서(**모드 교환**mode switch이라고도 합니다) 일어나든 컨텍스트 교환은 비싼 작업입니다. 특히 후자가 그렇습니다. 유저 스레드가 **타임 슬라이스**time slice[42] 도중 커널 모드로 바꾸어 어떤 기능을 실행해야 할 때가 있습니다. 하지만 유저 공간에 있는 코드가 액세스하는 메모리 영역은 커널 코드와 거의 공유할 부분이 없기 때문에 모드가 바뀌면 명령어와 다른 캐시를 어쩔 수 없이 강제로 비워야 합니다.

커널 모드로 컨텍스트가 교환되면 TLB를 비롯한 다른 캐시까지도 무효화됩니다. 이들 캐시는 시스템 콜 반환 시 다시 채워야 하므로 커널 모드 교환의 여파는 유저 공간으로 다시 제어권이 넘어간 후에도 당분간 이어집니다. 그래서 [그림 3-7][43]에서 나타낸 시스템 콜의 진짜 비용이 가려지게 됩니다.

---

41 역자주_ 형식은 다음과 같고 1970년 1월 1일 자정(UTC) 기준으로 1초씩 흐른 시간을 4바이트로 나타냅니다.

```
struct timeval {
    time_t tv_sec;          // 초
    useconds_t tv_usec;     // 마이크로 초
}
```

42 역자주_ 선취(preemption, 프리엠프션)라고 표현할 때가 더 많습니다. OS가 멀티태스킹을 구현하기 위해 프로세스의 동의 없이 임의로 인터럽트를 걸고 나중에 다시 프로세스를 재개하는 것입니다.

43 출처: 「Flexible System Call Scheduling with Exception-Less System Calls(FlexSC: 예외가 없는 시스템 콜을 이용한 유연한 시스템 콜 스케줄링)」OSDI'10, 9회 USENIX 콘퍼런스 행사에서 OS 설계 및 구현에 관한 연설문(33~46), (버클리, CA: USENIX 협회, 2010년).

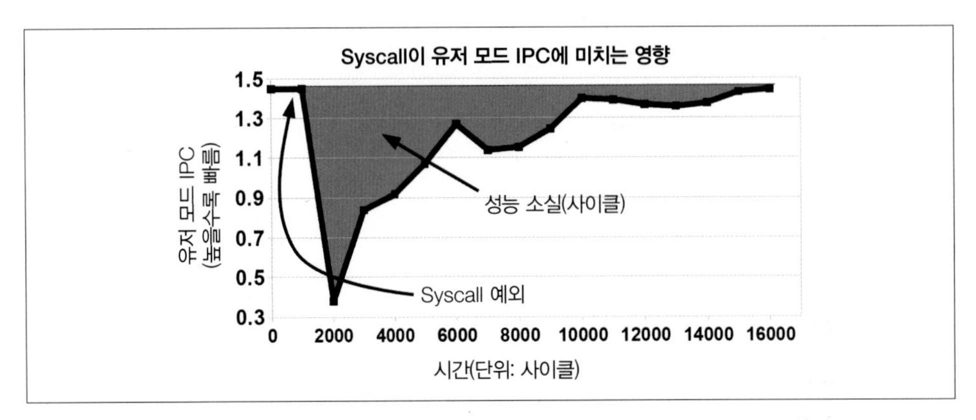

그림 3-7 시스템 콜이 미치는 영향 (출처: 소아레스Soares와 스텀Stumm, 2010년)

리눅스는 이를 최대한 만회하려고 **가상 동적 공유 객체**virtual Dynamically Shared Object(vDSO)라는 장치를 제공합니다. vDSO는 굳이 커널 프리빌리지kernel privileges(특권)이 필요 없는 시스템 콜의 속도를 높이려고 쓰는 유저 공간의 메모리 영역입니다. 커널 모드로 컨텍스트를 교환하지 않으므로 그만큼 속도가 빠르죠. 실제로 어떻게 작동하는지 예를 들어 설명하겠습니다.

`gettimeofday()`는 유닉스 시스템에서 아주 흔히 쓰는 시스템 콜입니다. OS가 인지한 '벽시계 시간wallclock time[44]'을 반환하죠. 물밑에서 커널 자료 구조를 읽어 시스템 클록 시간을 얻습니다. 부수 효과side effect를 일으키지 않으므로 실제로 프리빌리지드 액세스privileged access는 필요 없습니다.

이 자료 구조를 vDSO로 유저 프로세스의 주소 공간에 매핑시킬 수 있다면 커널 모드로 바꿀 필요가 전혀 없습니다. [그림 3-7]에서 색칠한 부분의 손실을 감내할 이유도 전무하지요.

타이밍 자료를 빈번하게 액세스하는 자바 애플리케이션에서는 이런 식으로 성능을 끌어올릴 수 있습니다. 비록 리눅스에서만 사용할 수 있지만 vDSO는 필자가 예시한 사례를 좀 더 일반화한, 유용한 기법입니다.

44 **역자주_** CPU 프로세서의 클록 사이클을 기준으로 측정한 현재 시각, 또는 태스크를 수행하기 전후로 경과된 시간. 벽시간(wall clock), 실제 시간(real time), 실제 경과 시간(elapsed real time) 같은 용어도 동일한 의미입니다.

3.5 단순 시스템 모델

이 절에서는 단순한 시스템 모델을 예로 들어 성능 문제를 일으키는 근원을 알아봅니다. 이 모델은 근본 서브시스템의 OS 측정값으로 나타낼 수 있고, 표준 유닉스 명령줄 툴의 출력 결과와 직접 연관 지을 수도 있습니다.

이 시스템 모델의 근본은 유닉스 계열 OS에서 작동하는 자바 애플리케이션의 단순한 개념으로, 다음 기본 컴포넌트로 구성됩니다(그림 3-8).

- 애플리케이션이 실행되는 하드웨어와 OS
- 애플리케이션이 실행되는 JVM/컨테이너
- 애플리케이션 코드 자체
- 애플리케이션이 호출하는 외부 시스템
- 애플리케이션으로 유입되는 트래픽

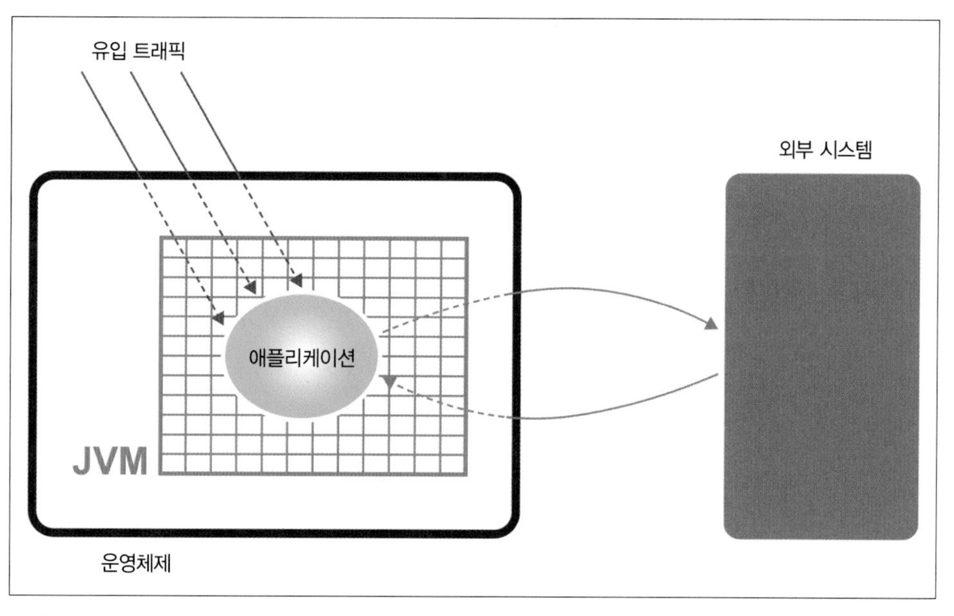

그림 3-8 단순 시스템 모델

이들 중 누구라도 성능 문제를 일으킬 수 있습니다. 다음 절에서는 시스템의 특정 부위를 좁혀 가거나 격리하는 방법으로 누가 진범인지 밝혀내는 단순한 진단 기법들을 알아보겠습니다.

3.6 기본 감지 전략

애플리케이션이 잘 돌아간다는 건 CPU 사용량, 메모리, 네트워크, I/O 대역폭 등 시스템 리소스를 효율적으로 잘 이용하고 있다는 뜻입니다.

> **TIP_** 애플리케이션이 하나 이상의 리소스를 소진하면 곧바로 성능 문제가 불거지겠죠.

성능 진단의 첫 단추는 어느 리소스가 한계에 다다랐는지 밝히는 일입니다. 부족한 리소스가 뭔지 몰라서는 성능 지표를 제대로 (가용 리소스를 늘리든, 이용 효율을 높이든)튜닝할 수 없습니다.

그렇다고 OS 자체가 시스템을 가장 지치게 하는 원흉이 되어서도 곤란합니다. OS의 임무는 유저 프로세스 대신 리소스를 관리하는 것이지, 자기 자신이 리소스를 소모하는 건 아닙니다. 예외적으로, 리소스가 턱없이 부족해 OS가 도저히 유저 요건에 부합할 만큼 리소스를 댈 형편이 아니라면 어쩔 수 없겠죠. 요즘 서버급 하드웨어에서는 I/O(또는 간혹 메모리) 요건이 용량을 훨씬 초과하는 경우에나 이런 일이 일어납니다.

3.6.1 CPU 사용률

CPU 사용률은 애플리케이션 성능을 나타내는 핵심 지표입니다. CPU 사이클은 애플리케이션이 가장 갈증을 느끼는 리소스라서 CPU의 효율적 사용은 성능 향상의 지름길입니다. 또 부하가 집중되는 도중에는 사용률이 가능한 한 100%에 가까워야 합니다.

> **TIP_** 애플리케이션 성능을 분석할 때에는 시스템에 충분한 부하를 가해야 합니다. 놀고 있는 애플리케이션은 성능 작업에 전혀 도움이 안 됩니다.

모름지기 성능 엔지니어라면 기본 툴 두 가지(`vmstat`, `iostat`) 정도는 쓸 줄 알아야 합니다. 유닉스 계열 OS 명령줄에 툴 명령어를 실행하면 각각 현재 가상 메모리 및 I/O 서브시스템 상태에 관한 유용한 데이터를 신속히 제공합니다. 물론, 전체 호스트 수준의 수치만 나오지만, 더 자세히 진단하기 전에 이 정도면 충분합니다. 먼저 `vmstat` 사용법입니다.

```
$ vmstat 1
procs ---------memory---------- ---swap-- ---io-- --system- ------cpu------
 r  b swpd  free    buff  cache   si   so  bi  bo   in   cs us sy  id wa st
 2  0    0 759860 248412 2572248   0    0   0  80   63  127  8  0  92  0  0
 2  0    0 759002 248412 2572248   0    0   0   0   55  103 12  0  88  0  0
 1  0    0 758854 248412 2572248   0    0   0  80   57  116  5  1  94  0  0
 3  0    0 758604 248412 2572248   0    0   0  14   65  142 10  0  90  0  0
 2  0    0 758932 248412 2572248   0    0   0  96   52  100  8  0  92  0  0
 2  0    0 759860 248412 2572248   0    0   0   0   60  112  3  0  97  0  0
```

vmstat 1은 스냅샷을 한번만 찍는 게 아니라 1초마다 (Ctrl + C를 눌러 멈출 때까지) 한번씩 찍어 다음 줄에 결과를 표시합니다. 덕분에 성능 엔지니어는 초기 성능 테스트를 수행하는 동시에 결과가 화면에 출력되는 광경을 지켜볼 수(또는 로그파일로 캡처할 수) 있지요.

vmstat 결과는 비교적 이해하기 쉽고 유용한 데이터로 가득합니다. 섹션별로 자세히 살펴봅시다.

1. proc 섹션: 실행 가능한(r) 프로세스, 블로킹된(b) 프로세스 개수를 나타냅니다.
2. memory 섹션: 스왑 메모리(swpd), 미사용 메모리(free), 버퍼로 사용한 메모리(buff), 캐시로 사용한 메모리(cache)가 잇따라 표시됩니다.
3. swap 섹션: 디스크로 교체되어 들어간(스왑-인) 메모리(si), 디스크에서 교체되어 빠져나온(스왑-아웃) 메모리(so) 정보입니다. 최신 서버급 머신은 보통 스왑이 별로 많이 일어나지 않습니다.
4. io 섹션: 블록-인(bi), 블록-아웃(bo) 개수는 각각 블록(I/O) 장치에서 받은 512바이트 블록, 블록 장치로 보낸 512바이트 블록 개수입니다.
5. system 섹션: 인터럽트(in) 및 초당 컨텍스트 교환(cs) 횟수입니다.
6. cpu 섹션: CPU와 직접 연관된 지표를 CPU 사용률(%)로 표기합니다. 좌측부터 차례로 유저 시간(us), 커널 시간(sy, 시스템 타임system time), 유휴 시간(id), 대기 시간(wa), 도둑맞은 시간(st, 가상 머신에 할애된 시간)입니다.

이보다 정교한 툴이 책 나머지 부분에서도 계속 나오지만, 기본 툴이라고 함부로 무시하면 안 됩니다. 복잡한 툴은 유저를 호도할 가능성이 있지만, 이렇게 프로세스와 OS에 거의 맞닿아 단순한 툴은 시스템의 실제 작동 모습을 거의 그대로 드러냅니다.

예를 하나 들어보지요. 필자는 3.4.3절에서 컨텍스트 교환의 영향을 설명하면서, [그림 3-7]

에서 커널 공간으로 완전히 컨텍스트가 바뀌면 어떤 일이 벌어지는지 설명했습니다. 하지만 유저 스레드끼리든, 커널 공간 내부든 컨텍스트 교환은 CPU 리소스 낭비를 초래합니다.

튜닝이 잘 된 프로그램은 리소스(특히, CPU)를 최대한 활용합니다. 계산을 많이 하는(CPU에 종속된CPU-bound) 워크로드는 유저 공간의 CPU 사용률을 100%에 가깝게 유지하는 것이 목표입니다.

다른 말로 풀이하면, 측정 결과 CPU 사용률이 100%에 근접하지 않았다면 '왜 그럴까?' 따져봐야 합니다. 대체 프로그램이 왜 CPU를 100% 사용하지 않았을까? 락 때문에 본의 아니게 발생한 컨텍스트 교환 때문인가? 아니면 I/O 경합이 일어나 블로킹이 발생했나?

대다수 (특히 리눅스) OS에서 `vmstat`은 컨텍스트 교환 발생 횟수를 나타내므로 `vmstat 1` 명령을 실행하면 컨텍스트 교환의 실시간 영향도를 지켜볼 수 있습니다. 유저 공간에서 CPU 사용률이 100% 근처도 못 갔는데 어떤 프로세스에서 컨텍스트 교환 비율이 높게 나타나면 I/O에서 블로킹이 일어났거나, **스레드 락 경합**thread lock contention 상황이 벌어졌을 공산이 큽니다.

그러나 `vmstat` 출력 결과만 봐서는 여러 가지 경우의 수를 분간하기 어렵습니다. I/O 작업 실태를 있는 그대로 보여주니 I/O 문제를 감지하기엔 좋지만, 스레드 락 경합을 실시간 감지하려면 실행 프로세스의 스레드 상태를 보여주는 툴(예: VisualVM)이 필요합니다. 그와 더불어, 스택을 샘플링해서 블로킹 코드를 보여주는 통계 스레드 프로파일러 툴도 많이 씁니다.

3.6.2 가비지 수집

6장에서 다룰 내용이지만, 핫스팟 JVM(지금까지 가장 많이 쓰인 JVM)은 시작 시 메모리를 유저 공간에 할당/관리합니다. 그래서 메모리를 할당하느라 (`sbrk()` 같은) 시스템 콜을 할 필요가 없습니다. 즉, 가비지 수집을 하려고 커널 교환을 할 일이 거의 없습니다.

따라서 어떤 시스템에서 CPU 사용률이 아주 높게 나타난다면, GC는 대부분의 시간을 소비하는 주범이 아닙니다. GC 자체는 유저 공간의 CPU 사이클을 소비하되 커널 공간의 사용률에는 영향을 미치지 않는 활동이니까요.

반면, 어떤 JVM 프로세스가 유저 공간에서 CPU를 100%(에 가깝게) 사용하고 있다면 GC를 의심해야 합니다. 성능 분석 시 (`vmstat` 같은) 단순 툴에서 CPU 사용률이 100%로 일정하지만 모든 사이클이 유저 공간에서 소비되고 있으면 "이렇게 CPU를 차지한 주인공이 JVM일까, 아니면 유저 코드일까?" 생각해봐야 합니다. JVM에서 유저 공간의 CPU 사용률이 높은 건 거의 대부분 GC 서브시스템 탓이겠죠. 이런 상황이면 일단 GC 로그를 확인하고 새 항목이 추가되는 빈도를 알아보는 게 좋습니다.

JVM에서 GC 로깅은 거의 공짜나 다름없습니다. 전체 비용을 최대한 정밀하게 산정한다고 해도 주변의 랜덤한 노이즈와 확실히 구분하기 어렵습니다. GC 로깅은 분석용 데이터의 원천으로서도 가치가 높기 때문에 JVM 프로세스는 예외 없이, 특히 운영 환경에서는 GC 로그를 꼭 남겨야 합니다.

GC와 그 결과 로그는 책 뒷부분에서 아주 자세히 다룹니다. 여러분 회사의 운영팀 담당 직원에게 운영 서버에서 GC 로그를 남기고 있는지 지금 한번 확인해보는 건 어떨까요? GC 로그 전략은 7장의 주제입니다.

3.6.3 입출력

파일 I/O는 예로부터 전체 시스템 성능에 암적인 존재였습니다. 엔지니어들이 '스피닝 러스트spinning rust[45]'라고 빈정대는 골치 아픈 물리적 하드웨어와 밀접한 연관이 있기도 하지만, I/O는 다른 OS 파트처럼 분명하게 추상화되어 있지 않기 때문입니다.

가령, 메모리 분야는 가상 메모리라는 우아한 격리 장치가 있지만, I/O는 그에 상응하여, 애플리케이션 개발자가 적절히 추상화할 장치가 없습니다.

다행히 자바 프로그램은 대부분 단순한 I/O만 처리하며 I/O 서브시스템을 심하게 가동하는 애플리케이션 클래스도 비교적 적은 편입니다. 또 CPU, 메모리 어느 한쪽과 I/O를 동시에 고갈시키는 애플리케이션은 거의 없습니다.

그뿐만 아니라, 업무 체계가 잘 잡힌 운영 조직에서는 이미 I/O 한계를 잘 아는 담당 엔지니어가 I/O를 많이 쓰는 프로세스를 활발하게 모니터링하는 문화가 정착되어 있습니다.

성능 분석자/엔지니어는 애플리케이션에서 I/O가 어떻게 일어나는지 인지하는 것만으로도

45 역자주_ 직역하면 '회전하는 녹덩어리' 정도. 플래터platter를 여러 장 붙여 모터로 구동하는 전통적인 하드 디스크 드라이브를 빗대어 표현한 말입니다.

충분합니다. 특히 호스트당 I/O가 집중되는 애플리케이션이 하나만 있을 경우, `iostat`(또는 `vmstat`) 같은 툴이 제공하는 기본 카운터(예: 블록-인, 블록-아웃) 기능만 있어도 기초 진단용으로 활용하기에 더할 나위 없습니다.

끝으로, I/O뿐만 아니라 성능 기준이 애플리케이션에 따라 달라지는 자바 애플리케이션 클래스에서 점점 더 많이 사용하는 또 다른 I/O를 언급하겠습니다.

커널 바이패스 I/O

커널을 이용해 (이를테면, 네트워크 카드의 버퍼에 있는) 데이터를 복사해 유저 공간에 넣는 작업이 상당히 비싼 고성능 애플리케이션이 있습니다. 그래서 커널 대신 직접 네트워크 카드에서 유저가 접근 가능한 영역으로 데이터를 매핑하는 전용 하드웨어/소프트웨어를 씁니다. 이렇게 하면 커널 공간과 유저 공간 사이를 넘나드는 행위 및 '이중 복사'를 막을 수 있습니다(그림 3-9).

그러나 자바는 기본적으로 이와 관련된 구현체를 제공하지 않으므로 필요한 기능을 구현하려면 커스텀(네이티브) 라이브러리를 써야 합니다. 아주 유용한 패턴이므로 초고성능 I/O가 필요한 시스템에서 차츰 더 일반적으로 구현하고 있습니다.

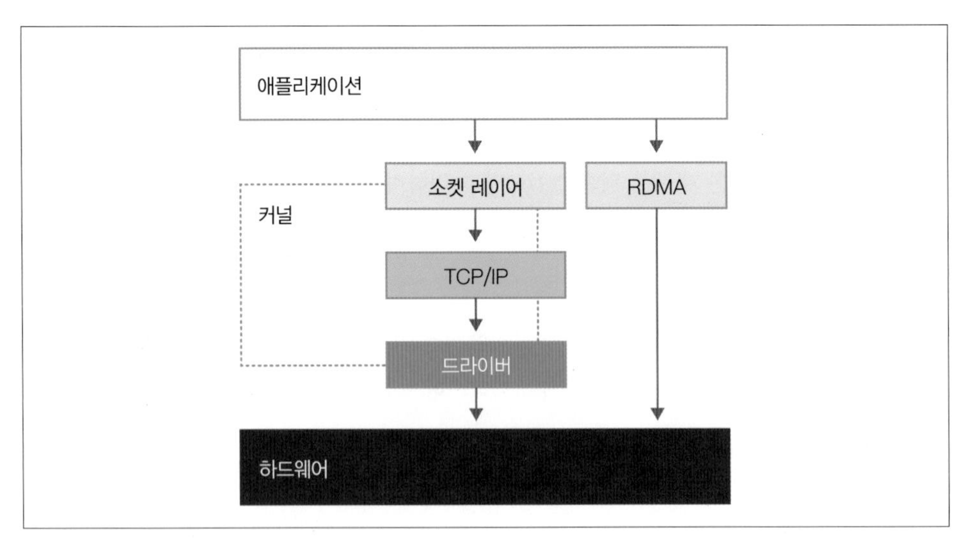

그림 3-9 커널 바이패스 I/O

NOTE_ 어떤 면에서 커널 바이패스 I/O는 자바 NIONew I/O API를 연상시킵니다. 자바 I/O로 하여금 자바 힙을 통과시켜 네이티브 메모리 및 하부 I/O와 직접 통신하게 만든 것과 비슷하죠.

지금까지 필자는 '베어 메탈bare metal[46]' 위에서 동작하는 OS를 다루었지만, 요즘은 점점 시스템을 가상 환경에서 운용하는 사례가 늘고 있습니다. 그래서 이 장은 가상화 기술의 등장으로 자바 애플리케이션의 성능을 바라보는 엔지니어의 시각이 어떻게 근본적으로 달라질 수 있는지 알아보면서 마무리하겠습니다.

3.6.4 기계 공감

기계 공감은 성능을 조금이라도 쥐어짜내야 하는 상황에서 하드웨어를 폭넓게 이해하고 공감할 수 있는 능력이 무엇보다 중요하다는 생각입니다.

> 자동차 경주 선수가 되려고 엔지니어가 될 필요는 없지만,
> 기계를 공감할 줄은 알아야 합니다.
>
> – 재키 스튜어트

마틴 톰슨은 재키 스튜어트와 그의 경주용 자동차를 직접 가리키며 기계 공감이란 말을 처음 썼습니다. 하지만 꼭 극단적인 사례뿐만 아니라 제품과 관련된 갖가지 문제에 봉착해서 애플리케이션 전반의 성능 향상 방안을 모색할 경우, 이 장에서 훑어본 내용을 배경지식으로 알아두면 큰 도움이 될 겁니다.

기계 공감은 자바 개발자가 무시하기 쉬운 관심사입니다. JVM이 하드웨어를 추상화했는데 굳이 개발자가 성능 관련 내용을 일일이 파악할 필요는 없겠죠. 하지만 고성능, 저지연이 필수인 분야에서 개발자가 자바/JVM을 효과적으로 활용하려면 JVM이란 무엇이고, 하드웨어와는 어떻게 상호작용하는지 이해해야 합니다. 또 실제로 JVM은 여러분보다 훨씬 더 성능을 추정하고 기계 공감을 한다는 사실을 잊지 마세요. 고성능 로깅 및 메시징 시스템의 작동 방식과 기계 공감의 참모습에 대해서는 14장에서 자세히 다룹니다.

캐시 라인 동작을 예로 들어봅시다.

---

46 역자주_ 소프트웨어가 아무것도 설치되어 있지 않은, 좀 더 구체적으로는 OS조차 설치 안 된 빈 깡통 상태의 하드웨어.

프로세스 캐시가 얼마나 효과적인지는 이미 설명했습니다. 캐시 라인을 쓰면 메모리 블록을 미리 가져올 수 있지만, 멀티스레드 환경에서 두 스레드가 동일한 캐시 라인에 있는 변수를 읽거나 쓰려고 하면 문제가 됩니다.

두 스레드가 동일한 캐시 라인을 수정하려고 덤벼들면 실제로 경합이 발생합니다. 첫 번째 스레드가 두 번째 스레드에 있는 캐시 라인을 무효화하면 메모리에서 다시 읽어 들여야 합니다. 두 번째 스레드가 작업을 마치면 마찬가지로 첫 번째 스레드의 캐시 라인을 무효화합니다. 이렇게 주거니 받거니 하면서 **잘못된 공유**false sharing를 하고 결국 성능 급락으로 귀결됩니다. 어떻게 해결할 수 있을까요?

기계 공감 사상에 따르면 먼저 이런 일이 발생할 수 있음을 이해하고 있어야 해결 방법을 찾을 수 있습니다. 자바 객체는 필드 배치가 고정돼 있지 않기 때문에 캐시 라인을 공유한 변수를 쉽게 찾을 수 있습니다. 따라서 변수 주변에 패딩padding[47]을 넣어 강제로 다른 캐시 라인으로 보내는 것도 한 가지 방법입니다. 아그로나 프로젝트의 저수준 큐를 이용해 패딩을 추가하는 방법은 14.3.1.3절에서 소개합니다.

3.7 가상화

가상화는 다양한 종류가 있지만 이미 실행 중인 다른 OS(호스트 OS) 위에서 OS 사본(게스트 OS)을 하나의 프로세스로 실행시키는 모양새가 보통입니다(그림 3-10). 가상화 환경이 베어 메탈에서 실행되는 비가상(실) OS 안에서 일개 프로세스로 작동하는 거죠.

이 책에서 가상화 관련 이론 및 애플리케이션 성능 튜닝까지 모든 내용을 다룰 수는 없습니다. 하지만 가상화를 하면 뭐가 달라지는지 몇 가지 짚고 넘어가는 게 좋겠습니다. 요즘은 가상 환경 또는 클라우드 환경에서 애플리케이션을 작동시키는 일이 점점 대세로 굳혀지고 있으니까요.

47 **역자주_** 자세한 내용은 *https://software.intel.com/en-us/articles/avoiding-and-identifying-false-sharing-among-threads* 참고.

그림 3-10 운영체제 가상화

가상화는 1970년대 초 IBM 메인프레임 환경에서 최초로 개발됐지만, 근래 들어 x86 아키텍처가 '진정한' 가상화를 지원하기 전까지는 가상화라고 볼 수 없었습니다. 가상화의 특징은 다음 세 가지로 요약할 수 있습니다.

- 가상화 OS에서 실행하는 프로그램은 베어 메탈(즉, 비가상화 OS)에서 실행할 때와 동일하게 작동해야 한다.
- **하이퍼바이저**hypervisor는 모든 하드웨어 리소스 액세스를 조정해야 한다.
- 가상화 오버헤드는 가급적 작아야 하며 실행 시간의 상당 부분을 차지해선 안 된다.

일반 비가상화 시스템에서 OS 커널은 프리빌리지드 모드로 동작하므로(당연히 커널 모드로 바꿔야 하겠죠) 하드웨어를 직접 건드릴 수 있지만, 가상화 시스템에서는 게스트 OS가 하드웨어에 직접 액세스할 수 없습니다.

따라서 대개 프리빌리지드 명령어를 **언프리빌리지드**unprivileged(비특권) 명령어로 고쳐 씁니다. 또 컨텍스트 교환이 발생하는 동안 지나친 캐시 플러시cache flush(즉, TLB)가 일어나지 않도록 일부 OS 커널의 자료 구조는 **섀도**shadow해야 합니다.

요즘 인텔 호환 CPU는 가상화 OS 성능을 높이는 하드웨어 기능이 탑재된 경우도 있지만, 설령 하드웨어가 받쳐준다 해도 가상 환경 내에서 프로그램을 실행하는 것 자체가 성능 분석 및 튜닝을 한층 더 복잡하게 만듭니다.

3.8 JVM과 운영체제

JVM은 자바 코드에 공용 인터페이스common interface를 제공하여 OS에 독립적인 휴대용 실행 환경을 제공합니다. 하지만 스레드 스케줄링(또는 시스템 클록에서 시간 정보를 얻는 뻔한 작업) 같은 아주 기본적인 서비스조차도 하부 OS에 반드시 액세스해야 합니다.

이런 기능은 native 키워드를 붙인 네이티브 메서드로 구현합니다. 네이티브 메서드는 C 언어로 작성하지만, 여느 자바 메서드처럼 액세스할 수 있습니다. 이 작업을 대행하는 공통 인터페이스를 **자바 네이티브 인터페이스**Java Native Interface(JNI)라고 합니다. 예를 들어, java.lang.Object 클래스에는 다음과 같이 논프라이빗non-private 네이티브 메서드가 선언되어 있습니다.

```
public final native Class<?> getClass();
public native int hashCode();
protected native Object clone() throws CloneNotSupportedException;
public final native void notify();
public final native void notifyAll();
public final native void wait(long timeout) throws InterruptedException;
```

이들 메서드는 비교적 저수준의 플랫폼 관심사를 처리합니다. 편의상 시스템 시간을 조회하는 쉬운 예를 들어보겠습니다.

(시스템에 특정한) os::javaTimeMillis() 함수는 자바 정적 메서드 System.currentTimeMillis()에 구현된 로직을 처리합니다. 실제 코드는 C++로 작성됐지만 자바에서 C 코드 '브리지bridge'를 통해 액세스할 수 있습니다. 그런데 핫스팟에서 이 코드는 실제로 어떻게 호출될까요?

네이티브 메서드 System.currentTimeMillis()는 JVM_CurrentTimeMillis()라는 JVM 엔트리 포인트 메서드에 매핑됩니다(그림 3-11) *.java/lang/System.c* 파일에 포함된 JNI Java_java_lang_System_registerNatives()에 이러한 매핑 관계가 설정돼 있습니다.[48]

48 역자주_ 실제로 /jdk/file/tip/src/share/native/java/lang/System.c 소스 코드를 보면, 다음과 같이 System 클래스의 세 메서드를 매핑시키는 코드가 있습니다.

```
...
/* Only register the performance-critical methods */
static JNINativeMethod methods[] = {
    {"currentTimeMillis", "()J",            (void *)&JVM_CurrentTimeMillis},
    {"nanoTime",          "()J",            (void *)&JVM_NanoTime},
```

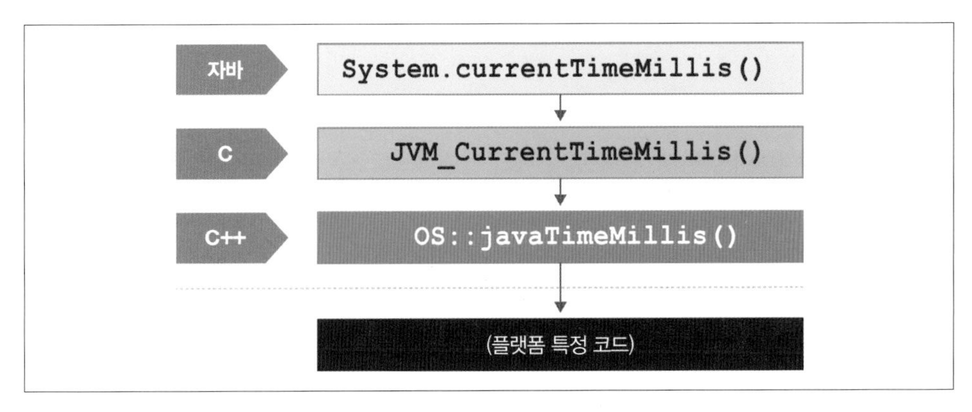

그림 3-11 핫스팟 호출 스택

JVM_CurrentTimeMillis()는 VM 진입점에 해당하는 메서드를 호출합니다. 모양은 C 함수지만 본모습은 C 호출 관례에 따라 익스포트된 C++ 함수입니다. 결국 OpenJDK 매크로 2개로 감싼 os::javaTimeMillis()를 호출하는 구조이지요.

이 메서드는 os 이름공간에 정의되어 있고 당연히 OS에 의존합니다. OpenJDK 코드베이스를 뒤져보면 OS별 서브디렉터리 어딘가에 소스 코드가 있습니다.[49] 플랫폼에 독립적인 자바 요소가 하부 OS 및 하드웨어가 제공하는 서비스를 어떻게 호출하는지 간단히 살펴봤습니다.

```
    {"arraycopy",     "(" OBJ "I" OBJ "II)V", (void *)&JVM_ArrayCopy},
};

#undef OBJ

JNIEXPORT void JNICALL
Java_java_lang_System_registerNatives(JNIEnv *env, jclass cls)
{
    (*env)->RegisterNatives(env, cls,
                            methods, sizeof(methods)/sizeof(methods[0]));
}
```

49 **역자주_** OpenJDK 소스 코드는 다음 링크 참고.
리눅스 버전: *http://hg.openjdk.java.net/jdk8/jdk8/hotspot/file/87ee5ee27509/src/os/linux/vm/os_linux.cpp*
윈도우 버전: *http://hg.openjdk.java.net/jdk8/jdk8/hotspot/file/87ee5ee27509/src/os/windows/vm/os_windows.cpp*

3.9 마치며

지난 20년 간 프로세서 설계 및 최신 하드웨어는 놀라울 정도로 변화했습니다. 무어의 법칙에 따라, 그리고 엔지니어링 한계(뭐니 뭐니 해도 상대적으로 느린 메모리 속도)에 봉착해 프로세서 설계 분야에서 진보를 거듭했죠. 캐시 미스율miss rate은 애플리케이션 성능을 가늠하는 가장 확실한 잣대가 되었습니다.

자바 세상에서는 JVM 설계 사상 덕분에 단일 스레드 애플리케이션 코드도 부가적인 프로세서를 활용할 길이 열렸습니다. 자바 애플리케이션은 다른 환경에 비해 하드웨어 동향에 충실한 성능 혜택을 상당히 누렸습니다.

무어의 법칙이 사그라들며 사람들의 관심은 다시 소프트웨어의 상대적 성능으로 향했습니다. 성능을 중시하는 엔지니어는 적어도 최신 하드웨어와 OS의 기본 지식을 갖추어야 하드웨어와 씨름하지 않고 적절히 잘 활용할 수 있습니다.

다음 장에서는 성능 테스트의 핵심 방법론을 소개합니다. 성능 테스트의 주요 유형과 수행해야 할 태스크, 성능 작업의 전체 수명주기를 집중적으로 다룹니다. 또 성능 분야에서 일반적인 베스트 프랙티스best practice(모범 사례) 및 안티패턴도 목록화하여 설명합니다.

CHAPTER 4

성능 테스트 패턴 및 안티패턴

성능 테스트는 여러 가지 이유로 수행합니다. 이 장에서는 다양한 종류의 테스트를 소개하고 유형별 베스트 프랙티스를 안내합니다.

뒷부분에서는 성능 테스트에 좋지 않은 영향을 끼치는 몇 가지 일반적인 안티패턴antipattern을 열거하고, 이러한 안티패턴이 문제가 되지 않도록 리팩터링하는 방법을 설명합니다.

4.1 성능 테스트 유형

성능 테스트를 나쁜 의도로, 부실하게 수행하는 경우가 많습니다. 원인은 제각각이겠지만 대개 성능 분석의 본질을 이해하지 못한 채 "그래도 뭐라도 하는 게 아무것도 안 하는 것보단 낫지 않나"라고 믿기 때문입니다. 그릇된 믿음은 위험한 반쪽짜리 진실일 뿐이죠.

가장 흔히 저지르는 실수는 구체적인 내용을 정하지 않고 뭉뚱그려 '성능 테스트'를 운운하는 겁니다. 시스템에서 수행 가능한 대규모 성능 테스트는 그 종류가 꽤 많습니다.

> **NOTE_** 좋은 성능 테스트는 정량적quantitative입니다. 어떤 질문을 던져도 실험 결과를 토대로 수치화한 답변을 내놓을 수 있어야 합니다.

지금부터 이야기할 성능 테스트는 유형별로 그 목표가 거의 독립적(약간씩 중첩되는 부분도 있지만)입니다. 따라서 어떤 테스트를 하더라도 그 도메인을 심사숙고해야 합니다. 성능 테스트를 기획하는 한 가지 요령을 알려드리겠습니다. 테스트로 확인하고 싶은 정량적 질문 리스트와 그 테스트가 대상 애플리케이션 입장에서 중요한 이유를 간단히 적어보세요(필요하다면 관리자/고객에게 확인도 받습니다).

가장 일반적인 성능 테스트와 종류별 질문 예시를 몇 가지 살펴보겠습니다.

지연 테스트(Latency test)

종단 트랜잭션에 걸리는 시간은?

처리율 테스트(Throughput test)

현재 시스템이 처리 가능한 동시 트랜잭션 개수는?

부하 테스트(Load test)

특정 부하를 시스템이 감당할 수 있는가?

스트레스 테스트(Stress test)

이 시스템의 한계점breaking point은 어디까지인가?

내구성 테스트(Endurance test)

시스템을 장시간 실행할 경우 성능 이상 증상이 나타나는가?

용량 계획 테스트(Capacity planning test)

리소스를 추가한 만큼 시스템이 확장되는가?

저하 테스트(Degradation)

시스템이 부분적으로 실패할 경우 어떤 일이 벌어지나?

각각의 테스트 유형을 자세히 살펴보겠습니다.

4.1.1 지연 테스트

지연 테스트latency test는 가장 일반적인 성능 테스트입니다. '고객이 트랜잭션(또는 페이지 로딩)을 얼마나 오래 참고 기다려야 하는지' 측정한 시스템 수치는 경영진들이 피부로 느끼는 관심사니까요. 그런데 지연 테스트는 사실 양날의 검입니다. 이 테스트를 통해 답변하려는 질문이 너무 정량적이고 명확한 나머지 다른 종류의 성능 테스트로 밝히려는 정량적 질문을 식별할 필요성마저 흐릿하게 만들 수 있습니다.

> **NOTE_** 지연을 튜닝하는 목적은 유저 경험을 직접 개선하거나 서비스 수준 협약서service-level agreement(SLA)[50] 조항을 이행하는 것입니다.

그러나 아무리 단순한 케이스라도 지연 테스트에는 조심스럽게 취급해야 할 미묘한 부분이 있습니다. 단순 평균값은 (5.3절에서 본격적으로 다룰 내용이지만) 애플리케이션의 요청 응답성을 측정하는 지표로 별로 소용이 없다는 사실도 주의해야 합니다.

4.1.2 처리율 테스트

처리율 테스트throughput test는 그다음으로 일반적인 성능 테스트일 겁니다. 어떤 측면에서 처리율은 지연과 동등한 개념이라고 볼 수 있습니다.

이를테면, 지연 테스트를 수행할 때에는 계속 진행 중인 동시 트랜잭션을 반드시 명시(그리고 제어)해야 합니다.

> **NOTE_** 시스템 지연을 측정할 때에는 반드시 처리율을 어느 정도 수준으로 유지했는지 함께 기술해야 합니다.

마찬가지로, 처리율 역시 지연을 모니터링하면서 테스트합니다. 지연 분포가 갑자기 변하는 시

50 역자주_ IT 서비스를 제공하는 공급자(업체)와 사용자(고객) 간에 서비스의 측정 지표와 품질 목표 등을 미리 약속한 문서.

점, 즉 사실상 한계점(**변곡점**이라고도 함)이 바로 '최대 처리율'입니다. 스트레스 테스트의 목표는 이런 현상이 발생하는 지점과 그 시점의 부하 수준을 포착하는 것입니다.

반면, 처리율 테스트는 시스템 성능이 급락하기 직전, 최대 처리율 수치를 측정하는 것이 목표입니다.

4.1.3 부하 테스트

부하 테스트load test는 처리율 테스트(또는 스트레스 테스트)와는 조금 다릅니다. '시스템이 이 정도 부하는 견딜 수 있을까, 없을까?' 하는 예/아니오 질문에 답을 구하는 과정이죠. 가령, 신규 고객을 유치하거나 새로운 시장에 진출하기 전, 애플리케이션 트래픽이 상당할 것으로 예상되는 특정 비즈니스 이벤트(예: 광고 캠페인, 소셜 미디어 이벤트, 바이럴 콘텐츠viral content[51])에 대비하기 위해 부하 테스트를 수행합니다.

4.1.4 스트레스 테스트

스트레스 테스트stress test는 시스템 여력이 어느 정도인지 알아보는 수단입니다. 보통 일정한 수준의 트랜잭션, 즉 특정 처리율(현재로서 최대치)을 시스템에 계속 걸어놓습니다. 시간이 갈수록 서서히 동시 트랜잭션이 증가하고 시스템 성능은 저하되겠죠.

측정값이 나빠지기 시작하기 직전의 값이 바로 최대 처리율입니다.

4.1.5 내구 테스트

메모리 누수memory leak, 캐시 오염cache pollution, 메모리 단편화memory fragmentation[52](CMS 가비지 수집기를 쓰는 애플리케이션은 결국 언젠가 CMF가 발생합니다. 자세한 내용은 7.3절 참고) 등 한참(보통 며칠 단위로) 시간이 지나고 나서야 드러나는 문제점도 있습니다.

대개 이런 종류의 문제는 **내구 테스트**endurance test(흡수 테스트soak test라고도 함)로 감지합니다.

---

51 역자주_ 소비자들 사이의 입소문을 타고 상품 홍보가 끊임없이 전달되도록 하는 신종 마케팅 기법.

52 역자주_ RAM 공간이 작은 조각으로 나뉘어 전체적으로는 용량이 충분하지만 메모리 할당이 불가능한 상태.

평균(또는 그보다 높은) 사용률로 시스템에 일정 부하를 계속 주며 모니터링하다가 갑자기 리소스가 고갈되거나 시스템이 깨지는 지점을 찾습니다.

내구 테스트는 빠른 응답을 요구하는(지연이 낮은) 시스템에서 많이 합니다. 풀 GC 사이클이 일으키는 STW 시간조차 허용되지 않죠(STW를 비롯한 GC 이야기는 6장에서 합니다).

4.1.6 용량 계획 테스트

용량 계획 테스트capacity planning test는 스트레스 테스트와 여러모로 비슷하지만, 분명히 구분되는 차이점이 있습니다. 스트레스 테스트는 현재 시스템이 어느 정도 부하를 버틸 수 있는지 알아보는 반면, 용량 계획 테스트는 업그레이드한 시스템이 어느 정도 부하를 감당할 수 있을지 미리 내다보는 것입니다.

따라서 어떤 이벤트나 위협 요소에 대응하는 것이 아니라, 예정된 계획의 일부분으로 실행하는 경우가 많습니다.

4.1.7 저하 테스트

저하 테스트degradation test는 부분 실패 테스트partial failure test라고도 합니다. 이 책에서 복원성resilience(리질리언스)[53]이나 장애 극복failover(페일오버)[54] 같은 개념은 일일이 다루지 않습니다. 다만, (은행이나 재무법인처럼) 업무 체계가 잘 잡혀있고 정규화된 환경에서는 대부분 페일오버 및 복원 테스트를 아주 꼼꼼하게 기획하며, 매우 엄격한 기준 하에 수행한다는 정도만 언급하고 넘어가겠습니다.

이 책에서 저하 테스트는 복원 테스트resilience test 하나만 생각하면 됩니다. 저하 테스트는 기본적으로 평상시 운영 환경과 동등한 수준의 부하를 시스템에 가하는 도중, 어떤 컴포넌트나 전체 서브시스템이 갑자기 능력을 상실하는 시점에 벌어지는 일들을 확인합니다. 예를 들어, 애플리케이션 서버 클러스터에서 순간적으로 멤버가 사라지거나, DB 서버에서 RAID 디스크가 빠져버리든지, 네트워크 대역폭이 갑자기 줄어드는 경우를 떠올려볼 수 있습니다.

---

53 역자주_ 오류가 발생하거나 실패해도 다시 수용 가능한 서비스 수준으로 돌아가는(복원되는) 능력.

54 역자주_ 컴퓨터 서버, 시스템, 네트워크 등에서 이상이 생겼을 때 예비 시스템으로 자동 전환되는 기능. (출처: 위키백과)

저하 테스트 도중 눈여겨 봐야 할 측정값은 트랜잭션 지연 분포와 처리율입니다.

부분 실패 테스트 중에는 **카오스 멍키**Chaos Monkey(혼돈의 원숭이)[55]라는 하위 유형이 있습니다. 넷플릭스에서 자사 인프라의 견고함을 검증하려고 수행한 프로젝트명에서 유래됐죠.

카오스 멍키의 요지는, 진짜 복원성 있는 아키텍처에서는 어느 한 컴포넌트가 잘못돼도 다른 컴포넌트까지 연쇄적으로 무너뜨리면서 전체 시스템에 부정적 영향을 끼치는 일은 없어야 한다는 겁니다.

실제로 운영 환경에 떠 있는 라이브 프로세스를 하나씩 랜덤하게 죽이면서 검증하죠.

카오스 멍키형 시스템을 잘 구축하려면 조직 차원에서 시스템 위생hygiene, 서비스 설계, 운영 탁월성operational excellence[56]을 최고 수준으로 확보해야 합니다. 요즘엔 점점 더 많은 기업과 팀들이 열정적으로 관심을 갖는 분야이기도 합니다.

4.2 기본 베스트 프랙티스

성능 튜닝 시 주안점을 두어야 할 부분은 다음 세 가지 기본 원칙에 따라 결정합니다.

- 나의 관심사가 무엇인지 식별하고 그 측정 방법을 고민한다.
- 최적화하기 용이한 부분이 아니라, 중요한 부분을 최적화한다.
- 중요한 관심사를 먼저 다룬다.

두 번째 원칙을 반대로 바꿔보면, 쉽게 측정 가능한 양에 큰 의미를 부여하는 실수는 저지르지 말라는 뜻입니다. 모든 측정값이 다 비즈니스에 중요한 건 아니겠죠. 하지만 정확하게 측정하기보다 쉽게 측정 가능한 것 위주로 보고서를 작성하려는 유혹에 빠지기 쉽습니다.

---

55 역자주_ 깃허브에 더 자세한 내용이 있습니다. *https://github.com/Netflix/SimianArmy/wiki/Chaos-Monkey*

56 역자주_ 운영 효율성, 운영 우월성으로 옮기기도 합니다. 일상적인 비즈니스 전략을 경쟁사보다 일관된 방향으로 우수하게 실천하는 것을 말합니다. 그러려면 경쟁사보다 운영 리스크와 비용을 낮추고 수익은 높은 구조로 개선하면서 고객 및 주주에게 더 나은 가치를 창조해야 합니다.

4.2.1 하향식 성능

자바 성능을 다루는 엔지니어가 흔히 간과하는 사실이 있습니다. 자바 애플리케이션을 대규모 벤치마킹하는 일이 작은 코드 섹션별로 정확하게 수치를 얻는 것보다 쉽다는 사실이죠. 자세한 내용은 5장에서 다룹니다.

NOTE_ 전체 애플리케이션의 성능 양상부터 먼저 알아보는 접근 방식을 **하향식 성능**top-down performance이라고 합니다.

하향식 성능 접근 방식으로 성과를 극대화하려면, 먼저 테스트팀이 테스트 환경을 구축한 다음, 무엇을 측정하고 무엇을 최적화해야 하는지, 또 성능 활동을 전체 소프트웨어 개발 주기에서 어떻게 병행해야 하는지, 전 팀원이 명확하게 이해해야 합니다.

4.2.2 테스트 환경 구축

테스트 환경 구축은 성능 테스트팀이 가장 먼저 할 일입니다. 테스트 환경은 가급적 모든 면에서 운영 환경과 똑같이 복제해야 합니다. 애플리케이션 서버뿐만 아니라(CPU 수, OS, 자바 런타임 버전도 같아야 함) 웹 서버, DB, 로드 밸런서load balancer(부하 분산기), 네트워크 방화벽 등도 맞추어야 합니다. 운용 중인 각종 서비스(예: 복제하기 곤란하거나 운영 환경과 동등한 부하를 처리하기엔 QA 용량이 녹록치 않은 서드파티 네트워크 서비스)도 성능 테스트 환경에 목업mock-up 형태로 반영돼야 합니다.

편의상 기존 QA 환경을 성능 테스트 환경으로 재활용하거나 시간을 나눠쓰려고 하는 경우도 있습니다. 소규모 환경이나 일회성 테스트라면 큰 문제가 안 되겠지만, 나중에 관리 오버헤드, 스케줄링, 로지스틱스logistics(물류) 문제가 생길 가능성을 절대 과소평소해선 안 됩니다.

NOTE_ 운영 환경과 많이 차이 나는 성능 테스트 환경에서는 실제 환경에서 어떤 일들이 일어날지 예측하기 어렵고 쓸모있는 결과를 얻지 못할 가능성이 큽니다.

종래(즉, 논클라우드non-cloud) 환경에서는 운영 환경과 유사한 성능 테스트 환경을 구축하기가 비교적 수월했습니다. 운영 환경에서 가동 중인 기계 수만큼 구매해서 정확히 운영 환경과 똑같이 설정만 해주면 됐죠.

성능 테스트 인프라 구축 비용을 탐탁지 않게 바라보는 경영진도 있습니다. 이는 사실상 허위 절약false economy(겉으로 절약하는 것 같지만 결과적으로 더 많이 소비하는 것)인 경우가 많지만, 아쉽게도 서비스 중단으로 치러야 할 대가를 올바르게 인식하지 못한 회사가 아직도 많습니다. 그러다 보니 운영 환경이 반영되지 않은 QA 환경에서 성능 테스트하는 리스크가 얼마나 큰지는 모른 채, 성능 테스트 환경을 대충 만들어서라도 비용을 아끼는 게 더 중요하다고 믿는 경향이 있습니다.

최근에는 클라우드 기술의 출현으로 기존 판도가 많이 바뀌었습니다. 주문형on-demand 및 자동 확장 인프라 기술이 발전해서 이제는 '서버를 사고, 네트워크 다이어그램을 그리고, 소프트웨어를 하드웨어에 배포하는' 공식에 안 맞는 아키텍처가 증가하는 추세입니다. 서버 인프라를 '반려동물이 아닌 가축livestock, not pets'으로 바라보는 데브옵스devops 문화가 확산되면서 인프라를 보다 동적으로 관리하는 방식이 더 각광받기 시작했죠.

그래서 운영 환경과 유사한 성능 테스트 환경 구축이 더 버겁게 느껴질 수 있지만, 사용하지 않을 때는 테스트 환경을 간편하게 꺼둘 수 있다는 장점도 있습니다. 그만큼 프로젝트 비용을 상당 부분절약할 수 있겠지만, 예정대로 테스트 환경을 시작/종료하는 프로세스는 수립해야 합니다.

4.2.3 성능 요건 식별

3.5절에서 전체 시스템 성능은 애플리케이션 코드뿐만 아니라 컨테이너, OS, 하드웨어 모두 나름대로 영향을 끼친다고 했습니다.

성능을 평가하는 지표는 코드 관점에서만 생각해서도 안 되고, 시스템을 전체적으로 바라보며 고객과 경영진에게 중요한 측정값을 고려해야 합니다. 이렇게 최적화하려는 핵심 지표를 **성능 비기능 요건**NonFunctional Requirement(NFR)이라고 합니다.

어떤 목표는 아주 명확합니다.

- 95% 백분위percentile 트랜잭션 시간을 100밀리초 줄인다.
- 기존 하드웨어 처리율을 5배 높일 수 있게 시스템을 개선한다.
- 평균 응답 시간을 30% 줄인다.

조금 모호한 목표도 있습니다.

- 일반 고객을 서비스하는 리소스 비용을 50% 줄인다.
- 애플리케이션 클러스터 성능이 50% 떨어져도 시스템이 응답 목표를 25% 이내로 유지한다.
- 고객 '이탈률drop-off rate'을 25밀리초 지연당 25% 낮춘다.

이해관계자들이 한 데 모여 측정 대상과 목표를 허심탄회하게 논의하는 자리가 필요합니다. 성능 활동 개시 미팅kick-off meeting 일부로 진행하는 편이 좋겠군요.

4.2.4 자바의 특정 이슈

성능 분석이라는 과학은 최신 소프트웨어 시스템의 어디에도 적용할 수 있습니다. 하지만, JVM에는 성능 엔지니어가 잘 이해하고 주의 깊게 살펴야 할 복잡 미묘한 부분들이 있습니다. 메모리 영역의 동적 튜닝 등 JVM 특유의 다이내믹한 자기 관리 기능이 추가되면서 복잡해진 까닭입니다.

특히, JIT 컴파일은 중요한 부분이라서 유심히 잘 살펴야 합니다. 최신 JVM은 어떤 메서드를 JIT 컴파일해서 최적화한 기계어로 변환할지 분석합니다. JIT 컴파일 안 하기로 결정된 메서드는 다음 둘 중 하나입니다.

- JIT 컴파일할 정도로 자주 실행되는 메서드가 아니다.
- 메서드가 너무 크고 복잡해서 도저히 컴파일 분석을 할 수 없다.

첫 번째 조건보다 두 번째 조건이 훨씬 드문 편이지만, 어쨌든 JVM 기반 애플리케이션에서 성능 활동을 시작하는 첫 단추는, 어떤 메서드가 컴파일 중인지 로그를 남겨 살피고 핵심 코드 경로상의 중요 메서드가 잘 컴파일되고 있는지 확인하는 것입니다.

JIT 컴파일에 관한 자세한 내용과 JVM이 애플리케이션 중요 메서드를 JIT 컴파일 타깃target으로 삼도록 만드는 간단한 기법들은 9장에서 설명합니다.

4.2.5 SDLC 일부로 성능 테스트 수행하기

성능 테스트는 그냥 생각날 때 한번 실행하는 게 낫다고 말하는 사람들이 있습니다. 그러나 일류 회사, 수준 높은 팀일수록 성능 테스트를 전체 SDLC[Software Development LifeCycle](소프트웨어 개발 수명주기)의 일부로서 수행하며, 특히 성능 회귀 테스트[performance regression testing]를 상시 수행하는 편입니다.

그렇게 하려면 개발팀, 인프라팀이 서로 조율해서 어느 시점에 몇 버전 코드를 성능 테스트 환경에 배포할지 조정해야 합니다. 전용 테스트 환경이 없다면 사실상 불가능한 일이죠.

자, 지금까지 가장 일반적인 성능 관련 베스트 프랙티스를 알아보았습니다. 이제는 거꾸로 팀원들을 고통의 늪에 빠지게 만드는 갖가지 함정과 안티패턴을 하나씩 살펴보겠습니다.

4.3 성능 안티패턴 개요

안티패턴[antipattern][57]은 사람들이 수많은 프로젝트를 수행하면서 밝혀낸, 소프트웨어 프로젝트 또는 팀의 좋지 않은 패턴입니다. 발생 빈도가 늘어나면서 이러저러한 근본 요인 때문에 안 좋은 방향으로 흘러가는구나, 하고 결론을 내린(또는 의심하는) 거죠. 처음엔 뭐가 좋지 않은지 명확하진 않지만 일단 뭔가 조치를 취하긴 해야 할 것 같은 안티패턴도 있고, 시간이 지나면서 서서히 축적된 나쁜 프로젝트 관행의 결과물도 있습니다.

사회적 제약이나 팀 여건이 녹록지 않거나, 평소 그릇된 관리 기법을 적용해서, 또는 그냥 사람(개발자)이기 때문에 어쩔 수 없는 경우도 있습니다. 그래서 필자는 모두가 원치 않는 패턴을 분류하고 유형화함으로써, 팀원들이 서로 소통하며 가능하면 안티패턴을 제거할 수 있도록 '패턴 언어[pattern language]'를 개발했습니다.

성능 튜닝은 항상 초기 기획 단계부터 구체적으로 목표를 정해놓고 시작하는 목표 지향형 프로세스로 접근해야 합니다. 물론 말보다 행동이 어렵죠. 팀이 심한 일정 압박을 받고 있거나 상식적으로 일 처리가 되지 않는 환경이라면 중도 실패할 가능성이 큽니다.

---

57 이 용어는 『AntiPatterns: Refactoring Software, Architectures, and Projects in Crisis(안티패턴: 위기에 처한 소프트웨어, 아키텍처, 프로젝트를 리팩터링)』(New York: Wiley, 1998) 덕분에 유명해졌습니다.

아마 독자 여러분도 신규 서비스를 오픈하거나 새로운 기능을 오픈할 때 예기치 않은 사고가 발생했던 경험이 한두 번씩 있을 겁니다. 그런 문제가 **유저 인수 테스트**User Acceptance Testing(UAT) 도중 발견되면 그나마 다행이지만, 대개 실제 운영 환경에서 사고가 터지기 일쑤죠. 팀원들은 병목bottleneck이 발생한 원인을 찾아 해결하고자 일제히 달려듭니다. 일이 이 지경에 이른 건, 성능 테스트를 한번도 안 했거나 팀에 닌자ninja가 나타나 온갖 추정만 해놓고 말없이 사라져버렸기 때문입니다(닌자는 원래 이런 일에 능통하죠).

평소 우수한 성능 테스트 관례를 따르고 팀원 간에 활발하고 이성적인 대화를 나누는 팀보다 이런 식으로 일하는 팀이 안티패턴의 제물이 되기 쉽습니다. 개발 이슈가 대부분 그렇지만, 기술적인 측면보다 의외로 의사소통 문제 같은 인적 요소가 원인이 될 때가 많습니다.

캐리 플리첼 Carey Flichel은 "왜 개발자는 잘못된 기술 선택을 밥 먹듯이 하나Why Developers Keep Making Bad Technology Choices"라는 제목의 블로그 게시글[58]에서 그 원인을 다섯 가지로 분류했습니다. 하나씩 음미해봅시다.

4.3.1 지루함

개발자는 대부분 자기 역할에 지루함을 느끼고 뭔가 새롭고 도전적인 일을 찾아 같은 회사 또는 아예 다른 곳으로 떠날 궁리를 하는 사람도 있습니다. 하지만 사내에 딱히 마땅한 기회가 없거나 다른 회사로 이직하는 게 여의치 않을 때도 있겠죠.

물론, 지루한 일상을 잘 참고 견딜 뿐만 아니라 외려 더 쉽고 편한 삶을 추구하는 개발자도 있습니다. 어쨌든, 개발자의 지루함은 프로젝트에 여러 가지로 해악을 끼칠 수 있습니다. 일례로, `Collections.sort()` 한 줄이면 될 것을 직접 정렬 알고리즘을 구현해 필요 이상으로 복잡하게 코딩하는 개발자가 있습니다. 지금껏 알려지지 않은 기술로 컴포넌트를 제작하거나, 맞지도 않은 유스케이스use case(사용 사례)에 억지로 기술을 욱여넣는(결국 다음 절의 패턴으로 이어지는) 등 여러 가지 방법으로 지루함을 표출하기도 합니다.

---

58 역자주_ 원문 *http://www.obsidianscheduler.com/blog/why-developers-keep-making-bad-technology-choices/* 참고

4.3.2 이력서 부풀리기

지루함 때문에 기술을 과용하는 개발자가 있는 반면, 본인의 이력서résumé (또는 커버 레터cover letter)를 과대 포장할 구실을 찾는 개발자도 있습니다. 구직 시장에 다시 뛰어들 즈음, 어떻게 하면 자기 연봉과 몸값을 높일 수 있을까 골몰하는 거죠. 잘 굴러가는 팀치고 이런 생각을 하는 팀원이 한 사람도 없는 경우는 드물겠지만, 어쨌든 프로젝트를 불필요한 방향으로 끌고 가는 선택의 발단이 될 수 있습니다.

개발자의 지루함, 이력서 부풀리기 탓에 불필요한 기술을 자꾸 덧댄 결과는, 기존에 개발자가 더 좋은 회사로 이직한 후 아주 오랫동안(심지어 수년 동안) 시스템에 지대한 영향을 미치게 될 겁니다.

4.3.3 또래 압박

팀원들이 기술을 결정할 때 관심사를 분명히 밝히지 않고, 서로 충분한 논의 없이 진행하면 쓰디쓴 결과를 맛보기 쉽습니다. 가령, 선배 앞에서 가급적 실수 안 하려는(가면 증후군imposter syndrome) 신입 개발자, 특정 주제를 자기가 잘 모른다는 사실을 두려워하는 개발자가 있습니다. 경쟁심이 불타오르는 팀 분위기 속에서 개발이 광속으로 진행되는 듯 보이고자 제대로 사정을 따져보지도 않고 섣불리 중요한 결정을 내리는 것도 또래 압박peer pressure의 아주 고약한 형태입니다.

4.3.4 이해 부족

지금 사용하는 툴의 기능도 온전히 알지 못하는데 무턱대고 새로운 툴로 문제를 해결하려는 개발자가 있습니다. 새로 나온 멋진 기술이 어떤 태스크를 수행할 때 아주 좋다는 소문이 퍼지면 사람 마음이란 게 기울어지게 마련이죠. 하지만 기술 복잡도를 높이는 것과 현재 툴로도 할 수 있는 것 사이의 균형을 잘 맞추어야 합니다.

예를 들어, **하이버네이트**Hibernate는 도메인 객체 ↔ DB 객체 변환을 단순화하는 절호의 방법처럼 보입니다. 하이버네이트를 수박 겉핥기 식으로 아는 개발자는 다른 프로젝트에서도 하이버네이트를 쓰더라, 하는 경험담을 들려주며 이 기술이 적합하다고 쉽게 단정합니다.

이처럼 이해가 부족한 상태에서는 하이버네이트를 너무 복잡하게 사용하게 되고 결국 운영 단계에서 회복 불가한 중단 사태를 맞이할 수도 있습니다. 데이터 계층을 전부 간단한 JDBC 호출로 바꾸면 개발자는 자신이 익숙한 분야라서 유연하게 대처할 수 있겠죠. 필자는 하이버네이트를 강의하면서 딱 이런 사례를 경험한 수강생을 만났습니다. 그는 하이버네이트 때문에 결딴난 애플리케이션을 복구하려고 필자의 강의를 들으면서 열심히 하이버네이트를 연구했지만, 결국 하이버네이트를 걷어내느라 고스란히 주말을 바쳐야만 했습니다. 정말 처량하기 그지없었죠.

4.3.5 오해와 있지도 않은 문제

문제 자체가 무엇인지 제대로 이해하지 못한 채 오로지 기술을 이용해서 문제를 해결하려는 개발자도 있습니다. 설령 그렇게 해서 성공한들, 성능 수치를 측정도 안 해보고 어떻게 성공을 장담할 수 있을까요? 성능 지표를 수집/분석해야만 비로소 문제의 본질을 정확히 이해할 수 있습니다.

안티패턴을 예방하려면 팀원 모두 참여해서 기술 이슈를 활발히 공유하는 분위기를 적극 장려해야 합니다. 아직도 뭔가 불분명하다 싶으면 먼저 사실에 근거한 증거를 수집하고 프로토타입을 만들어 조사합니다. 그래야 팀이 올바른 방향으로 나아갈 수 있겠죠. 최신 기술이 아무리 좋아 보여도 프로토타입을 만들어 보니 기대에 미치지 못하면 보다 정확한 정보를 근거로 팀이 결정을 내리는 데 도움이 될 것입니다.

4.4 성능 안티패턴 카탈로그

지금부터 갖가지 성능 안티패턴을 유형별로 간략히 소개합니다. 여기 나열한 안티패턴이 많아 보여도 사실 빙산의 일각일 것입니다.

4.4.1 화려함에 사로잡히다

증상

일단 최신의 멋진 기술을 튜닝 타깃으로 정합니다. 레거시 코드를 파헤치느니 신기술의 작동 원리를 연구하는 게 더 재미있고, 또 아무래도 최신 기술이 더 멋진 코드로 구현됐고 관리하기도 쉽겠죠. 그리하여 개발자는 새로 나온 애플리케이션 컴포넌트를 찾아 헤매는 강박에 사로잡힙니다.

흔히 하는 말

처음이라 말썽이 많군. 뭐가 문제인지 원인을 밝혀야 해.

현실

- 애플리케이션을 측정하고 튜닝하려고 하지 않고 그냥 어떻게 해보면 되겠지, 하고 생각합니다.
- 개발자는 신기술을 제대로 알지 못한 상태에서 문서도 보지 않고 어설프게 지레짐작만 하는데 실제로 다른 문제가 불거지기 일쑤입니다.
- 신기술에 관한 온라인 예제는 보통 작은 규모의 전형적인 데이터셋을 다룹니다. 기업 규모로 확장하는 데 필요한 베스트 프랙티스는 일언반구 말도 없습니다.

진단

이 안티패턴은 신생팀이나 숙련도가 떨어지는 팀에서 흔합니다. 자신의 능력을 증명하려는 욕구, 레거시 시스템이라고 간주한 것에 매이지 않으려는 마음으로 오로지 최신의 '뜨고 있는' 기술을 숭배하지요. 그런데 마침 그들이 새 직장에서 고액의 연봉을 받기 딱 좋은 그런 종류의 기술인 경우가 많습니다.

따라서 어떤 성능 이슈가 발생하든 무작정 최신 기술을 찾아보겠노라 마음속 깊은 잠재의식에서 결론을 내립니다. 본인이 잘 모르면 다른 사람에게 자문을 구하는 게 낫지 않을까요?

처방

- 측정을 해보고 진짜 성능 병목점을 찾으세요.
- 새 컴포넌트는 전후로 충분한 로그를 남기세요.
- 베스트 프랙티스 및 단순화한 데모를 참조하세요.
- 팀원들이 새 기술을 이해하도록 독려하고 팀 차원의 베스트 프랙티스 수준을 정하세요.

4.4.2 단순함에 사로잡히다

증상

전체적으로 애플리케이션을 프로파일링해서 객관적으로 아픈 부위를 들추려 하지 않고 무작정 시스템에서 제일 간단한 부분만 파고듭니다. 원래 처음 개발한 마법사만 편집 가능한 아주 '전문적인' 부분도 있을 텐데 말이죠.

흔히 하는 말

우리가 알고 있는 부분부터 한번 파봅시다.
그건 존이 개발했는데, 그 사람 지금 휴가 갔어요. 존이 돌아오면 성능 봐달라고 하고 그때까지 기다리죠?

현실

- 원개발자는 그 시스템 파트를(혹은 해당 파트만?) 어떻게 튜닝해야 할지 압니다.
- 다양한 시스템 컴포넌트에 대해 지식 공유를 하지 않고 짝 프로그래밍pair programming[59]을 안 한 결과, 독보적인 전문가만 양산됩니다.

---

59 역자주_ 애자일(agile) 개발 방법론에 나오는 기법으로, 두 개발자가 한 컴퓨터에서 함께 코딩하며 리뷰하는 방식. 결함을 줄이고 품질을 향상시킨다는 장점도 있지만, 현실적으로는 많은 논란을 불러일으키며 호불호가 엇갈리기도 합니다.

진단

이전 절의 '화려함에 사로잡히다' 패턴과는 반대로 시스템을 정상 가동시키는 일이 주임무인, 체계가 잘 잡힌 유지보수 팀에서 흔히 나타나는 안티패턴입니다. 애플리케이션에 신기술을 적용하여 새로 병합할 경우, 팀원들은 지레 겁먹고 가급적 새 시스템을 안 맡으려고 하겠죠.

이런 분위기에서 개발자는 시스템에서 자기가 익숙한 부분만 프로파일링하는 게 더 속 편합니다. 포근한 울타리를 벗어나지 않고도 원하는 결과를 운 좋게 얻게 되기를 간절히 바라겠죠.

'~에 사로잡히다' 두 안티패턴 모두 미지의 세계에 대한 인간의 반응이라는 점에서 비슷합니다. '화려함에 사로잡히다'는 더 배우고 더 유리한 고지를 차지하려는 개발자(또는 팀)의 욕망이 공격적인 형태로 드러나며, '단순함에 사로잡히다'는 행여 긁어 부스럼 만들지 모를 신기술에 관여하느니 익숙한 것만 갖고 놀겠다는 방어 태세입니다.

처방

- 측정을 해보고 진짜 성능 병목점을 찾으세요.
- 본인이 익숙지 않은 컴포넌트에 문제가 생기면 잘 아는 전문가에게 도움을 청하세요.
- 개발자가 전체 시스템 컴포넌트를 고루 이해하도록 독려하세요.

4.4.3 성능 튜닝 도사

증상

할리우드 영화에 나오는 '고독한 천재' 해커의 모습에 탄복한 경영진은 이 이미지에 적합한 전문가를 수소문해 채용합니다. 그러곤 그 명성에 걸맞은 탁월한 튜닝 스킬로 사내 모든 성능 이슈를 바로잡고 회사를 정상 궤도에 올려놓으라는 특명을 내리죠.

> **NOTE_** 성능 튜닝에 진짜 박식한 전문가나 전문 업체가 있지만, 여러분이 직접 성능을 측정하고 문제를 조사할 필요성이 사라지는 건 아닙니다. 모든 상황에 다 적용 가능한 해결책 따위는 없습니다.

흔히 하는 말

나도 문제가 ...라는 건 알고 있어.

현실

- 명망 높은 마법사나 초인superhero이 하는 일이라곤 드레스 코드dress code(복장 규정)에 도전하는 일이 고작입니다.

진단

이 안티패턴은 스스로 성능 이슈를 해결하기에 실력이 조금 부족하다고 여기는 개발 팀원들이 소외감을 느끼게 합니다. 사실, 프로파일링을 하고 조금만 최적화해도 성능 향상의 혜택을 볼 수 있는데 말이죠.

물론, 특정 기술에 정통한 전문가는 어디건 있겠지만, 모든 성능 이슈를 처음부터 다 간파한, 고독한 천재의 존재는 터무니없습니다. 성능 전문가는 대부분 성능 지표를 측정하고 그 결괏값을 바탕으로 문제를 해결하는 사람입니다.

특정 이슈를 해결한 방법이나 자기가 알고 있는 걸 절대로 남과 공유 안 하려는, 초인을 지향하는 팀원은 매우 반생산적counterproductive입니다.

처방

- 측정을 해보고 진짜 성능 병목점을 찾으세요.
- 새로 채용된 팀내 전문가가 다른 팀원들과 지식을 공유하고 팀워크를 유지할 수 있게 리드하세요.

4.4.4 민간 튜닝

증상

서비스 중 발생한 성능 문제를 해결하려고 안간힘을 쓰던 중, 한 팀원이 웹사이트에서 '마법'의 설정 매개변수를 발견합니다. 인터넷에 글 쓴 사람이 성능이 향상된다고 장담했으니 테스트도 안 해보고 곧장 마법의 매개변수를 운영 서버에 적용하는데...

흔히 하는 말

스택 오버플로Stack Overflow[60]에 이런 멋진 팁이 있더라고. 이제 다 끝났어.

현실

- 개발자는 성능 팁의 전후 맥락이나 기초를 모르고 그 팁이 진짜 어떤 영향을 미칠지 모릅니다.
- 어떤 시스템에선 통했을지 모르지만 다른 시스템에 적용해도 효험이 있을지는 모를 일입니다. 실제로 더 나빠질 수도 있습니다.

진단

성능 팁은 잘 알려진 문제의 해결 방법을 찾는 과정으로, 유통 기한이 짧아 금세 낡은 유물이 되기 쉽습니다. 나중에 소프트웨어/플랫폼이 업데이트되고 누군가 새로운 해결책을 찾아내면 (잘해야) 무용지물이 되겠죠.

생뚱맞고 추상적인 말들로 가득한 관리자 매뉴얼은 나쁜 성능 조언의 전형적인 근원입니다. 업체가 소송에 휘말리면 변호사들은 이 모호한 조언이 '권고 설정'일 뿐이라고 주장하겠죠.

자바 성능은 오만 가지 잡다한 요인이 영향을 미치는 맥락에서 발생합니다. 자바는 실행 환경이 복잡하기 때문에 전후 맥락을 벗겨낸 나머지만 갖고는 거의 추론할 수가 없습니다.

> **NOTE_** 자바는 계속 진화하는 플랫폼이라서 어느 버전에서 성능 문제를 해결한 매개변수가 다른 버전에서는 안 통할 수 있습니다.

가령, 가비지 수집 알고리즘 제어 스위치는 버전마다 달라서, 구형 VM(6, 7 버전)에서 잘 작동했던 스위치가 현재 버전(8 버전)에선 아무 쓸모 없는 경우도 있습니다. 7 버전에서는 잘 써왔지만 앞으로 출시될 9 버전[61]에 쓰면 VM이 시작조차 안 되는 스위치도 있습니다.

한두 글자 바뀌는 설정값이라도 조심해서 관리하지 않으면 운영계에서 큰 사고가 터질 수 있습니다.

---

60 역자주_ 제프 애트우드(Jeff Atwood)와 조엘 스폴스키(Joel Spolsky)가 만든 개방형 웹사이트로, 방문자들끼리 컴퓨터 프로그래밍의 다양한 주제에 대해 질문과 답변을 합니다.

61 역자주_ 현재 자바 SE는 11 버전까지 출시됐습니다(*https://www.oracle.com/technetwork/java/javase/downloads/index.html*).

처방

- 시스템의 가장 중요한 부분에 직접 영향을 미치는 기술은 확실히 파악하고 충분히 검증된 것들만 적용하세요.
- 매개변수를 UAT에서 시험해보세요. 어떤 변화라도 철저히 검증하고 효용을 프로파일링하는 일이 중요합니다.
- 다른 개발자나 운영 요원, 데브옵스팀과 함께 설정 문제를 리뷰하고 토의합니다.

4.4.5 안되면 조상 탓

증상

정작 이슈와는 아무 상관도 없는 특정 컴포넌트를 문제 삼습니다.

필자는 시스템 오픈 전날, UAT에서 대규모 중단 사태를 경험한 적이 있습니다. 코드가 어떤 경로를 거쳐 실행되다 중앙 DB 테이블 하나에 락이 걸려버렸죠. 해당 코드는 에러를 내뿜고 락은 계속 걸린 상태로 애플리케이션은 사실상 멎었습니다. 결국 서버를 다시 부팅했습니다. 사람들은 약속이나 한 듯 데이터 액세스 계층에 사용한 하이버네이트가 원인이라고 비난했지만, 자세히 확인해보니 타임아웃 예외를 붙잡은 catch 블록에 DB 커넥션을 정리하는 코드를 안 넣은 게 진짜 원인이었습니다. 개발자가 하이버네이트 비난을 멈추고 정말 버그를 일으킨 자신들의 코드를 직시하기까지 꼬박 하루가 걸렸죠.

흔히 하는 말

JMS, 하이버네이트, 그 머시기 라이브러리가 항상 문제라니깐!

현실

- 충분히 분석도 안 해보고 성급한 결론을 내립니다.
- 평소 의심했던 범인을 수사 과정의 유일한 용의자로 지목합니다.
- 진짜 원인을 밝히려면 숲을 봐야 하는데 팀원들은 그럴 마음이 없습니다.

진단

경영진, 영업팀에서 종종 나타나는 안티패턴입니다. 기술 스택을 잘 모르는 사람들은 대부분 인지편향cognitive bias을 갖고 있어서 어떤 패턴에 대충 맞춰 진행합니다. 물론 엔지니어는 그들의 이런 습성에 전혀 면역력이 없죠.

비난의 대상으로 낙인찍힌 것들 이외의 코드 베이스나 라이브러리를 잘 모르는 엔지니어는 이 안티패턴의 제물이 되기 쉽습니다. 아무래도 뭔가 새로 조사하는 것보다는 보통 문제를 많이 일으키는 곳을 지목하는 게 속 편하죠. 이런 현상은 팀 전체가 매너리즘에 빠졌다는 신호라서 머지않아 갖가지 운영 이슈가 불거집니다.

하이버네이트가 아주 좋은 사례입니다. 정확히 설정해서 사용하지 않는 경우가 참 많지요. 과거 하이버네이트로 골탕먹은 경험이 있는 팀은 일단 이 기술을 싸잡아 비난합니다. 하지만 하부 쿼리 문제, 부적절한 인덱스 사용, 물리적 DB 접속 문제, 객체 매핑 계층 등 문제는 다른 곳에 있을 가능성이 큽니다. 따라서 정확한 원인을 밝히려면 프로파일링이 필수입니다.

처방

- 성급한 결론을 내리고픈 욕망에 굴하지 마세요.
- 정상적으로 분석을 하세요.
- 분석 결과를 (문제를 일으킨 원인을 구체화하기 위해) 모든 이해관계자와 의논하세요.

4.4.6 숲을 못 보고 나무만 보다

증상

전체적인 변경 영향도를 완전히 파악하지 않은 채 일단 그냥 변경을 해보거나 애플리케이션의 국소적인 부분만 프로파일링합니다. 엔지니어는 JVM 스위치를 바꿔보며 조금이라도 성능을 올리려고 하지만, 그마저도 사내 다른 애플리케이션의 선례나 예제 코드를 따라 합니다.

또 마이크로벤치마킹microbenchmarking 기법으로 일부 애플리케이션 파트를 프로파일링해보려고 합니다(5장에서 보겠지만, 마이크로벤치마킹은 올바르게 수행하기가 정말 어렵죠).

흔히 하는 말

이 설정만 바꾸면 성능이 좀 나아질 거야.

그냥 메서드 디스패치 시간을 줄일 수 있으면...

현실

- 변경 영향도를 완전히 이해한 사람이 아무도 없습니다.
- 새로 바꾼 JVM 설정값 하에서 애플리케이션을 완전히 프로파일링하지 않았습니다.
- 마이크로벤치마킹 때문에 빚어질 전체 시스템 영향도를 파악하지 않습니다.

진단

JVM은 그 스위치만 수백 개에 달합니다. 그만큼 런타임을 자유자재로 설정할 수 있지만, 모든 설정값을 전부 활용하고픈 욕구를 불러일으키죠. 하지만 JVM의 디폴트 설정값과 자기관리 능력만으로도 충분하기 때문에 괜히 긁어 부스럼 만들 때가 많습니다. 또 예기치 않게 스위치끼리 간섭을 일으키는 경우도 있는데, 겉으로 잘 드러나지 않는 변화가 사실 더 위험합니다. 같은 회사에서 만든 애플리케이션조차도 운영 및 프로파일링하는 방식은 완전히 다를 수 있으므로 보통 권장하는 설정값을 시도해보는 게 중요합니다.

성능 튜닝은 통계를 내는 활동이라서 특정 실행 맥락에 크게 좌우됩니다. 따라서 일반적으로 큰 시스템이 작은 시스템보다 벤치마킹하기 더 쉽습니다. 큰 시스템은 엔지니어의 바람대로 큰 수의 법칙the law of large numbers[62]이 개별 이벤트를 왜곡하는 플랫폼 효과를 바로잡는 데 유리하니까요.

이와 달리, 시스템의 한 단면에 집중하면 플랫폼(적어도 자바/C#는)을 구성하는 복잡한 환경의 서브시스템(예: 스레딩, GC, 스케줄링, JIT 컴파일)을 제각기 풀어내야 합니다. 이 작업은 정말 극도로 어려울뿐더러 통계치를 다루는 일도 민감하고 소프트웨어 엔지니어가 많이 해본다고 거저 얻어지는 기술 역량skillset도 아닙니다. 그러다 보니 시스템 양상을 정확하게 반영하지 못한 숫자만 나오기 쉽고 어리석은 엔지니어는 자신이 벤치마크한 결과를 액면 그대로 받아들이는 겁니다.

---

62 **역자주_** 큰 수의 법칙(또는 대수의 법칙, 라플라스의 정리)은 큰 모집단에서 무작위로 뽑은 표본의 평균이 전체 모집단의 평균과 가까울 가능성이 높다는 통계와 확률 분야의 기본 개념입니다. (출처: 위키백과)

인간의 선입관과 맞물려 실제 있지도 않은 패턴을 존재하는 것처럼 바라보는 안타까운 일이 반복되죠. 결국, 성능 엔지니어는 그릇된 통계치와 부실하게 제어한 결과에 현혹된 나머지, 다른 동료들이 반박하지 못하게 사력을 다해 자신의 성능 벤치마크/효과를 방어하는 광경이 펼쳐집니다.

두 가지 사실을 간과해선 안 됩니다. 첫째, 운영계를 그대로 모사한 UAT 환경 없이 최적화의 효용성을 판단하기는 어렵습니다. 둘째, 부하가 높을 때만 도움이 되고 평소에는 외려 성능을 떨어뜨리는 최적화는 아무 의미가 없습니다. 평상시 서비스 이용 실태를 나타내면서도 부하 집중 시 유의미한 테스트를 제공하는 데이터를 얻기란 결코 쉽지 않습니다.

처방

운영계에서 스위치를 변경하기 전 다음 절차를 따르세요.

1. 운영계 성능 지표를 측정합니다.
2. UAT에서 한번에 스위치 하나씩 변경합니다.
3. 스트레스를 받는 지점이 UAT와 운영계가 동일한지 확인합니다.
4. 운영계에서 일반적인 부하를 나타내는 테스트 데이터를 확보합니다.
5. UAT에서 스위치를 변경하며 테스트합니다.
6. UAT에서 다시 테스트합니다.
7. 여러분이 추론한 내용을 다른 사람에게 재검토 요청합니다.
8. 여러분이 내린 결론을 다른 사람과 공유합니다.

4.4.7 내 데스크톱이 UAT

증상

UAT 환경이 운영계 환경과 전혀 다른 경우도 많습니다. 개발자는 그 차이점을 예상하거나 완전히 이해하지 못한 채 저성능low-powered 데스크톱에서 고성능high-powered 운영 서버로 서비스할 코드를 작성합니다. 그러나 개발자 개인 장비는 대부분 운영계에 배포되는 작은 서버보다 성능이 더 좋습니다. 저성능 마이크로 환경은 보통 별문제가 안 되므로 개발자에게 하나씩 가상화해서 지급할 때가 많지만, 개발자 장비보다 코어 수가 훨씬 많고 대용량 RAM에 비싼 I/O 장비가 탑재되는 고성능 운영계 장비에선 문제가 됩니다.

흔히 하는 말

UAT 환경을 완벽히 갖추려면 돈이 너무 많이 들어.

현실

- UAT 환경이 운영계와 달라서 서비스가 중단되는 사태가 벌어지면 장비 몇 대 더 추가하는 비용보다 훨씬 더 값비싼 대가를 치르게 됩니다.

진단

'내 데스크톱이 UAT' 안티패턴은 앞서 살펴봤던 것들과는 다른 종류의 인지 편향에 기인합니다. 그래도 UAT서 뭐라도 해보는 게 아무것도 안 하는 것보단 낫다고 보는 거죠. 이렇게 근거 없는 낙관주의는 복잡한 기업 환경을 오해하게 만듭니다. 어떤 식으로든 유의미한 추정을 하려면 UAT 환경을 운영계와 반드시 동기화해야 합니다.

요즘 환경은 적응성이 좋아 런타임 서브시스템은 리소스를 최대한 활용하겠지만, 실제로 배포될 환경의 리소스가 UAT와 많이 차이 나면 그에 맞는 결정을 내릴 것입니다. 결국 장밋빛 희망에 가득 찬 추정은 잘해야[63] 무용지물이죠.

처방

- 서비스 중단 비용과 고객 이탈로 인한 기회비용을 잘 따져보세요.
- 운영 환경과 동일한 UAT 환경을 구입하세요.
- 소 잃고 외양간 고치는 비용이 더 많이 들 테니, 이따금 관리자들에게 올바른 사례를 제시해야 합니다.

---

63 역자주_ 저자가 '잘해야(at best)'라는 말을 쓴 이유는, 실제로 현장에서는 어설픈 추정으로 큰 낭패를 보는 경우가 비일비재하기 때문입니다.

4.4.8 운영 데이터처럼 만들기는 어려워

증상

데이터라이트DataLite라고도 하는 이 안티패턴은, 사람들이 운영계와 유사한 데이터를 나타내고자 할 때 빠지는 함정입니다. 한 대형 은행의 무역 거래소에서 예약은 완료됐으나 미지급한 선물 및 옵션 거래를 처리한다고 합시다. 이런 시스템은 보통 하루에도 메시지를 수백만 건 처리합니다. 자, UAT 전략을 다음과 같이 수립했을 때 무슨 문제가 벌어질지 하나씩 살펴보겠습니다.

1. 테스트 편의상, 하루에 오가는 메시지 중 작은 한 부분만 포착해서 UAT에서 전부 돌려본다.

   → 시스템에 나타나는 버스트burst(간헐적 부하 폭증) 양상과 다른 시장에서 거래 옵션이 열리기 전 특정 시장에서 더 많은 선물 거래가 일어나서 발생하는 웜업warmup(시스템 예열) 현상도 포착할 수 없습니다.

2. 테스트 편의상 단언assertion(어셜션) 시 단순한 값만 사용하도록 거래, 옵션 데이터를 업데이트한다.

   → 데이터 '현실성'이 떨어집니다. 외부 라이브러리나 시스템을 이용해 옵션 단가를 책정하는 환경에서 UAT 데이터셋만 봐서는 운영계 디펜던시 때문에 성능 이슈가 발생한 건 아니라고 부인하기 어렵습니다. 운영계 데이터를 단순화해서, 그것도 극히 일부만 대상으로 계산을 했으니까요.

3. 작업 편의상 모든 값을 한꺼번에 시스템에 밀어 넣는다.

   → UAT에서 이렇게 테스트하는 사람들이 많은데, 데이터 적재 비율이 달라질 때 나타나는 핵심적인 웜업과 최적화를 놓치게 됩니다.

UAT에서 데이터셋을 단순화하여 테스트하는 경우가 많은데요, 그만큼 쓸 만한 결과를 얻을 확률은 떨어집니다.

흔히 하는 말

UAT – 운영계 동기화는 너무 어려워요.

시스템에 맞게 데이터를 조작하는 건 정말 삽질이지.

보안 정책상 개발자는 운영 데이터에 접근할 수 없습니다.

현실

UAT에서 정확한 결과를 얻으려면 운영계 데이터와 최대한 맞추어야 합니다. 보안 정책 때문에 원본 데이터를 가져올 수 없다면 (마스킹masking이나 난독화obfuscation로) 데이터를 뒤죽박죽 섞어서 테스트하는 방법도 있습니다. 개발자가 데이터를 볼 수 없게 UAT를 분할하는 것도 방법입니다. 이렇게 해도 성능 테스트 결과를 보고 문제점을 찾는 데 별 지장은 없죠.

진단

이 안티패턴 역시 '뭐라도 해보는 게 아무것도 안 하는 것보단 낫지 않나?' 싶은 덫에 빠지게 합니다. 낡은 데이터, 비전형적인unrepresentative 데이터라도 테스트를 해보는 게 아예 안 하는 것보다는 낫겠지, 싶은 거죠.

앞서 말했듯이 이런 사고방식은 아주 위험합니다. (운영 데이터와는 전혀 다른 모습이라도) 이 정도면 되겠다, 싶은 데이터로 테스트를 할 때 진짜 결함이나 누락된 부분이 드러나는 경우도 있지만, 그릇된 판단을 내릴 소지가 다분합니다.

막상 시스템을 오픈하고 UAT 데이터로 예상했던 것과는 전혀 다른 패턴을 보이면 개발/데스옵스팀은 그제야 자신들이 그동안 UAT에 만족하며 안일하게 살았구나, 운영 환경에서 큰 문제가 생겼을 때 신속하게 대응할 준비를 전혀 안 했구나, 하는 사실을 뼈저리게 실감하죠.

처방

- 데이터 도메인 전문가에게 컨설팅을 받고 운영 데이터를 (필요시 뒤섞거나 난독화해서) UAT로 다시 이전하는 프로세스에 시간과 노력을 투자하세요.
- 다수의 고객이 몰리고 엄청난 트랜잭션이 예상되는 서비스는 출시 전 철저히 준비하세요.

4.5 인지 편향과 성능 테스트

인간은 원래 정확하고 신속하게 의견을 정리하는 일에 서투릅니다. 예전에 비슷한 상황에 처했거나 경험을 한 적이 있어도 마찬가집니다.

NOTE_ 인지 편향cognitive bias은 인간의 두뇌가 부정확한 결론을 내리게 이끄는 심리 작용입니다. 편향을 보이는 사람이 대개 자신이 그런 줄도 모르고 스스로는 아주 이성적이라고 믿는 게 더 큰 문제입니다.

지금까지 이 장에서 살펴보았던 안티패턴도 대부분, 전체/부분적으로는 하나 이상의 인지 편향으로 비롯된 것들입니다. 즉, 무의식중에 어떤 가정을 내리는 거죠.

예를 들어, '안되면 조상 탓' 안티패턴에서, 최근 특정 컴포넌트 때문에 몇 차례 시스템이 다운된 사례가 있을 경우, 사람들은 새로 불거진 성능 문제도 그 컴포넌트가 원인이라는 편견을 가집니다. 한번 그런 생각을 가지면 분석한 데이터를 보는 족족 자신의 믿음을 점점 더 굳히게 되죠. 이 안티패턴은 확증 편향confirmation bias[64]과 최신 편향recency bias(뭐든 최근에 일어난 일이 앞으로도 계속 일어날거라 믿는 것)이 조합된 것입니다.

NOTE_ 자바는 런타임의 최적화 양상에 따라 모든 컴포넌트의 작동 방식이 애플리케이션마다 다를 수 있습니다. 선입관에 빠지지 않으려면 애플리케이션을 전체로 바라보아야 합니다.

각 편향은 이중적 또는 상보적입니다. 예컨대, 어떤 문제가 생기면 "이 현상은 소프트웨어와 전혀 상관없고, 소프트웨어가 실행되는 인프라가 문제예요." 하고 편향된 결론을 내리는 개발자가 있습니다. 바로 '내가 하면 잘돼Works for Me' 안티패턴인데요, "UAT에서는 잘 돌아갔어. 그러니 운영계 어딘가가 문제겠지" 하는 사고방식입니다. 하지만 반대로 생각하면 모든 문제의 원인은 소프트웨어입니다. 개발자가 가장 잘 알고 있고 직접 영향력을 행사할 수 있는 시스템 파트는 바로 소프트웨어이니까요.

---

64 **역자주_** 원래 가지고 있는 생각이나 신념을 확인하려는 경향성. 쉬운 말로 "사람은 보고 싶은 것만 본다"가 바로 확증편향입니다. (출처: 위키백과)

4.5.1 환원주의

환원주의reductionist thinking는 시스템을 아주 작은 조각으로 나누어 그 구성 파트를 이해하면 전체 시스템도 다 이해할 수 있다는 분석주의적 사고방식입니다. 각 파트를 이해하면 그릇된 가정을 내릴 가능성도 작을 거라는 편향된 논리죠.

하지만 복잡한 시스템은 그렇지 않다는 게 문제입니다. 소프트웨어(또는 물리적) 시스템은 거의 항상 예기치 않은 순간에 돌변하는데요, 단순히 구성 파트를 합한 것보다 시스템을 전체로서 바라봐야 문제의 원인을 찾을 수 있습니다.

4.5.2 확증 편향

확증 편향은 성능 면에서 중대한 문제를 초래하거나, 애플리케이션을 주관적으로 바라보게 합니다. 일부러 그런 건 아니지만 테스트 세트를 부실하게 선택하거나 테스트 결과를 통계적으로 건전하게 분석하지 않으면 확증 편향의 포로가 되기 쉽습니다. 또한 확증 편향은 보통 강력한 동기가 부여되거나 감정 요소가 개입되기 때문에 거스르기가 참 어렵습니다(예: 팀원 한 사람이 어떤 사실을 입증하려고 애씀).

'화려함에 사로잡히다' 안티패턴에 '사로잡힌' 한 팀원이 최신, 최고 사양의 NoSQL DB 도입을 검토 중인 상황을 생각해봅시다. 평가 목적으로 전체 스키마를 대상으로 삼는 건 적절치 않으므로 운영 데이터가 아닌 데이터로 몇 가지 테스트를 합니다. 성미가 급한 담당자는 자기 로컬 장비에서 테스트해보니, NoSQL DB가 액세스 시간 측면에서 월등히 나은 모습을 보였다고 떠벌렸고 결과 자료를 받아본 사람들은 전체 구현 단계로 전격 돌입합니다. 여기서도 여러 가지 안티패턴이 복합적인 영향을 미치고 있는데요, 새로운 라이브러리 스택에 대한 검증되지 않은 새로운 가설을 믿게 만듭니다.

스위치 만지작거리기

'민간 튜닝'과 '숲을 못 보고 나무만 보다(마이크로벤치마킹 남용)'는 환원주의 + 확증 편향 결과로 나타난 안티패턴 사례입니다. '민간 튜닝'의 일종인 **스위치 만지작거리기**fiddling with switches는 특히 바람직하지 않은 하위 유형입니다.

VM은 감지된 하드웨어에 알맞은 설정을 적용하지만, 환경에 따라 성능 엔지니어가 수동으로 플래그를 설정해서 코드 성능을 튜닝할 수도 있습니다. '스위치 만지작거리기' 자체는 무해하나 JVM은 명령줄 스위치로 다양한 설정을 조합할 수 있기 때문에 인지 함정의 깊은 늪에 빠지기 쉽습니다.

VM 플래그 목록은 다음 스위치로 확인할 수 있습니다.

```
-XX:+PrintFlagsFinal
```

자바 8u131 버전 기준으로 약 700개가 넘는 스위치가 화면에 나옵니다. 다음 스위치를 하나 더 추가하면 VM을 진단 모드에서 실행할 경우에만 사용 가능한 부가적인 튜닝 옵션도 볼 수 있습니다.

```
-XX:+UnlockDiagnosticVMOptions
```

대략 100개 정도 목록에 나옵니다. 사람이 이 모든 스위치를 조합한 경우의 수를 따져가며 종합적인 효과를 정확히 추론하기란 애당초 불가합니다. 더구나, 실험을 해보면 스위치값을 바꾼 효과가 개발자가 기대한 수준에 훨씬 못 미치게 나와서 감이 잘 안 옵니다.

4.5.3 전운의 그림자(행동 편향)

시스템이 예상대로 작동하지 않는 상황, 또는 아예 중단된 시간 중에 발현되는 편향입니다. 가장 흔한 원인을 몇 가지 꼽아보면 다음과 같습니다.

- 영향도를 분석해보지도 않고, 또 다른 사람에게 연락도 안 하고 시스템 인프라를 변경합니다.
- 시스템이 의존하는 라이브러리를 변경합니다.
- 연중 가장 업무가 빠듯한 날에 처음 보는 버그나 경합 조건이 발생합니다.

평소 로깅, 모니터링을 꾸준히 하면서 잘 가꾸어 온 애플리케이션은 오류가 발생해도 명확한 에러 메시지가 생성되므로 지원팀이 금세 원인을 찾아낼 수 있습니다.

하지만 실패 시나리오를 충분히 테스트 안 해본 상태로 오픈해서 로그도 제대로 남기지 않는 애플리케이션이 아직도 많습니다. 이런 상황이면 숙련된 엔지니어도 ('전운의 그림자' 편향에 휩싸여) 시스템 중단을 해결하려고 뭐라도 해야 한다는 막연한 느낌으로 서두르기만 하다가 절망에 빠질 수 있습니다.

업무 담당자 모두 체계적으로 문제에 접근하는 태도를 길들이지 않으면 지금까지 이 장에서 살펴본, 사람이기 때문에 벌어지는 문제들이 언제든 발생할 수 있습니다. 예를 들어, '안되면 조상 탓' 같은 안티패턴은 팀원들이 전면 조사를 건너뛰고 획일적인 방향으로만 사고하도록 몰아가고 결국 더 큰 그림을 놓치게 만듭니다. 정확히 어느 서브시스템에서 문제가 발생했는지 밝히지 않은 채 무작정 시스템을 구성 요소로 쪼개어 저수준 코드부터 뒤적이는 것도 마찬가지입니다.

과거에는 항상 비용을 들여 시스템 중단 시나리오를 체계적으로 접근했고 패치가 필요없는 부분은 사후 처리했습니다. 하지만 이것은 인간의 감정 영역에 속하는 문제라서, 가뜩이나 시스템이 가동을 멈춘 상황에서 긴장을 풀고 여유를 가지기란 대단히 어려울 수 있습니다.

4.5.4 위험 편향

인간의 본성은 위험을 피하고 변화를 거부합니다. 누구나 예전에 뭔가 바꿨더니 잘못됐던 경험을 한두 가지 갖고 있어서 가급적 위험을 감수하지 않으려고 하죠. 미리 계산된 위험을 조금만 안고 가면 제품을 내놓을 수 있을 때도 사람들의 이런 성향 탓에 상황은 매우 절망적으로 흘러갑니다. 단위 테스트 세트와 운영계 회귀 테스트 체계만 확실히 갖추고 나면 리스크를 상당히 줄일 수 있습니다. 이 중 어느 것도 미덥지 못하다면 변화를 꾀하기가 극도로 어렵고 리스크 요인은 어쩔 도리가 없습니다.

위험 편향은 보통 애플리케이션 문제가 생겼을 때(심지어 서비스 자체가 중단됐을 때) 제대로 학습하고 적절한 조치를 하지 못한 까닭에 더 고착화됩니다.

4.5.5 엘스버그 역설

엘스버그 역설Ellsberg's Paradox은 인간이 확률을 이해하는 데 얼마나 서투른지 잘 보여주는 사례입니다. 대니얼 엘스버그Daniel Ellsberg는 미국의 저명한 보도 기자이자 내부고발자whistleblower로, 그는 '알려지지 않은 미지의 것unknown unknowns'보다 '알려진 기지의 것known unknowns'을 추구하는 인간 본연의 욕구에 관한 역설을 주장했습니다.[65]

엘스버그 역설은 실험을 통한 단순 확률로 설명할 수 있습니다. 자, 통 안에 색깔 있는 90개 공이 들어 있고, 그중 30개는 파란 공, 나머지는 빨간 공 아니면 녹색 공이라고 합시다. 빨간 공, 녹색 공 비율은 알 수 없지만, 통은 하나밖에 없고 전체 공의 개수는 정해져 있으니 확률은 일정합니다.

이 역설의 첫 단계는 어떤 내기를 할지 선택하는 겁니다. 참가자는 다음 내기 중 하나를 선택합니다.

A. 통에서 꺼낸 공이 파란 공이면 상금 $100를 받는다.
B. 통에서 꺼낸 공이 빨간 공이면 상금 $100를 받는다.

사람들은 대부분 A를 선택합니다. 이길 확률이 정확히 1/3이니까요. 그러나 (꺼낸 공을 다시 통에 넣고 섞는다면) 참가자가 다음과 같이 두 번째 내기를 할 경우 놀라운 일이 벌어집니다.

C. 통에서 꺼낸 공이 파란 공 또는 녹색 공이면 상금 $100를 받는다.
D. 통에서 꺼낸 공이 빨간 공 또는 녹색 공이면 상금 $100를 받는다.

이때 사람들은 대부분 이길 확률(2/3)이 뻔한 D를 고릅니다.

하지만 역설적으로 A와 D는 비이성적인 선택입니다. A를 선택한 건 빨간 공과 녹색 공이 어떤 분포일 거라는 의사(즉, 녹색 공이 빨간 공보다 많을 거라는)를 암묵적으로 나타낸 겁니다. 따라서 기왕 A를 선택했다면 논리적으로 D보다 이길 확률이 더 높은 C를 잇따라 선택하는 게 더 우세한 전략입니다.

65 도널드 럼즈펠드 전 미국 국방부 장관이 한 말을 재사용한 것입니다.

4.6 마치며

성능 결과를 평가할 때에는 데이터를 적절한 방법으로 처리하고 비과학적인, 주관적인 사고에 빠지지 않도록 조심해야 합니다. 몇 가지 테스트 유형 및 테스트에 관한 베스트 프랙티스, 그리고 성능 분석에 내재된 안티패턴들을 살펴보았습니다.

다음 장에서는 저수준 성능 측정 방법, 마이크로벤치마크의 잠재적 위험성과 JVM을 측정한 결과 데이터를 가공하는 통계 기법을 차례로 설명합니다.

CHAPTER 5

마이크로벤치마킹과 통계

이 장에서는 자바 성능 수치performance numbers를 직접 측정하는 내용을 자세히 살펴봅니다. JVM은 워낙 자유분방한 특성 탓에 성능 수치를 다루기가 의외로 만만치 않습니다. 정확하지 않은, 오해를 일으키는 이상한 성능 수치가 인터넷에 여기저기 떠돌게 된 것도 그 때문이죠.

이 장의 목표는 여러분이 이러한 잠재적 위험을 이해하고 기준으로 삼을 만한 성능 수치만 산출하도록 안내하는 것입니다. 특히, 작은 자바 코드 한 조각의 성능을 정확히 측정(**마이크로벤치마킹**)하기란 매우 미묘하고 어려운 일입니다. 마이크로벤치마킹이란 무엇인지, 그리고 올바른 사용법은 무엇인지 알아보겠습니다.

> 첫 번째 원칙은, 절대로 스스로를 속이면 안 된다는 겁니다.
> 여러분은 가장 속아 넘어가기 쉬운 사람이지요.
>
> – 리차드 파인만[66]

뒷부분에서는 마이크로벤치마킹 툴의 업계 표준인 JMH[67] 사용법을 설명합니다. 갖은 위험을 무릅쓰고라도 애플리케이션 및 유스케이스를 상대로 마이크로벤치마킹을 해야 한다면, 가장 미덥고 진보된 툴로 시작해서 잘 알려진 함정들과 '베어 트랩bear traps'을 피해 가는 게 좋습니다.

66 역자주_ 리처드 필립스 파인만(Richard Phillips Feynman)은 미국의 물리학자로, 노벨물리학상 수상자이고 여러 대중적 저작물들을 통해 과학의 대중화에 힘쓴 과학자입니다. 알베르트 아인슈타인과 함께 20세기 최고의 물리학자라고 일컬어집니다. (출처: 위키백과)

67 역자주_ 원서에는 나오지 않지만, JMH는 Java Microbenchmark Harness(자바 마이크로벤치마크 도구)를 줄인 명칭입니다.

끝부분은 통계 이야기입니다. JVM은 조심해서 다루어야 할 성능 수치를 계속 냅니다. 마이크로벤치마킹 산출 수치는 대부분 매우 민감하므로 성능 엔지니어는 반드시 측정 결과를 통계적으로 정교하게 처리해야 합니다. 마지막 절은 JVM 성능 데이터를 다루는 몇 가지 기법과 데이터 해석 문제를 다룹니다.

5.1 자바 성능 측정 기초

필자는 1.2절에서 성능 분석이 기초 실험과학 분야로 귀결된 다양한 기술 측면을 종합한 것이라고 말했습니다. 즉, 벤치마크를 하나의 과학 실험처럼 바라보면 좋은 (마이크로)벤치마크를 작성하는 데에 큰 도움이 됩니다.

이렇게 보면 결국 벤치마크란, 입출력을 지닌 일종의 '블랙 박스black box'와도 같습니다. 우리는 어떤 결과를 추측/추론하는 데 필요한 데이터를 수집하려고 하지만, 단지 데이터를 모으는 것으론 충분하지 않고 그 데이터에 현혹되지 않도록 주의해야 합니다.

> 벤치마크에서 수치는 별로 중요하지 않습니다.
> 이 수치들로부터 어떤 모델을 이끌어 내느냐, 하는 점이 관건입니다.
>
> – 알렉세이 시필레프

우리의 목표는 벤치마크로 공정한 테스트를 하는 것입니다. 즉, 가급적 시스템의 어느 한 곳만 변경하고 다른 외부 요인은 벤치마크 안에 두고 통제하면 좋겠습니다. 이상적으로는, 시스템에서 가변적인 부분은 테스트 간에 불변성을 유지해야 하지만 실제로 그렇게 운 좋은 경우는 드문 편입니다.

NOTE_ 과학적으로 순수하게 공정한 테스트는 현실적으로 어려운 일이지만, 벤치마크는 경험 결과의 근간을 형성하므로 최소한 반복은 할 수 있어야 합니다.

자바 플랫폼을 벤치마크할 때에는 자바 런타임의 정교함이 가장 문제입니다. 이 책은 JVM이 개발자가 작성한 코드에 적용하는 자동 최적화에 가장 많은 지면을 할애했습니다. 이런 최적화의 맥락에서 벤치마크를 과학적인 테스트로 바라보면 우리가 가진 선택지는 제한적입니다.

따라서 최적화가 미치는 영향을 구체적으로 완전히 이해하고 설명하기란 사실 불가능합니다. 애플리케이션 코드가 정말 정확히 투영된 성능 모델은 생성하기도 어렵고 적용 범위가 한정됩니다.

다시 말해, 자바 코드 실행은 JIT 컴파일러, 메모리 관리, 그밖의 자바 런타임이 제공하는 서브시스템과 완전히 떼어놓고 생각할 수 없습니다. 테스트 실행 당시 OS, 하드웨어, 런타임 조건(예: 부하)의 작용 또한 무시할 수 없습니다.

> 그 누구도 온전한 전체일 뿐 섬이 아닙니다.[68]
>
> – 존 던

이와 같은 여러 가지 작용은 보다 큰 단위(전체 시스템이나 서브시스템)로 처리하여 상쇄시킬 수 있습니다. 반대로, 작은 규모로, 마이크로벤치마크를 할 때는 물밑에서 작동하는 런타임과 애플리케이션 코드를 확실히 떼어놓기가 참 어렵습니다. 이것이 마이크로벤치마킹이 정말 어려운 근본 이유입니다.

100,000개 숫자를 정렬하는 벤치마크 코드를 예로 들어봅시다. 진짜 공정한 테스트를 작성하겠다는 관점에서 코드를 한번 살펴볼까요?

```
public class ClassicSort {

    private static final int N = 1_000;
    private static final int I = 150_000;
    private static final List<Integer> testData = new ArrayList<>();

    public static void main(String[] args) {
        Random randomGenerator = new Random();
        for (int i = 0; i < N; i++) {
            testData.add(randomGenerator.nextInt(Integer.MAX_VALUE));
        }

        System.out.println("정렬 알고리즘 테스트");

        double startTime = System.nanoTime();
```

68 역자주_ 인간은 혼자 살아가는 존재가 아닌, 사회적인 존재다. 그래서 우리 모두 서로에게 꼭 필요한 존재라는 뜻.

```
        for (int i = 0; i < I; i++) {
            List<Integer> copy = new ArrayList<>(testData);
            Collections.sort(copy);
        }

        double endTime = System.nanoTime();
        double timePerOperation = ((endTime - startTime) / (1_000_000_000L * I));
        System.out.println("결과: " + (1 / timePerOperation) + " op/s");
    }
}
```

먼저, 무작위 정수 배열 생성 후 벤치마크 시작 시간을 로깅합니다. 그리고 루프를 돌며 이 배열을 다른 배열로 복사한 다음 전체 원소를 정렬합니다. I번 루프 실행이 끝난 뒤 소요 시간을 초 단위로 바꾸고 반복 횟수로 나누면 작업당 소요 시간(`timePerOperation`)이 계산됩니다.

이 벤치마크의 첫 번째 문제점은, JVM 웜업을 전혀 고려하지 않은 채 그냥 코드를 테스트했다는 사실입니다. 운영계 서버 애플리케이션에서 이렇게 정렬을 실행하면 몇 시간, 심지어 며칠씩 걸릴 수도 있지만, JIT 컴파일러가 JVM에 내장된 덕분에 인터프리티드 바이트코드는 고도로 최적화한 기계어로 변환됩니다. JIT 컴파일러는 메서드를 몇 번 실행해본 다음 곧바로 임무를 개시하죠.

따라서 이 테스트만으로는 운영계에서 어떻게 작동할지 확실히 모릅니다. 벤치마크 도중에 JVM이 메서드 호출을 최적화하느라 시간을 보낼 테니까요. 정말 그런지 몇 가지 플래그를 붙여봅시다.

```
java -Xms2048m -Xmx2048m -XX:+PrintCompilation ClassicSort
```

`-Xms`, `-Xmx`는 힙 크기를 조정하는 옵션입니다. 여기서는 둘 다 2기가바이트로 잡았군요. `PrintCompilation`은 메서드를 컴파일할 때마다(또는 다른 컴파일 이벤트가 발생할 때마다) 로깅을 하라는 지령입니다. 실행 결과 다음과 같습니다.

```
정렬 알고리즘 테스트
  73    29   3    java.util.ArrayList::ensureExplicitCapacity (26 bytes)
  73    31   3    java.lang.Integer::valueOf (32 bytes)
  74    32   3    java.util.concurrent.atomic.AtomicLong::get (5 bytes)
  74    33   3    java.util.concurrent.atomic.AtomicLong::compareAndSet (13 bytes)
  74    35   3    java.util.Random::next (47 bytes)
```

```
74    36   3    java.lang.Integer::compareTo (9 bytes)
74    38   3    java.lang.Integer::compare (20 bytes)
74    37   3    java.lang.Integer::compareTo (12 bytes)
74    39   4    java.lang.Integer::compareTo (9 bytes)
75    36   3    java.lang.Integer::compareTo (9 bytes) made not entrant
76    40   3    java.util.ComparableTimSort::binarySort (223 bytes)
77    41   3    java.util.ComparableTimSort::mergeLo (656 bytes)
79    42   3    java.util.ComparableTimSort::countRunAndMakeAscending (123 bytes)
79    45   3    java.util.ComparableTimSort::gallopRight (327 bytes)
80    43   3    java.util.ComparableTimSort::pushRun (31 bytes)
```

JIT 컴파일러는 코드를 조금이라도 효율적으로 작동시키려고 호출 계층call hierarchy을 최적화하므로 벤치마크 성능은 캡처 타이밍에 따라 달라집니다. 이 실험에서는 무심코 우리가 통제할 수 없는 변수 하나를 방치했는데요, 타이밍을 캡처하기 전에 JVM이 가동 준비를 마칠 수 있게 웜업 기간을 두는 게 좋습니다. 보통 타이밍 세부를 캡처하지 않은 상태로 벤치마크 대상 코드를 여러 번 반복 실행하는 식으로 JVM을 예열시킵니다.

또 한 가지 고려할 외부 요인은 가비지 수집입니다. 타이밍 캡처 도중에 GC가 안 일어나게 설정한 다음 가동시키면 참 좋겠지만, 가비지 수집은 원래 불확정적nondeterministic이어서 사람 마음대로 어찌할 도리가 없습니다.

GC가 일어날 가능성이 큰 시기에는 타이밍을 캡처하지 않는 게 그나마 최선이겠죠. GC를 해달라고 시스템에 요청하고 잠시 대기하는 방법도 있지만, 시스템이 이 요청을 그냥 무시할 가능성이 있습니다. 또 이 상태로는 타이밍 범위가 너무 넓어지니까 발생이 임박한 가비지 수집 이벤트에 관한 자세한 정보가 필요합니다.

타이밍 시점을 선택하는 것뿐만 아니라 이터레이션 횟수도 정해야 하는데, 시행착오를 반복해도 적절한 값을 찾기 어려울 때도 있습니다. 가비지 수집이 작동되는 모습은 다음 VM 플래그를 추가하면 엿볼 수 있습니다(자세한 로그 포맷은 7장 참고).

```
java -Xms2048m -Xmx2048m -verbose:gc ClassicSort
```

실행 결과, 다음과 같은 GC 로그 엔트리가 보입니다.

```
Testing Sort Algorithm
[GC (Allocation Failure)  524800K->632K(2010112K), 0.0009038 secs]
[GC (Allocation Failure)  525432K->672K(2010112K), 0.0008671 secs]
Result: 9838.556465303362 op/s
```

벤치마크에서 흔히 저지르는 또 다른 실수는, 테스트하려는 코드에서 생성된 결과를 실제로 사용하지 않는 것입니다. 방금 벤치마크서 copy는 사실상 죽은 코드이므로 JIT 컴파일러가 이를 죽은 코드 경로로 식별하고 정작 우리가 벤치마크하려던 것을 최적화해버릴 가능성이 있습니다.

또, 한번 측정한 결과로는 평균을 내도 벤치마크가 어떻게 수행됐는지 전체 사정을 속속들이 알 길이 없습니다. **허용 오차**margin of error[69]를 구해 수집한 값의 신뢰도를 파악하는 게 좋겠는데요... 허용 오차가 큰 것은 통제불능 변수가 있다는 뜻이거나, 개발된 코드 자체가 성능 기준에 미치지 못함을 의미합니다. 어느 쪽이든 허용 오차를 구하지 않고선 문제의 존재조차 알 수 없습니다.

정말 단순한 정렬 알고리즘을 벤치마크하는 경우도 자칫 벤치마킹 자체를 걷잡을 수 없는 방향으로 흘러가게 만들지만, 복잡도가 높아지면 상황은 더욱 나빠집니다. 가령, 멀티스레드 코드를 평가하는 벤치마크는 지독히 까다롭습니다. 정확한 결과를 얻으려면 처음부터 각 스레드가 완전히 시작될 때까지 전체 스레드를 출발선에 대기시켜야 하니까요. 하지만 이렇게 안 하면 허용 오차가 높게 나올 겁니다.

동시 코드를 벤치마크할 때에는 하드웨어 설정치를 가볍게 웃돌 가능성도 있어서 하드웨어 역시 잘 살펴야 합니다. 시스템 전원 관리 기능이 작동할 수도 있고, 머신상에서 별별 경합 조건이 발생할 수도 있겠죠.

벤치마크 코드를 바로잡는 일은 대단히 복잡하고 여러 요인을 고려해야 합니다. 물론, 개발자는 자신이 프로파일링하려는 코드만 관심있겠지만, 지금까지 설명한 모든 이슈를 진지하게 고민하지 않으면(여러분이 JVM 전문가가 아닌 이상) 뭔가를 놓치거나 엉뚱한 벤치마크 결과를 얻게 될 것입니다.

해결 방안은 두 가지입니다. 첫째, 시스템 전체를 벤치마크합니다. 저수준 수치는 수집하지 않

69 역자주_ 오차 범위라고도 하며 설문 조사 등의 결과에서 랜덤 샘플링 오차의 양을 나타내는 통계학 용어. 한 설문에 대한 허용 오차가 클수록 그 설문의 결과가 전체의 의견을 잘 반영하지 못할 수 있는 확률이 높다는 의미입니다. (출처: 위키백과)

거나 그냥 무시합니다. 수많은 개별 작용의 전체 결과는 평균을 내어 더 큰 규모에서 유의미한 결과를 얻는 겁니다. 대부분 상황에서, 대부분의 개발자에게 필요한 접근 방식이죠.

둘째, 연관된 저수준의 결과를 의미있게 비교하기 위해 앞서 언급한 많은 문제를 공통 프레임워크를 이용해 처리하는 것입니다. 이상적인 프레임워크라면 몇 가지 문제는 어느 정도 해결할 것입니다. 이런 툴은 새로운 최적화 및 다른 외부 제어 변수가 잘 관리되도록 OpenJDK의 개발 흐름을 잘 따라가야 합니다.

다음 절에서 소개할 JMH가 바로 그런 툴입니다. JMH는 나중에 필요할 때 참고해도 되니 일단 건너뛰고 5.3절부터 읽어도 좋습니다.

5.2 JMH 소개

순진하게 접근하면 마이크로벤치마킹이 얼마나 잘못되기 쉬운지, 또 그 이유는 무엇인지 한 실화를 통해 알아보겠습니다. 그리고 마이크로벤치마킹 대상으로 적합한 유스케이스를 분별하는 휴리스틱을 소개합니다. 대부분 애플리케이션에서 마이크로벤치마킹은 적합하지 않은 기술로 밝혀지는 경우가 많습니다.

5.2.1 될 수 있으면 마이크로벤치마크하지 말지어다(실화)

긴 하루를 보낸 어느 날 필자가 퇴근하는데 책상에 앉아 자바 메서드 하나를 뚫어져라 바라보고 있는 동료 여직원이 눈에 띄었습니다. 대수롭지 않게 여기고 통근 열차를 타서 귀가했죠. 그런데 이틀 뒤에도 거의 똑같은 모습을 목격했습니다. 그녀는 이전과 거의 같은 메서드를 바라보며 잔뜩 찌푸린 얼굴을 하고 있었죠. '뭔가 조사를 해봐야겠군' 하고 생각했습니다.

그녀가 새로 단장하고 있던 애플리케이션은 성능 문제가 곧잘 터지곤 했습니다. 많이 쓰는 라이브러리의 최신 버전을 이용해 차기 버전을 개발했지만, 성능은 예전 버전보다 별 나을 게 없었습니다. 그녀는 문제의 원인을 밝히려고 코드 일부를 들어내고 소규모 벤치마크를 작성하느라 시간을 보내고 있었죠.

이렇게 '건초 더미에서 바늘 찾는' 방식은 좀 아닌 것 같았습니다. 그래서 필자와 그녀는 접근 방식을 달리했고 이내 곧 애플리케이션의 CPU 사용률이 정점을 찍고 있다는 사실을 파악했습니다. 실행 프로파일러에 딱 맞는 유스케이스라서(언제 어떤 프로파일러를 쓰는지는 13장에서 자세히 다룹니다) 10여 분 동안 애플리케이션을 프로파일링한 결과 진짜 원인을 찾을 수 있었습니다. 아니나 다를까, 애플리케이션 코드는 전혀 문제가 없었고 팀에서 새로 들여온 인프라 라이브러리가 화근이었습니다.

자바 성능 문제를 어떻게 다루어야 하는지 잘 보여준 무용담인데, 안타깝게도 이와 비슷한 사례가 의외로 많습니다. 개발자는 큰 그림을 못 보고 자기 코드가 성능을 떨어뜨렸을 거란 강박 관념에 사로잡히죠.

TIP_ 개발자는 작은 코드를 세세히 뜯어보며 원인을 찾으려고 하지만, 이 정도 수준으로 벤치마킹하는 건 몹시 어려울 뿐만 아니라 '베어 트랩'에 빠질 위험도 있습니다.

5.2.2 휴리스틱: 마이크로벤치마킹은 언제 하나?

2장에서도 언급했지만, 자바 플랫폼은 원래 천성이 동적인 데다 가비지 수집 및 공격적인 JIT 최적화 같은 특성이 있으므로 성능을 직접 가늠하기가 어렵습니다. 설상가상으로, 실제 애플리케이션을 측정한 각 런타임 환경마다 성능 수치도 제각각입니다.

NOTE_ 작은 자바 코드 조각보다 자바 애플리케이션 전체를 대상으로 성능 분석을 하는 편이 거의 항상 더 수월합니다.

하지만 어쩔 수 없이 단위 메서드 또는 코드 조각 하나를 직접 성능 분석해야 할 때가 있겠죠. 그런데 결코 섣불리 덤벼들면 안 됩니다. 일반적으로 저수준 분석이나 마이크로벤치마킹을 하는 주요 유스케이스는 다음 세 가지입니다.

- 사용 범위가 넓은 범용 라이브러리 코드를 개발한다.
- OpenJDK 또는 다른 자바 플랫폼 구현체를 개발한다.
- 지연에 극도로 민감한 코드를 개발한다(예: 저지연 거래).

위 유스케이스를 뒷받침하는 세 가지 근거는 각각 조금씩 다릅니다.

범용 라이브러리는 (정의상) 이 라이브러리가 쓰이는 컨텍스트에 관한 정보가 제한적이며(예: 구글 구아바Google Guava, (원래 골드만 삭스 사가 제작한) 이클립스 컬렉션즈Eclipse Collections), 아주 폭넓은 (항목 개수만 수십 ~ 수억개에 달하는 데이터셋을 다루는) 유스케이스에 걸쳐 쓸만한, 더 나은 성능을 보여야 합니다.

범용 라이브러리는 원래 적용 범위가 넓기 때문에 전통적인 성능/용량 테스트 기법 대신 마이크로벤치마킹을 쓸 수밖에 없는 때가 있습니다.

플랫폼 개발자는 마이크로벤치마크의 핵심 사용 커뮤니티를 형성하는 사람들입니다. JMH도 원래 OpenJDK 개발팀 본인들이 쓰려고 개발한 툴인데요, 입소문이 나면서 성능 전문가 세상에도 알려지게 된 겁니다.

끝으로, 자바 성능의 최첨단을 추구하는 개발자입니다. 자신이 개발한 애플리케이션과 극단적 유스케이스에 가장 잘 맞는 알고리즘/기법을 선택하기 위해 마이크로벤치마크를 활용하는 사람들이죠. 주로 저지연 금융 거래 분야에서 쓰이며, 그 밖의 유스케이스는 상대적으로 적습니다.

여러분이 OpenJDK나 범용 라이브러리 개발자라면 마땅히 마이크로벤치마킹이 필요하겠지만, 일반 개발자 입장에서는 시스템 성능 요건이 정말 마이크로벤치마크를 고려해야 할 정도인지 확실치 않을 것입니다.

> 마이크로벤치마크에서 가장 조심해야 할 부분은, 아무 의미가 없더라도 항상 어떤 수치가 만들어진다는 사실입니다. 뭔가 측정은 하는데 그 실체는 확실치 않습니다.
>
> – 브라이언 괴츠

일반적으로 마이크로벤치마크는 가장 극단적인 애플리케이션에 한하여 사용하는 게 좋습니다. 딱 정해진 기준은 없지만, 다음에 열거한 항목을 모두/대부분 충족하는 애플리케이션이 아니라면 마이크로벤치마킹을 수행해도 진정 가치 있는 결과를 도출하기 어렵습니다.

- 총 코드 경로 실행 시간은 적어도 1밀리초, 실제로는 100마이크로초 보다 짧아야 한다.
- 메모리(객체) 할당률(자세한 내용은 6, 7장 참고)을 측정하는데, 그 값은 1MB/s 미만, 가급적 0에 가까운 값이어야 한다.
- 100%에 가깝게 CPU를 사용하며 시스템 이용률은 낮게(10% 밑으로) 유지해야 한다.
- 실행 프로파일러(13장 참고)로 CPU를 소비하는 메서드들의 분포를 이해해야 한다. 분포 그래프에서 지배적인 영향을 끼치는 메서드는 많아야 두세 개 정도다.

여기까지 종합하면, 마이크로벤치마킹은 분명히 거의 쓸 일이 없는 고급 기법이지만, 마이크로벤치마킹의 일부 기본 이론과 복잡성은 잘 알아두는 게 좋습니다. 그래야 극단적이지 않은 애플리케이션을 자바 플랫폼에 올려놓고 성능 작업을 하는 일이 얼마나 고된지 깨닫게 될 테니까요.

> 역어셈블리/코드생성 분석을 지원하지 않는 나노벤치마크는 신뢰할 수 없습니다.
>
> – 알렉세이 시필레프

이 절의 나머지 부분에서는 마이크로벤치마크를 좀 더 자세히 살펴보고, 개발자가 믿을 만한 결과를 얻기 위해, 결론을 잘못 내리지 않기 위해 고려해야 할 부분과 관련 툴을 소개합니다. 여러분이 지금 진행 중인 프로젝트와 직접 연관은 없더라도 잘 알아두면 성능 분석을 할 때 유용한 배경지식으로 활용할 수 있을 겁니다.

5.2.3 JMH 프레임워크

JMH는 앞서 거론한 이슈들을 해소하고자 개발된 프레임워크입니다.

> JMH는 자바를 비롯해 JVM을 타깃으로 하는 언어로 작성된 나노/마이크로/밀리/매크로 벤치마크를 제작, 실행, 분석하는 자바 도구입니다.
>
> – OpenJDK

과거에도 단순 벤치마킹 라이브러리를 제작하려는 움직임은 있었습니다. 구글 캘리퍼Google Caliper는 개발자 사이에서 평판이 가장 좋았죠. 하지만, 이런 프레임워크도 나름대로 문제점이 있었습니다. 언뜻 보기에 당연한 것 같은 코드 성능 설정/측정 방법도 종종 미묘한 베어 트랩에 빠져 개발자를 곤란하게 만들었으니까요. 특히 JVM이 계속 새로운 최적화 기법을 통해 진화하면서 그런 일이 늘었습니다.

JMH는 JVM을 빌드한 사람들이 직접 만든 프레임워크라서, JMH 제작자는 JVM 버전별로 숨겨진 함정과 최적화 베어 트랩을 어떻게 피하는지 누구보다 잘 알고 있습니다. JMH는 각 JVM 릴리즈마다 꼭 맞는 벤치마킹 툴 세트로 함께 진화해왔고, 덕분에 개발자는 툴 사용법을 익히고 벤치마크 코드에만 전념할 수 있게 됐습니다.

JMH는 앞서 설명한 문제 외에도 벤치마크 툴에 관한 몇 가지 핵심적인 설계 이슈를 고려했습니다.

벤치마크 프레임워크는 컴파일 타임에 벤치마크 내용을 알 수 없으므로 동적이어야 합니다. 리플렉션을 써서 작성한 벤치마크를 실행하는 우회 방법도 있지만, 벤치마크 실행 경로에 복잡한 JVM 서브시스템이 하나 더 끼어들게 되죠. 그래서 JMH는 벤치마크 코드에 애너테이션을 붙여 자바 소스를 추가 생성하는 식으로 작동합니다.

> **NOTE_** 애너테이션 기반의 유명 자바 프레임워크(예: 제이유닛JUnit)는 대부분 리플렉션을 사용하기 때문에 추가 소스 생성 작업에 프로세서를 사용하면서 다소 예기치 못한 결과를 초래할 때가 있습니다.

벤치마크 프레임워크가 유저 코드를 엄청나게 반복 호출할 경우, 루프 최적화를 수행하는 것도 문제입니다. 벤치마크 코드를 실행하는 실제 프로세스가 결과 신뢰도에 영향을 미칠 가능성이 있지요.

JMH는 벤치마크 코드가 루프 최적화에 걸리지 않을 정도로 조심스레 반복 횟수를 설정한 루프 안에 감싸 넣는 기지를 발휘합니다.

5.2.4 벤치마크 실행

JMH에서 복잡한 부분은 유저가 볼 수 없게 숨겨져 있고, 유저는 메이븐을 이용해서 단순 벤치마크를 쉽게 설정할 수 있습니다. 다음 명령어로 JMH 프로젝트를 새로 만듭시다.

```
$ mvn archetype:generate \
        -DinteractiveMode=false \
        -DarchetypeGroupId=org.openjdk.jmh \
        -DarchetypeArtifactId=jmh-java-benchmark-archetype \
        -DgroupId=org.sample \
        -DartifactId=test \
        -Dversion=1.0
```

필요한 아티팩트를 모두 내려받으면 코드를 짜 넣을 벤치마크 스텁이 생성됩니다.

이 프레임워크가 여러 설정 태스크를 마친 후 실행시킬 벤치마크 메서드에는 @Benchmark

를 붙입니다.

```
public class MyBenchmark {
    @Benchmark
    public void testMethod() {
        // 코드 스텁
    }
}
```

벤치마크 실행을 설정하는 매개변수는 명령줄에 넣거나, 다음과 같이 main() 메서드에 세팅합니다.

```
public class MyBenchmark {

    public static void main(String[] args) throws RunnerException {
        Options opt = new OptionsBuilder()
                .include(SortBenchmark.class.getSimpleName())
                .warmupIterations(100)
                .measurementIterations(5).forks(1)
                .jvmArgs("-server", "-Xms2048m", "-Xmx2048m").build();

        new Runner(opt).run();
    }
}
```

명령줄에 넣은 매개변수가 우선순위가 더 높기 때문에 main() 메서드에 세팅한 매개변수를 오버라이드override(덮어쓰기)합니다.

벤치마크를 할 때는 보통 데이터셋 생성 또는 성능 비교용 대조군에 필요한 조건 세팅 등 몇 가지 설정 작업이 필요합니다.

JMH 프레임워크는 상태를 제어하는 기능까지 제공합니다. @State는 상태를 정의하는 애너테이션으로, Benchmark, Group, Thread 세 상태가 정의된 Scope 이늄을 받습니다. @State를 붙인 객체는 벤치마크 도중에 액세스할 수 있으므로 어떤 설정을 하는 용도로 쓸 수 있습니다.

멀티스레드 코드 역시 상태를 제대로 관리되지 않아 벤치마크가 편향되지 않게 하려면 조심스럽게 다루어야 합니다.

일반적으로 JVM은 메서드 내에서 실행된 코드가 부수 효과side effect를 전혀 일으키지 않고 그 결과를 사용하지 않을 경우 해당 메서드를 삭제 대상으로 삼습니다. JMH는 이런 일이 없도록 벤치마크 메서드가 반환한 단일 결괏값을 암묵적으로 (무시해도 좋을 정도로 성능 오버헤드를 낮추려고 JMH 프레임워크 제작자가 개발한) 블랙홀blackhole에 할당합니다. 덕분에 벤치마크 작성자는 일처리가 너무 간단해지죠.

계산량이 많은 벤치마크는 메서드에서 결과를 조합해 반환하는 비용이 많이 듭니다. 이럴 때 블랙홀을 매개변수로 받는 벤치마크를 작성해서 명시적으로 블랙홀을 벤치마크 안에 주입하면 됩니다.

블랙홀은 네 가지 장치를 이용해 벤치마크에 영향을 줄 수 있는 최적화로부터 보호합니다. 스코프가 한정된 탓에 벤치마크가 과최적화overoptimization되지 않게 하거나 런타임에 데이터 패턴을 예측 실행하지 않게 만드는 장치들이죠. 평상시 시스템 실행 중에는 이런 일이 발생하지 않습니다.

- 런타임에 죽은 코드를 제거하는 최적화를 못 하게 한다.
- 반복되는 계산을 상수 폴딩constant folding[70]하지 않게 만든다.
- 값을 읽거나 쓰는 행위가 현재 캐시 라인에 영향을 끼치는 잘못된 공유 현상을 방지한다.
- 쓰기 장벽write wall으로부터 보호한다.

성능 분야에서 **장벽**wall이란, 일반적으로 리소스가 포화돼서 사실상 애플리케이션에 병목을 초래하는 지점을 가리킵니다. 쓰기 장벽에 이르면 캐시에 영향을 미치고 쓰기 전용 버퍼가 오염될 수 있습니다. 벤치마크 내부에서 이런 일이 벌어지면 큰일 나겠죠.

블랙홀 자바 문서에도 기술되어 있듯이, 벤치마크가 최적화를 피해갈 수 있게 이런 보호 장치를 제공하려면 무엇보다 여러분 스스로 JIT 컴파일러를 자세히 잘 알고 있어야 합니다.

JMH가 어떤 트릭을 쓰는지 이해하기 위해 블랙홀을 사용한 다음 두 `consume()` 메서드를 재빨리 살펴봅시다(JMH 구현 세부에 관심 없는 독자는 건너뛰어도 좋습니다).[71]

70 역자주_ 컴파일러가 컴파일 타임에 미리 계산 가능한 표현식을 상수로 바꾸어 처리하는 최적화 과정.

71 역자주_ 전체 소스 코드는 *https://github.com/infynyxx/openjdk-jmh/blob/master/jmh-core/src/main/java/org/openjdk/jmh/logic/BlackHole.java* 참고

```
public volatile int i1 = 1, i2 = 2;

/**
 * This call provides a side effect preventing JIT to eliminate
 * dependent computations.
 *
 * @param i int to consume.
 */
public final void consume(int i) {
    if (i == i1 & i == i2) {
        // SHOULD NEVER HAPPEN
        nullBait.i1 = i; // implicit null pointer exception
    }
}
```

다른 기본형을 소비하는 코드도 이런 형태로 오버로드overload돼 있습니다. i1, i2는 volatile로 선언된 변수라서 런타임은 반드시 이 두 변수를 재평가합니다. if 조건문이 true가 될 일은 없지만, 컴파일러는 어떻게든 이 코드를 실행시켜야 합니다. if 문에 비트 연산자 AND (&)가 있기 때문에 추가 분기 로직이 문제 될 일도 없고 일정한 성능이 보장됩니다.

다음은 두 번째 메서드입니다.

```
public int tlr = (int) System.nanoTime();

/**
 * Consume object. This call provides a side effect preventing JIT to eliminate
 * dependent computations.
 *
 * @param obj object to consume.
 */
public final void consume(Object obj) {
        int tlr = (this.tlr = (this.tlr * 1664525 + 1013904223));
    if ((tlr & tlrMask) == 0) {
        // SHOULD ALMOST NEVER HAPPEN IN MEASUREMENT
        this.obj1 = obj;
        this.tlrMask = (this.tlrMask << 1) + 1;
    }
}
```

언뜻 보면 유저가 보유한 어떤 객체도 블랙홀에 빠진 객체와 동등할 가능성은 0이니 객체에도 똑같은 로직을 적용할 수 있을 것 같지만, 컴파일러는 이 부분에서도 영리하게 처리하려고 고심합니다. 컴파일러가 **탈출 분석**escape analysis을 해보고 이 객체가 그 어느 객체와도 동등할 수 없다고 결론 내리면 비교문 자체가 return false; 하나로 최적화될 수도 있습니다.

대신, 객체는 아주 드문 경우에만 실행된다는 조건하에 소비됩니다. `tlr` 값을 계산해서 `tlrMask`와 AND 비트 연산을 하면 그 결과가 `0`이 될 확률은 줄지만 그렇다고 완전히 없애지는 못합니다. 이렇게 해서 객체를 할당하지 않아도 소비될 수 있게 만드는 것입니다. 벤치마크 프레임워크 코드는 여러분이 많이 봤던 일반 자바 애플리케이션 코드와는 아주 달라서 보면 볼수록 재미가 있습니다. 물론, 그렇다고 이런 코드를 자바 애플리케이션 제품에 집어넣는 개발자는 아마 금세 해고되겠죠.

JMH 개발팀은 고도로 정확한 마이크로벤치마킹 툴을 개발하면서 클래스 문서화도 정말 감명깊게 잘해놨습니다. 비법이 궁금한 독자는 정성껏 달린 주석들을 한번 읽어보세요.

이 정도만 알아도 간단히 벤치마킹하는 데엔 어려움이 없지만 JMH는 몇 가지 고급 기능도 제공합니다. 공식 사이트(*http://openjdk.java.net/projects/code-tools/jmh/*)에 나와 있는 기능별 예제는 시간을 들여 살펴볼 가치가 충분합니다.

JVM과 밀접하게 맞닿아 작동하는 JMH는 아주 강력한 기능을 자랑합니다.

- 컴파일러를 제어한다.
- 벤치마크 도중 CPU 사용 수준을 시뮬레이션한다.

블랙홀을 이용하면 실제로 CPU 사이클을 소모해 다양한 CPU 부하 상황에서 벤치마크를 시뮬레이션해볼 수 있습니다.

JVM이 인라이닝 또는 컴파일을 하므로 성능 이슈가 발생한 걸로 의심될 경우 `@CompilerControl` 애너테이션을 활용하면 됩니다. 모드를 지정해 인라이닝을 못 하게 하거나(`CompilerControl.Mode.DONT_INLINE`), 명시적으로 인라이닝하게 하거나(`CompilerControl.Mode.INLINE`), 메서드를 컴파일하지 않도록(`CompilerControl.Mode.EXCLUDE`) 컴파일러에게 지시할 수 있습니다.

```
@State(Scope.Benchmark)
@BenchmarkMode(Mode.Throughput)
@Warmup(iterations = 5, time = 1, timeUnit = TimeUnit.SECONDS)
@Measurement(iterations = 5, time = 1, timeUnit = TimeUnit.SECONDS)
@OutputTimeUnit(TimeUnit.SECONDS)
@Fork(1)
public class SortBenchmark {

    private static final int N = 1_000;
    private static final List<Integer> testData = new ArrayList<>();

    @Setup
    public static final void setup() {
        Random randomGenerator = new Random();
        for(int i = 0; i < N; i++) {
            testData.add(randomGenerator.nextInt(Integer.MAX_VALUE));
        }
        System.out.println("Setup Complete");

    @Benchmark
    public List<Integer> classicSort() {
        List<Integer> copy = new ArrayList<Integer>(testData);
        Collections.sort(copy);
        return copy;
    }

    @Benchmark
    public List<Integer> standardSort() {
        return testData.stream().sorted().collect(Collectors.toList());
    }

    @Benchmark
    public List<Integer> parallelSort() {
        return testData.parallelStream().sorted().collect(Collectors.toList());
    }

    public static void main(String[] args) throws RunnerException {
        Options opt = new OptionsBuilder()
                .include(SortBenchmark.class.getSimpleName())
                .warmupIterations(100)
                .measurementIterations(5).forks(1)
                .jvmArgs("-server", "-Xms2048m", "-Xmx2048m")
                .addProFiler(GCProFiler.class)
                .addProFiler(StackProFiler.class)
```

```
            .build();

        new Runner(opt).run();
    }
}
```

벤치마크 실행 결과는 다음과 같습니다.

```
Benchmark                               Mode  Cnt      Score     Error  Units
optjava.SortBenchmark.classicSort      thrpt  200  14373.039 ± 111.586  ops/s
optjava.SortBenchmark.parallelSort     thrpt  200   7917.702 ±  87.757  ops/s
optjava.SortBenchmark.standardSort     thrpt  200  12656.107 ±  84.849  ops/s
```

이 벤치마크만 보면 스트림을 쓰는 것보다 고전적인 방법으로 정렬하는 게 더 낫다는 결론을 선불리 내리기 쉽습니다. 양쪽 모두 하나의 배열 사본을 가지고 한번 정렬을 했다면 응당 그렇겠죠. 개발자들은 에러율이 낮고 처리율은 높게 나왔으니 벤치마크 결과가 틀림없다고 여길 겁니다.

그러나 이 벤치마크가 성능을 정확히 반영하지 못한 부분은 없을까요? '이 테스트는 제대로 통제됐는가?' 하는 질문을 자신에게 던져봅시다. 먼저, `classicSort` 메서드를 테스트할 때 가비지 수집의 영향도를 알아보겠습니다.

```
Iteration   1:
[GC (Allocation Failure)  65496K->1480K(239104K), 0.0012473 secs]
[GC (Allocation Failure)  63944K->1496K(237056K), 0.0013170 secs]
10830.105 ops/s
Iteration   2:
[GC (Allocation Failure)  62936K->1680K(236032K), 0.0004776 secs]
10951.704 ops/s
```

스냅샷을 떠보니 (대략) 1회 반복할 때마다 GC 사이클이 발생한 패턴입니다. 병렬 정렬하는 경우와 비교해보니 흥미롭습니다.

```
Iteration   1:
[GC (Allocation Failure)  52952K->1848K(225792K), 0.0005354 secs]
[GC (Allocation Failure)  52024K->1848K(226816K), 0.0005341 secs]
[GC (Allocation Failure)  51000K->1784K(223744K), 0.0005509 secs]
```

```
[GC (Allocation Failure)  49912K->1784K(225280K), 0.0003952 secs]
9526.212 ops/s
Iteration   2:
[GC (Allocation Failure)  49400K->1912K(222720K), 0.0005589 secs]
[GC (Allocation Failure)  49016K->1832K(223744K), 0.0004594 secs]
[GC (Allocation Failure)  48424K->1864K(221696K), 0.0005370 secs]
[GC (Allocation Failure)  47944K->1832K(222720K), 0.0004966 secs]
[GC (Allocation Failure)  47400K->1864K(220672K), 0.0005004 secs]
```

플래그를 추가해 예상치 못했던 차이를 발생시키는 원인을 찾아보니, 벤치마크에서 뭔가 노이즈noise(여기서는, 가비지 수집)가 일어나고 있음을 짐작할 수 있습니다.

요는, 벤치마크가 통제된 환경을 나타낸다고 쉽게 가정하지만 실은 전혀 그렇지 못한 경우도 많습니다. 통제되지 않은 변수는 대개 찾아내기가 어려워서 JMH 같은 툴을 쓰더라도 각별히 잘 살펴야 합니다. 또 스스로 인지 편향에 흔들리지 않도록 관심을 기울여야 하며, 시스템 양상을 있는 그대로 잘 나타낸 측정값을 얻고 있는지 확인해야 합니다.

9장에서 배울 JITWatch를 이용해도 JIT 컴파일러가 바이트코드를 갖고 무슨 일을 하는지 엿볼 수 있습니다. 특정 메서드를 컴파일해 얻은 바이트코드가 왜 기대한 만큼 벤치마크 성능을 나오지 않게 하는지 이해하는 데 도움이 됩니다.

5.3 JVM 성능 통계

성능 분석은 진정한 실험과학이므로 결과 데이터 분포를 다루는 일은 필수입니다. 통계학자, 과학자들은 실세계에서 얻은 결과가 눈에 탁 띄는 신호로 깔끔하게 나타나지 않는다는 사실을 압니다. 우리는 우리가 보고 싶은 과장된 상태가 아닌, 있는 그대로의 세상을 바라보아야 합니다.

> 신이라면 믿겠습니다. 신 아닌 사람들은 데이터를 가져오세요.
>
> – 마이클 블룸버그

모든 측정은 어느 정도의 오차를 수반합니다. 자바 개발자가 성능 분석 시 흔히 맞닥뜨리는 두 가지 주요 오차 유형을 설명하겠습니다.

5.3.1 오차 유형

엔지니어가 자주 접하는 오차의 주된 근원은 두 가지입니다.

랜덤 오차(random error)

측정 오차 또는 무관계 요인unconnected factor이 어떤 상관관계 없이 결과에 영향을 미칩니다.

계통 오차(systematic error)

원인을 알 수 없는 요인이 상관관계 있는 형태로 측정에 영향을 미칩니다.

정확도accuracy는 계통 오차의 수준을 나타내는 용어로, 정확도가 높으면 계통 오차가 낮은 것입니다. 마찬가지로, **정밀도**precision는 랜덤 오차를 나타내는 용어로서, 정밀도가 높으면 랜덤 오차가 낮은 겁니다.

[그림 5-1] 그래프를 보면 두 종류의 오차가 측정에 어떤 영향을 끼치는지 알 수 있습니다. 맨 왼쪽 그림은 진짜 결과(과녁 중앙) 주변에 측정값이 몰려 있군요. 정확도와 정밀도, 모두 높은 것입니다. 두 번째 그림은 계통 오차(영점 조정을 안 했겠죠?) 때문에 탄착점이 모두 한곳에 쏠려 있습니다. 정밀도는 높으나 정확도는 낮은 경우죠. 세 번째 그림은 과녁에는 다 들어갔지만 드문드문 흩어져 있습니다. 두 번째 그림과 정반대로 정밀도가 낮고 정확도는 높은 경우입니다. 마지막 그림은 정확도, 정밀도 모두 낮아 뚜렷한 신호가 없습니다.

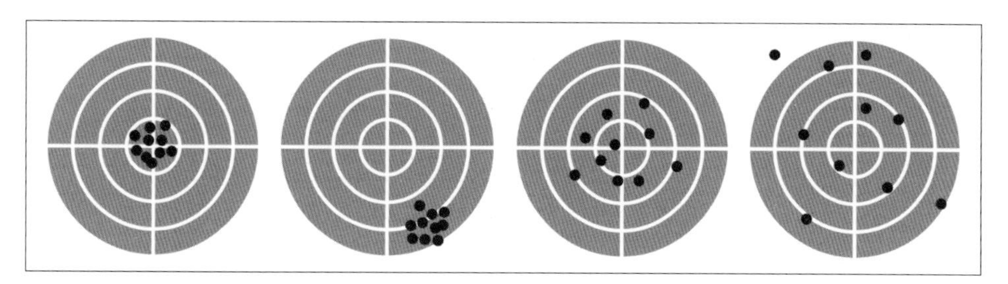

그림 5-1 여러 가지 오차 종류

계통 오차

예를 들어, JSON을 주고받는 백엔드 자바 웹 서비스의 성능 테스트를 수행한다고 합시다. 부하 테스트를 하고자 애플리케이션 프론트엔드를 직접 끌어 쓰는 것이 부담스러울 때 이런 테스트를 합니다.

[그림 5-2]는 부하 생성 툴인 아파치 제이미터Apache JMeter용 JP GC 확장팩을 이용해 얻은 그래프입니다. 잘 보면 실제로 두 가지 계통 효과가 작용하고 있습니다. 첫째, 선형 패턴으로 증가하는 위쪽 그래프(특이점 서비스)를 보니 어떤 한정된 서버 리소스가 조금씩 소모되고 있습니다. 메모리 누수가 발생하거나, 어떤 스레드가 요청 처리 도중 다른 리소스를 점유하여 놔주질 않는 상황에서 주로 나타나는 패턴인데요, 진짜 원인일 수 있으니 추가 조사가 필요한 후보입니다.

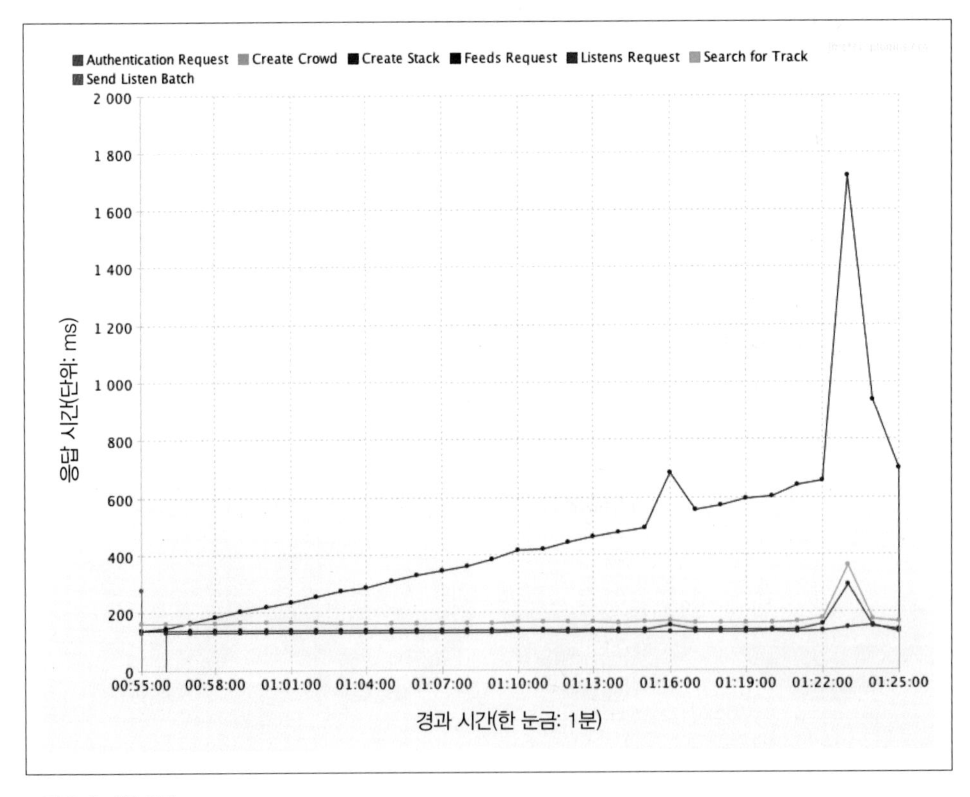

그림 5-2 계통 오차

> **NOTE_** 어느 리소스가 영향받았는지 특정하려면 더 분석을 해봐야 합니다. 그냥 메모리 누수라고 단정지을 수는 없습니다.

둘째, 다른 서비스는 대부분 180밀리초 안팎의 일정한 응답 시간을 보이는데, 이 대목이 수상합니다. 요청을 접수해 처리하는 작업량은 서비스마다 다 제각각일 텐데, 어떻게 이리도 결과가 일정하게 나왔을까요?

확인 결과, 테스트 대상 서버는 영국 런던에 있는데, 부하 테스트는 인도 뭄바이에서 한 것이 원인이었습니다. 뭄바이와 런던을 오가며 더 이상 줄일 수 없는 왕복 네트워크 지연 시간이 응답 시간에 포함된 거죠. 120~150밀리초 범위의 지연 시간이 특이점을 제외한 절대다수의 서비스 응답 시간을 차지했습니다.

계통 효과가 커서 (실제로 서비스가 반응한 시간은 120밀리초에 훨씬 못 미치므로) 실제 응답 시간의 차이가 묻혀버린 것입니다. 애플리케이션이 아닌, 계통 오차가 문제인 사례입니다. 계통 오차는 테스트 설정부터 잘못돼서 발생한 것으로, 런던에서 테스트를 다시 수행하니까 (예상대로) 오차는 흔적도 없이 사라졌습니다.

랜덤 오차

랜덤 오차는 많은 사람들이 연구한 분야지만, 간단히 짚고 넘어가겠습니다.

> **NOTE_** 필자는 여러분이 정규 분포(평균, 최빈값, 표준편차 등)에 관한 기본 통계 지식은 갖고 있다고 가정합니다. 통계에 문외한인 독자는 생물 통계학 핸드북(*http://biostathandbook.com/*) 같은 기초 교과서를 참고하세요.

랜덤 오차는 원인을 알 수 없는, 또는 예기치 못한 환경상의 변화 때문에 일어납니다. 기초과학 실험에서는 그런 변화가 측정 장비나 환경 자체에서 일어나지만, 소프트웨어에서는 측정 툴을 못 믿을 이유가 없으므로 랜덤 오차의 근원은 오직 운영 환경뿐입니다.

랜덤 오차는 대부분 정규 분포(가우시안Gaussian 분포)를 따릅니다(그림 5-3). 정규 분포는 오차가 측정값에 미치는 긍정적/부정적 영향도가 얼추 비슷한 경우에는 적합하지만 JVM에는 이 모델이 잘 맞지 않습니다.

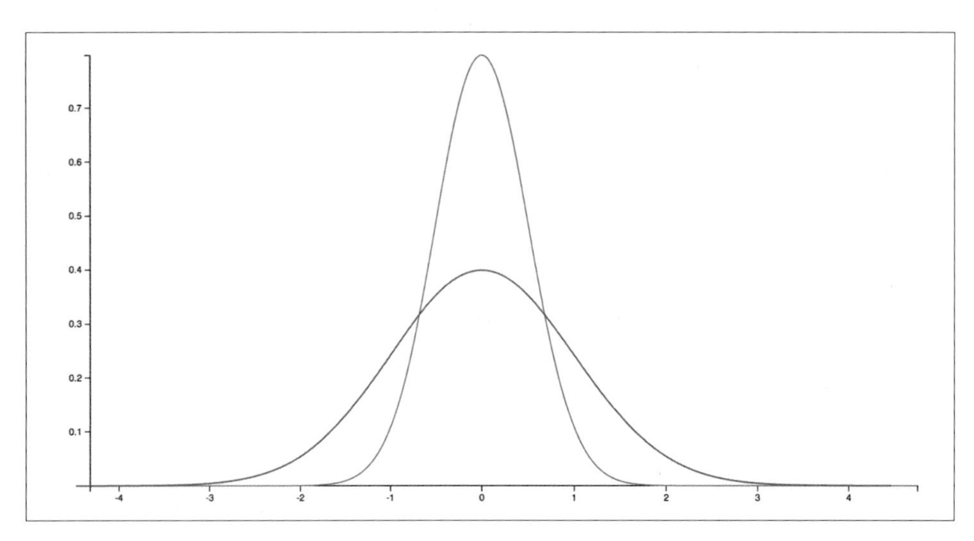

그림 5-3 가우시안 분포 (정규 분포 또는 종형 곡선(bell curve)이라고도 함)

허위 상관

통계학에서 아주 유명한 격언이 하나 있습니다. "상관은 인과를 나타내지 않는다." 두 변수가 비슷하게 움직인다고 해서 이들 사이에 연결고리가 있다고 볼 수는 없습니다.

아무 관계도 없는 측정값(*http://tylervigen.com/spurious-correlations*)도 안광이 지배를 철하듯 뜯어보면 상관관계가 발견되는 경우가 있습니다. 예컨대, [그림 5-4] 그래프는 미국 치킨 소비량과 총 원유 수입량 사이의 밀접한 상관관계를 나타냅니다.[72]

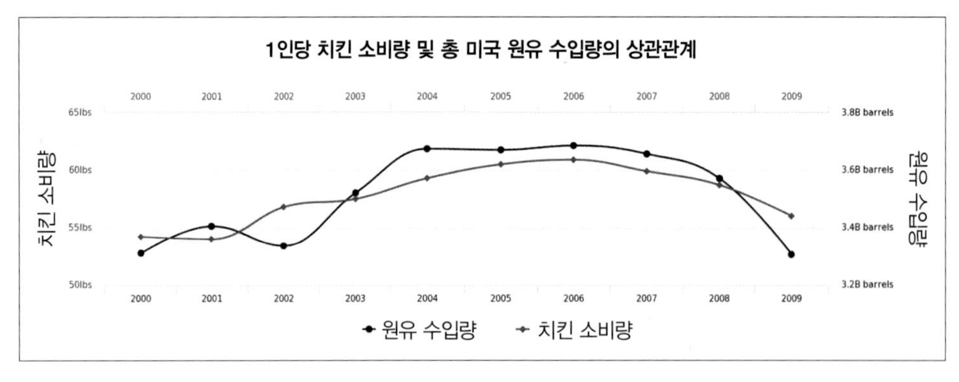

그림 5-4 완벽한 허위 상관 (출처: 비젠Vigen)

72 이 절의 허위 상관 자료는 크리에이티브 커먼스(Creative Commons) 라이선스 하에 타일러 비젠(Tyler Vigen)의 웹사이트에서 허락을 받아 가져온 것입니다. 자료가 마음에 드는 독자는 링크를 따라가 그가 쓴 책을 찾아보세요. 더 재미있는 자료가 가득합니다.

이 두 통계치는 아무리 봐도 전혀 연관성이 없습니다. 원유 수입량과 치킨 소비량이라니요? 하지만 실무자가 주의해야 할 건 터무니없고 우스꽝스러운 상관관계가 아닙니다.

[그림 5-5]는 비디오 아케이드 게임 매출액과 컴퓨터 과학 박사 학위 수여자 인원수 사이의 상관관계를 나타낸 그래프입니다. 어떤 사회학자가 '스트레스를 받은 박사학위 과정 학생들이 몇 시간씩 비디오 게임을 즐기며 심신의 안정을 찾곤 했다'며 이 두 측정값이 서로 연관되어 있다고 주장하는 모습을 상상하기란 그리 어렵지 않습니다. 사실 그러한 공통 요인은 없는데도 개똥철학을 늘어놓는 사람들이 의외로 많지요.

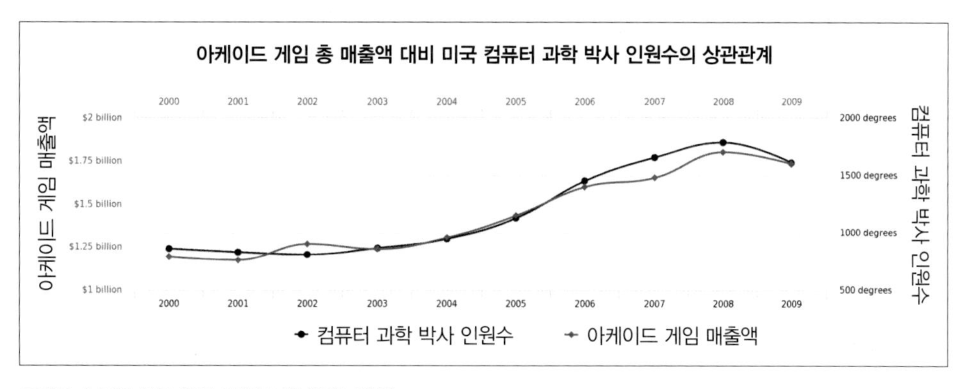

그림 5-5 조금 덜한 허위 상관일까? (출처: 비젠)

JVM과 성능 분석 영역에서는 그럴싸해 보이는 연결고리와 상관관계만 보고 측정값 간의 인과관계를 넘겨짚지 않도록 조심해야 합니다. 파인만 교수가 '당신 자신을 속이면 안 된다'고 말한 것과 같은 맥락입니다.

지금까지 오차의 원인을 몇 가지 사례를 들어 설명했고 허위 상관이라는 악명높은 베어 트랩도 언급했습니다. 그럼, 이제 화제를 바꿔서 각별히 주의해야 하는 JVM 성능 측정의 세부 단면을 이야기하겠습니다.

5.3.2 비정규 통계학

정규 분포 기반의 통계학에서는 정교한 고급 수학이 별로 필요 없습니다. 고등학교나 학부 과정에서 배우는 통계학이 대부분 정규 분포 데이터 분석 위주로 접근하는 이유가 바로 이 때문입니다.

학생들은 평균과 표준편차(또는 분산) 계산법을 배우고, 더러는 왜도skewness, 첨도kurtosis 같은 조금 더 수준 높은 내용도 배웁니다. 하지만 이런 분석 기법은 분포 그래프에 멀찍이 동떨어진 특이점이 몇 개만 있어도 결과가 왜곡되기 쉬운 심각한 단점이 있습니다.

> **NOTE_** 자바 성능에서 특이점은 곧 느린 트랜잭션과 짜증난 고객을 가리킵니다. 이런 특이점이 오히려 더 눈 여겨 봐야 할 대상이며, 특이점의 중요성을 흐리는 기법은 삼가는 게 좋습니다.

다른 관점에서 한번 생각해봅시다. 이미 고객 상당수가 불만을 제기하는 상황이 아니라면, 평균 응답 시간 단축이 목표가 될 일은 거의 없습니다. 물론, 응답 시간이 줄면 전체 유저 경험이 향상되겠지만, 일반적으로 불만을 품은 소수의 고객이 지연 튜닝 활동을 벌이는 동인인 경우가 훨씬 더 많습니다. 즉, 만족스러운 서비스를 받고 있는 대다수 고객의 경험보다 특이점을 유발하는 이벤트가 더 중요한 관심사입니다.

[그림 5-6]은 메서드(또는 트랜잭션) 시간 분포를 좀 더 현실적으로 나타낸 그래프입니다. 확실히 정규 분포와는 거리가 멉니다.

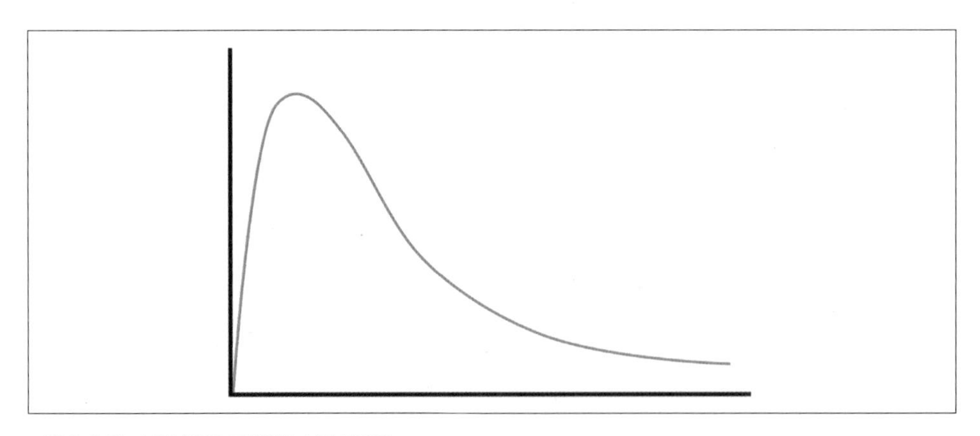

그림 5-6 좀 더 현실적인 트랜잭션 시간 분포도

[그림 5-6] 분포 형태는 우리가 JVM에 대해 직관적으로 알고 있는 것, 즉 모든 관련 코드가 이미 JIT 컴파일돼서 GC 사이클이 없는 핫 패스hot path의 존재를 시사합니다. 이는 (드문 사례는 아니지만) 최상의 시나리오로서, 이보다 더 빠른 호출은 있을 수 없습니다.

가우시안 통계학의 근본 가정과 정면으로 배치되는 이런 모습 때문에 비정규 분포를 생각하지 않을 수 없습니다.

NOTE_ 정규 분포 통계학에 나오는 '기본 원칙'은 비정규 분포에는 보통 잘 안 맞습니다. 특히, 표준편차/분산, 다른 고차적률higher moment(모멘트) 같은 개념은 기본적으로 쓸모가 없습니다.

JVM이 생성한 긴 꼬리형long-tail 비정규 분포를 다루는 데 아주 유용한 기법 중 하나는, 백분위수 개념을 조금 변용하는 겁니다. 분포는 수치 하나로 나타낼 수 없는, 데이터 형상, 즉 전체 그래프라는 사실을 기억하세요.

전체 분포를 단일 결괏값으로 표현하는 평균을 계산하지 말고 구간별로 샘플링을 하면 어떨까요? 정규 분포를 따르는 데이터에 적용하면 일정 구간마다 샘플을 채취하겠지만, 살짝 방법을 달리하면 JVM 통계에도 이 기법을 응용할 수 있습니다.

다음은 메서드 타이밍method timing[73] 결과입니다. 긴 꼬리형 분포임을 감안해 평균, 90% 백분위수를 차례로 구한 뒤, 이후부터는 대수적으로 죽 샘플링한 것입니다. 즉, 데이터 형상에 더 적합한 패턴에 따라 샘플링을 하는 거죠.

```
50.0% level was 23 ns
90.0% level was 30 ns
99.0% level was 43 ns
99.9% level was 164 ns
99.99% level was 248 ns
99.999% level was 3,458 ns
99.9999% level was 17,463 ns
```

그 결과, 게터 메서드 하나를 실행하는 데 평균 23ns가 걸렸고, 요청 1,000개당 하나는 실행 시간이 한 크기 정도order of magnitude 나빠지며, 요청 100,000개당 하나는 실행 시간이 두 크기 정

73 역자주_ 메서드 실행 시간을 재는(기록하는) 행위.

도 나빠진다는 사실을 알 수 있습니다.[74]

긴 꼬리형 분포는 **고동적 범위 분포**high dynamic range distribution라고도 합니다. 보통 측정값의 동적 범위는 기록한 최댓값을 최솟값(0이 아니라고 가정)으로 나눈 값으로 정의합니다.

대수 백분위수logarithmic percentiles는 긴 꼬리형 분포를 이해하는 데 도움이 되는 간단한 도구지만, 고도 동적 범위에 분포된 데이터셋을 처리하는HdrHistogram(*https://github.com/HdrHistogram/HdrHistogram*)라는 공개 라이브러리를 이용하면 좀 더 정교한 분석이 가능합니다. 이 라이브러리는 길 테네Gil Tene(아줄 시스템즈Azul Systems)가 처음 개발했고 마이크 바커Mike Barker, 다라크 에니스Darach Ennis, 코다 할레Coda Hale가 추가로 작업했습니다.

> NOTE_ **히스토그램**histogram은 (**버킷**bucket이라는) 일정한 값 범위별로 데이터를 요약해 각 버킷마다 그 출현 빈도를 표시한 그래프입니다.

HdrHistogram은 메이븐 중앙 저장소에서 내려받을 수 있습니다. 현재 최신 버전인 2.1.10 라이브러리를 다음과 같이 *pom.xml*에 추가하면 됩니다.

```
<dependency>
    <groupId>org.hdrhistogram</groupId>
    <artifactId>HdrHistogram</artifactId>
    <version>2.1.10</version>
</dependency>
```

그럼, 간단한 HdrHistogram 예제를 살펴봅시다. 다음은 숫자로 가득 찬 파일을 입력받아 인접한 값 사이의 차이를 HdrHistogram으로 계산하는 코드입니다.

```
public class BenchmarkWithHdrHistogram {
    private static final long NORMALIZER = 1_000_000;

    private static final Histogram HISTOGRAM
            = new Histogram(TimeUnit.MINUTES.toMicros(1), 2);

    public static void main(String[] args) throws Exception {
```

74 역자주_ 크기 정도(또는 크기 자릿수)는 상용로그(밑이 10인 로그)의 척도로, 근사한 수의 크기 등급. 각 등급은 이전 등급의 10배이므로, 여기서 한 크기 정도 나빠진다는 건 평균 실행 시간 23 ns의 10배(23 × 10 = 230 ns) 느려진다는 뜻이고, 마찬가지로 두 크기 정도 나빠진다는 건 100배(23 × 100 = 2,300 ns) 느려진다는 뜻입니다.

```
        final List<String> values = Files.readAllLines(Paths.get(args[0]));
        double last = 0;
        for (final String tVal : values) {
            double parsed = Double.parseDouble(tVal);
            double gcInterval = parsed - last;
            last = parsed;
            HISTOGRAM.recordValue((long)(gcInterval * NORMALIZER));
        }
        HISTOGRAM.outputPercentileDistribution(System.out, 1000.0);
    }
}
```

실행 결과, 다음 GC 로그에서 보다시피 연이은 가비지 수집 간의 시간이 표시됩니다. 6장과 8장에서 설명하겠지만, GC는 일정한 간격으로 발생하지 않으므로 발생 빈도의 분포를 알고 있으면 도움이 됩니다.

```
       Value     Percentile TotalCount 1/(1-Percentile)

       14.02 0.000000000000          1           1.00
     1245.18 0.100000000000         37           1.11
     1949.70 0.200000000000         82           1.25
     1966.08 0.300000000000        126           1.43
     1982.46 0.400000000000        157           1.67

...

    28180.48 0.996484375000        368         284.44
    28180.48 0.996875000000        368         320.00
    28180.48 0.997265625000        368         365.71
    36438.02 0.997656250000        369         426.67
    36438.02 1.000000000000        369
#[Mean    =      2715.12, StdDeviation   =      2875.87]
#[Max     =     36438.02, Total count    =          369]
#[Buckets =           19, SubBuckets     =          256]
```

포매터로 출력한 맨자료만 봐서는 분석하기가 쉽지 않지만, 다행히 HdrHistogram는 이런 자료를 멋진 히스토그램으로 보기 좋게 표시하는 온라인 포매터(*http://hdrhistogram.github.io/HdrHistogram/plotFiles.html*)를 제공합니다.

[그림 5-7]은 HdrHistogram 플로터plotter로 그린 그래프입니다.

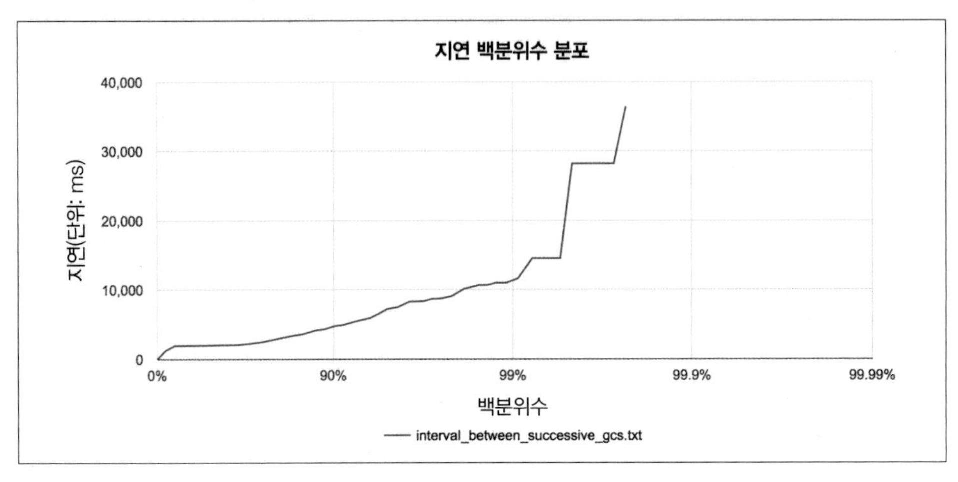

그림 5-7 HdrHistogram으로 그린 그래프

자바 성능 튜닝 중 측정한 값은 대부분 통계적으로 심한 비정규 분포를 나타냅니다. 그래서 데이터 형상을 시각화하여 파악하고 싶을 때 HdrHistogram을 이용하면 아주 유용합니다.

5.4 통계치 해석

경험 데이터와 측정 결과는 아무 의미 없이 그냥 존재하지 않습니다. 애플리케이션을 측정해서 얻은 결괏값을 해석하는 일이야말로 가장 힘들고 어려운 일입니다.

> 남들이 당신에게 뭐라든 늘 사람이 문제입니다.
>
> – 제럴드 웨인버그

[그림 5-8]은 실제 자바 애플리케이션의 메모리 할당률을 측정한 그래프로, 8장에서 배울 센섬이라는 가비지 수집 분석기로 캡처한 화면입니다. 이 정도면 제법 성능이 괜찮은 애플리케이션입니다.

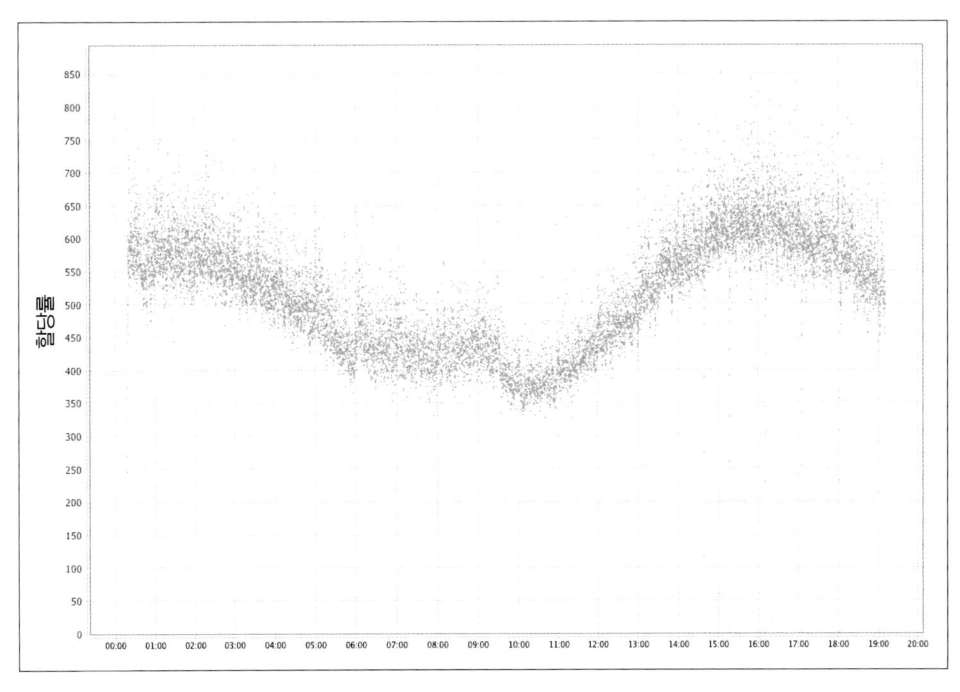

그림 5-8 할당률 샘플

할당 데이터는 비교적 신호가 명확한 편이라서 해석하기 쉽습니다. 측정 시간(거의 하루) 내내 할당률은 350~700MB/s로 안정적입니다. JVM 시작 후 대략 5시간까지는 할당률이 차츰 감소하다가 9, 10시간 사이에서 바닥을 치고 다시 죽 올라가고 있습니다.

할당률은 애플리케이션이 실제로 수행 중인 작업량을 반영하므로 이렇게 하루 중 시간대별로 측정값이 차이나는 건 당연합니다. 그러나 막상 실제 측정한 값을 해석할 때에는 이것보다 훨씬 그림이 복잡해지는 경우가 많습니다. 생텍쥐페리Saint-Exupéry가 지은 『어린 왕자The Little Prince』에 나오는 '모자/코끼리' 문제처럼 말이죠.

[그림 5-9]는 언뜻 보기에 HTTP 요청-응답 시간을 측정한 복잡한 히스토그램 같습니다. 하지만 '어린 왕자'의 화자가 말하듯, 조금만 더 상상의 나래를 펼치고 분석해보면 아무리 복잡한 그림이라도 실제로 매우 간단한 그림 조각 몇 개로 구성되어 있다는 걸 알 수 있습니다.

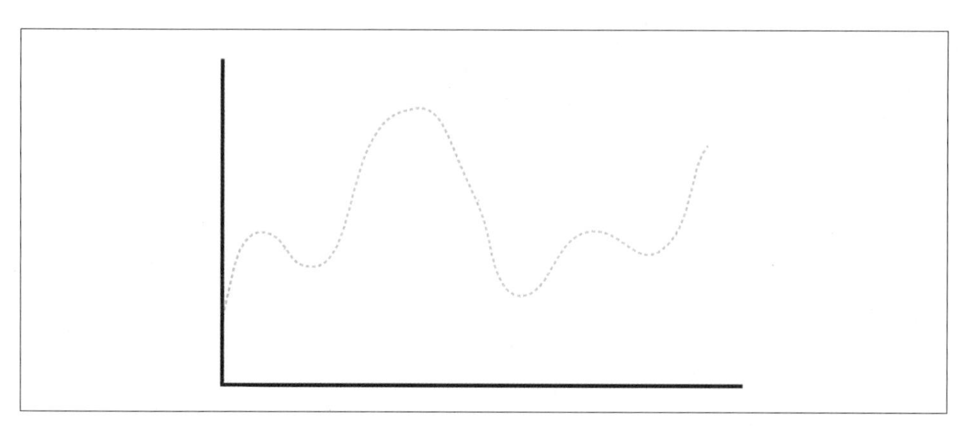

그림 5-9 모자일까요, 아니면 보아뱀에게 잡아먹힌 코끼리일까요?

'웹 애플리케이션 응답'은 아주 일반적인 유형의 서버 응답입니다. 요청 처리 성공(2xx 응답 코드), 클라이언트 에러(4xx 응답 코드, 거의 대부분 404 에러), 서버 에러(5xx 응답 코드, 500 내부 서버 에러가 대표적임) 같은 응답 코드가 있다는 사실만 알고 있으면 응답 히스토그램을 해석할 수 있습니다.

응답 유형마다 응답 시간 분포는 다릅니다. 매핑되지 않은 URL을 클라이언트가 요청하면 웹 서버는 곧장 응답(404)을 주겠죠. 클라이언트 에러 응답 한 가지만 히스토그램으로 그려보면 [그림 5-10]과 같은 모습입니다.

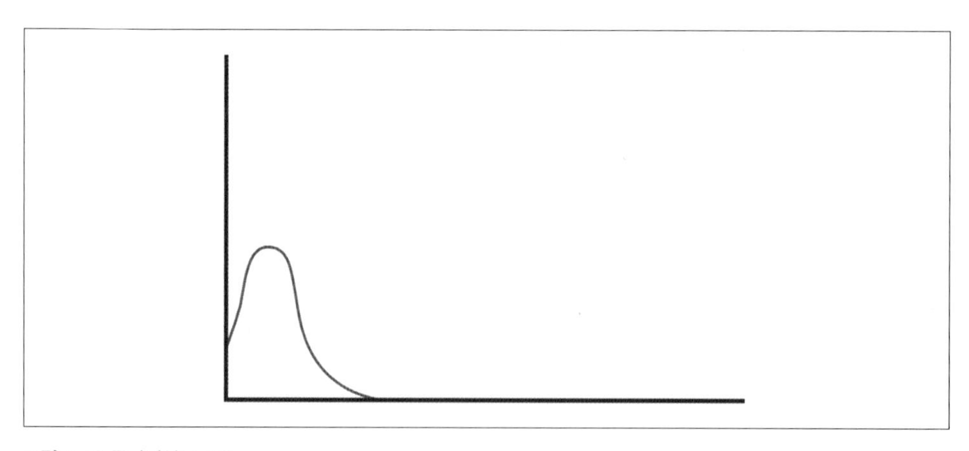

그림 5-10 클라이언트 오류

반면, 서버 에러는 장시간 처리하다가(가령, 백엔드 리소스가 장시간 부하를 받거나 타임아웃에 걸려) 발생하는 편입니다. 서버 에러 응답만 히스토그램을 그려보면 [그림 5-11] 같은 모양새겠죠.

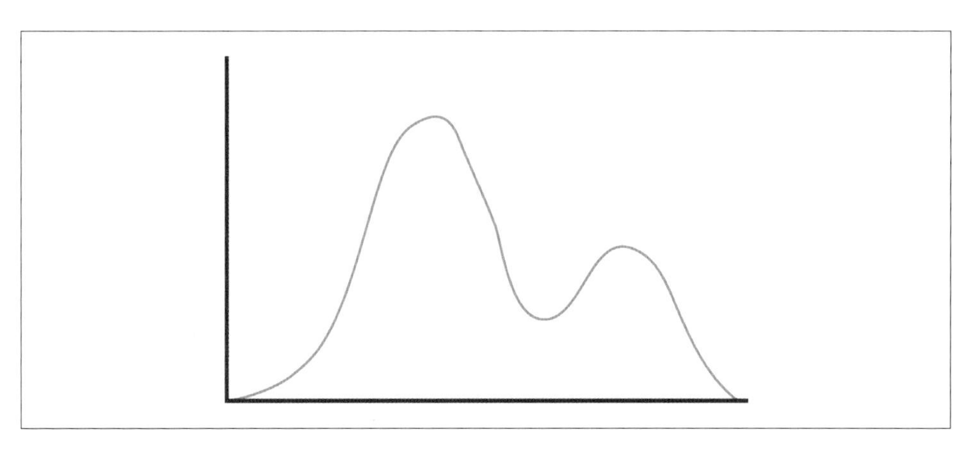

그림 5-11 서버 오류

성공한 요청은 긴 꼬리형 분포를 보이지만, 실제로는 극댓값local maxima이 여럿인 다봉분포multimodel distribution[75]를 나타냅니다. 일례로, [그림 5-12]를 보면 응답 시간이 완전히 다른 애플리케이션 공통 실행 경로가 둘 존재할 가능성이 있습니다.

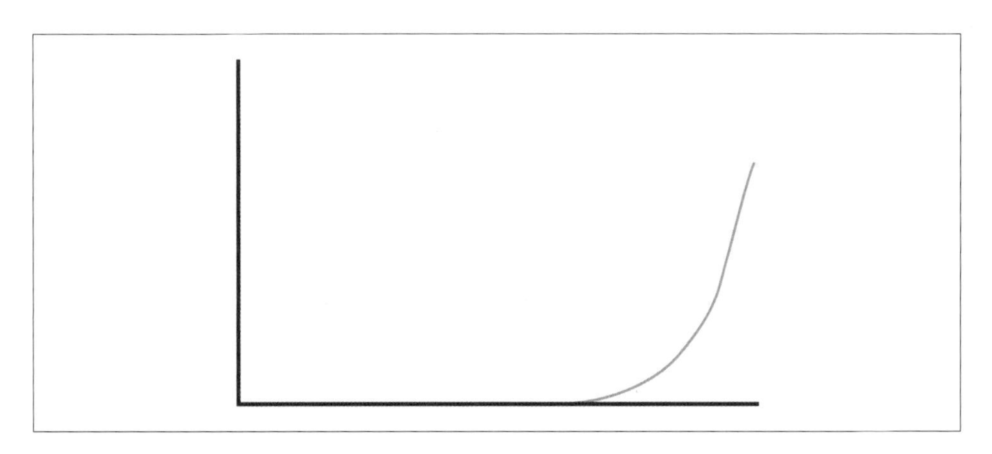

그림 5-12 성공 요청

75 역자주_ 2개 이상의 최빈값(가장 많이 관측되는 수, 즉 주어진 값 중에서 가장 자주 나오는 값)을 갖는 확률분포. (출처: 위키백과)

유형이 다른 세 가지 응답 시간을 하나로 조합하니 [그림 5-13] 그래프가 완성됐습니다. 개별 히스토그램을 보면서 처음에 보았던 '모자' 모양을 다시 추론한 것입니다.

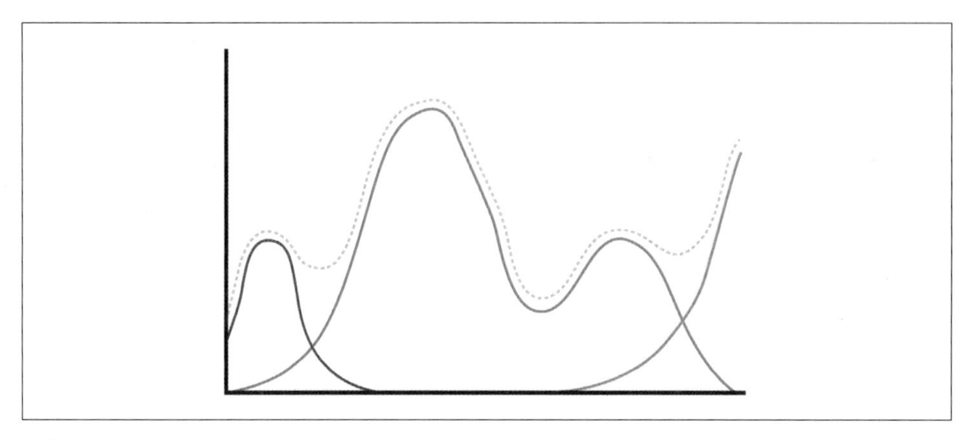

그림 5-13 다시 그린 모자/코끼리

이처럼 일반적인 측정값을 보다 유의미한 하위 구성 요소들로 분해하는 개념은 아주 유용합니다. 분석자는 결괏값을 보고 결론을 도출하기 전에 먼저 본인이 데이터 및 도메인을 충분히 이해해야 합니다. 데이터를 더 작은 집합으로 쪼개야 할 경우도 있습니다. 예를 들어, 같은 성공 요청이라도 업데이트, 업로드를 하는 요청과 읽기 작업이 대부분인 요청은 전혀 다른 분포를 보일 것입니다.

페이팔PayPal 기술팀은 자신들이 통계학 및 분석 기법을 광범위하게 활용한 사례를 블로그(*https://www.paypal-engineering.com/*)에 공개했는데, 정말 양질의 자료가 풍성합니다. 특히, 마흐모드 하셰미Mahmoud Hashemi가 쓴 '소프트웨어 통계학Statistics for Software(*https://www.paypal-engineering.com/2016/04/11/statistics-for-software/*)'이라는 글은 그들의 방법론에 입문하기 좋은 자료입니다. 필자가 방금 전 예시한 모자/코끼리 문제도 여기 나옵니다.

5.5 마치며

자바 성능 분야에서 마이크로벤치마킹은 어둠의 마법과도 같습니다. 뭔가 대단히 폼나는 표현이지만 실상은 꼭 그렇지 않죠. 실무 개발자들이 늘상 실천하고 있는 일입니다. 하지만, 마이크로벤치마크는 조심해서 써야 합니다.

- 유스케이스를 확실히 모르는 상태에서 마이크로벤치마킹하지 마세요.
- 그래도 마이크로벤치마킹을 해야 한다면 JMH를 이용하세요.
- 여러분이 얻은 결과를 가능한 한 많은 사람과 공유하고 회사 동료들과 함께 의논하세요.
- 항상 잘못될 가능성을 염두에 두고 여러분의 생각을 지속적으로 검증하세요.

마이크로벤치마킹의 한 가지 장점은, 저수준 서브시스템들이 유발한 고도로 동적인 움직임과 비정규 분포 양상을 명확히 드러낸다는 점입니다. 그래서 JVM의 복잡성을 머릿속에 정리하고 이해하는 데 큰 도움이 됩니다.

이제 방법론은 그만 이야기하고 다음 장부터는 가비지 수집을 시작으로 JVM의 내부와 주요 서브시스템을 깊숙이 탐험하겠습니다.

CHAPTER 6

가비지 수집 기초

가비지 수집(GC)은 자바 환경을 상징하는 여러 특성 가운데서도 단연 돋보이지만, 자바 플랫폼이 처음 출시됐을 때 GC는 상당한 반감을 샀습니다. 언어 수준에서 의도적으로 수집기 작동을 제어하지 못하게 만들었다는 사실(최신 버전도 변함은 없습니다)이 알려지면서 여론은 더 나빠졌죠.[76]

초창기 자바 GC 성능에 대한 불만이 쏟아져 나왔지만, 외려 그 때문에 자바 플랫폼의 인지도가 높아지게 됐습니다.

그러나 세월이 지나면서 유저가 제어할 수 없는, 강제적인 초기 GC의 비전은 그 정당성이 충분히 입증되었습니다. 사실 요즘도 메모리는 손으로 직접 관리해야 한다는 의견에 동조하는 애플리케이션 개발자는 거의 없습니다. 신세대 시스템 프로그래밍 언어(예: 고, 러스트)에서도 메모리 관리는 (예외적인 경우가 아니면) 프로그래머가 아닌, 컴파일러나 런타임의 영역이라고 보는 시각이 지배적입니다.

자바 가비지 수집의 요체는, 시스템에 있는 모든 객체의 수명을 정확히 몰라도 런타임이 대신 객체를 추적하며 쓸모없는 객체를 알아서 제거하는 것입니다. 이렇게 자동 회수한 메모리는 깨끗이 비우고 재활용할 수 있습니다.

모든 가비지 수집 구현체는 다음 두 가지 기본 원칙을 준수해야 합니다.

76 `System.gc()`라는 메서드가 있긴 하지만 실제로 이 메서드를 쓸 일은 없습니다.

- 알고리즘은 반드시 모든 가비지를 수집해야 한다.
- 살아 있는 객체는 절대로 수집해선 안 된다.

두 번째 원칙이 더 중요합니다. 살아 있는 객체를 수집했다간 세그먼테이션 결함segmentation fault[77]이 발생하거나 프로그램 데이터가 조용히(이게 더 문제죠) 더럽혀집니다. 자바 GC 알고리즘은 프로그램이 사용 중인 객체를 절대 수집해선 안 됩니다.

프로그래머가 저수준 세부를 일일이 신경쓰지 않는 대가로 저수준 제어권을 포기한다는 사상이 바로 자바 관리 방식의 핵심이며, 제임스 고슬링James Gosling이 블루칼라 언어라고 말한 특징이 잘 드러나는 대목입니다.

이 장에서는 자바 가비지 수집의 기초 이론을 소개하고, 자바 플랫폼에서 가비지 수집을 완전히 이해/제어하기가 어려운 이유를 설명합니다. 또 핫스팟이 런타임에 객체를 힙에 나타내는 방법과 그 기본 특성을 자세히 알아봅니다.

끝부분에서는 핫스팟에서 가장 단순한 상용 수집기인 병렬 수집기를 소개하고 다양한 워크로드에서의 쓰임새를 함께 알아보겠습니다.

6.1 마크 앤 스위프

자바에서 가비지 수집이 뭐냐고 자바 프로그래머들에게 물어보면 **마크 앤 스위프**mark and sweep(표시하고 쓸어 담기) 알고리즘이 기초라는 정도는 알고 있지만, 실제로 그 프로세스가 어떻게 작동하는지 자세히 모르는 사람들이 많습니다.

이 절에서는 GC 알고리즘의 기본 개념과 이를 응용해 메모리를 어떻게 자동 회수하는지 알아봅니다. 기본 개념을 쉽게 설명하고자 알고리즘은 일부러 단순화하겠습니다(실제로 운영계 JVM에서 GC가 수행되는 방법은 다릅니다).

가장 초보적인 마크 앤 스위프 알고리즘은 할당됐지만, 아직 회수되지 않은 객체를 가리키는

77 **역자주_** 세그멘테이션 결함(Segmentation Fault)은 컴퓨터 소프트웨어의 실행 중에 일어날 수 있는 특수한 오류. 세그멘테이션 위반, 세그멘테이션 실패라고도 하며, 세그폴트(Segfault)로 줄여서 쓰기도 합니다. 세그멘테이션 결함은 프로그램이 허용되지 않은 메모리 영역에 접근을 시도하거나, 허용되지 않은 방법으로 메모리 영역에 접근을 시도할 경우 발생합니다(예를 들어, 읽기 전용 영역에 어떤 내용을 쓰려고 시도하거나, 운영체제에서 사용하는 영역에 다른 내용을 덮어쓰려 하는 경우). (출처: 위키백과)

포인터를 포함한 할당 리스트allocated list를 사용합니다. 전체적인 GC 알고리즘은 다음과 같습니다.

1. 할당 리스트를 순회하면서 마크 비트mark bit를 지운다.
2. GC 루트부터 살아 있는 객체를 찾는다.
3. 이렇게 찾은 객체마다 마크 비트를 세팅한다.
4. 할당 리스트를 순회하면서 마크 비트가 세팅되지 않은 객체를 찾는다.
   a. 힙에서 메모리를 회수해 프리 리스트free list[78]에 되돌린다.
   b. 할당 리스트에서 객체를 삭제한다.

살아 있는 객체는 대부분 깊이-우선depth-first 방식으로 찾습니다.[79] 이렇게 해서 생성된 객체 그래프를 **라이브 객체 그래프**live object graph라고 하며, **접근 가능한 객체의 전이 폐쇄**transitive closure of reachable objects[80]라고도 합니다(그림 6-1).

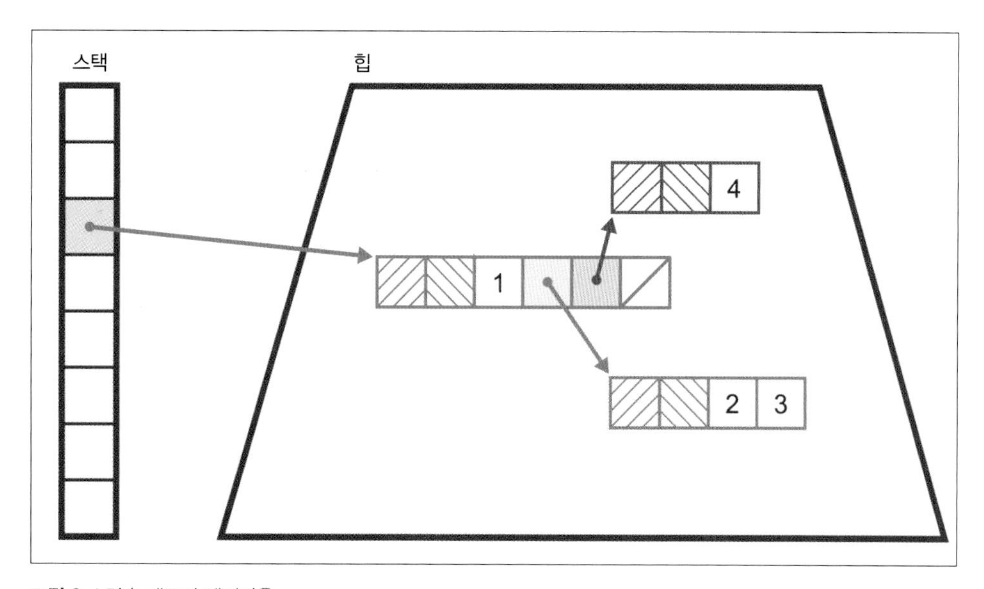

그림 6-1 단순 메모리 레이아웃

78 역자주_ 동적 메모리 할당을 위해서 계획적으로 사용된 자료 구조로, 메모리의 할당되지 않은 영역들을 연결 리스트로 연결해서 운용합니다. (출처: 위키백과) '빈칸 목록'이라고도 하나 이 책에서는 '프리 리스트'로 음차하여 옮깁니다.

79 역자주_ 알고리즘 기초 교과서에 단골손님처럼 등장하는 DFS(Depth-First Search, 깊이 우선 탐색)입니다. 루트 노드부터 시작해서 (깊이를 우선하여) 간선을 타고 내려가다가 막다른 골목에 이르면 마지막에 타고 내려온 간선을 따라 되돌아가며 탐색하는 방식입니다.

80 역자주_ 전이 폐쇄(transitive closure)는 이산 수학에서 나오는 용어로, 여기서는 살아있는 객체 그래프의 어느 지점에서 출발하든 접근 가능한 모든 지점의 집합을 의미합니다.

힙 상태는 시각화하여 살펴보기 어렵습니다. 하지만 명령줄에서 간단히 `jmap -histo` 하면 다음과 같이 타입별로 할당된 바이트 수와 그만큼의 메모리를 차지한 전체 인스턴스 개수를 확인할 수 있습니다.

```
 num   #instances        #bytes  class name
----------------------------------------------
   1:        20839      14983608  [B
   2:       118743      12370760  [C
   3:        14528       9385360  [I
   4:          282       6461584  [D
   5:       115231       3687392  java.util.HashMap$Node
   6:       102237       2453688  java.lang.String
   7:        68388       2188416  java.util.Hashtable$Entry
   8:         8708       1764328  [Ljava.util.HashMap$Node;
   9:        39047       1561880  jdk.nashorn.internal.runtime.CompiledFunction
  10:        23688       1516032  com.mysql.jdbc.Co...$BooleanConnectionProperty
  11:        24217       1356152  jdk.nashorn.internal.runtime.ScriptFunction
  12:        27344       1301896  [Ljava.lang.Object;
  13:        10040       1107896  java.lang.Class
  14:        44090       1058160  java.util.LinkedList$Node
  15:        29375        940000  java.util.LinkedList
  16:        25944        830208  jdk.nashorn.interna...FinalScriptFunctionData
  17:           20        655680  [Lscala.concurrent.forkjoin.ForkJoinTask;
  18:        19943        638176  java.util.concurrent.ConcurrentHashMap$Node
  19:          730        614744  [Ljava.util.Hashtable$Entry;
  20:        24022        578560  [Ljava.lang.Class;
```

GUI 화면은 2장에서 배운 VisualVM의 Sampling 탭으로 볼 수 있습니다. VisualVM 전용 플러그인(VisualGC)을 쓰면 힙이 시시각각 변하는 모습을 지켜볼 수 있지만, 그때그때 힙 모습만 봐서는 정확히 분석을 할 수가 없으니 GC 로그(8장 주제)를 이용해야 합니다.

6.1.1 가비지 수집 용어

GC 알고리즘을 설명하는 용어는 약간 헷갈리는 편입니다(또 시간이 지나면서 의미가 달라지는 용어도 있습니다). 의미가 명확한 몇 가지 기본 용어를 살펴봅시다.

STW

GC 사이클이 발생하여 가비지를 수집하는 동안에는 모든 애플리케이션 스레드가 중단됩니다. 따라서 애플리케이션 코드는 GC 스레드가 바라보는 힙 상태를 무효화할 수 없습니다. 단순 GC 알고리즘에서는 대부분 이럴 때 STW가 일어납니다.

동시

GC 스레드는 애플리케이션 스레드와 동시(병행) 실행될 수 있습니다. 이는 계산 비용 면에서 아주, 아주 어렵고 비싼 작업인 데다, 실상 100% 동시 실행을 보장하는 알고리즘은 없습니다. 7.3 절에 나오는 핫스팟의 CMS(Concurrent Mark and Sweep)(동시 마크 앤 스위프)는 사실상 '준 동시(mostly concurrent)' 수집기라고 해야 맞습니다.

병렬

여러 스레드를 동원해서 가비지 수집을 합니다.

정확

정확한 GC 스킴은 전체 가비지를 한방에 수집할 수 있게 힙 상태에 관한 충분한 타입 정보를 지니고 있습니다. 대략 `int`와 포인터의 차이점을 언제나 분간할 수 있는 속성을 지닌 스킴이 정확한 것입니다.

보수

보수적인 스킴은 정확한 스킴의 정보가 없습니다. 그래서 리소스를 낭비하는 일이 잦고 근본적으로 타입 체계를 무시하기 때문에 훨씬 비효율적입니다.

이동

이동 수집기에서 객체는 메모리를 여기저기 오갈 수 있습니다. 즉, 객체 주소가 고정된 게 아닙니다. (C++처럼) 맨포인터(raw pointer)로 직접 액세스하는 환경은 이동 수집기와 잘 맞지 않습니다.

압착

할당된 메모리(즉, 살아남은 객체들)는 GC 사이클 마지막에 연속된 단일 영역으로 (대개 이 영역 첫 부분부터) 배열되며, 객체 쓰기가 가능한 여백의 시작점을 가리키는 포인터가 있습니다. 압착 수집기는 메모리 단편화memory fragmentation를 방지합니다.

방출

수집 사이클 마지막에 할당된 영역을 완전히 비우고 살아남은 객체는 모두 다른 메모리 영역으로 이동(방출)합니다.

언어, 환경이 달라도 쓰는 용어는 같습니다. 가령, 파이어폭스Firefox 웹 브라우저(스파이더멍키SpiderMonkey)의 자바스크립트 런타임도 가비지 수집을 하는데, 최근 수년간 자바 GC 구현체에 이미 구현된 특성(예: 정확exactness, 압착compaction)이 계속 추가돼 왔습니다.

6.2 핫스팟 런타임 개요

앞서 나열한 일반적인 GC 용어뿐만 아니라, 구현체에 특정한 용어도 있습니다. 가비지 수집의 작동 원리를 온전히 이해하려면 시시콜콜한 핫스팟 내부도 어느 정도는 알아야 합니다.

여러분도 알다시피, 자바 언어에서는 다음 두 가지 값만 사용합니다.

- 기본형 (byte, int 등)
- 객체 레퍼런스

많은 자바 프로그래머들이 **객체**를 대충 뭉뚱그려 말하는데, 이 책을 읽는 여러분은 이것 하나만 명심하세요. 자바는 C++과 달리 주소를 역참조dereference하는 일반적인 메커니즘[81]이 없고, 오직 **오프셋 연산자**offset operator(. 연산자)만으로 필드에 액세스하거나 **객체 레퍼런스**의 메서드를 호출할 수 있습니다. 또 자바는 값으로 호출call-by-value 방식으로만 메서드를 호출합니다. 물론,

81 역자주_ C/C++ 언어에서는 역참조 연산자(*)로 주소를 받아 그 주소에 저장된 값을 가져올 수 있습니다.

객체 레퍼런스의 경우 복사된 값은 힙에 있는 객체의 주소입니다.[82]

6.2.1 객체를 런타임에 표현하는 방법

핫스팟은 런타임에 **oop**라는 구조체structure로 자바 객체를 나타냅니다. oop는 **평범한 객체 포인터**ordinary object pointer의 줄임말로, C 언어 느낌이 물씬 풍기는 순수 포인터입니다. oop는 참조형reference type 지역 변수 안에 위치합니다. 여기서 자바 메서드의 스택 프레임으로부터 자바 힙을 구성하는 메모리 영역 내부를 가리키죠.

oop를 구성하는 자료 구조는 여러 가지가 있습니다. 그중 **instanceOop**는 자바 클래스의 인스턴스를 나타냅니다.

instanceOop의 메모리 레이아웃은 모든 객체에 대해 기계어 워드 2개로 구성된 헤더로 시작합니다. **Mark 워드**(인스턴스 관련 메타데이터를 가리키는 포인터)가 먼저 나오고, 그다음은 **Klass 워드**(클래스 메타데이터를 가리키는 포인터)가 나옵니다.

자바 7까지는 instanceOop의 Klass 워드가 자바 힙의 일부인 **펌젠**PermGen이라는 메모리 영역을 가리켰습니다. 자바 힙에 있는 건 예외 없이 객체 헤더를 갖고 다녀야 한다는 게 기본 원칙이었고, 실제로 자바 옛 버전은 메타데이터를 klassOop으로 참조했습니다. **klassOop**의 메모리 레이아웃은 정말 단순해서 그냥 객체 헤더 바로 다음에 klass 메타데이터가 나옵니다.

자바 8부터는 Klass가 자바 힙의 주 영역 밖으로(JVM 프로세스의 C 힙 밖은 아닙니다) 빠지게 됐습니다. 그래서 최신 버전의 자바는 Klass 워드가 자바 힙 밖을 가리키므로 객체 헤더가 필요 없습니다.

> **NOTE_** klassOop를 앞에 **k**를 붙인 것은, 자바 `Class<?>` 객체를 나타내는 instanceOop와 구분하기 위함입니다. 둘은 전혀 다릅니다.[83]

82 **역자주_** 자바 언어를 처음 배울 때 가장 헷갈리는 부분이기도 한데요, 결론적으로 자바는 C/C++와 달리 오로지 값에 의한 호출(call by value)만 합니다. 인수에 해당하는 변수가 원시형이면 그 값을 복사해서 넘기고(따라서 피호출부(calle)에서 받은 값을 변경해도 호출부(caller)에는 아무런 영향이 없음), 객체면 이 객체를 가리키는 레퍼런스(즉, 힙 주소를 가리키는 포인터 값)를 '값'으로 넘깁니다.

83 **역자주_** 한마디로, `klassOop`는 JVM 클래스로더가 로드한 Class 객체를 JVM 수준에서 나타낸 구조체.

[그림 6-2]를 보니 차이점이 분명합니다. klassOop에는 클래스용 가상 함수 테이블virtual function table(vtable)이 있지만, `Class` 객체에는 리플렉션으로 호출할 `Method` 객체의 레퍼런스 배열이 담겨 있습니다. 더 자세한 설명은 9장에서 JIT 컴파일을 설명할 때 이어집니다.

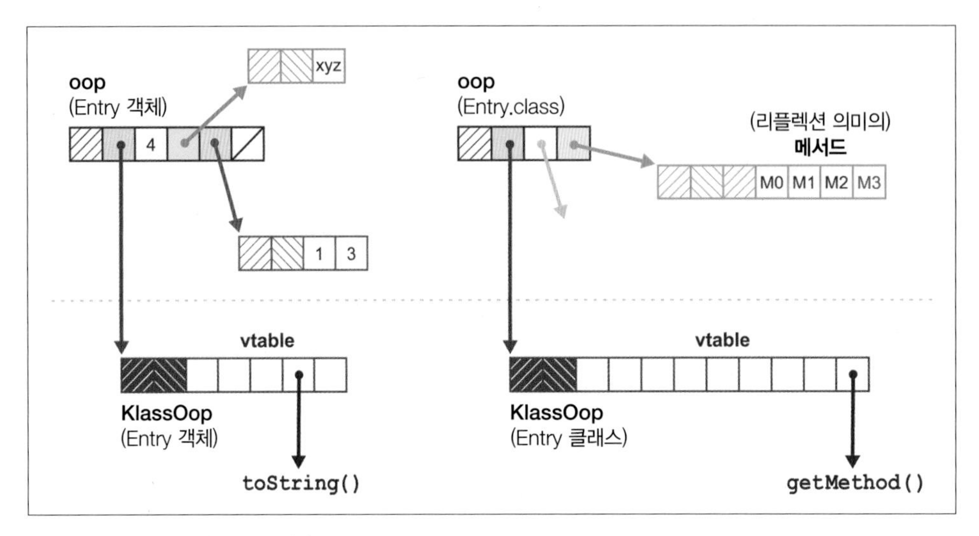

그림 6-2 klassOop와 Class 객체

oop는 대부분 기계어 워드라서, 예전 32비트 프로세서는 32비트, 요즘 프로세서는 64비트입니다. 그런데 이런 구조로는 메모리가 크게 낭비될 우려가 있기 때문에 핫스팟은 조금이라도 메모리를 절약할 수 있게 **압축 oop**compressed oop라는 기법을 제공합니다. 다음 옵션을 주면,

```
-XX:+UseCompressedOops
```

힙에 있는 다음 oop가 압축됩니다(자바 7 버전 이상, 64비트 힙은 이 옵션이 디폴트임).

- 힙에 있는 모든 객체의 Klass 워드
- 참조형 인스턴스 필드
- 객체 배열의 각 원소

핫스팟 객체 헤더는 일반적으로 다음과 같이 구성됩니다.

- Mark 워드(32비트 환경은 4바이트, 64비트 환경은 8바이트)
- Klass 워드(압축됐을 수도 있음)
- 객체가 배열이면 length 워드(항상 32비트임)
- 32비트 여백(정렬 규칙 때문에 필요할 경우)

객체 인스턴스 필드는 헤더 바로 다음에 나열됩니다. klassOop는 Klass 워드 다음에 메서드 vtable이 나옵니다. [그림 6-3]은 압축 oop의 메모리 레이아웃입니다.

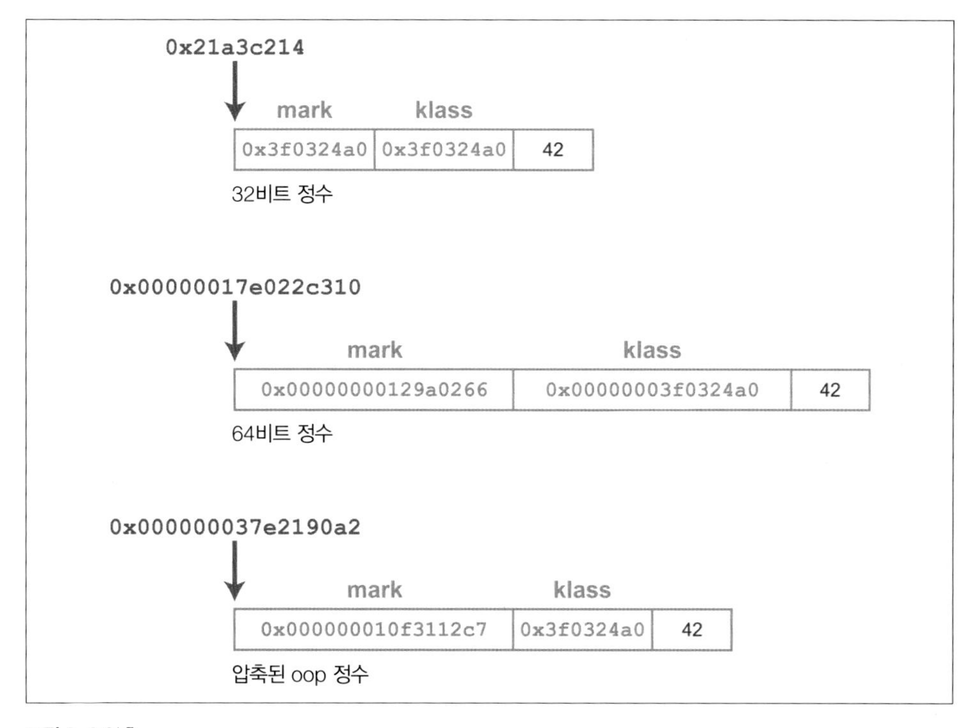

그림 6-3 압축 oop

과거, 지연에 극도로 민감한 일부 애플리케이션에서 힙 크기 증가(대개 10~50%)를 대가로 압축 oop 기능을 끄면 성능이 개선되기도 했지만, 대단한 성능 향상이라고 할 정도는 아니었습니다. 4장에서 배운 '스위치 만지작거리기' 안티패턴의 고전적인 사례라고 볼 수 있겠죠.

자바에서 배열은 객체입니다. 그래서 JVM의 배열도 oop로 표시되며, 배열은 Mark 워드,

Klass 워드 다음에 배열 길이를 나타내는 Length 워드가 붙습니다. 자바 배열 인덱스가 32비트 값으로 제한되는 건 이 때문입니다.

> **NOTE_** 이렇게 배열 길이를 따로 메타데이터에 넣어 관리하므로 C/C++ 언어에서 배열 길이를 몰라 매개변수를 반드시 하나 더 넘겨야 할 일은 없습니다.

JVM 환경에서 자바 레퍼런스는 instanceOop(또는 `null`)를 제외한 어떤 것도 가리킬 수 없습니다. 저수준에서는 이런 의미입니다.

- 자바 값은 기본형 값 또는 instanceOop 주소(레퍼런스)에 대응되는 비트 패턴이다.
- 모든 자바 레퍼런스는 자바 힙의 주 영역에 있는 주소를 가리키는 포인터라고 볼 수 있다.
- 자바 레퍼런스가 가리키는 주소에는 Mark 워드 + Klass 워드가 들어 있다.
- klassOop와 `Class<?>` 인스턴스는 다르며, (klassOop는 힙의 메타데이터 영역에 있음) klassOop을 자바 변수 안에 넣을 수 없다.

핫스팟의 oop 체계는 (OpenJDK 8 소스 코드 hotspot/src/share/vm/oops 디렉터리에 있는) *.hpp* 파일에 정의돼 있습니다. 다음은 oop의 전체 상속 구조입니다.

```
oop (추상 베이스)
 instanceOop (인스턴스 객체)
 methodOop (메서드 표현형)
 arrayOop (배열 추상 베이스)
 symbolOop (내부 심볼 / 스트링 클래스)
 klassOop (Klass 헤더) (자바 7 이전만 해당)
 markOop
```

이렇듯 런타임에 oop 구조체를 이용해서 한 포인터는 클래스 메타데이터를, 다른 포인터는 인스턴스 메타데이터를 가리켜 객체를 나타내는 건 결코 드문 방식이 아닙니다. 다른 JVM이나 실행 환경(예: 애플 iOS)도 이와 유사한 메커니즘을 사용합니다.

6.2.2 GC 루트 및 아레나

GC 루트는 핫스팟에 관한 블로그 글이나 기사에서 자주 나오는 말입니다. GC 루트는 메모리의 '고정점anchor point (앵커 포인트)'로, 메모리 풀 외부에서 내부를 가리키는 포인터입니다. 메모리 풀 내부에서 같은 메모리 풀 내부의 다른 메모리 위치를 가리키는 **내부 포인터**internal pointer와 정반대인, **외부 포인터**external pointer입니다.

GC 루트는 다음과 같이 종류가 다양합니다.

- 스택 프레임stack frame
- JNI
- 레지스터(끌어올려진hoisted (호이스트된) 변수)
- (JVM 코드 캐시에서) 코드 루트
- 전역 객체
- 로드된 클래스의 메타데이터

힙에 있는 객체를 가리키는 (`null` 아닌) 참조형 지역 변수도 말하자면 가장 단순한 형태의 GC 루트입니다.

핫스팟 GC는 **아레나**arena (무대)라는 메모리 영역에서 작동합니다. GC는 아주 저수준 장치라서 일반 자바 개발자가 세세하게 작동 원리를 숙지할 필요는 없지만, 성능 엔지니어는 경우에 따라 JVM 내부를 깊이 파헤쳐야 할 수도 있으므로 이런 개념과 용어를 잘 알아두면 업무에 도움이 됩니다.

핫스팟은 자바 힙을 관리할 때 시스템 콜을 하지 않습니다. 중요한 내용이니 꼭 기억하세요. 3.6절에서 설명했듯이, 핫스팟은 유저 공간 코드에서 힙 크기를 관리하므로 단순 측정값을 이용해 GC 서브시스템이 어떤 성능 문제를 일으키고 있는지 파악할 수 있습니다.

이제 자바/JVM 워크로드의 가비지 수집을 일으키는 두 가지 주요 특성에 대해 자세히 살펴보겠습니다. (자바 전체 성능을 결정짓는 핵심 요인인) 자바 GC가 무엇 때문에 일어나는지 궁금한 독자는 다음 절을 정독하세요.

6.3 할당과 수명

자바 애플리케이션에서 가비지 수집이 일어나는 주된 원인은 다음 두 가지입니다.

- 할당률
- 객체 수명

할당률은 일정 기간(단위는 보통 MB/s) 새로 생성된 객체가 사용한 메모리량입니다. JVM은 할당률을 직접 기록하지 않지만, 이 값은 비교적 쉽게 측정할 수 있고 센섬 같은 툴을 쓰면 정확하게 구할 수 있습니다.

반면, 객체 수명은 대부분 측정하기(어림잡아 계산하기도) 어렵습니다. 사실, 수동 메모리 관리 시스템에서 가장 논란이 됐던 부분 중 하나가, 실제 애플리케이션에서 객체 수명을 제대로 파악하기가 너무 복잡하다는 겁니다. 그 결과, 객체 수명이 할당률보다 더 핵심적인 요인입니다.

NOTE_ 가비지 수집은 '메모리를 회수해 재사용'하는 일입니다. 객체는 대부분 단명short-lived하므로 가비지 수집에서 핵심 전제는 동일한 물리 메모리 조각을 몇 번이고 계속 다시 쓸 수 있는가, 하는 점입니다.

객체가 생성된 후 잠시 존재하고 그 상태를 보관하는 데 사용한 메모리를 다시 회수한다는 발상이 핵심입니다. 이게 안 된다면 가비지 수집은 무용지물이죠. 7장에서 보겠지만, 가비지 수집기는 여러 가지 따져봐야 할 트레이드오프가 있는데, 그중 가장 중요한 것도 대개 할당 및 수명과 연관되어 있습니다.

6.3.1 약한 세대별 가설

약한 세대별 가설Weak Generational Hypothesis은 소프트웨어 시스템의 런타임 작용을 관찰한 결과 알게 된 경험 지식으로, JVM 메모리 관리의 이론적 근간을 형성합니다.

> JVM 및 유사 소프트웨어 시스템에서 객체 수명은 이원적bimodal 분포 양상을 보인다. 거의 대부분의 객체는 아주 짧은 시간만 살아 있지만, 나머지 객체는 기대 수명이 훨씬 길다.

이 법칙은 사람들이 객체 지향 워크로드를 상대로 실제로 실험을 하며 얻은 것으로, 결론은 '가비지를 수집하는 힙은, 단명 객체를 쉽고 빠르게 수집할 수 있게 설계해야 하며, 장수 객체와 단명 객체를 완전히 떼어놓는 게 가장 좋다'는 겁니다.

핫스팟은 몇 가지 메커니즘을 응용하여 약한 세대별 가설을 십분 활용합니다.

- 객체마다 '세대 카운트generational count(객체가 지금까지 무사 통과한 가비지 수집 횟수)'를 센다.
- 큰 객체를 제외한 나머지 객체는 에덴Eden(탁아소Nursery라고도 함) 공간에 생성한다. 여기서 살아남은 객체는 다른 곳으로 옮긴다.
- 장수했다고 할 정도로 충분히 오래 살아남은 객체들은 별도의 메모리 영역(올드old 또는 테뉴어드Tenured(종신) 세대)에 보관한다.

[그림 6-4]은 이 접근 방식을 간단히 나타낸 것입니다. 특정 가비지 수집 사이클 이상 살아남은 객체들은 테뉴어드 세대로 승격되지요. 그림에도 나와 있듯이, 이들 영역은 처음부터 자연스럽게 연속된 공간입니다.

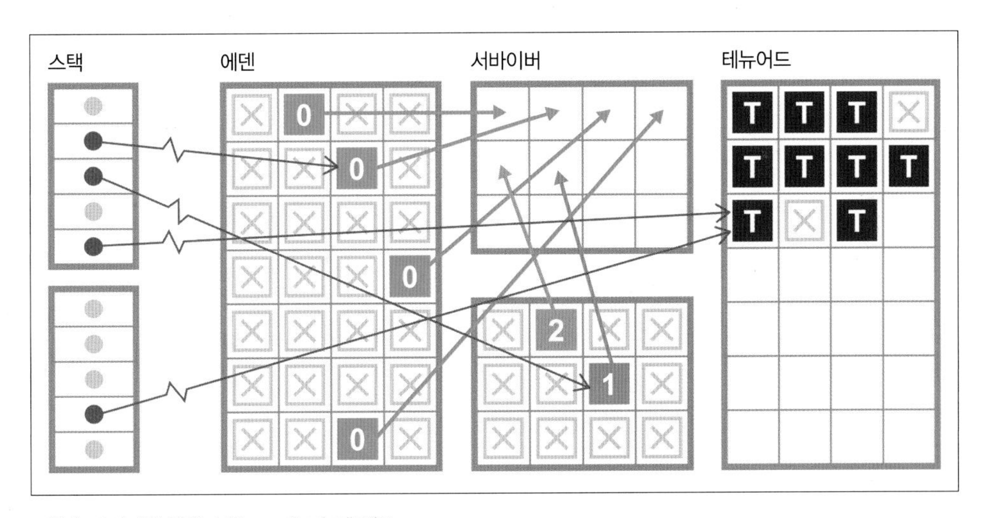

그림 6-4 세대별 단위 수집generational collection

세대별 수집 목적에 따라 메모리를 상이한 영역으로 나누면 핫스팟의 마크 앤 스위프 수집의 구현에 따라서 그 결과가 더 세분화됩니다. 여기서 중요한 건, 외부에서 영young 세대 내부를 가리키는 포인터를 계속 추적하는 기법입니다. 덕분에 GC 사이클에서 살아남은 젊은 객체들을 집어내느라 전체 객체 그래프를 다 뒤질 필요가 없죠.

> NOTE_ '늙은 객체가 젊은 객체를 참조할 일은 거의 없다'는 게 약한 세대별 가설의 두 번째 포인트입니다.

핫스팟은 **카드 테이블**card table이라는 자료 구조에 늙은 객체가 젊은 객체를 참조하는 정보를 기록합니다. 카드 테이블은 JVM이 관리하는 바이트 배열로, 각 원소는 올드 세대 공간의 512바이트 영역을 가리킵니다.

핵심 로직은 이렇습니다. 늙은 객체 o에 있는 참조형 필드값이 바뀌면 o에 해당하는 instanceOop가 들어 있는 카드를 찾아 해당 엔트리를 더티dirty 마킹합니다. 핫스팟은 레퍼런스 필드를 업데이트할 때마다 단순 **쓰기 배리어**write barrier[84]를 이용합니다. 필드 저장이 끝나면 결국 어딘가에서 다음 코드 조각이 실행되겠죠.

```
cards[*instanceOop >> 9] = 0;
```

여기서 카드에 더티하다고 표시한 값이 `0`이고, 카드 테이블이 512바이트라서 9비트 우측 시프트합니다.[85]

자바 수집기는 오래전부터 힙을 영/올드 영역으로 나누어 관리해왔는데, 자바 8u40 버전부터 새로운 수집기('가비지 퍼스트Garbage First(가비지 우선)', 줄여서 G1)의 품질이 완성 단계에 이르렀습니다. 7.3절에서 배울 내용이지만, G1은 힙을 배치하는 방식 자체가 완전히 다릅니다. 오라클이 자바 9 이후부터 G1을 디폴트 수집기로 굳힐 의도라서 이 새로운 힙 관리 방식은 점점 더 중요성이 커질 전망입니다.[86]

---

84 역자주_ 늙은 객체와 젊은 객체의 관계가 맺어지면 카드 테이블 엔트리를 더티 값으로 세팅하고, 반대로 관계가 해제되면 더티 값을 지우는, 실행 엔진에 포함된 작은 코드 조각.

85 역자주_ $2^9 = 512$

86 역자주_ 이 글을 번역하는 현재, 실제로 자바 9, 자바 10 버전의 기본 가비지 수집기는 G1입니다.

6.4 핫스팟의 가비지 수집

자바는 C/C++ 계열의 환경과 달리 OS를 이용해 동적으로 메모리를 관리하지 않습니다. 대신, 일단 프로세스가 시작되면 JVM은 메모리를 할당(또는 예약)하고 유저 공간에서 연속된 단일 메모리 풀을 관리합니다.

이 메모리 풀은 앞서 언급했듯이 각자의 목적에 따라 서로 다른 영역으로 구성되며, 객체는 보통 에덴 영역에 생성됩니다. 수집기가 줄곧 객체를 이동시키기 때문에 객체가 차지한 주소는 대부분 시간이 흐르면서 아주 빈번하게 바뀝니다. 이처럼 객체를 이동시키는 것을 '방출'이라고 하는데(6.1.1 절 참고), 핫스팟 수집기는 대부분 방출 수집기입니다.

6.4.1 스레드 로컬 할당

JVM은 성능을 강화하여 에덴을 관리합니다. 에덴은 대부분의 객체가 탄생하는 장소이고 단명 객체(다음 GC 사이클까지도 못 버티는 수명이 짧은 객체)는 다른 곳에는 위치할 수 없으므로 특별히 관리를 잘해야 하는 영역입니다.

JVM은 에덴을 여러 버퍼로 나누어 각 애플리케이션 스레드가 새 객체를 할당하는 구역으로 활용하도록 배포합니다. 이렇게 하면 각 스레드는 혹여 다른 스레드가 자신의 버퍼에 객체를 할당하지는 않을까 염려할 필요가 없습니다. 이 구역을 **스레드 로컬 할당 버퍼**Thread-Local Allocation Buffer(TLAB)라고 합니다.

> **NOTE_** 핫스팟은 애플리케이션 스레드에 발급한 TLAB 크기를 동적으로 조정합니다. 따라서 한 스레드가 메모리를 엄청나게 소모하고 있으면 스레드에 버퍼를 내주는 오버헤드를 줄이기 위해 더 큼지막한 TLAB를 건네줍니다.

애플리케이션 스레드가 자신의 TLAB를 배타적으로 제어한다는 건 JVM 스레드의 할당 복잡도가 O(1)이라는 뜻입니다. 스레드가 객체를 생성할 때 이 객체에 저장 공간이 할당되고 스레드-로컬 포인터는 그다음 비어 있는 메모리 주소를 가리키도록 업데이트하기 때문입니다. C 런타임 용어를 빌리면, 단순 포인터 범프pointer bump, 즉 '다음 빈' 포인터로 계속 죽 이동시키는 부가 명령어입니다.

[그림 6-5]를 보면, 각 애플리케이션 스레드가 새 객체를 할당할 버퍼를 갖고 있습니다. 애플리케이션 스레드가 버퍼를 다 채우면 JVM은 새 에덴 영역을 가리키는 포인터를 내어줍니다.

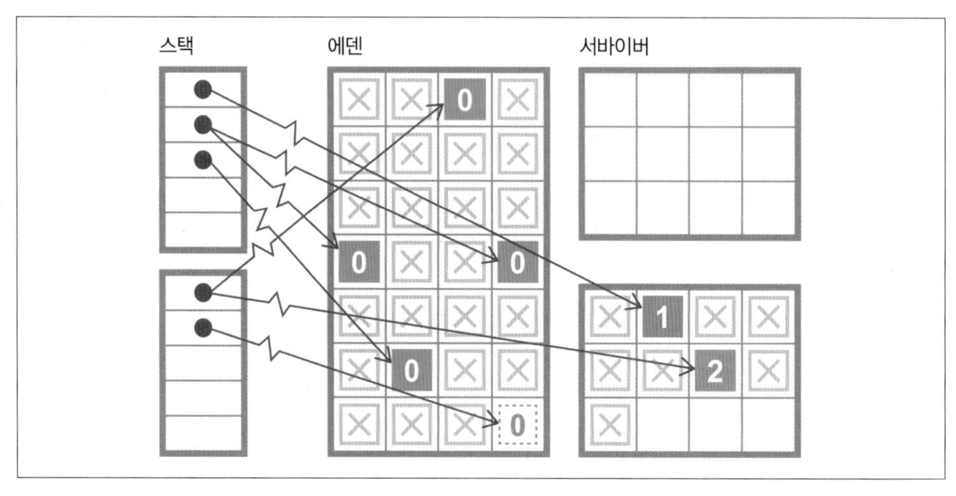

그림 6-5 스레드 로컬 할당

6.4.2 반구형 수집

반구형 (방출) 수집기hemispheric evacuating collector는 (보통 크기가 같은) 두 공간을 사용하는 독특한 방출 수집기입니다. 실제로 장수하지 못한 객체를 임시 수용소에 담아 두자는 아이디어죠. 덕분에 단명 객체가 테뉴어드 세대를 어지럽히지 않게 하고 풀 GC 발생 빈도를 줄일 수 있습니다. 이 두 공간(반구)은 두 가지 기본적인 특성을 지닙니다.

- 수집기가 라이브 반구를 수집할 때 객체들은 다른 반구로 압착시켜 옮기고 수집된 반구는 비워서 재사용한다.
- 절반의 공간은 항상 완전히 비운다.

물론, 이 방법을 따르면 수집기 반구 내부에 실제로 보관 가능한 메모리 공간보다 2배를 더 사용하게 되어 낭비지만, 공간이 너무 크지 않다면 유용한 기법입니다. 핫스팟은 이 반구형 기법과 에덴 공간을 접목시켜 영 세대 수집을 합니다.

핫스팟에서는 영 힙의 반구부를 **서바이버**survivor (생존자) **공간**이라고 합니다. [그림 6-6]에서 보다시피 일반적으로 서바이버 공간은 에덴보다 작으며, 이 공간의 역할은 각 영 세대 수집을 교환하는 것입니다. 서바이버 공간을 튜닝하는 방법은 9장에서 다룹니다.

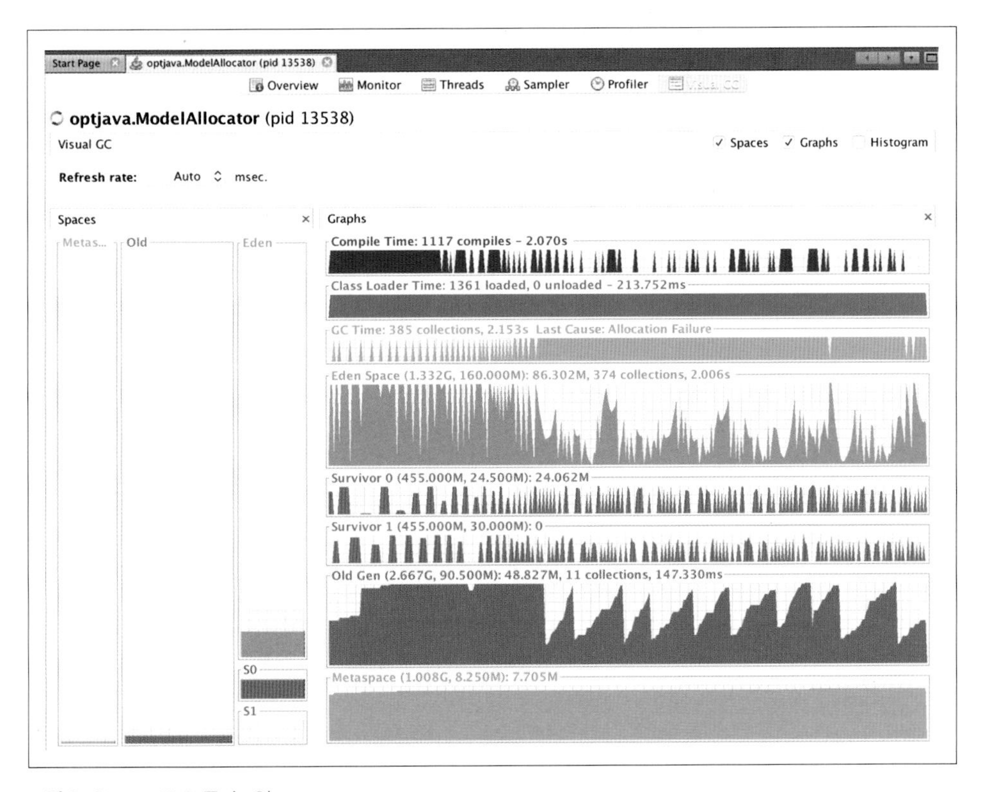

그림 6-6 VisualGC 플러그인

2.7.1절에서 배운 VisualGC 플러그인은 초기 GC 디버깅 툴로 유용합니다. 7장에서 다룰 내용이지만, GC 로그에는 훨씬 더 쓸모있는 정보가 담겨있고 순간순간 기록한 JMX 데이터보다 더 깊이 있는 GC 분석을 가능케 합니다. 물론, 새로 분석 작업을 할 때 간단히 애플리케이션의 메모리 사용 실태를 훑어보는 용도로는 요긴하죠.

VisualGC를 쓰면 힙에서 재배치된 객체나 각 영 세대마다 발생한 서바이버 공간 사이의 순환 등 가비지 수집의 결합 효과aggregate effect도 확인할 수 있습니다.

6.5 병렬 수집기

자바 8 이전까지 JVM 디폴트 가비지 수집기는 **병렬 수집기**parallel collector입니다. 병렬 수집기는 처리율에 최적화되어 있고 영 GC, 풀 GC 모두 풀 STW를 일으킵니다. 애플리케이션 스레드를 모두 중단시킨 다음, 가용 CPU 코어를 총동원해 가능한 한 재빨리 메모리를 수집하죠. 병렬 수집기도 여러 가지입니다.

Parallel GC

가장 단순한 영 세대용 병렬 수집기입니다.

ParNew GC

CMS 수집기와 함께 사용할 수 있게 Parallel GC를 조금 변형한 것입니다.

ParallelOld GC

올드(테뉴어드) 세대용 병렬 수집기입니다.

종류는 달라도 여러 스레드를 이용해 가급적 빠른 시간 내에 살아 있는 객체를 식별하고 기록 작업을 최소화하도록 설계된 점은 비슷합니다. 많이 쓰이는 두 수집기의 차이점을 자세히 살펴보겠습니다.

6.5.1 영 세대 병렬 수집

영 세대 수집은 가장 흔한 가비지 수집 형태입니다. 스레드가 에덴에 객체를 할당하려는데 자신이 할당받은 TLAB 공간은 부족하고 JVM은 새 TLAB를 할당할 수 없을 때 영 세대 수집이 발생합니다. 영 세대 수집이 일어나면 JVM은 어쩔 수 없이 전체 애플리케이션 스레드를 중단시킵니다. 어떤 스레드에서 객체를 할당할 수 없다면 삽시간에 다른 스레드도 같은 처지가 될 테니까요.

NOTE_ 스레드가 TLAB 밖에 객체를 할당할 수도 있지만(예: 메모리 블록이 아주 클 경우), 이러한 논 TLAB 할당률은 가급적 낮추는 게 좋습니다.

전체 애플리케이션(또는 유저) 스레드가 중단되면 핫스팟은 영 세대(에덴 및 현재 비어 있지 않은 서바이버 공간)을 뒤져서 가비지 아닌 객체를 골라냅니다. 이때 GC 루트(와 올드 세대에서 출발하는 GC 루트를 식별하기 위한 카드 테이블)를 병렬 마킹 스캔 작업의 출발점으로 삼습니다.

그러고 나서, Parallel GC는 살아남은 객체를 현재 비어 있는 서바이버 공간으로 모두 방출한 후, 세대 카운트를 늘려 한 차례 이동했음을 기록합니다. 마지막으로, 에덴과 이제 막 객체들을 방출시킨 서바이버 공간을 재사용 가능한 빈 공간으로 표시하고, 애플리케이션 스레드를 재시작해 TLAB를 애플리케이션 스레드에 배포하는 프로세스를 재개합니다(그림 6-7 및 그림 6-8).

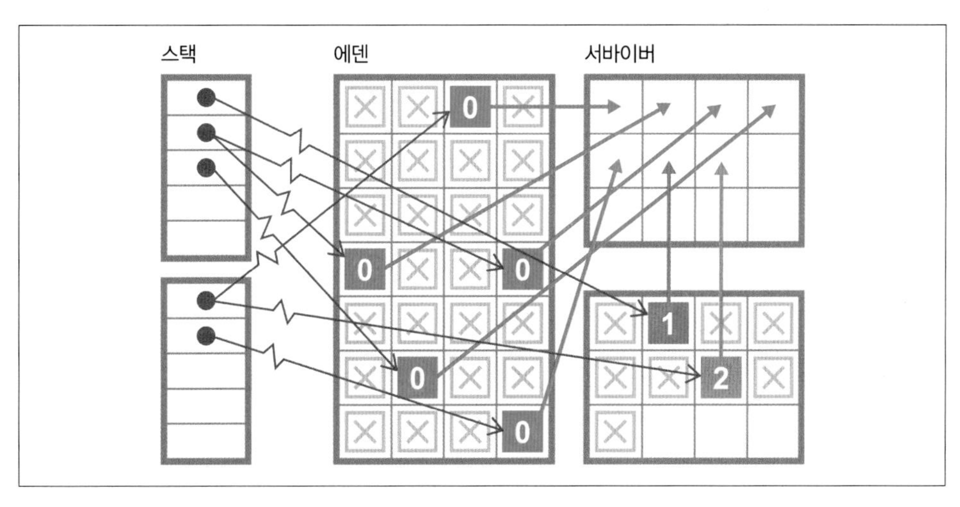

그림 6-7 영 세대 수집

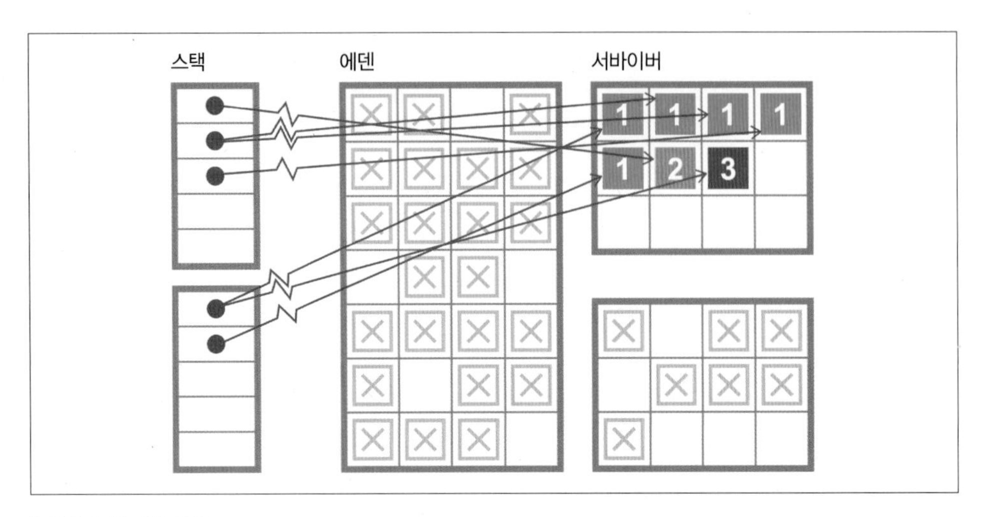

그림 6-8 영 세대 방출

살아 있는 객체만 건드려 약한 세대별 가설의 이점을 최대한 활용하고, 가능한 코어를 총동원해 STW 중단 시간을 조금이라도 단축해 가비지를 효율적으로 수집하겠다는 의도입니다.

6.5.2 올드 세대 병렬 수집

ParallelOld GC는 현재(자바 8 기준) 디폴트 올드 세대 수집기입니다. Parallel GC와 상당히 비슷하지만, 근본적인 차이점이 있습니다. Parallel GC는 객체를 방출하는 반구형 수집기이지만, ParallelOld GC는 하나의 연속된 메모리 공간에서 압착하는 수집기입니다.

올드 세대에 더 이상 방출할 공간이 없으면 병렬 수집기는 올드 세대 내부에서 객체들을 재배치해서 늙은 객체가 죽고 빠져 버려진 공간을 회수하려고 합니다. 따라서 메모리 사용 면에서 아주 효율적이고 메모리 단편화가 일어날 일도 없습니다.

풀 GC 사이클 내내 CPU를 점유하는 대가로 메모리는 아주 효율적으로 배치되는 셈이죠(그림 6-9]는 방출과 압착, 두 기법의 차이점을 나타낸 것입니다.

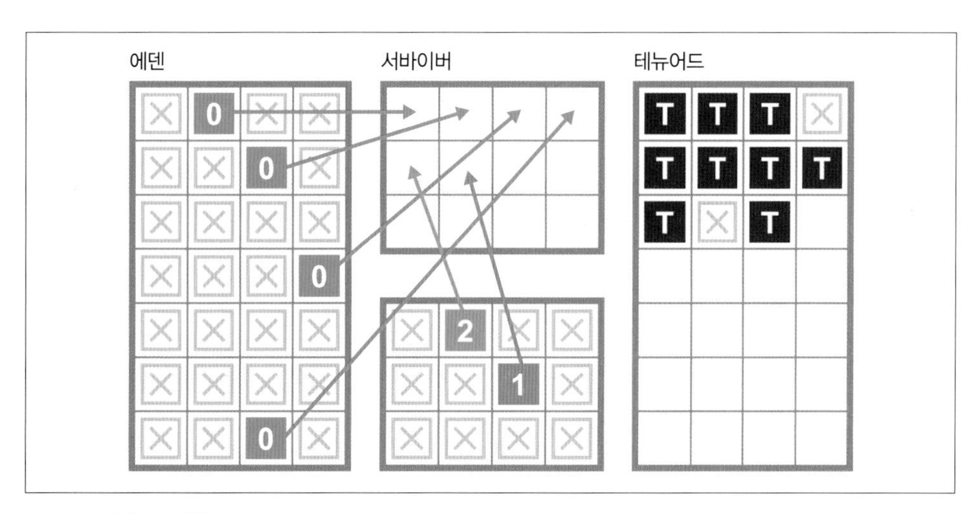

그림 6-9 방출 vs 압착

두 메모리 공간은 애초 쓰임새부터가 다르므로 수집 양상 또한 전혀 다릅니다. 영 세대 수집은 단명 객체 처리가 목적이기 때문에 영 공간의 점유 상태는 GC 이벤트가 발생할 때마다 메모리 할당 및 소거가 일어나면서 급격히 변합니다.

반면, 올드 공간은 크게 눈에 띄는 변화가 없습니다. 이따금 큰 객체가 테뉴어드 세대에 직접 생성될 때도 있지만, 그밖에는 영 세대 객체가 승격되거나, 올드/풀 수집이 일어나 객체를 재탐색 후 다시 배치하는 등의 수집이 일어날 때만 변합니다.

6.5.3 병렬 수집기의 한계

병렬 수집기는 세대 전체 콘텐츠를 대상으로 한번에, 가능한 한 효율적으로 가비지를 수집합니다. 그런데 이러한 설계 방식에도 단점이 있습니다. 우선, 풀 STW를 유발합니다. 약한 세대별 가설에 따르면 극소수 객체만 살아남기 때문에 영 수집에서는 STW가 문제 되지 않습니다.

> **NOTE_** 영 병렬 수집기는 설계상 죽은 객체는 절대로 건드리지 않기 때문에 마킹 단계의 소요 시간은 (소수) 생존 객체 수에 비례합니다.

전체 힙에서 영 영역을 작게 구성한 설계는 기본적으로 대부분의 워크로드에서 영 수집에 따른 중단 시간이 매우 짧다고 가정한 것입니다. 실제로, 최신 2기가바이트짜리(디폴트 크기) JVM에서 영 수집 중단 시간은 거의 대부분 10밀리초 이하입니다.

그러나 올드 수집은 사정이 전혀 다릅니다. 올드 세대는 디폴트 크기 자체가 영 세대의 7배나 됩니다. 이 사실 하나만으로도 풀 수집 시 STW 시간이 영 수집보다 훨씬 더 길어지리라 예상할 수 있습니다.

또 한 가지 중요한 사실은, 영역 내 살아 있는 객체 수만큼 마킹 시간도 늘어난다는 겁니다. 올드 객체는 장수한 객체이므로 풀 수집 시 이들 중 상당수는 살아남을 공산이 큽니다.

올드 수집의 가장 큰 약점은 STW 시간이 힙 크기에 거의 비례한다는 점입니다. 힙이 계속 커질수록 ParallelOld GC의 중단 시간도 함께 나빠지기 시작하죠.

GC 이론에 입문한 분들 중에는 재미 삼아 STW 중단 시간을 줄여보려고 마크 앤 스위프 알고리즘을 조금 변용해보기도 하는데요, 절대로 그럴 수 없을 겁니다. 가비지 수집은 벌써 40년도 더 넘게 아주 활발히 연구가 이루어진 컴퓨터 과학 분야이니까요. '그냥 이렇게 한번 해보면 안 될까?' 하는 식으로 정말 개선된 사례는 한번도 없습니다.

중단 시간이 아주 짧은, 거의 동시에 작동하는 수집기도 있지만(7장에서 배웁니다), 이 또한 만병통치약은 아닙니다. 가비지 수집의 근본적인 어려움은 매한가지죠.

GC에 순진하게 접근했다가 다가 큰코다치는 사례 하나를 보겠습니다. TLAB 할당은 할당 성능을 엄청나게 끌어올리지만, 수집 사이클에는 전혀 도움이 안 됩니다. 다음 코드를 보면서 그 이유를 떠올려봅시다.

```
public static void main(String[] args) {
    int[] anInt = new int[1];
    anInt[0] = 42;
    Runnable r = () -> {
        anInt[0]++;
        System.out.println("Changed: "+ anInt[0]);
    };

    new Thread(r).start();
}
```

변수 `anInt`는 정수 하나를 포함한 배열 객체입니다. 이 변수는 처음에 메인 스레드가 관할하는 TLAB에 할당되지만 곧바로 새로운 스레드로 넘어갑니다. 다시 말해, 하나의 스레드에만 귀속되는 TLAB의 특성은 할당이 일어나는 지점에서만 그렇고, 기본적으로 객체가 할당되자마자 깨질 수 있습니다.

손쉽게 스레드를 생성하는 자바의 능력은 플랫폼으로서 아주 강력한 장점이지만, 새 스레드는 곧 실행 스택을 의미하고 실행 스택의 각 프레임은 GC 루트의 원천이므로 가비지 수집 관점에서 보면 전체적인 모양새가 점점 더 복잡해집니다.

6.6 할당의 역할

자바의 가비지 수집 프로세스는 보통 유입된 메모리 할당 요청을 수용하기에 메모리가 부족할 때 작동하여 필요한 만큼 메모리를 공급합니다. 즉, GC 사이클은 어떤 고정된, 예측 가능한 일정에 맞춰 발생하는 게 아니라, 순전히 그때그때 필요에 의해 발생합니다.

이렇게 불확정적으로, 불규칙하게 발생한다는 점이 가비지 수집의 가장 중요한 특징입니다. GC 사이클은 하나 이상의 힙 메모리 공간이 꽉 채워져 더 이상 객체를 생성할 공간이 없을 때 일어납니다.

TIP_ 그래서 가비지 수집 로그는 기존의 시계열 해석time series analysis[87] 방법으로 처리하기 어렵습니다. GC 이벤트 간의 규칙성이 거의 없어서 대다수 시계열 라이브러리로 쉽게 끼워맞출 수가 없습니다.

GC가 발생하면 모든 애플리케이션 스레드가 멈춥니다(더 이상 객체를 생성할 수 없으니 오래 실행될 자바 코드는 사실상 없는 셈이죠). JVM은 모든 코어를 총동원해 가비지를 수집하고 메모리를 회수한 후, 애플리케이션 스레드를 재개합니다.

할당의 중요성을 설명하기 위해 아주 단순화한 사례를 들어보겠습니다. 다음과 같이 힙 매개변수 값을 설정하고 이 값들은 시간이 지나도 변하지 않는다고 가정합시다. 물론, 실제로는 애플리케이션이 힙 크기를 동적으로 조정하지만 이건 어디까지나 간단한 예시입니다.

87 **역자주_** 시계열(time series)은 일정 시간 간격으로 배치된 데이터들의 수열을 말하며, 시계열 해석(time series analysis)은 시계열을 해석하고 이해하는 데 쓰이는 여러 가지 방법을 연구하는 분야입니다. (출처: 위키백과)

힙 영역	크기
전체	2 GB
올드 세대	1.5 GB
영 세대	500 MB
에덴	400 MB
S1	50 MB
S2	50 MB

다음은 애플리케이션이 정상 상태steady state[88]에 도달한 이후 측정한 몇 가지 GC 지표입니다.

할당률	**100 MB/s**
영 GC 시간	2 ms
풀 GC 시간	100 ms
객체 수명	200 ms

에덴은 4초면 다 채워지므로 정상 상태에서는 4초마다 한번씩 영 GC가 발생합니다. 에덴에 있는 객체는 대부분 사망하지만, 살아남은 객체는 서바이버 공간(여기서는 그냥 SS1이라고 합시다)으로 방출되겠죠. 이 단순 모형에서는, 마지막 200밀리초 이내에 생성된 객체는 사망할 시간조차 없으니 무조건 살아남습니다.[89]

GC0	@ 4 s	20 MB Eden → SS1 (20 MB)

초가 더 지나 다시 에덴은 꽉 채워지고 객체를 (이번에는 SS2로) 방출시켜야 하지만, 이 단순 모형에서는 GC0 때 살아남아 SS1으로 승격된 객체는 하나도 생존하지 못합니다. 객체 수명이 겨우 200밀리초인데 4초가 더 경과했으니 살아남았을 리 만무하죠.[90]

GC1	@ 8.002 s	20 MB Eden → SS2 (20 MB)

88 **역자주_** 시간에 따라 변화가 없거나, 있더라도 규칙성을 띠는 일정한 변화를 보이는 상태.

89 **역자주_** 모든 객체의 수명이 200ms이므로 200ms × 100MB/s = 20MB의 객체만 살아남습니다.

90 **역자주_** 8.002s에 GC1이 수행된 건 영 GC 시간(2ms = 0.002s)만큼 수집 시간이 흘렀기 때문입니다.

다시 말해, GC1 이후 SS2는 에덴에 새로 도착한 객체들로만 채워지고 SS2 객체 중 세대 나이 〉 1인 객체는 없습니다. 한번 더 수집을 진행하면 패턴이 좀 더 분명해집니다.

GC2	@ 12.004 s	20 MB Eden → SS1 (20 MB)

위와 같은 이상적인 단순 모형에서는 결국 어느 객체도 테뉴어드 세대로 승격될 수 없고 이 공간은 실행하는 동안 계속 빈 상태일 것입니다. 현실과는 영 동떨어진 모형이죠.

대신 약한 세대별 가설에 따르면, 객체 수명은 (고정된 게 아니라) 어떤 분포를 보이며, 이 분포가 불확실한 탓에 결국 일부 객체는 테뉴어드에 도달할 것입니다.

이런 식으로 할당되는 시나리오를 간단한 시뮬레이터로 살펴봅시다. 이 시뮬레이터가 할당하는 객체는 대부분 단명하지만, 일부는 꽤 오랫동안 살아남습니다. 할당을 정의하는 매개변수는 이렇습니다. 객체 크기는 `x`, `y`, 할당률은 `mbPerSec`, 단명 객체 수명은 `shortLivedMS`, 시뮬레이션 대상 스레드 개수는 `nThreads`입니다. 디폴트 값은 다음과 같이 세팅합니다.

```
public class ModelAllocator implements Runnable {
    private volatile boolean shutdown = false;

    private double chanceOfLongLived = 0.02;
    private int multiplierForLongLived = 20;
    private int x = 1024;
    private int y = 1024;
    private int mbPerSec = 50;
    private int shortLivedMs = 100;
    private int nThreads = 8;
    private Executor exec = Executors.newFixedThreadPool(nThreads);
```

다음 코드는 `main()` 및 여타 시작/매개변수 세팅 코드를 뺀 나머지 `ModelAllocator`입니다.

```
public void run() {
    final int mainSleep = (int) (1000.0 / mbPerSec);

    while (!shutdown) {
        for (int i = 0; i < mbPerSec; i++) {
            ModelObjectAllocation to =
                new ModelObjectAllocation(x, y, lifetime());
            exec.execute(to);
```

```
            try {
                Thread.sleep(mainSleep);
            } catch (InterruptedException ex) {
                shutdown = true;
            }
        }
    }
}

// 약한 세대별 가설을 간단히 모형화한 함수
// 객체의 기대 수명을 반환함.
// 보통 객체 수명은 아주 짧지만, 드물게 "장수하는" 객체도 있음.
public int lifetime() {
    if (Math.random() < chanceOfLongLived) {
        return multiplierForLongLived * shortLivedMs;
    }

    return shortLivedMs;
}
```

메인 실행기에 단순 목 객체를 붙여 애플리케이션의 객체 할당을 흉내 내보겠습니다.

```
public class ModelObjectAllocation implements Runnable {
    private final int[][] allocated;
    private final int lifeTime;

    public ModelObjectAllocation(final int x, final int y, final int liveFor) {
        allocated = new int[x][y];
        lifeTime = liveFor;
    }

    @Override
    public void run() {
        try {
            Thread.sleep(lifeTime);
            System.err.println(System.currentTimeMillis() +": "+ allocated.length);
        } catch (InterruptedException ex) {
        }
    }
}
```

VisualVM로 보면 메모리 사용 패턴이 단순 톱니형으로 표시됩니다. 힙을 효율적으로 사용하는 자바 애플리케이션에서 흔히 나타나는 패턴이죠(그림 6-10). 툴링 및 메모리 작용의 시각화는 7장에서 자세히 다룹니다. 관심 있는 독자는 튜닝을 건너뛰고 이 장에서 언급한 할당/수명 시뮬레이터를 내려받아 매개변수를 바꿔가며 할당률과 장수 객체 비율이 어떻게 변하는지 직접 살펴보세요.

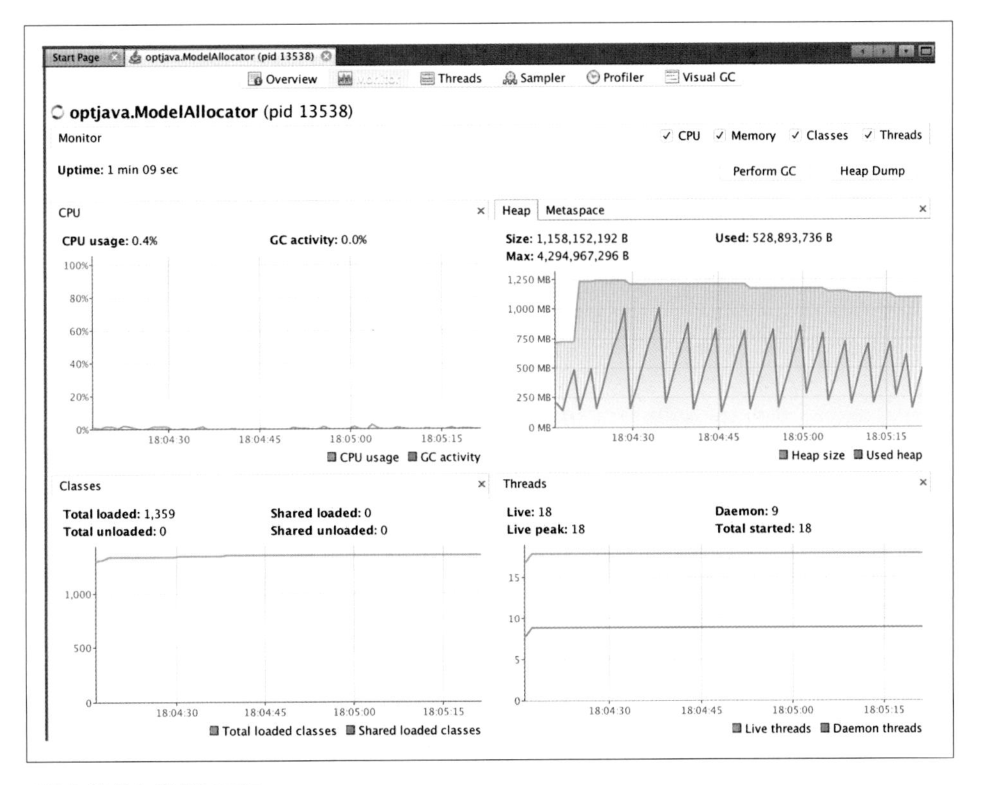

그림 6-10 단순 톱니형 그래프

일반적인 할당 패턴을 한 가지 더 살펴보면서 할당 이야기를 마무리하겠습니다. 할당률은 실제로 아주 심하게 변하거나 갑자기 확 치솟기도bursty 합니다. 앞서 보았던 정상 상태의 애플리케이션에서 다음과 같은 지표를 얻었다고 합시다.

2초 간 정상 상태 할당	100 MB/s
1초 간 할당률 급증	1 GB/s
100초 후 정상 상태로 돌아옴	100 MB/s

처음 정상 상태로 2초 동안 200메가바이트의 객체가 에덴에 할당됐습니다. 장수 객체가 없다면 이 메모리에 있는 모든 객체의 수명은 100밀리초입니다. 그리고 할당률이 확 치솟아 불과 0.2초만에 200메가바이트가 에덴에 추가 할당됩니다. 그 결과 나이가 100밀리초 이하인 객체는 다 합쳐서 100메가바이트입니다. 살아남은 객체 용량이 서바이버 공간보다 크기 때문에 JVM은 어쩔 수 없이 바로 테뉴어드로 보냅니다.

GC0	@ 2.2 s	100 MB Eden → Tenured (100 MB)

할당률이 가파르게 상승해 100메가바이트의 객체가 살아남았지만, 이 모형에서 '생존자' 전원은 금세 죽은 객체가 되므로 테뉴어드 세대는 지저분해집니다. 이런 가비지는 풀 수집이 일어나기 전까지 회수되지 않겠죠.

몇 번 더 수집이 진행되면 패턴이 도드라집니다.

GC1	@ 2.602 s	200 MB Eden → Tenured (300 MB)
GC2	@ 3.004 s	200 MB Eden → Tenured (500 MB)
GC2	@ 7.006 s	20 MB Eden → SS1 (20 MB) [+ Tenured (500 MB)]

이상 살펴본 것처럼 가비지 수집기는 일정한 주기마다 실행되는 게 아니라, 필요에 따라 그때마다 실행됩니다. 할당률이 높을수록 GC는 더 자주 발생하죠. 할당률이 너무 높으면 객체는 어쩔 수 없이 테뉴어드로 곧장 승격될 것입니다.

이 현상을 **조기 승격**premature promotion이라고 합니다. 가비지 수집에서 가장 중요한 간접 효과이자, 많은 튜닝 활동의 출발점 중 하나입니다. 다음 장에서 자세히 살펴보겠습니다.

6.7 마치며

가비지 수집은 자바가 탄생한 이래, 자바 커뮤니티에서 아주 활발하게 논의된 주제입니다. 이 장에서는 성능 엔지니어가 JVM의 GC 서브시스템을 효과적으로 다루기 위해 꼭 알아야 할 핵심 개념을 알아봤습니다.

- 마크 앤 스위프 수집
- 핫스팟 내부에서 객체를 나타내는 방법
- 약한 세대별 가설
- 핫스팟 메모리 서브시스템의 실제
- 병렬 수집기
- 할당과 그 중심적인 역할

다음 장은 GC 튜닝, 모니터링, 분석 기법을 설명합니다. 이 장에서 배운 주제들, 특히 할당과 조기 승격 개념은 다음 장의 학습 목표와 주제를 이해하는 데 아주 중요하므로 이 장을 자주 다시 참조하면서 읽으면 도움이 될 것입니다.

CHAPTER 7

가비지 수집 고급

앞 장에서는 자바 가비지 수집의 기본 이론을 공부했습니다. 7장에서는 한 걸음 더 나아가 현대 자바의 가비지 수집 이론을 알아보겠습니다. 여러분이 엔지니어로서 적합한 수집기를 선정하려면 여러 가지 트레이드오프를 고려할 수밖에 없습니다.

거의 동시 수집기인 CMS와 최신 범용 수집기 G1 등 중단 시간이 매우 짧은, 핫스팟의 나머지 수집기를 먼저 소개합니다.

자주 사용되지는 않지만, 다음과 같은 수집기도 함께 알아봅니다.

- 셰난도아Shenandoah
- C4
- 밸런스드Balanced
- 레거시 핫스팟 수집기

핫스팟 가상 머신이 이 모든 수집기를 다 쓰는 건 아닙니다. 마지막 부분에서는 다른 회사에서 만든 가상 머신인 IBM J9(원래는 상용 JVM이지만 지금은 오픈 소스화하는 중임[91])과 아줄 징(상용 JVM)의 수집기도 소개합니다. 이 두 VM은 앞서 2.6절에서 언급한 바 있습니다.

91 역자주_ 2017년에 이클립스 재단 산하에 Eclipse OpenJ9라는 프로젝트로 오픈 소스화됐습니다. (*https://www.eclipse.org/openj9/*)

7.1 트레이드오프와 탈착형 수집기

자바에 가비지 수집기가 있지만 정작 자바/JVM 명세서[92]에는 GC를 구현하는 방법에 대해서 일언반구도 없습니다.[93] 자바 초심자에게 선뜻 잘 이해되지 않는 대목이지요. 실제로 자바 구현체 중에는 가비지 수집 기능이 전혀 없는 것도 있습니다(예: 레고 마인드스톰Lego Mindstorms).[94]

썬 마이크로시스템즈(오라클 전신) 환경 내부에서 GC는 탈착형 서브시스템pluggable subsystem으로 취급됩니다. 즉, 같은 자바 프로그램이라도 코드 변경 없이 여러 가지 가비지 수집기에서 돌려볼 수 있습니다. 물론, 사용하는 수집기에 따라서 프로그램 성능은 편차가 클 수도 있죠.

탈착형으로 수집기를 쓰는 건, GC가 아주 일반적인 컴퓨팅 기법인 데다 같은 알고리즘이라도 모든 워크로드 유형에 다 적합한 건 아니기 때문입니다. 따라서 GC 알고리즘은 앞을 다투는 관심사 간의 절충안 내지는 타협점을 반영한다고 볼 수 있습니다.

NOTE_ 모든 GC 관심사를 일제히 최적화하는, 유일무이한 범용 GC 알고리즘은 없습니다.

개발자는 가비지 수집기 선정 시 다음 항목을 충분히 고민해야 합니다.

- 중단 시간(중단 길이 또는 기간이라고도 함)
- 처리율(애플리케이션 런타임 대비 GC 시간 %)
- 중단 빈도(수집기 때문에 애플리케이션이 얼마나 자주 멈추는가?)
- 회수 효율(GC 사이클 당 얼마나 많은 가비지가 수집되는가?)
- 중단 일관성(중단 시간이 고른 편인가?)

이 중에서 단연 최고의 관심사는 중단 시간이지만, 대부분 애플리케이션에서 이것 하나만 따로 떨어뜨려 놓고 생각해선 안 됩니다.

TIP_ 중단 시간은 대부분의 워크로드에서 유용하거나 효과적인 성능 특성이 아닙니다.

---

92 **역자주_** *https://docs.oracle.com/javase/specs/*에 버전별로 내려받아 읽어볼 수 있습니다.

93 **역자주_** 실제로 JVM 명세서에는 '객체용 힙 공간은 (가비지 수집기라는) 자동 저장소 관리 시스템으로 회수한다. 어떤 일이 있어도 객체를 명시적으로 해제해서는 안 된다.'라고만 짤막하게 씌어 있습니다(*https://docs.oracle.com/javase/specs/jvms/se11/html/jvms-2.html#jvms-2.5.3*).

94 이런 시스템은 프로그래밍하기가 매우 어렵습니다. 생성된 모든 객체를 재사용해야 하고 조금이라도 범위를 벗어난 객체는 사실상 메모리 누수를 유발하기 때문입니다.

예를 들어, 고도 병렬 배치 처리highly parallel batch processing 시스템이나 빅 데이터 애플리케이션에서는 중단 기간보다 처리율이 더 큰 영향을 미칩니다. 평범한 배치 잡을 실행하면서 수십 초간 중단이 발생했다고 큰일 나는 건 아니므로 무조건 CPU 효율 및 처리율이 우수한 GC 알고리즘이 중단 시간이 짧은 알고리즘보다 우선입니다.

성능 엔지니어는 수집기 선정 시 다양한 트레이트오프와 관심사를 면밀히 검토해야 합니다. 물론, 핫스팟은 사용 가능한 수집기 종류가 별로 많지 않아서 선택의 폭은 좁습니다.

오라클/OpenJDK 10버전에는 세 가지 메인 상용 수집기가 있습니다. 앞서 배운 병렬(처리율) 수집기는 이론적, 알고리즘 측면에서 가장 이해하기 쉬운 수집기입니다. 나머지 두 수집기는 이 장에서 소개하고 Parallel GC와 어떻게 다른지 살펴보겠습니다.

그 밖의 수집기는 끝부분 7.5절 이후로 대략 훑어보겠습니다. 그 중엔 상용으로 쓰면 좋지 않거나 아예 디프리케이트된deprecated[95] 것들도 있습니다. 논핫스팟non-HotSpot 계열 JVM에서 사용하는 수집기도 함께 알아보겠습니다.

7.2 동시 GC 이론

그래픽/애니메이션 디스플레이 시스템처럼 특화된 시스템은 프레임률이 거의 고정되어 있어서 GC를 규칙적으로 수행할 수 있습니다.

하지만, 범용 가비지 수집기는 중단 결정을 효과적으로 내리는 데 참고할 만한 도메인 지식이 전혀 없습니다. 더욱이, 메모리 할당은 불확정성nondeterminism을 유발하는 직접적인 원인으로, 실제로도 많은 자바 응용 시스템에서 들쑥날쑥한 양상을 보입니다.

> 적절한 계산이 지연되는 건 사실 사소한 단점에 불과하다. 정작 큰 문제는, 가비지 수집이 언제 막간에 끼어들지 도저히 예측할 수 없다는 점이다.
>
> – 에츠허르 데이크스트라

95 역자주_ 'deprecated'의 정확한 의미는, '어떤 기능이나 특성이 아직은 사용되고 있지만, 이를 대체할 만한 새로운 기술이 등장하여 사용 빈도가 점점 떨어지고 조만간 사라지게 될 상태'입니다. '더 이상 사용하지 않을', '비권장된' 등의 우리말로는 온전히 나타내기 어려운 의미이므로 이 책에서는 그대로 음차하여 옮깁니다.

최신 GC 이론은 데이크스트라가 지적한 대로 (기간, 빈도 모두) GC 기술의 가장 큰 걸림돌인, 불확정적 STW 중단 문제를 일단 해결하려고 시도합니다.

동시(적어도 부분적으로, 또는 거의 대부분 동시적인) 수집기를 써서 애플리케이션 스레드의 실행 도중 수집에 필요한 작업 일부를 수행해서 중단 시간을 줄이는 것도 한 방법입니다. 물론, 그만큼 실제 애플리케이션 작업에 투입 가능한 처리 역량을 빼앗기고 수집하는 코드 로직은 한층 더 복잡해지겠죠.

먼저, 본격적으로 동시 수집기를 살펴보기 전에 최신 가비지 수집기의 특성과 로직을 이해하는 데 필수적인 GC 용어 및 기술을 알아보겠습니다.

7.2.1 JVM 세이프포인트

핫스팟 병렬 수집기에서 STW 가비지 수집을 실행하려면 애플리케이션 스레드를 모두 중단시켜야 합니다. JVM은 이런 작업을 어떻게 수행하는 걸까요?

> JVM은 사실 완전히 선제적fully preemptive[96]인 멀티스레드 환경이 아니다.
>
> – 비밀

그렇다고 JVM이 순수한 협동적 환경cooperative environment이라는 말은 아닙니다. 실은 그 반대죠. OS는 언제든지 선제 개입(코어에서 스레드를 제거)할 수 있습니다. 가령, 한 스레드가 자신에게 할당된 타임슬라이스timeslice(시간 할당분)을 다 쓰거나, 스스로 `wait()` 상태로 잠들 때 그렇게 됩니다.

이러한 OS 코어 기능처럼 JVM도 뭔가 조정 작업을 할 필요가 있습니다. 그래서 애플리케이션 스레드마다 **세이프포인트**safepoint(안전점)라는 특별한 실행 지점을 둡니다. 세이프포인트는 스레드의 내부 자료 구조가 훤히 보이는 지점으로, 여기서 어떤 작업을 하기 위해 스레드는 잠시 중단될 수 있습니다.

96 역자주_ '협동적(cooperative)' 환경에서는 한 스레드가 제어권을 양보하거나 인터럽트나 시스템 호출 등으로 차단될 때까지 계속 실행되는 반면, '선제적(preemptive)' 환경에서는 JVM이 중간에 끼어들어 우선순위가 낮은 스레드를 끌어 내리고 우선순위가 높은 스레드로 대체하는 일을 합니다.

NOTE_ 세이프포인트의 효과는 (대표적으로) STW GC, 스레드 동기화 등에서 확인할 수 있습니다.

예를 들어, 풀 STW 가비지 수집기의 경우, 이 수집기가 작동하려면 안정된 객체 그래프가 필요합니다. 즉, 전체 애플리케이션 스레드를 반드시 중단시켜야죠. GC 스레드가 OS에게 무조건 애플리케이션 스레드를 강제 중단시켜달라고 요청할 방법은 없기 때문에 (JVM 프로세스 일부로 실행 중인) 애플리케이션 스레드는 반드시 서로 공조해야 합니다. JVM은 다음 두 가지 규칙에 따라 세이프포인트를 처리합니다.

- JVM은 강제로 스레드를 세이프포인트 상태로 바꿀 수 없다.
- JVM은 스레드가 세이프포인트 상태에서 벗어나지 못하게 할 수 있다.

따라서 세이프포인트 요청을 받았을 때 그 지점에서 스레드가 제어권을 반납하게 만드는 코드(배리어)가 VM 인터프리터 구현체 어딘가에 있어야 합니다. JIT 컴파일한 메서드에도 생성된 기계어 안에 이런 배리어가 꼭 들어가 있어야 합니다. 다음은 세이프포인트 상태로 바뀌는 몇 가지 일반적인 경우입니다.

1. JVM이 전역 '세이프포인트 시간time to safepoint' 플래그를 세팅한다.
2. 각 애플리케이션 스레드는 폴링polling[97]하면서 이 플래그가 세팅됐는지 확인한다.
3. 애플리케이션 스레드는 일단 멈췄다가 다시 깨어날 때까지 대기한다.

세이프포인트 시간time to safepoint 플래그를 세팅하면 모든 애플리케이션 스레드는 반드시 멈춰야 합니다. 일찍 멈춘 스레드는 느리게 멈추는 다른 스레드를 기다려야 합니다(이런 대기 시간까지 중단 시간 통계치에 전부 다 반영되지는 않습니다).

일반 애플리케이션 스레드는 이런 식으로 폴링을 합니다. 인터프리터에서 바이트코드 2개를 실행할 때마다 체크하죠. 컴파일드compiled 코드에서는, 보통 컴파일드 메서드 밖으로 나가거나 분기가 (루프 처음으로) 회귀하는 지점에 JIT 컴파일러가 세이프포인트 폴링 코드를 삽입합니다.

스레드가 세이프포인트에 이르기까지 꽤 많은 시간이 소요될 수 있고, 이론적으로 절대 멈추지 않을 가능성도 있습니다(물론 이 정도라면 누군가 악의적으로 곤경에 빠뜨린 사례겠죠).

97 역자주_ 하나의 장치(또는 프로그램)가 충돌 회피 또는 동기화 처리 등을 목적으로 다른 장치(또는 프로그램)의 상태를 주기적으로 검사하여 일정한 조건을 만족할 때 송수신 등의 자료처리를 하는 방식. (출처: 위키백과)

NOTE_ 모든 스레드를 STW 단계 시작 전에 완전히 중단시켜야 한다는 점에서 (java.util.concurrent 라이브러리의 CountDownLatch에 구현된) 래치latch와 쓰임새가 비슷합니다.[98]

구체적인 세이프포인트 사례를 좀 더 알아봅시다.

다음 각 경우에 스레드는 자동으로 세이프포인트 상태가 됩니다.

- 모니터에서 차단된다.
- JNI 코드를 실행한다.

다음 경우에는 스레드가 꼭 세이프포인트 상태가 되는 건 아닙니다.

- 바이트코드를 실행하는 도중(인터프리티드 모드)이다.
- OS가 인터럽트를 걸었다.

세이프포인트 메커니즘은 아주 중요한 JVM의 내부 작동 원리이므로 뒷부분에서 다시 설명합니다.

7.2.2 삼색 마킹

1978년, 데이크스트라와 램포트Lamport는 **삼색 마킹**tri-color marking 알고리즘에 관한 논문을 통해 동시성 알고리즘과 GC의 정확성을 증명했습니다. 이후 삼색 마킹 알고리즘은 가비지 수집 이론에서 중요한 위치를 차지했습니다.[99]

이 알고리즘의 작동 원리는 이렇습니다.

- GC 루트를 회색 표시한다.
- 다른 객체는 모두 흰색 표시한다.
- 마킹 스레드가 임의의 회색 노드로 이동한다.
- 마킹 스레드가 흰색 표시된 자식 노드가 있는 노드를 만나면, 먼저 그 자식 노드를 모두 회색 표시한 뒤, 해당 노드를 검은색 표시한다.

98 역자주_ 카운트다운래치(CountDownLatch)는 큰 작업(메인 스레드)을 작은 작업(개별 스레드)으로 쪼개고 개별 스레드가 실행을 마치면서 카운트다운래치 값을 하나씩 줄여나가고 나중에 메인 스레드에서 그 시그널을 받아 후속 프로세스를 진행합니다.

99 역자주_ 「On-the-Fly Garbage Collection: An Exercise in Cooperation(즉시 가비지 수집: 협력 활동)」Communications of the ACM 21(ACM 21 학회지, 966-975), 1978년

- 회색 노드가 하나도 남지 않을 때까지 위 과정을 되풀이한다.
- 검은색 객체는 모두 접근 가능reachable한 것이므로 살아남는다.
- 흰색 노드는 더 이상 접근 불가한 객체이므로 수집 대상이 된다.

조금 복잡하지만, 이것이 기본적인 알고리즘 골격입니다. [그림 7-1]는 삼색 마킹을 예시한 것입니다.

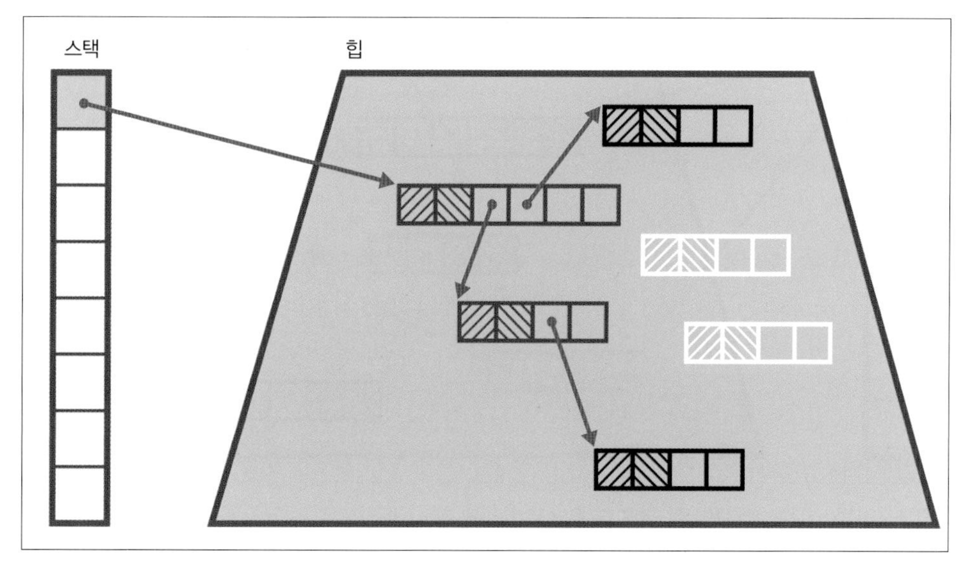

그림 7-1 삼색 마킹

동시 수집은 **SATB**snapshot at the beginning(일단 스냅샷 뜨기)라는 기법을 적극 활용합니다. 즉, 수집 사이클을 시작할 때 접근 가능하거나 그 이후에 할당된 객체를 라이브 객체로 간주하는 겁니다. 그래서 삼색 표시 알고리즘은 사소하지만 몇 가지 단점이 있습니다. 가령, 변경자 스레드mutator thread[100]가 수집을 하는 도중에는 검은색 상태, 수집을 안 하는 동안에는 흰색 상태로 새 객체를 생성할 수 있겠죠.

삼색 마킹 알고리즘에서 실행 중인 애플리케이션 스레드가 변경한 것 때문에 라이브 객체가 수집되는 현상을 방지하려면 몇 가지 로직이 더 추가돼야 합니다. 동시 수집기에서는 마킹 스레

100 역자주_ 여기서 변경자(mutator)란 힙에 위치한 객체를 변경하는 프로그램, 즉 간단히 애플리케이션 프로그램을 말합니다.

드가 삼색 알고리즘을 실행하는 도중에도 애플리케이션(변경자) 스레드가 계속 객체 그래프를 변경하기 때문입니다.

이미 검은색으로 표시한 객체를 마킹 스레드가 나중에 백색 객체를 참조하도록 바꾸는 상황이 연출될 수도 있습니다(그림 7-2).

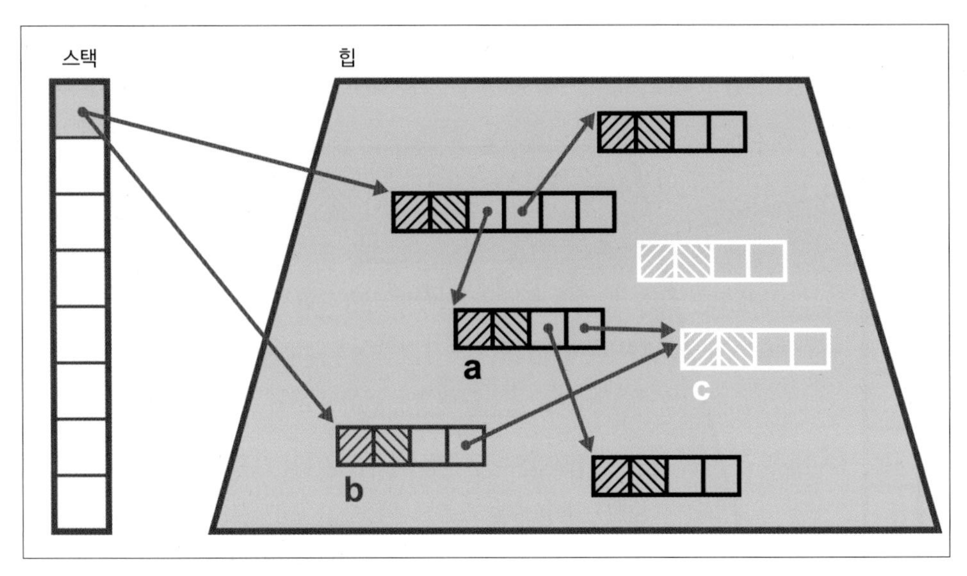

그림 7-2 변경자 스레드 때문에 삼색 마킹이 무효가 될 수 있음

위 그림에서 새 흰색 객체를 가리키는 회색 객체의 레퍼런스를 모두 삭제하면 흰색 객체는 아직 접근은 가능하나 이 알고리즘 규칙에 따라 발견되지는 않을 테니 결국 삭제될 것입니다.

이 문제는 여러 가지 방법으로 해결할 수 있습니다. 우선, 객체 색깔을 검은색 → 회색으로 바꾸고 변경자 스레드가 업데이트하며 처리할 노드 세트에 도로 추가하면 되겠죠.

이처럼 업데이트 시 '쓰기 배리어'를 이용하는 방법은 전체 마킹 사이클 동안 삼색을 그대로 유지할 수 있기 때문에 알고리즘 측면에서 훌륭합니다.

> 동시 마킹 도중에는 절대로 검은색 객체 노드가 흰색 객체 노드를 가리킬 수 없다.
>
> – 삼색 불변Tri-color invariant

삼색 불변의 원칙을 위배할지 모를 모든 변경 사항을 큐 형태로 넣어두고, 주 단계main phase가 끝난 다음 부차적인 '조정fixup' 단계에서 바로잡는 방법도 있습니다. 필요한 락킹 개수 등 성능 기준에 따라 삼색 마킹 문제를 해결하는 방법은 수집기마다 다릅니다.

다음 절에서는 중단 시간이 짧은 CMS 수집기를 다룹니다. CMS 수집기는 적용 범위가 제한적이지만, GC 튜닝을 할 때 얼마나 많은 트레이드오프와 타협안을 고려해야 하는지 잘 모르는 분들이 많기 때문에 제일 먼저 소개하겠습니다.

CMS를 우선 살펴보면서 성능 엔지니어가 가비지 수집을 고려할 때 꼭 알아야 할 실제 이슈를 몇 가지 보여드리겠습니다. 바라건대, 여러분이 좀 더 구체적인 증거에 입각해 튜닝을 하고 수집기 선정 시에도 내재된 트레이드오프를 바르게 인식한 상태에서 '민간 튜닝'의 유혹에 빠지지 마세요.

7.3 CMS

CMS 수집기는 중단 시간을 아주 짧게 하려고 설계된, 테뉴어드(올드) 공간 전용 수집기입니다. 보통 영 세대 수집용 병렬 수집기Parallel GC를 조금 변형한 수집기ParNew와 함께 씁니다.

CMS는 중단 시간을 최소화하기 위해 애플리케이션 스레드 실행 중에 가급적 많은 일을 합니다. 마킹은 삼색 마킹 알고리즘에 따라 수행하므로 수집기가 힙을 탐색하는 도중에도 객체 그래프가 변경될 수 있습니다. 따라서 CMS는 가비지 수집의 두 번째 원칙(아직 살아 있는 객체를 수집하면 안 된다)을 위반하지 않도록 반드시 레코드를 바로잡아야 합니다.

그러다 보니 수행 단계는 병렬 수집기보다 더 복잡합니다.

1. 초기 마킹Initial Mark (STW)
2. 동시 마킹Concurrent Mark
3. 동시 사전 정리Concurrent Preclean
4. 재마킹Remark (STW)
5. 동시 스위프Concurrent Sweep
6. 동시 리셋Concurrent Reset

두 단계(1. 초기 마킹, 4. 재마킹) 동안 모든 애플리케이션 스레드가 멈추고, 나머지 단계에서는 애플리케이션 스레드와 병행하여 GC를 수행합니다. 전체적으로 한 차례 긴 STW 중단을 일반적으로 매우 짧은 두 차례 STW 중단으로 대체한 셈이죠.

초기 마킹 단계의 목적은, 해당 영역 내부에 위치한 확실한 GC 출발점(**내부 포인터**internal pointer 라고 하며 수집 사이클 목적상 GC 루트와 동등함)을 얻는 것입니다. 이렇게 접근하면 마킹 단계에서 다른 메모리 영역은 신경 쓸 필요 없이 하나의 GC 풀에만 집중할 수 있기 때문에 유리합니다.

초기 마킹이 끝나면 동시 마킹 단계로 넘어갑니다. 삼색 마킹 알고리즘을 힙에 적용하면서 나중에 조정해야 할지 모를 변경 사항을 추적합니다.

동시 사전 정리 단계의 목표는 재마킹 단계에서 가능한 한 STW 시간을 줄이는 겁니다. 재마킹 단계는 카드 테이블을 이용해 변경자 스레드가 동시 마킹 단계 도중 영향을 끼친 마킹을 조정합니다.

대부분 워크로드에 CMS를 적용하면 다음과 같은 효험이 있습니다.

1. 애플리케이션 스레드가 오랫동안 멈추지 않는다.
2. 단일 풀 GC 사이클 시간(벽시계 시간)이 더 길다.
3. CMS GC 사이클이 실행되는 동안, 애플리케이션 처리율은 감소한다.
4. GC가 객체를 추적해야 하므로 메모리를 더 많이 쓴다.
5. GC 수행에 훨씬 더 많은 CPU 시간이 필요하다.
6. CMS는 힙을 압착하지 않으므로 테뉴어드 영역은 단편화될 수 있다.

잘 읽어보면 다 일장일단이 있지요? 재차 강조하지만, 만병통치 GC 솔루션은 없습니다. 엔지니어가 튜닝하려는 워크로드에 가장 잘 맞는(수용 가능한) 선택지를 찾는 과정이죠.

7.3.1 CMS 작동 원리

많은 사람이 CMS의 강력한 힘을 너무 쉽게 간과하는 것 같습니다. CMS는 대부분 애플리케이션 스레드와 동시에 작동합니다. 기본적으로 가용 스레드 절반을 동원해 GC 동시 단계를 수행하고, 나머지 절반은 애플리케이션 스레드가 자바 코드를 실행하는 데 씁니다. 그래서 어쩔 수 없이 새로운 객체가 할당되는데요, 만약 CMS 실행 도중 에덴 공간이 꽉 차버리면 어떻게 될까요?

애플리케이션 스레드가 더 이상 진행할 수 없으니 당연히 실행이 중단될 테고 CMS 도중(STW) 영 GC가 일어나겠죠. 그런데 이 영 GC는 코어 절반만 사용(나머지 절반은 CMS가 사용)하므로 병렬 수집기의 영 GC보다 더 오래 걸립니다.

영 수집이 끝나고 일부 객체는 테뉴어드로 승격되겠죠. 아직 CMS가 실행되는 동안에 승격된 객체는 테뉴어드로 이동시켜야 하는데, 두 수집기 간에 긴밀한 조정이 필요한 부분입니다. 이런 이유로 CMS는 조금 다른 영 수집기를 씁니다.

평상시에는 영 수집 이후 극히 일부 객체만 테뉴어드로 승격되고, CMS 올드 수집을 하면 테뉴어드 공간이 정리됩니다. 그런 다음 애플리케이션은 다시 정상 모드로 돌아가 전체 코어를 이용해 다시 처리하기 시작하죠.

하지만 할당률이 급증하면 영 수집 시 조기 승격이 일어납니다(6.6절 끝부분 참고). 급기야 영 수집 후 승격된 객체가 너무 많아 테뉴어드 공간조차 부족한 사태가 벌어지죠(그림 7-3).

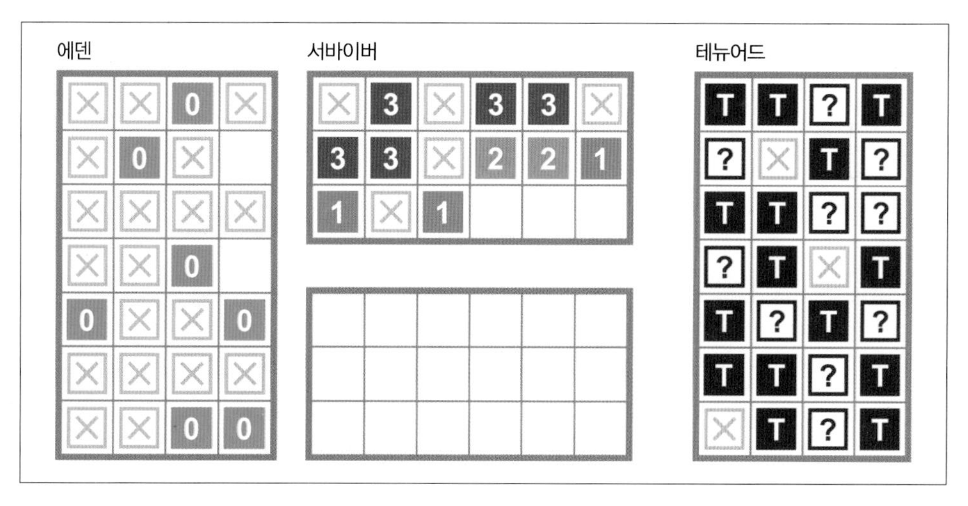

그림 7-3 할당압이 너무 높아 CMF가 발생함

이런 현상을 **동시 모드 실패**concurrent mode failure(CMF)라고 하며, JVM은 어쩔 수 없이 풀 STW를 유발하는 ParallelOld GC 수집 방식으로 돌아갑니다. 할당압이 너무 높은 나머지 새로 승격

된 객체를 올드 세대에 수용할 여력이 소진되기 전에 CMS가 올드 세대 처리를 완료할 시간이 없는 상태에 이른 거죠.

CMF가 자주 일어나지 않게 하려면 테뉴어드가 꽉 차기 전에 CMS가 수집 사이클을 개시해야 합니다. CMS가 수집을 시작하는 테뉴어드의 힙 점유 수준은 힙 상태에 따라 달라집니다. 스위치로 지정할 수도 있고 디폴트는 75% 테뉴어드입니다.

힙 단편화는 CMF를 유발하는 또 다른 원인입니다. ParallelOld GC와 달리 CMS는 테뉴어드를 압착하지 않습니다. 즉, 테뉴어드의 빈 공간은 단일 연속 블록이 아니기 때문에 CMS가 작업을 마친 후 승격된 객체를 기존에 들어찬 객체 사이사이로 밀어 넣어야 합니다.

그러다 더 이상 객체를 끼워 넣을 공간이 부족하면 객체를 테뉴어드로 승격시킬 수 없게 되겠죠.

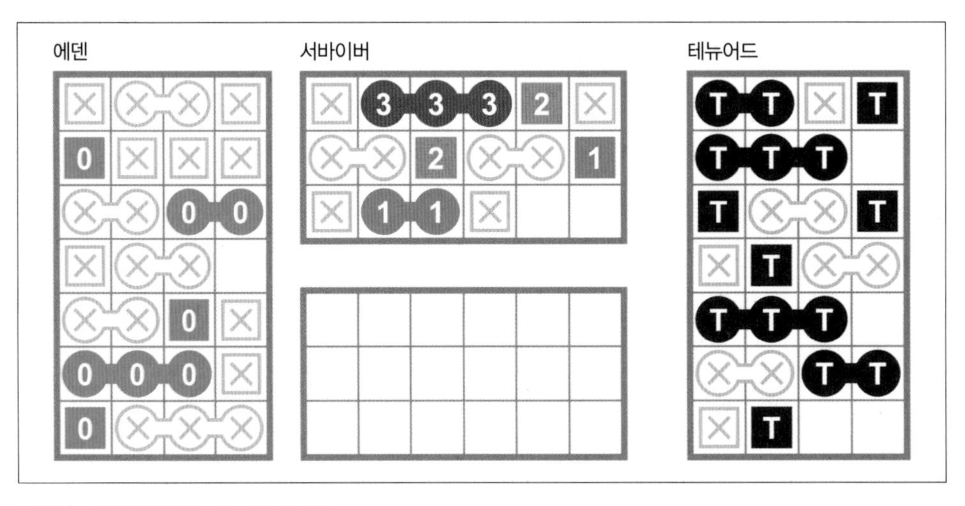

그림 7-4 단편화 때문에 CMF가 발생함

유일한 해결책은 앞서 언급했듯이 (압착 수집기인) ParallelOld GC로 풀 수집해서 객체를 승격시킬 만한 연속 공간을 충분히 확보하는 한 가지뿐입니다.

이렇게 영 수집이 CMS보다 더 빠르거나 힙 단편화가 발생하면 풀 STW ParallelOld GC 수집으로 회귀할 수밖에 없는데, 애플리케이션 입장에서는 중대한 사건입니다. CMF를 방지하기 위해 CMS를 적용한 저지연 애플리케이션에서는 사실상 튜닝 자체가 주요 이슈입니다.

CMS는 내부적으로 프리 리스트를 이용해 사용 가능한 빈 공간을 관리합니다. 동시 스위프 단계에서 스위퍼 스레드가 여유 공간을 더 큰 덩어리로 만들고 단편화로 인해 CMF가 발생하지 않도록 연속된 빈 블록들을 하나로 뭉칩니다.

하지만 스위퍼는 변경자와 동시에 작동하므로 스레드가 서로 적절히 동기화되지 않는 한 새로 할당된 블록이 잘못 스위프(청소)될 가능성이 있습니다. 이런 일이 없게끔 스위퍼 스레드는 작업 도중 프리 리스트를 잠급니다.

7.3.2 CMS 기본 JVM 플래그

CMS 수집기는 다음 플래그로 작동합니다.

```
-XX:+UseConcMarkSweepGC
```

최신 핫스팟 버전에서 이 플래그를 쓰면 ParNew GC(병렬 영 수집기를 조금 변형한 수집기)도 함께 작동합니다.[101]

CMS는 일반적으로 플래그 가짓수가 엄청나게 많습니다(60개가 넘습니다). CMS가 제공하는 다양한 옵션을 하나씩 바꿔가며 최적화해보고픈 벤치마킹 욕구를 느낄 수 있지만, 대부분 '숲을 못 보고 나무만 보다' 또는 '민간 튜닝'인 안티패턴에 빠질 위험이 있으니 삼가할 일입니다(4.4절 참고).

CMS 튜닝 방법은 8.4절에서 더 자세히 살펴보겠습니다.

7.4 G1

G1Garbage First(가비지 우선)은 병렬 수집기, CMS와는 전혀 스타일이 다른 수집기입니다. 자바 6에서 처음 선보일 당시에는 지극히 실험적이고 불안정한 모습이었지만, 자바 7을 거치며 광범위하게 수정이 됐고 자바 8u40부터는 운영계에 쓸 만한 안정된 수집기로 발전했습니다.

101 역자주_ 즉, -XX:+UseParNewGC 스위치를 함께 세팅한 것처럼 작동합니다.

TIP_ 워크로드 종류와 상관없이 자바 8u40 이전 버전에서는 G1을 사용하지 않는 편이 좋습니다.

처음부터 중단 시간이 짧은 새로운 수집기로 설계된 G1은 다음과 같은 특성이 있습니다.

- CMS보다 훨씬 튜닝하기 쉽다.
- 조기 승격에 덜 취약하다.
- 대용량 힙에서 확장성(특히, 중단 시간)이 우수하다.
- 풀 STW 수집을 없앨 수(또는 풀 STW 수집으로 되돌아갈 일을 확 줄일 수) 있다.

하지만 시간이 지나면서 G1은 대용량 힙에서 중단 시간이 짧은 범용 수집기(말하자면, 새로운 보통' 수집기)로 점점 더 굳혀졌습니다.

NOTE_ 오라클은 자바 9부터 엔드 유저에게 어떤 영향이 있든 상관없이 G1을 디폴트 수집기로 정해 병렬 수집기를 대체하겠다고 밝혔습니다. 따라서 성능 분석가들은 G1의 작동 원리를 잘 알고 있어야 하며, 8에서 9로 자바 버전 이전 시 애플리케이션을 다시 꼼꼼히 테스트해봐야 합니다.

G1은 우리가 지금까지 살펴본 세대 개념을 다른 관점에서 다시 생각해 설계한 수집기입니다. 따라서 병렬/CMS 수집기와는 달리 세대마다 경계가 뚜렷한, 연속된 메모리 공간이 없고 반구형 힙 레이아웃 방식과도 전혀 무관합니다.

7.4.1 G1 힙 레이아웃 및 영역

G1 힙은 영역region(리전)으로 구성됩니다. 영역은 디폴트 크기가 1메가바이트(힙이 클수록 크기가 커짐)인 메모리 공간입니다. 영역을 이용하면 세대를 불연속적으로 배치할 수 있고, 수집기가 매번 실행될 때마다 전체 가비지를 수집할 필요가 없습니다.

NOTE_ 물론, 전체 G1 힙은 메모리상에서 연속돼 있습니다. 각 세대를 구성하는 메모리를 더 이상 연속해서 배치할 필요가 없다는 말입니다.

[그림 7-5]는 영역 기반의 G1 힙 레이아웃을 나타낸 그림입니다.

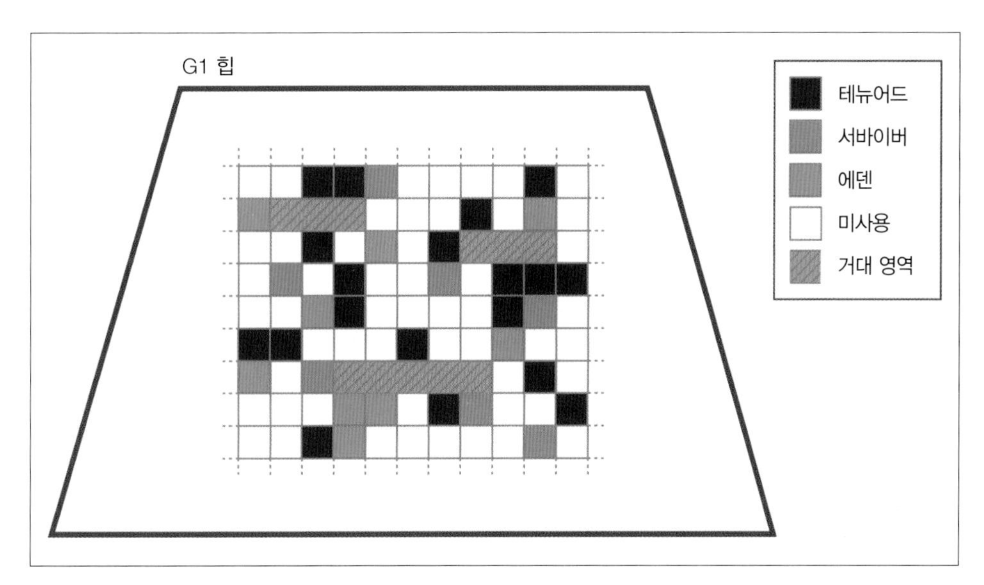

그림 7-5 G1 영역

G1 알고리즘에서는 1, 2, 4, 8, 16, 32, 64메가바이트 크기의 영역을 사용할 수 있습니다. 기본적으로 힙에는 2,048~4,095개의 영역이 있고, 이 개수에 따라 영역 크기도 조정됩니다.

영역 크기는 다음 값을 구한 뒤,

```
<힙 크기> / 2048
```

허용된 영역 크기 값에 가장 가까운 수치로 반올림하여 계산합니다. 그러면 영역 개수는 다음 식으로 구할 수 있습니다.

```
영역 개수 = <힙 크기> / <영역 크기>
```

이 값은 런타임 스위치로도 변경할 수 있습니다.

7.4.2 G1 알고리즘 설계

G1 수집기가 하는 일은 대략 다음과 같습니다.

- 동시 마킹 단계를 이용한다.
- 방출 수집기다.
- '통계적으로 압착'한다.

G1 수집기는 워밍업을 하는 동안, GC 사이클이 한번 돌 때마다 얼마나 많은 '일반' 영역에서 가비지를 수집할 수 있는지 그 수치를 보관합니다. 제일 마지막에 GC가 발생한 이후로 새로 할당된 객체를 감당하기에 충분한 메모리를 수집할 수 있다면, G1은 할당보다 뒤처지지 않는 것입니다.

TLAB 할당, 서바이버 공간으로 방출, 테뉴어드 영역으로 승격 등의 개념은 앞서 살펴본 다른 핫스팟 수집기와 대동소이합니다.

> **NOTE_** 영역을 절반 이상을 점유한 객체는 거대 객체humongous object로 간주하여 **거대 영역**humongous region이라는 별도 공간에 곧바로 할당됩니다. 거대 영역은 (에덴이 아닌) 테뉴어드 세대에 속한, 연속된 빈 공간입니다.

G1에서도 에덴, 서바이버 영역으로 이루어진 영 세대 개념은 같지만, 세대를 구성하는 영역이 연속되어 있지 않다는 차이점이 있습니다. 영 세대의 크기는 전체 중단 시간 목표에 따라 조정됩니다.

앞서 ParallelOld GC를 설명할 때 6.3.1절에서 '올드 객체가 영 객체를 참조하는 일은 거의 없다'는 휴리스틱을 언급했습니다. 핫스팟 병렬/CMS 수집기는 카드 테이블이라는 장치를 활용한다는 설명도 했었죠.

G1 수집기에도 **기억 세트**remembered set(**RSet**)라는 비슷한 장치로 영역을 추적합니다. RSet은 영역별로 하나씩, 외부에서 힙 영역 내부를 참조하는 레퍼런스를 관리하기 위한 장치입니다. 덕분에 G1은 영역 내부를 바라보는 레퍼런스를 찾으려고 전체 힙을 다 뒤질 필요 없이 RSet만 꺼내 보면 됩니다.

[그림 7-6]은 G1에서 Rset을 이용해 할당기와 수집기 간에 역할을 분담한 장면입니다.

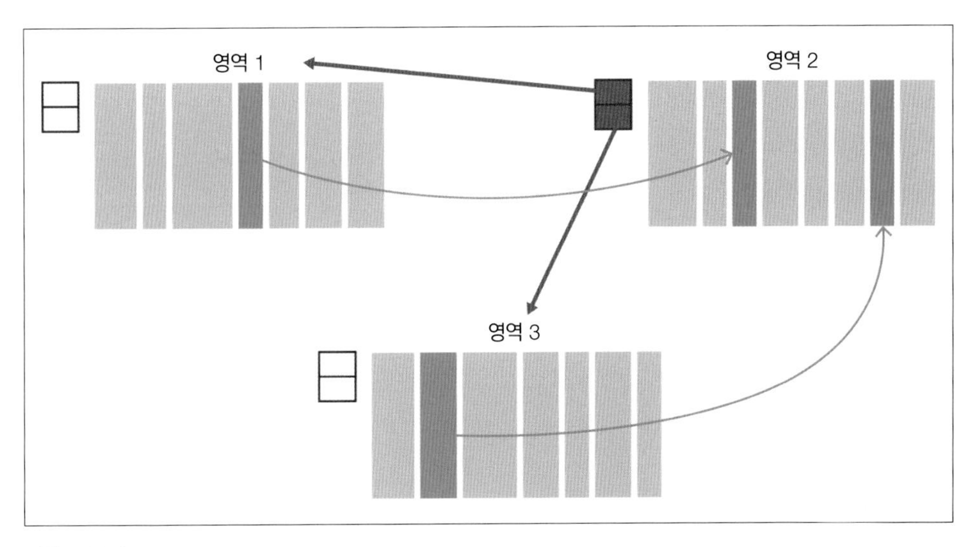

그림 7-6 RSet

Rset, 카드 테이블은 모두 **부유 가비지**floating garbage라는 GC 문제를 해결하는 데 유용합니다. 부유 가비지는 현재 수집 세트 외부에서 죽은 객체가 참조하는 바람에 이미 죽었어야 할 객체가 계속 살아 있는 현상입니다. 즉, 전역 마킹상으로는 죽은 객체처럼 보일 수 있지만, 사용한 루트 세트에 따라 범위가 제한적인 로컬 마킹상에서는 살아 있는 객체로 잘못 인식되는 겁니다.

7.4.3 G1 단계

G1의 수집 단계는 앞서 보았던 CMS 같은 수집기와 비슷합니다.

1. 초기 마킹(STW)
2. 동시 루트 탐색
3. 동시 마킹
4. 재마킹(STW)
5. 정리(STW)

동시 루트 탐색은 초기 마킹 단계의 서바이버 영역에서 올드 세대를 가리키는 레퍼런스를 찾는 동시 단계로, 반드시 다음 영 GC 탐색을 시작하기 전에 끝내야 합니다. 마킹 작업은 재마킹 단계에서 완료됩니다. 레퍼런스(위크weak/소프트soft 레퍼런스를 포함)를 처리하고 SATB 방식으로 정리하는 작업도 재마킹 단계에서 합니다.

정리 단계는 어카운팅accounting 및 RSet '씻기scrubbing' 태스크를 수행하며 대부분 STW를 일으킵니다. 어카운팅은 이제 완전히 자유의 몸이 되어 (에덴 영역에서) 재사용 준비를 마친 영역을 식별하는 작업입니다.

7.4.4 G1 기본 JVM 플래그

자바 8 이전까지는 다음 스위치로 G1을 작동시킵니다.

```
+XX:UseG1GC
```

G1의 주목표는 중단 시간 단축이라고 했습니다. 그래서 가비지 수집이 일어날 때마다 애플리케이션의 최대 중단 시간을 개발자가 지정할 수 있게 해놓은 것인데, 이는 어디까지나 목표치에 불과하며 실제로 애플리케이션이 이 기준에 맞추리란 보장은 없습니다. 너무 값을 낮게 잡으면 GC 서브시스템이 목표에 맞추지 못하겠죠.

NOTE_ 가비지 수집은 할당에 의해서 일어나는데, 대부분의 자바 애플리케이션에서 할당 양상을 예측하기는 어렵습니다. G1이 중단 시간 목표를 맞추기 힘든 것도 같은 맥락입니다.

다음은 디폴트 중단 시간 목표를 200밀리초로 설정하는 스위치입니다.

```
-XX:MaxGCPauseMillis=200
```

실제로 중단 시간을 100밀리초 이하로 설정하면 현실성이 너무 떨어져 수집기가 지키지 못할 공산이 큽니다. 디폴트 영역 크기값을 변경하는 방법도 있습니다.

```
-XX:G1HeapRegionSize=<n>
```

<n>은 1부터 64까지의 2의 제곱수power입니다(단위: MB). G1의 다른 플래그는 8장에서 튜닝을 설명할 때 다시 보겠습니다.

전반적으로 G1은 안정된 알고리즘으로서 오라클의 전폭적인 지원을 받고 있습니다(자바

8u40부터 권장 수집기로 추천했죠). 하지만 진짜 저지연 워크로드에서 아직 G1은 CMS 중단 시간보다 긴 편이라서, 순수하게 중단 시간만 놓고 봤을 때 과연 CMS류의 수집기에 필적할 정도인지는 의문입니다. 하지만 오라클 JVM 팀은 G1에 기술 역량을 집중하고 있고 계속 조금씩 개선되고 있는 실정입니다.

7.5 셰난도아

오라클이 차세대 범용 수집기 개발에 전력을 다하는 동안 레드햇Red Hat 진영에서는 OpenJDK 프로젝트 일환으로 **셰난도아**Shenandoah라는 자체 수집기를 제작했습니다. 이 책을 쓰는 현재 셰난도아는 아직 실험적인 수집기로 운영계에 사용할 정도는 아니지만, 유망한 특성들이 있어서 적어도 소개할 만한 가치는 충분합니다.

셰난도아 역시 G1처럼 주목표는 (특히 대용량 힙에서) 중단 시간 단축입니다. 이를 달성하고자 셰난도아는 동시 압착concurrent compaction을 합니다. 수집 단계는 다음과 같습니다.

1. 초기 마킹(STW)
2. 동시 마킹
3. 최종 마킹(STW)
4. 동시 압착

언뜻 보면 CMS, G1 단계와 비슷하고 접근 방식(예: SATB)도 유사한 부분이 있지만, 근본적인 차이점이 있습니다.

우선, 셰난도아의 가장 두드러진 특징은 **브룩스 포인터**Brooks pointer[102]입니다. 이 포인터는 객체당 메모리 워드를 하나 더 써서 이전 가비지 수집 단계에서 객체가 재배치됐는지 여부를 표시하고 새 버전 객체 콘텐츠의 위치를 가리킵니다.

[그림 7-7]은 셰난도아의 oop 힙 레이아웃입니다. 이런 메커니즘을 '포워딩 포인터forwarding pointer'라고도 부르는데요, 재배치되지 않은 객체의 브룩스 포인터는 그냥 메모리 다음 워드를 가리킵니다.

102 「Trading Data Space for Reduced Time and Code Space in Real-Time Garbage Collection on Stock Hardware(기본 하드웨어상의 실시간 가비지 수집 환경에서 단축된 시간과 코드 공간을 위한 데이터 공간 거래)」(LISP 및 함수형 프로그래밍에 관한 ACM 심포지움 발표 자료, 256-262), (뉴욕:ACM, 1984년)

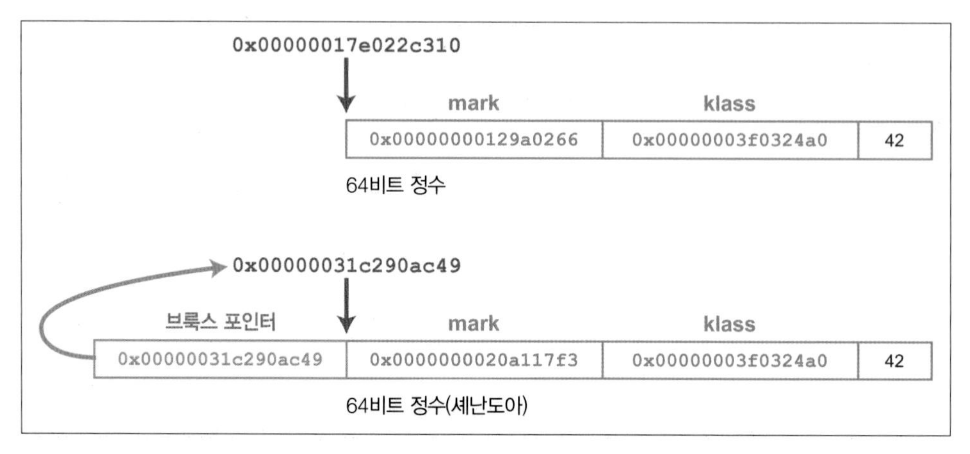

그림 7-7 브룩스 포인터

> **NOTE_** 브룩스 포인터는 하드웨어 수준에서 지원되는 CAScompare-and-swap(컴페어 앤드 스왑)[103] 기능에 의존하여 포워딩 주소를 아토믹하게 수정합니다.

동시 마킹 단계에서는 힙을 죽 훑어 살아 있는 객체를 모두 마킹합니다. 포워딩 포인터가 있는 oop를 가리키는 객체 레퍼런스가 있으면 새 oop 위치를 직접 참조하도록 레퍼런스를 수정합니다(그림 7-8).

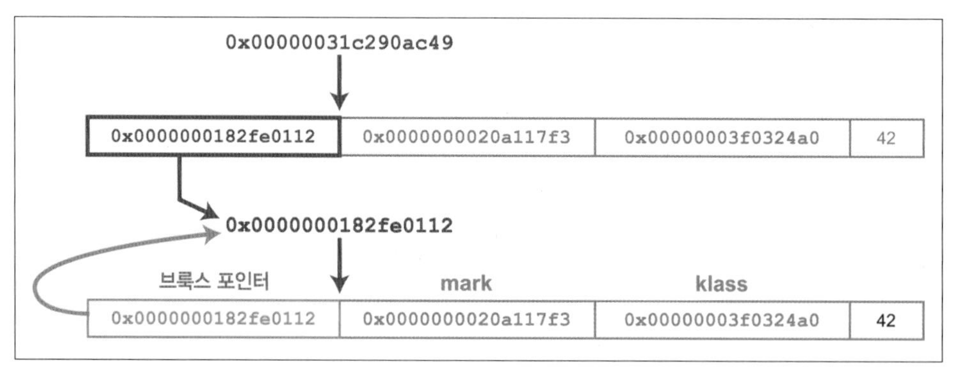

그림 7-8 포워딩 포인터 수정

103 **역자주_** '컴페어 앤드 스왑(compare and swap)'은 변수의 예상되는 값과 실제 값을 비교(compare)해서 두 값이 일치하면 실제 값을 새로운 값으로 교체(swap)하는, 동시성 알고리즘 설계 시 많이 사용하는 기술입니다. 요즘 나온 CPU는 대부분 컴페어 앤드 스왑 기능이 내장되어 있습니다. 자바 5부터 선보인 `java.util.concurrent` 패키지의 AtomicInteger 같은 클래스도 내부적으로 컴페어 앤드 스왑을 수행하여 아토믹 연산을 지원합니다.

최종 마킹 단계에서 셰난도아는 STW하고 루트 세트를 재탐색한 후, 방출한 사본을 가리키도록 루트를 복사하고 수정합니다.

7.5.1 동시 압착

(애플리케이션 스레드와 동시 실행 중인) GC 스레드는 다음과 같이 방출합니다.

1. 객체를 TLAB로 (추측하여speculatively) 복사한다.
2. CAS로 브룩스 포인터가 추측성 사본speculative copy을 가리키도록 수정한다.
3. 이 작업이 성공하면 압착 스레드가 승리한 것으로, 이후 이 버전의 객체는 모두 브룩스 포인터를 경유해서 액세스하게 된다.
4. 이 작업이 실패하면 압착 스레드가 실패한 것으로, 추측성 사본을 원상복구하고 승리한 스레드가 남긴 브룩스 포인터를 따라간다.

셰난도아는 동시 수집기라서 수집 사이클 동안에는 애플리케이션 스레드가 생성하는 가비지가 더 많습니다. 그래서 애플리케이션 실행 중에 수집을 할당 페이스에 맞추어야 합니다.

7.5.2 셰난도아 얻기

셰난도아 수집기는 오라클 자바 빌드 버전이나 대다수 OpenJDK 배포판에서는 구할 수 없고, 레드햇 페도라 같은 리눅스 배포판에 아이스티 바이너리 일부로 실려 있습니다.

다른 OS 유저는 (적어도 이 글을 쓰는 현재는) 소스를 내려받아 컴파일해야 하는데, 리눅스에서는 쉬운 일이지만 OS마다 컴파일러가 다르고(예: 맥 OS는 `gcc` 대신 `clang`을 사용) 미묘한 환경 문제가 있어서 조금 까다롭습니다.

어쨌든, 빌드 파일을 손에 넣었다면 다음 스위치로 셰난도아를 작동시킬 수 있습니다.

```
-XX:+UseShenandoahGC
```

[그림 7-9]는 셰난도아와 다른 수집기의 중단 시간을 서로 비교한 그래프입니다.

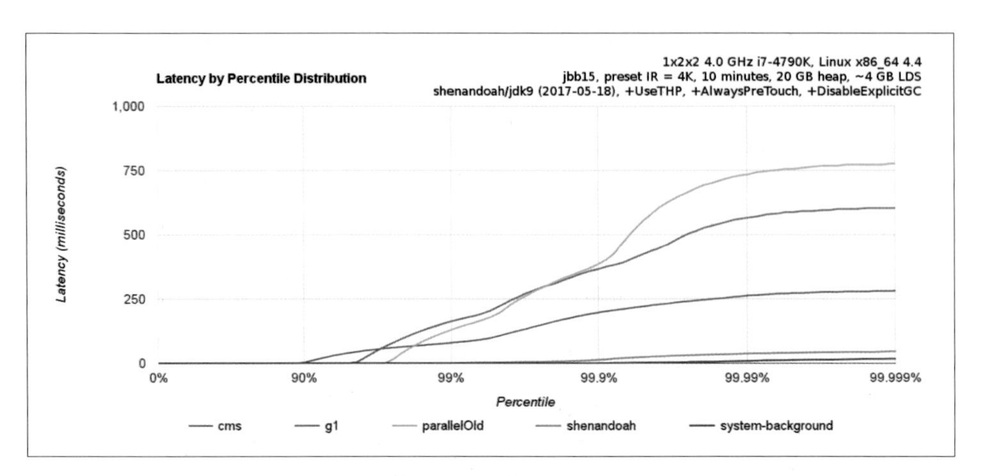

그림 7-9 셰난도아와 다른 수집기의 비교 자료 (출처: 시필레프)

셰난도아에서 저평가된 특징 중 하나는 세대별 수집기가 아니란 사실입니다. 제품급 수집기에 가깝게 발전할수록 이렇게 설계한 결과는 점점 더 뚜렷해지겠지만, 성능에 민감한 애플리케이션에는 영향을 미칠 가능성이 있습니다.

7.6 C4(아줄 징)

아줄 시스템 사는 두 가지 자바 플랫폼을 출시했습니다. 먼저, 줄루Zulu는 다중 플랫폼에서 사용 가능한 OpenJDK 기반의 FOSS[104] 솔루션입니다. 징Zing은 리눅스에서만 쓸 수 있는 상용 플랫폼으로, OpenJDK에 있는 자바 클래스 라이브러리를 (오라클 상용 라이선스 하에) 사용하지만 완전히 다른 가상 머신입니다.

NOTE_ 징은 처음부터 64비트 머신용으로 설계됐고 앞으로도 32비트 아키텍처는 지원할 계획은 없습니다.

징 VM은 C4Continuously Concurrent Compacting Collector(연속 동시 압축 수집기) 가비지 수집기를 비롯

104 **역자주_** 자유-오픈 소스 소프트웨어(Free and open-source software, F/OSS, FOSS) 또는 FLOSS(free/libre/open-source software)는 자유 소프트웨어와 오픈 소스의 성질을 둘 다 갖춘 소프트웨어. 소스 코드의 이용 가능성을 통해 디자인을 사용, 복사, 연구, 변경, 개선할 권한을 사용자에게 자유로이 라이선스로 부여합니다. (출처: 위키백과)

해 레디나우ReadyNow와 팰콘Falcom 컴파일러 등 신박한 소프트웨어 기술을 자랑합니다.

셰난도아처럼 동시 압착 알고리즘을 사용하지만, 징은 브룩스 포인터 대신 64비트 워드 하나로 이루어진 객체 헤더를 씁니다(핫스팟은 객체 헤더가 워드 2개로 구성됩니다). 이 단일 워드 헤더에는 klass 포인터 대신 kid(25비트 정도의 숫자형 klass ID)가 들어 있습니다.

징 객체 헤더는 [그림 7-10]과 같은 모습입니다. 주소 비트 대신, **로드값 배리어**Loaded Value Barrier(LVB)용 oop 레퍼런스 비트 일부를 사용합니다.

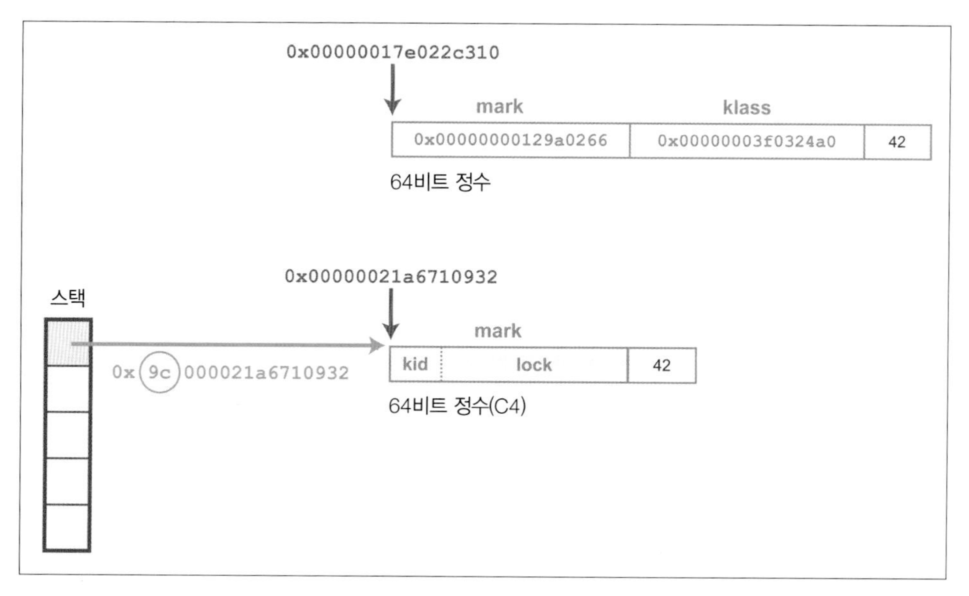

그림 7-10 징의 객체 헤더 레이아웃

헤더의 하위 32비트에는 락 정보를 보관합니다. 락 상태와 관련 추가 정보가 여기에 담깁니다(예를 들어, **씬락**thin lock은 씬락을 소유한 스레드 ID가 저장됩니다. 씬락은 12.3절에서 자세히 이야기합니다).

> **NOTE_** 징은 압축 oop 같은 기술은 지원하지 않으므로 30기가바이트 이하의 힙에서는 객체 헤더가 핫스팟보다 크고 힙 공간을 더 많이 차지합니다.

징은 처음부터 64비트 아키텍처 전용으로 설계된 까닭에 메타데이터를 32비트에 끼워 맞출(또는 확장된 구조체를 할당해서 포인터 간접화indirection를 통해 해결할) 필요가 없습니다. 32비트 핫스팟의 진기한 포인터 묘기를 볼 일도 없지요.

7.6.1 로드값 배리어

셰난도아 수집기에서는 애플리케이션 스레드에 의해 재배치됐을지 모를 객체의 레퍼런스를 로드할 가능성이 있으므로 브룩스 포인터를 이용해 새 위치를 추적합니다. 로드값 배리어(LVB)는 이런 패턴을 지양하고 로드한 레퍼런스 각자의 로딩이 끝나자마자 현재 객체 위치를 직접 가리키게 만들자는 아이디어입니다. 아줄에서는 이것을 **자가 치유 배리어**self-healing barrier라고 부릅니다.

수집기가 재배치한 객체 레퍼런스를 징이 따라가면 무엇보다 해당 객체의 새 위치를 먼저 바라보도록 애플리케이션 스레드가 레퍼런스를 수정합니다. 덕분에 고질적인 재배치 문제가 '치유healing'되죠. 다시 말해, 각 레퍼런스가 최대 한번만 수정되기 때문에 다시 쓸 일이 없는 레퍼런스에는 아무 작업도 하지 않습니다.

헤더 워드뿐만 아니라, 징의 객체 레퍼런스(즉, 스택에 위치하여 힙에 저장된 객체를 바라보는 지역 변수)는 객체의 GC 상태와 관련된 메타데이터를 나타내는 일부 레퍼런스 비트를 사용합니다. 레퍼런스 자신의 비트를 사용하니까 단일 헤더 워드 비트를 통째 다 쓰는 것보다 공간을 절약할 수 있죠.

징에는 다음과 같은 `Reference` 구조체가 정의되어 있습니다.

```
struct Reference {
    unsigned inPageVA : 21;      //  0-20비트
    unsigned PageNumber: 21;     // 21-41비트
    unsigned NMT : 1;            //    42비트
    unsigned SpaceID : 2;        // 43-44비트
    unsigned unused : 19;        // 45-63비트
};

int Expected_NMT_Value[4] = {0, 0, 0, 0};

// 공간 ID값
```

```
// 00 NULL 및 논힙 포인터
// 01 올드 세대 레퍼런스
// 02 뉴 세대 레퍼런스
// 11 사용 안 함
```

NMTnot marked through 메타데이터 비트는 현재 수집 사이클에서 객체가 이미 마킹됐는지 여부를 나타냅니다. C4는 살아 있는 객체를 마킹할 용도로 타깃 상태target state를 관리하는데, 객체가 마킹 도중 재배치되면 NMT 비트를 타깃 상태와 동일하게 세팅합니다. 수집 사이클이 끝날 때 C4가 타깃 상태 비트를 뒤집기 때문에 생존한 객체는 모두 다음 사이클로 넘어갈 준비가 끝납니다.

C4의 전체 GC 단계는 다음과 같습니다.

1. 마킹
2. 재배치
3. 재매핑

G1처럼 재배치 단계에서는 가장 성긴sparse 페이지에 집중됩니다. C4가 방출 수집기니까 당연히 그렇겠죠.

C4는 **교대 압착**hand-over-hand이라는 기술로 연속적으로 압착합니다. 물리 메모리 주소와 가상 메모리 주소 간의 단절이라는, 가상 메모리 체계의 특성을 활용하는 기술이죠. 평상시 가상 메모리 서브시스템은 프로세스 주소 공간에 가상 페이지와 하부 물리 페이지 사이의 매핑 정보를 관리합니다.

NOTE_ 시스템 콜로 자바 힙 메모리를 관리하지 않는 핫스팟과 달리, 징은 GC 사이클의 일부로서 커널에 시스템 콜을 합니다.

징의 방출 기법에 따라 객체는 다른 페이지에 복사되는 형태로 재배치되는데, 그 결과 자연스럽게 서로 다른 물리 주소에 대응됩니다. 어떤 페이지에 있는 객체를 모두 복사한 다음, 물리 페이지를 싹 다 비우고 OS에 반납하는 거죠. 아직 매핑되지 않은 가상 페이지를 가리키는 애플리케이션 레퍼런스가 남아 있겠지만, 메모리 폴트가 발생하기 전에 LVB가 이런 레퍼런스를 도맡아 처리합니다.

징의 C4 수집기는 항상 두 가지 수집 알고리즘(영 객체용 하나, 올드 객체용 하나)을 실행합니다. 따라서 오버헤드는 어쩔 수 없이 발생하지만 (CMS 같은) 동시 수집기 튜닝 시 수집기가 **백투백**(꼬리에 꼬리를 무는 형태) 모드로 실행된다고 보는 것이 오버헤드와 용량 계획 면에서 유리합니다(자세한 내용은 8장 참고).

어쨌든, 성능 엔지니어는 징과 C4 수집기로 이전하면 어떤 점이 좋은지, 트레이드오프는 무엇인지 주의 깊게 살펴야 합니다. '넘겨짚지 마라, 직접 측정해라' 정신은 다른 데서도 마찬가지지만 VM을 선정할 때 특히 중요합니다.

7.7 밸런스드(IBM J9)

J9는 IBM이 제작한 JVM입니다. 원래 상용 JVM이었지만 지금은 오픈 소스화 단계를 밟고 있고 이름도 오픈 J9으로 바꾸었습니다. J9에는 핫스팟 디폴트 병렬 수집기와 비슷한, 처리율이 높은 수집기를 비롯해 여러 가지 수집기가 내장돼 있습니다.

그중 밸런스드Balanced 수집기만 이 절에서 다루겠습니다. 밸런스드는 영역 기반 수집기로, 64비트 J9 JVM에서 사용할 수 있고 4기가바이트 이상의 힙에 맞게 설계됐습니다. 다음은 이 수집기의 주요 목표입니다.

- 대용량 자바 힙에서 중단 시간이 길어지는 현상을 개선한다.
- 중단 시간이 최악인 경우를 최소화한다.
- 불균일 기억 장치 액세스Non-Uniform Memory Access(NUMA) 성능을 인지하여 활용한다.

첫 번째 목표를 달성하기 위해 힙을 여러 개의 영역으로 분할해 각자 독립적으로 관리/수집합니다. 밸런스드 수집기도 G1처럼 최대 2,048개 영역을 관리하며 이 개수에 맞게 영역 크기를 정합니다. 영역 크기는 G1과 똑같이 2의 제곱수지만 최소 512킬로바이트 이상은 되어야 합니다.

밸런스드도 세대별 영역 기반의 수집기이므로 영역별로 나이가 있고 새 객체는 나이가 0인 영역(에덴)에 할당합니다. 에덴이 꽉 차면 수집이 일어나는데, IBM 용어로는 **부분 가비지 수집**Partial Garbage Collection(PGC)이라고 합니다.

PGC는 에덴 영역을 모두 수집하는 STW 작업으로, 나이가 더 많이 든 영역도 그럴만한 가치가 있다고 판단되면 추가로 수집합니다. 이런 면에서는 G1의 혼합 수집mixed collection[105]과 비슷합니다.

> **NOTE_** PGC가 끝나면 생존 객체가 위치한 영역은 한 살 더 먹습니다. 그래서 세대별 영역generational region이라고도 합니다.

여타 J9 GC 정책과 다르게 클래스 언로딩을 점진적으로 수행할 수 있다는 이점도 있습니다. 밸런스드 수집기는 PGC 도중 현재 수집 대상의 일부인 클래스로더를 수집할 수 있습니다. 전역 수집하는 동안에만 클래스로더 수집이 가능한 다른 J9 수집기와는 차이가 납니다.

물론, 단점도 있습니다. PGC는 스스로 수집하기로 결정한 영역만 바라볼 수 있으므로 부유 가비지가 생길 수 있습니다. 그래서 밸런스드 수집기는 **전역 마킹 단계**global mark phase(GMP)를 따로 두고 전체 자바 힙을 탐색하면서 수집할 죽은 객체를 표시하는, 부분적인 동시 작업을 수행합니다. GMP가 끝난 후, 해당 데이터에 PGC를 수행하는 거죠. 따라서 힙 내 부유 가비지 양은 마지막 GMP가 시작된 이후로 죽은 객체 수를 초과할 수 없습니다.

밸런스드 수집기는 **전역 가비지 수집**global garbage collection(GGC)라는 작업도 수행합니다. GGC는 힙을 압착하는 풀STW 수집으로, 핫스팟에서 CMF 발생 시 일어나는 풀 수집과 비슷합니다.

7.7.1 J9 객체 헤더

기본 J9 객체 헤더는 64비트(압축 레퍼런스compressed reference 사용 시 32비트) **클래스 슬롯**class slot입니다.

> **NOTE_** 압축 레퍼런스는 57기가바이트 이하의 힙에서 기본 적용되며, 핫스팟의 압축 oop와 비슷한 기술입니다.

105 역자주_ G1 수집기가 영 영역을 수집하면서 마킹된 올드 영역까지 동시에 수집하는 것.

객체 유형에 따라 헤더에 슬롯이 더 추가될 수도 있습니다.

- 동기화한 객체에는 모니터 슬롯monitor slot이 있다.
- JVM 내부 구조에 편입된 객체에는 해시 슬롯hashed slot이 있다.

모니터 슬롯, 해시 슬롯은 객체 헤더와 꼭 붙어 있을 필요는 없습니다. 객체 어디에나 보관할 수 있어서 정렬 때문에 공간을 낭비할 일도 없습니다.

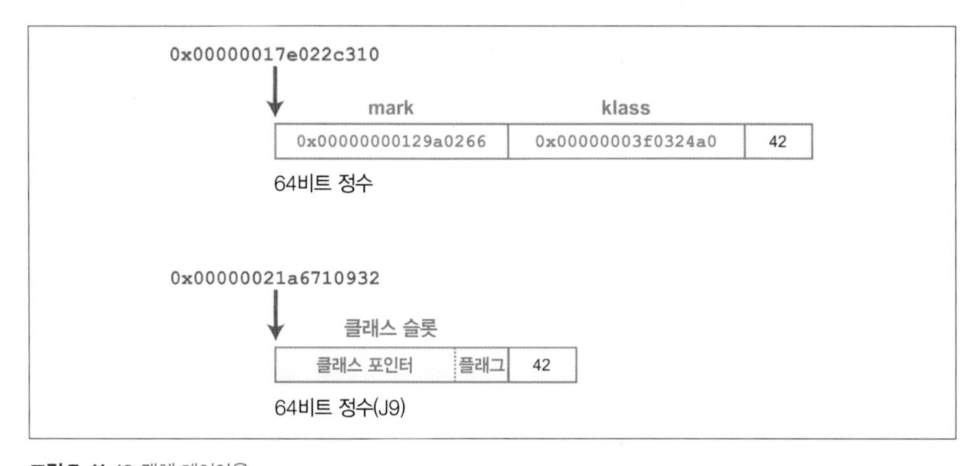

그림 7-11 J9 객체 레이아웃

클래스 슬롯의 최상위 24(또는 56)비트는 클래스 구조를 가리키는 포인터로, 자바 8의 메타 공간Metaspace[106]과 비슷한 오프-힙off-heap[107] 메모리입니다.

---

106 역자주_ 자바 7까지의 펌젠(Permanent Generation)은 클래스 메타데이터를 비롯해 정적 메서드, 원시값, 정적 객체를 가리키는 레퍼런스 등을 보관하는 특별한 힙 공간으로, 이곳은 GC 대상이 아니므로 정적 객체를 남발하면 OOM(Out Of Memory) 에러가 종종 발생하는 문제가 있었습니다. 그래서 자바 8부터 메타공간(Metaspace)이라는 새로운 네이티브 영역을 만들어 필요 시 자동으로 크기가 조정되고 정적 객체는 힙 영역으로 이동시켜 GC 대상으로 잡히게 하는 등 개선을 한 것입니다.

107 역자주_ 자바 다이렉트 버퍼(direct buffer)를 떠올리면 쉽습니다. 이름 그대로 힙(heap)과 떨어진(off) 공간에 위치한 네이티브 메모리 공간으로, GC가 일어나는 JVM 힙 메모리가 아닌, OS가 관리하는 메모리입니다.

7.7.2 밸런스드에서 큰 배열 처리하기

자바에서 큰 배열을 할당하면 충분히 큰, 연속된 공간을 찾아야 하므로 대부분 압착 수집이 일어납니다. 이미 CMS를 설명할 때 다루었던 내용입니다. 여유 공간을 큰 덩어리로 합쳐도 할당 공간이 부족해서 CMF가 발생할 때도 있습니다.

영역 기반의 수집기에서 하나의 영역보다 더 큰 자바 배열 객체를 할당하지 말라는 법은 없습니다. 그래서 밸런스드 수집기는 불연속된 여러 덩이에 큰 배열을 할당할 수 있도록 **어레이릿**arraylet이라는 형태로 나타냅니다. 힙 객체가 여러 영역에 걸쳐있는 유일한 상황이죠.

어레이릿은 유저 자바 코드에서는 안 보이고 JVM이 투명하게 처리합니다. 할당기는 큰 배열을 **스파인**spine이라는 주 객체와 배열 리프들로 표현합니다. 배열 리프는 실제 배열 엔트리를 담고 있고, 스파인 엔트리는 이 배열 리프들을 가리키는 자료 구조입니다. 따라서 한 단계 더 에두른 오버헤드만 추가하는 정도로 엔트리를 읽을 수 있습니다. [그림 7-12]는 어레이릿을 나타낸 그림입니다.

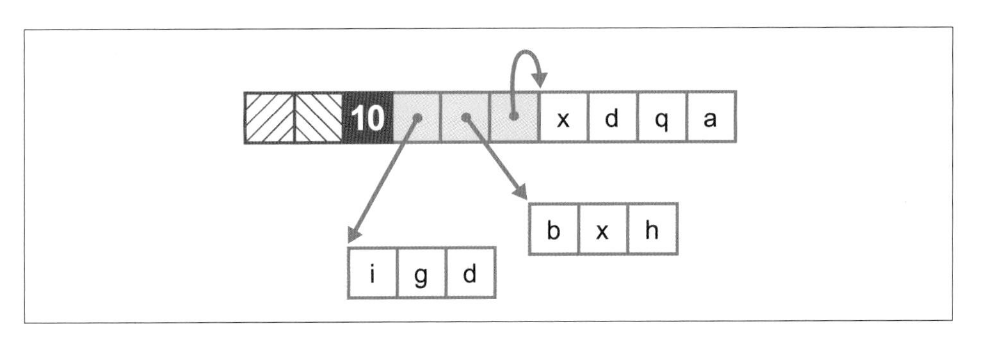

그림 7-12 J9 어레이릿

> **NOTE_** 어레이릿은 (일반 자바 코드에서는 안 되지만) JNI API를 통해서 들여다볼 수 있습니다. 따라서 JNI 코드를 다른 JVM에서 이식해올 때 프로그래머는 스파인/리프를 잘 살펴봐야 합니다.

여러 영역에 걸쳐 부분 GC를 수행하면 참조 객체referer, 피참조 객체referent 영역 정보를 관리하는 오버헤드가 발생하므로 전체 GC 소요 시간은 더 걸리지만 평균 중단 시간은 줄어듭니다.

무엇보다 중요한 건, 힙이 꽉 찼을 때 최후의 수단으로 동원하는 (중단 시간에 최악의 영향을 미치는) 풀 STW 수집이나 압착이 필요한 경우의 수가 현저히 줄어든다는 점입니다.

밸런스드 수집기는 영역 및 불연속된 큰 배열을 관리하는 오버헤드가 있으므로 중단 시간을 줄이는 일이 직접적인 처리율을 높이는 것보다 더 중요한 애플리케이션이 적합합니다.

7.7.3 NUMA와 밸런스드

NUMA는 일반적으로 중대형 서버용 멀티프로세스 시스템에서 사용하는 메모리 아키텍처입니다. 이런 시스템에서는 메모리와 프로세스 사이에 거리라는 개념이 있어서 프로세스와 메모리를 노드로 묶습니다. 어떤 노드에 있는 프로세스가 다른 노드에 있는 메모리에 액세스하는 건 얼마든지 가능하지만, 아무래도 로컬 메모리(즉, 같은 노드에 속한 메모리)에 액세스할 때 가장 빠르겠죠.

여러 NUMA 노드에 걸쳐 실행되는 JVM에서 밸런스드 수집기는 노드별로 자바 힙을 분리할 수 있습니다. 애플리케이션 스레드는 자신이 선호하는 특정 노드에서 실행되고 그 노드에 속한 메모리 영역에 객체를 할당하도록 조정됩니다. 대략 [그림 7-13]과 같은 구조입니다.

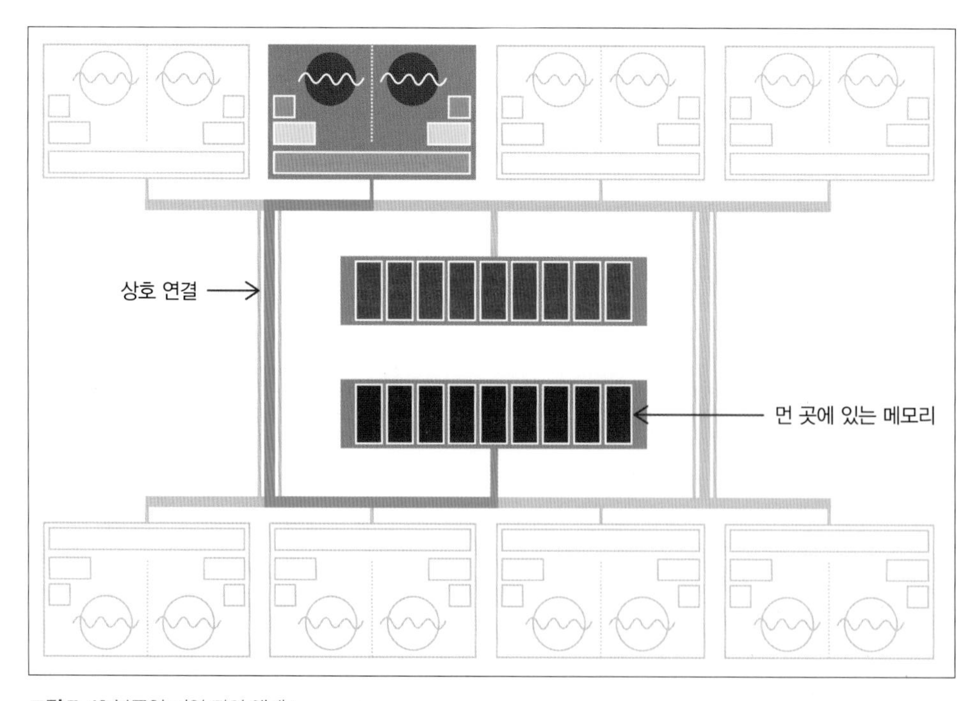

그림 7-13 불균일 기억 장치 액세스

또 부분 가비지 수집기는 어떤 객체를 그 자신을 참조하는 다른 객체, 스레드와 가급적 가까운 위치에 두려고 합니다. 그러면 스레드가 참조하는 메모리가 로컬일 가능성이 커져서 성능이 좋아지죠. 물론, 이런 과정은 애플리케이션 모르게 일어납니다.

7.8 레거시 핫스팟 수집기

이밖에도 핫스팟 초기 버전에는 다양한 수집기가 있습니다. 하지만 이들은 운영계 용도로는 적합하지 않으니 가급적 사용하지 마세요. 자바 8 버전에서 디프리케이트됐다가 자바 9부터 사용이 금지된(제거된) 수집기 조합도 있습니다.

7.8.1 Serial 및 Serial Old

Serial/SerialOld GC는 Parallel/ParallelOld GC와 작동 원리는 거의 같지만, CPU 한 코어만 사용해 GC를 수행합니다. 물론 동시 수집이 안 되고 풀 STW을 일으킵니다. 최신 멀티코어 시스템에서 이런 구닥다리 수집기로 성능 향상을 기대한다는 건 말도 되지 않으니 절대 사용하지 마세요.

이런 수집기를 쓰는 구형 애플리케이션도 아직 어딘가에는 있겠죠? 성능 엔지니어는 그런 수집기가 있다는 사실과 스위치 사용법과 구형 수집기를 제거하는 방법 정도는 알아두어야 합니다.

Serial/SerialOld GC는 자바 8부터 디프리케이트된 수집기라서 아주 옛날 자바 버전으로 개발된 초창기 레거시 애플리케이션에는 아직도 쓰일 겁니다.

7.8.2 증분 CMS(iCMS)

보통 iCMS라고 줄여 쓰는 증분incremental CMS는 예전에 동시 수집을 시도했던 수집기입니다. CMS에 도입하려고 했던 일부 아이디어는 훗날 G1에도 영향을 미쳤습니다. 증분 CMS는 다음 스위치로 켭니다.

```
-XX:+CMSIncrementalMode
```

아직도 iCMS가 성능 면에서 꽤 괜찮은, 특수한 사례(코어가 한두 개뿐인 아주 많이 낡은 하드웨어에 배포한 애플리케이션 등)가 있다고 주장하는 전문가도 있지만, 이제 요즘 서버급 애플리케이션에서 iCMS는 사용하지 않는 게 좋습니다. 자바 9부터는 아예 사라졌습니다.

CAUTION_ 증분 모드로 실행하면 효험이 있다는 확실한 증거가 없는 한 사용하지 마세요. 세이프포인트 로직 등 부정적인 요소가 있습니다.

7.8.3 디프리케이트되어 사라진 GC 조합

지금까지 자바 가비지 수집기는 특정 자바 버전에서 디프리케이트 시켰다가 그다음 버전부터는 아예 제거해버리는 식으로 진행됐습니다. [표 7-1]은 자바 8부터 권장하지 않으며 자바 9에서는 제거된 GC 플래그 조합들입니다.

표 7-1 디프리케이트된 GC 조합

조합	플래그
DefNew + CMS	-XX:-UseParNewGC -XX:+UseConcMarkSweepGC
ParNew + SerialOld	-XX:+UseParNewGC
ParNew + iCMS	-Xincgc
ParNew + iCMS	-XX:+CMSIncrementalMode -XX:+UseConcMarkSweepGC
ParNew + iCMS	-XX:+CMSIncrementalMode -XX:+UseConcMarkSweepGC -XX:-UseParNewGC
CMS foreground	-XX:+UseCMSCompactAtFullCollection
CMS foreground	-XX:+CMSFullGCsBeforeCompaction
CMS foreground	-XX:+UseCMSCollectionPassing

여러분이 튜닝할 애플리케이션에 디프리케이트된 플래그를 적용하지 않도록 반드시 [표 7-1]을 참조하세요.

7.8.4 엡실론

엡실론 수집기Epsilon collector는 레거시 수집기는 아니지만, **어느 운영계 환경에서건 절대 사용 금물인 수집기**라서 언급합니다. 앞서 소개한 레거시 수집기는 발견 시 위험하여 삭제할 대상으로 표시하는 게 맞지만, 엡실론은 조금 다릅니다.

엡실론은 테스트 전용으로 설계된, 아무 일도 안 하는 시험 수집기입니다. 실제로 가비지 수집 활동을 일체 하지 않습니다. 따라서 엡실론이 실행되는 동안 할당된 힙 메모리는 한 바이트, 한 바이트가 사실상 메모리 누수입니다. 절대 회수할 수 없는 메모리라서 JVM은 결국 언젠가(아주 단시간 내에) 메모리가 고갈되어 멎게 됩니다.

> 메모리 할당만 처리하고 실제로 메모리는 전혀 회수하지 않는 GC를 개발하라.
> 사용 가능한 자바 힙이 고갈되면 질서 정연하게 JVM을 셧다운하라.
>
> – 엡실론 JEP

이런 수집기는 다음과 같은 작업에는 유용하겠죠.

- 테스트 및 마이크로벤치마크 수행
- 회귀 테스트
- 할당률이 낮거나 0인 자바 애플리케이션 또는 라이브러리 코드의 테스트

JMH 테스트를 할 때는 성능을 저해할 만한 GC 이벤트를 확실히 배제할 수 있어 좋습니다. 메모리 할당 회귀 테스트(변경된 코드 때문에 할당 양상이 급격히 달라지지 않나 확인함) 역시 작업이 한결 수월해지겠죠. 개발자는 제한된 할당 개수만 받도록 엡실론을 구성한 상태에서 결국 힙 고갈로 인해 더 이상 할당할 수 없을 때까지 테스트를 돌려볼 수 있습니다.

끝으로, VM-GC 인터페이스를 개발하는 과정에서 인터페이스 자체를 점검하는 최소한의 테스트 케이스를 수립할 때 엡실론은 유용합니다.

7.9 마치며

가비지 수집은 자바 성능 및 튜닝에서 정말 중요한 요소입니다. 자바의 풍부한 가비지 수집기는 플랫폼의 강력한 장점이지만, 새로 입문하는 사람들을 지레 겁먹게 하는 주제이기도 합니다. 특히, 가비지마다 트레이드오프와 성능 결과를 꼼꼼하게 잘 기술한 문서 자료가 부족해서 더 그런 것 같습니다.

이 장에서는 성능 엔지니어가 결정해야 할 사항들과 애플리케이션에 사용할 적절한 수집기를 선택할 때 고려해야 할 트레이드오프에 대해 간략히 살펴보았습니다. 몇 가지 기반 이론을 살펴보고 이를 토대로 구현된 다양한 현대 GC 알고리즘을 알아봤습니다.

다음 장에서는 이러한 이론을 실제로 한번 활용해보겠습니다. 또 가비지 수집을 성능 튜닝할 때 과학적인 근거를 제시하는 로깅, 모니터링, 툴링을 소개합니다.

CHAPTER 8

GC 로깅, 모니터링, 튜닝, 툴

이 장에서는 GC 로깅 및 모니터링이라는 광범위한 주제를 다룹니다. 자바 성능 튜닝에서 가장 중요하고 가시적이면서도, 가장 많은 오해를 사는 부분이지요.

8.1 GC 로깅 개요

GC 로그는 더없이 훌륭한 원천 정보입니다. 특히, 시스템이 내려간 원인의 단서를 찾는 '콜드 케이스cold case[108]' 분석을 할 때 매우 유용합니다. 파일에 쓰인 로그를 분석하는 작업이므로 애플리케이션 프로세스가 살아 있지 않아도 됩니다.

모든 중요한 애플리케이션에는 다음 두 가지를 설정해야 합니다.

- GC 로그를 생성한다.
- 애플리케이션 출력과는 별도로 특정 파일에 GC 로그를 보관한다.

특히, 운영계 애플리케이션은 말할 나위도 없겠죠. GC 로깅은 사실 오버헤드가 거의 없는 것이나 다름없으니 주요 JVM 프로세스는 항상 로깅을 켜놓아야 합니다.

108 역자주_ 원래 콜드 케이스(cold case)는 진상이 명확히 밝혀지지 않은 범죄나 사고를 가리키는 용어. 여기서는 '원인을 알 수 없는 현상' 정도를 비유하는 용도로 쓰였습니다.

8.1.1 GC 로깅 켜기

가장 먼저 애플리케이션 시작 시 다음 스위치를 추가합니다. 모름지기 (데스크톱 앱을 제외하고) 자바/JVM 애플리케이션이라면 무조건 켜야 하는 필수 GC 로깅 플래그죠.

```
-Xloggc:gc.log -XX:+PrintGCDetails -XX:+PrintTenuringDistribution
-XX:+PrintGCTimeStamps -XX:+PrintGCDateStamps
```

각각의 자세한 용도는 [표 8-1]에 정리했습니다.

표 8-1 필수 GC 플래그

플래그	작용
`-Xloggc:gc.log`	GC 이벤트에 로깅할 파일을 지정한다.
`-XX:+PrintGCDetails`	GC 이벤트 세부 정보를 로깅한다.
`-XX:+PrintTenuringDistribution`	툴링에 꼭 필요한, 부가적인 GC 이벤트 세부 정보를 추가한다.
`-XX:+PrintGCTimeStamps`	GC 이벤트 발생 시간을 (VM 시작 이후 경과한 시간을 초 단위로) 출력한다.
`-XX:+PrintGCDateStamps`	GC 이벤트 발생 시간을 (벽시계 시간 기준으로) 출력한다.

다음은 필수 플래그에서 성능 엔지니어가 주의해야 할 사항입니다.

- 기존 플래그 `verbose:gc`는 지우고 대신 `PrintGCDetails`를 사용한다.
- `PrintTenuringDistribution`은 다소 독특한 플래그로, 이 플래그가 제공하는 정보를 사람이 이용하기는 어렵습니다. 중요한 메모리압memory pressure(메모리 할당 압박) 효과, 조기 승격 등의 이벤트 계산 시 필요한 기초 데이터를 제공합니다.
- `PrintGCDateStamps`와 `PrintGCTimeStamps`는 둘 다 필요합니다. 전자는 GC 이벤트와 애플리케이션 이벤트(로그파일)를, 후자는 GC와 다른 내부 JVM 이벤트를 각각 연관짓는 용도로 쓰입니다.

로그를 이 정도로 세세히 남겨도 JVM 성능에 이렇다 할 영향은 없습니다. 물론, 생성되는 로그량은 할당률, 사용 중인 수집기, 힙 크기(힙이 작으면 더 자주 GC하므로 로그가 더 자주 쌓임)에 따라 달라지겠죠.

대략 어느 정도인가 하면, (6장에서 살펴봤던) 할당기 샘플을 초당 50메가바이트 할당하는 조건으로 30분 돌려도 로그는 600킬로바이트 이하로 쌓입니다.

필수 플래그 이외에도 로그 순환rotation 관련 플래그가 있는데요, 운영계 환경에 요긴합니다(표 8-2).

표 8-2 GC 로그 순환 플래그

플래그	작용
-XX:+UseGCLogFileRotation	로그 순환 기능을 켠다.
-XX:+NumberOfGCLogFiles=<n>	보관 가능한 최대 로그파일 개수를 설정한다.
-XX:+GCLogFileSize=<size>	순환 직전 각 파일의 최대 크기를 설정한다.

로그 순환 정책은 (데브옵스를 비롯한) 운영팀과 협의해서 합리적으로 수립해야 합니다. 로그 정책에 관한 옵션이나 적절한 로깅 툴을 선정하는 문제는 이 책에서 다루지 않습니다.

8.1.2 GC 로그 vs JMX

2.7절에서 소개한 VisualGC는 JVM 힙 상태를 실시간 표시하는 툴입니다. 실제로 **자바 관리 확장**Java Management eXtensions(JMX) 인터페이스를 통해 JVM 데이터를 수집합니다. JMX은 이 책에서 따로 설명하진 않지만, JMX가 GC에 영향을 주기 때문에 성능 엔지니어는 다음 사항을 숙지해야 합니다.

- GC 로그 데이터는 실제로 가비지 수집 이벤트가 발생해서 쌓이지만, JMX는 데이터를 샘플링하여 얻습니다.
- GC 로그 데이터는 캡처 영향도가 거의 없지만, JMX는 프록시 및 원격 메서드 호출Remote Method Invocation(RMI) 과정에서도 암묵적인 비용이 듭니다.
- GC 로그 데이터에는 자바 메모리 관리에 연관된 성능 데이터가 50가지 이상 있지만, JMX는 10가지도 안 됩니다.

JMX는 성능 데이터 원천으로서 스트리밍된 데이터를 즉시 제공한다는 점에서는 GC 로그보다 낫지만, 요즘은 jClarity 센섬(8.2절 참고)같은 툴도 GC 로그 데이터를 스트리밍하는 API를 제공하므로 별반 차이가 없습니다.

CAUTION_ 기본적인 힙 사용 실태를 파악하는 용도로는 JMX가 제격이지만, 더 깊이 있는 진단을 하려고 하면 금세 부족함을 느끼게 됩니다.

JMX로 가져온 빈[109]은 표준 빈이고 쉽게 액세스할 수 있습니다. 데이터 시각화 툴은 Visual VM 외에도 다양한 상용 제품들이 있습니다.

8.1.3 JMX의 단점

JMX를 이용해 애플리케이션을 모니터링하는 클라이언트는 대부분 런타임을 샘플링하여 현재 상태를 업데이트 받습니다. 클라이언트는 데이터를 계속 넘겨받기 위해 런타임에 있는 JMX 빈을 폴링하죠.

문제는 가비지 수집입니다. 수집기가 언제 실행될지 클라이언트는 알 도리가 없죠. 다시 말해, 각 수집 사이클 전후의 메모리 상태 역시 알 수가 없으므로 GC 데이터를 깊이 있게, 정확하게 분석할 수 없습니다.

물론, JMX로 얻은 데이터가 분석할 만한 가치가 없는 건 아니지만, 장기적 추이를 파악하는 정도로 쓸 수밖에 없습니다. 가비지 수집기를 정확하게 튜닝하려면 정보가 더 필요하죠. 특히, 각 수집 전후의 힙 상태 정보가 대단히 중요합니다.

또 메모리압(할당률)을 분석하는 활동이 매우 중요한데, JMX는 데이터를 수집하는 방식 때문에 이마저도 아예 불가능합니다.

그뿐만 아니라, `JMXConnector` 명세를 구현한 코드는 내부적으로 RMI에 의존하므로 RMI 기반 통신 채널의 고질적인 문제점에 취약합니다.

- 방화벽에 포트를 열어야 하기 때문에 부차 소켓 접속secondary socket connection이 맺어질 수 있다.
- 프록시 객체를 이용해 `remove()` 메서드 호출을 대행한다.
- 자바 종료화finalization[110](파이널라이제이션)에 의존한다.

109 역자주_ JMX 명세서에는 이런 빈을 MBean(Managed Bean, 엠빈)이라고 부릅니다. 이름 그대로, 각종 디바이스, 애플리케이션을 비롯한 관리되어야 할(managed) 리소스를 빈으로 나타낸 것입니다.

110 역자주_ 어떤 객체를 참조하는 객체가 더 이상 없어 GC 대상이 되었을 때 가비지 수집기가 종료기(finalizer)를 호출해 (`finalize()` 메서드로) 해당 객체를 정리(cleanup, teardown)하는 작업입니다.

접속을 해제하는 작업량이 매우 적은 RMI 접속도 있지만, 정리 작업은 종료화에 의존합니다. 즉, 가비지 수집기를 돌려 객체를 회수해야 합니다.

JMS 접속은 수명주기 특성상, 풀 GC를 하기 전에는 RMI 객체가 수집되지 않고 남아 있을 가능성이 큽니다. 종료화가 미치는 영향과 종료화를 삼가해야 하는 이유는 11.6절에서 다시 이야기합니다.

RMI를 사용하는 애플리케이션은 기본 1시간에 한번씩 풀 GC가 발생합니다. 이미 RMI를 사용 중이라면 JMX를 붙인다고 더 나빠질 건 없겠지만, 그 외에는 JMX를 사용하는 순간부터 추가 부하는 피할 수 없겠죠.

8.1.4 GC 로그 데이터의 장점

최신 가비지 수집기는 수많은 부품이 한데 조립된, 엄청나게 복잡한 구현체입니다. 수집기의 성능 역시 불가능하진 않지만 그만큼 예측하기가 힘들죠. 이처럼 전체 구성 컴포넌트가 서로 맞물려 작동하면서 최종적 동작, 성능이 귀결되는 소프트웨어를 **발현적**emergent이라고 합니다. 상이한 압력이 각기 다른 컴포넌트에 서로 다른 방식으로 작용하므로 매우 유동적인 비용 모델입니다.

처음에 자바 GC를 개발한 사람들은 GC 로깅을 JVM 구현체 디버깅 용도로 추가했습니다. 결국, 60개 가까운 GC 플래그로 생성된 데이터 상당수가 성능 디버깅 목적으로 쓰이게 됐죠.

시간이 흐르면서 애플리케이션에서 가비지 수집 프로세스 튜닝을 맡았던 사람들은, GC 튜닝의 복잡함을 감안하더라도 런타임에서 무슨 일이 발생했는지 정확히 파악하는 데 GC 로그가 아주 유용하다는 사실을 깨달았습니다. 이제는 GC 로그 수집 및 분석은 튜닝 활동에서 절대 빠질 수 없지요.

TIP_ GC 로그는 핫스팟 JVM 내부에서 논블로킹non-blocking 쓰기 메커니즘을 이용해 남깁니다. 로깅이 애플리케이션 성능에 미치는 영향은 거의 0이므로 운영계는 무조건 켜두어야 합니다.

GC 로그에 쌓인 기초 데이터는 특정 GC 이벤트와 연관 지을 수 있어서 모든 의미 있는 분석 작업(어느 지점에서 수집 비용이 발생하는지, 어떻게 튜닝해야 긍정적인 결과를 얻을 수 있을지 등)을 수행할 수 있습니다.

8.2 로그 파싱 툴

GC 로그 메시지는 어떤 정해진 언어나 VM 명세 표준 포맷이 따로 없습니다. 로그에 무슨 메시지를 남길지는 핫스팟 GC 개발팀 마음이라 마이너 릴리즈 간에도 포맷이 조금씩 다릅니다.

단순한 로그 포맷을 파싱하는 건 어렵지 않지만, GC 로그 플래그가 하나둘 추가되면서 실제 출력되는 로그도 엄청나게 복잡해졌습니다. 특히, 동시 수집기가 생성하는 로그는 진짜 복잡합니다.

GC 설정을 변경해서 로그 출력 포맷이 달라지면 수동 GC 로그 파서를 쓰는 시스템에서 로깅이 끊어지는 사태가 곧잘 벌어집니다. GC 로그를 자세히 조사해보면 하필 로그가 가장 필요한 때에 수동 파서가 변경된 로그 포맷을 처리하지 못했다는 사실을 뒤늦게 발견하죠.

CAUTION_ 여러분 스스로 GC 로그를 파싱하려고 하지 말고 반드시 툴을 사용하세요.

이 절에서는 유지 보수가 가장 활발한 상용 툴, 오픈 소스 툴을 하나씩 소개합니다. 가비지캣 GarbageCat 같은 툴은 거의(또는 전혀) 관리가 안 되고 있습니다.

8.2.1 센섬

센섬은 jClarity사가 제작한 상용 메모리 분석기입니다. (단일 JVM에서 간단히 분석 가능한) 데스크톱 툴로 써도 되고 (여러 JVM을 대상으로 하는) 서비스 모니터링 용도로도 사용할 수 있습니다. 센섬은 최고의 GC 로그 파싱, 정보 추출, 자동 분석 기능을 제공하는 것이 목표입니다.

[그림 8-1]은 센섬 데스크톱 버전으로 G1 가비지 수집기를 실행 중인 금융 거래 애플리케이션의 할당률을 측정한 그래프입니다. 단순한 뷰이지만 거래 시장에서 애플리케이션 할당률이 매우 낮은 시간대가 있음을 한눈에 알 수 있습니다.

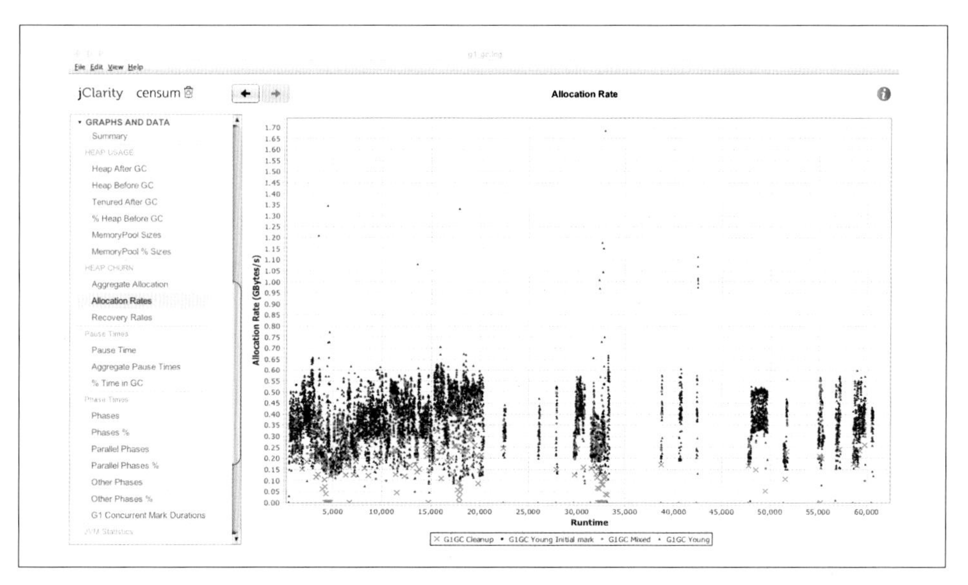

그림 8-1 센섬 할당 뷰

중단 시간 그래프 같은 뷰도 제공합니다. [그림 8-2]는 SaaS 버전에서 조회한 중단 시간 그래프입니다.

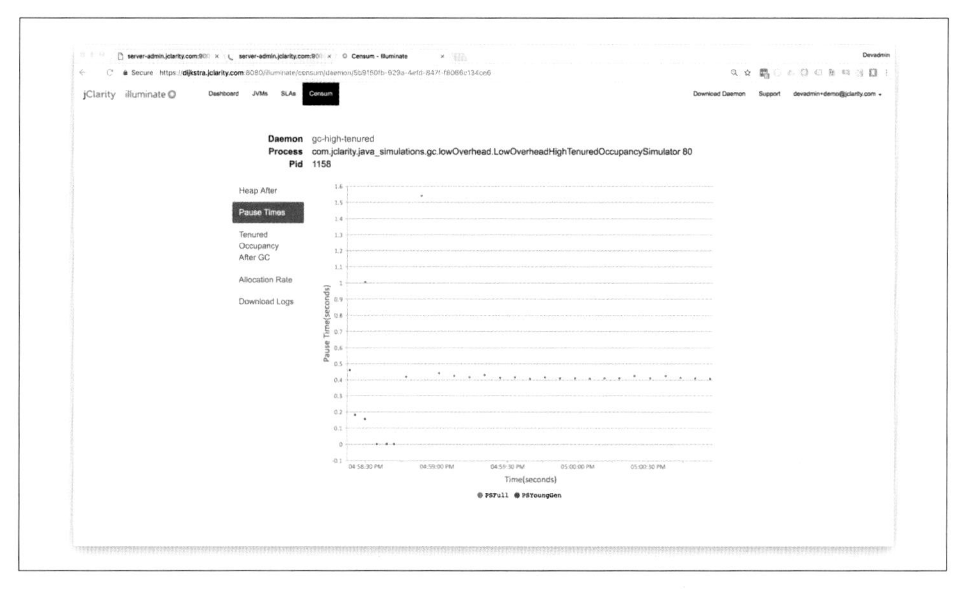

그림 8-2 센섬 중단 시간 뷰

센섬 SaaS 모니터링 서비스를 이용하면 좋은 점이, 전체 클러스터 상태를 한눈에 볼 수 있습니다(그림 8-3). 한번에 한 JVM씩 보면서 모니터링하는 것보다 엄청 편하죠.

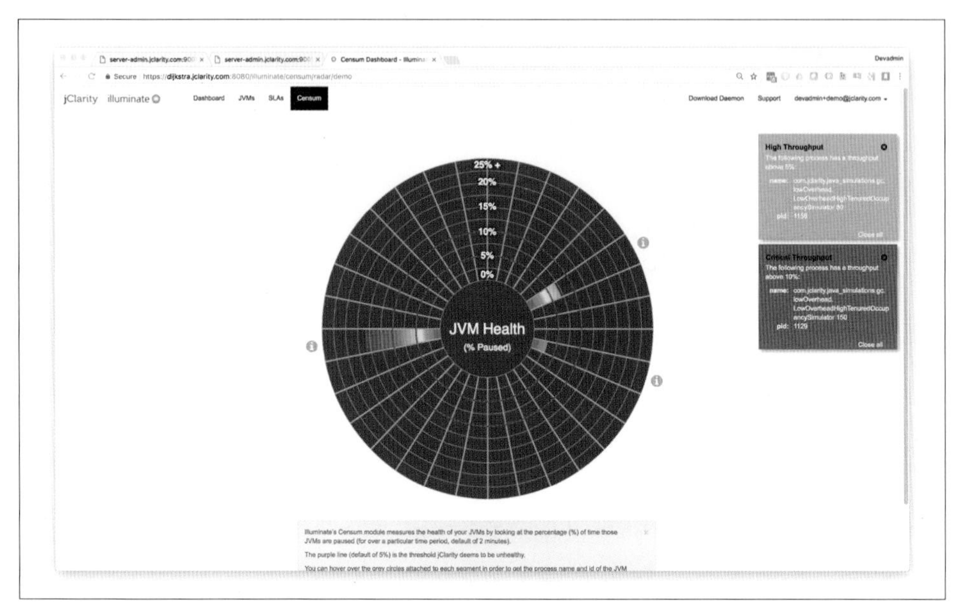

그림 8-3 센섬 클러스터 상태 보기

센섬 개발팀은 OpenJDK 소스에 체크인된 코드베이스 중 로깅 관련 소스 코드를 낱낱이 분석해서 변경된 로그파일 포맷을 철저히 반영합니다. 그 어느 툴보다도 다양한 GC 로그 설정을 지원하며, 썬/오라클 자바 1.4.2부터 현재 버전까지 모든 수집기를 지원합니다.

다음은 센섬 최신 버전이 지원하는 자동 분석 기능입니다.

- 정확한 할당률
- 조기 승격
- 공격적인(확 치솟는) 할당
- 유저 이탈
- 메모리 누수 감지
- 힙 크기 조정 및 용량 계획
- VM에 대한 OS 간섭
- 크기를 잘못 잡은 메모리 풀

시험 라이선스 등 자세한 정보는 jClarity 웹사이트(*https://www.jclarity.com*)를 참고하세요.

8.2.2 GCViewer

GCViewer(GC뷰어)는 GC 로그 파싱 및 그래프 출력 등 기본 기능을 갖춘 데스크톱 툴입니다. 오픈 소스라서 무료인 점이 가장 큰 장점이지만 상용 툴에 비해 빈약한 기능은 감수해야 합니다.

소스(*https://github.com/chewiebug/GCViewer*)를 내려받아 컴파일/빌드 후 실행 가능한 JAR 파일로 패키징하세요.

GC 로그파일은 GCViewer 메인 UI에서 열어볼 수 있습니다(그림 8-4).

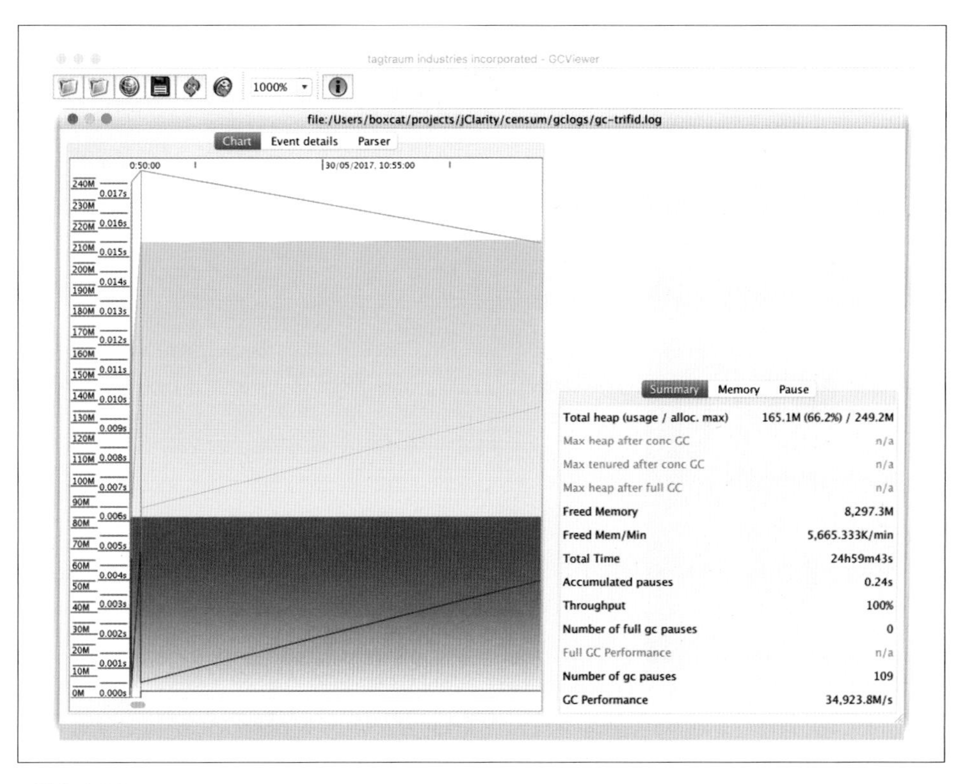

그림 8-4 GCViewer

GCViewer는 분석 기능은 없고 특정 GC 핫스팟 로그 포맷만 파싱할 수 있습니다.

GCViewer를 파싱 라이브러리로 쓰고 결과 데이터를 시각화 툴로 내보내는 방법도 있지만, 기존 오픈 소스 코드 베이스에 추가 개발을 해야 하는 부담이 있습니다.

8.2.3 같은 데이터를 여러 가지 형태로 시각화하기

똑같은 데이터라도 시각화한 모습은 툴마다 다를 수 있습니다. 6.6절에서 보았던 단순 톱니형 패턴은 전체 힙 크기를 측정해서 그린 샘플 뷰입니다.

동일한 GC 로그 데이터를 GCViewer에서 'Heap Occupancy after GC(GC 이후 힙 점유)' 뷰로 보면 [그림 8-5]처럼 나타납니다.

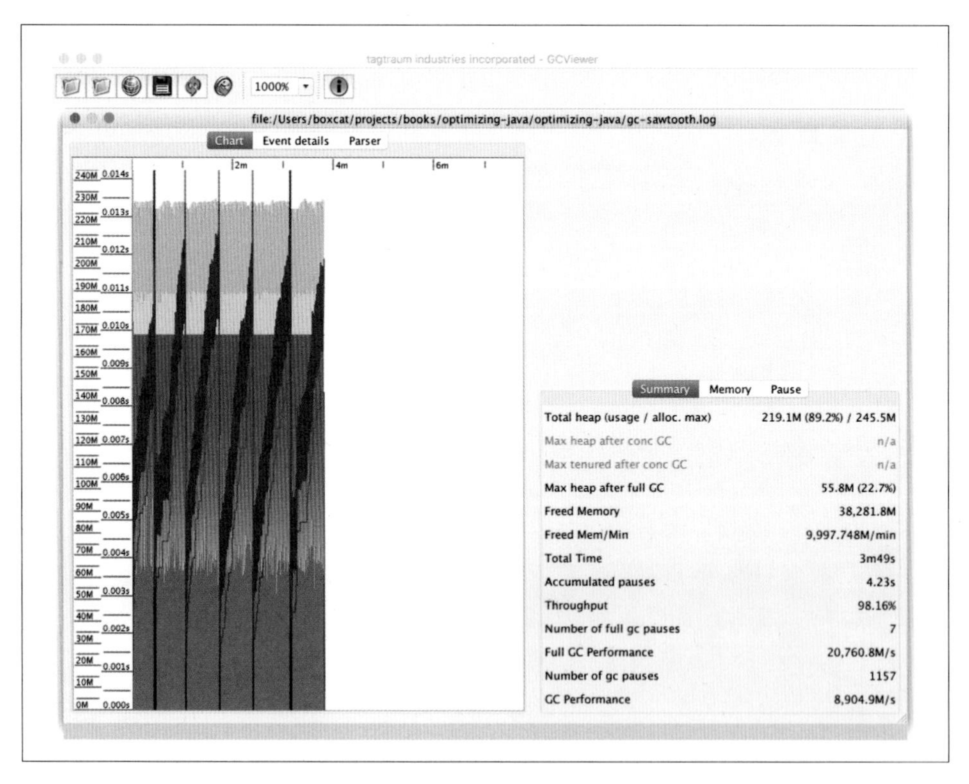

그림 8-5 GCViewer에서 본 단순 톱니형 패턴

같은 톱니형 패턴이지만 센섬은 조금 다르게 보여줍니다(그림 8-6).

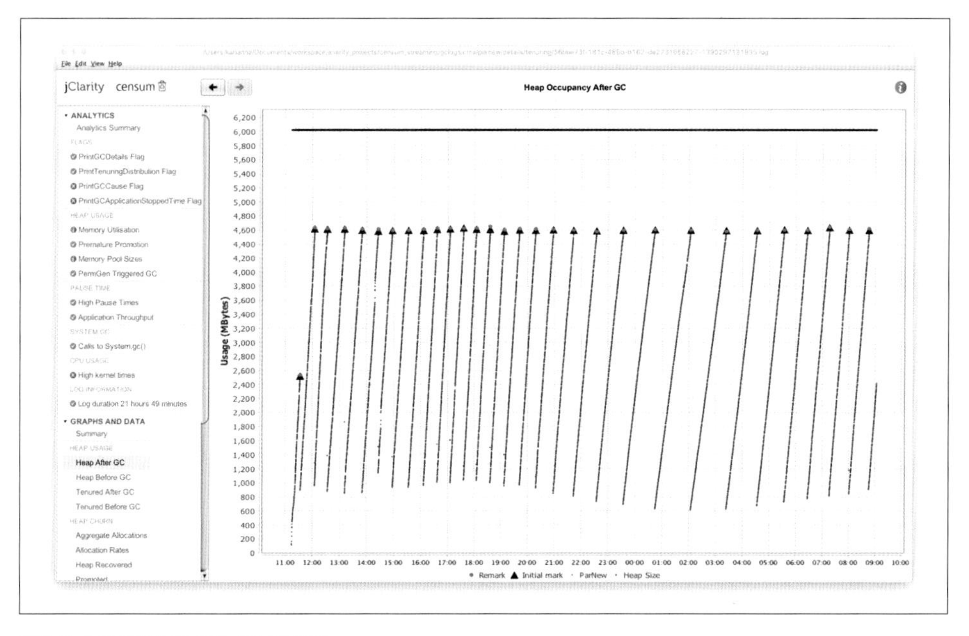

그림 8-6 센섬에서 본 단순 톱니형 패턴

눈에 보이는 모습은 다르지만 '힙 상태가 정상 가동 중'이라는 메시지는 같습니다.

8.3 GC 기본 튜닝

"GC는 언제 튜닝해야 할까?" JVM 튜닝 전략을 수립하는 엔지니어가 자주 물어보는 질문입니다. GC 튜닝 역시 다른 튜닝 기법처럼 전체 진단 과정의 일부여야 합니다. 다음 사실을 기억하면 실무에서 GC 튜닝을 할 때 도움이 될 것입니다.

1. GC가 성능 문제를 일으키는 근원이라고 확인하거나 그렇지 않다고 배제하는 행위는 저렴하다.
2. UAT에서 GC 플래그를 켜는 것도 저렴한 행위다.
3. 메모리 프로파일러, 실행 프로파일러를 설정하는 작업은 결코 저렴하지 않다.

엔지니어는 튜닝을 수행하면서 다음 네 가지 주요 인자를 면밀히 관찰/측정해야 합니다.

- 할당
- 중단 민감도
- 처리율 추이
- 객체 수명

이 중에서 가장 중요한 요인은 할당입니다.

NOTE_ 처리율에는 여러 가지 요인이 영향을 미칩니다. 가령, 동시 수집기는 실행 시 여러 코어를 점유합니다.

[표 8-3]은 힙 크기를 조정하는 기본 플래그입니다.

표 8-3 GC 힙 크기 조정 플래그

플래그	작용
`-Xms<size>`	힙 메모리의 최소 크기를 설정한다.
`-Xmx<size>`	힙 메모리의 최대 크기를 설정한다.
`-XX:MaxPermSize=<size>`	펌젠 메모리의 최대 크기를 설정한다. (자바 7 이전)
`-XX:MaxMetaspaceSize=<size>`	메타스페이스 메모리의 최대 크기를 설정한다. (자바 8 이후)

`MaxPermSize`는 자바 7 이전에만 적용되는 레거시 플래그입니다. 자바 8부터는 펌젠이 사라지고 메타스페이스로 교체됐습니다.

NOTE_ 자바 8 애플리케이션에 `MaxPermSize` 설정값이 있으면 반드시 지우세요. JVM이 그냥 무시하기 때문에 애플리케이션에 아무 상관도 없습니다.

튜닝 시 GC 플래그는 다음과 같이 추가합니다.

- 한번에 한 플래그씩 추가한다.
- 각 플래그가 무슨 작용을 하는지 숙지해야 한다.
- 부수 효과를 일으키는 플래그 조합도 있음을 명심한다.

현재 이벤트가 발생 중이라면, 성능 문제를 일으키는 원인이 GC인지 아닌지 판단하는 건 어렵지 않습니다. 먼저, `vmstat` 같은 툴로 고수준의 머신 지표를 체크하고(3.6절 참고) 성능이 떨어진 시스템에 로그인해서 다음을 확인하세요.

- CPU 사용률이 100%에 가까운가?
- 대부분의 시간(90% 이상)이 유저 공간에서 소비되는가?
- GC 로그가 쌓이고 있다면 현재 GC가 실행 중이라는 증거다.

위 내용은 지금 문제가 발생 중이고 엔지니어가 실시간 관측할 수 있다는 전제하에 가능합니다. 지난 이벤트를 조사하려면 충분한 (CPU 사용률, 타임스탬프가 찍힌 GC 로그 등) 모니터링 이력 데이터가 쌓여 있어야 합니다.

세 가지 조건이 다 맞는다면 GC가 성능 이슈를 일으키고 있을 가능성이 크고 철저한 조사와 튜닝이 필요합니다. 테스트는 지극히 간단하고 결과는 분명합니다. 'GC는 문제없어' 또는 'GC가 문제야' 둘 중 하나겠죠.

GC가 성능 문제의 출처라고 밝힌 다음에는 할당과 중단 시간 양상을 파악한 다음, GC를 튜닝하고 필요 시 메모리 프로파일러를 활용하세요.

8.3.1 할당이란?

할당률 분석은 튜닝 방법뿐만 아니라, 실제로 가비지 수집기를 튜닝하면 성능이 개선될지 여부를 판단하는 데 꼭 필요한 과정입니다.

영 세대 수집 이벤트 데이터를 활용하면 할당된 데이터양, 단위 수집 시간을 계산할 수 있고, 일정 시간 동안의 평균 할당률을 산출할 수 있습니다.

NOTE_ 수작업으로 할당률을 계산하느라 시간, 노력을 낭비하지 말고 툴을 써서 계산하세요.

필자의 경험상, 할당률의 수치가 1GB/s 이상으로 일정 시간 지속한다면 십중팔구 가비지 수집기 튜닝만으로는 해결할 수 없는 성능 문제가 터진 겁니다. 이 경우 성능을 향상시키려면 애플리케이션 핵심부의 할당 로직을 제거하는 리팩터링을 수행하여 메모리 효율을 개선하는 방법밖에 없습니다.

VisualVM(2.7절), `jmap`(6.1절)으로 단순 메모리 히스토그램만 보아도 메모리가 어떤 식으로 할당되는지 파악할 수 있습니다. 초기 할당 전략은 다음 네 가지 단순 영역에 집중하는 것이 좋습니다.

- 굳이 없어도 그만인, 사소한 객체 할당(예: 로그 디버깅 메시지)
- 박싱 비용
- 도메인 객체
- 엄청나게 많은 논JDK 프레임워크 객체

먼저 첫 번째 항목은, 불필요한 객체를 생성하는 부위를 찾아 그냥 제거하면 됩니다. 과도한 박싱도 그중 하나지만, 이밖에도 쓸데없이 객체를 생성하는 출처(예: JSON 직렬화/역직렬화용 자동 생성 코드나 ORM 코드)는 다양합니다.

드물지만 도메인 객체가 메모리를 많이 차지하는 일도 있습니다. 주로 다음 타입이 문제입니다.

- `char[]`: 스트링을 구성하는 문자character(캐릭터)
- `byte[]`: 바이너리 데이터
- `double[]`: 계산 데이터
- 맵 엔트리
- `Object[]`
- 내부 자료 구조(예: methodOop, klassOop)

단순 힙 히스토그램을 그려보면 불필요한 도메인 객체가 히스토그램의 상위권을 점유하면서 과하게 생성되는 모습을 지켜볼 수 있습니다. 이럴 때는 도메인 객체의 예상 데이터양을 재빨리 계산해 실제 측정된 데이터양과 비슷한 수준인지 확인합니다.

6.4.1절에서 배운 스레드 로컬 할당 기법은 스레드마다 객체를 할당할 공간을 개별 발급하여 O(1) 할당을 달성합니다.

TLAB은 스레드 당 크기가 동적 조정되며, 일반 객체는 남은 TLAB 공간에 할당됩니다. 여유 공간이 없으면 스레드는 VM에게 새 TLAB을 달라고 요청한 다음 재시도합니다.

객체가 너무 뚱뚱해서 빈 TLAB에 안 들어가면 VM은 TLAB 외부 영역에 위치한 에덴에 직접 객체를 할당 시도합니다. 이것도 실패하면 영 GC를 수행하는 다음 단계로 넘어갑니다(힙 크기가 재조정되겠죠). 그래도 공간이 부족하면 최후의 방법으로 테뉴어드 영역에 객체를 직접 할당합니다.

따라서 결국 덩치 큰 배열(특히 `byte[]`, `char[]`)만 곧바로 테뉴어드에 할당될 가능성이 큽니다.

핫스팟은 TLAB 및 큰 객체의 조기 승격에 관한 튜닝 플래그를 제공합니다.

```
-XX:PretenureSizeThreshold=<n>
-XX:MinTLABSize=<n>
```

다른 스위치도 마찬가지지만, 각 스위치가 어떤 영향을 미치는지 제대로 벤치마킹도 안 하고 확실한 근거 없이 막연히 사용하면 안 됩니다. 대부분 기본 내장된 동적 기능만 이용해도 충분하며, 설정을 바꿔도 크게 눈에 띄는 영향은 없습니다.

또 할당률은 테뉴어드로 승격되는 객체 수에 영향을 끼칩니다. 단명 자바 객체의 (벽시계 시간으로 나타낸) 수명이 불변이라고 가정하면 할당률이 높을수록 영 GC 발생 주기는 짧아집니다. 너무 자주 수집이 일어나면 단명 객체는 장례를 치를 시간도 없이 테뉴어드로 잘못 승격될 가능성이 큽니다.

즉, 할당이 폭주하면 6.6절에서 보았던 조기 승격 문제가 불거질 것입니다. JVM은 이런 일이 없도록 테뉴어드 승격 없이 엄청난 양의 생존 데이터를 담을 서바이버 공간을 동적 조정합니다.

조기 승격 문제에는 다음 스위치가 요긴하게 쓰입니다.

```
-XX:MaxTenuringThreshold=<n>
```

테뉴어드 영역으로 승격되기 전까지 객체가 통과해야 할 가비지 수집 횟수를 설정하는 거죠. 디폴트 값은 4회이고 1 ~ 15 사이의 한계치를 설정할 수 있습니다. 이 값을 바꿀 때는 다음 두 가지 상충되는 관심사를 잘 따져봐야 합니다.

- 한계치가 높을수록 진짜 장수한 객체를 더 많이 복사한다.
- 한계치가 너무 낮으면 단명 객체가 승격되어 테뉴어드에 메모리압을 가중시킨다.

한계치를 너무 낮게 잡으면 테뉴어드로 승격되는 객체가 증가하고 그만큼 더 빨리 공간을 차지하게 되어 풀 수집이 더 자주 발생합니다. 매사 그렇듯, 논디폴트non-default 값으로 성능이 확실히 나아진 벤치마킹 사례가 없는 한 스위치를 함부로 변경하지 마세요.

8.3.2 중단 시간이란?

개발자는 중단 시간에 대한 인지 편향으로 종종 시달립니다. 대부분의 애플리케이션에서 100밀리초 정도의 중단 시간은 무시할 만합니다. 어차피 인간의 눈은 하나의 데이터 항목을 초당 5회밖에 처리 못 하므로, 인간이 조작하는 (웹 애플리케이션 등의) 애플리케이션에서 100 ~ 200밀리초 정도의 중단은 눈치채기도 어렵습니다.

중단 시간 튜닝 시 유용한 휴리스틱을 하나 소개합니다. 애플리케이션의 응답 요건에 따라 허용 가능한 중단 시간을 다음 세 대역으로 나누어 표현하는 것입니다.

1. 〉 1초: 1초 이상 걸려도 괜찮다.
2. 1초 ~ 100밀리초: 100밀리초 이상 1초 이하 정도는 괜찮다.
3. 〈 100밀리초: 100밀리초까지는 괜찮다.

중단 민감도를 애플리케이션 힙 크기와 대략 연관 지어보면 어떤 수집기가 가장 적합한지 가늠할 수 있습니다(표 8-4).

표 8-4 초기 수집기 선정

허용 중단 시간			
〉1s	1s - 100ms	〈 100ms	〈 2 GB
Parallel	Parallel	CMS	〈 4 GB
Parallel	Parallel/G1	CMS	〈 4 GB
Parallel	Parallel/G1	CMS	〈 10 GB
Parallel/G1	Parallel/G1	CMS	〈 20 GB
Parallel/G1	G1	CMS	〉 20 GB

물론, 어디까지나 튜닝의 시초로 삼을 만한 경험적 가이드일 뿐, 100% 정확한 규칙은 아닙니다.

향후 G1이 수집기로 굳혀지면 현재 ParallelOld 수집기로 처리하는 것보다 더 폭넓은 유스케이스를 커버할 수 있을 것입니다. CMS 유스케이스까지 처리할 정도로 확장될 수도 있지만, 가능성은 그리 크지 않아 보입니다.

> **TIP_** 동시 수집기를 사용할 경우, 중단 시간을 튜닝하려고 하기 전에 할당률부터 줄여야 합니다. 할당률이 낮아지면 동시 수집기에 가해지는 메모리압도 낮아지므로 수집 사이클이 스레드 할당 속도를 따라가기 쉬워집니다. 또 중단 시간에 민감한 애플리케이션에서 반드시 방지해야 할 CMF 이벤트 발생 확률이 감소합니다.

8.3.3 수집기 스레드와 GC 루트

스스로 'GC 스레드처럼 생각' 하려고 마음먹으면 갖가지 환경에서 수집기가 어떻게 작동하는지 파악할 수 있습니다. 그러나 GC의 다른 영역과 마찬가지로, 여기에도 근본적인 트레이드오프가 도사리고 있습니다. 예를 들어, GC 루트 탐색 시간은 다음과 같은 요인의 영향을 받습니다.

- 애플리케이션 스레드 개수
- 코드 캐시에 쌓인 컴파일드 코드량
- 힙 크기

이 셋은 GC 루트 탐색에 큰 영향을 끼칩니다. 런타임 조건 및 적용 가능한 병렬화 정도에 따라서도 달라집니다.

예를 들어, 마킹 단계에서 엄청나게 큰 `Object[]`를 발견됐다고 합시다. 탐색은 단일 스레드로 수행하므로 작업 훔쳐오기work stealing[111]는 불가능합니다. 따라서 극단적으로는 이 단일 스레드의 탐색 시간이 전체 마킹 시간을 결정짓게 됩니다.

111 역자주_ 멀티스레드 프로그래밍에서 흔히 쓰이는 스케줄링 전략. 스레드마다 전용 큐를 두고 스레드 풀에서 일감을 가져다 자신의 큐에 넣고 실행하다 보면 특정 스레드에 일감이 몰리게 되는 현상이 발생합니다. 따라서 놀고 있는 스레드가 다른 바쁜 스레드의 큐에 있는 일감을 훔쳐와 자신의 큐에 넣고 실행시킴으로써 전체적인 부하를 분산시키는 것입니다.

객체 그래프가 복잡해질수록 이런 현상은 더욱 심해집니다. 그래프 내부에 객체 체인이 길게 늘어지면서 마킹 시간도 점점 더 길어지겠죠.

애플리케이션 스레드가 너무 많아도 스택 프레임을 더 많이 탐색해야 하고 세이프포인트에 도달하는 시간도 길어지는 등 GC 시간에 영향을 끼칩니다. 베어 메탈과 가상 환경에 존재하는 스레드 스케줄러도 압박하죠.

JNI 프레임과 JIT 컴파일드 코드용 캐시 등 다른 GC 루트 원천들도 있습니다(9.4절에서 자세히 설명합니다).

> **CAUTION_** 코드 캐시에서 GC 루트를 탐색하는 작업도 (적어도 자바 8까지는) 싱글 스레드입니다.

세 가지 중 스택, 힙 탐색은 비교적 병렬화가 잘 됩니다. 세대 수집기 역시 (Parallel GC와 CMS은 카드 테이블, G1은 RSet 같은 장치로써) 다른 메모리 풀에서 넘어온 루트를 추적합니다.

이를테면, 6.3.1절에서 설명했듯이 카드 테이블은 올드 세대에서 영 세대를 되참조하는 메모리 블록을 가리킵니다. 1바이트가 512바이트의 올드 세대를 나타내므로 올드 세대 1기가바이트는 2메가바이트의 카드 테이블을 탐색해야 합니다.

카드 테이블 탐색 시간이 얼마나 걸리는지 감이 잘 안 올 겁니다. 20기가바이트 힙의 카드 테이블을 탐색하는 장면을 시뮬레이션하는 단순 벤치마크 코드를 작성해보겠습니다.

```
@State(Scope.Benchmark)
@BenchmarkMode(Mode.Throughput)
@Warmup(iterations = 5, time = 1, timeUnit = TimeUnit.SECONDS)
@Measurement(iterations = 5, time = 1, timeUnit = TimeUnit.SECONDS)
@OutputTimeUnit(TimeUnit.SECONDS)
@Fork(1)
public class SimulateCardTable {

    // 올드 세대는 힙의 3/4을 차지하며, 1G 올드 세대에 카드 테이블은 2M 필요함
    private static final int SIZE_FOR_20_GIG_HEAP = 15 * 2 * 1024 * 1024;

    private static final byte[] cards = new byte[SIZE_FOR_20_GIG_HEAP];

    @Setup
```

```
    public static final void setup() {
        final Random r = new Random(System.nanoTime());
        for (int i=0; i<100_000; i++) {
            cards[r.nextInt(SIZE_FOR_20_GIG_HEAP)] = 1;
        }
    }

    @Benchmark
    public int scanCardTable() {
        int found = 0;
        for (int i=0; i<SIZE_FOR_20_GIG_HEAP; i++) {
            if (cards[i] > 0)
                found++;
        }
        return found;
    }
}
```

실행 결과는 다음과 같습니다.

```
Result "scanCardTable":
  108.904 ±(99.9%) 16.147 ops/s [Average]
  (min, avg, max) = (102.915, 108.904, 114.266), stdev = 4.193
  CI (99.9%): [92.757, 125.051] (assumes normal distribution)


# Run complete. Total time: 00:01:46

Benchmark                          Mode  Cnt    Score    Error  Units
SimulateCardTable.scanCardTable  thrpt    5  108.904 ± 16.147  ops/s
```

결과를 보니 20기가바이트 힙의 카드 테이블을 탐색하는 시간은 10밀리초 정도입니다. 스레드 하나를 실행한 수치지만, 대략 영 수집 중단 시간의 최저치를 가늠해 볼 수 있습니다.

지금까지 대부분의 수집기에 고루 해당되는 일반적인 기법들을 살펴봤습니다. 이제 수집기별로 특화된 튜닝 방법을 알아보겠습니다.

8.4 Parallel GC 튜닝

Parallel GC는 가장 단순한 수집기라서 튜닝 역시 제일 쉽습니다. 사실, 최소한의 튜닝만으로도 충분합니다. 이 수집기의 목표와 트레이드오프는 뚜렷합니다.

- 풀 STW
- GC 처리율이 높고 계산 비용이 싸다.
- 부분 수집이 일어날 가능성은 없다.
- 중단 시간은 힙 크기에 비례하여 늘어난다.

이와 같은 특성들이 별문제가 안 되는 애플리케이션에서는 (특히, 힙이 4기가바이트 이하로 작을 경우) Parallel GC가 아주 효과적인 선택입니다.

과거에는 다음과 같은 크기 플래그를 적용해 다양한 메모리 풀의 상대적 크기를 조정했던 애플리케이션도 있습니다.

표 8-5 예전 GC 힙 크기 조정 플래그

플래그	작용
-XX:NewRatio=<n>	(옛 플래그) 영 세대/전체 힙 비율
-XX:SurvivorRatio=<n>	(옛 플래그) 서바이버 공간/영 세대 비율
-XX:NewSize=<n>	(옛 플래그) 최소 영 세대 크기
-XX:MaxNewSize=<n>	(옛 플래그) 최대 영 세대 크기
-XX:MinHeapFreeRatio	(옛 플래그) 팽창을 막기 위한 GC 이후 최소 힙 여유 공간 비율(%)[112]
-XX:MaxHeapFreeRatio	(옛 플래그) 수축을 막기 위한 GC 이후 최대 힙 여유 공간 비율(%)[113]

다음은 SurvivorRatio, NewRatio, 전체 힙 크기의 관계를 나타낸 수식입니다.

112 역자주_ 기본값은 40. 즉, 힙 여유 공간이 40% 이하로 떨어지면 이 수치를 40%로 맞추기 위해 (최대 허용 크기보다는 작게) 힙이 팽창됩니다.

113 역자주_ 기본값은 70. 즉, 힙 여유 공간이 70% 이상으로 늘어나면 이 수치를 70%로 맞추기 위해 (최소 허용 크기보다는 크게) 힙이 수축됩니다.

```
플래그 세트:

-XX:NewRatio=N
-XX:SurvivorRatio=K

영 세대 = 1 / (N + 1) x 힙
올드 세대 = N / (N + 1) x 힙

에덴 = (K – 2) / K x 힙
서바이버1 = 1 / K x 힙
서바이버2 = 1 / K x 힙
```

대부분의 최신 애플리케이션은 사람보다 프로그램이 크기를 알아서 잘 결정하기 때문에 이렇게 명시적으로 크기를 설정하는 일은 삼가는 게 좋습니다. 이런 스위치는 Parallel GC에서 어쩔 수 없는 경우, 최후의 수단으로만 사용합니다.

8.5 CMS 튜닝

CMS는 튜닝이 까다롭기로 소문난 수집기입니다. 그도 그럴 것이, CMS로 최상의 성능을 얻는 과정에는 여러 가지 복잡성과 트레이드오프가 있습니다.

'중단 시간은 나쁘다, 고로 동시 마킹 수집기가 좋다'는 단순 선입관에 사로잡힌 개발자가 많은 것 같습니다. CMS처럼 중단 시간이 짧은 수집기는 정말로 STW 중단 시간을 단축시켜야 하는 유스케이스에 한해 어쩔 수 없을 때만 사용해야 합니다. 안 그러면 딱히 이렇다 할 애플리케이션 성능 향상도 못 본 채, 팀원 모두 튜닝하기 힘든 수집기를 붙들고 고생할 테니까요.

CMS 플래그의 가짓수는 실로 방대합니다. (Java 8u131 기준 100여개) 어찌 됐건 플래그 값을 바꾸면 성능이 좋아지지 않을까 유혹에 빠지기 쉽지만, 4장에서 필자가 언급했던 안티패턴의 늪에 빠질 우려가 있습니다.

- 스위치 만지작거리기
- 민간 튜닝
- 숲을 못 보고 나무만 보다

분별 있는 성능 엔지니어라면 이러한 인지 함정의 희생양이 되지 않도록 단호히 유혹을 거부해야 합니다.

CAUTION_ 실제로 CMS를 사용하는 대부분의 애플리케이션에서 플래그 값을 바꾼다고 눈에 띄게 성능이 개선되는 경우는 흔치 않습니다.

그럼에도 CMS 성능을 개선하기(또는 수용할 만한 성능을 얻기) 위해 위험을 무릅쓰고 튜닝을 감행해야 할 때도 있겠죠. 먼저, 처리율부터 봅시다.

CMS 수집이 일어나면 기본적으로 코어 절반은 GC에 할당되므로 애플리케이션 처리율은 그만큼 반토막 납니다. 여기서 한 가지 유용한 경험 법칙은 CMF 발생 직전의 수집기 상태를 살펴보는 것입니다.

CMS 수집이 끝나자마자 곧바로 새 CMS 수집이 시작되는 **백투백** 수집 현상은 동시 수집기가 얼마 못 가 고장날 거라는 신호입니다. 애플리케이션의 메모리 할당 속도가 회수 속도를 능가하면서 결국 CMF가 일어나겠죠.

백투백 현상이 일어나면 사실상 전체 애플리케이션 실행 처리율은 50%나 떨어집니다. 성능 엔지니어는 튜닝할 때 이런 최악의 상황이 발생해도 괜찮은지 일단 고민해보고, 괜찮지 않다면 호스트에 코어 수를 늘리는 해결 방안을 모색해야 합니다.

CMS 수집 중 GC에 할당된 코어 수를 줄이는 방법도 있습니다. 물론 그만큼 수집 수행 CPU 시간이 줄어들고 부하 급증 시 애플리케이션의 회복력이 떨어지는(결국 CMF에 더 취약해짐) 위험은 감수해야 합니다. 동시 GC 스레드 개수는 다음 스위치로 조절합니다.

```
-XX:ConcGCThreads=<n>
```

디폴트 설정 상태에서 애플리케이션이 충분히 신속하게 메모리를 회수하지 못하는 경우에 GC 스레드 수를 줄이면 상황이 더욱 악화될 뿐입니다.

CMS에서 STW는 두 단계에서 발생합니다.

초기 마킹

GC 루트가 직접 가리키는 내부 노드를 마킹한다.

재마킹

카드 테이블을 이용해 조정 작업이 필요한 객체를 식별한다.

따라서 모든 애플리케이션 스레드는 CMS가 한번 일어날 때마다 반드시 2회 멈추는데, 세이프포인트에 예민한 저지연 애플리케이션에서는 중요한 영향을 미칠 수 있습니다.

다음 두 플래그를 함께 적용하면 도움이 됩니다.

```
-XX:CMSInitiatingOccupancyFraction=<n>
-XX:+UseCMSInitiatingOccupancyOnly
```

할당률이 오락가락하는 상황에서 겪게 될 딜레마를 잘 나타낸 플래그들이죠.

`CMSInitiatingOccupancyFraction`(CMS 초기 점유율)는 CMS가 언제 수집을 시작할지 설정하는 플래그입니다. CMS가 실행되면 영 수집을 통해 올드 영역으로 승격되는 객체들을 수용할 여유 공간이 필요합니다.

다른 핫스팟 GC도 마찬가지지만, 여유 공간 역시 JVM 자체 수집한 통계치에 따라 그 크기가 조정되지만, 첫 번째 CMS를 가동시킬 추정치를 `CMSInitiatingOccupancyFraction` 플래그에 미리 정해놓는 겁니다. 기본적으로 최초의 CMS 풀 GC는 힙이 75% 찼을 때 시작됩니다.

`UseCMSInitiatingOccupancyOnly` 플래그를 함께 설정하면 초기 점유 공간을 동적 크기 조정하는 기능이 꺼집니다. 이 플래그는 함부로 켜면 안 됩니다. 그런데 실제로 (매개변수 값을 75 이상으로) 여유 공간을 줄일 일은 거의 없습니다.

할당률이 심하게 튀는bursty CMS 애플리케이션이라면 여유 공간을 늘리고(매개변수 값을 줄이고) 능동적 크기 조정adaptive sizing 기능을 끄는 전략을 구사하겠죠. CMS의 동시 GC를 더 자주 일으키는 대가를 치르더라도 CMF를 줄여보자는 것입니다.

8.5.1 단편화로 인한 CMF

튜닝 분석에 필요한 데이터가 GC 로그에만 존재하는 다른 사례입니다. **프리 리스트 통계치**를 바탕으로 언제 JVM에서 (힙 단편화로 인한) CMF가 발생할지 미리 알 수는 없을까요? 이런 종류의 CMF는 7.2.1절에서도 살펴봤듯이 CMS가 관리하는 프리 리스트 때문에 발생합니다.

다음 JVM 스위치를 추가하면,

```
-XX:PrintFLSStatistics=1
```

GC 로그에 몇몇 추가 정보가 표시됩니다 (Statistics for `BinaryTreeDictionary` 벤치마크 자료임).

```
Total Free Space: 40115394
(총 프리 공간)

Max Chunk Size: 38808526
(최대 청크 크기)

Number of Blocks: 1360
(블록 개수)

Av. Block Size: 29496
(평균 블록 크기)

Tree Height: 22
(트리 높이)
```

평균 블록 크기와 최대 청크 크기를 보니 메모리 청크의 크기 분포를 대략 짐작할 수 있습니다. 덩치 큰 라이브 객체를 테뉴어드로 옮기려고 하는데 그만한 크기의 청크가 바닥난 경우, GC 승격이 악화되어 결국 CMF로 이어지겠죠.

JVM은 다시 Parallel GC로 돌아가 힙을 압착하고 프리 리스트를 병합하며 STW 중단은 길어질 것입니다. 실시간으로 분석하면 이러한 시간이 긴 중단이 임박했음을 미리 알 수 있어 좋습니다. 로그를 파싱하거나 센섬 같은 툴을 써서 CMF에 근접했다는 사실을 자동 감지할 수 있지요.

8.6 G1 튜닝

엔드 유저가 최대 힙 크기와 최대 GC 중단 시간을 간단히 설정하면 나머지는 수집기가 알아서 처리하게 하는 것이 G1 튜닝의 최종 목표입니다. 그러나 아직 현실은 조금 동떨어져 있습니다.

CMS처럼 G1도 구성 옵션이 꽤 많지만, 그중에는 여전히 실험적이고 VM 내부에서 (가시적인 튜닝 지표 측면에서) 잘 드러나지 않는 것들도 있습니다. 튜닝을 해서 뭔가 바뀌도 어떤 영향을 미칠지 알아차리기가 어려운 거죠. 그래도 이런 옵션을 지정해서 튜닝해야 할 경우(이미 현재 튜닝 시나리오에 포함되어 있다면) 다음 스위치를 반드시 지정합니다.

```
-XX:+UnlockExperimentalVMOptions
```

특히, 이 스위치는 -XX:G1NewSizePercent=<n>나 -XX:G1MaxNewSizePercent=<n>을 사용할 경우 꼭 필요합니다. 언젠가 이런 옵션도 당연하게 인식돼서 실험적인 옵션들은 불필요해지겠지만 아직 확실한 로드맵은 없습니다.

[그림 8-7]은 자바FX 애플리케이션으로 G1 힙의 영역별 모습을 그린 재미난 이미지입니다.

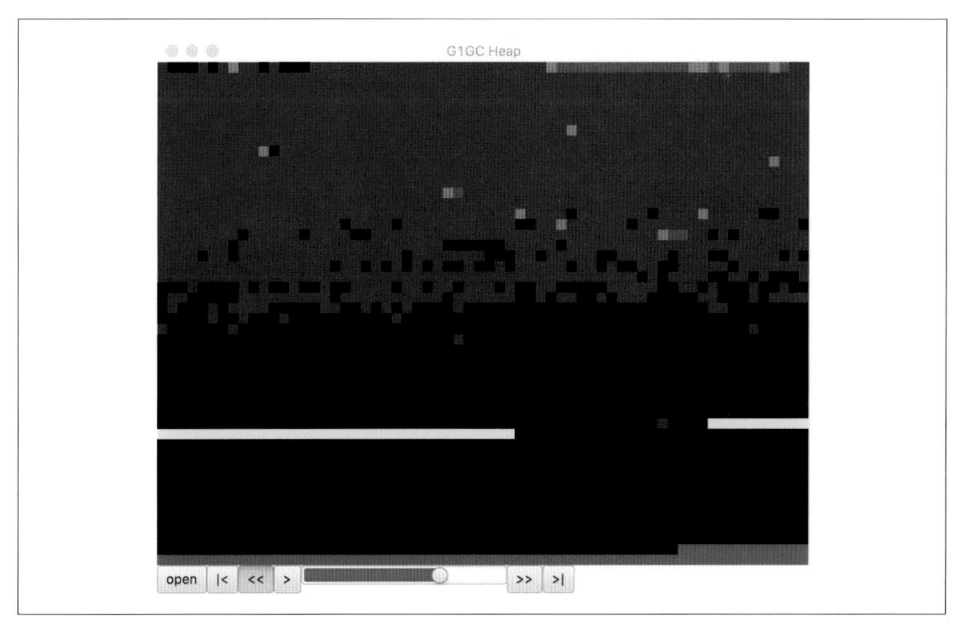

그림 8-7 G1 힙을 영역별로 시각화

G1 GC 로그를 파싱해서 G1 힙의 영역별 레이아웃을 시각화하는 작은 오픈 소스 자바FX 애플리케이션입니다. 커크 페퍼다인Kirk Pepperdine이 개발했고 깃허브에서 소스 코드를 얻을 수 있습니다. 이 책을 쓰고 있는 지금도 활발히 개발되고 있습니다.

G1 튜닝에서 가장 큰 문제는, 이 수집기가 처음 등장한 이후로 내부적으로 상당히 많이 변화를 겪었다는 사실입니다. 따라서 초창기 G1에 관한 글들은 지금은 맞지 않는 경우가 많아서 섣불리 민간 튜닝을 하면 심각한 문제가 발생할 수 있습니다.

G1은 자바 9부터 디폴트 수집기로 격상되기 때문에 성능 엔지니어는 어쩔 수 없이 G1 튜닝 문제도 함께 다루어야 합니다. 그런데 이 책을 쓰는 아직도 베스트 프랙티스가 속속 쏟아지고 있는 난감한 상황입니다.

따라서 이 절은 일부 개선이 이루어진 부분과 G1이 확실히 CMS를 능가할 것으로 전망되는 부분만 짚어보는 거로 마무리하겠습니다. CMS는 압착을 하지 않으므로 시간이 갈수록 힙은 단편화됩니다. 그러다 결국 CMF가 발생하고 JVM은 (상당히 긴 STW 중단을 유발하는) 풀 병렬 수집을 단행하겠죠.

G1 수집기는 할당률에 뒤처지지 않는 한 계속 조금씩 압착하므로 CMF가 일어날 가능성은 전혀 없습니다. 어떤 애플리케이션에서 할당률이 계속 높은 상태로 대부분 단명 객체가 생성되고 있다면 다음 튜닝을 고려해봄 직합니다.

- 영 세대를 크게 설정한다.
- 테뉴어드 한계치를 최대 15 정도로 늘려 잡는다.
- 애플리케이션에서 수용 가능한 최장 중단 시간 목표를 정한다.

이와 같이 에덴 및 서바이버 영역을 구성하면 순수 단명 객체가 승격될 가능성이 현저히 줄어듭니다. 올드 세대압도 낮아지고 올드 영역을 정리할 일도 줄겠죠. 사실, GC 튜닝 세계에서 100% 장담할 수 있는 건 거의 없습니다. 그래도 힙을 튜닝하는 수고는 따르지만 G1이 CMS보다 월등히 낫다는 사실을 보여주는 워크로드 사례입니다.

8.7 jHiccup

jHiccup(제이히컵)은 5.3.2절에서 배운 HdrHistogram과 연관된 툴로, 깃허브에서 내려받을 수 있습니다. JVM이 연속적으로 실행되지 못한 지점, 즉 '히컵hiccup(딸꾹질)'을 보여주는 계측 도구입니다. 히컵을 일으키는 가장 흔한 원인은 GC STW 중단이지만, OS나 플랫폼 관련 문제 때문에 발생하기도 합니다. 따라서 jHiccup은 GC 튜닝에도 좋지만 초저지연ultra-low-latency 작업을 할 때 유용합니다.

jHiccup이 어떻게 작동하는지는 7.5절에서 셰난도아 수집기를 소개하고 다른 수집기와의 성능 대조 그래프를 소개할 때 설명한 바 있습니다(그림 7-9).

NOTE_ jHiccup 원작자(질 테네)는 원래 핫스팟이 아줄 징 JVM보다 못한 점을 부각시키려고 이 툴을 개발했노라 흔쾌히 인정했지만, 핫스팟을 튜닝할 때에도 요긴한 아주 쓸모있는 툴입니다.

jHiccup은 자바 명령줄에서 `-javaagent:jHiccup.jar`를 지정해 자바 에이전트로 사용합니다. (다른 명령줄 툴처럼) Attach API로도 사용할 수 있습니다. 형식은 이렇습니다.

```
jHiccup -p <프로세스 ID>
```

실행 중인 애플리케이션에 jHiccup을 주입하는 명령입니다.

jHiccup은 HdrHistogram의 입력 데이터로 사용 가능한 히스토그램 로그 형식으로 결과를 출력합니다. 실제로 어떤 모습인지 6.6절에서 보았던 할당 애플리케이션 모델을 다시 살펴봅시다.

간단한 쉘 스크립트를 작성해서 애플리케이션에 GC 로깅 플래그를 정확히 설정하고 jHiccup을 에이전트로 실행합시다.

```
#!/bin/bash

# Simple script for running jHiccup against a run of the model toy allocator

CP=./target/optimizing-java-1.0.0-SNAPSHOT.jar

JHICCUP_OPTS=
```

```
  -javaagent:~/.m2/repository/org/jhiccup/jHiccup/2.0.7/jHiccup-2.0.7.jar

GC_LOG_OPTS="-Xloggc:gc-jHiccup.log -XX:+PrintGCDetails -XX:+PrintGCDateStamps
  -XX:+PrintGCTimeStamps -XX:+PrintTenuringDistribution"

MEM_OPTS="-Xmx1G"

JAVA_BIN=`which java`

if [ $JAVA_HOME ]; then
    JAVA_CMD=$JAVA_HOME/bin/java
elif [ $JAVA_BIN ]; then
    JAVA_CMD=$JAVA_BIN
else
    echo "For this command to run, either $JAVA_HOME must be set, or java must be
    in the path."
    exit 1
Fi

exec $JAVA_CMD -cp $CP $JHICCUP_OPTS $GC_LOG_OPTS $MEM_OPTS
  optjava.ModelAllocator
```

스크립트 실행 결과, GC 로그와 더불어 jHiccup에 내장된 `jHiccupLogProcessor` 툴에 입력 데이터로 활용하기 좋은 *`.hlog`* 파일이 생성됩니다. [그림 8-8]은 기본 jHiccup 뷰입니다.

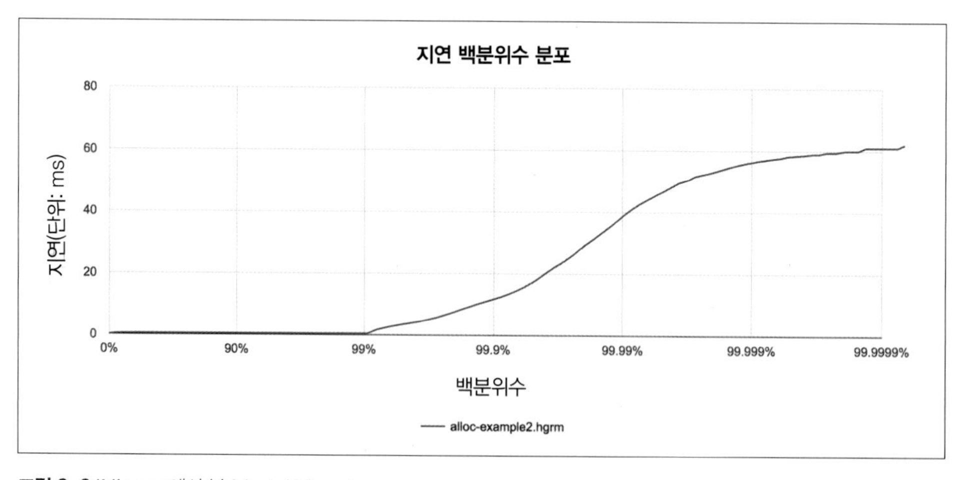

그림 8-8 jHiccup에서 본 ModelAllocator

다음과 같이 아주 간단한 jHiccup 명령을 실행해서 얻은 그래프입니다.

```
jHiccupLogProcessor -i hiccup-example2.hlog -o alloc-example2
```

이외에도 쓸만한 스위치가 많이 있으니 다음 명령으로 전체 옵션을 확인하세요.

```
jHiccupLogProcessor -h
```

성능 엔지니어는 같은 애플리케이션이라도 여러 가지 뷰를 파악하면서 완벽을 기해야 할 때가 많습니다. 이번에는 센섬에서 얻은 그래프입니다(그림 8-9).

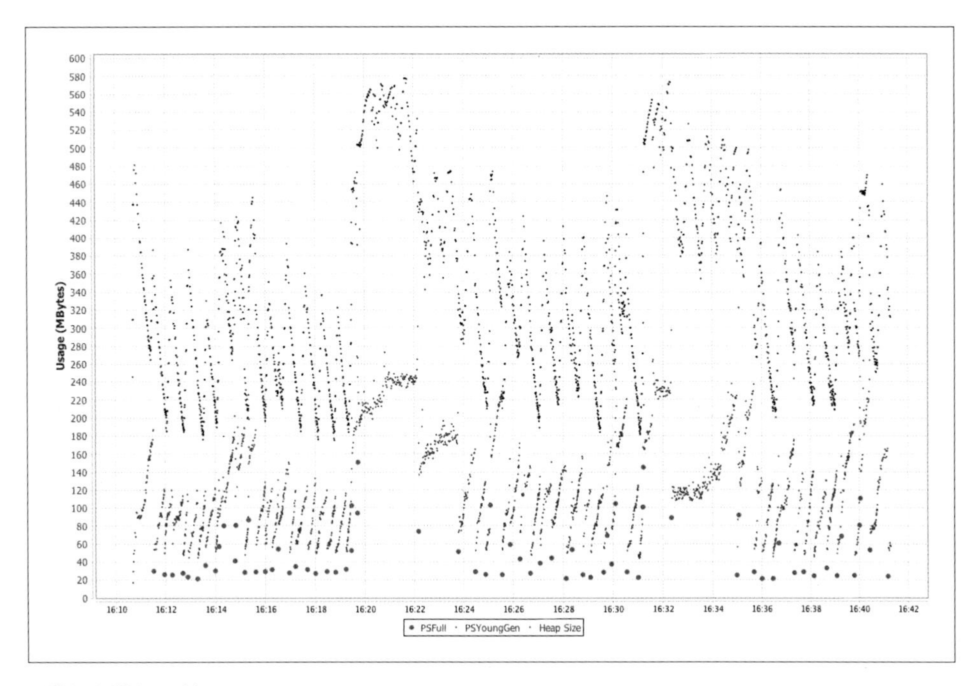

그림 8-9 센섬으로 본 ModelAllocator

GC 회수 후 힙 크기 그래프를 보면 핫스팟이 힙 크기 재조정을 시도했으나 안정된 상태에 이르지 못한 모습입니다. 이런 현상은 ModelAllocator 같은 단순한 애플리케이션에서도 자주 일어납니다. 이처럼 JVM은 매우 동적인 환경이라서 개발자가 GC 기술을 너무 지나치게 저수준까지 파고들 이유는 없습니다.

끝으로, HdrHistogram과 jHiccup에 관한 기술적인 세부 내용이 궁금한 독자는 닛산 와카트Nitsan Wakart가 게시한 블로그 게시글(*http://psy-lob-saw.blogspot.com/2015/02/hdrhistogram-better-latency-capture.html*)을 한번 읽어보세요.

8.8 마치며

수박 겉핥기지만 GC 튜닝의 세계를 간략히 짚어보았습니다. 개별 수집기에 특정한 기술 위주로 설명했지만, 일반화하여 적용 가능한 기반 기술도 있습니다. GC 로그를 다루는 기본 원칙과 유용한 툴을 살펴보았습니다.

다음 장에서는 애플리케이션 코드를 실행하는 JVM의 또 다른 주요 서브시스템을 집중 조명합니다. 인터프리터를 간략히 살펴본 다음, JIT 컴파일에 대해서, 그리고 표준(즉, AOT) 컴파일과는 어떤 관계가 있는지 알아보겠습니다.

CHAPTER 9

JVM의 코드 실행

JVM이 제공하는 가장 중요한 서비스는 메모리 관리와 사용하기 쉬운 애플리케이션 코드 실행 컨테이너입니다. 가비지 수집은 6~8장에서 자세히 다루었으니 이번 장부터는 코드 실행으로 화제를 돌려보겠습니다.

NOTE_ 표준 자바 구현체가 코드를 실행하는 방법은 보통 VMSpec이라고 부르는 자바 가상 머신 명세에 기술되어 있습니다.

VMSpec을 보면 인터프리터로 자바 바이트코드를 실행하는 사양이 나오지만, 인터프리터로 해석하여 구동하는 환경은 대체로 기계어를 직접 실행하는 프로그래밍 환경보다 성능이 떨어집니다. 그래서 대부분의 최신 제품급 자바 환경은 동적 컴파일 기능을 통해 이 문제를 해결합니다.

바로 2장에서도 소개한 JIT 컴파일 기법입니다. JVM이 실행 중인 메서드를 지켜보고 있다가 직접 실행 가능한 코드로 컴파일할 메서드를 분별하는 메커니즘이죠.

이 장에서는 바이트코드 해석을 간략히 살펴본 다음, 여러분이 익숙한 다른 인터프리터와 핫스팟의 차이점을 알아봅니다. 이어서 프로파일 기반 최적화의 기초 개념을 다루고 코드 캐시 및 핫스팟 컴파일 서브시스템의 기본적인 내용을 다룹니다.

다음 장에서는 핫스팟에서 가장 일반적인 최적화 이면에 숨겨진 메커니즘, 즉 매우 빠른 컴파일드 메서드를 어떻게 생성하고 튜닝은 어느 정도까지 가능한지, 그 한계점은 무엇인지 설명합니다.

9.1 바이트코드 해석

2.1절에서 간단히 살펴봤듯이 JVM 인터프리터는 일종의 스택 머신stack machine처럼 작동하므로 물리적 CPU와는 달리 계산 결과를 바로 보관하는 레지스터는 없습니다. 대신, 작업할 값은 모두 평가 스택에 놓고 스택 머신 명령어로 스택 최상단에 위치한 값을 변환하는 식으로 작동합니다.

JVM은 다음 세 공간에 주로 데이터를 담아 놓습니다.

- **평가 스택**: 메서드별로 하나씩 생성된다.
- **로컬 변수**: 결과를 임시 저장한다(특정 메서드별로 존재한다).
- **객체 힙**: 메서드끼리, 스레드끼리 공유된다.

[그림 9-1~9-5]는 자바 프로그래머가 쉽게 이해할 수 있게 평가 스택을 이용해 계산하는 VM 작업을 의사코드 형태로 나타낸 것입니다.

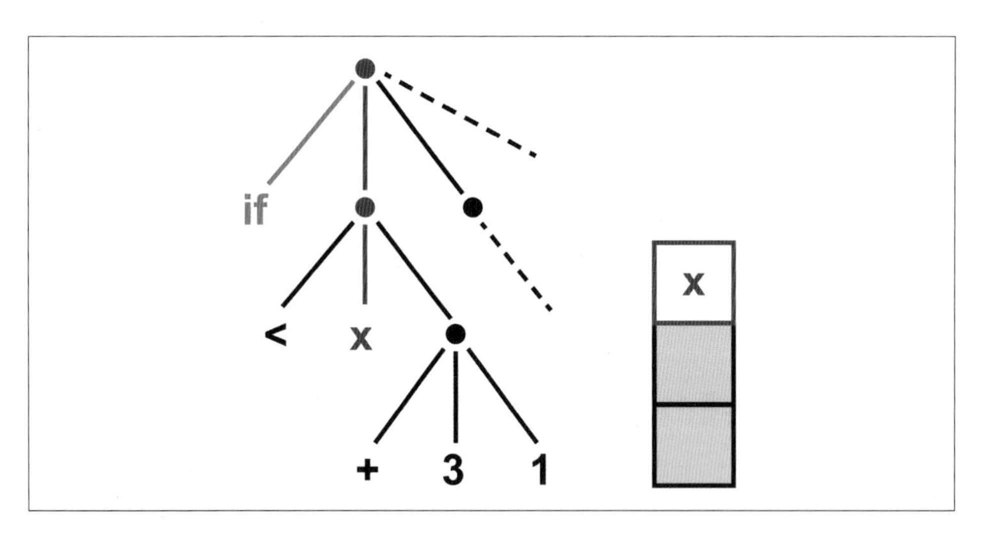

그림 9-1 초기 해석 상태

인터프리터는 우측 서브트리를 계산해서 x 콘텐츠와 비교할 값을 결정합니다.

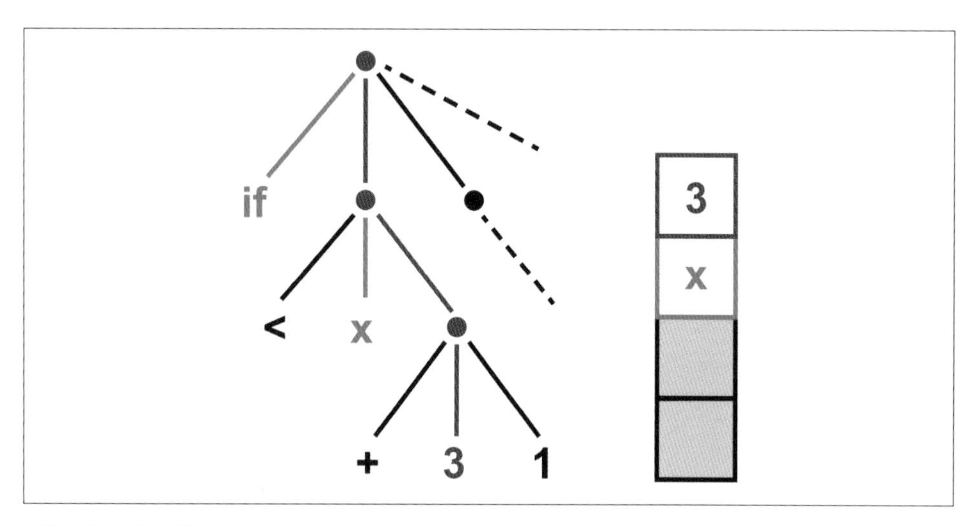

그림 9-2 서브트리 평가

다음 서브트리 제일 앞에 있는 값(정수형 상수 3)이 스택에 로드됩니다.

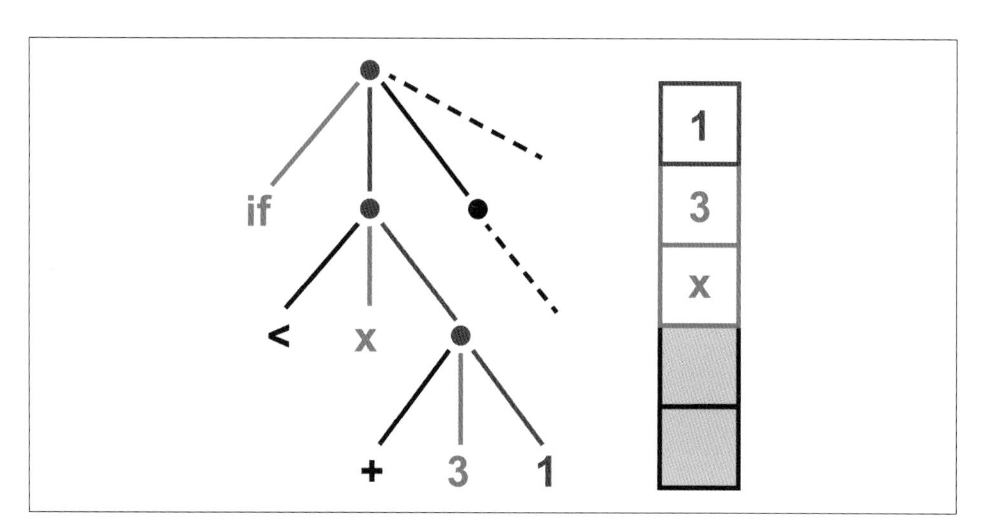

그림 9-3 서브트리 평가

이제 또 다른 정숫값 1도 스택에 로드됩니다. 실제 JVM에서 이런 값들은 클래스 파일의 상수 영역에서 로드되겠죠.

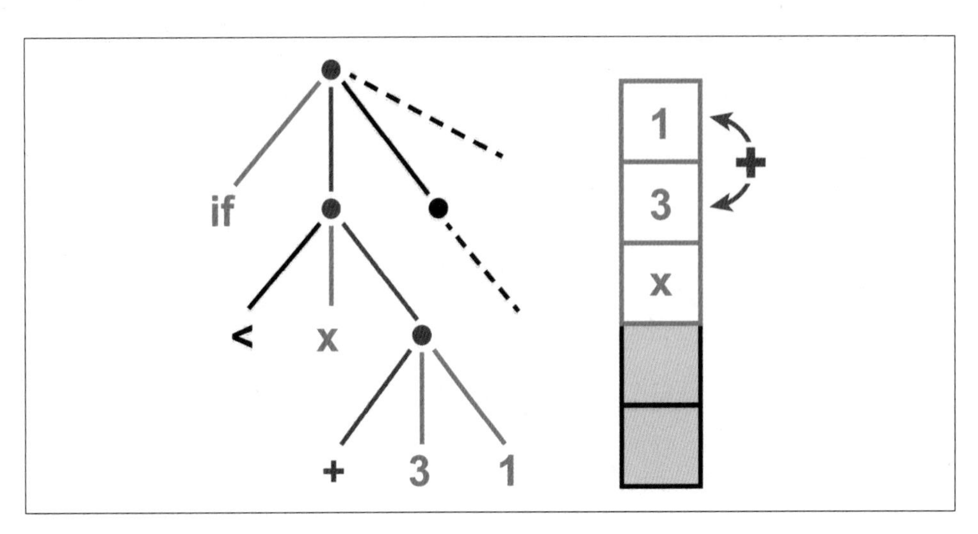

그림 9-4 서브트리 평가

그리고 스택 위에 나란히 얹어놓은 두 원소를 더하고 싹 지운 다음, 덧셈 결괏값으로 대체합니다.

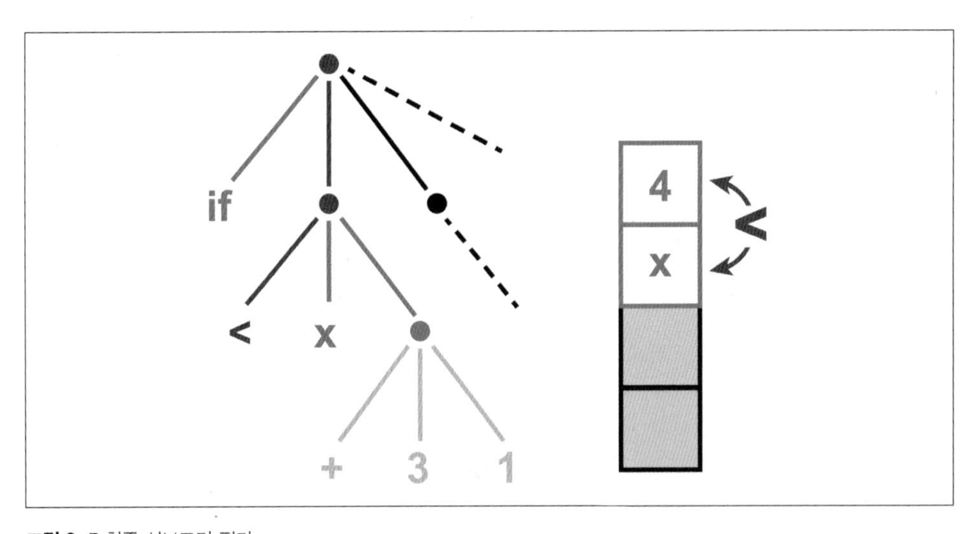

그림 9-5 최종 서브트리 평가

이제 이 덧셈 결괏값을, 다른 서브트리를 평가하는 내내 평가 스택에 있었던 x와 비교합니다.

9.1.1 JVM 바이트코드 개요

JVM에서 각 스택 머신 작업 코드(옵코드)는 1바이트로 나타냅니다(그래서 이름도 바이트코드입니다). 따라서 옵코드는 0부터 255까지 지정 가능하며, 그중에서 약 200개를 사용하고 있습니다(자바 10 버전 기준).

바이트코드 명령어는 스택 상단에 위치한 두 값의 기본형을 구분할 수 있게 표기합니다(예를 들어, `iadd`와 `dadd`는 각각 `int`값과 `double`값).

> **NOTE_** 바이트코드 명령어는 대부분, 한쪽은 각 기본형, 다른 한쪽은 참조형으로 쓸 수 있게 '패밀리(군, 집단)' 단위로 구성됩니다.

예를 들어, `store` 패밀리는 명령어마다 제각기 의미가 있습니다. `dstore`는 '스택 상단을 `double`형 지역 변수로 스토어하라', `astore`는 '스택 상단을 참조형 지역 변수로 스토어하라'는 뜻이죠. 둘 다 지역 변수와 주어진 값의 타입이 서로 맞아야 합니다.

자바는 처음부터 이식성을 염두에 두고 설계된 언어입니다. 그래서 JVM은 **빅 엔디언**big endian, **리틀 엔디언**little endian 하드웨어 아키텍처 모두 바이트코드 변경없이 실행 가능하도록 명세에 규정되어 있습니다. 따라서 JVM 바이트코드는 (반대쪽 엔디언을 따르는 하드웨어에서도 소프트웨어상의 차이점을 처리해야 하므로) 둘 중 어느 엔디언을 따를지 결정해야 합니다.

> **TIP_** 바이트코드는 빅 엔디언이므로 최상위 바이트most significant byte(MSB)가 가장 먼저 옵니다.

`load` 같은 옵코드 군에는 **단축형**shortcut form이 있어서 인수를 생략할 수 있고 그만큼 클래스 파일의 인수 바이트 공간을 절약할 수 있습니다. 특히, 현재 객체(즉, `this`)를 스택 상단에 넣는 `aload_0` 같은 명령어는 워낙 자주 쓰여서 클래스 파일 크기가 상당히 줄어듭니다.

자바 플랫폼 초창기에는 자바 클래스 파일의 크기를 최대한 압축시키는 문제가 꽤 중요한 설계 결정design decision이었습니다. 클래스 파일(애플릿applet)을 14.4Kbps 모뎀을 통해 내려받아야 했으니까요.

> **NOTE_** 자바 1.0 이후 새로 추가된 옵코드는 `invokedynamic` 하나뿐입니다. `jsr`과 `ret` 두 옵코드는 디프리케이트됐습니다.

단축형 명령어, 타입별 명령어를 쓰다보니 필요한 옵코드 개수가 급증했고 여러 옵코드가 개념상 동일한 작업을 나타내는 경우도 있습니다. 그래서 사실 바이트코드는 개념적으로는 아주 단순하지만, 바이트코드로 나타낼 수 있는 기본 작업보다 훨씬 많은 옵코드가 할당되어 있습니다.

자, 그럼 주요 바이트코드를 하나씩 유형별로 살펴보겠습니다. 앞으로 표시하는 테이블에서 c1은 2바이트짜리 상수 풀 인덱스, i1은 현재 메서드의 지역 변수이고, 괄호는 해당 옵코드 패밀리 중 단축형을 지닌 옵코드가 있음을 의미합니다.

먼저, 스택에 데이터를 넣고 빼는 옵코드로 구성된 로드/스토어 카테고리입니다. 상수 풀에서 데이터를 로드하거나 스택 상단을 힙에 있는 객체 필드에 저장하는 등의 작업을 합니다.

표 9-1 로드/스토어 카테고리

패밀리 명	인수	설명
load	(i1)	지역 변수 i1 값을 스택에 로드한다.
store	(i1)	스택 상단을 지역 변수 i1에 저장한다.
ldc	c1	CP#c1이 가리키는 값을 스택에 로드한다.
const		단순 상숫값을 스택에 로드한다.
pop		스택 상단에서 값을 제거한다.
dup		스택 상단에 있는 값을 복제한다.
getField	c1	스택 상단에 위치한 객체에서 CP#c1이 가리키는 필드명을 찾아 그 값을 스택에 로드한다.
putField	c1	스택 상단의 값을 CP#c1이 가리키는 필드에 저장한다.
getstatic	c1	CP#c1이 가리키는 정적 필드값을 스택에 로드한다.
putstatic	c1	스택 상단의 값을 CP#c1이 가리키는 정적 필드에 저장한다.

ldc와 const는 분명히 구별해야 합니다. ldc는 현재 클래스의 상수 풀에 있는 상수를 로드하는 바이트코드입니다. 스트링, 기본형 상수, 클래스 리터럴, 기타 프로그램 실행에 필요한 (내부) 상수가 여기에 해당되죠.[114]

114 JVM 최신 버전은 최근에 등장한 고급 VM 기법을 지원하는, 더 독특한 상수도 허용합니다.

const는 매개변수 없이 aconst_null, dconst_0, iconst_m1(-1을 로드) 형태로 진짜 상수만 로드하는 옵코드입니다.

다음은 산술 바이트코드입니다. 기본형에만 적용되며 순수하게 스택 기반으로 연산을 수행하므로 인수는 없습니다(표 9-2).

표 9-2 산술 카테고리

패밀리 명	설명
add	스택 상단의 두 값을 더한다.
sub	스택 상단의 두 값을 뺀다.
div	스택 상단의 두 값을 나눈다.
mul	스택 상단의 두 값을 곱한다.
(cast)	스택 상단의 값을 다른 기본형으로 캐스팅(형 변환)한다.
neg	스택 상단의 값을 부정negate한다.[115]
rem	스택 상단의 두 값을 나눈 나머지를 구한다.

[표 9-3]은 흐름을 제어하는 바이트코드입니다. 소스 코드의 순회, 분기문을 바이트코드 수준으로 표현하는 옵코드들이죠. 자바 for, if, while, switch 문을 컴파일하면 모두 이런 흐름 제어 옵코드로 변환됩니다.

표 9-3 흐름 제어 카테고리

패밀리 명	인수	설명
if	(i1)	조건이 참일 경우 인수가 가리키는 위치로 분기한다.
goto	i1	주어진 오프셋으로 무조건 분기한다.
tableswitch		(이 책에서 다루지 않음)
lookupswitch		(이 책에서 다루지 않음)

115 역자주_ 부호가 반대인 값을 구하는 연산. 타입별로 dneg, fneg, lneg, ineg 네 종류가 있습니 다.

NOTE_ tableswitch, lookupswitch는 이 책의 범위를 벗어나므로 다루지 않습니다.

바이트코드가 몇 개 안 되어 보이지만, if 옵코드 패밀리에 속한 옵코드가 상당히 많아서 실제 가짓수는 꽤 됩니다. 2장에서 javap 실행 결과 보았던 if_icmpge(**if-integer-compare-greater-or-equal**) 어떤 정숫값보다 크거나 같으면) 외에도 갖가지 자바 if 문에 대응되는 변형 옵코드들이 많습니다.[116]

jsr, ret 역시 흐름 제어 패밀리에 속한 바이트코드지만 자바 6 이후로 디프리케이트됐습니다. 요즘 자바 플랫폼에서는 더 이상 올바른 옵코드가 아니므로 테이블에서 제외시켰습니다.

[표 9-4]는 가장 중요한 메서드 호출 바이트코드입니다. 자바 프로그램에서 새 메서드로 제어권을 넘기는 유일한 장치죠. 자바 플랫폼은 지역 흐름 제어와 다른 메서드로 제어권을 넘기는 행위를 분명히 구분합니다.

표 9-4 메서드 호출 카테고리

옵코드명	인수	설명
invokevirtual	c1	CP#c1이 가리키는 메서드를 가상 디스패치를 통해 호출한다.
invokespecial	c1	CP#c1이 가리키는 메서드를 '특별한special' 디스패치를 통해(즉, 정확하게exact) 호출한다.
invokeinterface	c1, count, 0	CP#c1이 가리키는 인터페이스 메서드를 인터페이스 오프셋 룩업을 이용해 호출한다.
invokestatic	c1	CP#c1이 가리키는 정적 메서드를 호출한다.
invokedynamic	c1, 0, 0	호출해서 실행할 메서드를 동적으로 찾는다.

JVM 설계 구조상 메서드 호출 옵코드를 명시적으로 사용해야 하므로 기계어에는 이와 동등한 호출 작업이 없습니다.

대신, JVM 바이트코드는 몇 가지 전문 용어를 사용합니다. 호출부call site는 메서드(호출자caller) 내부에서 다른 메서드(피호출자callee)를 호출한 지점입니다. 비정적nonstatic 메서드 호출의 경우,

116 역자주_ 레퍼런스를 비교하는 if_acmpeq, if_acmpne, 두 값을 비교하는 if_icmpeq, if_icmpge, if_icmpgt, if_icmple, if_icmplt, if_icmpne, 0과 비교하는 ifeq, ifge, ifgt, ifle, iflt, ifne, 널 체크하는 ifnonnull, ifnull 옵코드가 있습니다.

어느 객체에 있는 메서드인지 반드시 해석해야(찾아야) 하는데, 이렇게 찾은 객체를 **수신자 객체**receiver object, 이 객체의 런타임 타입을 **수신자 타입**receiver type이라고 합니다.

> **NOTE_** 정적 메서드 호출은 항상 `invokestatic`으로 컴파일되며 수신자 객체는 없습니다.

VM 수준에서 들여다 보는 일이 낯선 자바 프로그래머에겐, 자바 객체가 메서드 호출을 할 때 실제 호출 컨텍스트에 따라 세 바이트코드(`invokevirtual`, `invokespecial`, `invokeinterface`) 중 하나로 바뀐다는 사실이 뜻밖일 것입니다.

> **TIP_** 간단한 자바 코드를 작성해서 `javap`로 역어셈블disassemble해보면 어떤 조건일 때 특정 바이트코드로 바뀌는지 바로 확인할 수 있어 좋습니다.

인스턴스 메서드 호출은 보통 `invokevirtual`로 변환되며, 자바 인터페이스에 선언된 메서드를 호출할 경우 `invokeinterface`로 바뀝니다. 또 컴파일 타임에 디스패치할 메서드를 특정할 수 있는 경우(즉, 프라이빗 메서드나 슈퍼클래스 호출) `invokespecial` 명령어로 컴파일됩니다.

그럼, `invokedynamic`은 어떻게 이 카테고리에 합류하게 됐을까요? 짧게 답하면, 10 버전인 지금도 자바는 언어상에서 이 명령어를 직접 지원하지 않습니다.

사실, 자바 7에서 `invokedynamic`이 처음 등장했을 때 이 새로운 바이트코드를 `javac`가 강제로 내어놓게 할 방법이 없었습니다. 사실, 애초에 `invokedynamic`은 장기적인 실험 및 논자바non-Java 동적 언어(특히, **제이루비**JRuby)를 지원하고자 추가된 기술이었습니다.

그런데, 자바 8 이후로 `invokedynamic`은 자바 언어의 핵심으로 급부상했고 자바 언어의 고급 기능을 지원하는 데 활용되고 있습니다. 다음 코드는 자바 8 람다를 사용한 간단한 예제입니다.

```
public class LambdaExample {
    private static final String HELLO = "Hello";

    public static void main(String[] args) throws Exception {
        Runnable r = () -> System.out.println(HELLO);
        Thread t = new Thread(r);
```

```
        t.start();
        t.join();
    }
}
```

이 단순 람다 표현식을 컴파일하면 다음 바이트코드로 바뀝니다.

```
public static void main(java.lang.String[]) throws java.lang.Exception;
  Code:
     0: invokedynamic #2,  0  // InvokeDynamic #0:run:()Ljava/lang/Runnable;
     5: astore_1
     6: new           #3      // class java/lang/Thread
     9: dup
    10: aload_1
    11: invokespecial #4      // Method java/lang/Thread.
                              //          "<init>":(Ljava/lang/Runnable;)V
    14: astore_2
    15: aload_2
    16: invokevirtual #5      // Method java/lang/Thread.start:()V
    19: aload_2
    20: invokevirtual #6      // Method java/lang/Thread.join:()V
    23: return
```

아직 아무것도 모르는 분들도 invokedynamic 명령어 형식을 잘 보면 어떤 메서드가 호출되고 그 결괏값이 스택에 놓여진다는 사실은 알 수 있을 겁니다.

바이트코드를 좀 더 파헤쳐 보면 짐작대로 이 값은 바로 람다 표현식을 가리키는 객체 레퍼런스입니다. 이 객체 레퍼런스는 invokedynamic 명령어에 의해 호출되는 플랫폼 팩토리 메서드가 생성합니다. 이런 호출 과정 덕분에 클래스의 상수 풀에서 확장된 엔트리를 참조하여 런타임에 동적으로 호출할 수 있게 된 거죠.

자바 프로그래머 입장에서는 invokedynamic 유스케이스로 람다 표현식만큼 확실한 건 없겠지만, 그밖에도 이 옵코드는 제이루비, 내쉬혼Nashorn(자바스크립트)처럼 JVM에서 작동하는 논자바 언어를 비롯해 점점 더 많은 자바 프레임워크에서 사용되고 있습니다. 많은 사람에게 이 명령어는 그냥 호기심의 대상일지 몰라도 성능 엔지니어는 정확히 알고 있어야 합니다. invokedynamic에 대한 내용은 뒷부분에 다시 나옵니다.[117]

117 역자주_ invokedynamic는 자바 7부터 지원하기 시작한 메서드 핸들(Method Handle) API와 긴밀히 맞물려 동작하므로 자세한 메커니즘이 궁금한 독자는 [메서드 핸들, 11장]을 먼저 읽고 관련 자료를 검색해보시기 바랍니다.

마지막으로, 플랫폼 옵코드입니다. 객체별로 힙 저장 공간을 새로 할당하거나, 고유 락(동기화 시 사용하는 모니터)을 다루는 명령어들입니다.

표 9-5 플랫폼 카테고리

옵코드명	인수	설명
new	c1	CP#c1이 가리키는 타입의 객체에 공간을 할당한다.
newarray	prim	기본형 배열에 공간을 할당한다.
anewarray	c1	CP#c1이 가리키는 타입의 객체 배열에 공간을 할당한다.
arraylength		스택 상단에 위치한 객체를 그 길이로 치환한다.
monitorenter		스택 상단의 객체 모니터를 잠금한다.
monitorexit		스택 상단의 객체 모니터를 잠금 해제한다.

newarray 및 anewarray는 옵코드 실행 시 할당할 배열 길이가 스택 상단에 놓여져 있어야 합니다.

바이트코드는 구현 복잡도에 따라 대단위coarse-grained 바이트코드와 소단위fine-grained 바이트코드로 명확히 구분됩니다.

가령, 산술 연산은 매우 소단위 작업이고 핫스팟에서 순수 어셈블리어로 구현되는 반면, 대단위 연산(이를테면, 상수 풀 룩업, 특히 메서드 디스패치가 필요한 작업들)은 핫스팟 VM을 다시 호출할 수밖에 없습니다.

바이트코드의 개별 의미와 함께 인터프리터로 해석된 코드의 세이프포인트에 대해 짚고 넘어가겠습니다. 7장에서 세이프포인트란 개념은, JVM이 어떤 관리 작업을 수행하고 내부 상태를 일관되게 유지하는 데 필요한 지점이라고 했습니다. 그리고 세이프포인트에는 (실행 중인 애플리케이션 스레드에 의해 아주 일반적인 방법으로 변경되는) 객체 그래프가 들어 있지요.

일관된 상태를 유지하려면 JVM이 관리 작업 수행 도중 공유 힙이 변경되지 않게 모든 애플리케이션 스레드를 멈추어야 합니다. 그런데 이런 작업을 어떻게 하는 걸까요?

JVM 애플리케이션 스레드 하나하나가 진짜 OS 스레드라는 사실을 먼저 상기하세요.[118] 또,

118 적어도 주류 서버 JVM은 그렇습니다.

인터프리티드 메서드를 실행하는 스레드에 대해 옵코드가 디스패치되는 시점에서 애플리케이션 스레드가 실행하는 것은 유저 코드가 아니라 JVM 인터프리터 코드입니다. 따라서 힙 상태 일관성이 보장되고 애플리케이션 스레드를 멈출 수 있습니다.

따라서 '바이트코드 사이사이'가 애플리케이션 스레드를 멈추기에 이상적인 시점이자, 가장 단순한 세이프포인트입니다.

JIT 컴파일드 메서드는 해결 방법이 좀 더 복잡하지만, 기본적으로 JIT 컴파일러가 생성한 기계어 안에 이와 동등한 배리어를 끼워넣습니다.

9.1.2 단순 인터프리터

가장 단순한 인터프리터는 `switch` 문이 포함된 `while` 루프 형태일 것입니다. 오슬롯Ocelot 프로젝트(*https://github.com/kittylyst/ocelotvm*)[119]가 바로 그런 유형의 인터프리터로, 교육용으로 JVM 인터프리터 일부를 구현한 작품입니다. 인터프리터 구현을 처음 배우는 독자는 0.1.1 버전부터 시작하는 게 좋습니다.

이 인터프리터의 `execMethod()` 메서드는 단일 메서드의 바이트코드를 해석합니다. 정수 계산, "Hello World" 출력 정도를 할 수 있는 옵코드가 구현되어 있습니다.

아주 간단한 프로그램이라도 온전하게 처리하려면 상수 풀 룩업 같은 복잡한 작업도 제대로 구현되어 있어야겠죠. 하지만 기초 뼈대만 있어도 인터프리터의 기본 구조는 명확하게 그려볼 수 있습니다.

```
public EvalValue execMethod(final byte[] instr) {
    if (instr == null || instr.length == 0)
        return null;

    EvaluationStack eval = new EvaluationStack();

    int current = 0;
    LOOP:
    while (true) {
        byte b = instr[current++];
```

119 역자주_ 필자 중 한 사람인 벤 에번스(Ben Evans)가 직접 운영하는 프로젝트.

```
        Opcode op = table[b & 0xff];
        if (op == null) {
            System.err.println("Unrecognized opcode byte: " + (b & 0xff));
            System.exit(1);
        }
        byte num = op.numParams();
        switch (op) {
            case IADD:
                eval.iadd();
                break;
            case ICONST_0:
                eval.iconst(0);
                break;
            // 생략
            case IRETURN:
                return eval.pop();
            case ISTORE:
                istore(instr[current++]);
                break;
            case ISUB:
                eval.isub();
                break;
            // 더미 구현체
            case ALOAD:
            case ALOAD_0:
            case ASTORE:
            case GETSTATIC:
            case INVOKEVIRTUAL:
            case LDC:
                System.out.print("Executing " + op + " with param bytes: ");
                for (int i = current; i < current + num; i++) {
                    System.out.print(instr[i] + " ");
                }
                current += num;
                System.out.println();
                break;
            case RETURN:
                return null;
            default:
                System.err.println("Saw " + op + " : can't happen. Exit.");
                System.exit(1);
        }
    }
}
```

메서드에서 한번에 한 바이트코드씩 읽어들여 옵코드별로 분기하는 코드입니다. 매개변수가 딸린 옵코드는 읽는 위치가 정확한지 확인하기 위해 스트림에서도 읽습니다.

임시값은 `execMethod()` 메서드에서 지역 변수인 `EvaluationStack`에서 평가됩니다. 산술 옵코드는 이 스택 위에서 정수 계산을 합니다.

메서드 호출 기능은 오슬롯 0.1.1 버전에 구현되어 있지 않습니다. 상수 풀에서 메서드를 찾아 호출할 메서드에 대응되는 바이트코드를 찾은 다음, `execMethod()` 메서드를 재귀 호출하는 로직이 있어야겠죠. 0.2 버전에는 정적 메서드를 호출하는 로직이 구현돼 있습니다.[120]

9.1.3 핫스팟에 특정한 내용

핫스팟은 상용 제품급 JVM이자, 완전한 구현체입니다. 그뿐만 아니라, 인터프리티드 모드에서도 빠르게 실행될 수 있도록 여러 고급 확장 기능을 지니고 있습니다. 연습용으로 예시한 오슬롯 같은 단순 인터프리터와 달리, 핫스팟은 템플릿 인터프리터template interpreter라서 시작할 때마다 동적으로 인터프리터를 구축합니다.[121]

이런 까닭에 이해하기가 훨씬 더 복잡하고 처음 접하는 사람들에겐 인터프리터 소스 코드조차 분석하기가 만만찮습니다. 게다가 핫스팟은 (산술 연산처럼) 단순한 VM 작업을 구현하고 네이티브 플랫폼의 스택 프레임 레이아웃을 최대한 활용하여 성능을 조금이라도 높이기 위해 상당히 많은 어셈블리어assembly language 코드로 작성돼 있습니다.

여기에 한술 더 떠서, VMSpec에 없는 핫스팟 전용(즉, 프라이빗) 바이트코드까지 정의해서 씁니다. 특정 옵코드의 일반적인 유스케이스와 핫(hot)하게[122] 쓰는 경우를 차별화하려는 의도죠.

---

120 **역자주_** 현재 최신 버전(1.0-SNAPSHOT)을 깃허브에서 내려받아 살펴보면 이 책에 실린 초기 버전과 상당히 다른 모습입니다. 관심 있는 독자는 이 책에서 기본적인 아이디어를 얻은 다음, 깃허브에서 자바 파일을 내려받아 분석하면 많은 도움이 될 것입니다(주요 파일 개수가 다 해서 10개도 안 됩니다).

121 **역자주_** 핫스팟 런타임, 즉 InterpreterGenerator는 초기 시동 시 TemplateTable(각 바이트코드에 대응하는 어셈블리 코드)의 정보를 이용해 메모리에 인터프리터를 생성합니다. 여기서 템플릿(template)이란 각 바이트코드를 기술한 코드입니다. TemplateTable은 모든 템플릿을 정의하며, 어떤 바이트코드가 주어지면 그에 맞는 템플릿을 반환하는 접근자 함수(accessor function)를 제공합니다. (출처: OpenJDK 웹사이트)

122 **역자주_** 원서에 '핫(hot)'하다는 말이 자주 나오는데, 직역하면 '더운', '뜨거운'이지만, 이 책에서는 '애플리케이션에서 아주 빈번하게 호출돼 사용한다'는 의미로, 적절한 단어가 우리말에는 없는 듯하여 그대로 음차합니다.

이러한 설계 방식은 엄청나게 다양한 특이 사례edge case를 다루는 데 도움이 됩니다. 예를 들어, `final` 메서드는 오버라이드할 수 없으니 `javac`로 컴파일하면 `invokespecial` 옵코드가 나오리라 예상할 수 있습니다. 그러나 자바 언어 명세 3.4.17절에는 다음과 같은 문구가 있습니다.

> final 메서드를 final 아닌 메서드로 변경하는 건 기존 바이너리와의 호환성을 깨뜨리지 않는다.

다음 자바 코드를 봅시다.

```
public class A {
    public final void fMethod() {
        // 작업 수행...
    }
}

public class CallA {
    public void otherMethod(A obj) {
        obj.fMethod();
    }
}
```

`final` 메서드 호출부가 `invokespecial`로 컴파일되면 `CallA::otherMethod`는 다음 바이트코드로 바뀔 것입니다.

```
public void otherMethod()
  Code:
     0: aload_1
     1: invokespecial #4                  // Method A.fMethod:()V
     4: return
```

자, 그런데 A 클래스에서 `fMethod()` 메서드를 논`final` 메서드로 바꾸면 이 메서드는 서브클래스(B라고 하죠)에서 오버라이드 가능합니다. 이제 B 인스턴스를 `otherMethod()` 메서드의 인수로 넘기면 어떻게 될까요? 바이트코드 수준에서는 `invokespecial` 명령어가 실행될 테니 메서드를 잘못 호출하고 말겠죠.

이것은 자바의 객체 지향 원칙을 위배하는 것으로, 엄밀히 말하면 (객체 지향 프로그래밍의 선구자 중 한 사람인 바바라 리스코프Barbara Liskov의 이름을 딴) **리스코프 치환 원칙**Liskov Substitution

Principle에도 맞지 않습니다. 이 원칙은 간단히 말해, 서브클래스의 인스턴스는 슈퍼클래스의 인스턴스가 올 수 있는 곳이면 어디라도 사용 가능하다는 것입니다. 소프트웨어 공학의 유명한 SOLID 원칙의 L(Liskov)자가 바로 이 리스코프 원칙입니다.

그러므로 `final` 메서드 호출은 반드시 `invokevirtual` 명령어로 컴파일돼야 하지만, `final` 메서드는 오버라이드가 안 된다는 점을 JVM도 알고 있기 때문에 핫스팟 인터프리터에는 final 메서드를 디스패치하는 전용 프라이빗 바이트코드가 준비돼 있습니다.

한 가지 더 예를 들겠습니다. 자바 언어 명세를 보면, 종료화(자세한 메커니즘은 11.6절 참고) 대상 객체는 반드시 종료화 서브시스템에 등록해야 한다고 씌어 있습니다. `Object` 생성자의 `Object::<init>` 호출이 완료되면 곧바로 객체를 등록해야 하는데, JVMTI처럼 바이트코드를 건드리는 툴에서는 이런 코드 위치가 모호할 수 있습니다. 그래서 핫스팟은 '진짜' `Object` 생성자에서 반환되는 지점을 표시하는 프라이빗 바이트코드를 따로 두어 엄격하게 명세를 준수합니다.

전체 옵코드 목록은 hotspot/src/share/vm/interpreter/bytecodes.cpp 파일을 참고하세요. 핫스팟 전용 옵코드는 'JVM bytecodes' 주석 아래 나열되어 있습니다.

9.2 AOT와 JIT 컴파일

이 절에서는 실행 가능한 코드를 만드는 AOT 컴파일 및 JIT 컴파일, 두 방식을 알아보고 서로 비교하겠습니다.

JIT 컴파일은 AOT 컴파일에 비해 비교적 최근에 개발됐지만, 자바 역사 20년을 통틀어 두 컴파일 방식은 서로의 성공적인 기법을 차용하면서 끊임없이 발전해왔습니다.

9.2.1 AOT 컴파일

C/C++ 개발 경험자라면 AOT 컴파일(그냥 '컴파일'이라고 불렀겠죠)은 익숙한 개념입니다. 사람이 읽을 수 있는 프로그램 소스 코드를 외부 프로그램(컴파일러)에 넣고 바로 실행 가능한 기계어를 뽑아내는 과정이죠.

CAUTION_ 소스 코드를 AOT 컴파일(미리)하면 어떤 식으로든 최적화할 기회는 단 한번뿐입니다.

AOT의 목표는 프로그램을 실행할 플랫폼과 프로세서 아키텍처에 딱 맞은 실행 코드를 얻는 것입니다. 이렇게 대상이 고정된 바이너리는 프로세서별로 특수한 기능을 십분 활용해 프로그램 속도를 높일 수 있습니다.

하지만 대부분의 실행 코드는 자신이 어떤 플랫폼에서 실행될지 모르는 상태에서 생성되므로 AOT 컴파일은 자신이 사용 가능한 프로세서 기능에 대해 가장 보수적인 선택을 해야 합니다. 어떤 기능이 있을 거란 전제하에 컴파일한 코드가 실제로 그렇지 못한 환경에서 실행되면 바이너리가 전혀 작동하지 않겠죠.

결국, AOT 컴파일한 바이너리는 CPU 기능을 최대한 활용하지 못하는 경우가 다반사고 성능 향상의 숙제가 남습니다.

9.2.2 JIT 컴파일

JIT 컴파일은 런타임에 프로그램을 (보통 편의상 어떤 중간 형식을 거쳐) 고도로 최적화한 기계어로 변환하는 기법입니다. 핫스팟을 비롯한 대부분의 주요 상용 JVM이 이 방식으로 작동됩니다.

프로그램의 런타임 실행 정보를 수집해서 어느 부분이 자주 쓰이고, 어느 부분을 최적화해야 가장 효과가 좋은지 프로파일을 만들어 결정을 내리는 겁니다.

NOTE_ 이러한 기법을 프로파일 기반 최적화profile-guided optimization(PGO)라고 합니다.

JIT 서브시스템은 실행 프로그램과 VM 리소스를 공유하므로 프로파일링 및 최적화 비용 및 성능 향상 기대치 사이의 균형을 맞추어야 합니다.

바이트코드를 네이티브 코드로 컴파일하는 비용은 런타임에 지불됩니다. 이 과정에서 프로그램 실행에만 온전히 동원됐을 일부 리소스(CPU 사이클, 메모리)가 소비되므로 JIT 컴파일은 산발적으로 수행됩니다. 또 VM은 최적화하면 가장 좋은 지점을 파악하기 위해(즉, 어디가 '핫스팟(절호점)'인지 찾고자) 각종 프로그램 관련 지표를 수집합니다.

[그림 2-3]에서 봤던 전체 아키텍처를 떠올려 봅시다. 프로파일링 서브시스템은 현재 어느 메서드가 실행 중인지 항시 추적합니다. 컴파일하기 적정한 한계치를 넘어선 메서드가 발견되면 에미터 서브시스템이 컴파일 스레드를 가동해 바이트코드를 기계어로 변환합니다.

NOTE_ 최신 버전의 **javac**는 일부러 '우둔한 바이트코드dumb bytecode'로 컴파일하게 설계됐습니다. 지극히 한정된 최적화만 수행하는 대신, JIT 컴파일러가 이해하기 쉬운 형태로 프로그램을 표현하죠.

5.1절에서 예로 든 사례를 보면, PGO 결과 JVM 웜업 문제가 발생했습니다. 애플리케이션이 시작되고 성능이 불안정한 모습을 보이면 자바 개발자는 자연스레 이런 의문을 품게 되죠. '컴파일 코드를 그냥 디스크에 저장했다가 다음 애플리케이션 시작할 때 그대로 꺼내쓰면 안 되나?', '애플리케이션을 실행할 때마다 이렇게 최적화를 재수행하고 컴파일 결정을 하는 건 낭비 아닌가?'

실행 중인 애플리케이션 코드의 속성을 잘못 이해했기 때문에 이런 의문이 드는 것입니다. 필자가 금융 업계에서 경험한 사례를 하나 들어보죠.

미국 정부는 매월 한번씩 실업률 수치를 발표합니다. 비농업고용지수nonfarm payrolls(NFP) 발표일[123]에는 으레 다른 날에는 찾아보기 어려운, 극히 비정상적인 트래픽이 거래 시스템에 집중됩니다. 시스템이 한가한 날에 최적화 결과를 저장했다가 NFP 발표일에 실행해보면 처음부터 최적화를 계산하면서 실행하는 것만큼 효율이 나오지 않습니다. 실제로 미리 계산된 최적화를 이용한 시스템이 PGO를 활용한 시스템보다 경쟁력이 떨어지지요.

이렇게 애플리케이션을 실행할 때마다 성능이 심한 편차를 보이는 현상은 아주 흔합니다.

그래서 핫스팟은 프로파일링 정보를 보관하지 않고 VM이 꺼지면 일체 폐기합니다. 따라서 항상 프로파일은 처음부터 다시 만들어집니다.

9.2.3 AOT 컴파일 vs JIT 컴파일

AOT 컴파일은 상대적으로 이해하기 쉽습니다. 소스 코드에서 바로 기계어가 생성되고 컴파일

123 역자주_ 비농업고용지수(Nonfarm Payrolls)는 농축산업을 제외한 전월 고용인구수 변화를 측정합니다. 일자리 창출은 경제활동의 대부분을 차지하는 소비자지출의 가장 중요한 지표입니다. 매월 첫 번째 금요일, 미국 동부시각 기준 08:30에 발표합니다.

단위별로 대응되는 기계어를 어셈블리로 바로 사용할 수 있죠. 그래서 코드의 성능 특성이 그리 복잡하지 않습니다.

반면, AOT는 최적화 결정을 내리는 데 유용한 런타임 정보를 포기하는 만큼 장점이 상쇄됩니다. 링크 타임 최적화link-time optimization(LTO)나 PGO 같은 기법이 gcc 및 여타 컴파일러에서도 모습을 드러내기 시작했지만, 핫스팟에 구현된 기술에 비하면 아직 초기 개발 단계에 불과합니다.

AOT 컴파일 도중 프로세서의 특정 기능을 타깃으로 정하면 해당 프로세서에만 사용 가능한 실행 코드가 만들어지겠죠. 저지연 또는 극단적으로 성능이 중요한 유스케이스에는 유용한 기법일 것입니다. 아무래도 실제로 애플리케이션을 실행할 하드웨어와 똑같은 하드웨어에서 빌드하면 컴파일러가 모든 프로세서의 최적화 기법을 총동원할 수 있겠죠.

문제는 확장성입니다. 다양한 아키텍처에서 최대 성능을 내려면 아키텍처마다 특화된 실행 코드가 필요합니다.

한편, 핫스팟은 새로 릴리즈를 할 때마다 새로운 프로세서 기능에 관한 최적화 코드를 추가할 수 있고, 애플리케이션은 기존 클래스 및 JAR 파일을 다시 컴파일하지 않아도 신기능을 십분 활용할 수 있습니다. JIT 컴파일러가 점점 좋아지고 핫스팟 VM 새 버전이 릴리즈될 때마다 조금씩 프로그램 성능이 향상되는 것도 어찌 보면 당연한 일입니다.

그런데 '자바 프로그램은 AOT 컴파일을 할 수 없다'는 말은 사실일까요? 아뇨, 사실과 다릅니다. 이미 수년 전부터 자바 프로그램의 AOT 컴파일을 지원하는 상용 VM이 나왔고 AOT 컴파일을 자바 애플리케이션을 배포하는 주요 경로로 활용하는 환경도 있습니다.

끝으로, 자바 9부터 핫스팟 VM은, 우선 JDK 코어 클래스를 대상으로 AOT 컴파일 옵션을 제공하기 시작했습니다. 이는 (매우 제한적이나마) 자바 소스에서 AOT 컴파일 바이너리를 생성하려는 첫 삽을 뜬 것으로, 그간 자바 대중화의 원동력이었던 기존 JIT 환경에서 벗어나려는 출발점입니다.

9.3 핫스팟 JIT 기초

핫스팟의 기본 컴파일 단위는 전체 메서드입니다. 따라서 한 메서드에 해당하는 바이트 코드는 한꺼번에 네이티브 코드로 컴파일됩니다. 핫스팟은 핫 루프를 **온-스택 치환**on-stack replacement(OSR)이라는 기법을 이용해 컴파일하는 기능도 지원합니다.

OSR은 어떤 메서드가 컴파일할 만큼 자주 호출되지는 않지만, 컴파일하기 적합한 루프가 포함돼 있고 루프 바디 자체가 메서드인 경우 사용합니다.

다음 절에서 살펴보겠지만, 핫스팟은 주로 (객체 oop의 klass 워드로 가리키는) klass 메타데이터 구조체에 있는 vtable을 이용해 JIT 컴파일을 구현합니다.

9.3.1 klass 워드, vtable, 포인터 스위즐링

한마디로 핫스팟은, 멀티스레드 C++ 애플리케이션입니다. 그래서 실행 중인 모든 자바 프로그램은 OS 관점에서는 실제로 한 멀티스레드 애플리케이션의 일부일 뿐입니다. 싱글 스레드 자바 애플리케이션이라고 해도 결국 VM 스레드와 함께 실행되는 구조입니다.

JIT 컴파일 서브시스템을 구성하는 스레드는 핫스팟 내부에서 가장 중요한 스레드들입니다. 컴파일 대상 메서드를 찾아내는 프로파일링 스레드와 실제 기계어를 생성하는 컴파일러 스레드도 다 여기에 포함됩니다.

컴파일 대상으로 낙점된 메서드는 컴파일러 스레드에 올려놓고 백그라운드에서 컴파일합니다. 전체 프로세스는 [그림 9-6]과 같습니다.

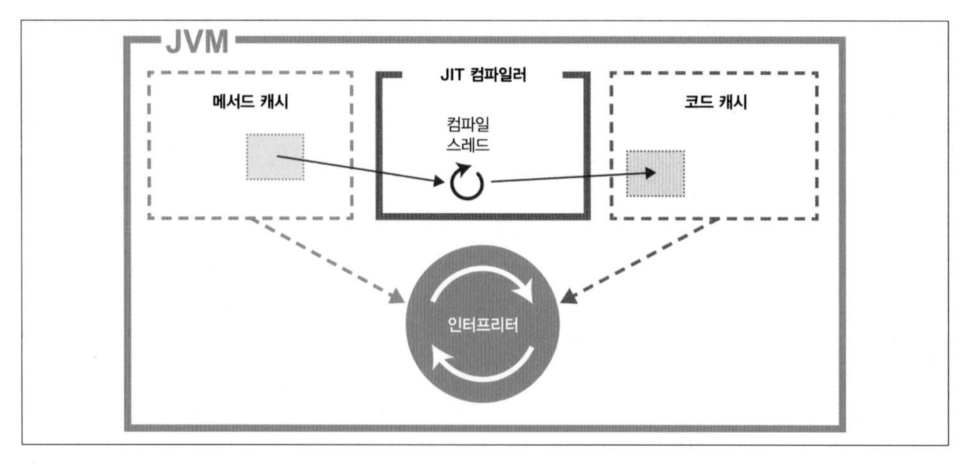

그림 9-6 하나의 메서드를 단순 컴파일하는 과정

최적화된 기계어가 생성되면 해당 klass의 vtable은 새로 컴파일된 코드를 가리키도록 수정됩니다.

> **TIP_** 이렇게 vtable 포인터를 업데이트하는 작업을 (이름이 조금 이상하지만) **포인터 스위즐링**pointer swizzling(뒤섞기)이라고 합니다.

즉, 앞으로 이 메서드를 호출하는 코드는 컴파일드 형식으로 받겠지만, 현재 인터프리티드 형식으로 실행 중인 스레드는 끝까지 인터프리티드 모드로 현재 호출을 완료합니다. 물론, 다음에 다시 호출하면 컴파일드 형식을 들고 가겠죠.

OpenJDK는 x86, x86-64, ARM을 비롯한 수많은 아키텍처에 맞게 이식돼 왔습니다. 오라클은 리눅스, 맥 OS, 윈도우 OS를 공식 지원하며, SPARC, Power, MIPS, S390 역시 다양한 수준으로 지원합니다. 이밖에도 BSD, 임베디드 시스템 등 다양한 네이티브 환경을 지원하는 오픈 소스 프로젝트도 있습니다.

9.3.2 JIT 컴파일 로깅

무릇 성능 엔지니어라면 다음 JVM 스위치를 반드시 기억해야 합니다.

```
-XX:+PrintCompilation
```

이 스위치를 켜면 컴파일 이벤트 로그가 표준 출력 스트림에 생성되므로 성능 엔지니어는 이 로그를 보고 어떤 메서드가 컴파일되고 있는지 파악할 수 있습니다.

예를 들어, 3장에서 보았던 캐싱 코드(예제 3-1)를 다음과 같이 실행하면,

```
java -XX:+PrintCompilation optjava.Caching 2>/dev/null
```

이런 로그가 출력될 것입니다(자바 8 기준).

```
56   1       3  java.lang.Object::<init> (1 bytes)
57   2       3  java.lang.String::hashCode (55 bytes)
58   3       3  java.lang.Math::min (11 bytes)
59   4       3  java.lang.String::charAt (29 bytes)
```

```
60   5       3  java.lang.String::length (6 bytes)
60   6       3  java.lang.String::indexOf (70 bytes)
60   7       3  java.lang.AbstractStringBuilder::ensureCapacityInternal (27 bytes)
60   8     n 0  java.lang.System::arraycopy (native)   (static)
60   9       1  java.lang.Object::<init> (1 bytes)
60   1       3  java.lang.Object::<init> (1 bytes)   made not entrant
61  10       3  java.lang.String::equals (81 bytes)
66  11       3  java.lang.AbstractStringBuilder::append (50 bytes)
67  12       3  java.lang.String::getChars (62 bytes)
68  13       3  java.lang.String::<init> (82 bytes)
74  14 %     3  optjava.Caching::touchEveryLine @ 2 (28 bytes)
74  15       3  optjava.Caching::touchEveryLine (28 bytes)
75  16 %     4  optjava.Caching::touchEveryLine @ 2 (28 bytes)
76  17 %     3  optjava.Caching::touchEveryItem @ 2 (28 bytes)
76  14 %     3  optjava.Caching::touchEveryLine @ -2 (28 bytes)   made not entrant
```

대부분 자바로 작성된 JRE 표준 라이브러리 역시 애플리케이션 코드와 더불어 JIT 컴파일 대상 코드입니다. 내가 짠 코드도 아닌데 컴파일드 코드 목록에 여럿 등장했다고 놀랄 필요는 없습니다.

TIP_ 아무리 단순한 벤치마크라도 컴파일되는 메서드의 구체적인 범위는 실행할 때마다 달라집니다. 원래 PGO가 동적으로 작동하기 때문에 그런 것이니 문제될 건 없습니다.

PrintCompilation 출력 결과는 비교적 형식이 단순합니다. 메서드가 컴파일된 시간(VM 시작 이후 ms)이 제일 먼저 나오고, 그다음에 이번 차례에 컴파일된 메서드의 순번이 표시됩니다. 그 밖의 필드는 다음과 같습니다.

- n: 네이티브 메서드이다.
- s: 동기화 메서드이다.
- !: 예외 핸들러를 지닌 메서드이다.
- %: OSR을 통해 컴파일된 메서드이다.

PrintCompilation만으로는 자세한 정보를 파악하기에 역부족입니다. 핫스팟 JIT 컴파일러가 어떤 결정을 내렸는지 더 자세한 정보는 다음 플래그로 볼 수 있습니다.

```
-XX:+LogCompilation
```

LogCompilation는 진단용 옵션이라서 다음 플래그를 추가해 진단 모드로 해제해야 합니다.

```
-XX:+UnlockDiagnosticVMOptions
```

VM이 바이트코드를 네이티브 코드로 어떻게 최적화했는지, 큐잉은 어떻게 처리했는지 관련 정보를 XML 태그 형태로 담은 로그파일로 출력하라는 지시입니다.

물론, 다음 장에서 소개할 JITWatch라는 오픈 소스 툴을 이용하면 로그파일을 파싱해서 더 이해하기 쉬운 형태로 정보를 나타낼 수 있습니다.

테스타로사testarossa JIT 컴파일러가 내장된 IBM J9 등의 VM에서도 JIT 컴파일러 정보를 로깅할 수 있지만, 표준 포맷이 따로 없기에 개발자는 어쩔 수 없이 각 로그 포맷마다 해석하는 방법을 배우거나 적절히 툴링해야 합니다.

9.3.3 핫스팟 내부의 컴파일러

핫스팟 JVM에는 C1, C2라는 두 JIT 컴파일러가 있습니다. 각각 클라이언트 컴파일러, 서버 컴파일러라고 부르기도 합니다. 역사적으로 C1은 GUI 애플리케이션 및 기타 '클라이언트' 프로그램에, C2은 실행 시간이 긴 '서버' 애플리케이션에 주로 사용됐지만, 요즘 자바 애플리케이션에서는 이렇게 구분하는 기준이 뚜렷하지 않고 핫스팟은 새로운 환경에 맞게 최대한 성능을 발휘하도록 변화했습니다.

NOTE_ 컴파일드 코드 단위를 (native method(네이티브 메서드)를 줄여) nmethod(엔메서드)라고 합니다.

C1, C2 컴파일러 모두 핵심 측정값, 즉 메서드 호출 횟수에 따라 컴파일이 트리거링됩니다. 호출 횟수가 특정 한계치에 이르면 그 사실을 VM이 알림 받고 해당 메서드를 컴파일 큐에 넣습니다.

컴파일 프로세스는 가장 먼저 메서드의 내부 표현형representation을 생성한 다음, 인터프리티드 단계에서 수집한 프로파일링 정보를 바탕으로 최적화 로직을 적용합니다. 하지만 같은 코드라도 C1와 C2이 생성한 내부 표현형은 전혀 다릅니다. C1은 C2보다 컴파일 시간도 더 짧고 단순하게 설계된 까닭에 C2처럼 풀 최적화는 안 합니다.

변수를 일체 재할당하지 않는 코드로 변환하는 **단일 정적 할당**single static assignment(SSA)는 두 컴파일러 모두 사용하는 공통 기법입니다. 자바식으로 풀이하면, 사실상 오직 `final` 변수만 쓰는 코드로 탈바꿈시키는 겁니다.[124]

9.3.4 핫스팟의 단계별 컴파일

자바 6부터 JVM은 **단계별 컴파일**tiered compilation 모드를 지원합니다. 대충 설명하자면, 인터프리티드 모드로 실행되다가 단순한 C1 컴파일 형식으로 바뀌고, 다시 이를 C2가 보다 고급 최적화를 수행하는 방식으로 단계를 바꾸는 것입니다.

하지만 이게 전부가 아닙니다. *advancedThresholdPolicy.hpp* 소스 파일을 보면 VM 내부에는 5개 실행 레벨이 존재합니다.

- 레벨 0: 인터프리터
- 레벨 1: C1 – 풀 최적화(프로파일링 없음)
- 레벨 2: C1 – 호출 카운터invocation counter + 백엣지 카운터backedge counter
- 레벨 3: C1 – 풀 프로파일링
- 레벨 4: C2

이 모든 레벨을 다 거치는 것은 아니고, 컴파일 방식마다 경로가 다릅니다(표 9–6).

표 9-6 컴파일 경로

경로	설명
0–3–4	인터프리터, C1 – 풀 프로파일링, C2
0–2–3–4	인터프리터, C2는 바쁘니까 재빨리 C1 컴파일 후 C1 풀 컴파일, 그다음에 C2
0–3–1	단순 메서드
0–4	단계별 컴파일 안 함(C2로 직행)

124 역자주_ SSA는 동일 변수에 값을 재할당하는 중복성(redundancy)을 제거하는 알고리즘의 첫 단계로, 확정된 값이 계산되어 할당된 모든 변수를 유일한 식별자로 구분한 형식(SSA)으로 변환합니다. 자세한 알고리즘은 *https://en.wikipedia.org/wiki/Static_single_assignment_form* 참고.

단순 메서드는 일단 인터프리티드로 시작하지만, C1(풀 프로파일링)은 이 메서드가 정말 단순한지 판단할 수 있습니다. 따라서 C1 컴파일러가 C2보다 더 나은 코드를 낼 리는 없기 때문에 컴파일은 여기서 종료됩니다.

단계별 컴파일은 꽤 오래전부터 디폴트여서 성능 튜닝 시 이 부분을 조정할 일은 거의 없습니다. 다만, 컴파일드 메서드의 작동 로직이 복잡해지기 쉽고 부주의한 엔지니어를 잘못된 길로 이끌 가능성이 있으므로 작동 원리 정도는 알아두는 게 좋습니다.

9.4 코드 캐시

JIT 컴파일드 코드는 **코드 캐시**라는 메모리 영역에 저장됩니다. 이곳에는 인터프리터 부속 등 VM 자체 네이티브 코드가 함께 들어 있습니다.

VM 시작 시 코드 캐시는 설정된 값으로 최대 크기가 고정되므로 확장이 불가합니다. 코드 캐시가 꽉 차면 그때부터 더 이상 JIT 컴파일은 안 되며, 컴파일되지 않은 코드는 인터프리터에서만 실행됩니다. 결국 최대로 낼 수 있는 성능에 한참 못 미치는 상태로 작동하게 되죠.

코드 캐시는 미할당 영역unallocated region과 프리 블록 연결 리스트를 담은 힙으로 구현됩니다. 네이티브 코드가 제거될 때마다 해당 블록이 프리 리스트에 추가됩니다. 블록 재활용은 **스위퍼**sweeper(청소기)라는 프로세스가 담당합니다.

네이티브 메서드가 새로 저장되면 컴파일드 코드를 담기에 크기가 충분한 블록을 프리 리스트에서 찾아봅니다. 만약 그런 블록이 없으면 여유 공간이 충분한 코드 캐시 사정에 따라 미할당 공간에서 새 블록을 생성합니다.

다음 경우, 네이티브 코드는 코드 캐시에서 제거됩니다.

- (추측성 최적화를 적용한 결과 틀린 것으로 판명되어) 역최적화deoptimization될 때[125]
- 다른 컴파일 버전으로 교체됐을 때 (단계별 컴파일)
- 메서드를 지닌 클래스가 언로딩될 때

125 역자주_ 원문 표현이 약간 어렵습니다. 풀어 말하면, 이런 식으로 최적화하면 되겠지, 하고 JVM이 미리 추측해서 코드를 최적화했는데, 실제로 코드가 그렇게 실행되지 않을 경우 최적화 이전의 형태로 다시 코드를 되돌려놓는 행위입니다.

코드 캐시의 최대 크기는 다음 VM 스위치로 조정합니다.

```
-XX:ReservedCodeCacheSize=<n>
```

단계별 컴파일 기능을 켜면, C1 클라이언트 컴파일러의 낮아진 컴파일 한계치에 도달하는 메서드가 점점 늘어납니다. 이를 감안해 디폴트 최대 크기값은 늘어난 컴파일드 메서드를 수용할 수 있게 더 커집니다.

다음은 리눅스 x86-64에서 확인한 자바 8의 디폴트 코드 캐시 최대 크기입니다.

```
251658240 (240MB) when tiered compilation is enabled (-XX:+TieredCompilation)
 50331648  (48MB) when tiered compilation is disabled (-XX:-TieredCompilation)
```

9.4.1 단편화

C1 컴파일러를 거친 중간 단계의 컴파일드 코드가 C2 컴파일로 치환된 후 삭제되는 일이 잦아지면 코드 캐시는 단편화되기 쉽습니다(자바 8 이전). 결국 미할당 영역이 모두 소진되고 여유 공간은 전부 프리 리스트에 있는 것으로 나타나겠죠.

새로 컴파일한 네이티브 코드를 담을 만한 큰 블록을 찾기 위해 코드 캐시 할당기는 연결 리스트를 샅샅이 뒤져야 할 겁니다. 스위퍼 역시 프리 리스트로 재활용 가능한 블록을 찾느라 분주하겠죠.

결국, 메모리 블록을 재배치하지 않는 가비지 수집 방식에서 단편화는 불가피하며 코드 캐시도 예외는 아닙니다.

압착을 안 하면 코드 캐시는 단편화되고 컴파일은 중단될 것입니다. 캐시가 고갈cache exhaustion되는 또 다른 형태일 뿐이죠.

9.5 간단한 JIT 튜닝법

코드 튜닝 시 애플리케이션이 JIT 컴파일을 십분 활용하도록 만드는 건 그리 어렵지 않습니다.

단순 JIT 튜닝의 대원칙은 정말 간단합니다. '컴파일을 원하는 메서드에게 아낌없이 리소스를 베풀라'는 거죠. 이런 목표를 달성하려면 다음 항목을 점검해야 합니다.

1. 먼저, `PrintCompilation` 스위치를 켜고 애플리케이션을 실행한다.
2. 어느 메서드가 컴파일됐는지 기록된 로그를 수집한다.
3. `ReservedCodeCacheSize`를 통해 코드 캐시를 늘린다.
4. 애플리케이션을 재실행한다.
5. 확장된 캐시에서 컴파일드 메서드를 살펴본다.

성능 엔지니어는 JIT 컴파일에 내재된 불확정성을 고려해야 합니다. 이를 명심하면 두 가지 명백한 사실을 쉽게 관찰할 수 있습니다.

- 캐시 크기를 늘리면 컴파일드 메서드 규모가 유의미한 방향으로 커지는가?
- 주요 트랜잭션 경로상에 위치한 주요 메서드가 모두 컴파일되고 있는가?

캐시 크기를 늘려도 정작 컴파일드 메서드 개수는 그대로이고(코드 캐시가 제대로 쓰이고 있지 않다는 증거) 로딩 패턴이 뚜렷하다면 JIT 컴파일러의 리소스가 부족한 게 아닙니다.

이때 트랜잭션이 몰리는 경로에 있는 메서드가 컴파일 로그에 전부 나타나는지 확인해야 합니다. 그렇지 않다면 왜 이 메서드들이 컴파일되지 않았는지, 그 근본 원인을 찾아야 합니다.

말하자면, 코드 캐시 공간이 모자라는 일이 없게 함으로써 JIT 컴파일이 절대 끊기지 않도록 보장하는 전략인 셈입니다.

더 정교한 기법은 뒷부분에서 다시 설명하겠지만, 이 절에서 소개한 간단한 JIT 튜닝 방법만 잘 알고 있어도 (자바 버전마다 조금씩 차이는 있지만) 엄청나게 많은 애플리케이션의 성능을 끌어올리는 데 큰 도움이 될 것입니다.

9.6 마치며

JVM의 원조 코드 실행 환경은 바이트코드 인터프리터입니다. JVM이 코드를 어떻게 실행하는지 이해하는 데 꼭 필요한 바이트코드와 인터프리터에 관한 기본적인 내용을 배웠습니다. JIT 컴파일의 기초 이론도 함께 소개했습니다.

대부분의 성능 작업에 있어서 JIT 컴파일드 코드의 동작은 인터프리터보다 훨씬 중요합니다. 다음 장에서는 여기서 기본적으로 소개한 JIT 컴파일 이론을 좀 더 깊이 파헤쳐보겠습니다.

대부분의 애플리케이션은 이 장에서 학습한 단순 코드 튜닝 기법만 잘 활용해도 충분합니다. 성능이 특별히 매우 중요한 애플리케이션에서는 JIT가 어떻게 작동하는지 좀 더 깊이 살펴봐야 합니다. 이처럼 성능 요건이 엄격한 애플리케이션을 튜닝하는 기법은 다음 장에서 다룹니다.

CHAPTER 10

JIT 컴파일의 세계로

이 장에서는 JVM JIT 컴파일러의 안쪽 세계로 깊숙이 들어갑니다. 대부분 핫스팟에 바로 적용 가능한 내용이라서 다른 JVM 구현체에는 안 맞을 수도 있습니다.

JIT 컴파일은 컴퓨터 과학자들이 아주 오랫동안 연구한 주제이고, 비단 JVM뿐만 아니라 많은 현대 프로그래밍 환경에 적용되어 온 기술입니다. 그래서 JIT 컴파일러는 달라도 적용된 기술은 동일한 경우가 많습니다.

이 장에서 다룰 주제가 다소 추상적이고 기술적으로 복잡하기 때문에 최대한 여러분이 이해하기 쉽게 툴(주로 JITWatch)을 이용해 JVM의 내부 작동 원리를 시각화하겠습니다. 또 구체적인 JIT 최적화 알고리즘과 각각의 특성을 살펴보고 이런 기법들이 어떤 작용을 하는지 JITWatch로 관찰해보겠습니다.

10.1 JITWatch란?

JITWatch는 필자 중 한 사람인 크리스 뉴랜드가 개인 프로젝트로 구축한 오픈 소스 자바FX 툴(*https://github.com/AdoptOpenJDK/jitwatch/*)입니다. 이 툴은 현재 AdoptOpenJDK 이니셔티브(런던 자바 커뮤니티가 자바 개발자의 참여를 유도하기 위해 조직한 프로그램)가 호스팅하고 있습니다.

개발/데스옵스 담당자가 JITWatch를 이용하면, 애플리케이션 실행 중에 핫스팟이 실제로 바이트코드에 무슨 일을 했는지 이해하는 데 도움이 됩니다. 애플리케이션 성능을 높이고자 컴파일 스위치를 튜닝하려고 해도 성능이 얼마나 향상됐는지 측정할 도구가 마땅찮으면 곤란하겠죠?

TIP_ 반드시 핫 패스hot path[126]에 있는, 컴파일 대상 메서드를 분석 대상으로 삼아야 합니다. 인터프리티드 메서드는 최적화 대상으로 적절치 않습니다.

JITWatch는 객관적인 비교에 필요한 측정값을 제공합니다. 이런 측정값도 없이 마음대로 판단하면 4.4절에서 배운 '숲을 못 보고 나무만 보다' 안티패턴에 빠질 가능성이 큽니다.

JITWatch가 하는 일은, 실행 중인 자바 애플리케이션이 생성한 핫스팟 컴파일 상세 로그를 파싱/분석하여 그 결과를 자바FX GUI 형태로 보여주는 겁니다. 따라서 애플리케이션을 실행할 때 다음 플래그를 반드시 추가해야 JITWatch가 정상 작동합니다.

```
-XX:+UnlockDiagnosticVMOptions -XX:+TraceClassLoading -XX:+LogCompilation
```

세 스위치를 켜면 JVM이 JITWatch에 입력할 로그를 생성하기 시작합니다.

126 역자주_ 프로그램 중 매우 빈번하게 호출/실행되는 코드 경로.

10.1.1 기본적인 JITWatch 뷰

애플리케이션을 실행해서 JITWatch를 시동한 다음, 로그를 로드하면 [그림 10-1]과 같은 뷰가 펼쳐집니다.

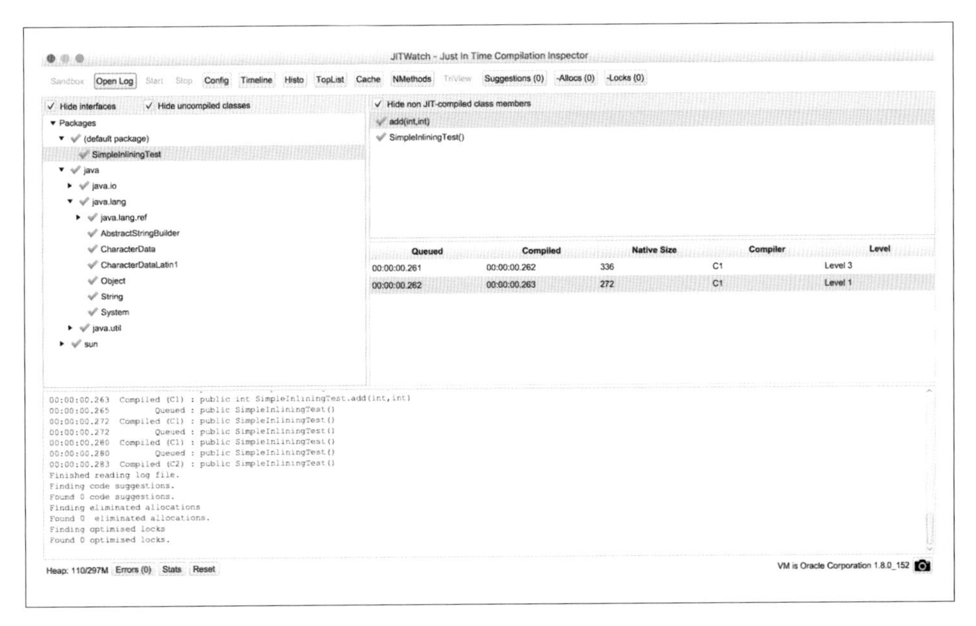

그림 10-1 JITWatch 메인 창

JITWatch는 실행시킨 프로그램에서 로그를 적재하는 일뿐만 아니라, JIT 작동을 시험해볼 수 있는 **샌드박스**sandbox라는 환경을 제공합니다. 샌드박스를 이용하면 작은 프로그램을 신속히 프로토타이핑prototyping하여 JVM이 어떤 JIT 결정을 내렸는지 확인할 수 있습니다(그림 10-2).

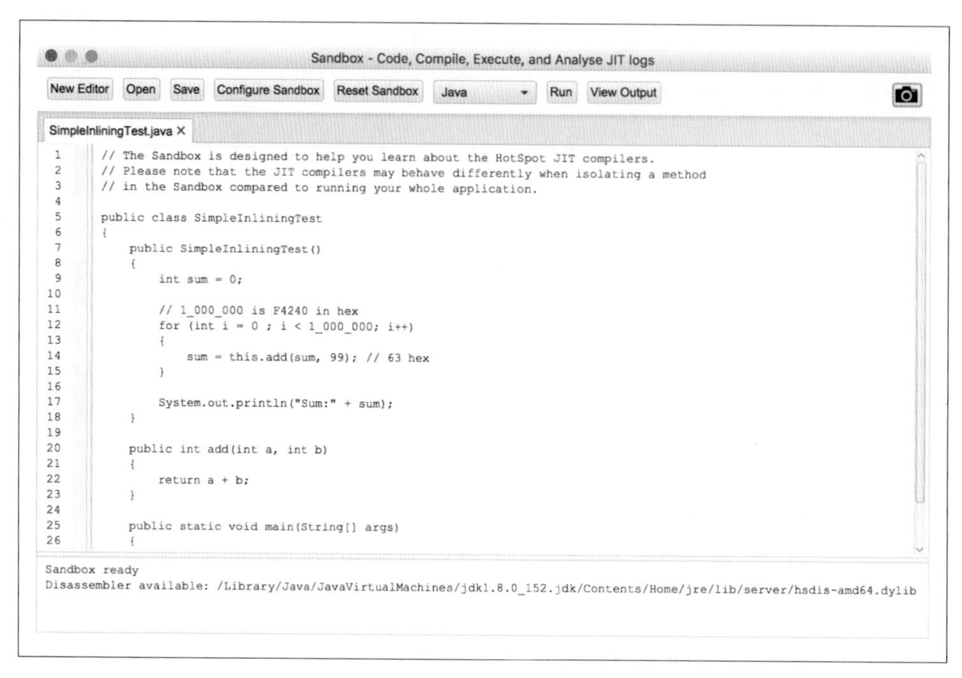

그림 10-2 JITWatch 샌드박스

샌드박스 워크플로를 이용하면 로그파일 대신, 자바/JVM을 지원하는 언어로 작성된 프로그램을 생성하거나 로드할 수 있습니다.

Run 버튼을 클릭하면 다음 작업이 수행됩니다.

1. 프로그램을 바이트코드로 컴파일한다.
2. JIT 로그를 켜 놓고 JVM에서 프로그램을 실행한다.
3. 분석용 JIT 로그파일을 JITWatch에 로드한다.

샌드박스는 작은 변화가 일어났을 때 JVM이 어떤 최적화 기법을 선택하는지 재빨리 포착해서 피드백합니다. 자바뿐만 아니라 스칼라Scala, 코틀린Kotlin, 그루비Groovy, 자바스크립트(내쉬혼)에서도 경로를 설정하면 샌드박스를 사용할 수 있습니다.

> **CAUTION_** 샌드박스는 의외로 상당히 유용한 편이라서 편집창에 나온 경고 메시지를 잘 살펴보는 게 좋습니다. 샌드박스 내부에서 실행되는 코드는 실제 애플리케이션과는 전혀 딴판일 수 있다는 사실을 항상 기억하세요.

또 샌드박스는 JIT 서브시스템을 조정하는 VM 스위치를 시험해볼 수 있는 환경을 제공합니다(그림 10-3). 예를 들어, 샌드박스 설정값으로 JVM JIT 로직을 다음과 같이 변경할 수 있습니다.

- 역어셈블된 네이티브 메서드를 출력하고(JRE에 `hsdis` 같은 역어셈블리 바이너리가 설치되어 있어야 함) 어셈블리 구문을 선택한다.
- JVM에서 (C1/C2 JIT 컴파일러 모두 사용하는) 단계별 컴파일에 맞게 설정된 디폴트를 오버라이드한다.
- 압축 oop 사용을 오버라이드한다(이 기능을 해제하면 주소-변경address-shifting 명령어를 들어낼 수 있어서 어셈블리를 읽기가 더 쉬워진다).
- OSR을 해제한다.
- 인라이닝 디폴트 한계치를 오버라이드한다.

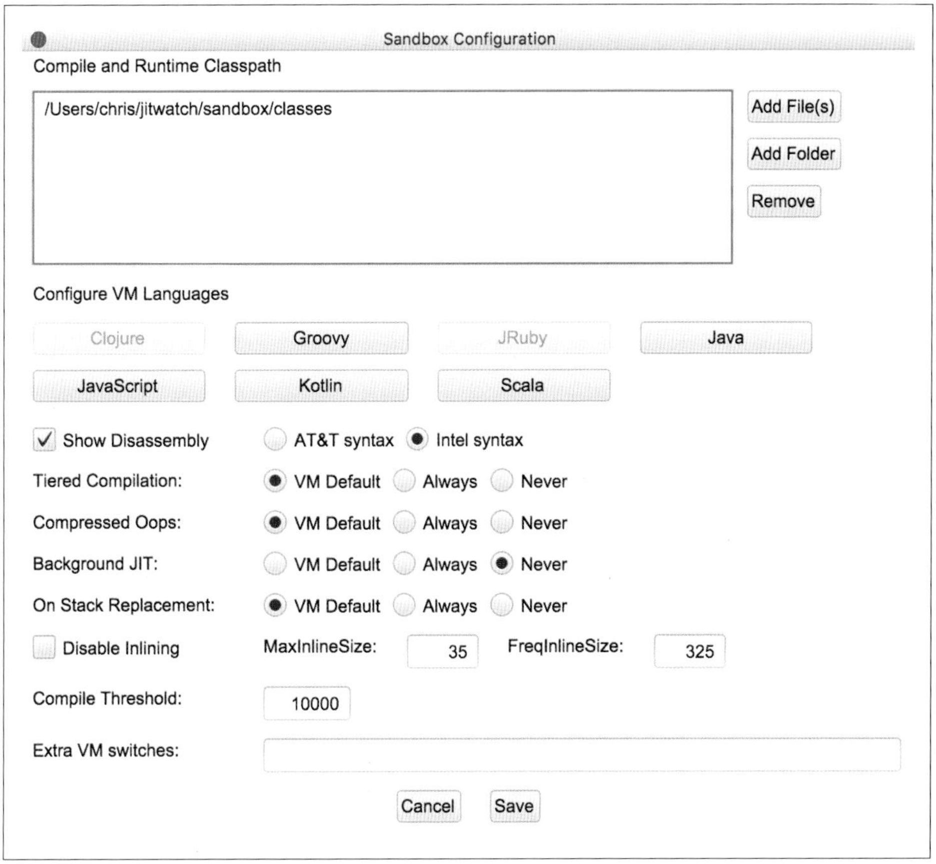

Sandbox Configuration
Compile and Runtime Classpath
/Users/chris/jitwatch/sandbox/classes
Add File(s)
Add Folder
Remove
Configure VM Languages
Clojure Groovy JRuby Java
JavaScript Kotlin Scala
Show Disassembly AT&T syntax Intel syntax
Tiered Compilation: VM Default Always Never
Compressed Oops: VM Default Always Never
Background JIT: VM Default Always Never
On Stack Replacement: VM Default Always Never
Disable Inlining MaxInlineSize: 35 FreqInlineSize: 325
Compile Threshold: 10000
Extra VM switches:
Cancel Save

그림 10-3 JITWatch 샌드박스 설정

> **CAUTION_** 설정값을 바꾸면 JVM 성능에 심각한 영향을 미칠 수 있으니 극단적인 경우가 아니면 운영계에서는 권장하지 않습니다. 철저하게 테스트해보지 않고 변경하는 건 당연히 금물입니다.

샌드박스가 일반 JVM 애플리케이션 실행과 다른 점은, 풀 사이즈 애플리케이션에서 JVM이 단지 샌드박스 한 조각이 아닌, 훨씬 광범위한 코드를 대상으로 최적화를 조합할 수 있다는 것입니다. C2처럼 공격적인 JIT 컴파일러는 최적화기optimizer가 바라볼 수 있는 프로그램 코드의 범위를 넓히는 첫 단계로 먼저 최적화 한 세트를 미리 적용할 수 있습니다.

예를 들어, 인라이닝은 메서드를 그 메서드를 호출한 코드 안에 모두 욱여넣는 기법입니다. 이렇게 인라이닝하면 그 전에는 불확실했던 (추가 인라이닝 또는 다른 형태의) 추가 최적화를 최적화기가 검토해볼 수 있는 여지가 생깁니다. 따라서 JIT 컴파일러는 단순 인라이닝만 수행하는 샌드박스에서 실행한 토이 애플리케이션toy application[127]과, 진짜 인라이닝을 수행하는 실제 애플리케이션에 있는 메서드를 전혀 다르게 취급할 것입니다.

이런 까닭에 실무자는 대부분 샌드박스보다 더 정교한 애플리케이션 컴파일 뷰를 선호합니다. 다행히 JITWatch는 **3단뷰**triview라는 다재다능한 뷰를 메인으로 제공합니다. 이 뷰를 보면 소스 코드가 바이트코드, 어셈블리 양쪽으로 어떻게 컴파일됐는지 알 수 있습니다. 가령, [그림 10-4]를 보면 JIT 컴파일러가 일부 불필요한 객체 할당을 들어낸 흔적이 뚜렷합니다. 최신 JVM에서 아주 중요한 최적화 기법인데요, 이 장 뒷부분에서 다시 나옵니다.

---

127 역자주_ 교육용으로 쓰이는 작은 프로그램.

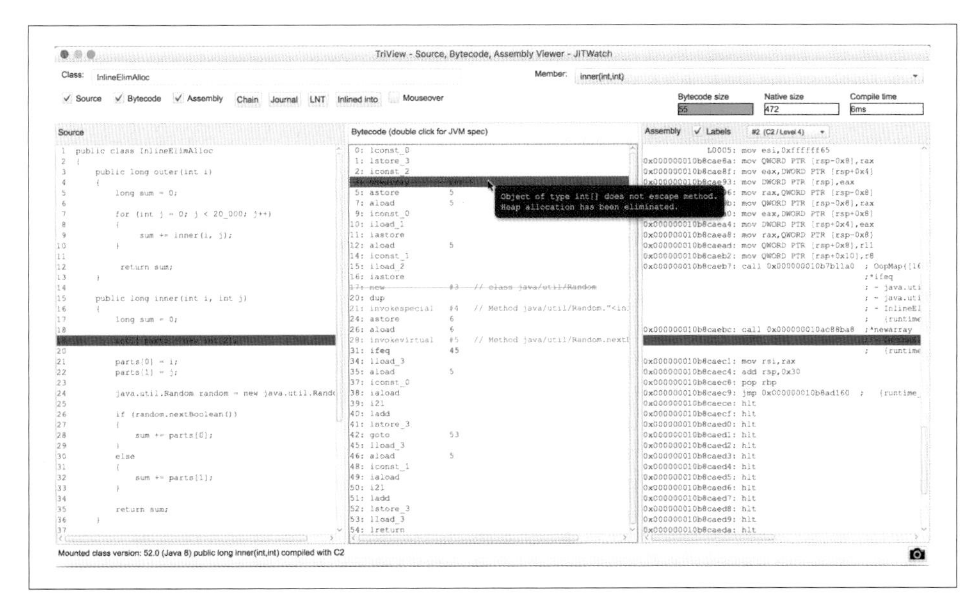

그림 10-4 JITWatch 3단뷰

JITWatch는 컴파일드 메서드가 각각 어느 코드 캐시에 저장됐는지 시각화합니다. 비교적 최근에 추가된 기능이라 아직 개발 중이긴 하지만 현재 모습은 [그림 10-5]와 같습니다.

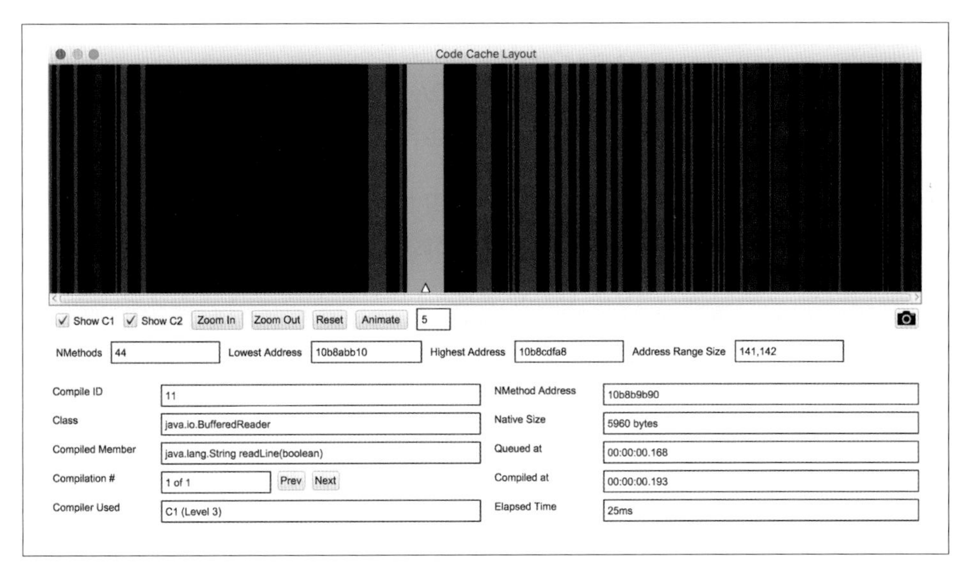

그림 10-5 JITWatch 코드 캐시 레이아웃

자바 8 이전에는 프로파일링을 거친 컴파일드 메서드, 논프로파일드nonprofiled 메서드, 그리고 VM 자체 네이티브 코드를 하나의 코드 캐시 영역에 담았습니다.

자바 9부터는 **분할 코드 캐시**segmented code cache가 새로 생겨서 네이티브 코드 유형마다 별도의 영역에 저장할 수 있습니다. 덕분에 단편화 및 스위퍼 시간을 단축하고 풀 컴파일드 코드의 지역성locality을 높일 수 있게 됐습니다. 자세한 내용은 15장에서 자바 9 이야기를 하면서 다시 설명하겠습니다.

10.1.2 디버그 JVM과 hsdis

좀 더 심도있게 튜닝을 하면서 JIT 서브시스템의 통계치를 얻으려면 디버그 JVM을 이용하면 됩니다. 디버그 JVM은 운영 JVM보다 더 상세한 디버깅 정보를 추출하려고 제작한 가상 머신입니다. 물론, 그만큼 성능 희생은 감수해야죠.

디버그 VM은 보통 벤더 사이트에서 다운로드 링크를 제공하지 않지만, 핫스팟 디버그 JVM은 OpenJDK 소스에서 빌드할 수 있습니다.

> **NOTE_** 리눅스 x86_64 플랫폼 전용 디버그 VM 바이너리는 필자의 웹사이트(*https://chriswhocodes.com/*)에서 내려받으세요.

JIT 컴파일러가 생성한, 역어셈블된 네이티브 코드를 살펴보려면 hsdis 같은 역어셈블리 바이너리가 있어야 합니다. hsdis는 OpenJDK 소스 코드에서 빌드할 수 있고, 자세한 절차 및 사용법은 JITWatch 위키에 게시된 'hsdis 빌드하기(*https://github.com/AdoptOpenJDK/jitwatch/wiki/Building-hsdis*)'를 참고하세요.

VM에서 메서드 어셈블리를 출력하려면 다음 스위치를 추가합니다.

```
-XX:+PrintAssembly
```

> **CAUTION_** 네이티브 코드 역어셈블리를 사람이 읽을 수 있는 어셈블리어 언어로 바꾸는 작업은 JIT 컴파일러가 메서드를 낸 직후에 수행합니다. 프로그램 성능에 영향을 미치는 값비싼 작업이니 조심해서 쓰는 게 좋습니다.

JITWatch 소개는 이만하면 됐고, 지금부터 핫스팟 JIT 컴파일러의 기술을 자세히 살펴보겠습니다.

10.2 JIT 컴파일 개요

성능 엔지니어는 VM이 데이터를 어떻게 수집하는지, 실행 프로그램에 어떤 최적화를 수행하는지 잘 알고 있어야 툴에서 컴파일드 코드를 보면서 올바르게 해석할 수 있습니다.

핫스팟은 프로파일 기반 최적화(PGO)를 이용해 JIT 컴파일 여부를 판단한다고 했습니다. 내부적으로는 핫스팟이 실행 프로그램 정보를 메서드 데이터 객체method data object(MDO)라는 구조체에 저장합니다.

MDO의 쓰임새는 바이트코드 인터프리터와 C1 컴파일러에서 JIT 컴파일러가 언제, 무슨 최적화를 할지 결정하는 데 필요한 정보를 기록하는 것입니다. 어떤 메서드가 호출됐고, 어느 분기문으로 갈라졌는지, 또 호출부에서는 무슨 타입이었는지 등의 정보가 여기 담겨있죠.

프로파일링된 프로퍼티의 '사용 빈도hotness'를 카운터에 계속 기록하고 그렇게 기록한 값들은 프로파일링을 거치면서 차츰 사라집니다. 이로써 컴파일 큐 맨 앞에 이르렀을 때도 아직 핫한 메서드만 컴파일됩니다.

이렇게 프로파일링 데이터가 모이고 컴파일 결정을 내린 후엔 컴파일러별 세부 처리 절차로 넘어갑니다. 컴파일러는 컴파일할 코드의 내부 표현형을 빌드합니다. 물론, 구체적인 표현형은 사용하는 컴파일러(C1 또는 C2)에 따라 달라집니다.

컴파일러는 이 내부 표현형을 토대로 코드를 한껏 컴파일합니다. 핫스팟 JIT 컴파일러는 다양한 최신 컴파일러 최적화 기법을 총동원합니다.

- 인라이닝
- 루프 펼치기
- 탈출 분석
- 락 생략/확장
- 단일형 디스패치
- 인트린직

- 온-스택 치환

다음 절부터 하나씩 설명하겠지만, 이러한 최적화 기법은 런타임 정보와 지원 여부에 따라 다소(완전히) 달라질 수 있다는 점을 꼭 기억하세요.

핫스팟의 C1/C2 컴파일러 역시 이들 기법을 상이하게 조합해서 사용하며, 기본적으로 컴파일에 접근하는 철학 자체가 다릅니다. 가령, C1은 추측성 최적화를 안 합니다. 따라서 실행 성격이 어떨지 확실하지 않은 가정하에 최적화를 하지 않습니다. **공격적인 최적화기**(예: C2)는 런타임 실행을 주시한 결과를 토대로 추정을 하고 그에 따른 최적화를 수행합니다. 단순 추정이지만 덕분에 적잖은(가끔 아주 큰) 성능 향상 효과를 볼 수도 있습니다.

실제로 돌려보니 미리 추정한 것과 전혀 엉뚱하게 흘러가 무용지물이 되는 경우도 있겠죠. 그래서 추측성 최적화를 하기 전에 항상 **가드**guard라는 '타당성 검사sanity check'를 합니다. 가드는 앞서 추정한 내용이 여전히 유효한지 최적화된 코드를 실행할 때마다 확인합니다.

가드마저 실패하면 더 이상 컴파일드 코드는 안전하지 않으므로 제거해야 합니다. 핫스팟은 혹여 부정확한 코드가 실행되는 불상사를 막기 위해 즉시 해당 메서드를 인터프리티드 모드로 강등demote시켜 역최적화합니다.

10.3 인라이닝

인라이닝은 호출된 메서드(피호출부)의 콘텐츠를 호출한 지점(호출부)에 복사하는 것입니다. 메서드 호출 시 다음과 같은 (크진 않지만) 오버헤드를 제거할 수 있습니다.

- 전달할 매개변수 세팅
- 호출할 메서드를 정확하게 룩업
- 새 호출 프레임에 맞는 런타임 자료 구조(지역 변수 및 평가 스택 등) 생성
- 새 메서드로 제어권 이송
- 호출부에 결과 반환 (결괏값이 있는 경우)

인라이닝은 JIT 컴파일러가 제일 먼저 적용하는 최적화라서, **관문 최적화**gateway optimization라고도 합니다. 메서드 경계를 없애고 연관된 코드를 한데 모아 놓기 때문이죠.

예를 들어, 다음과 같은 코드라면,

```
int result = add(a, b);

private int add(int x, int y) {
    return x + y;
}
```

인라이닝 최적화 후 add() 메서드 바디는 호출부에 합쳐집니다.

```
int result = a + b;
```

인라이닝 최적화 덕분에 개발자는 잘 조직된, 재사용 가능한 코드를 작성할 수 있고, 무엇보다 손수 마이크로 최적화micro-optimization[128]를 할 필요가 없어 좋습니다. 핫스팟은 자동으로 통계치를 분석해서 관련된 코드를 어느 시점에 하나로 모을지 결정합니다. 그래서 인라이닝은 다른 최적화의 범위를 확장시키는 역할을 합니다.

- 탈출 분석
- DCEdead code elimination(죽은 코드 제거)
- 루프 펼치기
- 락 생략

10.3.1 인라이닝 제한

VM 차원에서 인라이닝 서브시스템에 제한을 걸어야 할 경우도 있습니다. 이를테면, VM에서 다음 항목을 조정해야 할 때입니다.

- JIT 컴파일러가 메서드를 최적화하는 데 소비하는 시간
- 생성된 네이티브 코드 크기(즉, 코드 캐시 메모리 사용량)

128 역자주_ 예시한 인라이닝처럼 명령문이나 연산 코드 단위로 최적화하는 것.

제약 조건이 하나도 없으면 컴파일러는 아주 깊은 호출 체인까지 파헤치며 인라이닝할 것입니다. 결국 코드 캐시를 거대한 네이티브 메서드로 가득 채우겠지요. JIT 컴파일이 값비싼 리소스라는 일반 원칙은 여기서도 적용됩니다.

핫스팟은 다음 항목을 따져보며 어떤 메서드를 인라이닝할지 결정합니다.

- 인라이닝할 메서드의 바이트코드 크기
- 현재 호출 체인에서 인라이닝할 메서드의 깊이
- 메서드를 컴파일한 버전이 코드 캐시에서 차지하는 공간

[그림 10-6]은 JITWatch로 보기 좋게 시각화한 그림입니다. JIT 컴파일러가 호출 체인을 따라가며 메서드를 모두 최종 호출부 속으로 인라이닝했지만, 일부러 디폴트 최대 한계치보다 더 크게 생성한 메서드는 인라이닝이 거부됐다는 사실을 알 수 있습니다.

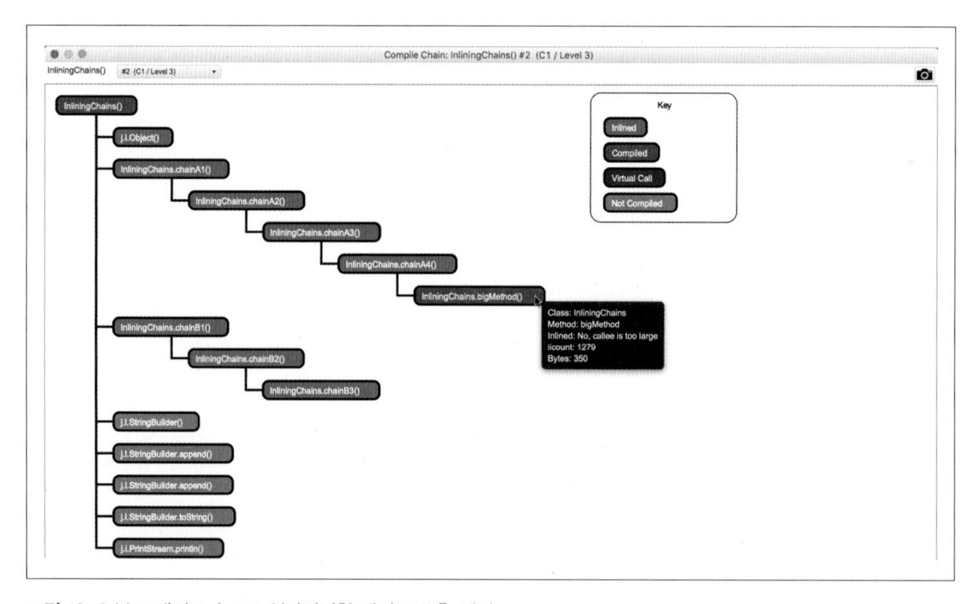

그림 10-6 부모 메서드 속으로 인라이닝한 메서드 호출 체인

이 정도 인라이닝 깊이는 지극히 일반적인 것으로, 최적화 범위를 넓히는 데 큰 도움이 됩니다.

10.3.2 인라이닝 서브시스템 튜닝

지금까지 중요 메서드를 모두 컴파일하기로 결정하고 그중에서도 가장 중요한 메서드를 담을 수 있게 코드 캐시를 조정했습니다. 이제 본격적으로 인라이닝을 생각해봅시다. [표 10-1]은 인라이닝 서브시스템의 작동 방식을 제어하는 기본적인 JVM 스위치들로, 9.5절에서 살펴보았던 단순 JIT 튜닝법의 확장판이라고 볼 수 있습니다.

표 10-1 인라이닝 스위치

스위치	디폴트 (JDK 8, Linux x86_64)	설명
`-XX:MaxInlineSize=<n>`	35바이트의 바이트코드	메서드를 이 크기 이하로 인라이닝한다.
`-XX:FreqInlineSize=<n>`	325바이트의 바이트코드	(자주 호출되는) '핫' 메서드를 이 크기 이하로 인라이닝한다.
`-XX:InlineSmallCode=<n>`	1,000바이트의 네이티브 코드(단계 없음) 2,000바이트의 네이티브 코드(단계 있음)	코드 캐시에 이 수치보다 더 많은 공간을 차지한 최종 단계 컴파일이 이미 존재할 경우 메서드를 인라이닝하지 않는다.
`-XX:MaxInlineLevel=<n>`	9	이 수준보다 더 깊이 호출 프레임을 인라이닝하지 않는다.

중요 메서드가 인라이닝되지 않는 경우(가령, 인라이닝 최대 허용 크기를 살짝 초과) 환경에 따라 이런 메서드까지 인라이닝되도록 적절히 JVM 매개변수를 조정해야 할 수도 있습니다. `-XX:MaxInlineSize`나 `-XX:FreqInlineSize` 값을 바꿔보면서 성능이 조금이라도 나아지는지 확인합니다.

이렇게 매개변수를 바꿔가며 튜닝할 때에는 반드시 측정 데이터를 근거로 삼아야 합니다. 실제 데이터를 제대로 보지도 않고 특정 매개변수를 바꿨더니 효험이 있더라, 식으로 말하는 건 스위치 만지작거리기 안티패턴의 전형입니다(4.5.2절 스위치 만지작거리기 참고).

10.4 루프 펼치기

루프 내부의 메서드 호출을 전부 인라이닝하면, 컴파일러는 루프를 한번 순회할 때마다 비용이 얼마나 드는지, 반복 실행되는 코드는 크기가 얼마나 되는지 더 분명해집니다. 이 정보를 토대로 컴파일러는 매번 순회할 때마다 루프 처음으로 되돌아가는 횟수를 줄이기 위해 루프를 펼칠 수 있습니다.

백 브랜치back branch[129]가 일어나면 그때마다 CPU는 유입된 명령어 파이프라인을 덤프하기 때문에 성능상 바람직하지 않습니다. 보통 루프 바디가 짧을수록 백 브랜치 비용은 상대적으로 높기 때문에 핫스팟은 다음 기준에 따라 루프 펼치기 여부를 결정합니다.

- 루프 카운터 변수 유형(대부분 객체 아닌 int나 long형을 사용)
- 루프 보폭loop stride(한번 순회할 때마다 루프 카운터 값이 얼마나 바뀌는가)
- 루프 내부의 탈출 지점 개수(return 또는 break)

배열에서 데이터를 차례대로 가져와 합계를 구하는 메서드가 있다고 합시다. 어셈블리어로는 이러한 액세스 패턴을 [base, index, offset] 조합으로 나타낼 수 있습니다.

- base 레지스터: 배열 데이터의 시작 주소
- index 레지스터: 루프 카운터 (자료형 크기만큼 곱합니다)
- offset: 주소 오프셋

```
add rbx, QWORD PTR [base 레지스터 + index 레지스터 * size + offset]
```

NOTE_ 루프 펼치기는 핫스팟 버전별로 로직이 상이하고 아키텍처마다 많이 다릅니다.

long[]형 배열을 순회하는 루프에서 어떤 조건일 때 루프가 펼쳐지는지 알아봅시다. 루프를 돌며 배열 원소에 액세스할 때 핫스팟은 루프를 세 구역(표 10-2)으로 나누어 배열 경계 검사array bounds check[130]를 제거합니다.

---

129 역자주_ 한번 순회를 마치고 다시 루프문 처음으로 돌아가는(back) 것.

130 역자주_ 배열 인덱스 변수가 배열 경계 내에 있는지 확인하는 작업. 인덱스 변숫값과 경계값을 단순 비교하는 일이지만, 순회 횟수만큼 반복되면 그만큼 누적된 오버헤드가 발생합니다.

표 10-2 경계 검사 제거

루프 구역	경계 검사?	설명
사전 루프	예	초기 순회는 경계 검사를 한다.
메인 루프	아니오	루프 보폭을 이용해 경계 검사를 안 해도 순회 가능한 최대 횟수를 계산한다.
사후 루프	예	나머지 순회는 경계 검사를 한다.

루프로 순회할 배열을 생성하는 다음 코드를 봅시다.

```
private static final int MAX = 1_000_000;

private long[] data = new long[MAX];

private void createData() {
    java.util.Random random = new java.util.Random();

    for (int i = 0; i < MAX; i++) {
        data[i] = random.nextLong();
    }
}
```

이 배열을 `int`형 카운터와 `long`형 카운터로 순회하면 각각 얼마나 성능이 차이 나는지 JMH 벤치마크로 비교합시다.

```
package optjava.jmh;

import org.openjdk.jmh.annotations.*;
import java.util.concurrent.TimeUnit;

@BenchmarkMode(Mode.Throughput)
@OutputTimeUnit(TimeUnit.SECONDS)
@State(Scope.Thread)
public class LoopUnrollingCounter {
    private static final int MAX = 1_000_000;
    private long[] data = new long[MAX];

    @Setup
    public void createData() {
        java.util.Random random = new java.util.Random();
```

```
        for (int i = 0; i < MAX; i++) {
            data[i] = random.nextLong();
        }
    }

    @Benchmark
    public long intStride1() {
        long sum = 0;

        for (int i = 0; i < MAX; i++) {
            sum += data[i];
        }
        return sum;
    }

    @Benchmark
    public long longStride1() {
        long sum = 0;

        for (long l = 0; l < MAX; l++) {
            sum += data[(int) l];
        }
        return sum;
    }
}
```

실행 결과는 다음과 같습니다.

```
Benchmark                          Mode   Cnt  Score      Error  Units
LoopUnrollingCounter.intStride1   thrpt  200  2423.818 ± 2.547  ops/s
LoopUnrollingCounter.longStride1  thrpt  200  1469.833 ± 0.721  ops/s
```

`int`형 카운터 루프의 처리량이 약 64% 더 높습니다.

어셈블리 수준까지 타고 내려가보면 `long`형 카운터를 쓸 경우 루프 바디가 펼쳐지지 않고 루프 안에 세이프포인트 폴safepoint poll[131]이 박힌다는 사실을 알 수 있습니다. JIT 컴파일러는 컴파일된 코드가 너무 오랫동안 세이프포인트 플래그 체크 없이 실행되는 일이 없도록 이렇게 세이프

131 역자주_ 세이프포인트 도달 여부를 폴링하여 체크하는 코드.

포인트 검사 코드를 삽입합니다.

증분값increment이 컴파일 타임에 일정한 상수 대신 변수로 저장되는, 즉 루프 보폭이 가변적인 경우, 마이크로벤치마킹을 해보면 루프가 펼쳐지지 않고 매번 백 브랜치가 일어나기 직전에 세이프포인트 체크 코드가 삽입됩니다.

10.4.1 루프 펼치기 정리

핫스팟은 다양한 최적화 기법으로 루프 펼치기를 합니다.

- 카운터가 `int`, `short`, `char`형일 경우 루프를 최적화한다.
- 루프 바디를 펼치고 세이프포인트 폴을 제거한다.
- 루프를 펼치면 백 브랜치 횟수가 줄고 그만큼 분기 예측 비용도 덜 든다.
- 세이프포인트 폴을 제거하면 루프를 순회할 때마다 하는 일이 줄어든다.

여러분은 필자가 예시한 코드가 모든 아키텍처, 모든 핫스팟 버전에 통용되리라 넘겨짚지 말고 정말 그러한지 항상 스스로 체크하세요.

10.5 탈출 분석

핫스팟은 어떤 메서드가 내부에서 수행한 작업을 그 메서드 경계 밖에서도 볼 수 있는지, 또는 부수 효과를 유발하지는 않는지 범위 기반 분석scope-based analysis을 통해 판별합니다. 이러한 기법을 **탈출 분석**[132]이라고 하며, 메서드 내부에서 할당된 객체를 메서드 범위 밖에서 바라볼 수 있는지를 알아보는 용도로 쓰입니다.

NOTE_ 탈출 분석 최적화는 반드시 인라이닝을 수행한 이후 시도합니다. 인라이닝을 해서 피호출부 메서드 바디를 호출부에 복사하면 호출부에 메서드 인수로 전달된 객체는 더 이상 탈출 객체로 표시되지 않기 때문입니다.

132 역자주_ '탈출 분석(escape analysis)'이라고 옮기는 경우가 일반적이지만, 역자 개인적으로는 '범위 이탈 분석'이라고 옮겨야 좀 더 정확할 것 같습니다.

핫스팟은 탈출 분석 단계 도중, 잠재적으로 탈출한 객체를 세 가지 유형으로 분류합니다. *hotspot/src/share/vm/opto/escape.hpp* 코드를 보면 상이한 탈출 시나리오가 자세히 기술되어 있습니다.

```
typedef enum {

  NoEscape      = 1, // 객체가 메서드/스레드를 탈출하지 않고
                     // 호출 인수로 전달되지 않으며,
                     // 스칼라로 대체 가능하다.

  ArgEscape     = 2, // 객체가 메서드/스레드를 탈출하지 않지만
                     // 호출 인수로 전달되거나 레퍼런스로 참조되며,
                     // 호출 도중에는 탈출하지 않는다.

  GlobalEscape  = 3  // 객체가 메서드/스레드를 탈출한다.
}
```

10.5.1 힙 할당 제거

빡빡한 루프 안에서 객체를 새로 만들면 그만큼 메모리 할당 서브시스템을 압박하게 되고, 단명 객체가 끊임없이 양산되면 이를 정리할 마이너 GC 이벤트가 자주 발생할 것입니다. 할당률이 너무 높아 영 세대가 꽉 차면 단명 객체가 올드 세대로 조기 승격될 가능성도 있습니다. 이 지경에 이르면 더욱 값비싼 풀 GC 이벤트를 발동해서 정리해야겠죠.

핫스팟의 탈출 분석 최적화는 개발자가 객체 할당률을 신경 쓰지 않고도 자바 코드를 자연스레 작성할 수 있도록 설계됐습니다.

할당된 객체가 메서드를 탈출하지 않는다는 사실을 밝히면(`NoEscape`로 분류됨) VM은 **스칼라 치환**scalar replacement이라는 최적화를 적용해 객체 필드를 마치 처음부터 객체 필드가 아닌 지역 변수였던 것처럼 스칼라 값으로 바꿉니다. 그런 다음 **레지스터 할당기**register allocator라는 핫스팟 컴포넌트에 의해 CPU 레지스터 속으로 배치되지요.

NOTE_ 여유 레지스터가 부족할 경우, 스칼라값을 현재 스택 프레임 위에 둘 수도 있습니다(이것을 **스택 스필**stack spill[133]이라고 합니다).

탈출 분석의 목표는 힙 할당을 막을 수 있는지 추론하는 것입니다. 만약 그럴 수 있다면, 객체는 스택에 자동 할동되고 GC 압박을 조금이나마 덜 수 있겠죠.

다음 객체 할당 코드에서 MyObj 인스턴스는 메서드 범위를 벗어나지 않으므로 NoEscape으로 분류됩니다.

```
public long noEscape() {
    long sum = 0;

    for (int i = 0; i < 1_000_000; i++) {
        MyObj foo = new MyObj(i); // foo는 메서드를 탈출하지 않음(NoEscape)
        sum += foo.bar();
    }

    return sum;
}
```

하지만 다음 MyObj 인스턴스는 extBar() 메서드 인수로 전달되므로 ArgEscape으로 분류됩니다.

```
public long argEscape() {
    long sum = 0;
    for (int i = 0; i < 1_000_000; i++) {
        MyObj foo = new MyObj(i);
        sum += extBar(foo); // foo는 extBar() 메서드의 인수로 전달됨(ArgEscape)
    }

    return sum;
}
```

133 역자주_ 변수를 레지스터에 두는 가장 큰 이유는 속도지만, 컴퓨터 레지스터 개수는 한정되어 있으므로 모든 변수를 레지스터에 담을 수는 없습니다. 이런 이유로 변수를 레지스터에서 메모리로 옮기는 과정을 스필링(spilling), 반대로 메모리에서 레지스터로 옮기는 과정을 필링(filling)이라고 합니다.

탈출 분석 직전, `extBar()`이 루프 바디 안으로 인라이닝되면 `MyObj`은 `NoEscape`으로 다시 분류되어 힙 할당을 막을 수 있습니다.

10.5.2 락과 탈출 분석

핫스팟은 탈출 분석 및 관련 기법을 통해 락 성능도 최적화합니다.

> **NOTE_** 단, 이 최적화는 (`synchronized`를 사용한) 인스린직 락에만 해당되며, `java.util.concurrent` 패키지에 있는 락에는 적용되지 않습니다.

락 최적화의 핵심을 정리하면 이렇습니다.

- 비탈출nonescaping 객체에 있는 락은 제거한다(**락 생략**lock elision).
- 같은 락을 공유한, 락이 걸린 연속된 영역은 병합한다(**락 확장**lock coarsening).
- 락을 해제하지 않고 같은 락을 반복 획득한 블록을 찾아낸다(**중첩 락**nested lock).

핫스팟은 동일한 객체에 연속적으로 락이 걸려 있을 경우, 락이 걸린 영역을 넓힐 수 있는지 체크합니다. 그래서 핫스팟은 락을 발견하면 반대 방향으로 거슬러 올라가 동일한 객체에 언락이 있는지 찾아보고, 만약 언락이 발견되면 두 락 영역을 더 큰 단일 영역으로 합할 수 있는지 살핍니다.

상세한 내용은 JVM 명세서(*https://docs.oracle.com/javase/specs/jvms/se7/html/jvms-3.html#jvms-3.14*)를 읽어보세요. JITWatch에서도 이 과정을 바로 확인할 수 있습니다(그림 10-7).

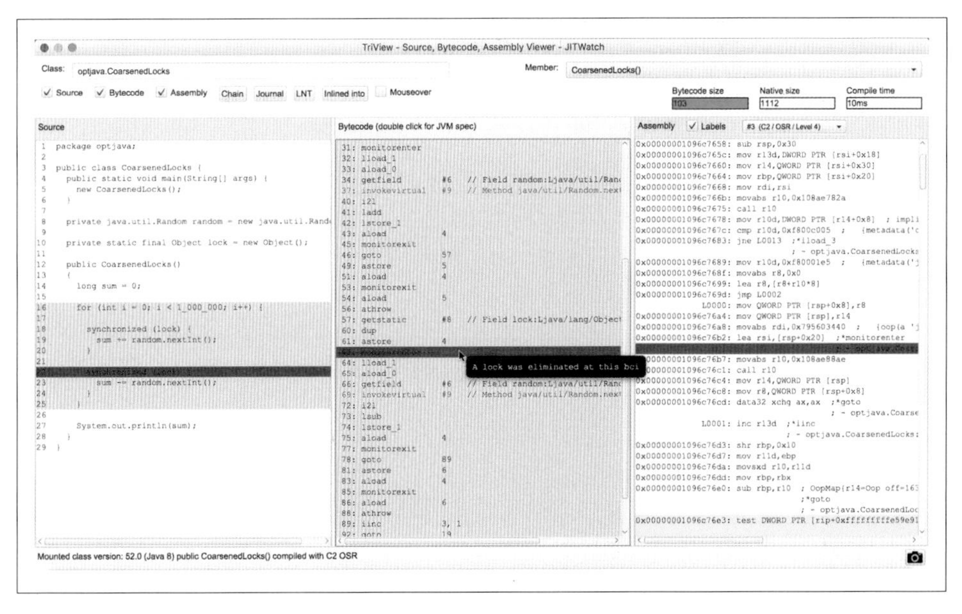

그림 10-7 락 확장

락 확장 최적화는 기본 활성화되어 있지만, VM 스위치 `-XX:-EliminateLocks`로 해제하여 그 영향도를 살펴볼 수 있습니다.

또 핫스팟은 같은 객체에 걸린 중첩 락을 감지해 해당 스레드가 이미 그 락을 획득한 상태라면 내부 락을 제거합니다.

> **TIP_** 이 책을 쓰는 현재, 자바 8에서 중첩 락 제거 기능은 `static final`로 선언하며 `this`에 걸린 락에 작동합니다.

중첩 락 최적화도 기본 활성돼있지만, VM 스위치 `-XX:-EliminateNestedLocks`로 끌 수 있습니다. [그림 10-8]은 JITWatch로 중첩 락을 감지한 모습입니다.

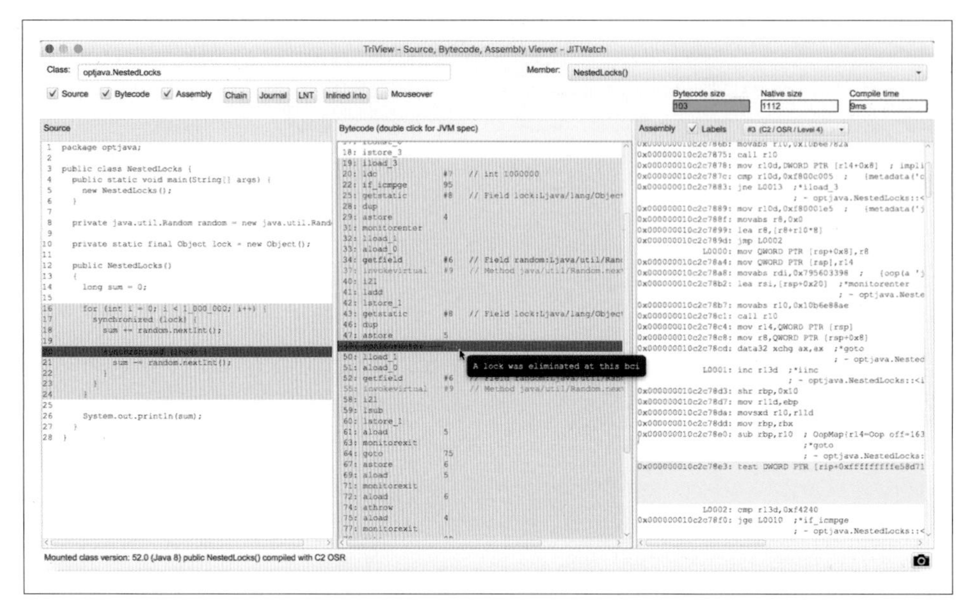

그림 10-8 중첩 락을 제거

핫스팟은 언제 락을 확장/제거하는 게 안전할지 자동으로 계산합니다. JITWatch 같은 툴을 쓰면 락이 최적화된 모습을 시각적으로 살펴볼 수 있고 디버그 JVM을 사용하면 락에 관한 추가 정보를 출력할 수 있습니다.

10.5.3 탈출 분석의 한계

탈출 분석 역시 다른 최적화 기법들처럼 트레이드오프가 있습니다. 힙이 아니라도 다른 어딘가에는 할당을 해야 하는데, CPU 레지스터나 스택 공간은 상대적으로 희소한 리소스입니다. 또 기본적으로 원소가 64개 이상인 배열은 핫스팟에서 탈출 분석의 혜택을 볼 수 없습니다. 이 개수 제한은 다음 VM 스위치로 조정합니다.

```
-XX:EliminateAllocationArraySizeLimit=<n>
```

버퍼로부터 데이터를 읽어 임시 배열에 할당하는 핫 코드 경로를 생각해봅시다. 이 배열이 메서드 범위를 탈출하지 않으면 탈출 분석을 해서 힙 할당을 막을 수 있지만, 배열 길이가 64를 초과하면(모든 배열 원소를 다 쓰지 않아도) 무조건 힙에 저장되고 이 코드의 할당률은 빠르게 상승할 수 있습니다.

JMH로 벤치마크를 한번 해볼까요? 각각 길이가 63, 64, 65인 비탈출 배열을 할당하는 테스트 메서드 3개를 작성합시다.

> **NOTE_** 길이가 63인 배열은 단지 메모리 정렬memory alignment 때문에 길이가 64인 배열이 길이가 65인 배열보다 빠른 건 아니라는 사실을 확인하고자 테스트하는 것입니다.

각 테스트 메서드는 처음 두 배열 원소 `a[0]`와 `a[1]`만 사용하지만, 탈출 분석 최적화 여부는 사용한 배열 인덱스의 최댓값이 아닌, 그냥 배열 길이만으로 결정됩니다.

```
package optjava.jmh;

import org.openjdk.jmh.annotations.*;
import java.util.concurrent.TimeUnit;

@State(Scope.Thread)
@BenchmarkMode(Mode.Throughput)
@OutputTimeUnit(TimeUnit.SECONDS)
public class EscapeTestArraySize {

    private java.util.Random random = new java.util.Random();

    @Benchmark
    public long arraySize63() {
        int[] a = new int[63];

        a[0] = random.nextInt();
        a[1] = random.nextInt();

        return a[0] + a[1];
    }

    @Benchmark
    public long arraySize64() {
        int[] a = new int[64];

        a[0] = random.nextInt();
        a[1] = random.nextInt();
```

```
        return a[0] + a[1];
    }

    @Benchmark
    public long arraySize65() {
        int[] a = new int[65];

        a[0] = random.nextInt();
        a[1] = random.nextInt();

        return a[0] + a[1];
    }
}
```

다음 결과를 보면, 배열 할당 시 탈출 분석 최적화가 안되면 성능이 죽 떨어지는 걸 알 수 있습니다.

```
Benchmark                          Mode  Cnt  Score            Error      Units
EscapeTestArraySize.arraySize63  thrpt  200  49824186.696 ±  9366.780  ops/s
EscapeTestArraySize.arraySize64  thrpt  200  49815447.849 ±  2328.928  ops/s
EscapeTestArraySize.arraySize65  thrpt  200  21115003.388 ± 34005.817  ops/s
```

핫 코드에서 어쩔 수 없이 덩치 큰 배열을 할당해야 할 경우, VM에게 더 큰 배열도 최적화하도록 지시하면 됩니다. 한계치를 65로 설정 후 다시 벤치마크하면 성능이 좋아집니다.

```
$ java -XX:EliminateAllocationArraySizeLimit=65 -jar target/benchmarks.jar

Benchmark                          Mode  Cnt  Score           Error     Units
EscapeTestArraySize.arraySize63  thrpt  200  49814492.787 ± 2283.941  ops/s
EscapeTestArraySize.arraySize64  thrpt  200  49815595.566 ± 5833.359  ops/s
EscapeTestArraySize.arraySize65  thrpt  200  49818143.279 ± 2347.695  ops/s
```

또 한 가지 중요한 한계점은, 핫스팟이 **부분 탈출 분석**partial escape analysis (흐름에 민감한 탈출 분석이라고도 함)을 지원하지 않는 점입니다.

NOTE_ 과거 jRockit JVM은 부분 탈출 분석을 지원했었지만, 핫스팟과 병합된 이후로 지원이 끊겼습니다.

객체가 어느 분기점에서건 메서드 범위를 탈출하면 힙에 객체를 할당하지 않는 최적화는 적용되지 않습니다. 다음 분기문은 조건에 따라 둘 중 하나로 분기하므로 `mightEscape` 객체가 메서드를 탈출할 경우 반드시 `ArgEscape`로 분류됩니다. 결국 객체 할당률과 GC압을 가중시키게 되겠죠.

```
for (int i = 0; i < 100_000_000; i++) {
    Object mightEscape = new Object(i);

    if (condition) {
        result += inlineableMethod(mightEscape);
    } else {
        result += tooBigToInline(mightEscape);
    }
}
```

다음 코드처럼 비탈출 분기 조건 안에 객체 할당을 묶어둘 수 있다면 탈출 분석의 덕을 볼 수 있을 겁니다.

```
for (int i = 0; i < 100_000_000; i++) {

    if (condition) {
        Object mightEscape = new Object(i);
        result += inlineableMethod(mightEscape);
    } else {
        Object mightEscape = new Object(i);
        result += tooBigToInline(mightEscape);
    }
}
```

10.6 단형성 디스패치

핫스팟 C2 컴파일러가 수행하는 추측성 최적화는 대부분 경험적 연구 결과를 토대로 합니다. **단형성 디스패치**monomorphic dispatch 기법도 그런 부류 중 하나입니다(**단형성**monomorphic이란 단어는 '단일(한 가지) 폼single form'을 의미하는 그리스어에서 유래합니다).

'사람이 작성한 코드를 보면 십중팔구 각 호출부마다 딱 한 가지 런타임 타입이 수신자 객체 타입이 된다'는 조금 낯설지만 강력한 팩트를 관찰한 것입니다.

> **NOTE_** 자바나 JVM에 국한된 얘기가 아니라, 사실 우리가 보통 객체 지향 소프트웨어를 설계하는 방식을 생각하면 매우 일리가 있는 말입니다.

즉, 어떤 객체에 있는 메서드를 호출할 때, 그 메서드를 최초로 호출한 객체의 런타임 타입을 알아내면 그 이후의 모든 호출도 동일한 타입일 가능성이 큽니다.

이 추측성 가정이 옳다면 해당 호출부의 메서드 호출을 최적화할 수 있습니다. 특히, vtable에서 에둘러 메서드를 찾을 필요가 없겠죠. 항상 타입이 같다면 일단 호출 대상을 계산해서 `invokevirtual` 명령어를 퀵 타입 테스트(가드) 후 컴파일드 메서드 바디로 분기하는 코드로 치환하면 됩니다.

다시 말해, klass 포인터 및 vtable을 통해 가상 룩업을 하고 에둘러 참조하는 일은 딱 한번만 하면 됩니다. 그 이후로 해당 호출부에서 메서드를 호출할 경우를 대비해 캐시하는 거죠.

> **NOTE_** `invokevirtual` 호출부는 실행할 메서드가 정의된 베이스 타입base type 및 그 서브타입만 바라볼 수 있습니다. 리스코프 치환 원칙을 충실히 따르는 거죠.

다음 코드 토막을 봅시다.

```
java.util.Date date = getDate();
System.out.println(date.toInstant());
```

`getDate()` 메서드가 항상 `java.util.Date` 인스턴스를 반환하면 `toInstant()` 메서드 호출은 단형적인 것입니다. 하지만 여러 차례 순회 후 갑자기 `getDate()` 메서드가 `java.sql.Date` 인스턴스를 반환하면, 전혀 다른 `toInstant()` 구현체를 호출해야 할 테니 이런 추정은 더 이상 안 맞습니다.

이런 경우에 핫스팟은 최적화를 단념하고 호출부를 풀 가상 디스패치를 이용하는 방식으로 되돌립니다. 단형성 호출을 보호하는 가드는 그냥 klass 워드와 동등하며 아주 단순하게 작동합니다. 매번 명령어를 호출할 때마다 사전에 부정확한 코드가 실행되지 않게 체크하지요.

일반 애플리케이션에서는 절대 다수가 단형적 호출입니다. 핫스팟은 자주 쓰이지는 않지만 **이**

형성 디스패치bimorphic dispatch라는 최적화도 지원합니다. 그래서 서로 다른 두 타입을 단형성 디스패치와 같은 방법으로, 호출부마다 상이한 두 klass 워드를 캐시해서 처리합니다.

단형도, 이형도 아닌 호출부를 **다형성**megamorphic[134]이라고 합니다(그리스어로 '다수의 폼many forms'을 뜻하는 말입니다). 극히 소수의 관측된 타입을 지닌 다형성 호출부를 찾아내면 성능 향상을 도모할 묘기를 부릴 수 있습니다. 원래 호출부에서 instanceof 체크를 하며 타입을 하나씩 '벗겨내어peeling off' 두 가지 구체 타입을 바라보는 이형성 호출부만 남겨두는 거죠.

다음 예제를 살펴봅시다.

```
package optjava.jmh;

import org.openjdk.jmh.annotations.*;
import java.util.concurrent.TimeUnit;

interface Shape {
    int getSides();
}

class Triangle implements Shape {
    public int getSides() {
        return 3;
    }
}

class Square implements Shape {
    public int getSides() {
        return 4; }
    }
}

class Octagon implements Shape {
    public int getSides() {
        return 8;
    }
}

@State(Scope.Thread)
@BenchmarkMode(Mode.Throughput)
```

134 역자주_ 객체 지향 프로그래밍(OOP)의 다형성(polymorphism)과는 전혀 다른 개념이니 혼동하지 마세요.

```
@OutputTimeUnit(TimeUnit.SECONDS)
public class PeelMegamorphicCallsite {

    private java.util.Random random = new java.util.Random();

    private Shape triangle = new Triangle();
    private Shape square = new Square();
    private Shape octagon = new Octagon();

    @Benchmark
    public int runBimorphic() {
        Shape currentShape = null;

        switch (random.nextInt(2)) {
            case 0:
                currentShape = triangle;
                break;

            case 1:
                currentShape = square;
                break;
            }

        return currentShape.getSides();
    }

    @Benchmark
    public int runMegamorphic() {
        Shape currentShape = null;

        switch (random.nextInt(3)) {
            case 0:
                currentShape = triangle;
                break;

            case 1:
                currentShape = square;
                break;

            case 2:
                currentShape = octagon;
                break;
        }
```

```
        return currentShape.getSides();
    }

    @Benchmark
    public int runPeeledMegamorphic() {
        Shape currentShape = null;

        switch (random.nextInt(3)) {
            case 0:
                currentShape = triangle;
                break;

            case 1:
                currentShape = square;
                break;

            case 2:
                currentShape = octagon;
                break;
        }

        // 원래 호출부에서 하나씩 타입을 하나씩 벗겨냄
        if (currentShape instanceof Triangle) {
            return ((Triangle) currentShape).getSides();
        } else {
            return currentShape.getSides(); // 이형(bimorphic)
        }
    }
}
```

다음은 벤치마크 실행 결과입니다.

```
Benchmark                                  Mode  Cnt  Score          Error  Units
PeelMega...Callsite.runBimorphic           thrpt 200  75844310 ±   43557  ops/s
PeelMega...Callsite.runMegamorphic         thrpt 200  54650385 ±   91283  ops/s
PeelMega...Callsite.runPeeledMegamorphic   thrpt 200  62021478 ±  150092  ops/s
```

호출부에 구현체를 2개만 남겨두면 이형성 인라이닝이 일어나며, 구현체가 3개 있고 메서드 디스패치가 가상 호출인 다형성 호출부보다 38% 더 많이 일을 합니다. 코드 로직이 저마다 다르니 정확히 공정한 비교는 아닙니다.

여러 타입 중 하나를 다른 호출부로 벗겨내면 프로그램 성능은 다형성 코드보다 13% 향상됩니다.

메서드 디스패치와 그와 관련된 성능 문제는 심오한 주제입니다. 전체 내용은 알렉세이 쉬필레프가 쓴 '(자바) 메서드 디스패치의 흑마술(*https://shipilev.net/blog/2015/black-magic-method-dispatch/*)'이란 블로그 글을 읽어보세요.

10.7 인트린직

인트린직intrinsics은 JIT 서브시스템이 동적 생생하기 이전에 JVM이 이미 알고 있는, 고도로 튜닝된 네이티브 메서드 구현체를 가리키는 용어입니다. 주로 OS나 CPU 아키텍처의 특정 기능을 응용하는, 성능이 필수적인 코어 메서드에 쓰입니다. 따라서 인트린직은 플랫폼에 따라 지원되는 것도 있고 안 되는 것도 있습니다.

JVM은 기동 직후 런타임에 자신을 실행한 하드웨어의 CPU를 꼼꼼히 살펴보고 사용 가능한 프로세서의 기능을 목록화합니다. 즉, 어떤 식으로 최적화할지 코드 컴파일 타임에 결정할 필요 없이 런타임까지 미룰 수 있습니다.

NOTE_ 인트린직은 C1/C2 JIT 컴파일러 및 인터프리터에도 구현 가능합니다.

[표 10-3]은 많이 쓰이는 인트린직입니다.

표 10-3 인트린직화한 메서드

메서드	설명
`java.lang.System.arraycopy()`	CPU의 벡터 지원 기능으로 배열을 빨리 복사한다.
`java.lang.System.currentTimeMillis()`	대부분 OS가 제공하는 구현체가 빠르다.
`java.lang.Math.min()`	일부 CPU에서 분기 없이 연산 가능하다.
기타 `java.lang.Math` 메서드	일부 CPU에서 직접 명령어를 지원한다.
암호화 함수(예: AES)	하드웨어로 가속하면 성능이 매우 좋아진다.

OpenJDK 핫스팟 소스 코드에서 확장자가 *.ad*('architecture dependent(아키텍처에 의존하는)'의 약자)인 파일이 바로 인트린직 템플릿입니다.

> **TIP_** 자바 9부터 메서드 앞에 `@HotSpotIntrinsicCandidate` 애너테이션을 붙여 인트린직을 사용할 수 있음을 나타냅니다.

x86_64 아키텍처용 템플릿은 hotspot/src/cpu/x86/vm/x86_64.ad 파일에 있습니다.

예를 들어, 상용 대수(밑이 10인 로그값)를 계산할 때 자바에서는 `java.lang.Math` 패키지에 있는 다음 메서드를 씁니다.

```
public static double log10(double a)
```

x86_64 아키텍처에서 상용 대수는 두 부동소수점 장치floating-point unit(FPU) 명령어로 계산할 수 있습니다.[135]

1. 상수 2의 상용 대수를 계산한다.
2. 1에서 계산된 값을 밑이 2인 주어진 인수의 대수와 곱한다.

다음은 이 연산을 수행하는 인트린직 코드입니다.

```
instruct log10D_reg(regD dst) %{
  // The source and result Double operands in XMM registers
  // match(Set dst (Log10D dst));
  // fldlg2       ; push log_10(2) on the FPU stack; full 80-bit number
  // fyl2x        ; compute log_10(2) * log_2(x)
  format %{ "fldlg2\t\t\t#Log10\n\t"
            "fyl2x\t\t\t# Q=Log10*Log_2(x)\n\t"
        %}
   ins_encode(Opcode(0xD9), Opcode(0xEC),
              Push_SrcXD(dst),

              Opcode(0xD9), Opcode(0xF1),
              Push_ResultXD(dst));
  ins_pipe( pipe_slow );
%}
```

135 역자주_ $log_{10}2 \times log_2 x = log_{10}2 \times \frac{log_{10}x}{log_{10}2} = log_{10}x$

TIP_ 코어 자바 메서드의 소스 코드가 최적이 아닌 것처럼 보이면, 이미 인트린직을 통해 플랫폼에 특정한 구현체가 VM에 마련되어 있는지 확인하세요.

새 인트린직을 추가할 때에는 복잡도가 증가하는 것과 유용하게 잘 쓰는 것 사이에서 저울질을 해봐야 합니다.

가령, 자연수 n까지의 합계를 구하는 것처럼 기본적인 산술 연산을 수행하는 인트린직이 있다고 합시다. 기존 자바 코드로는 O(n) 작업을 해야 계산할 수 있지만, 사실 단순 공식[136] 하나로 O(1) 시간만에 계산할 수 있습니다.

그럼, 소요 시간이 일정한 합계 계산 인트린직을 구현해야 할까요?

이 질문의 답은 전체 클래스 중 이렇게 합계를 계산해야 하는 것이 얼마나 많은 지에 따라 다릅니다. 방금 전 예시한 것처럼 단순 합계를 구하는 인트린직이라면 구현해도 활용도가 낮고 굳이 쓸데없이 JVM에 복잡도를 가중시킬뿐 큰 가치는 없을 듯합니다.

인트린직은 정말 자주 쓰이는 작업에 한해서만 성능에 큰 영향을 미칠 수 있습니다.

10.8 온-스택 치환

컴파일을 일으킬 정도로 호출 빈도가 높지는 않지만 메서드 내부에 핫 루프가 포함된 경우가 있습니다. 예컨대, 자바 프로그램의 `main()` 메서드가 그렇습니다.

핫스팟은 이런 코드를 **온-스택 치환**(OSR)을 이용해 최적화합니다. 인터프리터가 루프 백 브랜치 횟수를 세어보고 특정 한계치를 초과하면 루프를 컴파일한 후 치환해서 실행합니다.

컴파일러는 컴파일 이전의 루프 내에서 액세스하는 지역 변수와 락 등의 상태 변화가 컴파일 이후에도 반영되도록 보장해야 합니다. 또 컴파일드 루프를 벗어난 후 실행을 재개하는 지점에서 모든 상태 변화가 가시적이어야 합니다.

예를 들어, 핫 루프가 포함된 다음 `main()` 메서드를 봅시다.

136 역자주_ $Sn = \frac{n(n+1)}{2}$

```java
package optjava;

public class OnStackReplacement {

    // 이 메서드는 한번만 호출됨
    public static void main(String[] args) {
        java.util.Random r = new java.util.Random();

        long sum = 0;

        // 첫 번째 긴 루프
        for (int i = 0; i < 1_000_000; i++) {
            sum += r.nextInt(100);
        }

        // 두 번째 긴 루프
        for (int i = 0; i < 1_000_000; i++) {
            sum += r.nextInt(100);
        }

        System.out.println(sum);
    }
}
```

바이트코드는 이런 모습이겠죠.

```
public static void main(java.lang.String[]);
 descriptor: ([Ljava/lang/String;)V
 flags: ACC_PUBLIC, ACC_STATIC
 Code:
   stack=4, locals=5, args_size=1
    0: new           #2      // class java/util/Random
    3: dup
    4: invokespecial #3      // Method java/util/Random."<init>":()V
    7: astore_1
    8: lconst_0
    9: lstore_2
   10: iconst_0
   11: istore        4
   13: iload         4
   15: ldc           #4      // int 1000000
   17: if_icmpge     36
   20: lload_2
```

```
21: aload_1
22: bipush        100
24: invokevirtual #5       // Method java/util/Random.nextInt:(I)I
27: i2l
28: ladd
29: lstore_2
30: iinc          4, 1
33: goto          13
36: getstatic     #6       // Field java/lang/System.out:Ljava/io/PrintStream;
39: lload_2
40: invokevirtual #7       // Method java/io/PrintStream.println:(J)V
43: return
```

33번 인덱스에서 goto 바이트코드는 13번 인덱스의 루프 체크로 흐름을 되돌립니다.

> **NOTE_** 루프 바디 끝에서 종료 조건을 체크하고 (아직 완료되지 않았으면) 루프 바디 처음으로 되돌아가는 백 브랜치가 발생합니다.

핫스팟의 C1, C2 두 JIT 컴파일러는 모두 OSR 컴파일을 수행합니다.

JITWatch로 바이트코드와 소스 코드를 보면 어느 루프가 OSR 컴파일되었는지 보입니다(그림 10-9).

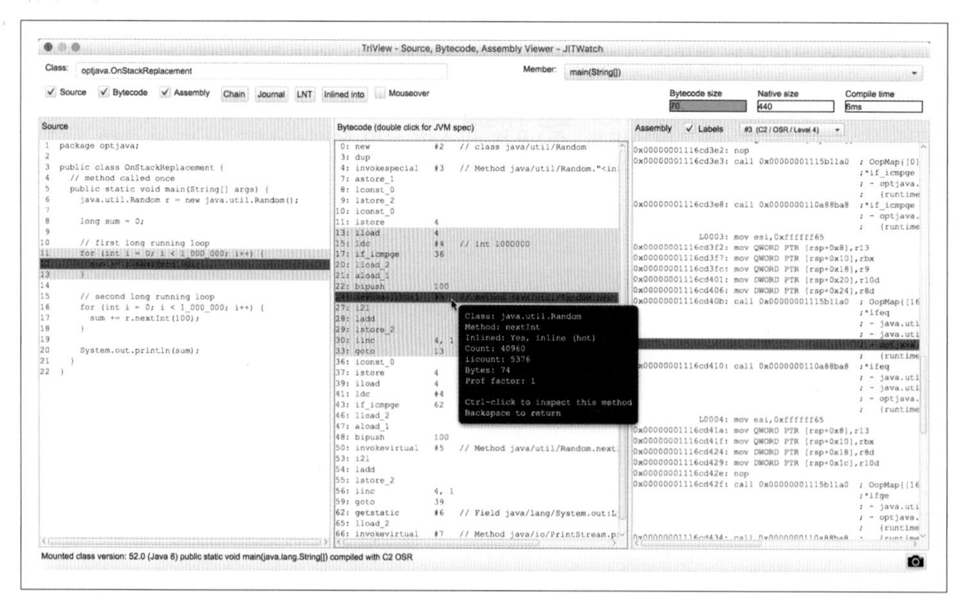

그림 10-9 온-스택 치환

10.9 세이프포인트 복습

JIT 컴파일 이야기를 마무리하기 전에, JVM에 세이프포인트가 걸리는 조건을 종합 정리하겠습니다. GC STW 이벤트뿐만 아니라, 다음 경우에도 전체 스레드가 세이프포인트에 걸립니다.

- 메서드를 역최적화
- 힙 덤프를 생성
- 바이어스 락biased lock을 취소
- 클래스를 재정의(가령, 인스트루먼테이션 용도로)

컴파일드 코드에서 (루프 펼치기에서 배웠듯이) 세이프포인트 체크 발급은 JIT 컴파일러가 담당하며, 핫스팟에서는 다음 지점에 세이프포인트 체크 코드를 넣습니다.

- 루프 백 브랜치 지점
- 메서드 반환 지점

따라서 경우에 따라 스레드가 세이프포인트에 도달하려면 어느 정도 시간이 소요될 수 있습니다. (가령, 메서드를 전혀 호출하지 않고 엄청나게 많은 산술 연산 코드가 포함된 루프를 실행할 경우) 루프가 펼쳐져 있으면 세이프포인트에 이르기까지 적잖은 시간이 걸릴 수 있겠죠.

NOTE_ JIT 컴파일러는 프로그램 로직이 바뀌지 않는 한도 내에서 온갖 추측성 명령어, 비순차적out-of-order 명령어를 한껏 만들어 냅니다. VM이 세이프포인트를 걸면 컴파일드 코드는 그 지점의 프로그램 상태와 딱 일치하겠죠. 디버거는 바로 이런 원리로 작동합니다.

컴파일러는 세이프포인트를 폴링하며 체크하는 비용을 감수하느냐, 이미 세이프포인트에 닿은 스레드가 다른 스레드도 세이프포인트에 모두 닿을 때까지 대기해야 하는 긴 세이프포인트 시간time to safepoint (TTSP)을 회피하느냐, 사이에서 고민할 것입니다.

NOTE_ `-XX:+PrintGCApplicationStoppedTime` 라는 VM 스위치를 사용하면 다른 스레드가 세이프포인트에 이를 때까지 기다린 시간까지 포함해서 세이프포인트 때문에 프로그램에 소요된 총 시간을 볼 수 있습니다. 더 자세한 내용까지 보려면 `-XX:+PrintSafepointStatistics`를 하나 더 추가하면 됩니다.

세이프포인트는 여러 JVM 서브시스템에 영향을 끼치는 공통 관심사이므로 13장에서 다시 이야기하겠습니다.

10.10 코어 라이브러리 메서드

마지막 절에서는 JDK 코어 라이브러리 크기가 JIT 컴파일에 어떤 영향을 주는지 간략히 살펴보겠습니다.

10.10.1 인라이닝하기 적합한 메서드 크기 상한

인라이닝을 할지 말지는 메서드의 바이트코드 크기로 결정되므로 클래스 파일을 정적 분석하면 인라이닝을 하기에 지나치게 큰 메서드를 솎아낼 수 있습니다.

JarScan이라는 오픈 소스 툴(JITWatch 배포판에 있고 시작 스크립트는 JITWatch 루트 폴더에 있음)은 클래스 폴더 또는 JAR 파일 내부에서 바이트코드 크기가 주어진 한계치 이상인 메서드를 모두 찾아냅니다.

다음 옵션으로 *jre/lib/rt.jar* 파일의 자바 8 코어 라이브러리를 상대로 JarScan을 돌려보면 참 재미있는 결과가 나옵니다.

```
$ ./jarScan.sh --mode=maxMethodSize \
               --limit=325 \
               --packages=java.* \
               /path/to/java/jre/lib/rt.jar
```

리눅스 x86_64, 자바 8u152 환경에서 *java.** 패키지 메서드 중 바이트코드가 (이 플랫폼의 `FreqInlineSize` 한계치인) 325바이트를 초과한 것이 490개나 있습니다. 여기에는 핫 코드에서 어렵잖게 발견되는 메서드도 함께 포함돼 있습니다.

예를 들면, `java.lang.String` 클래스의 두 메서드 `toUpperCase()`, `toLowerCase()`는 놀랍게도 바이트코드가 439바이트나 돼서 정상적인 인라이닝 범위를 벗어납니다.

크기가 이렇게 커진 까닭은, 대/소문자를 바꾸면 저장할 캐릭터 개수가 달라지는 로케일이 있기 때문입니다.[137] 따라서 대/소문자 변환 메서드는 (`toUpperCase()` 디폴트 메서드를 구현한 다음 코드처럼) 이런 경우를 알아서 감지해 배킹 배열backing array[138]의 크기를 재조정하고 복사해서 스트링을 표현해야 합니다.

```
public String toUpperCase(Locale locale) {
    if (locale == null) {
        throw new NullPointerException();
    }

    int FirstLower;
    final int len = value.length;

    /* Now check if there are any characters that need to be changed. */
    scan: {
        for (FirstLower = 0 ; FirstLower < len; ) {
            int c = (int)value[FirstLower];
            int srcCount;
            if ((c >= Character.MIN_HIGH_SURROGATE)
                    && (c <= Character.MAX_HIGH_SURROGATE)) {
                c = codePointAt(FirstLower);
                srcCount = Character.charCount(c);
            } else {
                srcCount = 1;
            }
            int upperCaseChar = Character.toUpperCaseEx(c);
            if ((upperCaseChar == Character.ERROR)
                    || (c != upperCaseChar)) {
                break scan;
            }
            FirstLower += srcCount;
        }
        return this;
    }

/* result may grow, so i+resultOffset is the write location in result */
int resultOffset = 0;
char[] result = new char[len]; /* may grow */
```

137 역자주_ 일례로, 코드 포인트 \u0cc의 Ì를 리투아니아(lt) 로케일에서 소문자로 변환하면 ì로 바뀌는데, 이는 사실 i̇̀가 결합된 3바이트짜리 캐릭터입니다.

138 역자주_ 실제 값을 저장하는 하부 배열.

```
/* Just copy the First few upperCase characters. */
System.arraycopy(value, 0, result, 0, FirstLower);

String lang = locale.getLanguage();
boolean localeDependent =
    (lang == "tr" || lang == "az" || lang == "lt"); char[] upperCharArray;

char[] upperCharArray;
int upperChar;
int srcChar;
int srcCount;
for (int i = FirstLower; i < len; i += srcCount) {
    srcChar = (int)value[i];
    if ((char)srcChar >= Character.MIN_HIGH_SURROGATE &&
        (char)srcChar <= Character.MAX_HIGH_SURROGATE) {
        srcChar = codePointAt(i);
        srcCount = Character.charCount(srcChar);
    } else {
        srcCount = 1;
    }
    if (localeDependent) {
        upperChar = ConditionalSpecialCasing.toUpperCaseEx(this, i, locale);
    } else {
        upperChar = Character.toUpperCaseEx(srcChar);
    }
    if ((upperChar == Character.ERROR)
          || (upperChar >= Character.MIN_SUPPLEMENTARY_CODE_POInt)) {
        if (upperChar == Character.ERROR) {
            if (localeDependent) {
                upperCharArray =
                    ConditionalSpecialCasing.toUpperCaseCharArray(this, i, locale);
            } else {
                upperCharArray = Character.toUpperCaseCharArray(srcChar);
            }
        } else if (srcCount == 2) {
            resultOffset += Character.toChars(upperChar,
                                              result, i + resultOffset)
                                              - srcCount;
            continue;
        } else {
            upperCharArray = Character.toChars(upperChar);
        }
```

```
            /* Grow result if needed */
            int mapLen = upperCharArray.length;
            if (mapLen > srcCount) {
                char[] result2 = new char[result.length + mapLen - srcCount];
                System.arraycopy(result, 0, result2, 0, i + resultOffset);
                result = result2;
            }
            for (int x = 0; x < mapLen; ++x) {
                result[i + resultOffset + x] = upperCharArray[x];
            }
            resultOffset += (mapLen - srcCount);
        } else {
            result[i + resultOffset] = (char)upperChar; }
        }

        return new String(result, 0, len + resultOffset);
    }
```

도메인에 특정한 메서드로 성능 개선

이 정도로 다양한 캐릭터셋을 고려할 필요가 없다면(즉, ASCII 캐릭터만 입력받는다면), `toUpperCase()`를 도메인에 특정한 메서드로 만들어 바이트코드 크기를 인라이닝 한계치 이하로 줄일 수 있습니다.

ASCII 전용 구현체를 만들어 컴파일하면 바이트코드가 69바이트밖에 안 됩니다.

```
package optjava.jmh;

import org.openjdk.jmh.annotations.*;
import java.util.concurrent.TimeUnit;

@State(Scope.Thread)
@BenchmarkMode(Mode.Throughput)
@OutputTimeUnit(TimeUnit.SECONDS)
public class DomainSpeciFicUpperCase {

    private static final String SOURCE =
        "The quick brown fox jumps over the lazy dog";

    public String toUpperCaseASCII(String source) {
        int len = source.length();
```

```
        char[] result = new char[len];
        for (int i = 0; i < len; i++) {
            char c = source.charAt(i);
            if (c >= 'a' && c <= 'z') {
                c-=32;
            }
            result[i] = c;
        }
        return new String(result);
    }

    @Benchmark
    public String testStringToUpperCase() {
        return SOURCE.toUpperCase();
    }

    @Benchmark
    public String testCustomToUpperCase() {
        return toUpperCaseASCII(SOURCE);
    }
}
```

다음은 코어 라이브러리에 있는 `String.toUpperCase()` 메서드와 비교한 결과입니다.

```
Benchmark                                   Mode  Cnt     Score   Error  Units
DomainS...UpperCase.testCustomToUpperCase  thrpt  200  20138368 ± 17807  ops/s
DomainS...UpperCase.testStringToUpperCase  thrpt  200   8350400 ±  7199  ops/s
```

ASCII 전용 버전이 코어 라이브러리보다 약 2.4배 초당 처리 건수가 많습니다.

메서드를 작게 하면 좋은 점

메서드를 작게 만들면 또 하나 좋은 점이, 인라이닝 가짓수가 늘어납니다. 런타임 데이터가 다양해질수록 여러 가지 상이한 경로를 거치면서 코드가 '핫'하게 될 가능성이 있습니다.

메서드를 작게 유지하면 다양한 인라이닝 트리를 구축해서 핫 경로를 더욱 최적화할 여지가 생깁니다. 메서드가 커지면 금세 인라이닝 크기 한계치를 초과해서 최적화 안 된 경로가 남아 있게 됩니다.

10.10.2 컴파일하기 적합한 메서드 크기 상한

핫스팟에는 메서드 크기가 어느 이상 초과하면 컴파일되지 않는 한계치(8,000바이트)가 있습니다. 운영계 JVM에서는 이 수치를 바꿀 수 없지만, 디버그 JVM에서는 `-XX:HugeMethodLimit=<n>` 스위치로 컴파일 가능한 메서드 바이트코드의 최대 크기를 설정할 수 있습니다.

JarScan으로 JDK 코어 라이브러리 중 어떤 메서드가 해당되는지 찾아봅시다.

```
./jarScan.sh --mode=maxMethodSize --limit=8000 /path/to/java/jre/lib/rt.jar
```

[표 10-4]는 실행 결과입니다.

표 10-4 비대한 코어 라이브러리 메서드

메서드	크기(바이트)
javax.swing.plaf.nimbus.NimbusDefaults.initializeDefaults()	23,103
sun.util.resources.LocaleNames.getContents()	22,832
sun.util.resources.TimeZoneNames.getContents()	17,818
com.sun.org.apache.xalan.internal.xsltc.compiler.CUP$XPathParser$actions.CUP$XPathParser$do_action()	17,441
javax.swing.plaf.basic,BasicLookAndFeel.initComponentDefaults()	15,361
com.sun.java.swing.plaf.windows.WindowsLookAndFeel.initComponentDefaults()	14,060
javax.swing.plaf.metal.MetalLookAndFeel.initComponentDefaults()	12,087
com.sun.java.swing.plaf.motif.MotifLookAndFeel.initComponentDefaults()	11,759
com.sun.java.swing.plaf.gtk.GTKLookAndFeel.initComponentDefaults()	10,921
sun.util.resources.CurrencyNames.getContents()	8,578
javax.management.remote.rmi._RMIConnectionImpl_Tie()	8,152
org.omg.stub.javax.management.remote.rmi._RMIConnectionImpl_Tie()	8,152

사실 이런 메서드가 핫 코드에서 발견될 가능성은 크지 않습니다. 대부분 UI 서브시스템을 초기화하거나 화폐, 국가, 로케일명 목록 등의 리소스를 제공하는 부류의 메서드입니다.

JIT 컴파일을 하지 않으면 어떻게 될까요? 벤치마크를 작성해 간단히 확인합시다. 다음 두 메서드는 로직은 같지만, 하나는 바이트코드 크기가 한계치 미만이고 다른 하나는 바이트코드 크기가 `HugeMethodLimit` 이상인 것만 다릅니다.

```
private java.util.Random r = new java.util.Random();

@Benchmark
public long lessThan8000() {
    return r.nextInt() +
           r.nextInt() +
    ... // 총 메서드 바이트코드 크기가 8,000바이트 이하
}

@Benchmark
public long moreThan8000() {
    return r.nextInt() +
           r.nextInt() +
    ... // 총 메서드 바이트코드 크기가 8,000바이트 이상
}
```

실행 결과는 다음과 같습니다.

```
Benchmark                  Mode  Cnt      Score     Error  Units
HugeMethod.lessThan8000   thrpt  100  89550.631 ±  77.703  ops/s
HugeMethod.moreThan8000   thrpt  100  44429.392 ± 102.076  ops/s
```

JIT 컴파일 안 된 `moreThan8000()` 메서드가 JIT 컴파일드 `lessThan8000()` 메서드보다 거의 2배 느립니다. 큰 메서드를 생성하지 않은 이유(예: 가독성, 유지 보수, 디버깅)는 여러 가지겠지만, 예제와 같은 경우도 있습니다.

실제로 자동 생성된 코드에서 거대한 메서드가 발견되는 사례가 많습니다. 가령, 데이터 저장소에 전송하는 쿼리를 코드로 자동 생성하는 소프트웨어가 있습니다. 이렇게 만든 쿼리 코드는 JVM이 실행할 때 성능을 높이려고 컴파일하겠죠. 그런데 쿼리가 점점 복잡해져 앞서 설명한 핫스팟 한계치에 다다를 것 같으면 JarScan 같은 툴로 미리 한번 메서드 크기를 확인해보는 게 좋습니다.

CAUTION_ JIT 컴파일러 설정값은 대부분 튜닝할 수 있지만, 항상 변경 전후 시스템을 벤치마크하세요. 코드 캐시 공간, JIT 컴파일러 큐 길이, GC압 등 예기치 않은 부수 효과가 발생할지도 모르니까요.

10.11 마치며

핫스팟의 JIT 컴파일 서브시스템의 기본적인 내용과 몇 가지 최적화 기법의 작동 원리를 알아보았습니다. JIT 컴파일러를 튜닝할 때 사용하는 매개변수들과 일부 생성된 어셈블리를 자세히 살펴봤습니다.

`-XX:+PrintCompilation` 플래그와 9장에서 소개한 기법들을 잘 활용하면 개별 메서드마다 정말 최적화됐는지 여부를 확인할 수 있습니다. '먼저 좋은 코드를 작성하고 필요한 경우에만 최적화하라'는 일반 원칙은 여기서도 적용됩니다. 개발자는 인라이닝 및 기타 컴파일 한계치를 알고 자신의 코드가 이 한계치를 넘지 않도록 리팩터링할 수 있습니다(물론, 드물지만 그 한계치를 변경할 수도 있습니다). 단형성 디스패치가 있다는 사실을 알고 있으면 '비록 구현체가 하나뿐이라도 인터페이스에 맞게 설계하라'는 고전 원칙에 따라 애플리케이션을 작성할 수 있습니다. 이렇게 하면 테스트 시 클래스를 모형화하거나 모킹할 수 있지만 단일 구현체는 단형성 디스패치를 유지할 수 있습니다.

CHAPTER 11

자바 언어의 성능 향상 기법

지금까지 개발자가 작성한 코드를 JVM이 가져와 바이트코드로 바꾸고 성능이 뛰어난 컴파일드 코드로 최적화하는 메커니즘을 다루었습니다.

세상의 모든 자바 애플리케이션이 성능을 염두에 두고 설계되어 아주 깨끗한 고품질 코드로 이루어져 있으면 얼마나 좋을까요? 하지만 현실은 아주 다릅니다. 그래도 대부분의 JVM은 최적화가 한참 덜 된 코드도 마다 않고 꽤 매끄럽게 잘 작동시킵니다. 자바 플랫폼 환경의 능력과 탄탄함이 돋보이는 대목이죠.

설령 코드 베이스가 아주 엉망이고 관리하기 어려운 애플리케이션이라도 운영계에서 그럭저럭 잘 굴러가는 경우가 많습니다. 물론, 아무도 이런 애플리케이션을 유지 보수하고 싶진 않겠죠. 이렇게 형편없는 코드 베이스를 개발자가 성능 튜닝할 때 고려해야 할 부분은 무엇일까요?

네트워크 연결, I/O, DB 등의 애플리케이션 외부 요인 다음으로 병목을 일으킬 공산이 가장 큰 부분이 바로 코드 설계입니다. 설계는 바로 잡기가 지극히 어려울뿐더러 완벽한 설계란 있을 수 없죠.

> **NOTE_** 자바 최적화는 복잡합니다. 13장에서는 프로파일링 툴을 이용해 성능이 기대 이하인 코드를 찾아내는 방법을 설명합니다.

그럼에도 성능에 민감한 개발자는 반드시 마음에 새겨두어야 할 코드의 기본 원칙이 있습니다. 일례로, 데이터를 애플리케이션에 어떻게 저장할지는 매우 중요한 문제입니다. 비즈니스 요건이 달라지면 데이터를 저장하는 방법도 달라질 수밖에 없겠죠. 데이터를 저장할 때 어떤 옵션을 사용 가능할 수 있는지 이해하려면 여러분 스스로 자바 컬렉션 API가 지원하는 자료 구조 및 구현 세부를 꿰고 있어야 합니다.

자료 구조가 어떤 원리로 조회되고 수정되는지 모른 채 자료 구조를 선택하는 것처럼 위험한 일도 없습니다. 평소 즐겨 쓰는 클래스를 별생각 없이 바로 갖다 쓰는 개발자들이 참 많지요. 사려 깊은 개발자라면 데이터가 어떻게 질의 되고, 어떤 알고리즘이 가장 효율적인지 신중히 살펴볼 것입니다. `java.lang.Collections` 패키지는 정적 메서드 형태로 수많은 알고리즘과 연산 기능을 제공합니다.

TIP_ 이미 잘 알려진 알고리즘(예: 버블 정렬bubble sort)은 여러분이 직접 코드로 구현하기 전에 쓸 만한 구현체가 `java.lang.Collections`에 있는지 찾아보세요.

도메인 객체가 무엇인지, 시스템 내부에서 도메인 객체의 수명이 어떠한지 아는 것은 성능에 매우 큰 영향을 미칩니다. 일단 다양한 휴리스틱을 고려해야 하며, 도메인 객체를 애플리케이션 내부에서 어떻게 사용하는가에 따라 가비지 수집에도 영향을 미칩니다. 또 오버헤드가 가중되어 JVM이 런타임에 (대부분 불필요하게) 관리해야 하는 상황으로 이어질 수 있습니다.

이 장에서는 이러한 관심사를 하나씩 살펴보겠습니다. 먼저, 성능을 중요시하는 개발자라면 꼭 숙지해야 할 컬렉션부터 시작합니다.

11.1 컬렉션 최적화

대부분의 프로그래밍 언어 라이브러리는 최소한 두 가지 컨테이너를 제공합니다.

- **순차 컨테이너**sequential container: 수치 인덱스로 표기한 특정 위치에 객체를 저장한다.
- **연관 컨테이너**associative container: 객체 자체를 이용해 컬렉션 내부에 저장할 위치를 결정한다.

컨테이너에서 메서드가 정확히 작동하려면 저장할 객체가 호환성comparability과 동등성equivalence 개념을 지니고 있어야 합니다. 코어 자바 컬렉션 API에서는 모든 객체가 반드시 `hashCode()` 및 `equals()` 메서드를 구현해야 한다고 표현합니다. 조슈아 블로크Joshua Bloch가 쓴 '이펙티브 자바Effective Java'라는 책 덕분에 널리 알려진 규약이기도 하죠.

6.2절에서 배웠듯이, 참조형 필드는 힙에 레퍼런스로 저장됩니다. 객체가 순차적으로 저장된다고 대충 말하지만, 사실 컨테이너에 저장되는 건 객체 자신이 아니라, 객체를 가리키는 레퍼런스입니다. 그러므로 C/C++ 형식의 배열이나 벡터를 사용하는 것만큼 성능을 얻을 수는 없습니다.

자바는 메모리 서브시스템이 알아서 가비지 수집을 해주는 대신, 저수준의 메모리 제어를 포기할 수밖에 없습니다. 메모리 수동 할당/해제는 물론, 저수준 메모리 레이아웃 제어까지 단념해야 합니다.

TIP_ 달리 생각하면, 자바에는 아직 C 구조체 배열과 동등하게 배치할 수단이 없습니다.

길 테네(아줄 시스템 CTO)는 바로 이것이 자바와 C 사이를 갈라놓는 최후의 주된 성능 장벽이라고 주장합니다. ObjectLayout 웹사이트(`http://objectlayout.org/`)에는 레이아웃을 표준화할 수 있는 방법과 자바 7 이상에서 컴파일/실행이 가능한 코드가 수록되어 있습니다. JVM을 최적화하면 다른 JVM과의 호환성을 깨뜨리지 않고도 이런 타입을 받을 수 있고 정확히 본래 의미대로 자료 구조를 배치할 수 있다는 겁니다.

15장에서는 자바 환경의 미래를 전망하면서 그간 플랫폼에 **값 타입**value type을 도입하려는 사람들의 노력을 살펴봅니다. 아마도 ObjectLayout 코드로 가능한 수준을 훨씬 뛰어넘는 진전이 있을 겁니다.

컬렉션 API는 타입별로 해당 컨테이너가 준수해야 할 작업을 구체적으로 명시한 인터페이스 모음입니다(그림 11-1).

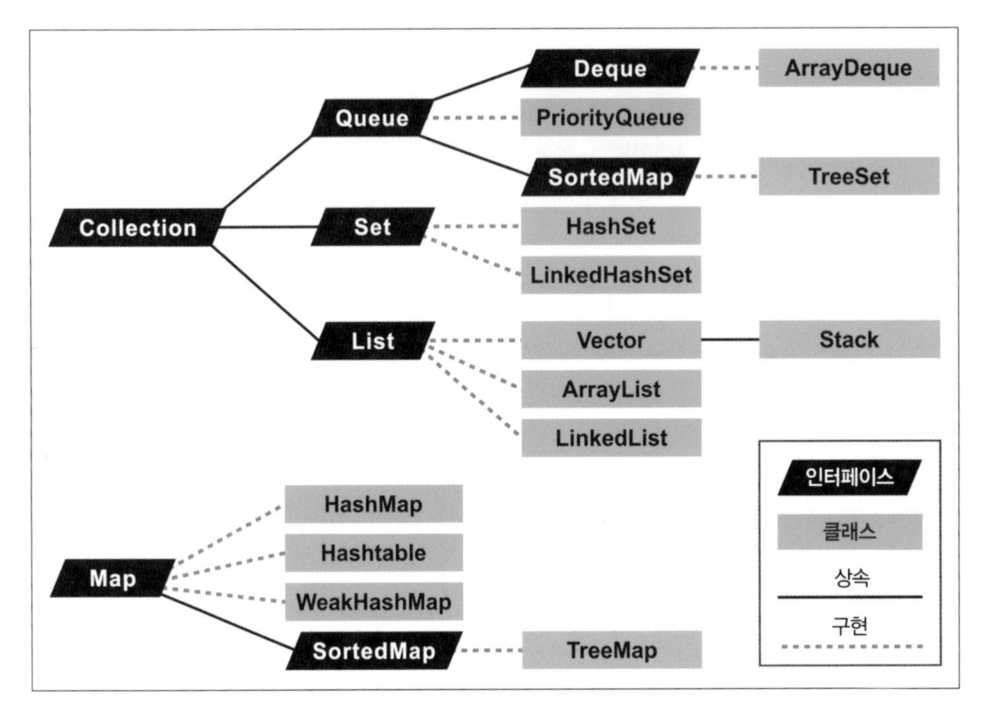

그림 11-1 자바 컬렉션 API 클래스 계보

JDK에는 인터페이스 외에도 다양한 컬렉션 구현체가 들어 있습니다. 설계 요건에 알맞은 구현체를 선택하는 일이 관건이지만, 그 선택의 결과가 애플리케이션 성능에 전체적인 영향을 끼칠 수 있다는 사실도 인식해야 합니다.

11.2 List 최적화

자바에서는 리스트를 `ArrayList`와 `LinkedList`, 두 가지 기본 형태로 나타냅니다.

> **CAUTION_** `Stack`, `Vector` 같은 클래스도 있지만, `Stack`은 거의 쓸데없는 추가 로직만 갖고 있고 `Vector`는 완전히 디프리케이트된 클래스입니다. `Vector`는 더 이상 쓰지 마세요. 만약 `Vector`를 사용한 코드가 발견되면 리팩터링해서 제거하세요.

배열 기반 리스트부터 하나씩 알아봅시다.

11.2.1 ArrayList

ArrayList는 고정 크기 배열에 기반한 리스트입니다. 배킹 배열의 최대 크기만큼 원소를 추가할 수 있고 이 배열이 꽉 차면 더 큰 배열을 새로 할당한 다음 기존 값을 복사합니다. 따라서 성능에 민감한 프로그래머는 크기 조정 작업 비용과 유연성(리스트가 앞으로 얼마나 더 커질지 미리 알 필요 없는 것)을 잘 저울질해야 합니다. ArrayList는 처음에 빈 배열로 시작하고 처음 원소가 추가될 때 용량 10인 기반 배열을 할당합니다. 초기 용량값을 생성자에 전달하면 이렇게 크기 조정을 안 해도 됩니다. ensureCapacity() 메서드를 이용해 ArrayList 용량을 늘려도 크기 조정 작업을 건너뛸 수 있습니다.

TIP_ 크기 조정은 성능 비용을 유발하는 작업이므로 용량은 가급적 미리 설정하는 게 좋습니다.

정말 그런지 (5.2절에서 설명한) JMH로 마이크로벤치마크를 작성합시다.

```
@Benchmark
public List<String> properlySizedArrayList() {
        List<String> list = new ArrayList<>(1_000_000);
        for(int i=0; i < 1_000_000; i++) {
                list.add(item);
        }
        return list;
}

@Benchmark
public List<String> resizingArrayList() {
        List<String> list = new ArrayList<>();
        for(int i=0; i < 1_000_000; i++) {
        list.add(item);
        }
        return list;
}
```

NOTE_ 이 절에 나온 마이크로벤치마크는 어디까지나 예시 용도로 작성한 코드이며 정식 코드가 아닙니다. 이런 종류의 작업 성능까지도 대단히 민감한 애플리케이션이라면 아예 표준 컬렉션을 대체할 방안을 찾아봐야 합니다.

실행 결과는 다음과 같습니다.

```
Benchmark                            Mode  Cnt    Score     Error  Units
ResizingList.properlySizedArrayList  thrpt   10  287.388  ± 7.135  ops/s
ResizingList.resizingArrayList       thrpt   10  189.510  ± 4.530  ops/s
```

properlySizedArrayList 테스트가 원소 추가 작업을 초당 약 100회 더 처리했습니다. 재할당 비용이 고루 상쇄돼도 전체 비용은 그대로이기 때문입니다. 아무래도 ArrayList 크기를 정확히 결정하고 시작하는 게 성능은 더 낫습니다.

11.2.2 LinkedList

LinkedList는 동적으로 증가하는 리스트입니다. 이중 연결 리스트doubly linked list로 구현되어 있어서 리스트에 덧붙이는 작업은 항상 O(1)입니다. 원소가 리스트에 더해질 때마다 노드가 생성되고 이 노드를 이전 원소가 바라보겠죠(그림 11-2).

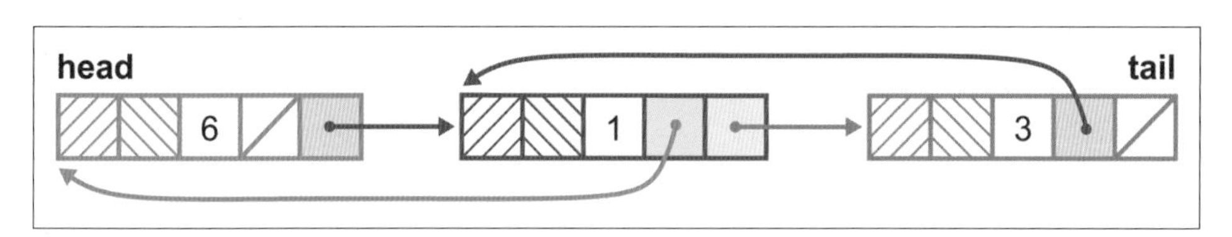

그림 11-2 LinkedList

11.2.3 ArrayList vs LinkedList

ArrayList, LinkedList 둘 중 어느 것을(아니면 다른 비표준 List 구현체를) 쓸지는 데이터 접근/수정 패턴에 따라 다릅니다. 리스트 끝에 원소를 삽입하는 작업은 ArrayList, LinkedList 모두(ArrayList의 경우, 크기 조정 작업이 상쇄된 이후) 일정한 시간이 소요됩니다.

그러나 ArrayList의 특정 인덱스에 원소를 추가하려면 다른 원소들을 모두 한 칸씩 우측으로 이동시켜야 합니다. 반면, LinkedList는 삽입 지점을 찾기 위해 노드 레퍼런스를 죽 따라가는 수고는 있지만, 삽입 작업은 노드를 하나 생성한 다음 두 레퍼런스(하나는 리스트 처음에 위치한 노드를 가리키는 **first**, 다른 하나는 리스트의 다음 노드를 가리키는 **next**)를 세팅하면 간단히 끝납니다. 다음은 두 리스트 타입의 시작부에 원소 추가 시 성능을 비교한 벤치마크 결과입니다.

```
Benchmark                      Mode  Cnt    Score    Error  Units
InsertBegin.beginArrayList    thrpt   10    3.402 ±  0.239  ops/ms
InsertBegin.beginLinkedList   thrpt   10  559.570 ± 68.629  ops/ms
```

원소 삭제도 비슷합니다. LinkedList는 많아야 레퍼런스 2개만 바꾸면 되므로 훨씬 저렴합니다. ArrayList는 삭제할 원소 오른편에 있는 원소들을 모두 한 칸씩 좌측으로 보내야 합니다.

리스트를 주로 랜덤 액세스하는 경우라면 ArrayList가 정답입니다. 모든 원소를 O(1) 시간만에 가져올 수 있으니까요. LinkedList는 처음부터 인덱스 카운트만큼 원소를 방문해야 합니다. 다음은 특정 인덱스로 두 타입의 리스트를 액세스하는 성능을 비교한 벤치마크 결과입니다.

```
Benchmark                          Mode  Cnt       Score       Error  Units
AccessingList.accessArrayList     thrpt   10  269568.627 ± 12972.927  ops/ms
AccessingList.accessLinkedList    thrpt   10       0.863 ±     0.030  ops/ms
```

LinkedList의 고유 기능이 꼭 필요한 경우가 아니라면, 특히 랜덤 액세스가 필요한 알고리즘을 구사할 때에는 ArrayList를 권장합니다. ArrayList는 가급적 미리 크기를 지정해서 중간에 다시 조정하는 일이 없도록 하는 게 좋습니다. 현대 자바 컬렉션의 관점으로는, 개발자 스스로 모든 액세스 동기화 비용을 책임져야 하며 동시 컬렉션을 활용하든, 필요 시 수동으로 동기화를 관리하든 알아서 잘 챙겨야 합니다. 컬렉션 헬퍼helper 클래스 중 synchronizedList()라는 메서드가 있는데, 사실 이 메서드는 모든 리스트 메서드 호출을 동기화 블록으로 감싸는 장식자decorator입니다. 멀티스레드 애플리케이션 개발 시 java.util.concurrent 패키지로 자료구조를 보다 효율적으로 다루는 방법은 12장에서 다룹니다.

11.3 Map 최적화

매핑mapping이란 키와 연관된 값 사이의 관계를 뜻합니다(그래서 **연관 배열**associative array[139]이라고도 합니다). 자바는 `java.util.Map<K,V>` 인터페이스를 제공하며, 키/값 모두 반드시 참조형이어야 합니다.

11.3.1 HashMap

여러 면에서 고전 기초 컴퓨터 과학책에 나오는 해시 테이블hash table이라고 볼 수 있는 자바 HashMap에는 요즘 환경에 맞게 몇 가지 부가 기능이 추가됐습니다.

다음은 (제너릭스 및 두 가지 핵심 기능을 생략한) HashMap 축소 버전에 들어 있는 핵심 메서드입니다.

```
public Object get(Object key) {
    // 편의상 널 키는 지원하지 않음
    if (key == null) return null;

    int hash = key.hashCode();
    int i = indexFor(hash, table.length);
    for (Entry e = table[i]; e != null; e = e.next) {
        Object k;
        if (e.hash == hash && ((k = e.key) == key || key.equals(k)))
            return e.value;
    }

    return null;
}

private int indexFor(int h, int length) {
    return h & (length-1);
}

// 연결 리스트 노드
static class Node implements Map.Entry {
    final int hash;
    final Object key;
```

139 역자주_ 딕셔너리(dictionary), 심볼 테이블(symbol table)이라고도 합니다.

```
        Object value;
        Node next;

        Node(int h, Object k, Object v, Entry n) {
            hash = h;
            key = k;
            value = v;
            next = n;
        }
    }
```

여기서 HashMap.Node 클래스는 java.util 패키지에서만 접근할 수 있습니다. 정적 클래스를 사용하는 전형적인 유스케이스죠.

HashMap은 [그림 11-3]과 같이 배치됩니다.

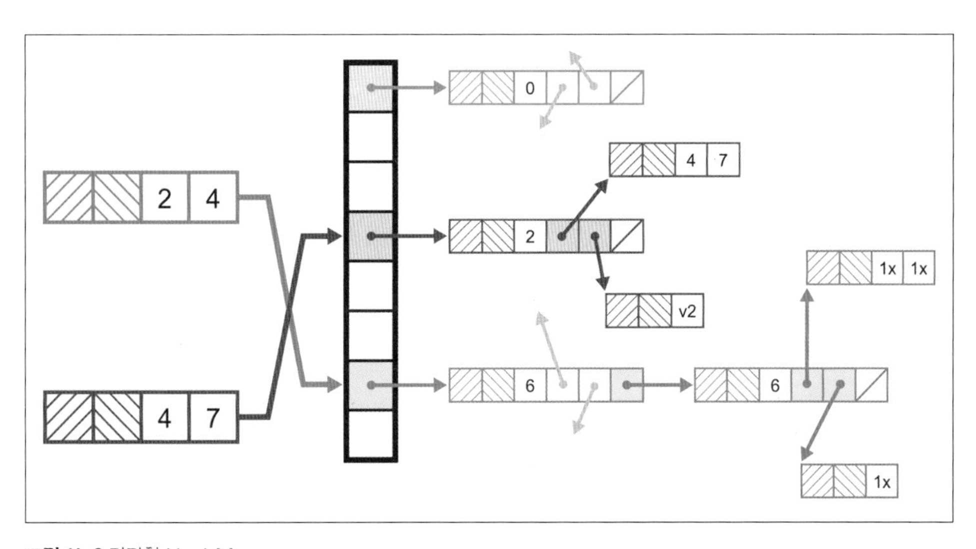

그림 11-3 간단한 HashMap

처음에 버킷 엔트리를 리스트에 저장합니다. 값을 찾으려면 키 해시값을 계산하고 equals() 메서드로 리스트에서 해당 키를 찾습니다. 키를 해시하고 동등성equality을 기준으로 리스트에서 값을 찾는 메커니즘이므로 키 중복은 허용되지 않습니다. 같은 키를 넣으면 원래 HashMap에 있던 키를 치환하죠.

자바 최근 버전에서 한 가지 개선된 점은, 기존 indexFor() 메서드를 키 객체의 hashCode() 메서드를 사용하는 코드로 교체하고, 마스크를 적용해 상위 비트를 아랫쪽 해시 부분에 분산시킨 것입니다.

즉, HashMap이 키 해시값을 계산할 때 상위 비트를 무조건 반영하도록 설계한 거죠.[140] 이렇게 안 하면 인덱스 계산 시 상위 비트가 누락될 수 있기 때문에 여러 가지로 문제가 됩니다. 무엇보다 입력 데이터에 미세한 변화가 생겨도 해시 함수의 출력 데이터는 아주 크게 요동칠 수 있다는, 셰넌Shannon의 **엄격한 눈사태 원칙**strict avalanche criteria과 배치되죠.

HashMap 생성자에 전달하는 initialCapacity와 loadFactor 두 매개변수는 HashMap의 성능에 가장 큰 영향을 미칩니다. HashMap 용량은 현재 생성된 버킷 개수(디폴트 값은 16)를, loadFactor는 버킷 용량을 자동 증가(2배)시키는 한계치입니다.[141] 용량을 2배 늘리고 저장된 데이터를 다시 배치한 다음, 해시를 다시 계산하는 과정을 **재해시**rehash라고 합니다.

> **NOTE_** HashMap의 initialCapacity를 설정하는 것도 ArrayList 경우와 같습니다. 저장할 데이터 양을 대략이나마 미리 알 수 있으면 그렇게 설정하세요.

initialCapacity가 정확하면 테이블이 커져도 자동 재해시할 일은 없겠죠. loadFactor를 조정해도 되지만 0.75(디폴트 값) 정도면 공간과 접근 시간의 균형이 대략 맞습니다. 0.75 이상이면 재해시하는 빈도는 줄지만, 전반적으로 버킷이 꽉꽉 차기 시작하고 접근 시간이 느려집니다. 최대 원소 개수를 loadFactor로 나눈 값을 initialCapacity로 설정하면 재해시가 발생하지 않습니다.

HashMap의 get(), put() 작업은 일정 시간이 소요되지만 순회를 하면 비용이 증가할 수 있습니다. 자바 문서에도 나와 있듯이, initialCapacity와 loadFactor를 높게 잡으면 순회 시 성능에 상당한 영향을 받습니다.

트리화treeify도 성능에 영향을 주는 또 다른 요인입니다. 이 기술은 비교적 최근에 HashMap 내부에 구현된 기술로, 성능 엔지니어도 유용하게 쓸 수 있습니다.

---

140 **역자주_** 한 마디로, 알고리즘 교과서에 나오는 '해시 충돌(hash collision)'을 막기 위한 것입니다. 실제로 자바 7부터 hash()라는 보조 해시 함수에 상위 비트 값이 해시 버킷의 인덱스 값을 계산할 때 반영되도록 시프트(shift) 및 XOR 연산을 적용했습니다.

141 **역자주_** 기본값은 0.75. 즉, 현재 버킷 개수가 100개라면 여기에 0.75를 곱한 개수, 즉 75개 버킷이 꽉 찼을 때 버킷을 2배(200개로) 늘립니다.

버킷이 금세 채워지는 상황을 생각해 봅시다. 버킷 원소를 LinkedList로 구현하면 원소 하나를 찾으러 리스트를 훑어보는 작업도 크기가 커질수록 평균 비용이 더 듭니다.

최신 HashMap에는 새로운 장치가 달려 있어서 이처럼 비용이 크기에 비례하여 늘지 않습니다. 하나의 버킷에 TREEIFY_THRESHOLD에 설정한 개수만큼 키/값 쌍이 모이면 버킷을 TreeNode로 바꿔버리죠(그래서 마치 TreeMap처럼 작동합니다).

그럼, 아예 처음부터 바꾸면 안 될까요? TreeNode는 리스트 노드보다 약 2배 더 커서 그만큼 공간을 더 차지합니다. 값이 고루 잘 분포되는 해시 함수를 쓰면 사실 버킷을 TreeNode로 바꿀 일이 거의 없겠죠. 만약 그런 일이 벌어질 수밖에 없는 상황이라면 HashMap의 해시 함수, initialCapacity, loadFactor 설정을 다시 한번 검토해보는 게 좋습니다.

모든 성능 문제가 그렇듯이, 어떤 기술이건 일장일단이 있으니 자신의 코드를 분석하듯이 꼼꼼하게, 데이터 중심으로 접근하세요.

LinkedHashMap

LinkedHashMap은 HashMap의 서브클래스로, 이중 연결 리스트를 사용해 원소의 삽입 순서를 관리합니다.

LinkedHashMap의 기본 관리 모드는 삽입 순서insertion order이지만, 액세스 순서access order 모드로 바꿀 수 있습니다.[142] LinkedHashMap은 순서가 중요한 코드에서 많이 쓰이지만 TreeMap처럼 비용이 많이 들지 않습니다.

Map을 사용하는 코드에서는 대부분 삽입/접근 순서가 별로 중요하지 않기 때문에 LinkedHashMap을 써야 할 일은 비교적 드문 편입니다.

11.3.2 TreeMap

TreeMap은 레드-블랙 트리red-black tree를 구현한 Map입니다. 레드-블랙 트리는 기본 이진 트리 구조에 메타데이터를 부가(노드 컬러링node coloring)해서 트리 균형이 한쪽으로 치우치는 현상을 방지한 트리입니다.

---

142 역자주_ LinkedHashMap 생성자의 세 번째 인수를 true로 지정하면 접근 모드로 전환됩니다. 접근 모드에서는 가장 과거에 접근한 원소부터 가장 최근에 접근한 원소 순서로 정렬됩니다.

NOTE_ 트리의 노드(TreeNode) 순서까지 맞춰야 할 경우에는 키 객체에 equals() 메서드 역할을 할 비교기가 필요합니다.

TreeMap은 다양한 키가 필요할 때 아주 유용하며, 서브맵에 신속히 접근할 수 있습니다. 또 처음부터 어느 지점까지, 또는 어느 지점부터 끝까지 데이터를 분할하는 용도로도 쓰입니다.

TreeMap이 제공하는 get(), put(), containsKey(), remove() 메서드는 log(n) 작업 성능을 보장합니다.

실제로 대부분의 요건은 HashMap만으로도 충분하지만, 이를테면 스트림이나 람다로 Map 일부를 처리해야 할 때도 있겠죠. 그런 경우엔 TreeMap처럼 데이터 분할이 주특기인 구현체를 쓰는 편이 바람직합니다.

11.3.3 MultiMap은 없어요

자바는 MultiMap(하나의 키에 여러 값을 묶은 맵) 구현체를 제공하지 않습니다. 공식 문서에 그 이유가 적혀 있는데, MultiMap을 쓸 일이 드물고 대부분 Map<K, List<V>> 형태로도 충분히 구현 가능하다고 합니다. 자바로 MultiMap을 구현한 오픈 소스도 있습니다.[143]

11.4 Set 최적화

자바에는 세 종류 Set가 있고 성능에 관해서 고려해야 할 사항은 Map과 비슷합니다.

실제로 HashSet은 HashMap(LinkedHashSet은 LinkedHashMap)으로 구현되어 있습니다.

```
public class HashSet<E> extends AbstractSet<E> implements Set<E>, Serializable {
        private transient HashMap<E,Object> map;

    // 기반 Map에서 Object에 연관시킬 더미 값
```

143 역자주_ 구글 구아바(Guava)가 대표적인 프로젝트입니다. MultiMap 말고도 자바 기본 코어 라이브러리를 보충해서 쓸 수 있는 흥미로운 컬렉션 타입 및 각종 API를 다수 제공하므로 처음 들어본 독자는 잘 살펴보기 바랍니다. *https://github.com/google/guava*

```
    private static final Object PRESENT = new Object();

        public HashSet() {
            map = new HashMap<>();
        }

        HashSet(int initialCapacity, float loadFactor, boolean dummy) {
        map = new LinkedHashMap<>(initialCapacity, loadFactor);
    }

    public boolean add(E e) {
        return map.put(e, PRESENT)==null;
    }
}
```

Set는 중복값을 허용하지 않습니다. Map의 키 원소와 똑같습니다. HashSet의 add() 메서드가 내부적으로 사용하는 HashMap은 키가 원소 E, 값이 PRESENT라는 더미 객체로 구성됩니다. PRESENT는 처음 한번 만들어 참조하는 객체라서 오버헤드는 무시할 정도입니다. HashSet의 두 번째 protected 생성자는 LinkedHashMap 객체를 받는데, 이로써 삽입 순서를 유지하는 LinkedHashMap 로직을 그대로 따라할 수 있습니다. HashSet의 삽입/삭제, contains 작업[144]은 복잡도가 O(1)이고 원소 순서는 (LinkedHashSet로 사용하지 않는 한) 유지하지 않으며, 순회 비용은 initialCapacity, loadFactor에 따라 달라집니다.

TreeSet 역시 앞서 배운 TreeMap을 활용합니다. TreeSet은 Comparator에 정의한 순서대로 정렬된 키 순서를 유지하므로 TreeSet에 더 알맞게 범위 기반 작업 및 순회 작업을 할 수 있습니다. TreeSet의 삽입/삭제 복잡도는 log(n)이며 원소 순서는 유지됩니다.

11.5 도메인 객체

도메인 객체는 애플리케이션에 유의미한 비즈니스 컨셉트를 나타낸 코드입니다. 예를 들어, 전자 상거래 시스템이라면 Order, OrderItem, DeliverySchedule 등이 도메인 객체가 되겠죠.

144 역자주_ 주어진 객체가 해당 HashSet에 포함되어 있는지 체크하는 작업. 메서드 시그니처는 boolean contains(Object o)입니다.

도메인 객체는 대부분 타입 간에 연관되어 있습니다(가령, 하나의 Order에는 여러 OrderItem 인스턴스가 매핑됨). 다음 코드를 봅시다.

```
public class Order {
    private final long id;
    private final List<OrderItem> items = new ArrayList<>();
    private DeliverySchedule schedule;

    public Order(long id) {
        this.id = id;
    }

    public DeliverySchedule getSchedule() {
        return schedule;
    }

    public void setSchedule(DeliverySchedule schedule) {
        this.schedule = schedule;
    }

    public List<OrderItem> getItems() {
        return items;
    }

    public long getId() {
        return id;
    }
}

public class OrderItem {
    private final long id;
    private final String description;
    private final double price;

    public OrderItem(long id, String description, double price) {
        this.id = id;
        this.description = description;
        this.price = price;
    }

    @Override
    public String toString() {
        return "OrderItem{" + "id=" + id + ", description=" +
```

```
            description + ", price=" + price + '}';
    }
}

public final class DeliverySchedule {
    private final LocalDate deliveryDate;
    private final String address;
    private final double deliveryCost;

    private DeliverySchedule(LocalDate deliveryDate, String address,
            double deliveryCost) {
        this.deliveryDate = deliveryDate;
        this.address = address;
        this.deliveryCost = deliveryCost;
    }

    public static DeliverySchedule of(LocalDate deliveryDate, String address,
          double deliveryCost) {
        return new DeliverySchedule(deliveryDate, address, deliveryCost);
    }

    @Override
    public String toString() {
        return "DeliverySchedule{" + "deliveryDate=" + deliveryDate +
            ", address=" + address + ", deliveryCost=" + deliveryCost + '}';
    }
}
```

[그림 11-4]는 도메인 타입 간 소유 관계입니다. 이 그래프 끝자락leaf에 위치한 데이터 항목은 대부분 스트링, 기본형, LocalDateTime 객체 등의 단순 자료형입니다.

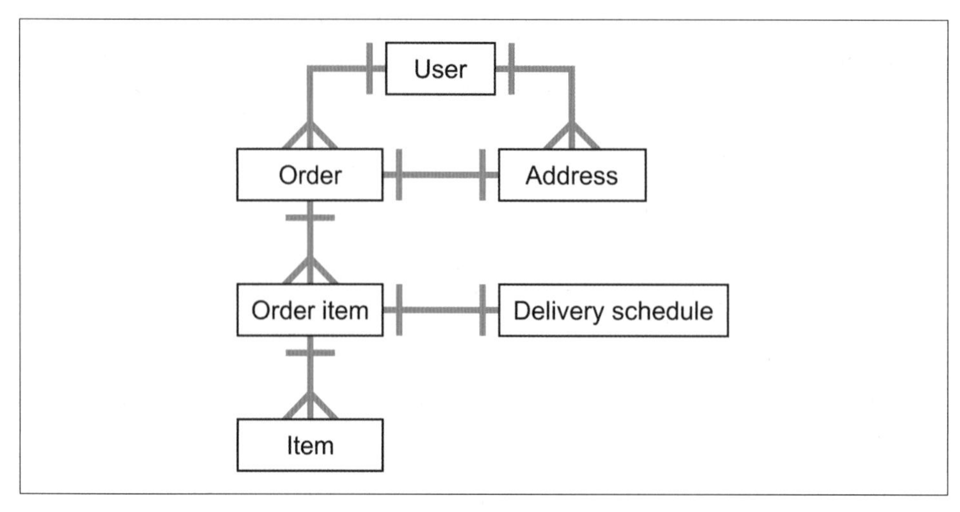

그림 11-4 도메인 객체 그래프

6.1절에서 배운 `jmap -histo` 기억하시죠? 이 명령을 실행하면 자바 힙 상태를 살펴볼 수 있고, VisualVM 같은 GUI 툴에도 이와 비슷한 기능이 있습니다. 단순하지만 한 가지 툴 사용법을 잘 익혀두면 어떤 (제한적이지만 아주 흔한) 환경에서 도메인 객체의 메모리 누수 현상을 효과적으로 진단할 수 있습니다.

> **TIP_** 도메인 객체는 애플리케이션에서 일차적인 비즈니스 관심사를 나타내고 어느 정도 유일한 상태값을 지니고 있기 때문에 메모리 누수 같은 버그를 찾는 과정에서 쉽게 눈에 띕니다.

자바 힙에 관한 기본적인 팩트를 음미해보면 그 이유를 알 수 있습니다.

- 가장 흔히 할당되는 자료 구조는 스트링, char 배열, byte 배열, 자바 컬렉션 타입의 인스턴스입니다.
- `jmap`에서 누수되는 데이터는 비정상적으로 비대한 데이터셋으로 나타납니다.

즉, 메모리 점유량과 인스턴스 개수 모두 보통 코어 JDK에 있는 자료 구조가 상위권을 형성하는 게 보통입니다. 그런데 애플리케이션에 속한 도메인 객체가 `jmap` 결과치의 상위 30위 정도 안에 든다면 꼭 그렇다고 단정 지을 순 없지만 메모리 누수가 발생한 신호라고 볼 수 있습니다.

메모리 누수를 일으키는 도메인 객체의 또 다른 특징은 '전체 세대all generations' 효과입니다. 특정 타입의 객체가 응당 수집돼야 할 시점에 수집되지 않을 경우, 결국 여러 차례 수집 사이클을 끗

꿋이 견뎌내고 별의별 세대 카운트 값을 지닌 채 테뉴어드 세대까지 살아남을 것입니다.

세대 카운트별(자료형별) 바이트 히스토그램을 찍어보면 누수를 일으킬 가능성이 있는 도메인 객체가 전체 세대에 걸쳐 분포합니다. 인위적으로 자연 수명을 훨신 뛰어넘어 살아남았으니 가능한 일이지요.

신속하게 대처하려면, 일단 도메인 객체에 대응되는 데이터셋의 크기를 살피고 그 수치가 온당한지, 그리고 작업 세트working set[145]에 존재하는 도메인 객체 수가 예상 범위 내에 들어 있는지 확인해야 합니다.

한편, 단명 도메인 객체 역시 앞서 언급했던 **부유 가비지** 문제를 일으키는 또 다른 원인이 될 가능성이 농후합니다. 7장에서 배운 동시 수집기의 SATB 기법은, 얼마나 짧게 살다가 가든지 마킹 사이클 시작 이후 할당된 객체는 모두 살아 있는 것으로 간주한다는 발상입니다.

CAUTION_ 누수를 일으키는 도메인 객체는 종종 GC 마킹 시간을 증가시키는 주범으로 밝혀집니다. 근본적으로 이유는 하나의 단명 객체가 긴 전체 객체 체인에 걸쳐 살아남기 때문입니다.

많은 애플리케이션에서 도메인 객체는 '탄광 속의 카나리아canary in the coal mine[146]' 같은 역할을 합니다. 사실 도메인 객체는 비즈니스 관심사를 가장 분명하게, 자연스럽게 나타낸 객체라서 메모리 누수에 더 취약합니다. 성능을 중요시하는 개발자는 도메인 객체의 도메인을 인식하고 그에 알맞은 크기의 작업 세트가 배정되도록 해야 합니다.

11.6 종료화 안 하기

자바 finalize() 메서드는 C++의 **리소스 획득은 초기화**resource acquisition is initialization(RAII) 패턴[147]과 마찬가지로 자동으로 리소스를 관리하려고 만든 장치입니다. RAII 패턴에서는 객체를 해체할 때 자동으로 리소스를 해제/정리하는 해체기 메서드destructor method(자바는 `finalize()`)가 있습니다.

---

145 **역자주_** 어느 시점에 특정 프로세스의 필요에 의해 물리적으로 할당된 메모리의 페이지 그룹.

146 **역자주_** 마치 탄광 속의 카나리아가 붕괴 조짐을 미리 알려주듯 위기 상황을 조기에 예고해 주는 역할.

147 **역자주_** 객체를 초기화하는 시점에 자원을 획득해야 합니다. 즉 객체 초기화 시 가장 중요한 작업은 자원 획득이라는 의미입니다.

기본 유스케이스는 참 간단합니다. 어떤 객체가 생성되면 이 객체는 리소스를 소유하고 그 소유권은 객체가 살아 있는 한 지속됩니다. 그러다 객체가 죽음을 맞이하면 리소스 소유권을 자동으로 내어줍니다.

> **NOTE_** RAII 패턴을 다른 말로 **자동 리소스 관리**automatic resource management(ARM)라고도 합니다.

프로그래머가 파일 핸들file handle을 열고 나서 더 이상 필요 없으면 `close()` 함수를 호출해야 하는데 깜빡 잊어버리는 일이 정말 많지요.

C 스타일의 파일 입출력을 RAII 래퍼로 감싸는 방법을 간단한 C++ 예제를 통해 알아봅시다.

```
class File_error {};

class File {
  public:
     File(const char* Filename) : _h_File(std::fopen(Filename, "w+")) {
         if (_h_File == NULL) {
             throw File_error();
         }
     }

     // 해체자
     ~File() { std::fclose(_h_File); }

     void write(const char* str) {
         if (std::fputs(str, _h_File) == EOF) {
             throw File_error();
         }
     }

     void write(const char* buffer, std::size_t numc) {
         if (numc != 0 && std::fwrite(buffer, numc, 1, _h_File) == 0) {
             throw File_error();
         }
     }

 private:
     std::FiLE* _h_File;
};
```

이렇게 어떤 타입이 존재하는 의미를 파일, 네트워크 소켓 같은 리소스의 '소유자holder' 역할을 담당하는 것으로 한정짓는 것이 바람직한 설계입니다. 이때 리소스 소유권을 객체 수명과 단단히 묶는 것이 타당합니다. 객체가 지닌 리소스를 자동으로 없애는 일은 프로그래머가 아닌, 플랫폼의 몫입니다.

11.6.1 무용담: 정리하는 걸 깜빡하다

웬만한 소프트웨어 무용담이 그렇듯, 이 이야기도 수년간 문제없이 돌아가던 운영계 코드에서 시작합니다. 타 서비스에 TCP로 접속해서 권한 및 자격 정보를 받아오는 서비스였죠. 자격 서비스는 비교적 안정적이었고 부하 분산도 잘 되는 편이어서 요청하면 거의 동시에 응답이 돌아왔습니다. 매번 요청할 때마다 새로 TCP 접속을 오픈하는, 이상적인 설계와는 거리가 먼 방식이긴 했죠.

그런데 어느 주말인가 변경한 코드 때문에 자격 시스템의 응답이 느려졌습니다. 그래서 TCP 접속도 간헐적으로 타임아웃됐는데, 이전 운영계에선 한번도 본 적 없는 코드 경로였죠. `TimeOutException`이 붙잡히긴 했으나 로그도 전혀 안 남기고 `finally` 블록조차 없었습니다. 문제가 생기기 전에는 `close()` 함수가 성공 경로에서 잘 호출됐었죠.

문제는 이뿐만이 아니었습니다. `close()` 함수가 호출되지 않으니 TCP 접속도 아직 열려 있는 상태였죠. 결국, 애플리케이션이 배포된 운영계 서버에서 파일 핸들러 리소스는 점점 고갈됐고 같은 머신에 상주한 다른 프로세스에도 영향을 미쳤습니다. 우리는 TCP 접속을 닫도록 코드를 수정해 긴급 패치했고, 그 후에는 접속 풀을 사용해 매번 리소스를 요청할 때마다 접속을 새로 오픈하지 않게 조치했습니다.

`close()` 호출은 정말 (특히, 전용 라이브러리를 사용할 때) 깜빡 잊고 놓치기 쉽습니다.

11.6.2 왜 종료화로 문제를 해결하지 않을까?

`Object`의 `finalize()` 메서드는 자바가 태동기부터 있었습니다. 기본적으로 노옵no-op[148] 메서드(이고 또 그래야만 하)죠. 하지만 이 메서드는 오버라이드해서 특정한 로직을 부여할 수

148 역자주_ '아무것도 하지 않는(no operation)' 작업을 의미하는 어셈블리어 명령에서 유래한 말.

있습니다. 자바 문서에는 다음과 같이 씌어 있습니다.

> 어떤 객체가 더 이상 자신을 참조하지 않는다고 가비지 수집기가 판단하면 그 객체에 있는 finalize() 메서드를 호출한다. 서브클래스는 finalize() 메서드를 오버라이드해서 시스템 리소스를 처분하는 등 기타 정리 작업을 수행한다.

실제로는 JVM 가비지 수집기가 특정 객체의 사망 사실을 분명히 알리는 서브시스템 역할을 합니다. 다만, finalize() 메서드를 지원하는 타입으로 생성된 객체 중 finalize() 메서드를 오버라이드한 객체는 가비지 수집기가 특별하게 처리합니다. 종료화 가능한 개별 객체는 (모든 객체를 통틀어 어느 생성 과정이든 반드시 호출될) java.lang.Object 생성자 바디에서 성공 반환되는 시점에 해당 객체를 등록하는 식으로 JVM에 구현돼 있습니다.

여기서 여러분이 꼭 알아야 할 핫스팟의 구현 상세는, VM에는 표준 자바 명령어 외에도 구현체에 종속된 바이트코드가 있다는 사실입니다. 이런 특수한 바이트코드는 어떤 특별한 상황에 맞게 표준 바이트코드를 재작성하기 위해 사용합니다.

표준 자바 바이트코드 및 핫스팟 전용 바이트코드 전체 목록은 hotspot/share/interpreter/bytecodes.cpp 파일에 있습니다. 그중 return_register_finalizer가 좀 전에 설명한 내용에 해당하는 바이트코드입니다. 이 바이트코드는 가령 JVMTI가 Object.<init>()에 해당하는 바이트코드를 재작성할 수 있기 때문에 필요합니다. 표준을 정확히 준수하려면 Object.<init>()이 (재작성 없이) 완료되는 정확한 지점을 식별해야 하는데, return_register_finalizer가 바로 이 지점을 표시하는 데 사용됩니다.

실제로 종료화가 필요한 객체로 등록하는 코드는 핫스팟 인터프리터에 있습니다. src/hotspot/cpu/x86/c1_Runtime.cpp 파일을 보면 x86 전용 핫스팟 인터프리터의 코어가 나옵니다. 핫스팟은 저수준 어셈블리/기계어를 아주 많이 활용하므로 이런 코드는 프로세서에 종속된 코드입니다. 등록 코드는 register_finalizer_id 케이스 문에 들어 있습니다.

가비지 수집 중 즉시 회수되지 않고 종료화 대상으로 등록된 객체는 다음과 같이 수명이 연장됩니다.

1. 종료화가 가능한 객체는 큐로 이동한다.
2. 애플리케이션 스레드 재시작 후, 별도의 종료화 스레드가 큐를 비우고 각 객체마다 finalize() 메서드를 실행한다.

3. `finalize()`가 종료되면 객체는 다음 사이클에 진짜 수집될 준비를 마친다.

종료화할 객체는 모두 GC 마킹을 해서 도달 불가능한 객체로 인식시키고, 종료화한 다음엔 반드시 GC를 재실행해서 데이터를 다시 수집해야 합니다. 즉, 종료화 가능한 객체는 적어도 한 번의 GC 사이클은 더 보존됩니다. 이는 테뉴어드 세대 객체의 경우 상당히 긴 시간이 될 수도 있습니다. [그림 11-5]는 종료화 큐 처리를 간단히 도식화한 그림입니다.

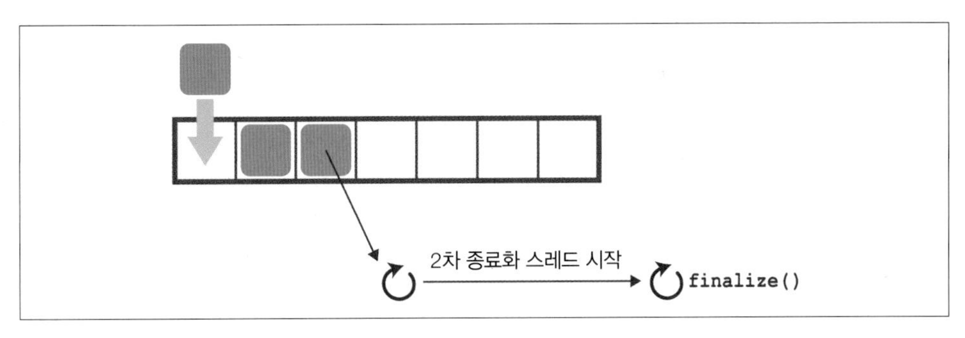

그림 11-5 종료화 큐 비우기

`finalize()`는 다른 문제점도 있습니다. 이를테면, 종료화 스레드 실행 도중 메서드에서 예외가 발생하면 어떻게 될까요? 이때 유저 애플리케이션 코드 내부에는 아무런 컨텍스트도 없기 때문에 발생한 예외는 그냥 무시됩니다. 종료화 도중 발생한 오류는 개발자도 어쩔 도리가 없습니다.

종료화에 블로킹 작업이 있을지 모르니 JVM이 스레드를 하나 더 만들어 `finalize()` 메서드를 실행해야 합니다. 따라서 새 스레드를 생성/실행하는 오버헤드는 감수해야 합니다. 다시 말하지만, 스레드를 생성/관리하는 건 개발자가 관여할 영역은 아니지만 전체 JVM 서브시스템에 락이 걸리는 사태는 막아야겠죠?

종료화를 구현한 코드는 대부분 자바로 작성돼 있습니다. JVM은 대부분의 필요한 작업을 처리하는 애플리케이션 스레드와 함께 별도의 스레드를 만들어 종료화를 수행합니다. 핵심 기능은 패키지-프라이빗package-private 클래스[149] `java.lang.ref.Finalizer`에 구현돼 있고 코드가 직관적이라서 알아보기 쉽습니다.

149 역자주_ 자바 클래스에 `private`, `protected`, `public`을 명시하지 않으면 기본 적용되는 모드. 해당 클래스가 선언된 패키지에서만 참조 가능합니다.

이 클래스를 잘 보면 런타임이 어떻게 특정 클래스에 추가적인 프리빌리지를 부여하는지 알 수 있습니다. 다음과 같은 코드가 들어 있죠.

```
/* VM이 실행한다 */
static void register(Object finalizee) {
    new Finalizer(finalizee);
}
```

물론, 여느 애플리케이션에서 이렇게 쓰지도 않을 객체를 생성하는 코드가 있으면 곤란할 겁니다. 생성자가 부수 효과를 일으키지 않는 한(보통 자바에서는 부수 효과를 일으키는 설계가 바람직하지 않다고들 하죠) 이 코드는 하는 일이 전혀 없습니다. 그저 종료화 가능한 새 객체를 '연결hook'하려는 의도뿐이죠.

또 종료화 구현체는 `FinalReference` 클래스에 크게 의존합니다. 이 클래스의 슈퍼클래스가 바로 런타임이 특별한 경우로 인식하는 `java.lang.ref.Reference` 클래스입니다. 여러분도 잘 아는 소프트/위크 레퍼런스처럼 `FinalReference` 객체 역시 GC 서브시스템이 특별하게 처리하며, VM과 자바 코드 사이에 흥미진진한 상호작용을 제공하는 메커니즘으로 이루어져 있습니다.

하지만 기술적으로는 흥미로울지 몰라도 자바와 C++, 두 언어의 메모리 관리 개념은 근본부터 달라서 종료화를 구현한 코드는 치명적인 결함을 지닐 수밖에 없습니다. C++에서 동적 메모리는 수동 처리, 다시 말해 어디까지나 프로그래머가 직접 객체 수명을 명시적으로 관리하는 체제입니다. 따라서 객체가 삭제되면 바로 해체되므로 리소스 획득/해제는 해당 객체의 수명과 단단히 엮여 있습니다.

그에 반해 자바의 메모리 관리 서브시스템은 할당할 가용 메모리가 부족하면 그때그때 반사적으로 가비지 수집기를 실행시키죠. 가비지 수집이 언제 일어날지는 아무도 모르는 까닭에 객체가 수집될 때에만 실행되는 `finalize()` 메서드도 언제 실행될지 알 길이 없습니다.

다시 말해, 가비지 수집은 딱 정해진 시간에 실행되는 법이 없으므로 종료화를 통해 자동으로 리소스를 관리한다는 것 자체가 어불성설입니다. 리소스 해제와 객체 수명을 엮는 장치가 따로 없으니 항상 리소스가 고갈될 위험에 노출돼 있는 셈이죠.

종료화는 당초 의도했던 목적과는 잘 맞지 않습니다. 그래서 오래전부터 오라클(그리고 썬)은 일반 애플리케이션 코드에 종료화를 사용하지 말라고 개발자들에게 권고해왔습니다. 자바 9부터 Object.finalize()는 디프리케이트됐습니다.

11.6.3 try-with-resources

자바 7 이전까지 리소스를 닫는 일은 순전히 개발자의 몫이었습니다. 11.6.1절처럼 리소스 해제 코드를 실수로 빠뜨린 결과가 얼마나 뼈아픈지는 운영계에서 문제가 불거질 즈음에야 깨닫게 됩니다. 자바 7 이전까지는 다음 코드처럼 개발자가 책임지고 리소스를 닫아야 했습니다.

```
public void readFirstLineOld(File File) throws IOException {
    BufferedReader reader = null;
    try {
        reader = new BufferedReader(new FileReader(File));
        String FirstLine = reader.readLine();
        System.out.println(FirstLine);
    } finally {
        if (reader != null) {
            reader.close();
        }
    }
}
```

1. BufferedReader를 생성하고 finally 블록에서 참조할 수 있게 null로 초기화한다.
2. IOException(여기서는 그 서브클래스인 FileNotFoundException)을 던지거나 붙잡아 처리한다.
3. 외부 리소스와 상호작용하는 비즈니스 로직을 수행한다.
4. null이 아닌지 체크하고 리소스를 닫는다.

이 예제는 외부 리소스가 하나뿐이지만, 여러 외부 리소스가 개입되면 엄청나게 복잡해집니다. JDBC 교과서에서 배웠던 기본 호출 코드를 떠올리면 됩니다.

자바 7부터 언어 자체에 추가된 try-with-resources 생성자를 이용하면 try 키워드 다음의 괄호 안에 리소스(AutoCloseable 인터페이스를 구현한 객체만 가능)를 지정해서 생성할 수 있습니다. 이로써 try 블록이 끝나는 지점에 개발자가 close() 메서드 호출을 깜빡 잊고 빠뜨려도 자동으로 호출됩니다. close() 메서드는 방금 전 예제와 똑같이 호출되고 비즈니스 로직의 예외 발생 여부와 상관없이 무조건 실행됩니다.

```
public void readFirstLineNew(File File) throws IOException {
    try (BufferedReader reader = new BufferedReader(new FileReader(File))) {
        String FirstLine = reader.readLine();
        System.out.println(FirstLine);
    }
}
```

이 두 자바 코드의 바이트코드를 javap로 생성합시다. 먼저, 자바 7 이전 코드입니다.

```
public void readFirstLineOld(java.io.File) throws java.io.IOException;
  Code:
     0: aconst_null
     1: astore_2
     2: new           #2  // class java/io/BufferedReader
     5: dup
     6: new           #3  // class java/io/FileReader
     9: dup
    10: aload_1
    11: invokespecial #4  // Method java/io/FileReader."<init>":
                          // (Ljava/io/File;)V
    14: invokespecial #5  // Method java/io/BufferedReader."<init>":
                          // (Ljava/io/Reader;)V
    17: astore_2
    18: aload_2
    19: invokevirtual #6  // Method java/io/BufferedReader.readLine:
                          // ()Ljava/lang/String;
    22: astore_3
    23: getstatic     #7  // Field java/lang/System.out:Ljava/io/PrintStream;
    26: aload_3
    27: invokevirtual #8  // Method java/io/PrintStream.println:
                          // (Ljava/lang/String;)V
    30: aload_2
    31: ifnull        54
    34: aload_2
    35: invokevirtual #9  // Method java/io/BufferedReader.close:()V
    38: goto          54
    41: astore        4
    43: aload_2
    44: ifnull        51
    47: aload_2
    48: invokevirtual #9  // Method java/io/BufferedReader.close:()V
```

```
    51: aload         4
    53: athrow
    54: return
  Exception table:
     from    to  target type
         2    30    41   any
        41    43    41   any
```

다음은 try-with-resources 버전의 바이트코드입니다.

```
public void readFirstLineNew(java.io.File) throws java.io.IOException;
  Code:
     0: new           #2  // class java/io/BufferedReader
     3: dup
     4: new           #3  // class java/io/FileReader
     7: dup
     8: aload_1
     9: invokespecial #4  // Method java/io/FileReader."<init>":
                          // (Ljava/io/File;)V
    12: invokespecial #5  // Method java/io/BufferedReader."<init>":
                          // (Ljava/io/Reader;)V
    15: astore_2
    16: aconst_null
    17: astore_3
    18: aload_2
    19: invokevirtual #6  // Method java/io/BufferedReader.readLine:
                          // ()Ljava/lang/String;
    22: astore        4
    24: getstatic     #7  // Field java/lang/System.out:Ljava/io/PrintStream;
    27: aload         4
    29: invokevirtual #8  // Method java/io/PrintStream.println:
                          // (Ljava/lang/String;)V
    32: aload_2
    33: ifnull        108
    36: aload_3
    37: ifnull        58
    40: aload_2
    41: invokevirtual #9  // Method java/io/BufferedReader.close:()V
    44: goto          108
    47: astore        4
    49: aload_3
    50: aload         4
    52: invokevirtual #11 // Method java/lang/Throwable.addSuppressed:
```

```
                          // (Ljava/lang/Throwable;)V
    55: goto          108
    58: aload_2
    59: invokevirtual #9  // Method java/io/BufferedReader.close:()V
    62: goto          108
    65: astore        4
    67: aload         4
    69: astore_3
    70: aload         4
    72: athrow
    73: astore        5
    75: aload_2
    76: ifnull        105
    79: aload_3
    80: ifnull        101
    83: aload_2
    84: invokevirtual #9  // Method java/io/BufferedReader.close:()V
    87: goto          105
    90: astore        6
    92: aload_3
    93: aload         6
    95: invokevirtual #11 // Method java/lang/Throwable.addSuppressed:
                          // (Ljava/lang/Throwable;)V
    98: goto          105
   101: aload_2
   102: invokevirtual #9  // Method java/io/BufferedReader.close:()V
   105: aload         5
   107: athrow
   108: return
  Exception table:
     from    to  target type
       40    44    47   Class java/lang/Throwable
       18    32    65   Class java/lang/Throwable
       18    32    73   any
       83    87    90   Class java/lang/Throwable
       65    75    73   any
```

언뜻 보면 try-with-resources는 판박이 코드를 자동 생성하는 단순 컴파일러 장치에 불과합니다. 하지만, 일관되게 사용할 경우, 다른 클래스를 해제/정리하는 방법을 일일이 코드로 기술할 필요가 없고 코드를 단순화할 수 있어 유용합니다. 그 결과, 더 견고하게 캡슐화된, 버그 없는 코드가 완성되죠.

try-with-resources는 C++ RAII 패턴과 유사한 코드 구현 시 강력히 추천하는 베스트 프랙티스입니다. 블록 범위 코드에만 쓸 수 있는 제약은 따르지만, 이는 자바 플랫폼 자체가 객체 수명을 저수준에서 바라볼 수 없는 한계 탓입니다. 여러분이 자바 개발자로서 리소스 객체 및 범위를 다룰 때는 지금까지 설명한 내용이 바람직한 설계 프랙티스이니 가급적 그대로 따라하세요.

자, 이제 종료화와 try-with-resources가 사실상 설계 의도는 같지만 근본적으로 전혀 다른 메커니즘이라는 사실이 분명해졌죠?

종료화는 런타임 내부 깊숙한 곳에 있는 어셈블리 코드에 기반해 객체를 미리 등록하고 특별한 GC 작업을 수행합니다. 그런 다음, 가비지 수집기를 이용해 레퍼런스 큐와 별도의 전용 종료화 스레드를 동원해 정리 작업을 합니다. 사실, 바이트코드에서 종료화 흔적을 찾아보기란 어렵고 VM 내부에 이런 일을 담당하는 특수한 장치가 준비돼 있습니다.

반면, try-with-resources는 순수한 컴파일 타임 기능입니다. 컴파일하면 평범한 바이트코드로 바뀌는, 다른 런타임 로직과는 무관한 일종의 간편 구문syntactic sugar[150]입니다. 단, try-with-resources는 상당히 큰 바이트코드로 변환되므로 JIT 컴파일러가 인라이닝하고 메서드를 컴파일하는 과정에 좋지 않은 영향을 끼칠 가능성이 있습니다.

하지만 성능 엔지니어는, 다른 성능 문제도 마찬가지지만, 일단 try-with-resources를 쓰면 런타임 성능에 얼마나 큰 영향이 있는지 측정해보고 그로 인해 정말 문제가 있다는 사실이 분명히 밝혀진 경우에 한하여 리팩터링을 해야 합니다.

정리하자면, 종료화는 GC에 의존하고 GC는 그 자체로 불확정적인 프로세스라서 리소스 관리를 비롯한 대부분의 경우에 원래 의도와는 맞지 않습니다. 즉, 종료화에 의존하는 객체는 언제 리소스가 해제될지 아무런 보장이 없습니다.

종료화가 점점 사장되어 완전히 없어지든 말든 결론은 매한가지입니다. 절대로 finalize()를 오버라이드해서 클래스를 작성하지 말고, 기존 코드 중에 그런 클래스가 눈에 보이면 즉시 리팩터링하세요.

150 역자주_ 사람이 프로그래밍 언어를 더 쉽게 이해하고 사용할 수 있게, 그리고 간결하고 명확하게 표기할 수 있게 언어 수준에서 지원하는 문법.

11.7 메서드 핸들

9장에서 배운 invokedynamic 명령어는 자바 7에서 처음 선보인 주요 기능입니다. 이 명령어 덕분에 호출부에서 실행할 메서드를 아주 유연하게 결정할 수 있게 됐죠. 핵심 포인트는 invokedynamic 호출부가 실제로 어느 메서드를 호출할지 런타임 전까지 결정되지 않는다는 점입니다.

대신, 호출부가 인터프리터에 이르면 특수한 보조 메서드(**부트스트랩 메서드**bootstrap method, 줄여서 BSM)가 호출되고, 이 BSM은 호출부에서 호출됐어야 할 실제 메서드를 가리키는 객체를 반환합니다. 이 객체를 **호출 대상**이라고 하며, 호출부 내부에 '**가미됐다**laced into'고 표현합니다.

> **NOTE_** 가장 단순한 경우, 호출 대상은 호출부를 처음 맞닥뜨리는 시점에 정확히 한번만 룩업합니다. 하지만, 호출부가 무효화되어 (결국 다른 호출 대상을) 다시 룩업해야 하는 복잡한 경우의 수도 있습니다.

여기서 핵심은 바로 **메서드 핸들**method handle입니다. 메서드 핸들은 invokedynamic 호출부에 의해 호출되는 메서드를 나타낸 객체입니다. 리플렉션reflection과 어느 정도 개념이 비슷하지만, 리플렉션은 자체 한계 때문에 invokedynamic와 더불어 사용하기가 불편합니다.

그래서 자바 7부터 일부 클래스, 패키지(java.lang.invoke.MethodHandle)가 추가돼서 실행 가능한 메서드의 레퍼런스를 직접 반영할 수 있게 됐습니다. 하부 메서드를 실행할 수 있는 다양한 메서드가 메서드 핸들 객체에 내장되어 있죠. 그중 invoke()를 제일 많이 쓰지만, 주요 인보커invoker를 조금 변형한 메서드와 일부 헬퍼가 추가됐습니다.

리플렉션 호출처럼 메서드 핸들의 하부 메서드의 시그니처는 자유롭기 때문에 메서드 핸들에 있는 인보커 메서드는 최대한 융통성 있게 관대한 시그니처를 지니고 있어야 합니다. 하지만 그밖에도 메서드 핸들은 리플렉션으로는 할 수 없는 신선한 기능을 갖추고 있습니다.

구체적으로 어떤 신기능이 있고 그것이 왜 중요한지 알아봅시다. 다음은 메서드를 재귀 호출하는 단순한 코드입니다.

```
Method m = ...
Object receiver = ...
Object o = m.invoke(receiver, new Object(), new Object());
```

컴파일하면 다음과 같이 평범한 바이트코드로 변환됩니다.

```
17: iconst_0
18: new           #2  // class java/lang/Object
21: dup
22: invokespecial #1  // Method java/lang/Object."<init>":()V
25: aastore
26: dup
27: iconst_1
28: new           #2  // class java/lang/Object
31: dup
32: invokespecial #1  // Method java/lang/Object."<init>":()V
35: aastore
36: invokevirtual #3  // Method java/lang/reflect/Method.invoke
                      // :(Ljava/lang/Object;[Ljava/lang/Object;)
                      // Ljava/lang/Object;
```

iconst, aastore 옵코드로 가변 인수의 0번째, 1번째 원소를 invoke()에 전달할 배열에 저장합니다. 위 바이트코드를 보면 전체 호출 시그니처는 분명히 invoke:(Ljava/lang/Object;[Ljava/lang/Object;)Ljava/lang/Object;입니다. 이 메서드는 하나의 객체 인수(수신자)와 리플렉션 호출에 전달할 가변 인수들을 죽 받습니다. 결국 Object를 반환하므로 컴파일 타임에는 이 메서드가 어떻게 호출될지 전혀 가늠할 길이 없습니다. 런타임 직전까지 모든 가능성을 찔러보는 거죠.

그런데 메서드를 이렇게 호출하는 건 너무 일반적이라서 수신자와 Method 객체가 안 맞거나 매개변수 목록에 조금이라도 오류가 생기면 런타임에 실패할 가능성이 크겠죠.

그럼, 메서드 핸들을 쓰는 코드는 어떨까요?

```
MethodType mt = MethodType.methodType(int.class);
MethodHandles.Lookup l = MethodHandles.lookup();
MethodHandle mh = l.FindVirtual(String.class, "hashCode", mt);

String receiver = "b";
int ret = (int) mh.invoke(receiver);
System.out.println(ret);
```

두 부분으로 나누어 호출하고 있습니다. 먼저, 메서드 핸들을 룩업하고 그다음에 호출합니다.

실제 시스템에서는 이 두 부분이 시점 또는 코드 위치 측면에서 멀찍이 분리되어 있을 수도 있습니다. 메서드 핸들은 안정된 불변 객체라서 나중에 쓸 목적으로 보관, 캐시하기가 쉽습니다.

메서드 핸들을 룩업하는 부분이 판박이 코드처럼 보이지만, 리플렉션이 처음 나왔을 때부터 문제였던 액세스 제어 이슈를 바로잡을 수 있습니다.

클래스가 처음 로딩되면 VM은 바이트코드를 전수 검사합니다. 이 과정에서 액세스 권한이 없는 메서드를 클래스가 악의적으로 호출하려고 시도하는지 검사합니다. 액세스 불가한 메서드를 호출하려고 하면 결국 클래스 로딩 프로세스는 실패할 것입니다.[151]

한번 로딩된 클래스는 성능 문제가 있어서 두번 다시 검사하지 않습니다. 이런 틈새를 리플렉션 코드로 파고들어 뭔가 나쁜 짓을 할 수도 있겠죠(자바 1.1 시절). 리플렉션 서브시스템 설계자들이 당시 내린 결정은 이제 여러 가지로 만족스럽지 못합니다.

메서드 핸들 API는 **룩업 컨텍스트**lookup context라는 방식으로 접근합니다. 일단 `MethodHandles.lookup()` 메서드를 호출해 컨텍스트 객체를 생성하는데, 이 메서드가 반환한 불변 객체에는 컨텍스트 객체를 생성한 지점에서 액세스 가능한 메서드 및 필드를 기록한 상태 정보가 있습니다.

따라서 컨텍스트 객체는 바로 사용해도 되고 저장했다가 나중에 써도 됩니다. 이런 유연성 덕분에 클래스에 있는 프라이빗 메서드를 (룩업 객체를 캐시하고 액세스를 필터링하는 식으로) 선택적으로 액세스할 수 있게 됐습니다. 반면에, 리플렉션은 `setAccessible()`라는 꼼수밖에는 다른 도리가 없어서 자바의 안전한 액세스 제어 체계에 큰 허점을 노출시킵니다.

다음은 좀 전에 본 메서드 핸들 예제 중 룩업 영역에 해당하는 바이트코드입니다.

```
 0: getstatic     #2  // Field java/lang/Integer.TYPE:Ljava/lang/Class;
 3: invokestatic  #3  // Method java/lang/invoke/MethodType.methodType:
                      // (Ljava/lang/Class;)Ljava/lang/invoke/MethodType;
 6: astore_1
 7: invokestatic  #4  // Method java/lang/invoke/MethodHandles.lookup:
                      // ()Ljava/lang/invoke/MethodHandles$Lookup;
10: astore_2
11: aload_2
12: ldc           #5  // class java/lang/String
14: ldc           #6  // String hashCode
```

151 역자주_ `java.lang.reflect.InaccessibleObjectException` 예외가 발생합니다.

```
16: aload_1
17: invokevirtual #7  // Method java/lang/invoke/MethodHandles$Lookup.FindVirtual:
                      // (Ljava/lang/Class;Ljava/lang/String;Ljava/lang/invoke/
                      // MethodType;)Ljava/lang/invoke/MethodHandle;
20: astore_3
```

lookup()을 정적 호출한 지점에서 액세스 가능한 메서드를 모두 바라볼 수 있는 컨텍스트 객체가 생성됩니다. 이로써 FindVirtual() 메서드(및 관련 메서드)를 이용해 그 지점에서 보이는 모든 메서드의 핸들을 가져올 수 있습니다. 만약 룩업 컨텍스트로 안 보이는 메서드에 액세스하려고 하면 lllegalAccessException이 발생합니다. 리플렉션과 달리 프로그래머가 이러한 액세스 체크 로직을 없애거나 해제하는 건 불가능합니다.

예제에서는 단순히 String의 public hashCode() 메서드를 룩업하는 정도라서 달리 특별한 액세스는 필요하지 않습니다. 하지만 룩업 메커니즘은 반드시 사용해야 하며, 그래야 컨텍스트 객체가 요청한 메서드에 액세스 가능한지 플랫폼이 체크할 것입니다. 이번엔 메서드 핸들을 호출해서 생성된 바이트코드입니다.

```
21: ldc           #8  // String b
23: astore        4
25: aload_3
26: aload         4
28: invokevirtual #9  // Method java/lang/invoke/MethodHandle.invoke
                      // :(Ljava/lang/String;)I
31: istore        5
33: getstatic     #10 // Field java/lang/System.out:Ljava/io/PrintStream;
36: iload         5
38: invokevirtual #11 // Method java/io/PrintStream.println:(I)V
```

리플렉션 바이트코드와는 근본적으로 모양새가 다릅니다. invoke() 호출이 모든 인수를 두루 받아들이는 만능 호출 대신, 런타임에 호출돼야 할 메서드의 예상 시그니처를 기술하기 때문입니다.

NOTE_ 메서드 핸들 호출에 해당하는 바이트코드를 잘 보면, 리플렉션보다 훨씬 더 나은, 호출부의 정적 타입 정보가 담겨 있습니다.

예제에서는 호출 시그니처가 `invoke:(Ljava/lang/String;)I`이고 `MethodHandle` 자바 문서 어디에도 이런 메서드를 지닌 클래스는 없습니다.

대신, 소스 코드 컴파일러 `javac`는 `MethodHandle`에 그런 메서드가 존재하지 않더라도 호출에 적합한 타입 시그니처를 알아서 추론합니다. `javac`로 생성한 바이트코드는 가변 인수를 배열로 박싱하지 않은 상태로, 이 호출이 (연결 가능하리라 보고) 정상적으로 디스패치될 수 있게 스택을 함께 세팅합니다.

이 바이트코드를 로드하는 JVM 런타임은 이 메서드 호출을 있는 그대로 연결해야 합니다. 런타임에 메서드 핸들이 정확한 시그니처를 반영하고 `invoke()` 호출이 기본적으로 하부 메서드를 대신 호출하는 코드로 치환되리라 예상하는 거죠.

NOTE_ 이와 같은 자바 언어의 기괴한 특징(시그니처 다형성)은 오직 메서드 핸들에만 적용됩니다.

물론, 이건 정말 자바답지 않은 언어 특징으로, (C# 다이나믹Dynamic이 그랬듯) 극소수의 언어, 프레임워크 개발자들이 주로 사용합니다.

대부분의 개발자에게 메서드 핸들이란, 코어 리플렉션과 기능은 비슷하나 최대한 정적 타입을 안전하게 지키는, 요즘의 방식으로 구현한 리플렉션이라고 생각하면 쉽습니다.

11.8 마치며

표준 자바 컬렉션 API의 성능에 관한 이야기를 했습니다. 도메인 객체를 다루는 핵심적인 관심사도 소개했습니다.

플랫폼 수준에 더 깊숙이 연관된 애플리케이션 성능 요소 두 가지, 종료화와 메서드 핸들을 살펴보았습니다. 대부분의 개발자가 늘 접하는 개념은 아니지만, 성능 엔지니어라면 자신의 스킬 세트를 돋보이는 항목으로 잘 알아두는 게 좋습니다.

CHAPTER 12

동시 성능 기법

오늘날까지 컴퓨팅 역사를 통틀어 소프트웨어 개발자는 대부분 순차형 코딩을 해왔습니다. 일반적으로 프로그래밍 언어와 하드웨어는 한번에 한 가지 명령밖에 처리할 수 없었습니다. 최신 하드웨어를 구매하면 애플리케이션 성능도 좋아지는, 이른바 '공짜 점심free lunch'을 누리던 시절이었죠. 칩 하나에 많은 트랜지스터를 집적할 수 있게 되면서 더 빠르고 우수한 프로세서가 속속 등장했습니다.

여러분도 과거에 용량 문제가 발생했을 때 하부에 내재된 문제점을 살펴보거나 프로그래밍 패러다임을 바꿔볼까 고민하기보단 그저 새로 출시된, 더 큰 장비에 소프트웨어를 옮기는 식으로 해결했던 경험이 한번쯤 있을 겁니다.

무어의 법칙은 칩 하나에 꽂을 수 있는 트랜지스터 개수가 매년 약 2배 증가하리라 내다봤고 나중에는 그 주기가 매 18개월로 조정됐습니다. 이 법칙은 거의 50년간 그럭저럭 잘 맞아떨어졌지만 어느 순간 흔들리기 시작했습니다. 사람들이 50년 동안 누려 온 모멘텀momentum(성장 잠재성)을 유지하기가 점점 곤란해졌죠. [그림 12-1]은 기력이 소진된 기술이 미치는 영향을 나타낸 그림입니다. 허브 수터Herb Sutter는 '공짜 점심은 끝났다The Free Lunch Is Over'라는 글에서 성능 분석의 새 시대가 왔다고 시의적절하게 기술했습니다.[152]

152 「The Free Lunch Is Over: A Fundamental Turn Toward Concurrency in Software(공짜 점심은 없다: 동시성으로 전향하는 소프트웨어의 근본적인 추세)」, (닥터 돕스 저널(Dr. Dobb's Journal 30호, 202-210), 2005년

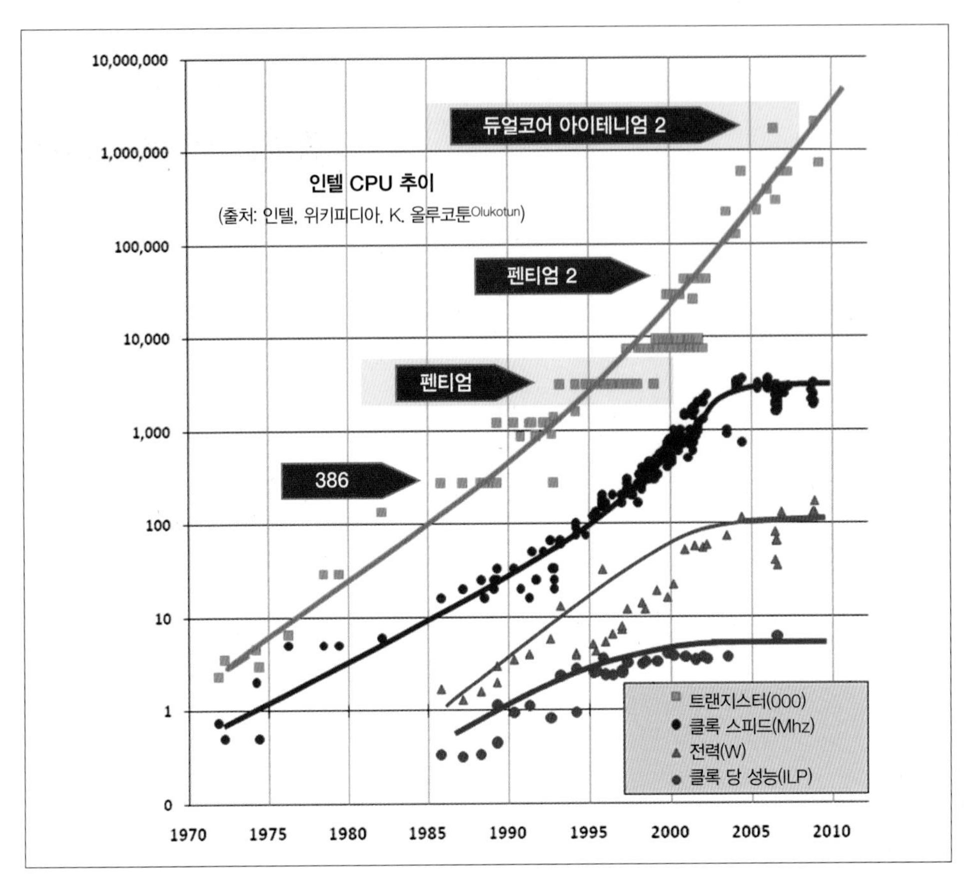

그림 12-1 공짜 점심은 없다 (출처: 수터, 2005년)

여러분과 필자는 바야흐로 멀티코어 프로세서가 일반화한 시대에 살고 있습니다. 잘 만든 애플리케이션은 멀티코어에 애플리케이션 부하를 고루 분산시켜 처리할 수 있습니다(또 점차 그래야 하는 추세입니다). 이런 점에서 JVM 같은 애플리케이션 실행 플랫폼은 장점이 뚜렷합니다. JIT 컴파일처럼 여러 프로세서 코어를 십분 활용할 수 있는 VM 스레드가 항상 떠 있으니까요. 즉, 애플리케이션 스레드가 하나뿐인 JVM 애플리케이션도 멀티코어라는 혜택을 누릴 수 있습니다.

최신 하드웨어를 오롯이 활용하려면 자바 개발자는 최소한 동시성concurrency이란 무엇인지, 그것이 애플리케이션 성능에 끼치는 영향은 무엇인지 최소한의 배경지식은 갖고 있어야 합니다. 이 장은 기본적인 내용을 훑어볼 뿐 자바 동시성을 전부 다루지는 않습니다. 후속 학습은 브라이언 고티에즈Brian Goetz 및 다른 저자들이 공저한, **Java Concurrency in Practice**[153] 등의 도서를 읽어보세요.

12.1 병렬성이란?

50년 가까이 싱글코어는 속도가 계속 빨라졌고, 2005년 즈음 클록 스피드는 3GHz대에 이르렀습니다. 그러나 요즘의 멀티코어 세상에서는 **암달의 법칙**이 연산 태스크의 실행 속도를 향상시키는 핵심 요소입니다.

암달의 법칙은 1.5절에서도 소개했지만 여기서는 좀 더 정식으로 기술하겠습니다. 어떤 연산 태스크가 병렬 실행이 가능한 파트와 반드시 순차 실행해야 하는 파트(이를테면, 결과를 취합하거나 병렬 실행할 작업 단위를 디스패치하는 작업)로 구성된다고 하죠.

순차 실행 파트를 `S`, 총 태스크 소요 시간은 `T`라고 표기합시다. 필요한 프로세서는 얼마든지 자유롭게 쓸 수 있다는 가정하에 프로세서 개수가 `N`이라고 하면, T는 프로세서 개수의 함수, 즉 `T(N)`으로 표기할 수 있습니다. 그럼, 동시 작업은 `T - S`이고 `N`개 프로세스에 태스크를 고루 분배한다고 가정하면 전체 태스크 소요 시간은 다음과 같습니다.

```
T(N) = S + (1/N) * (T - S)
```

수식을 보면 알다시피, 프로세서를 무한히 증가시켜도 총 소요 시간은 순차 작업 시간 이상 줄일 수가 없습니다. 즉, 순차 오버헤드가 전체의 5%라고 하면 아무리 코어를 늘려도 20배 이상 속도를 높이는 건 불가능합니다. 이것이 1장에서 간단히 언급했던 암달의 법칙을 뒷받침하는 기반 이론입니다. [그림 12-2]는 알기 쉽게 그림으로 나타낸 것입니다.

153 **역자주_** 국내에 출간된 역서는 『자바 병렬 프로그래밍』(에이콘출판사, 2008)입니다.

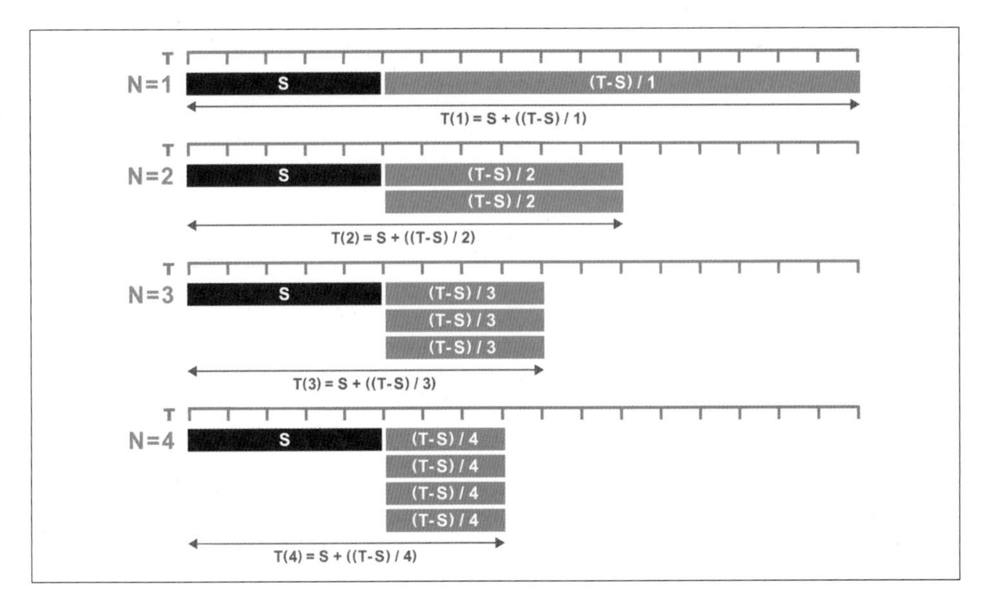

그림 12-2 암달의 법칙

더 빠른 코어를 장착하여 싱글 스레드 성능을 개선하면 S값을 줄일 수는 있겠지만, 아쉽게도 최신 하드웨어는 CPU 클록 스피드를 높여도 그만한 속도 향상을 체감하기 어렵습니다. 싱글 코어 프로세서로 더 이상 속도를 높일 수 없게 되면서 결국 암달의 법칙이 소프트웨어를 확장할 수 있는 실질적인 한계가 된 셈이죠.

암달의 법칙에 따르면, 병렬 태스크나 다른 순차 태스크 간에 소통할 필요가 전혀 없을 경우 이론적으로 속도는 무한히 높일 수 있습니다. 이런 부류의 워크로드를 **낯간지러운 병렬**embarrassingly parallel[154]이라고 하는데요, 이런 상황에서 동시 처리는 사실상 식은 죽 먹기입니다.

보통은 데이터 공유 없이 워크로드를 나누어 여러 워커worker(작업자) 스레드에 분산시킵니다. 스레드끼리 상태나 데이터를 공유하기 시작하면 워크로드는 점차 복잡해지면서 결국 어쩔 수 없이 일부 태스크를 순차 처리하게 되고 통신 오버헤드가 발생합니다.

> 정확한 프로그램을 작성하는 일은 어렵습니다. 정확한 동시 프로그램을 작성하는 건 훨씬 더 어렵습니다. 아무래도 순차 프로그램보다 동시 프로그램이 잘못될 가능성이 더 크기 때문이죠.
>
> –『Java Concurrency in Practice(자바 동시성 실제)』
> (Addison-Wesley Professional, 2006) 중에서

154 역자주_ 병렬화했다고 자신 있게 말하긴 조금 부끄럽다는 느낌을 표현한 것.

다시 말해, 상태를 공유하는 워크로드는 무조건 정교한 보호/제어 장치가 필요합니다. 자바 플랫폼은 JVM에서 실행되는 워크로드에 JMM이라는 메모리 보증 세트를 제공합니다. JMM을 자세히 살펴보기 전에 자바 동시성에 관한 간단한 예제를 몇 가지 들어보겠습니다.

12.1.1 자바 동시성 기초

첫 번째 레슨은 동시성 특유의 반직관적인 모습을 이해하는 것입니다. 다음과 같이 카운터를 증가시키는 코드는 개별적인 한 과정으로 수행될까요?

```
public class Counter {
    private int i = 0;

    public int increment() {
        return i = i + 1;
    }
}
```

바이트코드를 보면 값을 로드하고, 증가시키고, 저장하는, 일련의 명령어가 있습니다.

```
public int increment();
   Code:
   0: aload_0
   1: aload_0
   2: getField       #2  // Field i:I
   5: iconst_1
   6: iadd
   7: dup_x1
   8: putField       #2  // Field i:I
  11: ireturn
```

카운터를 락으로 적절히 보호하지 않은 상태로 멀티스레드 환경에서 이 코드를 실행하면, 다른 스레드가 저장하기 이전에 로드 작업이 일어날 가능성이 있습니다. 즉, 다른 스레드가 수정한 결과가 소실될 수도 있습니다.

좀 더 자세히 설명하죠. 두 스레드 A, B가 있고 둘 다 같은 객체의 `increment()` 메서드를 호출합니다. 편의상 A, B 스레드는 싱글 CPU 머신에서 작동하며 바이트코드는 저수준에 있는 그대로 실행된다고(순서 바꾸기, 캐시 효과 등 실제 프로세서에서 벌어지는 일들은 일체 없다고) 가정합니다.

> **NOTE_** OS 스케줄러는 때를 가리지 않고 스레드를 컨텍스트 교환하므로, 스레드가 둘 뿐인 상황에서도 바이트코드는 다양한 순서로 실행될 수 있습니다.

다음 바이트코드를 싱글 CPU로 실행한다고 합시다(여기서는 명령어 실행 순서가 딱 정해져 있지만, 실제 멀티프로세서 시스템에서는 이렇게 실행되리란 보장이 없죠).

```
A0: aload_0
A1: aload_0
A2: getField #2 // Field i:I
A5: iconst_1
A6: iadd
A7: dup_x1
B0: aload_0
B1: aload_0
B2: getField #2 // Field i:I
B5: iconst_1
B6: iadd
B7: dup_x1
A8: putField #2 // Field i:I
A11: ireturn
B8: putField #2 // Field i:I
B11: ireturn
```

각 스레드는 메서드 개별 진입 시 각자 전용 평가 스택을 소유하므로 필드에 대한 작업은 서로 간섭이 일어날 수 있습니다(객체의 필드는 힙에 위치하고 모든 스레드가 함께 공유하기 때문).

그래서 A나 B가 실행되기 전 `i`의 초기 상태가 7이고 정확히 위 순서대로 실행된다고 하면, 두 차례 호출 결과 (`increment()`는 두 번 호출됐지만) 모두 8이 반환되고 필드 `i`는 8이 될 것입니다.

> **CAUTION_** 이는 OS 스케줄링 때문에 일어나는 현상으로 하드웨어 꼼수 따위는 필요 없습니다. 최신 기능이 전무했던 골동품 CPU에서도 이런 문제가 발생합니다.

volatile을 추가하면 안전하게 증분 연산을 할 수 있을 것처럼 보이지만 그건 오산입니다. 무조건 값을 캐시에서 다시 읽어들여 다른 스레드가 수정된 값을 바라보게 할 수는 있지만, 증분 연산자의 복합적인 특성 탓에 방금 전 업데이트 소실 문제를 막을 수는 없습니다.

다음은 두 스레드가 동일한 카운터의 레퍼런스를 공유하는 코드입니다.

```
package optjava;

public class CounterExample implements Runnable {

    private final Counter counter;

    public CounterExample(Counter counter) {
        this.counter = counter;
    }

    @Override
    public void run() {
        for (int i = 0; i < 100; i++) {
            System.out.println(Thread.currentThread().getName()
                + " Value: " + counter.increment());
        }
    }
}
```

synchronized나 락으로 감싸지 않은 채 카운터가 무방비로 노출돼 있어서 프로그램을 돌릴 때마다 두 스레드는 갖가지 형태로 서로 엮일 공산이 큽니다. 물론, 어쩌다 코드가 정상 실행되고 원하는 카운터 값이 나올 수도 있겠죠. 프로그래머 입장에선 뜻밖의 행운일 겁니다! 하지만 스레드가 엮이는 순간 다음과 같이 카운터값이 반복되는 현상이 나타납니다.

```
Thread-1 Value: 1
Thread-1 Value: 2
Thread-1 Value: 3
Thread-0 Value: 1
Thread-1 Value: 4
Thread-1 Value: 6
Thread-0 Value: 5
```

대부분의 시간 동안 잘 실행되는 동시 프로그램과 정확히 작성된 동시 프로그램은 엄연히 다릅니다. 실패를 밝히는 건 정확함을 증명하는 것만큼이나 어려운 일입니다. 하지만, 실패 사례가 하나만 발견돼도 정확하지 않은 프로그램이라는 사실을 증명하고도 남습니다.

그런데, 동시 프로그램은 버그를 재연하기가 무던히도 어렵습니다. '테스트는 버그가 있다는 사실을 밝히지만, 버그가 없다는 사실을 밝히지는 않는다'라는 데이크스트라의 명언은 싱글 스레드 애플리케이션보다 동시 코드에서 강하게 와 닿습니다.

방금 전 문제는 `synchronized`로 감싸서 `int` 같은 단순 값의 업데이트를 제어하면 해결할 수 있습니다. 자바 5 이전에는 이 방법이 유일했습니다.

동기화를 사용할 때에는 아주 신중하게 설계하고 미리 잘 따져봐야 한다는 부담이 따릅니다. 아무 생각 없이 synchronized만 달랑 추가했다간 프로그램이 빨라지기는커녕 더 느려질 수도 있습니다.

이처럼 처리율 향상은 동시성을 부여하는 전체 목표와 상충됩니다. 따라서 코드 베이스를 병렬화하는 작업을 진행할 때에는 복잡도가 늘어난 대가로 얻은 혜택을 충분히 입증할 수 있도록 성능 테스트가 수반되어야 합니다.

NOTE_ 동기화 블록을 추가하는 비용은 특히 스레드 경합이 없을 경우 요즘은 JVM 옛 버전보다 많이 저렴해졌습니다(그래도 필요하지 않은 곳에는 사용해선 안 됩니다). 더 자세한 내용은 10.5.2절을 참고하세요.

여러분도 '그냥 한번 동기화해보자'하는 초심자 자세에서 진일보하려면 JVM의 저수준 메모리 모델과 동시 애플리케이션의 실제적인 기법들이 어떻게 적용되는지 그 원리를 이해해야 합니다.

12.2 JMM의 이해

자바에는 1.0 버전부터 공식적으로 JMM이란 메모리 모델이 있었습니다. 이 모델은 JSR 133[155]에서 상당 부분 개정되고 일부 문제점이 개선되어 자바 5와 함께 배포됐습니다.

155 역자주_ 자바 플랫폼은 플랫폼 표준 개선 사항을 추적하는 자바 스펙 요구서(Java Specification Requests, JSR)를 통해 발전합니다.

자바 명세서에서 JMM은 수학적으로 기술된 메모리 형태로 등장합니다. 무시무시한 평판답게 많은 개발자가 이 부분을 (제너릭스 정도를 제외하면) 자바 명세의 넘사벽이라고 인정합니다.

JMM은 다음 질문에 답을 찾는 모델입니다.

- 두 코어가 같은 데이터를 액세스하면 어떻게 되는가?
- 언제 두 코어가 같은 데이터를 바라본다고 장담할 수 있는가?
- 메모리 캐시는 위 두 질문의 답에 어떤 영향을 미치는가?

자바 플랫폼은 공유 상태를 어디서 액세스하든지 JMM이 약속한 내용을 반드시 이행합니다. 그 약속이란, 순서에 관한 보장과 여러 스레드에 대한 업데이트 가시성 보장, 두 가지로 분류됩니다.

싱글코어에서 멀티코어로, 그리고 이제는 코어가 아주 많은 시스템으로 하드웨어가 발전하면서 메모리 모델의 본질 역시 점점 더 중요해졌습니다. 이제 순서와 스레드 가시성은 학문적 이론에 그치지 않고 실무 프로그래머가 작성한 코드에 직접적인 영향을 끼치는 실전적인 문제가 됐습니다.

고수준에서 JMM 같은 메모리 모델은 두 가지 방식으로 접근합니다.

강한 메모리 모델

전체 코어가 항상 같은 값을 바라본다.

약한 메모리 모델

코어마다 다른 값을 바라볼 수 있고 그 시점을 제어하는 특별한 캐시 규칙이 있다.

프로그래머 입장에서는 솔직히 애플리케이션 코드를 개발할 때 달리 신경 쓸 필요가 없는 강한 메모리 모델이 더 끌립니다.

[그림 12-3]은 최신 멀티 CPU 시스템을 (엄청나게) 단순화한 그림입니다. 3장, 7장에서도 (NUMA 아키텍처를 이야기할 때) 봤던 그림이지요.

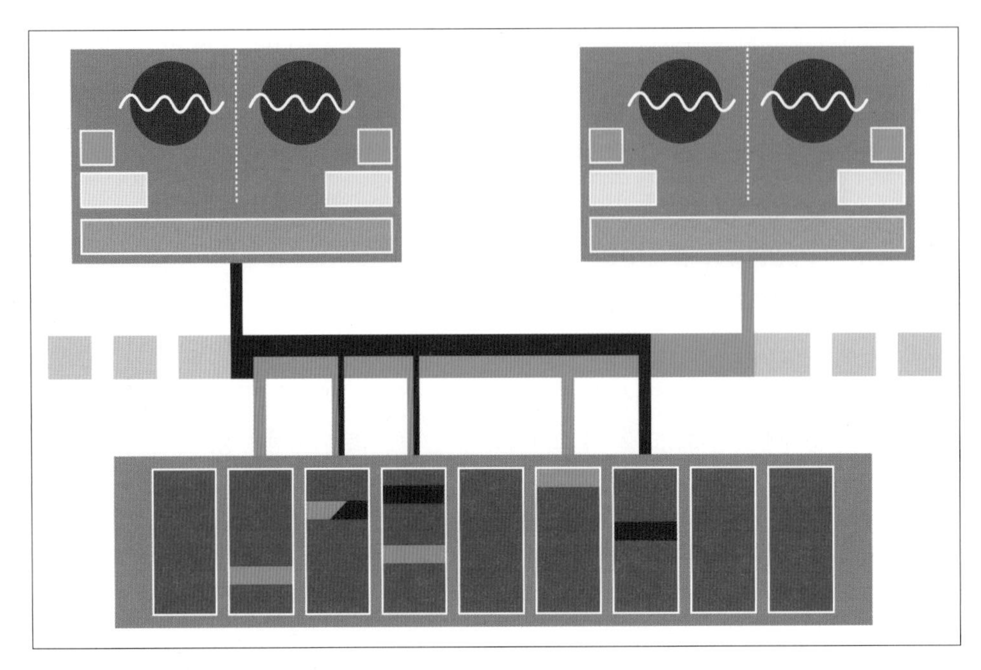

그림 12-3 최신 멀티 CPU 시스템

이런 하드웨어에 강한 메모리 모델을 구현하면 사실상 메모리를 후기록write-back[156]하는 것과 같습니다. 캐시 무효화 알림이 메모리 버스를 잠식하고 실제 메인 메모리 전송률은 급락하겠죠. 코어 수를 늘리는 건 상황을 더욱 악화시킬 뿐이라서 이런 방법은 근본적으로 멀티코어 체제에는 안 맞습니다.

또 자바는 아키텍처에 독립적인 환경으로 설계된 플랫폼입니다. 만약 JVM이 강한 메모리 모델 기반으로 설계됐다면, 네이티브 수준에서 강한 메모리 모델을 지원하지 않는 하드웨어에서 소프트웨어를 실행하기 위해서는 JVM에 별도 구현 작업이 필요합니다. 다시 말해, 약한 하드웨어상에서 JVM을 구현하려면 엄청난 이식 작업이 수반되어야 할 것입니다.

사실, JMM은 아주 약한 메모리 모델이라서 MESI(3.2.1절 참고)를 비롯한 실제 CPU 아키텍처 추세와 잘 어울립니다. 또 JMM은 보장하는 내용이 거의 없어서 이식 작업이 더 쉽습니다.

중요한 건 JMM이 최소한의 요건에 불과하다는 사실입니다. 진짜 JVM 구현체와 CPU는 JMM

156 **역자주_** 데이터 변경 시, 동시 기록(write-through)은 메모리 및 캐시에 모두 쓰고, 후기록(write-back)은 캐시에만 반영하고 메모리는 쓰지 않습니다. 당연히 속도는 후기록이 훨씬 빠릅니다.

요건보다 하는 일이 훨씬 더 많습니다(3.3.3절 참고).

여기서 애플리케이션 개발자는 그릇된 보안 감각에 빠지기 쉽습니다. JMM보다 더 강한 메모리 모델 기반의 하드웨어 플랫폼에서 개발된 애플리케이션은 아직 드러나지 않은 동시성 버그를 갖고 있을 가능성이 있습니다. 하드웨어가 보장해주는 탓에 실제로 이런 버그가 잘 드러나지 않기 때문이죠. 똑같은 애플리케이션을 약한(보장을 덜 하는) 하드웨어에 배포하면 하드웨어가 더 이상 보호해주지 못하는 까닭에 내재되어 있던 동시성 버그가 문제가 됩니다.

JMM은 다음 기본 개념을 기반으로 애플리케이션을 보호합니다.

Happens-Before (~보다 먼저 발생)

한 이벤트는 무조건 다른 이벤트보다 먼저 발생한다.

Synchronizes-With (~와 동기화)

이벤트가 객체 뷰를 메인 메모리와 동기화시킨다.

As-If-Serial (순차적인 것처럼)

실행 스레드 밖에서는 명령어가 순차 실행되는 것처럼 보인다.

Release-Before-Acquire (획득하기 전에 해제)

한 스레드에 걸린 락을 다른 스레드가 그 락을 획득하기 전에 해제한다.

동기화를 통한 락킹은 가변 상태를 공유하는 가장 중요한 기법으로, 동시성을 다루는 자바의 근본적인 관점을 대변합니다.

> **CAUTION_** 성능에 관심 있는 개발자라면 `Thread` 클래스나 자바 언어가 지원하는 동시성 기본 요소를 그냥 알고 지나가기만 해서는 안 됩니다.

자바에서 스레드는 객체 상태 정보를 스스로 들고 다니며, 스레드가 변경한 내용은 메인 메모리로 곧장 반영되고 같은 데이터를 액세스하는 다른 스레드가 다시 읽는 구조입니다. JVM에는 저수준 메모리 액세스를 감싸놓은 구현 코드가 상당히 많습니다.

이런 맥락에서 볼 때 자바 `synchronized` 키워드가 나타내는 의미는 분명합니다. synchronized는 '모니터를 장악한 스레드의 로컬 뷰가 메인 메모리와 **동기화**(Synchronizes-With)되었다'는 뜻입니다.

따라서 동기화 메서드, 동기화 블록은 스레드가 반드시 동기를 맞춰야 할 접점에 해당하며, 다른 동기화 메서드/블록이 시작되기 전에 반드시 완료되어야 할 코드 블록을 정의해 놓은 것입니다.

JMM은 동기화되지 않은 액세스에 대해서는 아무 할 말이 없습니다. 한 스레드가 변경한 부분을 다른 스레드가 언제 바라볼 수 있는지 전혀 보장하지 않지요. 그런 보장이 필요하면 반드시 쓰기 액세스를 동기화 블록으로 감싸 캐시된 값을 메모리에 후기록해야 합니다. 마찬가지로 읽기 액세스도 동기화 코드 섹션 내부에 넣어서 강제로 메모리를 다시 읽도록 해야 합니다.

최근 자바 동시성 기술이 선보이기 전에는, `synchronized` 키워드가 멀티스레드 순서와 가시성을 보장하는 유일한 장치였습니다.

JMM은 이런 일도 강제하면서도 자바와 메모리 안전에 대해 추정 가능한 다양한 보장을 합니다. 하지만 기존 자바 `synchronized` 락은 여러 한계점이 노출됐는데요, 시간이 갈수록 그 증상이 점점 심각해졌습니다.

- 락이 걸린 객체에서 일어나는 동기화 작업은 모두 균등하게 취급된다.
- 락 획득/해제는 반드시 메서드 수준이나 메서드 내부의 동기화 블록 안에서 이루어져야 한다.
- 락을 얻지 못한 스레드는 블로킹된다. 락을 얻지 못할 경우, 락을 얻어 처리를 계속하려고 시도하는 것조차 불가능하다.

락이 걸린 데이터에 관한 모든 연산이 동등하게 취급된다는 사실을 놓치는 경우가 참 많습니다. 따라서 쓰기 작업에만 `synchronized`를 적용하면 소실된 업데이트lost update 현상이 나타나게 됩니다.

읽기 작업에는 락을 걸 필요가 없을 것 같지만, 다른 스레드가 업데이트한 내용을 바라보게 하려면 반드시 `synchronized`를 사용해야 합니다.

NOTE_ 자바에서 스레드 간 동기화는 일종의 협동 체제라서, 참여한 스레드 중 하나라도 규칙을 따르지 않으면 정확하게 작동하지 않습니다.

JMM을 처음 배우는 독자는 'JSR-133 컴파일러 개발자를 위한 쿡북(*http://gee.cs.oswego.edu/dl/jmm/cookbook.html*)'을 잘 읽어보세요. 지나치게 상세하게 파고들지 않아 읽는 사람이 주눅 들지 않도록 JMM 개념을 아주 간명하게 잘 설명한 글입니다.

가령, 여러 가지 추상 배리어abstract barrier를 이용한 메모리 모델이 소개되어 있습니다. JVM을 구현하는 사람과 라이브러리 저자들이 비교적 CPU 독립적인 방식으로 자바 동시성의 규칙을 바라볼 수 있게 하자는 거죠.

자바 명세서에는 JVM 구현체가 반드시 지켜야 할 규칙들이 빼곡히 적혀 있습니다. 실제로 각 추상 배리어를 구현한 명령어는 CPU마다 조금씩 다릅니다. 예를 들면, 인텔 CPU 모델은 특정 순서 바꾸기는 하드웨어적으로 자동 차단하므로 쿡북에 기술된 일부 배리어는 사실상 아무 일도 안 합니다.

마지막으로 한 가지 더! 성능 분야에서 목표는 끊임없이 변합니다. JMM 탄생 이후, 줄곧 하드웨어는 진화를 거듭했고 동시성은 계속 영역을 확장해왔습니다. 아무래도 최신 하드웨어, 메모리를 나타내기에 JMM은 역부족입니다.

자바 9부터 JMM은 오늘날 시스템의 현실을 (적어도 부분적으로나마) 따라잡기 위해 확장됐습니다. 그 핵심은 다른 프로그래밍 환경, 특히 C++ 11과의 호환성입니다. C++ 11은 JMM의 아이디어를 차용해 확장시켰고 자바 5 JMM(JSR 133) 범위 밖의 개념들을 정립했습니다. 자바 9는 이런 개념들을 자바 플랫폼으로 옮겨와서 하드웨어를 의식한 저수준의 자바 코드가 C++ 11과 일관되게 상호 연동될 수 있도록 JMM을 새롭게 단장했습니다.

JMM을 더 깊이 파고들려면 알렉세이 쉬필로프가 자신의 블로그에 쓴 '자바 메모리 모델 유형 자세히 살펴보기(*https://shipilev.net/blog/2016/close-encounters-of-jmm-kind/*)'를 읽어보세요. 주옥같은 해설과 정보가 아주 상세히 기술되어 있습니다.

12.3 동시성 라이브러리 구축

JMM은 아주 성공적인 작품이긴 하지만 이해하기가 어렵고 실제로 응용하는 건 훨씬 더 어렵습니다. 또 인트린직 락킹이 제공하는 유연성이 떨어지는 것도 흠입니다.

그래서 자바 5부터는 언어 수준에서 지원하는 기능에서 탈피해서 고급 동시성 라이브러리와 툴을 자바 클래스 라이브러리의 일부로 표준화하려는 움직임이 확산되는 추세입니다. 성능에 민감한 경우라도 대부분의 유스케이스에서 처음부터 새로 추상화하는 것보다는 이런 라이브러리를 쓰는 게 더 적당하겠죠.

`java.util.concurrent` 패키지는 멀티스레드 애플리케이션을 자바로 더 쉽게 개발할 수 있게 세심하게 설계된 라이브러리입니다. 조건에 가장 잘 맞는 추상화 수준을 선택하는 일은 개발자의 몫입니다. 추상화가 잘 된 `java.util.concurrent` 라이브러리를 골라 쓰면 '스레드 핫thread hot' 성능도 함께 좋아집니다.

이 라이브러리를 구성하는 핵심 요소는 몇 가지 일반 카테고리로 분류됩니다.

- 락, 세마포어semaphore
- 아토믹스atomics
- 블로킹 큐
- 래치
- 실행자executor

[그림 12-4]는 동시성의 기본 구성 요소 및 비즈니스 로직을 기반으로 구축한, 일반적인 최신 동시성 자바 애플리케이션을 나타낸 그림입니다.

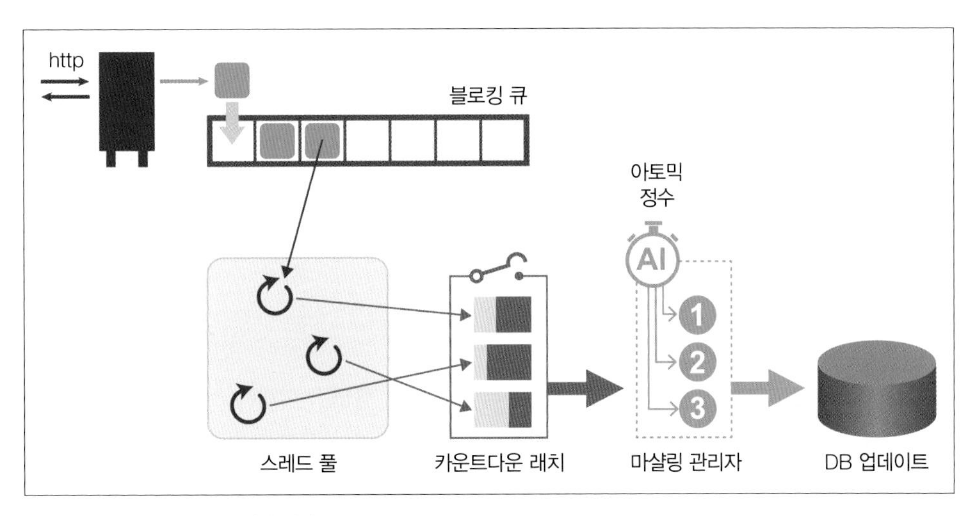

그림 12-4 동시성 애플리케이션 예시

위 그림 중 일부 구성 요소는 다음 절에서 다루기로 하고, 그 전에 이 라이브러리에 적용된 주요 구현 기법을 살펴봅시다. 아무래도 성능을 중요시하는 개발자가 구현 원리까지 알고 있으면 동시성 라이브러리를 최적으로 활용할 수 있겠죠. 특히, 표준 라이브러리로는 어림도 없는 극단적인 상황에 처한 개발자는 일단 라이브러리의 작동 원리를 이해하고 있어야 초특급 성능 대안을 선택(또는 개발)할 수 있을 것입니다.

일반적으로 라이브러리는 OS 품에서 벗어나 가급적 유저 공간에서 더 많은 일을 하려고 합니다. 이렇게 하면 여러 가지로 장점이 있지만, 특히 라이브러리 로직이 유닉스 계열 OS마다 존재하는 (사소하나마 무시 못 할) 차이점 때문에 오락가락하지 않고 가급적 더 전역 범위에서 일관성을 보장한다는 측면에서 중요합니다.

일부 라이브러리(락, 아토믹스)는 비교해서 바꾸기compare and swap(CAS)라는 기법을 구현하기 위해 저수준 프로세서 명령어 및 OS별 특성을 활용합니다.

CAS는 '예상되는 현재 값expected current value'과 '원하는 새 값wanted new value', 그리고 메모리 위치(포인터)를 전달받아 다음 두 가지 일을 하는 아토믹 유닛입니다.

1. 예상되는 현재 값을 메모리 위치에 있는 콘텐츠와 비교한다.
2. 두 값이 일치하면 현재 값을 원하는 새 값으로 교체한다.

CAS는 여러 가지 중요한 고수준의 동시성 기능을 구성하는 기본 요소입니다. 이 대목만 보더라도 JMM이 탄생한 이후 성능과 하드웨어 환경이 꾸준히 변경돼 왔음을 알 수 있습니다.

최신 프로세서가 꽂힌 대부분의 하드웨어에 CAS 기능이 구현되어 있음에도 불구하고 JMM 또는 자바 플랫폼 명세서에는 CAS 이야기는 나오지 않습니다. 사실 CAS는 구현체별 확장 기능이라고 볼 수 있으므로 CAS 하드웨어는 `sun.misc.Unsafe` 클래스를 통해 액세스합니다.

12.3.1 Unsafe

`sun.misc.Unsafe`는 내부 구현 클래스입니다. 패키지명만 봐도 느껴지는 것처럼 표준 자바 플랫폼 API가 아닙니다. 클래스명에 걸맞게 애플리케이션 개발자가 이 클래스를 직접 사용할 일은 거의 없습니다. 사실 이 클래스를 사용하는 코드는 엄밀히 말해 핫스팟 VM에 직접 연결되고 깨질 우려가 높습니다.

TIP_ `Unsafe`는 공식적으로 지원하지 않는 내부 API라서 언제라도 유저 애플리케이션을 배려하지 않은 채 없어지거나 변경될 수 있습니다. 자바 9부터는 `jdk.unsupported`로 패키지로 위치를 옮겼습니다.

하지만, 어쩌다 보니 JVM의 표준 로직을 무너뜨리는 수단인 `Unsafe`는 거의 모든 주요 프레임워크의 구현 핵심부를 차지하게 됐습니다. 다음은 `Unsafe`로 할 수 있는 일들입니다.

- 객체는 할당하지만 생성자는 실행하지 않는다.
- 원메모리raw memory[157]에 액세스하고 포인터 수준의 연산을 수행한다.
- 프로세서별 하드웨어 특성(예: CAS)을 이용한다.

덕분에 다음과 같은 고수준의 프레임워크 기능을 구현할 수 있습니다.

- 신속한 (역)직렬화
- 스레드-안전한thread-safe 네이티브 메모리 액세스(예: 오프-힙 또는 64비트 인덱스 액세스)
- 아토믹 메모리 연산
- 효율적인 객체/메모리 레이아웃
- 커스텀 메모리 펜스memory fence[158]

157 역자주_ 자료형이 따로 없이 바이트 배열 단위로 취급하는 메모리 블록.

158 역자주_ 메모리 배리어(memory barrier)라고도 하며, 연산의 실행 순서를 CPU나 컴파일러가 함부로 바꾸지 못하도록 강제하는 기능(코드).

- 네이티브 코드와의 신속한 상호작용
- JNI에 관한 다중 운영체제multi-operating system 대체물
- 배열 원소에 volatile하게 액세스

Unsafe는 자바 SE 공식 표준은 아니지만, 워낙 업계에서 활용도가 높아 사실상 표준de facto standard이나 다름없습니다. 또 비록 표준은 아니지만 필요한 특성을 담아두는 보관 창고로 쓰이게 됐습니다. 그러나 이런 그림은 자바 9부터 영향을 받게 됐고 차기 자바 버전 몇 개에 걸쳐 크게 변모할 가능성이 큽니다.

그럼, 자바 5에서 도입된 아토믹 클래스와 함께 CAS가 실제로 작동하는 모습을 살펴보겠습니다.

12.3.2 아토믹스와 CAS

아토믹스는 값을 더하고 증감하는 복합 연산을 하며 get()으로 계산한 결괏값을 돌려받습니다. 즉, 두 개별 스레드가 증분 연산을 하면 currentValue + 1과 currentValue + 2가 반환됩니다. 아토믹 변수는 volatile 확장판이라고 할 수 있지만, volatile보다 더 유연해서 상태 의존적state-dependent 업데이트를 안전하게 수행할 수 있습니다.

아토믹스는 자신이 감싸고 있는 베이스 타입을 상속하지 않고 직접 대체하는 것도 허용되지 않습니다. 예를 들어, AtomicInteger는 Integer를 상속한 클래스가 아닙니다. 사실 java.lang.Integer가 final 클래스라서 애당초 불가능하죠.

Unsafe로 단순 아토믹 호출을 구현하는 원리를 알아봅시다.

```
public class AtomicIntegerExample extends Number {

    private volatile int value;

    // Unsafe.compareAndSwapInt로 업데이트하기 위해 설정
    private static final Unsafe unsafe = Unsafe.getUnsafe();
    private static final long valueOffset;

    static {
        try {
```

```
            valueOffset = unsafe.objectFieldOffset(
                AtomicIntegerExample.class.getDeclaredField("value"));
        } catch (Exception ex) {
            throw new Error(ex);
        }
    }

    public final int get() {
        return value;
    }

    public final void set(int newValue) {
        value = newValue;
    }

    public final int getAndSet(int newValue) {
        return unsafe.getAndSetInt(this, valueOffset, newValue);
    }
    // 생략
```

Unsafe에 있는 메서드를 사용했고 JVM을 호출하는 네이티브 코드가 핵심입니다.

```
public final int getAndSetInt(Object o, long offset, int newValue) {
    int v;
    do {
        v = getIntVolatile(o, offset);
    } while (!compareAndSwapInt(o, offset, v, newValue));

    return v;
}

public native int getIntVolatile(Object o, long offset);

public final native boolean compareAndSwapInt(Object o, long offset,
                                              int expected, int x);
```

Unsafe 내부에서 루프를 이용해 CAS 작업을 반복적으로 재시도합니다. 아토믹스를 효과적으로 활용하려면 주어진 기능 외에 임의로 코드를 구현해서 섞어 쓰지 말아야 합니다. 가령, 루프를 이용해 아토믹 증분 연산을 하는 코드는 이미 Unsafe에 그렇게 구현되어 있으니 필요가 없습니다.

아토믹은 락-프리하므로 데드락은 있을 수 없습니다. 비교 후 업데이트하는 작업이 실패할 경우를 대비해 내부적인 재시도 루프가 동반됩니다. 대개 다른 스레드가 이제 막 업데이트를 할 때 그런 일이 발생하죠.

변수를 업데이트하기 위해 여러 차례 재시도를 해야 할 경우, 그 횟수만큼 성능이 나빠집니다. 성능을 고려할 때에는 처리율을 높은 수준으로 유지하기 위해 경합 수준을 잘 모니터링해야 합니다.

저수준 하드웨어 명령어에 액세스할 수 있는 `Unsafe`는 그 자체로 흥미롭습니다. 자바는 원래 개발자를 기계로부터 완전히 추상화한 언어가 아니었던가요? 하지만 하드웨어 명령어에 액세스하지 않고서는 아토믹 클래스가 추구하는 취지는 살릴 길이 없습니다.

12.3.3 락과 스핀락

앞서 배운 인트린직 락은 유저 코드에서 OS를 호출함으로써 작동합니다. OS를 이용해 스레드가 따로 신호를 줄 때까지 무한정 기다리게 만드는 건데요, 경합 중인 리소스가 극히 짧은 시간 동안만 사용할 경우 이런 방식은 막대한 오버헤드를 유발할 수 있습니다. 블로킹된 스레드를 CPU에 활성 상태로 놔두고 아무 일도 시키지 않은 채 락을 손에 넣을 때까지 'CPU를 태워가며' 계속 재시도하게 만드는 편이 더 효율적이겠죠.

이런 기법을 **스핀락**spinlock이라고 합니다. 완전히 상호 배타적mutual-exclusion인 락보다 가볍게 쓰자는 겁니다. 최신 시스템은 대부분 하드웨어가 지원하리라 가정하고 CAS로 스핀락을 구현합니다. 다음은 간단한 저수준 x86 어셈블리 코드 예제입니다.

```
locked:
     dd      0

spin_lock:
     mov     eax, 1
     xchg    eax, [locked]
     test    eax, eax
     jnz     spin_lock
     ret

spin_unlock:
```

```
    mov     eax, 0
    xchg    eax, [locked]
    ret
```

스핀락을 구현한 코드는 CPU마다 조금씩 다르지만, 핵심 개념은 모두 동일합니다.

- '테스트하고 세팅'하는 작업(xchg 코드)은 반드시 아토믹해야 한다.
- 스핀락에 경합이 발생하면 대기 중인 프로세서는 빽빽한 루프tight loop[159]를 실행하게 된다.

CAS는 예상한 값이 정확할 경우 한 명령어로 값을 안전하게 업데이트하며, 락의 구성 요소를 형성하는 데 한몫을 합니다.

12.4 동시 라이브러리 정리

지금까지 아토믹 클래스와 단순 락을 구현하는 데 사용하는 저수준 기법을 소개했습니다. 그럼, 표준 라이브러리에서 이런 기능을 어떻게 활용하여 완전한 범용 제품 라이브러리를 구축하는지 알아보겠습니다.

12.4.1 java.util.concurrent 락

락은 자바 5부터 전면 개편되어 좀 더 일반화한 락 인터페이스가 `java.util.concurrent.locks.Lock`에 추가됐습니다. 이 인터페이스를 이용하면 인트린직 락보다 더 많은 일을 할 수 있습니다.

lock()

기존 방식대로 락을 획득하고 락을 사용할 수 있을 때까지 블로킹합니다.

159 역자주_ 명령어는 별로 없는데 아주 여러 번 반복되는 루프

`newCondition()`

락 주위에 조건을 설정해 좀 더 유연하게 락을 활용합니다. 락 내부에서 관심사를 분리할 수 있죠(예: 읽기와 쓰기).

`tryLock()`

락을 획득하려고 시도합니다(타임아웃 옵션 설정 가능). 덕분에 스레드가 락을 사용할 수 없는 경우에도 계속 처리를 진행할 수 있습니다.

`unlock()`

락을 해제합니다. `lock()`에 대응되는 후속 호출입니다.

여러 종류의 락을 생성할 수 있고 여러 메서드에 걸쳐 락을 걸어놓는 것도 가능합니다. 심지어 한 메서드에서는 락을 걸고 동시에 다른 메서드는 락을 해제할 수도 있습니다. 논블로킹 방식으로 락을 획득하려는 스레드는 `tryLock()` 메서드로 일단 시도해보고 락을 사용할 수 없을 경우 다시 물러나면 됩니다.

`ReentrantLock`은 `Lock`의 주요 구현체로, 내부적으로는 `int` 값으로 `compareAndSwap()`을 합니다. 즉, 경합이 없는 경우에는 락을 획득하는 과정이 락-프리합니다. 그래서 락 경합이 별로 생기지 않는 시스템은 성능이 매우 좋아지고 다양한 락킹 정책을 적용 가능한 유연성도 얻게 됩니다.

> **TIP_** 스레드가 동일한 락을 다시 획득하는 것을 재진입(리엔트런트) 락킹reentrant locking이라고 합니다. 스레드가 스스로를 블로킹하는 현상을 방지할 수 있지요. 최신 애플리케이션에는 대부분 재진입 락킹 개념이 적용되어 있습니다.

실제로 `compareAndSwap()`을 호출하고 `Unsafe`를 사용한 코드는 `AbstractQueuedSynchronizer`를 확장한 정적 서브클래스 `Sync`에 있습니다. 또 `AbstractQueuedSynchronizer`는 스레드를 파킹parking 및 재개하는 메서드가 구현된 `LockSupport` 클래스를 활용합니다.

LockSupport 클래스는 스레드에게 **퍼밋**permit(허가증)을 발급합니다. 발급할 퍼밋이 없으면 스레드는 기다려야 합니다. 퍼밋을 발급하는 개념 자체는 세마포어와 비슷하지만, LockSupport 클래스는 오직 한 가지 퍼밋(바이너리 세마포어binary semaphore)만 발급합니다. 스레드는 퍼밋을 받지 못한 경우 잠시 파킹되었다가, 유효한 퍼밋을 받을 수 있을 때 다시 언파킹unparking됩니다. 이 클래스에 구현된 메서드는 아주 오래전에 디프리케이트된 Thread.suspend(), Thread.resume()를 대체합니다.

기본적인 의사 코드pseudocode는 이런 모습입니다. 이와 연관된 park() 메서드는 세 가지입니다.

```
while (!canProceed()) { ... LockSupport.park(this); }}
```

park(Object blocker)

다른 스레드가 unpark()을 호출하거나, 스레드가 인터럽트되거나, 또는 스퓨리어스 웨이크업spurious wakeup이 발생할 때까지 블로킹됩니다.

parkNanos(Object blocker, long nanos)

park()와 같고 나노초 단위로 지정한 시간이 지나면 그냥 반환합니다.

parkUntil(Object blocker, long deadline)

park()와 같고 ms 단위로 지정한 시간이 지나면 그냥 반환합니다.

12.4.2 읽기/쓰기 락

애플리케이션에 있는 컴포넌트는 대부분 읽기와 쓰기 작업 횟수가 많이 차이납니다. 읽기는 상태를 바꾸지 않지만 쓰기는 상태를 바꾸죠. 기존 synchronized나 (조건 없는) ReentrantLock을 이용하면 한 가지 락 정책을 따를 수밖에 없습니다. 여러 읽기 스레드가 하나의 쓰기 스레드에 달려드는 상황에서는 어느 한 읽기 스레드 때문에 나머지 읽기 스레드를 블로킹하느라 불필요한 시간을 허비할 가능성이 있습니다.

이럴 때 ReentrantReadWriteLock 클래스의 ReadLock과 WriteLock을 활용하면 여러 스레드가 읽기 작업을 하는 도중에도 다른 읽기 스레드를 블로킹하지 않게 할 수 있습니다. 블로킹은 쓰기 작업을 할 때에만 일어나지요. 이러한 락킹 패턴을 읽기 스레드가 매우 많을 경우에 적용하면 스레드 처리율이 크게 향상되고 락킹이 줄어듭니다. 락을 '공정 모드fair mode'[160]로 세팅하면 성능은 떨어지지만 스레드를 반드시 순서대로 처리하게 할 수 있습니다.

AgeCache 클래스를 다음 코드처럼 구현하면 단일 락을 사용했을 때보다 성능이 현저히 향상됩니다.

```
package optjava.ch12;

import java.util.HashMap;
import java.util.Map;
import java.util.concurrent.locks.Lock;
import java.util.concurrent.locks.ReentrantReadWriteLock;

public class AgeCache {

    private final ReentrantReadWriteLock rwl = new ReentrantReadWriteLock();
    private final Lock readLock = rwl.readLock();
    private final Lock writeLock = rwl.writeLock();
    private Map<String, Integer> ageCache = new HashMap<>();

    public Integer getAge(String name) {
        readLock.lock();
        try {
            return ageCache.get(name);
        } finally {
            readLock.unlock();
        }
    }

    public void updateAge(String name, int newAge) {
        writeLock.lock();
        try {
            ageCache.put(name, newAge);
        } finally {
```

160 역자주_ 기본값은 불공정(non-fair) 모드. '불공정'이란 말 자체의 의미처럼 락을 획득한 스레드 하나가 다른 여러 스레드가 고갈되건 말건 상관하지 않습니다. 반대로, '공정' 모드에서는 어느 정도 스레드 간 공정성이 보장되도록 FIFO에 가까운 방식으로 락을 획득할 수 있게 함으로써 각 스레드가 대기하는 시간을 최대한 균등하게 분배합니다.

```
                writeLock.unlock();
            }
        }
    }
```

하부 자료 구조까지 고려하면 이것보다 더 최적화할 수 있지만, 이 예제는 동시 컬렉션 정도면 합리적인 추상화로 볼 수 있고 스레드 핫 성능도 훨씬 좋아집니다.

12.4.3 세마포어

세마포어는 풀 스레드나 DB 접속 객체 등 여러 리소스의 액세스를 허용하는 독특한 기술을 제공합니다. '최대 O개 객체까지만 액세스를 허용한다.'는 전제하에 정해진 수량의 퍼밋으로 액세스를 제어하죠.

```
// 퍼밋은 2개, 공정 모드로 설정된 세마포어 생성
private Semaphore poolPermits = new Semaphore(2, true);
```

`Semaphore` 클래스의 `acquire()` 메서드는 사용 가능한 퍼밋 수를 하나씩 줄이는데, 더 이상 쓸 수 있는 퍼밋이 없을 경우 블로킹합니다. `release()` 메서드는 퍼밋을 반납하고 대기 중인 스레드 중에서 하나에게 해제한 퍼밋을 전달합니다. 세마포어를 사용하면 리소스가 블로킹되거나 리소스를 기다리는 큐가 형성될 가능성이 커서 스레드 고갈을 막기 위해 처음부터 공정 모드로 초기화하는 경우가 많습니다.

퍼밋이 하나뿐인 세마포어(이진 세마포어binary semaphore)는 뮤텍스mutex와 동등합니다. 그러나 뮤텍스는 뮤텍스가 걸린 스레드만 해제할 수 있는 반면, 세마포어는 비소유non-owning 스레드도 해제할 수 있다는 점이 다릅니다. 데드락을 강제로 해결해야 할 경우 필요한 방법이겠죠. 세마포어의 강점은 여러 퍼밋을 획득/해제할 수 있는 능력입니다. 퍼밋을 여러 개 쓸 경우, 불공정 모드에선 스레드가 고갈될 가능성이 크기 때문에 공정 모드는 필수입니다.

12.4.4 동시 컬렉션

자바 컬렉션에 관한 최적화 문제는 11장에서 살펴봤습니다. 자바 5부터는 특별히 동시성을 고려해 설계된 컬렉션 인터페이스 구현체가 대거 등장했습니다. 자바 동시 컬렉션은 시간이 지나면서 스레드 핫 성능을 최고로 뽑아낼 수 있는 방향으로 조금씩 수정/보완돼 왔습니다.

예를 들어, `Map` 구현체(`ConcurrentHashMap`)는 버킷 또는 세그먼트segment로 분할된 구조를 최대한 활용하여 실질적인 성능 개선 효과를 얻습니다. 각 세그먼트는 자체 락킹 정책, 즉 자신만의 락 세트를 가질 수 있습니다. 따라서 읽기/쓰기 락을 둘 다 소유한 상태에서 여러 읽기 스레드가 `ConcurrentHashMap` 곳곳을 읽는 동안, 쓰기가 필요할 경우 어느 한 세그먼트만 락을 거는 행위도 가능합니다. 일반적으로 락을 걸지 않는 읽기 스레드는 안심하고 `put()`-, `remove()`- 작업을 중첩시켜도 되고, 완료된 업데이트 작업에 대해서는 Happens-Before 순서대로 읽습니다.

이터레이터iterator(및 병렬 스트림용 **스플릿터레이터**spliterator)는 일종의 스냅샷으로 획득하기 때문에 `ConcurrentModificationException`이 발생할 일은 없다는 사실이 중요합니다. 충돌이 많을 경우 테이블이 동적으로 팽창하는데, 이런 작업은 꽤 비용이 많이 들기 마련이라 (`HashMap`도 그랬듯이) 코드를 작성할 때 대략 예상되는 크기를 미리 지정하는 편이 좋습니다.

또 자바 5부터 `CopyOnWriteArrayList`, `CopyOnWriteArraySet`이 새로 도입돼서 어떤 사용 패턴에서는 멀티스레드 성능이 향상될 수 있습니다. 이 두 클래스에서 자료 구조를 변경하면 배킹 배열 사본이 하나 더 생성됩니다. 덕분에 기존 이터레이터는 예전 배열을 계속 탐색할 수 있고, 레퍼런스가 하나도 없게 되면 이 예전 배열 사본은 가비지 수집 대상이 됩니다. 이렇게 스냅샷 스타일로 이터레이션하므로 `ConcurrentModificationException`이 일어날 가능성은 없습니다.

이 방식은 카피-온-라이트copy-on-write 자료 구조를 변경하는 횟수보다 읽는 횟수가 월등히 많은 시스템에서 잘 작동합니다. 시스템에 반영하기 전에 얼마나 성능 향상이 되는지 확실히 테스트를 수행한 후 결정하세요.

12.4.5 래치와 배리어

래치와 배리어는 스레드 세트의 실행을 제어하는 유용한 기법입니다. 가령, 어떤 시스템에서 워커 스레드로 다음과 같은 작업을 한다고 합시다.

1. API로 데이터를 조회 후 파싱한다.
2. 그 결과를 DB에 쓴다.
3. 끝으로, SQL 쿼리로 결괏값을 계산한다.

시스템이 그냥 전체 스레드를 실행하면 이벤트 순서는 어떻게 될지 알 수 없습니다. 모든 스레드가 태스크#1 → 태스크#2 → 태스크#3 순서로 진행되는 것이 이상적이라면 **래치**를 쓰기에 딱 좋은 경우입니다. 다음은 실행 스레드를 5개 배정한다고 보고 작성한 코드입니다.

```
package optjava.ch12;

import java.util.concurrent.CountDownLatch;
import java.util.concurrent.ExecutorService;
import java.util.concurrent.Executors;
import java.util.concurrent.TimeUnit;

public class LatchExample implements Runnable {

    private final CountDownLatch latch;

    public LatchExample(CountDownLatch latch) {
        this.latch = latch;
    }

    @Override
    public void run() {
        // API 호출
        System.out.println(Thread.currentThread().getName() + " Done API Call");
        try {
            latch.countDown();
            latch.await();
        } catch (InterruptedException e) {
            e.printStackTrace();
        }
        System.out.println(Thread.currentThread().getName()
            + " Continue processing");
    }
```

```
    public static void main(String[] args) throws InterruptedException {
        CountDownLatch apiLatch = new CountDownLatch(5);

        ExecutorService pool = Executors.newFixedThreadPool(5);
        for (int i = 0; i < 5; i++) {
            pool.submit(new LatchExample(apiLatch));
        }
        System.out.println(Thread.currentThread().getName()
            + " about to await on main..");
        apiLatch.await();
        System.out.println(Thread.currentThread().getName()
            + " done awaiting on main..");
        pool.shutdown();
        try {
            pool.awaitTermination(5, TimeUnit.SECONDS);
        } catch (InterruptedException e) {
            e.printStackTrace();
        }
        System.out.println("API Processing Complete");
        }
    }
}
```

래치 카운트는 처음에 5로 세팅하고 각 스레드가 `countdown()`을 호출할 때마다 카운트 값은 1만큼 감소합니다. 카운트가 결국 `0`에 이르면 래치가 열리고 `await()` 함수 때문에 매여 있던 스레드가 모두 해제되어 처리를 재개합니다.

이런 유형의 래치는 단 한번밖에 사용할 수 없다는 사실을 기억하세요. 즉, 결과가 0이 되면 해당 래치는 두 번 다시 재사용할 수 없습니다. 리셋이란 개념이 아예 없지요.

> **NOTE_** 래치는 애플리케이션을 처음 시작하거나 멀티스레드를 테스트하는 도중, 캐시 적재 등의 작업을 할 때 아주 유용합니다.

방금 전 예제에서 래치를 두 가지 써서, 하나는 API 결과가 완료되는 시점에, 또 다른 하나는 DB 결과가 완료되는 시점에 적용하는 방법도 있습니다. 리셋이 가능한 `CyclicBarrier`를 사용하는 방법도 있지만, 어느 스레드가 리셋을 제어할지 판단하기가 제법 까다롭고 또 다른 종류의 동기화가 개입되어 복잡해집니다. 파이프라인 각 단계마다 하나의 배리어/래치를 적용하는 것이 일반적인 베스트 프랙티스입니다.

12.5 실행자와 태스크 추상화

사실, 일반 자바 프로그래머는 저수준의 스레드 문제를 직접 처리하려고 하기 보다는, `java.util.concurrent` 패키지에서 적절한 수준으로 추상화된 동시 프로그래밍 지원 기능을 골라 쓰는 편이 좋습니다. 아무래도 이 패키지에 들어 있는 클래스를 이용해서 스레드를 바쁘게 돌리는 게 (스레드가 블로킹되거나 대기 상태에 빠지지 않고 계속 실행되도록 만들어) 스레드 핫 성능이 더 좋을 것입니다.

스레딩 문제가 거의 없는 추상화 수준은 **동시 태스크**concurrent task, 즉 현재 실행 컨텍스트 내에서 동시 실행해야 할 코드나 작업 단위로 기술할 수 있습니다. 일의 단위를 태스크로 바라보면 동시 프로그래밍을 단순화할 수 있습니다. 태스크를 실행하는 실제 스레드의 수명주기를 개발자가 일일이 신경 쓸 필요가 없기 때문이죠.

12.5.1 비동기 실행이란?

자바에서 태스크를 추상화하는 방법은, 값을 반환하는 태스크를 `Callable` 인터페이스로 나타내는 것입니다. `Callable<V>`은 `call()` 메서드 하나밖에 없는 제네릭 인터페이스generic interface 로, `call()` 메서드는 V형 값을 반환하되 결괏값을 계산할 수 없으면 예외를 던집니다. 얼핏 보면 `Callable`은 `Runnable`과 비슷하나, `Runnable`은 결과를 반환하거나 예외를 던지지 않습니다.

> **NOTE_** `Runnable`이 붙잡히지 않는 언체크 예외를 던지면 스택을 거슬러 전파되고 기본적으로 해당 실행 스레드의 실행이 중지됩니다.

스레드가 살아 있는 동안 예외를 처리하는 일은 프로그래밍 세계의 난제 중 하나로, 정확히 관리하지 않으면 자바 프로그램이 엉뚱한 상태에 빠져버릴지도 모릅니다. 또 자바 스레드는 OS 수준의 프로세스와 동등하며, 어떤 OS에서는 프로세스 생성 비용이 비싼 경우도 있습니다. `Runnable`에서 결과를 가져오는 방식은 다른 스레드를 상대로 실행 반환을 조정해야 하기 때문에 복잡도가 한층 가중될 수 있습니다.

`Callable<V>`형은 태스크를 아주 멋지게 추상화하는 수단을 제공합니다. 그렇다면 태스크는

실제로 어떻게 실행되는 걸까요?

ExecutorService는 관리되는 스레드 풀에서 태스크 실행 메커니즘을 규정한 인터페이스입니다. 풀에 담긴 스레드를 어떻게 관리하고 그 개수는 몇개까지 둘지, 이 인터페이스를 실제로 구현한 코드가 정의하지요. ExecutorService는 submit() 메서드(및 이 메서드를 오버로드한 메서드)를 통해 Runnable 또는 Callable 객체를 받습니다.

Executors는 헬퍼 클래스로, 선택한 로직에 따라서 서비스 및 기반 스레드 풀을 생성하는 new* 팩토리 메서드 시리즈를 제공합니다. 보통 이 팩토리 메서드로 실행자 메서드를 생성합니다.

newFixedThreadPool(int nThreads)

크기가 고정된 스레드 풀을 지닌 ExecutorService를 생성합니다. 풀 안의 스레드는 재사용되면서 여러 태스크를 실행합니다. 태스크마다 스레드를 여러 번 생성하는 비용을 줄일 수 있습니다. 스레드가 전부 사용 중일 경우, 새 태스크는 일단 큐에 보관합니다.

newCachedThreadPool()

필요한 만큼 스레드를 생성하되 가급적 스레드를 재사용하는 ExecutorService를 만듭니다. 생성된 스레드는 60초 간 유지되며, 그 이후는 캐시에서 삭제됩니다. 이 스레드 풀을 이용하면 소규모 비동기 태스크의 성능을 향상시킬 수 있습니다.

newSingleThreadExecutor()

스레드 하나만 가동되는 ExecutorService를 생성합니다. 새 태스크는 스레드를 이용할 수 있을 때까지 큐에서 대기합니다. 동시 실행 태스크의 개수를 제한해야 할 경우 유용합니다.

newScheduledThreadPool(int corePoolSize)

미래 특정 시점에 태스크를 실행시킬 수 있도록 Callable과 지연 시간을 전달받는 메서드들이 있습니다.

일단 태스크가 제출되면 비동기로 처리되며, 태스크를 제출한 코드는 스스로를 블로킹할지, 결과를 폴링할지 선택할 수 있습니다. ExecutorService의 submit() 메서드를 호출하면 Future<V>가 반환되고, 여기서 get() 또는 타임아웃을 명시한 get()으로 블로킹하거나, 일반적인 방식대로 isDone()으로 논블로킹 호출을 합니다.

12.5.2 ExecutorService 선택하기

올바른 ExecutorService를 선택하면 비동기 프로세스를 적절히 잘 제어할 수 있고, 풀 스레드 개수를 정확히 잘 정하면 성능이 뚜렷이 향상될 수 있습니다.

여러분이 직접 ExecutorService를 작성하는 것도 가능하지만 그럴 일은 별로 없습니다. 커스터마이징하는 데 유용한 옵션은 사실 ThreadFactory 하나뿐입니다. ThreadFactory를 이용하면 개발자가 직접 이름, 데몬 상태, 우선순위 등의 속성을 스레드에 설정하는 커스텀 스레드 생성기를 작성할 수 있습니다.

전체 애플리케이션 설정에 따라 ExecutorService를 경험적으로 튜닝해야 할 경우도 있습니다. 어떤 하드웨어에서 서비스가 실행 중인지, 어떤 리소스에서 경합이 벌어졌는지 파악하는 일이 전체 튜닝 그림을 그리는 데 매우 중요한 역할을 합니다.

가장 흔히 사용하는 지표가 코어 수 대비 풀 스레드 수입니다. 동시 실행 스레드 개수를 프로세서 개수보다 높게 잡으면 경합이 발생하는 문제가 발생합니다. OS가 스레드들을 실행 스케줄링해야 하는 부담을 안게 되어 결국 컨텍스트 교환이 더 자주 일어나게 되겠죠.

경합이 어느 한계치에 이르면 동시 처리 모드로 전환하더라도 성능 효과는 반감될 수 있습니다. 그래서 성능 모델을 올바르게 정립하고 성능 향상(또는 손실) 정도를 측정할 수 있는 역량을 갖추는 일이 시급합니다. 성능 테스트 기법과 각 테스트 유형별로 피해야 할 안티패턴은 5장에서 다루었습니다.

12.5.3 포크/조인

자바는 개발자가 손수 스레드를 제어/관리하지 않아도 되도록 다양한 방식으로 동시성 문제를 처리합니다. 자바 7부터 등장한 포크fork(분기)/조인join(병합) 프레임워크는 멀티 프로세서 환경에서 효율적으로 작동하는 새로운 API를 제공합니다. 이 프레임워크는 ForkJoinPool라는 새로운 ExecutorService 구현체에 기반합니다. ForkJoinPool 클래스는 관리되는 스레드 풀을 제공하며, 다음과 같은 두 가지 특성이 있습니다.

- 하위 분할 태스크subdivided task를 효율적으로 처리할 수 있다.
- **작업 빼앗기**work-stealing 알고리즘을 구현한다.

하위 분할 태스크는 표준 자바 스레드보다 가벼운, 스레드와 비슷한 엔티티로, ForkJoinTask 클래스가 지원하는 기능입니다. ForkJoinPool 실행자에서 적은 수의 실제 스레드가 아주 많은 태스크/서브태스크를 담당해야 하는 유스케이스에 주로 사용합니다.

ForkJoinTask의 핵심은 자신을 더 작은 서브태스크로 분할하는 능력입니다. 직접 계산하기에 충분할 정도까지 잘게 태스크를 나눕니다. 그래서 이 프레임워크는 순수 함수 계산이나 다른 '낯간지러운 병렬' 작업처럼 특정 부류의 작업에 한하여 잘 맞습니다. 잘 맞는 경우에도 포크/조인 파트를 완전히 활용하려면 알고리즘이나 코드 재작성이 필요할 수도 있습니다.

그러나, 포크/조인 프레임워크의 작업 빼앗기 알고리즘은 태스크 하위 분할과 독립적으로 응용할 수 있습니다. 예를 들어, 어느 스레드가 자신이 할당받은 작업을 모두 마쳤는데 다른 스레드에 아직 백로그backlog[161]가 남아 있으면 바쁜 스레드의 큐에서 작업을 몰래 가져와 실행할 수 있습니다. 이처럼 여러 스레드가 수행 중인 작업량의 균형을 다시 맞추는 건 간단하지만 효과 만점인 영리한 발상입니다. [그림 12-5]는 작업 빼앗기 과정을 나타낸 그림입니다.

161 역자주_ 아직 처리되지 못해 큐에 쌓여 있는 작업들.

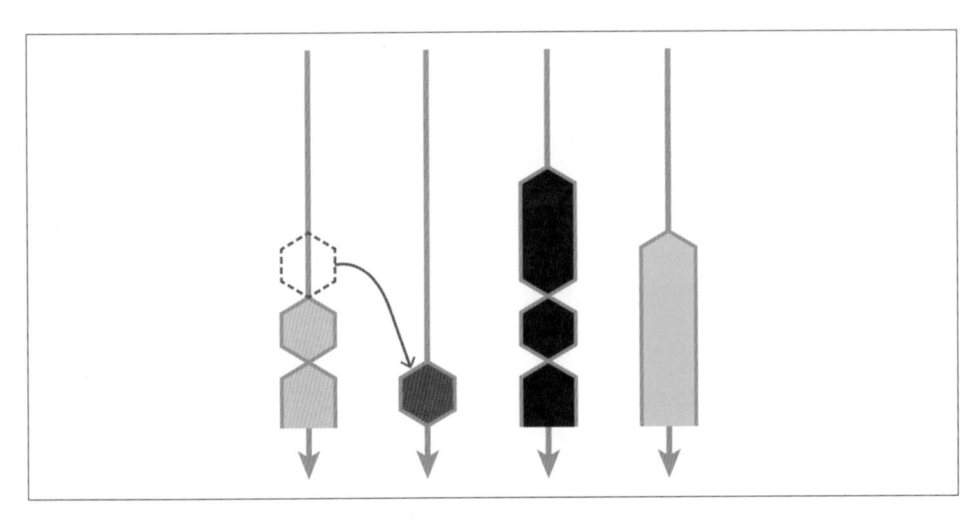

그림 12-5 작업 빼앗기 알고리즘

`ForkJoinPool`에 있는 `commonPool()`이라는 정적 메서드는 전체 시스템system-wide 풀의 레퍼런스를 반환합니다. 덕분에 개발자가 직접 자체 풀을 생성해서 공유할 필요가 없고, 공용 풀은 지연 초기화lazy initialization되므로 필요한 시점에 생성됩니다.

풀 크기는 `Runtime.getRuntime().availableProcessors()-1`로 정해집니다. 그러나 이 메서드가 항상 기대한 결괏값을 반환하는 건 아닙니다.

헤인즈 캐부츠Heinz Kabutz가 '자바 스페셜리스트Java Specialists (*https://www.javaspecialists.eu/*)' 메일링 리스트에 쓴 글을 보면, 그의 16-4-2 머신(소켓 16개, 소켓당 4코어, 코어당 2하이퍼스레드가 장착된 장비)에서 16이란 값이 반환됐다고 합니다. 노트북에서 테스트하면 얼핏 보기에도 16 * 4 * 2 = 128이 반환될 텐데 너무 낮처럼 보이지요. 그러나 이 머신에 자바 8을 실행하면 설정된 공용 포크/조인 풀의 병렬도는 겨우 15밖에 안 됩니다.

> VM 입장에선 프로세서야 아무래도 좋습니다. OS에게 숫자를 요청하면 되니까요. 마찬가지로 OS 역시 하드웨어에 물어보고 하드웨어는 '하드웨어 스레드' 개수를 응답합니다. OS는 하드웨어를 믿고 VM도 OS를 믿을 뿐입니다.
>
> – 브라이언 괴츠

고맙게도 개발자가 원하는 병렬도를 프로그램으로 세팅할 수 있는 플래그가 있습니다.

```
-Djava.util.concurrent.ForkJoinPool.common.parallelism=128
```

하지만 5장에서도 말했듯이 매직 플래그는 조심해서 사용해야 합니다. 세상 만사 공짜는 없으니까요!(잠시 후 parallelStream 옵션을 선택하는 방법을 설명합니다)

포크/조인의 작업 빼앗기는 태스크 하위 분할이 없는 경우에도 점점 더 많은 라이브러리/프레임워크 개발자가 애용하는 기능이 됐습니다. 예를 들어, 12.6.3절에서 다룰 아카 프레임워크는 ForkJoinPool를 주로 작업 빼앗기 용도로 활용합니다. 자바 8이 출시된 이후, 내부적으로 공용 포크/조인 풀을 사용하는 parallelStream() 때문에 포크/조인 활용 범위는 크게 확대됐습니다.

12.6 최신 자바 동시성

원래 자바 동시성은 실행 시간이 긴 블로킹 태스크(예: I/O를 비롯한 느린 작업)를 다른 스레드와 함께 실행할 수 있게 인터리빙하는 환경을 염두에 두고 설계됐습니다. 오늘날에는 사실 개발자가 코드를 작성하는 모든 대상 머신이 여러 프로세서가 달린 시스템이다 보니 가용한 CPU 리소스를 효율적으로 사용하는 문제가 더욱 중요하게 부각됐습니다.

하지만 처음 동시성 개념이 자바에 도입된 때는 업계 전반적으로 동시성을 다뤄본 경험이 많지 않을 시기였습니다. 사실상 자바는 언어 수준에서 스레딩을 지원한, 업계 최초의 표준 환경이었죠. 결국, 개발자들은 동시성 문제로 시달렸던 끔찍한 고통의 교훈을 자바를 통해 처음 경험하게 됐습니다. 자바는 여간해서 주요 기능(특히, 코어 기능)은 디프리케이트하지 않는 편이어서 스레드 API는 아직도 자바의 일부로 건재하며 앞으로도 그럴 것입니다.

어쨌든, 그 결과 스레드는 현대 애플리케이션 개발에 있어서 자바 프로그래머가 익숙한 코딩 수준에 비해 훨씬 더 저수준으로 추상화한 산물이 됐습니다. 자바에서는 수동으로 메모리 관리를 하지 않는데, 자바 개발자가 저수준의 스레드 생성 및 여타 수명 주기 이벤트를 직접 다루어야 할 이유가 있을까요?

다행히, 현대 자바는 언어 및 표준 라이브러리에 내장된 추상화를 이용해 성능을 크게 높일 수 있는 환경을 제공합니다. 덕분에 개발자는 저수준 문제 때문에 골머리를 앓지 않고 판박이 코드를 덜 사용해서 동시 프로그래밍의 강점을 잘 살릴 수 있게 됐습니다.

12.6.1 스트림과 병렬 스트림

자바 8의 가장 큰(어쩌면 자바 역사를 통틀어) 변경 사항은 바로 람다lambda와 스트림stream입니다. 람다/스트림은 함께 사용하면 자바 개발자도 함수형 프로그래밍의 혜택을 누릴 수 있는, 일종의 '마법 스위치' 같은 장치입니다.

자바 8이 얼마나 함수형 언어에 근접했는지, 하는 골치 아픈 질문은 차치하더라도, 이제 자바는 새로운 패러다임으로 무장한 프로그래밍 언어로 변모했습니다. 자바가 오랫동안 견지한 명령형 객체 지향 틀에서 탈피해 데이터에 초점을 두는 함수형 스타일로 진일보한 셈이죠.

자바 스트림은 데이터 소스에서 원소를 퍼 나르는 불변 데이터 시퀀스로, 모든 타입의 데이터 소스(예: 컬렉션, I/O)에서 추출할 수 있습니다. 스트림은 람다 표현식, 또는 데이터를 가공하는 함수 객체를 받는 `map()` 같은 함수를 교묘히 잘 활용합니다. 외부 이터레이션(기존 루프)을 내부 이터레이션(스트림)으로 변경했기 때문에 데이터를 병렬화하거나 복잡한 표현식의 평가를 지연시킬 수도 있습니다.

모든 컬렉션은 `Collection` 인터페이스에 있는 `stream()` 메서드를 제공합니다. `stream()`은 컬렉션에서 스트림을 생성하는 구현체를 내어주는 디폴트 메서드로, 내부에서 `ReferencePipeline`을 생성합니다.

두 번째 메서드 `parallelStream()`을 이용하면 병렬로 데이터를 작업 후 그 결과를 재조합할 수 있습니다. 이 메서드를 호출하면 내부적으로 `Spliterator`를 써서 작업을 분할하고 공용 포크/조인 풀에서 연산을 수행합니다. 까다로운 병렬 문제를 다룰 때 참 편리한 기법인데요, 스트림은 원래 처음부터 불변이므로 병렬 실행하더라도 상태 변경으로 생기는 문제를 예방할 수 있습니다.

스트림 도입은 `RecursiveAction`으로 기록하는 것보다 더 친숙한 구문으로 포크/조인을 다룰 수 있는 길을 열었습니다. 문제를 데이터 관점으로 표현하는 건, 개발자가 저수준의 스레드 역학 및 데이터 변경 문제를 신경 쓰지 않을 수 있게 도와주는 일종의 태스크 추상화입니다.

그럼, 항상 `parallelStream()`를 써서 코딩하고 싶은 생각이 들 텐데요, 대신 그에 따른 대가는 감수해야 합니다. 여느 병렬 연산처럼 (암달의 법칙으로 풀이할 수 있듯이) 태스크를 찢어 여러 스레드에 분배하고 그 결과를 다시 취합하는 일은 피할 수 없으니까요.

실제로 컬렉션이 작을수록 직렬 연산이 병렬 연산보다 훨씬 빠릅니다. `parallelStream()`를 쓸 때에는 꼭 이런 점에 유의하고 반드시 성능 테스트를 해보세요. 컴퓨팅 파워를 잃는 건 심각한 재앙이 될 수도 있으니까요. '넘겨짚지 말고 측정하라'는 격언은 여기서도 해당됩니다. 성능 향상을 꾀하고자 병렬 스트림으로 바꿀 경우, 그 혜택은 측정 가능하고 가시적이어야 하므로 무턱대고 일괄적으로 순차 스트림을 병렬로 바꾸는 일은 삼가야 합니다.

12.6.2 락-프리 기법

락-프리 기법은 블로킹이 처리율에 악영향을 미치고 성능을 저하시킬 수 있다는 전제하에 시작합니다. 블로킹의 문제점은, 스레드를 컨텍스트 교환할 기회가 있다는 사실을 OS에 의지해 나타낸다는 점입니다.

2코어 머신에서 t1, t2 두 스레드를 실행하는 애플리케이션이 있다고 합시다. 락이 걸리는 상황에서는 두 스레드가 컨텍스트 교환되어 잠시 멈춰 있다가 다른 프로세서로 돌아올 수도 있습니다. 중단/재개시키는 과정에서도 제법 많은 시간이 소요될 수 있기 때문에 락킹은 락-프리한 기법보다 훨씬 느릴 수밖에 없습니다.

런던 다중 자산 거래소london multi-asset exchange(LMAX)에 처음 도입된 **디스럽터 패턴**disruptor pattern은, 락-프리한 동시성이 얼마나 성능을 향상시킬 수 있는지 강조합니다. ArrayBlockingQueue과 비교 벤치마크해보면, 디스럽터 패턴 성능이 몇 크기 정도 앞섭니다. 구체적인 결과는 깃허브 프로젝트 페이지(`https://github.com/LMAX-Exchange/disruptor/wiki/Performance-Results`)에 나와 있는데, [표 12-1]은 그중 샘플 하나를 인용한 것입니다.

표 12-1 LMAX 성능 통계: 초당 작업 처리율

	ArrayBlockingQueue	디스럽터
유니캐스트: 1P – 1C	5,339,256	25,998,336
파이프라인: 1P – 3C	2,128,918	16,806,157
시퀀서: 3P – 1C	5,539,531	13,403,268
멀티캐스트: 1P – 3C	1,077,384	9,377,871

이런 놀라운 결과의 일등 공신은 바로 스핀락입니다. 두 스레드 간 동기화는 (모든 스레드가

바라볼 수 있도록) volatile 변수를 통해 효과적으로 수동 제어합니다.

```
private volatile int proceedValue;

// 생략

while (i != proceedValue) {
    // 작업량이 많은 루프
}
```

CPU 코어를 계속 스피닝한다(돌린다)는 건, 데이터를 받자마자 컨텍스트 교환 없이 즉시 해당 코어에서 작업할 준비를 한다는 뜻입니다.

물론, 락-프리 기법 역시 대가는 따릅니다. CPU 코어를 차지하는 건 사용률, 전력 소비 측면에서 비용이 듭니다. 컴퓨터가 아무것도 안 하면서 더 바쁘게 움직여야 하고, '더 바쁘게' 움직인다는 말은 아무것도 처리하지 않은 상태로, 더 많은 전력을 코어를 식히는 데 쏟아야 한다는 의미니까요.

이런 종류의 처리율을 요하는 애플리케이션을 맡은 프로그래머는 소프트웨어를 저수준까지 잘 이해하고 실행해야 합니다. 코드가 하드웨어와 어떻게 상호작용하는지 기계 연민을 갖고 바라봐야죠. **기계 연민**이란 말을 처음 쓴 사람이 바로 디스럽터 패턴의 창시자 중 한 사람인 마틴 톰슨인 것도 결코 우연은 아닌 듯합니다.

> '기계 연민'은, 포뮬러 1 대회를 세 번이나 제패한 위대한 레이싱 드라이버, 재키 스튜어트가 처음 쓴 말입니다. 그는 최고의 드라이버가 되려면 기계가 어떻게 작동하는지 충분히 이해하고 있어야 자기 자신도 기계와 한몸처럼 움직일 거라고 믿었습니다.
>
> – 마틴 톰슨

12.6.3 액터 기반 기법

최근 수년간, 태스크를 스레드 하나보다 더 작게 나타내려는 다양한 접근 방식이 고안됐습니다. 앞서 배운 `ForkJoinTask` 클래스도 그중 하나지만, **액터**actor(실행기)라는 패러다임도 아주 유명합니다.

액터는 그 자체로 고유한 상태와 로직을 갖고 있습니다. 동시에 다른 액터와 소통하는 메일박스 체계를 갖춘, 작고 독립적인 처리 단위입니다. 액터는 가변적인 상태는 일체 공유하지 않고 오직 불변 메시지를 통해서만 상호 통신함으로써 상태를 관리합니다. 액터 간 통신은 비동기적이며, 액터는 메시지 수신에 반응하여 정해진 일을 합니다.

액터는 병렬 시스템 내부에서 하나의 네트워크를 형성하고 그 속에서 각자 나름대로 작업을 수행함으로써 하부 동시 모델을 완전히 추상화한 모습을 바라봅니다.

액터는 동일한 프로세스 내부에서 존재하지만 꼭 그래야 한다는 법은 없습니다. 그래서 다중 처리가 가능하며 심지어 멀티 머신에 걸쳐 있는 상태로도 작동 가능한 멋진 이점이 있습니다. 멀티 머신과 클러스터링 덕분에 액터 기반 시스템은 어느 정도 내고장성fault tolerance이 필요한 상황에서 효과적으로 작동합니다. 협동 체제에서 액터를 제대로 작동시키기 위해 대부분 페일-패스트fail-fast[162] 전략을 구사합니다.

JVM 계열 언어에서는 아카Akka라는 액터 기반 시스템 개발용 프레임워크가 널리 알려져 있습니다. 스칼라 언어로 작성됐지만 자바 API도 제공하므로 자바 및 다른 JVM 언어에서도 사용할 수 있습니다.

아카와 액터 기반 시스템의 주목적은 동시 프로그래밍을 곤란하게 만드는 제반 문제들을 해결하는 것입니다. '아카' 문서(*https://doc.akka.io/docs/akka/2.5/guide/actors-motivation.html?language=java*)를 보면 전통적인 락킹 체계보다 아카를 쓰는 것이 더 좋은 이유를 다음 세 가지로 정리해놓았습니다.

- 도메인 모델 내에서 가변 상태를 캡슐화하는 건 의외로 까다로운 일이다. 특히, 객체 내부 요소를 가리키는 레퍼런스가 언제라도 제어권 밖으로 벗어날 수 있기 때문에 더욱더 그렇다.
- 상태를 락으로 보호하면 처리율이 크게 떨어질 수 있다.
- 락을 쓰면 데드락을 비롯한 별별 문제가 유발될 수 있다.

이밖에 공유 메모리를 정확하게 사용하기 어려운 점, 강제로 여러 CPU가 캐시 라인을 공유하게 함으로써 발생할지 모를 성능 문제도 있습니다.

세 번째 이유는 기존 스레딩 모델과 호출 스택의 실패와 연관돼 있습니다. 저수준 스레딩 API에는 스레드 실패/복원을 처리할 표준 방법이 없습니다. 아카는 이 방법을 표준화했고 개발자

162 역자주_ 실패할 가능성이 조금이라도 있는 상황 및 조건을 즉시 보고하는 방식.

를 위해 명료하게 정의된 복원 체계를 제공합니다.

액터 모델은 대체로 동시성 애플리케이션 개발자에게 유용한 툴인 건 분명하지만, 그렇다고 다른 기법 전체를 대체할 수 있는 범용 툴은 아닙니다. 액터 방식(불변 메시지를 비동기 전송, 가변 상태 공유 금지, 각 메시지 처리기가 제한된 시간 동안 실행)이 잘 맞는 유스케이스에서는 최상이겠지만, 설계 요건상 요청-응답의 비동기 처리, 가변 상태 공유, 무제한 실행 등을 고려해야 하는 상황이라면 다른 방법으로 시스템을 추상화할 방안을 찾는 것이 현명합니다.

12.7 마치며

멀티스레딩으로 애플리케이션 성능 향상을 꾀하는 전에 먼저 고려해야 할 주제들을 가볍게 훑어보았습니다. 싱글 스레드 애플리케이션을 동시성 기반의 설계 방식으로 전환할 때는 다음을 고려하세요.

- 순서대로 죽 처리하는 성능을 정확히 측정할 수 있어야 한다.
- 변경을 적용한 다음 진짜 성능이 향상됐는지 테스트한다.
- 성능 테스트는 재실행하기 쉬워야 한다. 특히, 시스템이 처리하는 데이터 크기가 달라질 가능성이 큰 경우 그렇다.

다음과 같은 유혹은 이겨내세요.

- 병렬 스트림을 곳곳에 갖다쓴다.
- 수동으로 락킹하는 복잡한 자료 구조를 생성한다.
- `java.util.concurrent`에 이미 있는 구조를 다시 만든다.

목표는 이렇게 정하세요.

- 동시 컬렉션을 이용해 스레드 핫 성능을 높인다.
- 하부 자료 구조를 최대한 활용할 수 있는 형태로 액세스를 설계한다.
- 애플리케이션 전반에 걸쳐 락킹을 줄인다.
- 가급적 스레드를 직접 처리하지 않도록 태스크/비동기를 적절히 추상화한다.

한발 물러나 생각해보면 동시성이야말로 고성능 코드의 미래를 여는 핵심이지만,

- 가변 상태 공유는 어렵다.
- 락은 정확하게 사용하기가 만만찮다.
- 동기/비동기 상태 공유 모델 모두 필요하다.
- JMM은 저수준의 유연한 모델이다.
- 스레드 추상화는 아주 저수준이다.

요즘 동시성은 좀 더 고수준의 동시성 모델로 옮아가고, 점점 '동시성 어셈블리어'처럼 보이는 스레드로부터 벗어나는 추세입니다. 자바 최근 버전에서는 프로그래머가 쓸 수 있는 고수준의 클래스와 라이브러리가 많이 늘었습니다. 업계 전반적으로, 런타임과 라이브러리가 안전한 동시 추상화를 더 많이 담당하는 동시성 모델을 지향하는 것 같습니다.

CHAPTER 13

프로파일링

프로파일링profiling이란 용어는 프로그래머들 사이에서 다소 느슨하게 사용되는 것 같습니다. 사실 프로파일링은 여러 가지 접근 방식이 있지만, 그중 다음 두 가지가 가장 일반적입니다.

- 실행
- 할당

이 장은 위 두 가지 주제를 모두 다룹니다. 먼저 실행 프로파일링을 집중적으로 살펴보면서 애플리케이션을 프로파일링하는 데 사용 가능한 툴을 소개하고, 뒷부분에서는 메모리 프로파일링 및 관련 기능을 제공하는 다양한 툴 사용법을 알아보겠습니다.

앞으로 살펴볼 내용의 핵심은, 자바 개발자와 성능 엔지니어가 일반적인 프로파일러의 작동 방식을 이해하는 게 얼마나 중요한 일인가, 하는 것입니다. 프로파일러가 애플리케이션 프로그램의 동작을 잘못 나타내거나 뚜렷한 편향을 드러낼 가능성을 배제할 수 없으니까요.

프로파일링 실행은 이러한 편향이 드러난 상황에서 성능을 분석하는 분야입니다. 신중한 성능 엔지니어는, 실제로 무슨 일이 벌어지고 있는지 여러 가지 툴로 프로파일링해보는 등의 다양한 방법을 통해 편향 가능성을 인지한 상태에서 문제점을 보완할 방법을 모색할 것입니다.

엔지니어가 자신의 인지 편향 문제를 스스로 해결하는 일 또한 중요합니다. 단, 본인이 기대한 성능 양상을 좇으려고 해선 안 됩니다. 4장에서 배운 안티패턴과 인지 함정은 이런 문제를 예방하는 차원에서 자신을 단련시키는 좋은 출발점입니다.

13.1 프로파일링 개요

JVM 프로파일링/모니터링 툴은 보통 저수준의 인스트루먼테이션instrumentation[163]을 이용해서 작동하며, 수집한 데이터는 그래픽 콘솔에 피드백하거나 추후 분석 용도로 로그에 저장합니다. 저수준 인스트루먼테이션은 대부분 애플리케이션 시작 시 로드되는 에이전트나 실행 중인 JVM에 동적으로 부착하는 컴포넌트 형태로 구현합니다.

> **NOTE_** 에이전트는 자바 세계에선 아주 폭넓게 적용하는 일반적인 툴링 기법으로 2.7절에서 이미 소개한 바 있습니다.

우리는 넓은 의미에서 (주로 시스템과 그 현재 상태를 살피는 게) **모니터링 툴**monitoring tool과 (비정상적/변칙적인 움직임을 감지하는) **경고 시스템**alerting system, 그리고 (실행 중인 애플리케이션의 심층 정보를 제공하는) **프로파일러**profiler를 명확히 구분해야 합니다. 이 세 가지 툴은 서로 연관되어 있지만 목적 자체가 다르며, 잘 운영되는 애플리케이션은 이들 툴을 모두 잘 활용하는 편입니다.

어쨌든, 이 장의 주제는 프로파일링입니다. (실행) 프로파일링의 목표는 리팩터링 및 성능 최적화 대상 코드를 식별하는 것입니다.

> **NOTE_** 프로파일링은 대개 애플리케이션을 실행하는 JVM에 커스텀 에이전트를 부착하여 수행합니다.

3.6절에서도 배웠듯이, 성능 문제를 진단하고 바로잡는 첫걸음은 문제를 일으키는 리소스를 찾아내는 겁니다. 이 단계에서 식별을 잘못하면 아주 값비싼 대가를 치러야 할 수 있습니다.

CPU 사이클 제약이 없는 애플리케이션을 상대로 프로파일링을 분석하면 프로파일러의 출력 결과에 현혹되어 그릇된 결론을 내리기 쉽습니다. 5.2절에서 브라이언 괴츠가 한 말을 부연하자면, 툴은 늘 어떤 수치를 내지만 그 수치가 해결해야 할 문제와의 연관성은 확실히 알려주지 않습니다. 필자가 4.5절에서는 주요 편향 유형만 언급하고 프로파일링 기법에 대해서 지금까지 미뤄왔던 이유가 바로 이 때문입니다.

---

163 역자주_ 다른 프로그램(소스 코드) 또는 객체를 입력받아 대상 프로그램의 여러 지점에 끼워 넣고 원하는 로직을 실행하거나 특정 수치를 계측(instrument)하는 행위. 쉬운 예로, 스프링 프레임워크에서 AspectJ로 AOP를 구현하는 것도 인스트루멘테이션입니다.

> 우수한 프로그래머는 핵심 코드를 주의깊게 잘 살펴봅니다. 하지만 그 전에 어떤 코드가 핵심 코드인지 식별합니다.
>
> – 도널드 크누스

즉, 성능 엔지니어는 프로파일링을 수행하기 전에 성능 문제를 밝혀내야 합니다. 뿐만 아니라, 성능 문제의 원인이 애플리케이션 코드라는 사실 역시 입증해야 합니다. 애플리케이션이 유저 모드에서 100%에 육박하는 CPU 사용률을 보이는 경우가 그렇겠죠.

이러한 기준이 맞지 않으면 다른 곳에서 문제의 근원을 찾아야 하며, 더 이상 실행 프로파일러로 진단하려고 시도해선 안 됩니다.

CPU가 (커널 시간이 아닌) 유저 모드에서 최고조에 달해 완전 탈진한 상태라면, 프로파일링을 하기 전에 GC STW 같은 요소는 원인 후보군에서 제외시켜야 합니다. 성능이 중요한 애플리케이션이라면 GC 이벤트를 로깅하고 있을 테니 간단히 확인해볼 수 있습니다. 머신에 남아 있는 GC 로그 및 애플리케이션 로그를 뜯어보고 GC 로그는 잠잠한데 애플리케이션 로그는 난리법석인지 알아보면 됩니다. 난리를 피운 쪽이 GC 로그라면 다음 수순은 실행 프로파일링이 아닌, GC 튜닝입니다.

13.2 샘플링과 세이프포인팅 편향

실행 프로파일링에서 기억해야 할 사실은, 실행 중인 코드의 자료점data point (스택 트레이스stack trace)을 대부분 샘플링을 통해 획득한다는 점입니다. 측정하는 행위 자체도 공짜는 아니므로 데이터 수집 비용을 조금이라도 줄이고자 메서드 입출구는 보통 추적하지 않습니다. 대신, 스레드 실행 스냅샷을 찍는데, 비교적 낮은 빈도로 찍으면 오버헤드가 그리 크지 않습니다.

예를 들어, **뉴 렐릭 스레드 프로파일러**new relic thread profiler[164]는 매 100밀리초마다 샘플링을 합니다. 이 수치는 큰 오버헤드 없이 샘플링 가능한 최적 주기로 알려져 있습니다.

샘플링 주기는 성능 엔지니어의 갈등을 일으키는 문제입니다. 성능에 예민한 애플리케이션에서 너무 자주 샘플링하면 오버헤드를 감당키 어려울 테고, 그렇다고 너무 뜸하게 샘플링하면

164 역자주_ *https://newrelic.com/thread-profiler*

중요한 장면을 놓칠 가능성이 커서 기껏 샘플링을 해도 애플리케이션의 실제 성능을 제대로 반영하지 못하게 되겠죠.

> 프로파일러는 사용하기 전까지 상세한 정보로 가득 차 있어야 합니다. 두말하면 잔소리죠.
>
> –커크 페퍼다인

샘플링은 문제점이 데이터에 가려지게 만들 빌미를 제공할 뿐만 아니라, 대부분의 샘플링이 세이프포인트에서만 일어난다는 점도 문제가 됩니다. 이를 **세이프포인팅 편향**safepointing bias이라고 하며, 두 가지 중요한 결과를 수반합니다.

- 모든 스레드는 샘플을 뜨기 전에 세이프포인트에 다다라야 한다.
- 세이프포인트 지점에 있는 애플리케이션 상태만 샘플링할 수 있다.

실행 중인 프로세스를 샘플링하기 전에 모든 스레드가 세이프포인트에 있어야 하므로 그만큼 오버헤드가 가중되며, 세이프포인트 지점에 있는 애플리케이션 상태만 샘플링하기 때문에 표본점sample point 분포가 왜곡될 소지가 있습니다.

실행 프로파일러는 대부분 핫스팟 C++ API에 있는 `GetCallTrace()` 함수를 이용해 각 애플리케이션 스레드의 스택 샘플을 수집합니다. 일반적으로 에이전트 내부에서 샘플을 채취한 다음, 데이터를 로깅하거나 다른 하류 처리를 수행하는 흐름으로 설계합니다.

하지만, `GetCallTrace()`는 적잖은 오버헤드를 일으킵니다. 애플리케이션의 활성 스레드active thread가 N개일 때 스택 샘플을 수집하려면 결국 JVM이 세이프포인트를 N번 해야하기 때문입니다. 이런 오버헤드 역시 샘플 수집 빈도의 상한선을 정해야 하는 근본적인 이유 중 하나입니다.

사려 깊은 성능 엔지니어라면 애플리케이션에서 세이프포인팅 시간이 얼마나 되는지 예의주시할 것입니다. 세이프포인팅에 너무 많은 시간을 소비하면 애플리케이션 성능은 나빠지고 부정확한 데이터에 튜닝 에너지를 낭비하게 될지 모릅니다. 다음 JVM 플래그를 이용하면 세이프포인팅 시간이 높은 경우를 추적하는 데에 도움이 됩니다.

```
-XX:+PrintGCApplicationStoppedTime
```

이 플래그는 GC 로그에 세이프포인팅 시간에 관한 추가 정보를 로깅합니다. jClarity 센섬같은 툴은 이 플래그로 추가된 데이터를 보고 뭐가 문제인지 자동 감지할 수 있고, 세이프포인팅 시간과 OS 커널 때문에 중단된 시간을 구분할 수 있습니다.

세이프포인팅 편향이 일으키는 문제는 **카운티드 루프**counted loop로도 설명할 수 있습니다. 다음과 같은 형태의 단순 루프가 있다고 합시다.

```
for (int i = 0; i < LIMIT; i++) {
    // 루프 바디에는 "단순" 작업만 있다.
}
```

이 예제에서 '단순' 작업의 의미는 JIT 컴파일러가 구체적으로 어떤 최적화를 하느냐에 따라 달라지므로 의도적으로 생략했습니다. 자세한 내용은 10.4절을 참고하세요.

단순 작업은, 이를테면 기본형 값의 산술 연산이나 완전히 인라이닝된(따라서 루프 바디 내부에 메서드가 하나도 없는) 메서드 호출 등이 해당되겠죠.

`LIMIT` 값이 클 경우, JIT 컴파일러는 자바 코드를 루프 처음으로 되돌리는 백 브랜치를 포함해서 즉시 동등한 컴파일드 코드로 옮길 것입니다. 10.9 절에서 살펴봤듯이 JIT 컴파일러는 루프 백 끝부분에 세이프포인트 체크를 삽입하므로, 루프가 커질수록 한번 루프가 반복될 때마다 세이프포인트를 할 기회가 주어지게 됩니다.

반대로 `LIMIT` 값이 충분히 작을 경우에는 그런 일은 일어나지 않고, 대신 JIT 컴파일러가 루프를 펼칠 것입니다. 즉, 충분히 작은 카운팅 루프를 실행하는 스레드는 루프가 완료될 때까지 세이프포인트를 하지 않습니다.

따라서 세이프포인트에서만 샘플링하면 루프 크기와 우리가 그 안에서 하려는 작업 성격에 크게 좌우되는, 편향된 작동 모습을 보이게 됩니다.

이는 탄탄하고 믿을 만한 성능 결과라고 할 수 없습니다. 이론적으로만 그렇다는 게 아닙니다. 루프 펼치기를 하면 엄청나게 많은 코드가 생성돼서 한번도 샘플링되지 않을 비대한 코드 덩이가 만들어질 수도 있습니다.

세이프포인팅 편향 문제는 다시 또 다루겠지만, 성능 엔지니어가 숙지해야 할 트레이드오프를 잘 보여주는 전형입니다.

13.3 개발자용 프로파일링 툴

그래픽 UI를 지원하는 다양한 실행 프로파일링 툴을 소개합니다. 시장에 출시된 툴을 전부 소개하는 건 무리고, 가장 많이 쓰는 툴 위주로 살펴보겠습니다.

13.3.1 VisualVM 프로파일러

첫 번째 선수는 VisualVM(*https://visualvm.github.io/*)입니다. 실행 프로파일러, 메모리 프로파일러가 모두 들어 있고 사용하기 쉬운 무료 툴입니다. 기능이 한정된 탓에 운영계 툴로는 거의 안 쓰이지만, 개발/QA 환경에서 애플리케이션의 작동 상태를 확인하려는 성능 엔지니어에게는 유용한 툴입니다.

[그림 13-1]은 VisualVM의 실행 프로파일링 뷰 화면입니다.

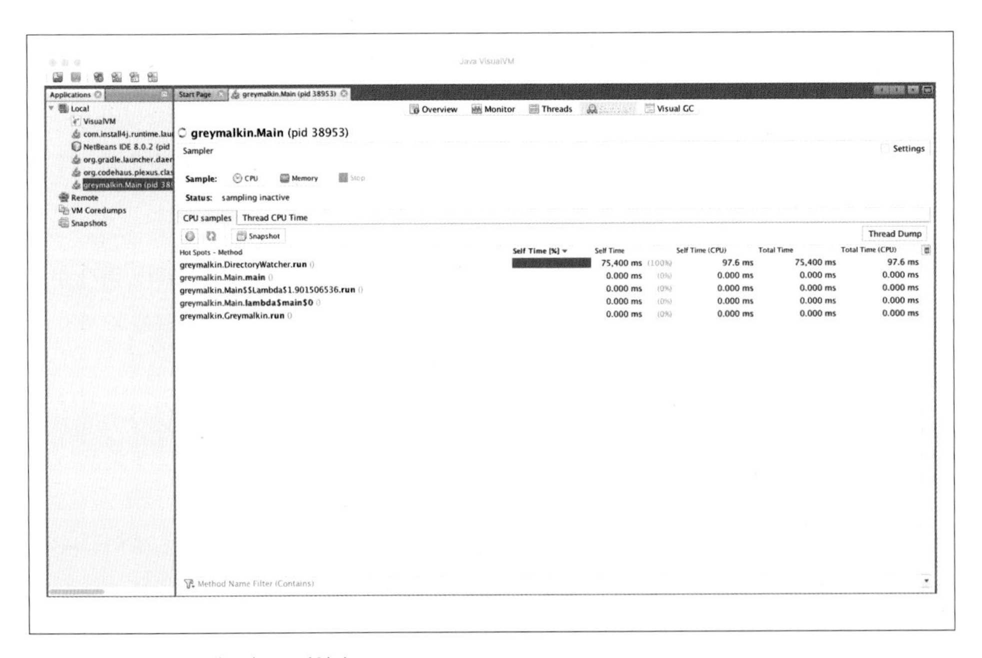

그림 13-1 VisualVM 메모리 프로파일러

실행 중인 메서드와 상대적인 CPU 사용률을 간단히 표시합니다. VisualVM는 드릴다운

drilldown 가능한 범위가 상당히 제한적이라서 대부분의 성능 엔지니어는 금세 부족함을 느끼고 더 완전한 상용 툴을 찾게 됩니다. 그래도 프로파일링 세계에 막 입문한 성능 엔지니어가 처음 써보는 용도로는 훌륭한 툴입니다.

13.3.2 JProfiler

ej-테크놀로지스ej-technologies사가 제작한 JProfiler(제이프로파일러, ***https://www.ej-technologies.com/products/jprofiler/overview.html***)는 에이전트에 기반한, 유명한 상용 프로파일러입니다. GUI 모드뿐만 아니라 헤드리스 모드headless mode[165]로 로컬 또는 원격 애플리케이션을 프로파일링할 수 있습니다. 윈도우, 맥 OS, 리눅스부터 FreeBSD, 솔라리스, AIX까지 지원하는 OS 범위도 넓습니다.

데스크톱 애플리케이션을 처음 시작하면 [그림 13-2] 같은 화면이 나타납니다.

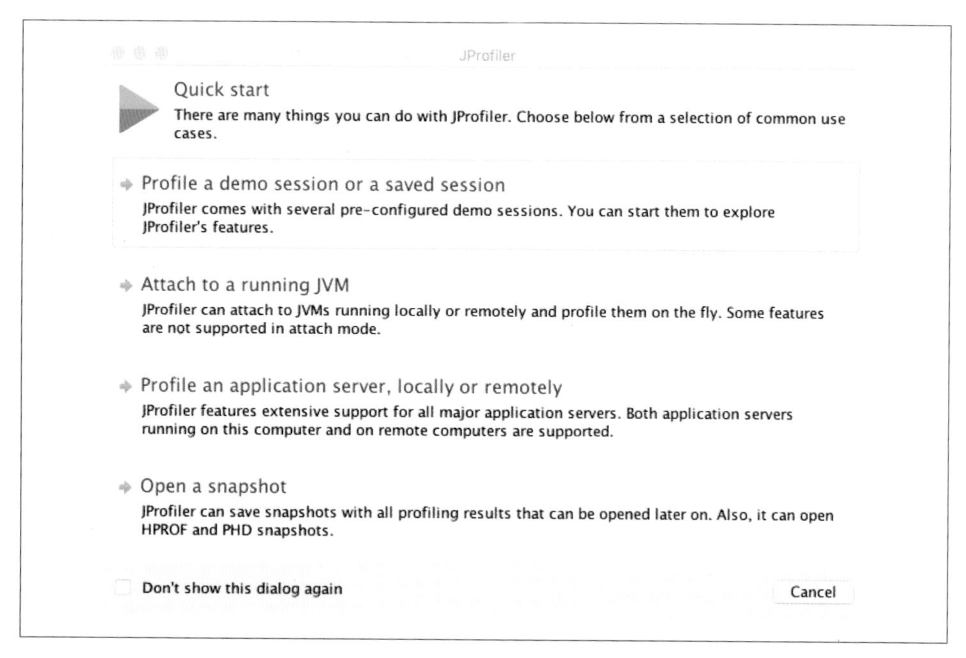

그림 13-2 JProfiler 시작 마법사

165 역자주_ '헤드리스(headless, 머리가 없는)'란 그래픽 디스플레이가 없이 명령줄(콘솔) 기반으로 움직이는 것을 가리킵니다.

이 화면을 닫으면 디폴트 뷰로 넘어갑니다(그림 13-3).

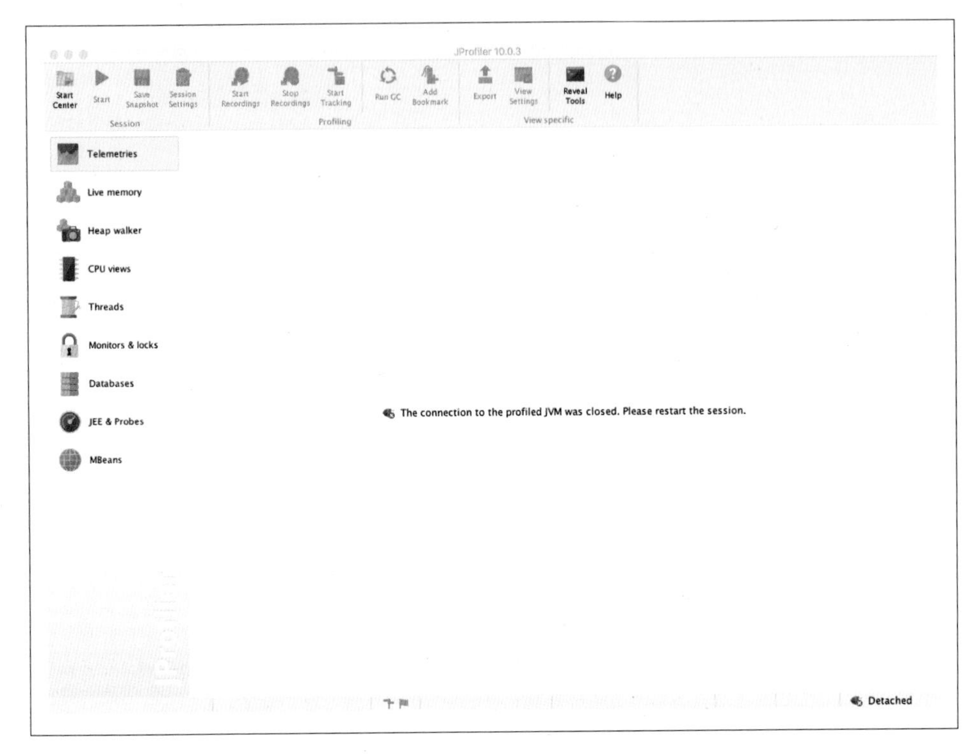

그림 13-3 JProfiler 시작 화면

좌측 상단의 Start Center 버튼을 클릭하면, (바로 작업할 수 있는 샘플 예제가 포함된) Open Session, Quick Attach 등 다양한 옵션이 나타납니다. [그림 13-4]는 Quick Attach 옵션인데, 필자는 AsciidocFX(이 책 대부분을 집필하는 데 사용한 저작 툴입니다)라는 애플리케이션을 프로파일링 대상으로 정했습니다.

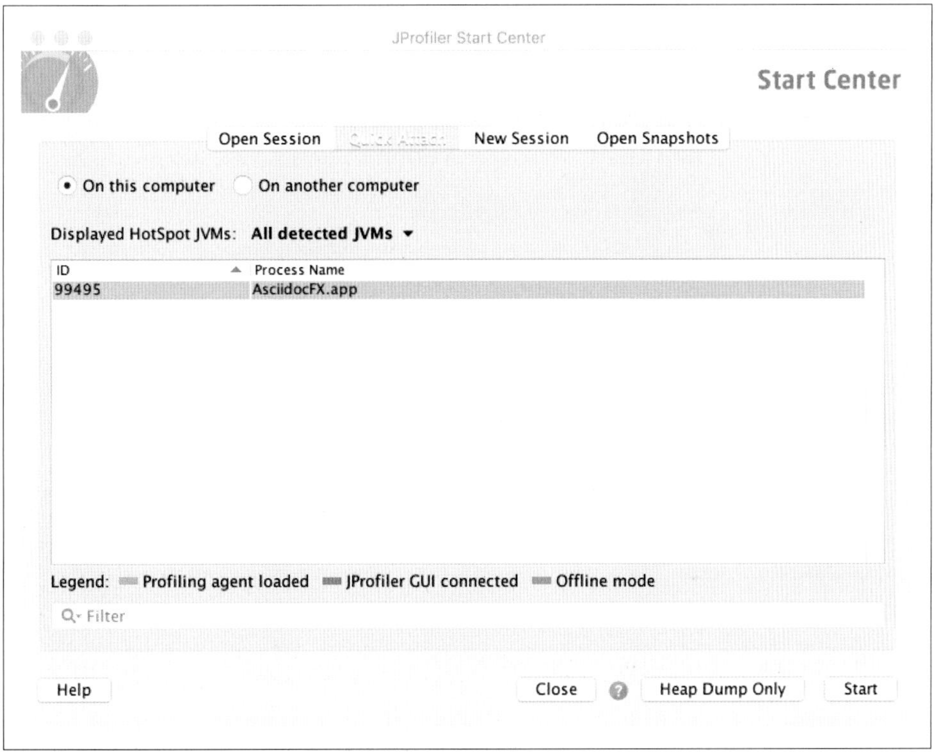

그림 13-4 JProfiler Quick Attach 화면

[그림 13-4]에서 Start 버튼을 누르면 설정 대화상자가 뜹니다. [그림 13-5]는 프로파일링으로 인한 성능 오버헤드를 인지한 후, 효과적인 필터가 필요하다는 것과 툴 설정에 따라 성능 트레이드오프가 있음을 미리 경고합니다. 이 장 첫 부분에서 언급한 것처럼 실행 프로파일링이 무슨 대단한 특효약은 아니므로 엔지니어는 스스로 헷갈리지 말고 신중하게 접근해야 합니다.

Session Startup

Settings

Profiling settings: Template: *Sampling for CPU profiling, some features not supporte* ▸ Edit

For all features, such as invocation counts and accurate allocation stack traces, switch to instrumentation.

Filter settings: 1 filter rule for method call recording Edit

After you get an idea where the performance problem is located, it is recommended to select profiled packages.

Trigger settings: No active triggers Edit

Database settings: 5 enabled databases Edit

Probe settings: 10 enabled built-in probes Edit

Attach Options

Record array allocations (not recommended)

If this option is selected, **many classes have to be instrumented** which creates a considerable overhead and might fail, depending on the PermGen space size of the garbage collector.

Startup And Exit

Initial recording profile: [no recordings] Configure

JVM exit action: Let the JVM exit and disconnect More ▾

Performance

Overhead:

The overhead is composed of the selected profiling settings and the selected recording profile.

Help Cancel

그림 13-5 JProfiler 어태치 설정

초기 스캔을 마친 이후, 비로소 JProfiler가 가동됩니다. 첫 화면에는 VisualVM과 비슷하게 생긴 원격측정Telemetry 뷰가 나옵니다(그림 13-6). 시간을 재조정해가면서 보는 뷰가 아니라서 가로 스크롤이 표시됩니다.

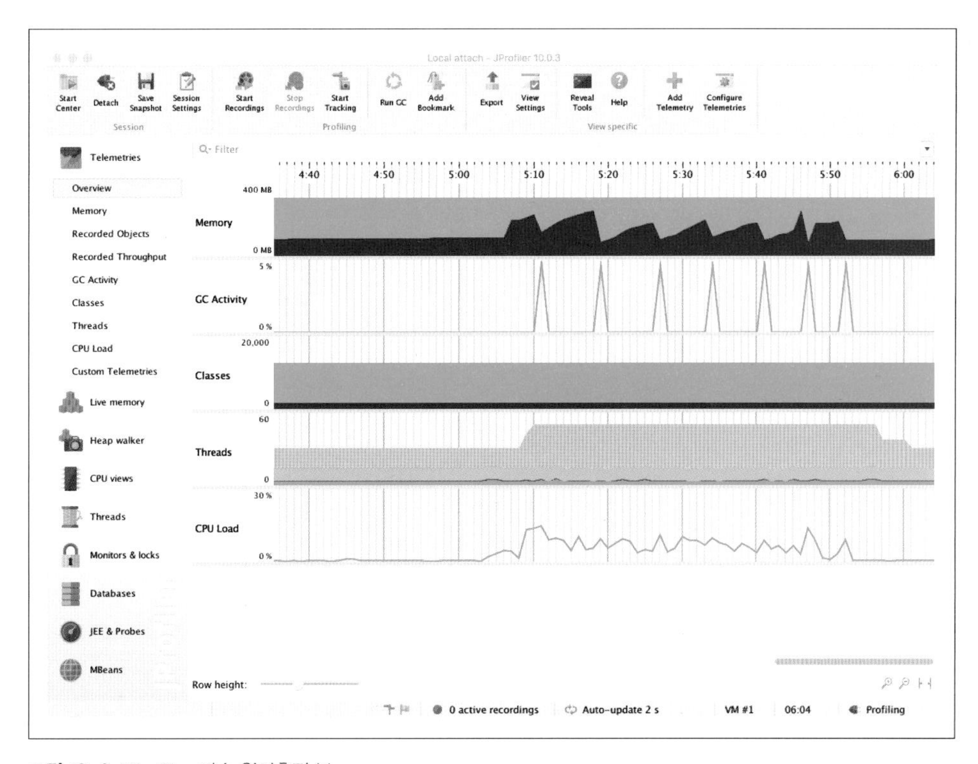

그림 13-6 JProfiler 단순 원격측정 뷰

모든 기본 뷰는 이 화면부터 접근할 수 있지만, 기록을 하지 않으면 많은 데이터를 볼 수가 없습니다. 메서드 타이밍을 보기 위해 Call Tree 뷰를 선택한 다음 Start Recording(기록 시작) 버튼을 누르면, 수 초 후 프로파일링 결과가 나타나기 시작합니다(그림 13-7).

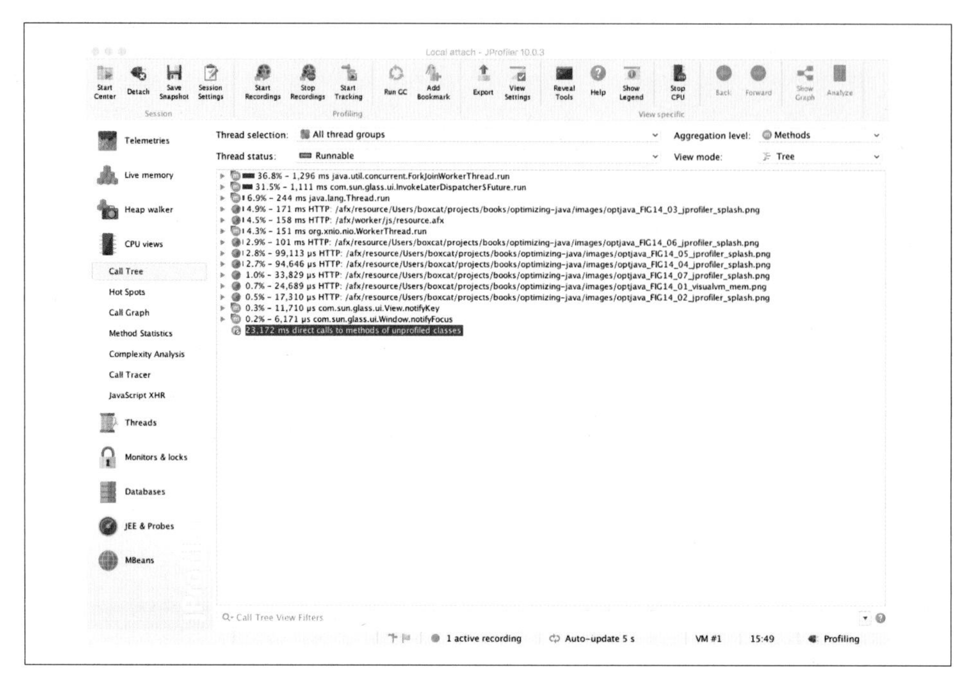

그림 13-7 JProfiler CPU 시간

트리 뷰를 확장하면 각 메서드가 호출하는 메서드별 고유 시간을 볼 수 있습니다. JProfiler 에이전트는 다음 스위치를 실행 설정에 추가해 사용합니다.

```
-agentpath:<에이전트 라이브러리 설치 경로>
```

디폴트 설정에서는 프로파일링 대상 애플리케이션이 시작할 때 잠깐 멈추고 GUI 접속을 대기합니다. 애플리케이션 시작 시 애플리케이션 클래스의 인스트루먼테이션을 미리 로드해서 정상 작동시키려는 의도입니다.

운영계 애플리케이션은 UI를 어태치할 일이 거의 없을 겁니다. 어떤 데이터를 기록할지 가리키는 설정을 JProfiler 에이전트에 추가할 필요는 있겠죠. 결과 데이터는 스냅샷 파일로 저장되므로 나중에 GUI로 읽어 들일 수 있습니다. JProfiler는 원격 프로파일링 설정, 원격 JVM에 추가할 적절한 설정값을 가이드하는 마법사 기능도 제공합니다.

끝으로, 방금 전 예시한 스크린샷은 CPU를 거의 사용하지 않는 GUI 앱의 프로파일을 뜬 것입니다. CPU 사용률이 100% 근처에도 가지 못했기 때문에 (다른 프로파일링 툴도 마찬가지지만) 실질적인 JProfiler 유스케이스라고 볼 수는 없습니다.

13.3.3 YourKit

YourKit(유어킷, *https://www.yourkit.com/*)은 유어킷 사가 개발한 상용 프로파일러입니다. YourKit도 GUI 컴포넌트를 제공하고 에이전트를 동적으로 어태치하거나 애플리케이션 시작 시 설정하는 측면에서 JProfiler와 여러모로 닮았습니다.

에이전트는 다음 구문을 사용해 배포합니다(64비트 리눅스).

```
-agentpath:<프로파일러 디렉터리>/bin/linux-x86-64/libyjpagent.so
```

GUI는 VisualVM, JProfiler의 설정 화면, 초기 원격측정 화면과 상당히 비슷합니다.

[그림 13-8]은 CPU 스냅샷 뷰입니다. 트리를 드릴다운해서 CPU 사용 시간을 볼 수 있습니다. VisualVM으로는 볼 수 없는 상세한 수준으로 표시됩니다.

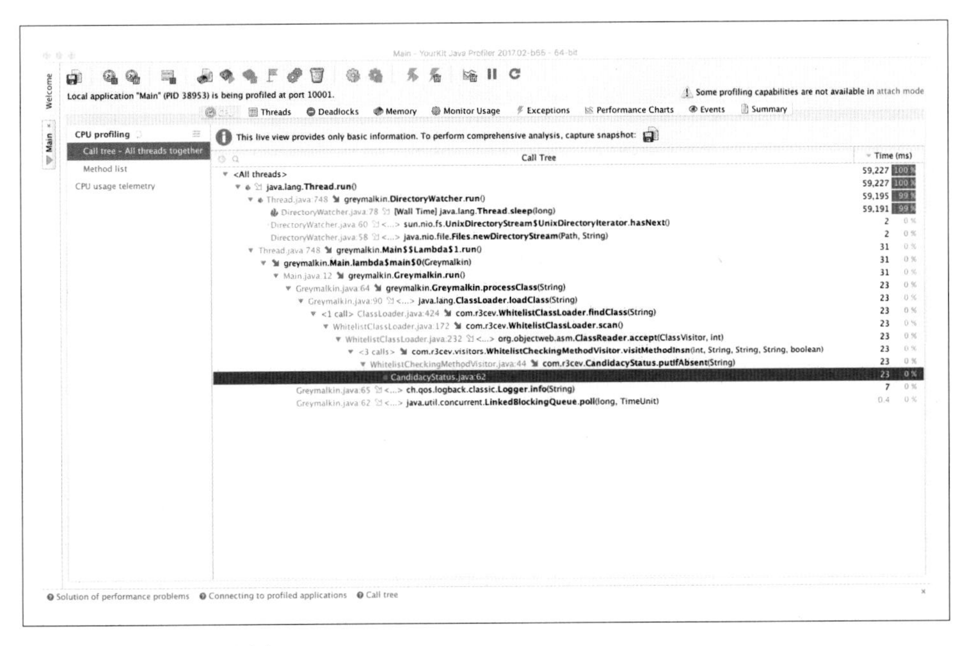

그림 13-8 YourKit CPU 시간

필자가 테스트해본 결과, YourKit의 어태치 모드는 가끔 GUI 애플리케이션이 얼어붙는 등 사소한 버그는 있지만, 실행 프로파일러로서의 기능은 대체로 JProfiler에 필적하는 수준입니다. 엔지니어마다 취향이 다르므로 호불호는 갈릴 수 있습니다.

가급적 YourKit, Profiler 둘 다 (동시에 사용하면 오버헤드가 가중되므로 따로따로) 사용하면 애플리케이션의 다양한 모습을 관찰할 수 있어서 진단 시 유용합니다.

두 툴 모두 앞서 언급한 세이프포인팅 샘플링을 하기 때문에 같은 종류의 편향과 한계점에 빠질 가능성이 있습니다.

13.3.4 JFR/JMC

자바 비행 기록기java flight recorder (JFR)/자바 관제 센터java mission control (JMC)[166] (*https://docs.oracle.com/javacomponents/index.html*)는 오라클이 BEA 시스템즈BEA Systems[167] 사를 인수하면서 손에 넣은 프로파일링/모니터링 기술입니다. 원래 BEA의 JRockit JVM용 툴로 기본 제공되었는데, 오라클이 JRockit을 퇴역시키는 과정에서 오라클 JDK의 상용 버전으로 자리를 옮겼습니다.

자바 8 기준으로 JFR/JMC는 오라클 JVM에서만 쓸 수 있는 상용 툴이어서 OpenJDK를 비롯한 다른 JVM에서는 못 씁니다.

JFR을 사용하려면 오라클 JVM을 시동할 때 다음 스위치를 전달합니다.

```
-XX:+UnlockCommercialFeatures -XX:+FlightRecorder
```

2017년 9월, 오라클은 자바 릴리즈 계획에 관한 주요 변경 사항을 공식 발표했습니다. 골자는 2년마다 한번꼴이었던 릴리즈 주기를 6개월로 단축한다는 겁니다. 이전 두 차례 릴리즈(자바 8, 9) 시기가 너무 늦은 전력이 있어 이렇게 정책을 바꾼 거죠.

릴리즈 사이클 변경과 더불어, 오라클은 자바 9 이후부터 자사가 배포하는 메인 JDK는 오라클 JDK가 아니라, OpenJDK가 될 거라고 밝혔습니다. 그렇게 바뀌면 JFR/JMC도 무료 사용이

166 역자주_ 원서에서는 (Java) Flight Recorder and Mission Control과 줄임말인 JFR/JMC가 혼용되어 있지만, 본 역서에서는 JFR/JMC로 용어를 통일합니다.

167 역자주_ 지금도 사용하는 웹로직(WebLogic), 턱시도(Tuxedo) 같은 미들웨어 제품의 원조 개발사.

가능한 오픈 소스 툴이 되겠죠.[168]

> **NOTE_** JMC를 처음 설치하면 JMX 콘솔과 JFR밖에 없지만, JMC 내에서 더 많은 플러그인을 쉽게 설치할 수 있습니다.

그래픽 컴포넌트인 JMC는 **$JAVA_HOME/bin**에 있는 `jmc` 바이너리로 실행합니다. [그림 13-9]는 JMC 초기 화면입니다.

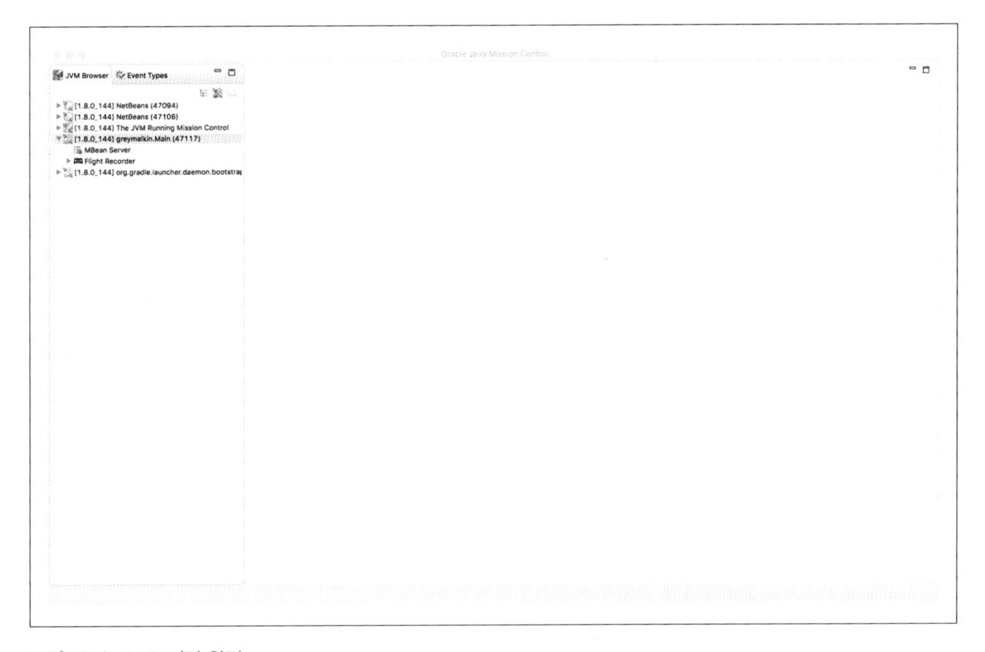

그림 13-9 JMC 시작 화면

대상 애플리케이션에 JFR을 반드시 켜야 프로파일링이 시작됩니다. 활성화 플래그를 지정 후 시동하거나 시동 이후 동적으로 어태치하면 됩니다.

어태치가 잘 되었다면, 기록 세션 및 프로파일링 이벤트 설정 화면으로 이동합시다(그림 13-10 및 그림 13-11).

---

168 **역자주_** 오라클은 GPLv2+CPE(GNU General Public License v2, with the Classpath Exception)라는 라이선스 형태로 자바 11(즉, OpenJDK 11)부터 오픈소스화했습니다. 따라서 7 ~ 10버전까지 별도로 내려받아야 했던 JFR/JMC는 OpenJDK 11부터 오픈소스로 내장됐습니다.

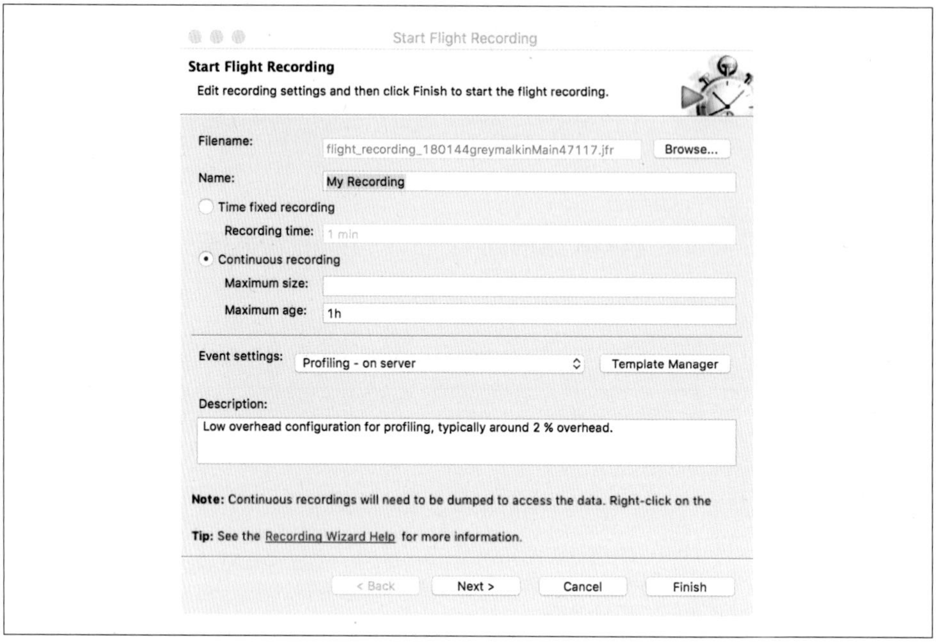

Start Flight Recording

Start Flight Recording

Edit recording settings and then click Finish to start the flight recording.

Filename: flight_recording_180144greymalkinMain47117.jfr Browse...

Name: My Recording

Time fixed recording

Recording time: 1 min

• Continuous recording

Maximum size:

Maximum age: 1h

Event settings: Profiling - on server Template Manager

Description:

Low overhead configuration for profiling, typically around 2 % overhead.

Note: Continuous recordings will need to be dumped to access the data. Right-click on the

Tip: See the Recording Wizard Help for more information.

< Back Next > Cancel Finish

그림 13-10 JMC 기록 설정

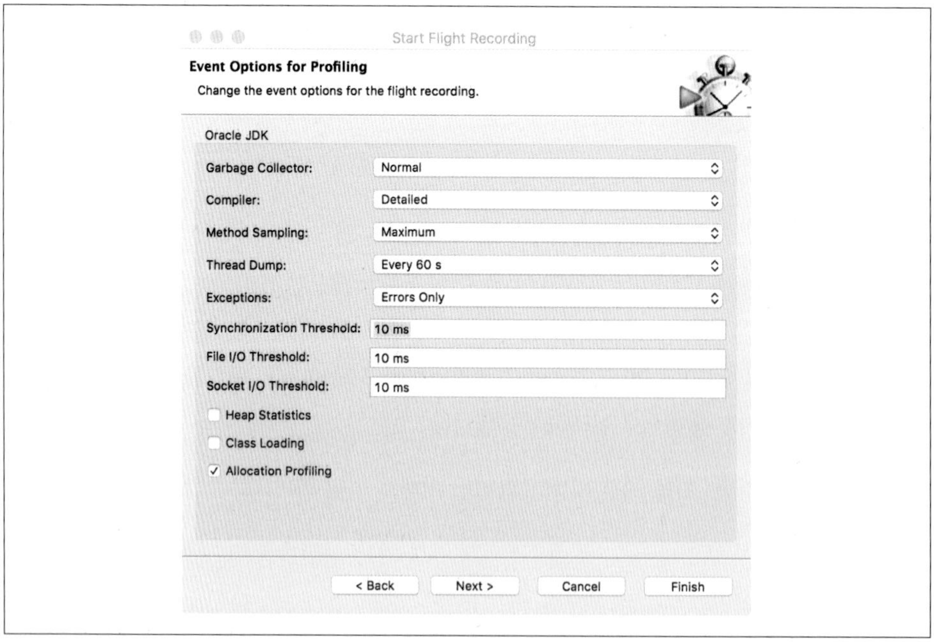

Start Flight Recording

Event Options for Profiling

Change the event options for the flight recording.

Oracle JDK

Garbage Collector: Normal

Compiler: Detailed

Method Sampling: Maximum

Thread Dump: Every 60 s

Exceptions: Errors Only

Synchronization Threshold: 10 ms

File I/O Threshold: 10 ms

Socket I/O Threshold: 10 ms

Heap Statistics

Class Loading

✓ Allocation Profiling

< Back Next > Cancel Finish

그림 13-11 JMC 프로파일링 이벤트 옵션

기록을 시작하면 시간대별로 프로파일링 정보가 표시됩니다(그림 13-12).

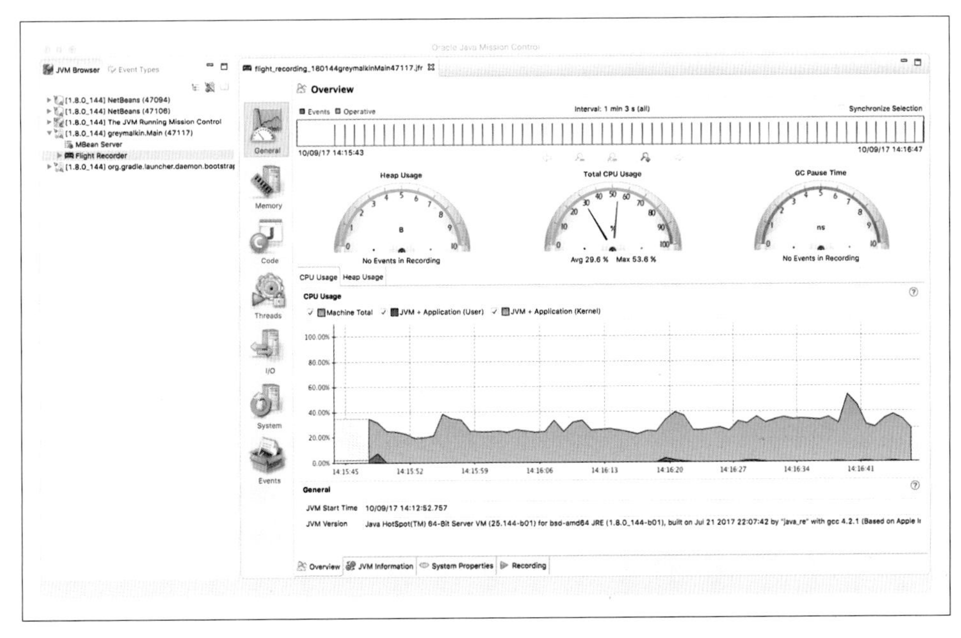

그림 13-12 JMC 시간대

13.3.5 운영 툴

원래 프로파일러는 개발자가 문제점을 진단하거나 애플리케이션이 런타임에 저수준에서 어떻게 작동하는지 파악하려고 사용하지만, 운영계 모니터링 툴로도 많이 쓰입니다. 현재 시스템 상태를 한눈에 보기 좋게 나타내고 전반적인 시스템 상황이 정상/비정상인지 알려주는 고마운 툴이죠.

워낙 광범위한 주제라서 이 책에서 다 이야기할 수는 없겠지만, 상용 툴 2개와 오픈 소스 툴 하나는 간략히 소개하고 넘어가겠습니다.

레드햇 서모스탯

서모스탯Thermostat (*http://icedtea.classpath.org/thermostat/*)은 레드햇 사가 개발한 핫스팟 기반의 JVM 전용 오픈 소스 서비서빌리티/모니터링 솔루션입니다. OpenJDK와 사용 라이선스가 같고 단일 머신, 클러스터 모두 모니터링할 수 있습니다. 이력 데이터와 특정 시점별 상태 정보는 몽고DB에 저장합니다.

확장 가능한 오픈 플랫폼으로 설계된 서모스탯은 에이전트, (대개 GUI가 단순한) 클라이언트로 구성됩니다. [그림 13-13]은 서모스탯 뷰 화면입니다.

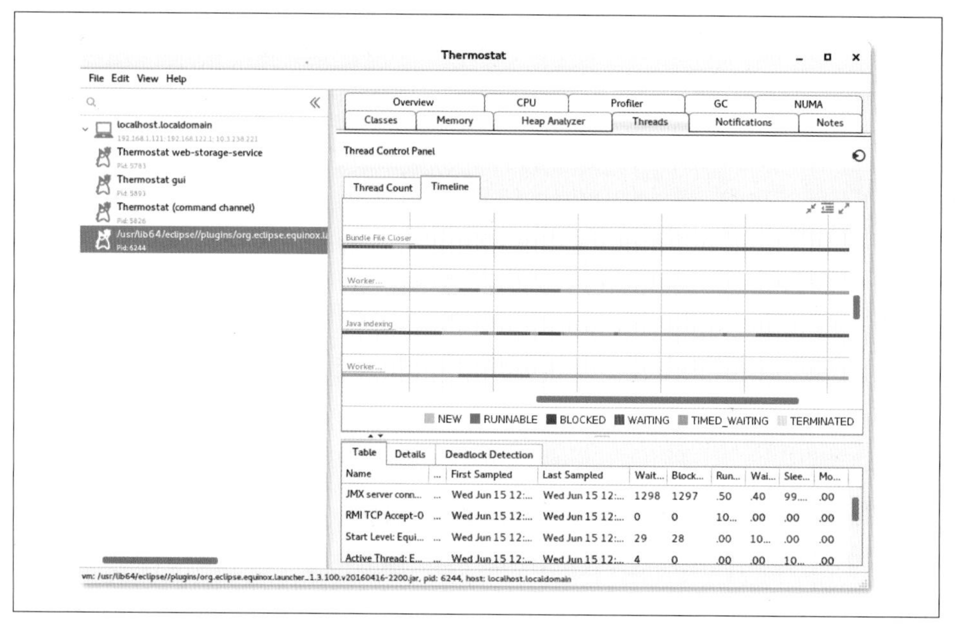

그림 13-13 레드햇 서모스탯

서모스탯 아키텍처는 확장이 가능해서 다음과 같은 용도로도 쓸 수 있습니다.

- 유저가 직접 만든 커스텀 지표를 수집, 분석한다.
- 필요 시 인스트루먼테이션용 커스텀 코드를 주입한다.
- 커스텀 플러그인을 작성하고 툴링을 통합한다.

실제로 서모스탯에 내장된 기능은 대부분 플러그인 형태로 구현돼 있습니다.

뉴 렐릭

뉴 렐릭New Relic(*https://newrelic.com/java*)은 클라우드 기반 애플리케이션용 SaaS[169] 제품입니다. 따라서 비단 JVM뿐만 아니라 사용 범위가 넓은 범용 툴 세트입니다.

JVM에 설치하려면 먼저 에이전트를 내려받아 스위치를 지정 후 서버를 재시작합니다. 그런 다음 뉴 렐릭에 접속하면 [그림 13-14]와 같은 화면이 표시됩니다.

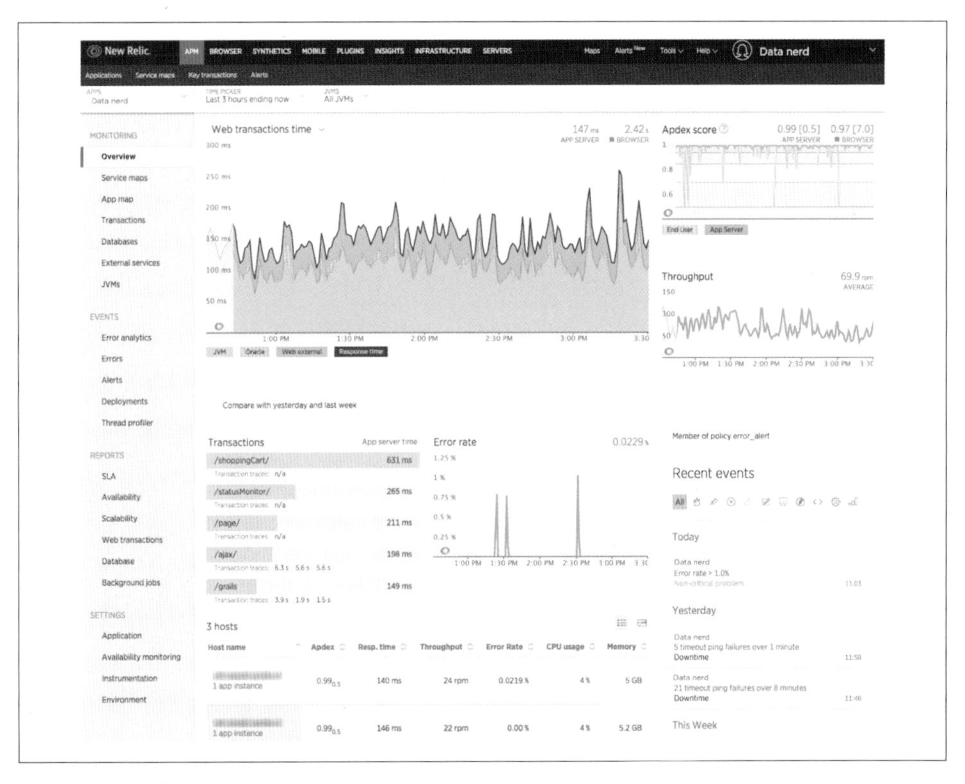

그림 13-14 뉴 렐릭

뉴 렐릭은 종합 모니터링, 풀스택 지원 기능이 아주 돋보이는 운영/데스옵스 툴이지만, 범용 툴인 까닭에 JVM 기술만 특별히 초점을 두지는 않습니다. 또 JVM에서 정교함이 떨어지는 데이터 소스를 가져와 바로 사용하기 때문에 JVM 정보를 더 깊이 분석하려면 전용 툴을 조합해

169 역자주_ 서비스로서의 소프트웨어(Software as a Service, SaaS)는 소프트웨어 및 관련 데이터는 중앙에 호스팅되고 사용자는 웹 브라우저 등의 클라이언트를 통해 접속하는 형태의 소프트웨어 전달 모델입니다. (출처: 위키백과)

사용해야 할 수도 있습니다.

뉴 렐릭은 자바 에이전트 API(*https://docs.newrelic.com/docs/agents/java-agent/api-guides/guide-using-java-agent-api*)를 제공하며, 유저가 커스텀 인스트루먼테이션(*https://docs.newrelic.com/docs/agents/java-agent/custom-instrumentation/java-custom-instrumentation*)을 구현해 기본 기능을 확장할 수 있습니다.

뉴 렐릭이 쏟아내는 데이터는 실로 그 양이 엄청나서 출력 데이터의 확실한 추이를 제외하면 뭔가 이렇다 할 특징을 잡아내기는 어려울 때가 많습니다.

jClarity 일루미네이트

jClarity 일루미네이트illuminate(*https://www.jclarity.com/illuminate/*)는 개발자 프로파일링 툴과 운영 모니터링 툴 사이의 징검다리 역할을 합니다. 일루미네이트는 기존 샘플링 프로파일러와는 다르며, 메인 자바 애플리케이션을 관찰하는 별도의 외부 데몬 프로세스를 이용한 모니터링 모드로 작동합니다. 실행 중인 JVM에 뭔가 이상한 점(예: 서비스 수준 협약서[170] 위반 등)이 발견되면 일루미네이트는 애플리케이션을 철저히 파헤치기 시작합니다.

일루미네이트의 머신 러닝 알고리즘은 OS, GC 로그, JVM에서 긁어모은 데이터를 분석해서 성능 문제를 야기한 근본 원인을 밝힙니다. 상세 보고서를 작성해 유저에게 알리고 문제 해결에 필요한 다음 조치 방안을 제시합니다. 머신 러닝 알고리즘은 jClarity 창립 멤버인 커크 페퍼다인이 처음 개발한 성능 진단 모델performance diagnostic model에 기반합니다.

[그림 13-15]는 일루미네이트가 **분류**triage 모드에서 자동 발견한 문제점을 조사하는 화면입니다.

머신 러닝 기술 기반의 일루미네이트는 모니터링 툴에서 가끔 접하게 되는 아찔한 '데이터 장벽'을 나타내는 데 그치지 않고 그 근본 원인이 무엇인지 철저히 밝히는 일에 열중합니다. 수집하고, 네트워크를 거쳐 이동/저장할 데이터양도 현저하게 줄입니다. 다른 모니터링 툴보다 성능에 미치는 영향을 가능한 한 낮추려는 의도지요.

---

170 역자주_ 서비스 수준 협약서(Service Level Agreement)란, 서비스를 제공함에 있어서 공급자와 사용자 간에 서비스에 대하여 측정 지표와 목표 등에 대한 협약서입니다. 일반적으로 여기에 포함될 수 있는 서비스 측정치들은 CPU의 가용시간, CPU 응답시간, 헬프 데스크 응답 시간, 서비스 완료 시간 등입니다. (출처: 위키백과)

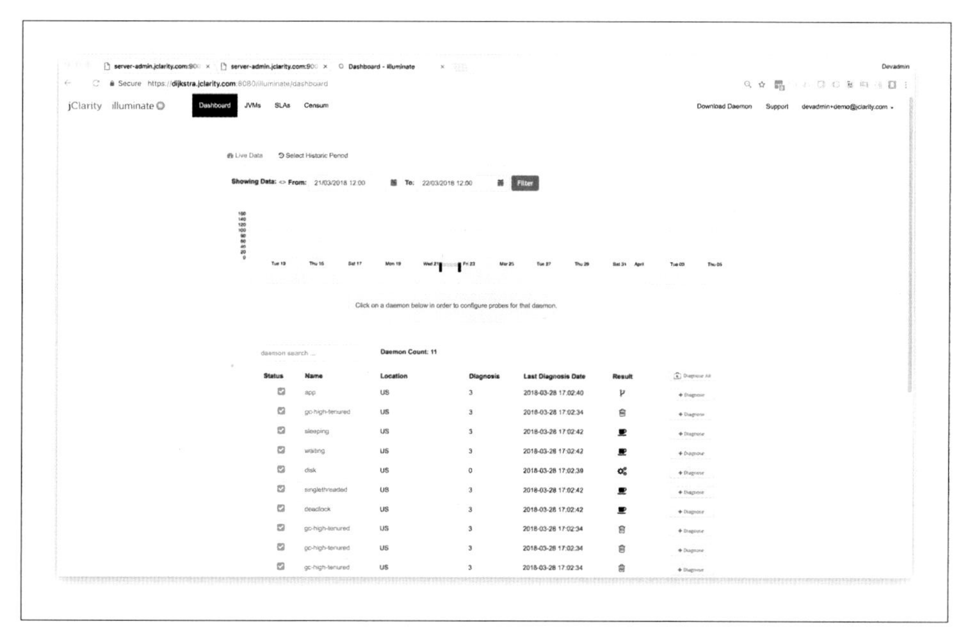

그림 13-15 jClarity 일루미네이트

13.4 최신 프로파일러

기존 프로파일러보다 성능 수치가 더 정확하고 더 나은 통찰력을 제시하는 최신 오픈 소스 툴을 세 가지 소개합니다.

프로파일링 툴 업계에서 비교적 신생 제품인 **어니스트 프로파일러**Honest Profiler(*https://github.com/jvm-profiling-tools/honest-profiler*)는 리차드 워버튼Richard Warburton이 주도한 오픈 소스 프로젝트입니다. 처음에 구글 기술팀에서 일하던 제레미 맨슨Jeremy Manson이 개발한 프로토타입 코드를 나중에 오픈 소스화한 것입니다.

다음은 어니스트 프로파일러의 주목표입니다.

- 다른 대부분의 프로파일러에 있는 세이프포인트 편향을 없앤다.
- 오버헤드가 아주 낮은 상태로 작동시킨다.

그래서 어니스트 프로파일러는 핫스팟 내부의 `AsyncGetCallTrace`라는 프라이빗 API를 활용합니다. 핫스팟 JVM을 비롯해 오라클, 레드햇, 아줄 줄루 JVM에서는 잘 작동하지만, 당연히 논-OpenJDK 계열 JVM에서는 사용할 수 없습니다.

이 프로파일러의 구현체는 SIGPROF라는 유닉스 OS 시그널을 전송해 실행 스레드를 인터럽트합니다. 그러면 `AsyncGetCallTrace()` 프라이빗 메서드를 통해 호출 스택을 수집할 수 있습니다.

스레드만 따로 인터럽트하므로 전역 동기화 이벤트 따위는 없습니다. 따라서 과거 프로파일러에서 고질적이었던 경합과 오버헤드 현상은 거의 나타내지 않습니다. 비동기 콜백 내부에서 호출 트레이스는 락-프리한 링 버퍼[ring buffer] 안에 쓰인 다음, 별도의 전용 스레드가 애플리케이션 중단 없이 세부 내용을 로깅합니다.

NOTE_ 어니스트 프로파일러만 이런 식으로 작동하는 건 아닙니다. JFR도 `AsyncGetCallTrace()` 호출을 이용합니다.

역사적으로는 썬 마이크로시스템즈 사가 제작한 옛날 솔라리스 스튜디오 제품도 프라이빗 API 호출을 사용했지만, (솔라리스 아닌 OS에서도 잘 작동하다보니) 제품명부터가 혼란스러웠고 결국 주류로 정착하는 데 실패하고 말았죠.

어니스트 프로파일러의 단점은, 일부 스레드 제일 위에 'Unknown'이라고 표시되는 현상입니다. 이것은 (프로파일러가 진짜 자바 스택 트레이스로 정확하게 다시 매핑되지 못하는) JVM 인트린직 때문에 발생하는 부수 효과입니다.

어니스트 프로파일러는 다음과 같이 프로파일러 에이전트를 설치해 사용합니다.

```
-agentpath:<liblagent.so 파일 경로>=interval=<n>,logPath=<log.hpl 파일 경로>
```

어니스트 프로파일러의 프로파일 작업 GUI는 비교적 단순합니다. 자바FX 기반이라서 (아줄 줄루나 레드햇 아이스티 같은) OpenJDK 기반 JVM에서 실행하려면 OpenJFX를 먼저 설치해야 합니다.

[그림 13-16]은 전형적인 어니스트 프로파일러 GUI 화면입니다.

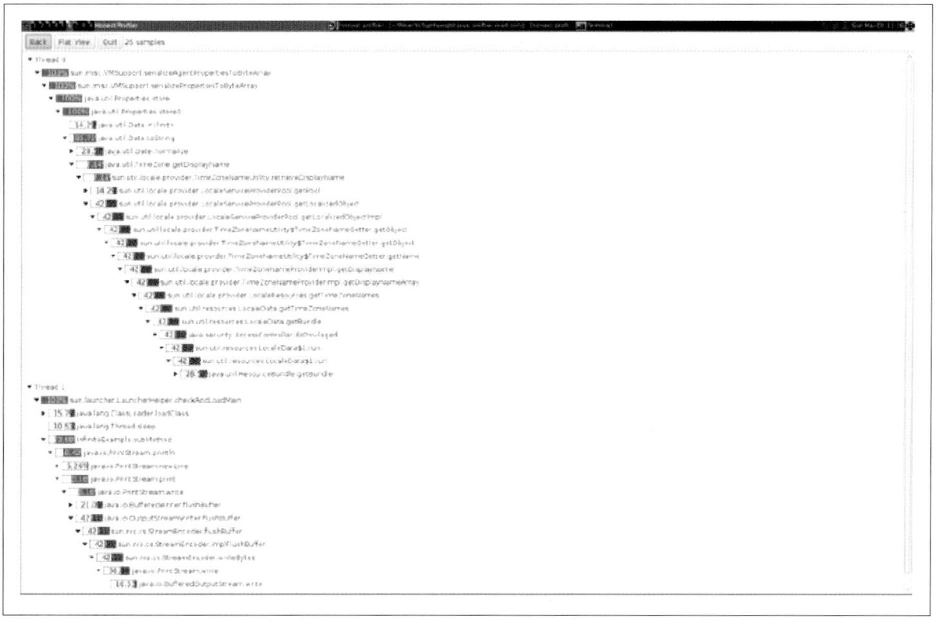

그림 13-16 어니스트 프로파일러

실무에서 어니스트 프로파일러 같은 툴은 보통 헤드리스 모드로 실행시켜 데이터 수집 용도로 씁니다. 시각화는 다른 툴을 쓰거나 커스텀 스크립트로 제공하죠.

공식 사이트에서 배포하는 바이너리는 최신 리눅스 버전에만 쓸 수 있습니다. 어니스트 프로파일러를 꼭 사용해보고 싶은 유저는 본인 환경에서 직접 빌드해서 사용하세요(빌드 방법은 이 책에서 다루지 않습니다).

perf(*https://perf.wiki.kernel.org/index.php/Main_Page*)는 리눅스 애플리케이션의 경량급 프로파일링 툴입니다. 특정 자바/JVM 애플리케이션에 구애받지 않으며, 하드웨어 성능 카운터를 읽습니다. 리눅스 커널 **tools/perf**에 포함돼 있습니다.

성능 카운터performance counter는 성능 분석자가 관심 있는 하드웨어 이벤트를 카운팅하는 물리 레지스터입니다. 실행된 명령어, 캐시 미스, 분기 예측 실패 등 애플리케이션 프로파일링의 근본을 형성하는 이벤트들이죠.

perf 입장에선 런타임 환경이 동적인 자바는 조금 난해한 대상입니다. 자바 애플리케이션에서 perf를 쓰려면 자바 실행의 동적인 부분을 매핑할 브리지가 필요합니다.

perf-map-agent(*https://github.com/jvm-profiling-tools/perf-map-agent*)이 바로 그 브리지 역할을 수행하는 에이전트입니다. perf-map-agent는 (JIT 컴파일드 메서드를 포함한) 미지의 메모리 영역으로부터 perf를 위해 동적 심볼을 생성합니다. 핫스팟은 가상 디스패치용 인터프리터와 점프 테이블을 동적 생성하므로 엔트리도 함께 생성해야 합니다.

perf-map-agent는 C로 작성된 에이전트와, 필요 시 실행 중인 자바 프로세스에 에이전트를 어태치하는 자그마한 자바 부트스트랩으로 구성됩니다. 자바 8u60부터 다음 새 플래그가 추가돼서 perf와 상호작용이 개선됐습니다.

```
-XX:+PreserveFramePointer
```

perf를 이용해 자바 애플리케이션을 프로파일링할 경우, 가급적 이 플래그를 사용할 수 있는 자바 8u60 이후 버전을 사용하세요.

NOTE_ 이 플래그를 쓰면 JIT 컴파일러 최적화 기능이 해제되므로 성능은 약간(테스트해보니 3%까지) 떨어집니다.

perf로 시각화한 작품 중에 **불꽃 그래프**flame graph(*https://github.com/brendangregg/FlameGraph*)는 정말 장관입니다. 이 그래드를 보면 정확한 실행 시간이 기록된 자세한 내역을 확인할 수 있습니다(그림 13-17).

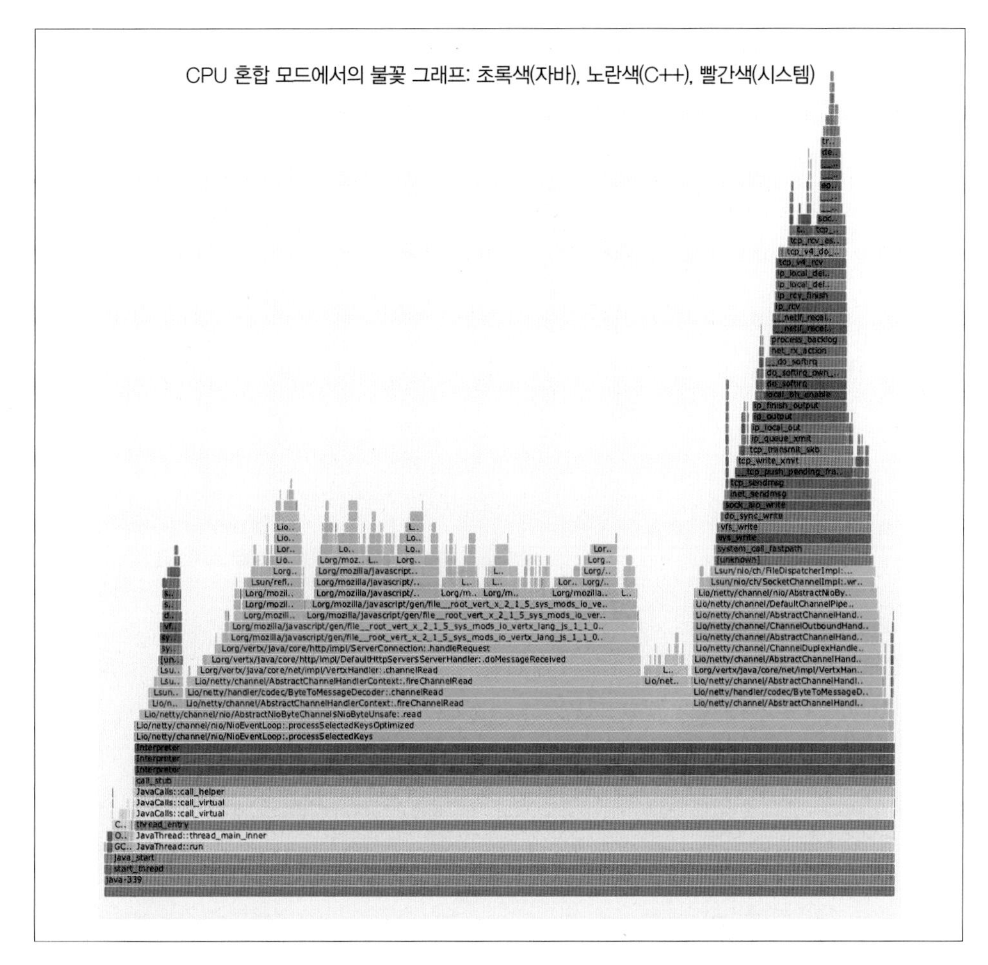

그림 13-17 자바 불꽃 그래프

넷플릭스 테크놀로지 블로그Netflix Technology Blog를 방문하면 이 회사 기술팀이 JVM 기반으로 불꽃 그래프를 어떻게 구현했는지 자세한 이야기(*https://medium.com/netflix-techblog/java-in-flames-e763b3d32166*)를 들어볼 수 있습니다.

끝으로, Async 프로파일러(*https://github.com/jvm-profiling-tools/async-profiler*)는 어니스트 프로파일러를 대체할 만한 툴입니다. 어니스트 프로파일러와 같은 내부 API를 쓰며 핫스팟 JVM에서만 실행 가능한 오픈 소스 툴입니다. perf에 전적으로 의존하는 툴이라서 perf를 실행할 수 있는 OS(주로 리눅스)에서만 작동합니다.

13.5 할당 프로파일링

전체 프로파일링에서 실행 프로파일링이 차지하는 비중이 크긴 하지만 이것만 있는 건 아닙니다! 대부분의 애플리케이션은 일정 수준의 메모리 프로파일링도 병행해야 합니다. **할당 프로파일링**allocation profiling은 애플리케이션의 할당 동작을 살피는 표준 메모리 프로파일링입니다. 할당 프로파일링 접근 방식은 여러 가지입니다.

일례로, jmap 같은 툴이 사용하는 HeapVisitor 방식[171]이 있습니다. VisualVM의 메모리 프로파일링 뷰(그림 13-18) 역시 이와 같은 단순한 방식을 사용합니다.

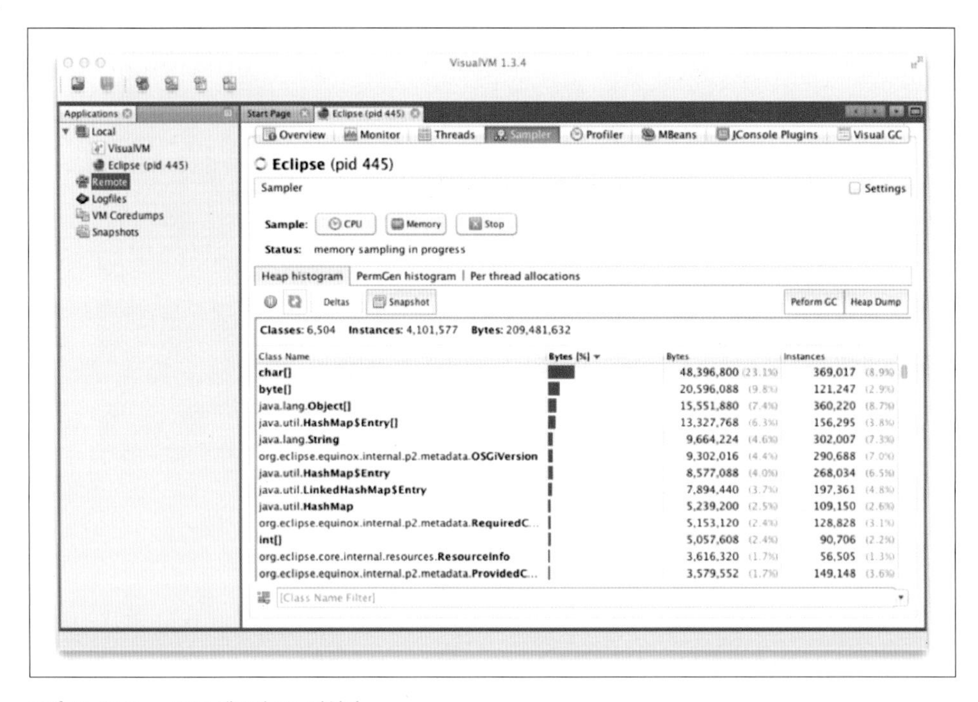

그림 13-18 VisualVM 메모리 프로파일러

YourKit 할당 프로파일러에도 비슷한 기능이 있습니다(그림 13-19).

---

171 역자주_ 이름(힙 방문자) 그대로 힙에 있는 모든 객체를 방문하는 방식. 인터페이스 코드는 sun.jvm.hotspot.oops 패키지에 들어 있습니다.

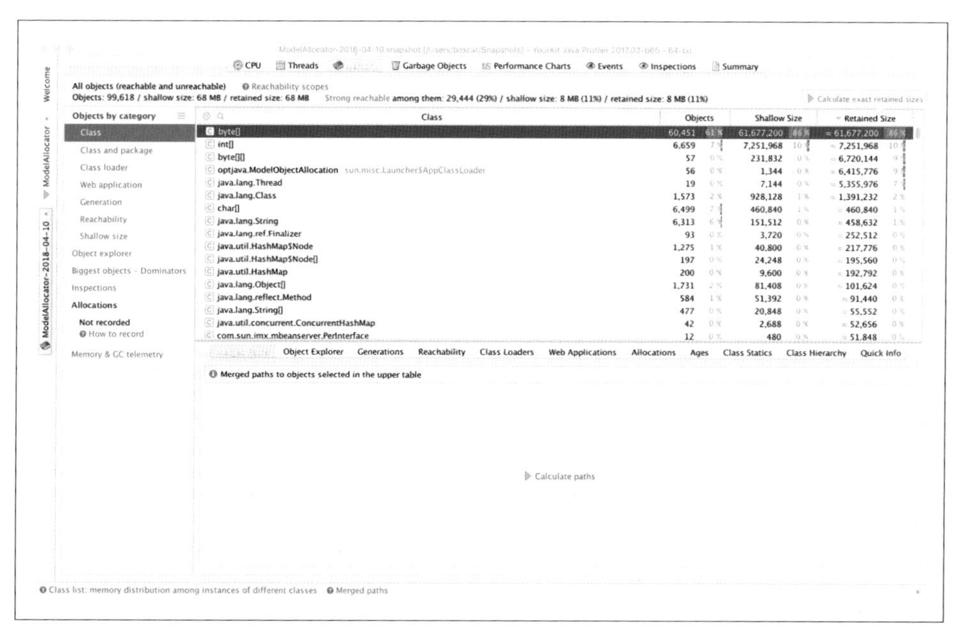

그림 13-19 YourKit 메모리 프로파일러

JMC 툴의 경우, 기존의 서비서빌리티 에이전트(SA)로는 얻을 수 없는 값이 가비지 수집 통계치에 포함돼 있지만, 여기 표시된 카운터는 절대 다수가 중복입니다. JFR로 이런 값들을 수집해서 JMC에 표시하는 게 같은 작업을 SA로 하는 것보다 훨씬 비용이 저렴한 장점이 있습니다. JMC 화면은 세부 정보를 표시하는 체계가 성능 엔지니어 관점에서 더 유연한 편입니다.

에이전트를 통해 할당 프로파일링을 수행하는 방법도 있습니다. 이것도 구체적인 방법은 다양하지만, 바이트코드 인스트루먼테이션이 그중 제일 간단합니다. 9.1.1절에서 배운 내용이지만, JVM에서 메모리 할당을 지시하는 바이트코드는 다음 세 가지입니다.

NEW

주어진 타입의 객체를 생성할 공간을 할당한다.

NEWARRAY

기본형 배열 공간을 할당한다.

ANEWARRAY

주어진 타입의 객체 배열 공간을 할당한다.

할당을 일으키는 옵코드는 이 셋뿐이므로 인스트루먼테이션할 바이트코드도 이들뿐입니다.

가장 단순한 인스트루먼테이션은, 할당 옵코드를 지닌 인스턴스를 하나하나 찾아내 실제 할당 옵코드가 실행되기 직전에 로깅하는 정적 메서드 호출부를 삽입하는 것입니다.

이런 방식의 할당 프로파일러의 틀을 살펴봅시다. 우선, `premain()` 훅hook을 통해 인스트루먼테이션 API를 사용하는 에이전트를 설정합니다.

```
public class AllocAgent {

    public static void premain(String args, Instrumentation instrumentation) {
        AllocRewriter transformer = new AllocRewriter();
        instrumentation.addTransformer(transformer);
    }
}
```

이런 바이트코드 인스트루먼테이션은 직접 코드를 짜기보다는 보통 라이브러리를 이용해 변환합니다. 여기서는 ASM(*http://asm.ow2.org/*)라는 유명한 바이트코드 조작 라이브러리로 할당 프로파일링하는 방법을 예시하겠습니다.

필요한 할당 인스트루먼테이션 코드를 추가하려면 인스트루먼테이션 API와 ASM 사이의 연결 고리가 되는 클래스 재작성기class rewriter(다음 코드)가 필요합니다.

```
public class AllocRewriter implements ClassFileTransformer {

    @Override
    public byte[] transform(ClassLoader loader, String className,
        Class<?> classBeingRedeFined, ProtectionDomain protectionDomain,
        byte[] originalClassContents) throws IllegalClassFormatException {
        final ClassReader reader = new ClassReader(originalClassContents);
        final ClassWriter writer = new ClassWriter(reader,
            ClassWriter.COMPUTE_FRAMES | ClassWriter.COMPUTE_MAXS);
        final ClassVisitor coster = new ClassVisitor(Opcodes.ASM5, writer) {
            @Override
```

```java
            public MethodVisitor visitMethod(final int access, final String name,
                final String desc, final String signature,
                final String[] exceptions) {
                final MethodVisitor baseMethodVisitor =
                    super.visitMethod(access, name, desc, signature, exceptions);
                return new AllocationRecordingMethodVisitor(baseMethodVisitor,
                    access, name, desc);
            }
        };
        reader.accept(coster, ClassReader.EXPAND_FRAMES);
        return writer.toByteArray();
    }
}
```

MethodVisitor로 바이트코드를 조사해서 할당 추적용 인스트루먼테이션 호출을 삽입합니다.

```java
public final class AllocationRecordingMethodVisitor extends GeneratorAdapter {
    private final String runtimeAccounterTypeName =
        "optjava/bc/RuntimeCostAccounter";

    public AllocationRecordingMethodVisitor(MethodVisitor methodVisitor,
        int access, String name, String desc) {
        super(Opcodes.ASM5, methodVisitor, access, name, desc);
    }

    /**
     * 이 메서드는 정수형 오퍼랜드가 1개인 옵코드 방문 시 호출된다.
     * 여기서 옵코드는 NEWARRAY다.
     * @param opcode
     * @param operand
     */
    @Override
    public void visitIntInsn(final int opcode, final int operand) {
        if (opcode != Opcodes.NEWARRAY) {
            super.visitIntInsn(opcode, operand);
            return;
        }

        // 옵코드는 NEWARRAY - recordArrayAllocation:(Ljava/lang/String;I)V
        // 오퍼랜드 값은 다음 중 하나여야 한다.
        // Opcodes.T_BOOLEAN, Opcodes.T_CHAR, Opcodes.T_FLOAT, Opcodes.T_DOUBLE,
        // Opcodes.T_BYTE, Opcodes.T_SHORT, Opcodes.T_INT or Opcodes.T_LONG.
        final int typeSize;
```

```
        switch (operand) {
            case Opcodes.T_BOOLEAN:
            case Opcodes.T_BYTE:
                typeSize = 1;
                break;
            case Opcodes.T_SHORT:
            case Opcodes.T_CHAR:
                typeSize = 2;
                break;
            case Opcodes.T_INT:
            case Opcodes.T_FLOAT:
                typeSize = 4;
                break;
            case Opcodes.T_LONG:
            case Opcodes.T_DOUBLE:
                typeSize = 8;
                break;
            default:
                throw new IllegalStateException("Illegal op: to NEWARRAY seen: "
                    + operand);
        }
        super.visitInsn(Opcodes.DUP);
        super.visitLdcInsn(typeSize);
        super.visitMethodInsn(Opcodes.INVOKESTATIC, runtimeAccounterTypeName,
            "recordArrayAllocation", "(II)V", true);
        super.visitIntInsn(opcode, operand);
    }

    /**
     * 이 메서드는 참조형(여기서는 String) 오퍼랜드가 1개인 옵코드 방문 시 호출된다.
     * 여기서 옵코드는 NEW 또는 ANEWARRAY다.
     *
     * @param opcode
     * @param type
     */
    @Override
    public void visitTypeInsn(final int opcode, final String type) {
        // 옵코드는 NEW - recordAllocation:(Ljava/lang/String;)V 또는
        // ANEWARRAY - recordArrayAllocation:(Ljava/lang/String;I)V다.
        switch (opcode) {
            case Opcodes.NEW:
                super.visitLdcInsn(type);
                super.visitMethodInsn(Opcodes.INVOKESTATIC,
                    runtimeAccounterTypeName, "recordAllocation",
```

```
                "(Ljava/lang/String;)V", true);
            break;
        case Opcodes.ANEWARRAY:
            super.visitInsn(Opcodes.DUP);
            super.visitLdcInsn(8);
            super.visitMethodInsn(Opcodes.INVOKESTATIC,
                runtimeAccounterTypeName, "recordArrayAllocation",
                "(II)V", true);
            break;
    }

    super.visitTypeInsn(opcode, type);
  }
}
```

작은 런타임 컴포넌트도 필요합니다.

```
public class RuntimeCostAccounter {
    private static final ThreadLocal<Long> allocationCost =
        new ThreadLocal<Long>() {
        @Override
        protected Long initialValue() {
            return 0L;
        }
    };

    public static void recordAllocation(final String typeName) {
        // 사실, 이것보다 정교한 코드가 필요하다.
        // 가령, 타입에 맞는 대략적인 크기를 캐시하는...
       checkAllocationCost(1);
    }

    public static void recordArrayAllocation(final int length,
        final int multiplier) {
        checkAllocationCost(length * multiplier);
    }

    private static void checkAllocationCost(final long additional) {
        final long newValue = additional + allocationCost.get();
        allocationCost.set(newValue);
        // 액션을 취해야 하나? 어떤 한계치를 초과할 경우 실패하는...?
    }
```

```
    // 이 메서드는 (JMX 카운터를 통해) 표출할 수 있다
    public static long getAllocationCost() {
        return allocationCost.get();
    }

    public static void resetCounters() {
        allocationCost.set(0L);
    }
}
```

이 두 코드 조각의 임무는 ASM 바이트코드 조작 라이브러리를 이용한 단순 할당 인스트루먼테이션 수행입니다(ASM에 관한 자세한 내용은 이 책의 범위 밖이므로 생략합니다). MethodVisitor는 NEW, NEWARRAY, ANEWARRAY 바이트코드가 위치한 각 인스턴스보다 먼저 기록 메서드를 호출하는 코드를 끼워 넣습니다.

이렇게 변환 장치를 장착하면 이제 앞으로 객체 또는 배열이 생성될 때마다 기록 메서드가 호출될 것입니다. 런타임에 RuntimeCostAccounter라는 작은 클래스(반드시 클래스패스에 반드시 위치해야 함)가 있어야 가능한 일이죠. 이 클래스는 인스트루먼테이션한 코드에서 메모리가 얼마나 많이 할당됐는지 스레드별 카운트를 유지합니다.

바이트코드 수준의 기법이 조금 투박하게 느껴지겠지만, 얼마나 많은 메모리가 스레드에 할당되는지 간단히 측정하는 코드 작성 시 참고하면 도움이 될 겁니다. 단위 테스트 용도로도 좋고, 회귀 테스트를 할 때 바꾼 코드를 적용해도 메모리가 추가 할당되는 일은 없다는 사실을 검증하는 쓰임새로도 요긴합니다.

하지만 이 방법은 운영계에서는 적절하지 않습니다. 메모리가 할당될 때마다 부가적인 메서드 호출이 발생하면 호출 횟수가 상당히 증가하겠죠. JIT 컴파일을 하면 인스트루먼테이션한 호출부가 인라이닝되겠지만, 그래도 전체 성능에 무시 못 할 영향을 끼칠 수 있습니다.

TLAB을 이용해 할당 프로파일링하는 방법도 있습니다. Async 프로파일러는 핫스팟 전용 콜백을 이용해 다음 시점에 알림을 수신하는 TLAB 샘플링 기능을 지원합니다.

- 새로 만든 TLAB에 객체가 할당될 때
- TLAB 밖에 객체가 할당될 때(느린 경로slow path)

객체 할당을 일일이 전부 다 세지 않고, 매 n킬로바이트 단위로 뭉뚱그려 할당을 기록하는 것

입니다. 여기서 **n**은 TLAB의 평균 크기입니다(TLAB 크기는 시간에 따라 계속 달라집니다).

덕분에 운영계에 써도 괜찮을 정도의 저렴한 비용으로 힙을 샘플링할 수 있습니다. 반면, 수집한 데이터는 샘플링한 터라 불완전할 수 있습니다. 최소한 성능 엔지니어가 시간을 가치있게 쓸 수 있을 만큼만이라도 최상위 할당 리소스를 반영하자는 의도입니다.

TLAB 샘플링을 하려면 TLAB 콜백이 처음 등장한 7u40 이후 버전의 핫스팟 JVM이 필요합니다.

13.6 힙 덤프 분석

힙 덤프 분석 역시 빼놓을 수 없는 할당 프로파일링 기법입니다. 전체 힙의 스냅샷을 툴로 자세히 뜯어보면서 어떤 객체가 살아 있는지, 그 개수와 타입은 어떤지 등의 중요한 팩트와 객체 그래프의 형상/구조를 파악하는 일이죠.

힙 덤프가 로드되면 성능 엔지니어는 덤프가 생성된 시점의 스냅샷을 이모저모 살피며 분석할 수 있습니다. 살아 있는 객체, 죽었지만 미수집된 객체를 모두 훤히 들여다볼 수 있죠.

하지만, 힙 덤프는 크기가 문제입니다. 덤프한 메모리 크기의 300~400%에 달하는 경우도 흔하지요. 수 기가바이트에 이르는 힙은 골치가 아픕니다. 디스크에 쓰는 것도 문제지만, 운영계에서는 네트워크를 통해 가져와야 하니까요. 어찌해서 가져오더라도 리소스(특히, 메모리)가 빵빵한 워크스테이션에 로드해야 하고, 작업 흐름에 과도하게 지연을 일으키지 않는 선에서 덤프를 처리해야 합니다. 전체 덤프를 한번에 로드할 수 없는 머신이라면 더 고역입니다. 워크스테이션이 덤프 파일을 부분부분 디스크에 넣다 뺐다 해야 하죠.

힙 파일 생성은 힙을 샅샅이 뒤져 덤프 파일을 쓰는 과정이므로 STW 이벤트도 불가피합니다.

YourKit은 메모리 스냅샷 캡처 기능을 `hprof` 및 전용 포맷, 두 가지 방식으로 지원합니다. [그림 13-20]은 힙 덤프 분석기 뷰 화면입니다.

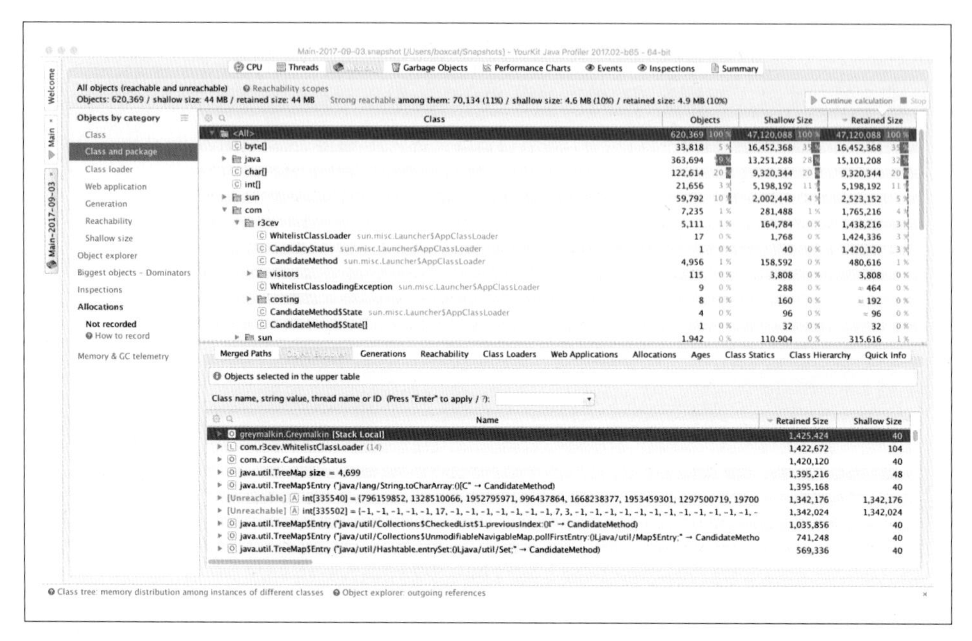

그림 13-20 YourKit 메모리 덤프 프로파일러

YourKit은 상용 툴 중에서 비교적 괜찮은 필터와 힙 덤프 뷰를 제공합니다. 또 클래스로더와 웹 애플리케이션 용도로 분류할 수 있어서 힙 문제를 신속하게 진단할 수 있습니다.

JMC/JFR 할당 뷰도 쓸만한 툴입니다. Async 프로파일러도 사용하는 TLAB 할당 뷰를 표시할 수 있습니다. [그림 13-21]은 JMC의 할당 뷰를 샘플링한 화면입니다.

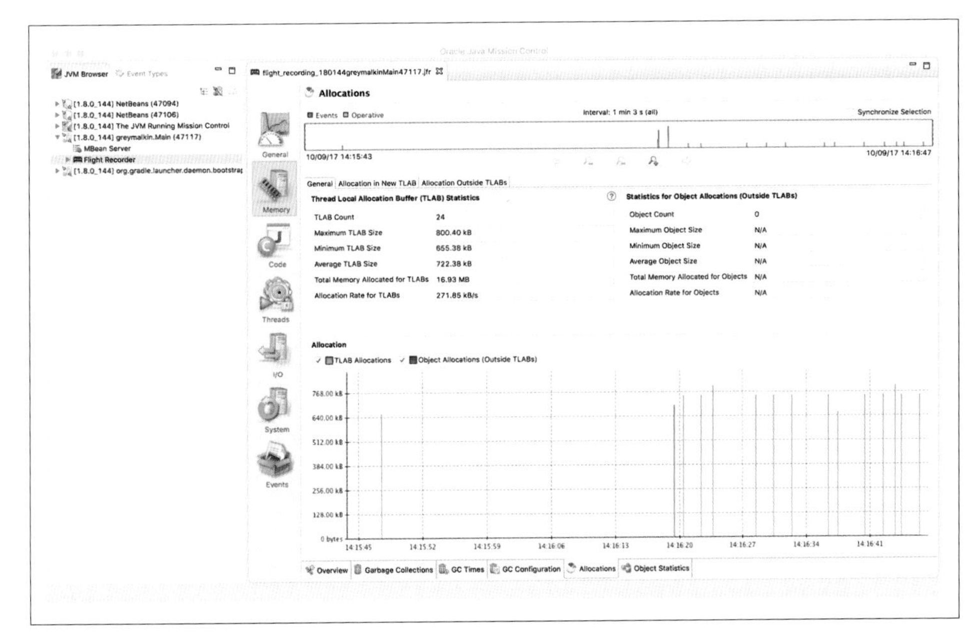

그림 13-21 JMC 할당 프로파일링 뷰

대부분의 애플리케이션에서 프로파일링의 주 관심사는 할당 프로파일링과 힙 프로파일링입니다. 성능 엔지니어는 메모리 희생을 감수하면서까지 실행 프로파일링에 너무 몰입하지 않는 편이 좋습니다.

13.6.1 hprof

JDK 5부터 내장된 `hprof` 프로파일러는 제품급 프로파일러라기보다는 처음부터 JVMTI 기술의 기준 구현체로 의도한 툴입니다. 그런데 `hprof`가 문서에서 자주 언급되면서 개발자 입장에서 이 툴이 실무용으로도 쓰기 좋다고 생각하게 됐습니다.

자바 9(JEP 240) 이후로 `hprof`는 JDK에서 사라졌습니다. JEP에 이런 말이 씌어 있더군요.

> `hprof` 에이전트는 운영 툴이 아니라 JVM 툴 인터페이스(JVMTI) 데모 코드용으로 작성됐다.

그리고 `hprof` 코드와 문서에 다음과 같이 종합적으로 쓰인 문장이 눈에 띕니다.

이것은 JVMTI 인터페이스 및 BCI 사용법을 예시한 코드다. 공식 제품도 아니고, JDK를 구성하는 요소도 아니다.

이런 이유로, 레거시 힙 스냅샷 포맷을 제외하고는 `hprof`를 신뢰해선 안 되겠습니다. 힙 덤프 생성 기능은 자바 9 이후로도 당분간 계속 유지될 전망입니다.

13.7 마치며

프로파일링은 많은 개발자가 잘 모르는 주제입니다. 실행/메모리 프로파일링 모두 필요하지만, 성능 엔지니어는 프로파일링이 뭘 하는 작업인지, 그리고 그 일을 왜 해야 하는지 숙지해야 합니다. 그냥 별생각 없이 툴을 쓰다간 공연히 분석 시간만 낭비하고 부정확한/상관없는 결과만 얻는 경우가 많습니다.

요즘 애플리케이션을 프로파일링하려면 툴을 잘 다룰 줄 알아야 합니다. 다양한 상용/오픈소스 툴이 나와 있으니 선택의 폭은 그 어느 때보다 넓습니다.

CHAPTER 14

고성능 로깅 및 메시징

자바/JVM을 사용하면 C++ 같은 언어에 비해 일장일단이 있습니다. 자바는 개발자가 늘상 신경 써서 처리해야 하는 저수준 관심사를 대폭 줄임으로써 생산성을 엄청나게 끌어올렸습니다. 고수준 언어로 추상화해서 개발자 생산성은 향상시켰지만, 대신 저수준 제어를 포기하고 성능 자체를 직접 다룰 수 없는 단점을 남겼죠.

C++의 기본 사상은 새로운 언어 특성이 추가돼도 성능은 결코 타협하지 않겠다는 겁니다. 덕분에 아주 세세한 수준까지 개발자가 제어할 수 있지만, 대신 직접 리소스를 관리하면서 적절한 언어 구문을 준수해야 하는 부담이 따릅니다.

자바 플랫폼의 기본 철학은 저수준의 세부 관심사에서 개발자를 해방시키는 것입니다. 그 결과 도입된 자동 메모리 관리 기능은 개발자 생산성을 끌어올린 주역으로, 그 가치는 결코 과소평가할 수 없습니다. 필자들은 수년간 C++ 개발자가 자신도 모르게 저지른 실수와 해악을 끊임없이 목도해왔는데, 아직도 그 상흔은 고스란히 남아 있습니다.

그러나 가비지 수집을 비롯해 JVM에 추상화된 고수준의 관리 기능은 성능이 주 관심사인 상황에서 그 결과를 예측하기 어렵습니다. 지연에 매우 민감한 애플리케이션에서는 당연히 이러한 불확정성을 최소화해야 합니다.

CAUTION_ 그럼, 자바/JVM은 고성능 시스템에는 알맞지 않은 플랫폼일까요?

이 장에서는 지연에 민감한 고성능 애플리케이션을 다룰 때 개발자가 해결해야 하는 일반적인 이슈를 몇 가지 살펴보겠습니다. 그리고 이런 시스템에는 어떤 요건이 있고 어떠한 방식으로 설계해야 하는지 안내합니다. 저지연, 고성능 시스템에서 핵심적인 고려 사항 두 가지는 역시 로깅과 메시징입니다.

로깅은 모든 자바 개발자가 당연히 관심을 가져야 할 문제입니다. 실제로 관리/운영이 잘 되는 자바 시스템은 대부분 상당량의 로그 메시지를 지니고 있죠. 지연이 주 관심사인 개발자에게 로깅은 더 각별한 의미가 있을 겁니다. 그런데 지금부터 살펴보겠지만, 로깅은 이미 많은 연구/개발이 진행돼온 분야입니다.

메시징 시스템은 최근 수년간 가장 성공적으로 정착한 아키텍처 패턴입니다. 보통 저지연 시스템의 최전방에 위치해서 초 단위로 처리된 메시지 개수로 성능을 측정합니다. 시스템이 처리 가능한 메시지 개수는 종종 경쟁력 확보 차원에서 중요합니다. 뒷부분에서는 최신 메시징 기술도 몇 가지 소개하겠습니다.

14.1 로깅

개발자들은 대부분 프로젝트에서 로깅 라이브러리를 그리 신경 쓰지 않고 그 선택 과정도 대충 일사천리로 진행하는 경우가 많습니다. 다른 라이브러리는 프로젝트에 도입하기 전부터 상당한 시간을 들여 기능을 점검하고 성능 벤치마크까지 검토하는데, 아주 대조적이지요.

다음은 제품급 로깅 시스템을 선정 시 바람직하지 않은 안티패턴입니다.

10년짜리 로거

누군가 이미 로거를 잘 설정해놨다. 뭐 하러 다시 만드나? 그냥 편하게 갖다 쓰면 되지.

프로젝트 전체 로거

누군가 프로젝트 각 파트마다 따로 로거를 재구성하지 않아도 되게끔 로거를 감싸놓았다.

전사 로거

누군가 전사적으로 사용 가능한 로거를 만들었다.

물론, 그 **누군가**가 고의로 나중에 물의를 빚으려고 하진 않았겠죠. 사내 조직의 타 파트와 연계해서 전사 로거를 구축하는 등 로깅 아키텍처를 올바르게 선정하는 사례도 있습니다. 문제는 업무적으로 그리 중요하게 생각하지 않는 로깅 시스템을 유지 보수하는 일입니다. 이렇게 대충 판단하고 방관하다가 전체 조직에 고루 영향을 미치는 기술 부채technical debt[172]로 이어지기도 합니다. 사실 로거는 그다지 흥미로운 주제는 아니라서 그 선정 과정에서 앞서 열거한 안티패턴을 답습하는 경우가 많습니다. 그러나 로거는 실제로 모든 애플리케이션에 가장 중요한 부분입니다.

대부분의 고성능 환경에서는 처리 정확도와 리포팅reporting(보고)이 속도만큼이나 중요합니다. 신속하지만 부정확하게 처리하는 건 아무 의미 없고, 감사audit 요건상 정확하게 리포팅 처리가 되어야 할 때도 있습니다. 로그는 운영팀이 이슈의 단서를 찾는 데 도움이 되고 사후 조사를 할 수 있을 정도로 충분한 로그를 남겨야 합니다. 시스템에 있는 여느 컴포넌트처럼 로거를 단순히 비용으로 취급해선 곤란합니다. 프로젝트를 할 때 신중하게 잘 살펴서 포함시켜야 할 주요 기능이지요.

14.1.1 로깅 벤치마크

이 절에서는 다양한 로그 패턴을 이용하여 가장 많이 쓰는 세 로거(Logback, Log4j, `java.util.logging`)의 성능을 공정하게 비교하는 벤치마크를 살펴보겠습니다.

지금부터 인용할 자료는 스티븐 콘놀리Stephen Connolly의 오픈 소스 프로젝트(*https://github.com/stephenc/java-logging-benchmarks*)에서 가져온 것입니다. 이 프로젝트는 짜임새 있게 잘 설계되어 있고, 여러 가지 설정으로 다중 로거를 실행 가능한 벤치마크를 제공합니다.

> **TIP_** 이들 벤치마크를 이용하면 로그 포맷이 상이한 로거를 조합해보면서 전체 로깅 프레임워크 성능이 어떠한지, 성능에 조금이라도 영향을 미치는 패턴인지 여부를 엿볼 수 있습니다.

172 **역자주_** 소프트웨어 개발 과정에서 제대로 고민하고 테스트해보며 최적의 방안을 찾기보다는 쉬운 길만 골라 가려고 하다가 결국 나중에 심할 경우 소프트웨어를 재개발해야 하는 막대한 비용.

자, 이즈음에서 필자들이 마이크로벤치마크 방식으로 접근하려는 이유를 분명하게 밝혀야 할 것 같습니다. 사실 우리는 특정 기술의 세 부분을 논의할 때 라이브러리 저자가 겪었던 것과 비슷한 문제에 봉착했습니다. 우리는 여러 가지 로거의 성능이 다양한 설정별로 어느 정도인지 가늠하고 싶었지만, 우리가 딱 원하는 설정을 이용해 양질의 애플리케이션 코퍼스corpus(말뭉치)[173]를 발견하는 일도, 유의미하게 비교할 수 있는 결과를 얻는 일도 지극히 어렵다는 것을 깨닫게 됐습니다.

같은 코드를 여러 가지 애플리케이션에서 실행할 경우, 마이크로벤치마킹을 하면 그 코드가 얼마나 성능을 내는지 추정해볼 수 있습니다. 이는 '범용적이지만 유의미한 코퍼스는 존재하지 않는' 마이크로벤치마크의 응용 사례입니다.

수치만 봐도 대략 전체 그림은 그려지지만, 변경한 내용이 실제 애플리케이션에 어떤 영향을 미칠지 제대로 살펴보려면 반드시 적용 전후의 애플리케이션 상태를 프로파일링해야 합니다.

그럼, 이제부터 실제로 필자들이 얻은 비교 결과와 그 결과를 얻기까지의 과정을 살펴보겠습니다.

로깅 없음

로깅 없음no logging은 현재 로거가 켜져 있고 어떤 한계치 이하로 메시지가 로깅되고 있는 상태에서 무동작no-op 로그의 비용을 측정하는 벤치마크 테스트입니다. 즉, 실험 결과를 비교할 대조군control group에 해당합니다.

Logback 포맷

```
14:18:17.635 [Name Of Thread] INFO  c.e.NameOfLogger - Log message
```

Logback(로그백) 1.2.1 버전을 사용한 벤치마크입니다.

---

173 역자주_ 자연언어 연구를 위해 특정한 목적을 가지고 언어의 표본을 추출한 집합. 컴퓨터의 발달로 말뭉치 분석이 용이해졌으며 분석의 정확성을 위해 해당 자연언어를 형태소 분석하는 경우가 많습니다. 확률/통계적 기법과 시계열적인 접근으로 전체를 파악합니다. 언어의 빈도와 분포를 확인할 수 있는 자료이며, 현대 언어학 연구에 필수적인 자료입니다. (출처: 위키백과)

java.util.logging 포맷

```
Feb 08, 2017 2:09:19 PM com.example.NameOfLogger nameOfMethod
INFO: Log message
```

Log4j 포맷

```
2017-02-08 14:16:29,651 [Name Of Thread] INFO com.example.NameOfLogger - message
```

Log4j 2.7 버전을 사용한 벤치마크입니다.

측정

세 로거를 비교하기 위해 아이맥iMac과 AWS EC2 t2.2xlarge 인스턴스[174]에서 벤치마크를 했습니다(표 14-1, 14-2). 맥 OS에서 프로파일링하면 갖가지 절전 기술이 문제가 될 수 있고, AWS는 다른 컨테이너가 벤치마크 결과에 영향을 미칠 가능성이 있습니다. 완벽한 환경은 없겠죠. 노이즈는 항상 있기 마련이고 5장에서도 말했듯이 원래 마이크로벤치마크는 위험 요소로 가득합니다. 그래도 이 벤치마크의 두 데이터셋을 비교하면 여러분이 실제 애플리케이션을 프로파일링하는 데 유용한 패턴을 밝힐 수 있을 것입니다. 실험 데이터를 다룰 때는 언제나 "당신 자신을 속이면 안 된다"는 파인만 교수의 말을 기억하세요.

표 14-1 아이맥에서 실행한 벤치마크 결과(ns/op)

	로깅 없음	Logback 포맷	java.util.logging 포맷	Log4j 포맷
자바 유틸 로거	158.051 (±0.762)	42,404.202 (±541.229)	86,054.783 (±541.229)	74,794.026 (±2,244.146)
Log4j	138.495 (±94.490)	8,056.299 (±447.815)	32,755.168 (±27.054)	5,323.127 (±47.160)
Logback	214.032 (±2.260)	5,507.546 (±258.971)	27,420.108 (±37.054)	3,501.858 (±47.873)

174 역자주_ *https://aws.amazon.com/ko/ec2/instance-types/*

자바 유틸 로거는 건당 42,404나노초 ~ 86,054나노초 속도로 로그를 남깁니다. 이 로거는 `java.util.logging` 포맷을 사용할 경우 성능이 가장 나쁩니다. 같은 포맷으로 Log4j를 사용할 때보다 2.5배 이상 성능이 안 좋습니다.

아이맥 벤치마크 결과를 보면 Logback이 전반적으로 성능이 가장 우수하고 로깅 포맷이 Log4j일 때 최고입니다.

표 14-2 AWS EC t2.2xlarge 벤치마크 결과(ns/op)

	로깅 없음	Logback 포맷	java.util.logging 포맷	Log4j 포맷
자바 유틸 로거	1,376.597 (±106.613)	54,658.098 (±516.184)	14,4661.388 (±10,333.854)	109,895.219 (±5,457.031)
Log4j	1,699.774 (±111.222)	5,835.090 (±27.592)	34,605.770 (±38.816)	5,809.098 (±27.792)
Logback	2,440.952 (±159.290)	4,786.511 (±29.526)	30,550.569 (±39.951)	5,485.938 (±38.674)

Logback이 Log4j보다 약간 더 빠르게 나왔습니다. 좀 전의 아이맥 결과와 전반적으로 패턴은 비슷하지만, 일부 눈에 띄는 대목이 있습니다.

CAUTION_ 애플리케이션 영향도를 정확하게 측정하려면 프로파일링을 운영 중인 하드웨어의 설정 변경 전후로 수행해야 합니다. 여기서 실행한 벤치마크를 있는 그대로 받아들여선 안 되고, 어떤 설정값 하에서 반복 수행해야 해당 머신을 제대로 반영할 수 있습니다.

확실히 전체 실행 속도는 AWS가 빠른 편입니다. 아무래도 아이맥의 절전 기능이나 포착되지 않은 다른 요인들이 개입된 것 같습니다.

로거 결과

벤치마크를 해보니, 어떤 로깅 포맷, 어떤 로깅 프레임워크를 사용했는지, 그리고 어떤 설정값으로 테스트했는지에 따라 결과는 다양했습니다. 실행 시간 측면에서 대체로 Logback 성능이 가장 좋았고 자바 유틸 로거가 제일 나빴습니다. Log4j 포맷은 전반적으로 가장 일관된 결과를 보였습니다.

실제 시스템에서는, 특히 결과 수치가 엇비슷할 경우, 운영 장비에서 직접 실행 성능을 테스트해보는 게 좋습니다. 실제 시스템은 뭔가 감추어져 잘 보이지 않기 때문에 가장 분명히 드러난 신호만을 하부의 뭔가를 밝히는 증거로 채택해야 합니다. 몇십 퍼센트 정도로는 대부분 불충분합니다.

5장에서 언급했던 것처럼, 마이크로벤치마크는 문제를 작은 통 안에 넣고 바라보기 때문에 애플리케이션 전체에 미치는 영향도는 가려지는 위험성이 내재돼 있습니다. 따라서 다른 예기치 않은 방식으로 애플리케이션에 영향을 미칠 수 있는 마이크로벤치마크 결과를 토대로 결론을 내릴 가능성이 있습니다.

로깅 프레임워크가 생성하는 엄청난 양의 가비지도 잘 따져보아야 합니다. 로깅하느라 소비한 CPU 시간만큼 핵심 업무를 병렬 처리할 기회를 잃어버리기 때문입니다. 로깅 라이브러리의 설계와 작동 원리 역시 직선적인 마이크로벤치마크 실행 결과만큼 중요합니다.

14.2 성능에 영향이 적은 로거 설계하기

로깅은 모든 애플리케이션의 필수 컴포넌트이지만, 저지연 애플리케이션에서 로거는 비즈니스 로직 성능에 병목 현상을 초래해선 안 됩니다. 이 장 앞부분에서 개발자가 적합한 로거를 선정하는 표준적인 절차나 벤치마킹은 따로 없다고 했습니다. 애플리케이션에서 제법 큰, 무시 못할 비용이 발생할 때만 로깅이 문제로 인식되는 경우가 많습니다.

> 고객사 시스템이 로깅 때문에 좋지 않은 영향을 받았다는 소리는 지금까지 거의 들은 바 없습니다. 허용 시간을 4.5초로 잡았는데 실제 로깅 시간이 4.2초나 차지한 극단적인 사례는 있었죠.
>
> – 커크 페퍼다인

Log4j 2.6 버전은 커크가 제기한 문제를 정상 상태steady-state의 가비지-프리garbage-free한 로거로 해결하는 것을 목표로 출시됐습니다.

공식 문서는 JFR를 이용해 애플리케이션을 실행 후 12초 이상, 가급적 자주 스트링을 샘플 로깅하는 단순 테스트 위주입니다. 로거는 `RandomAccessFile` 어펜더appender에 패턴을 `%d %p %c{1.} [%t] %m %ex%n`로 정하고 비동기로 로깅하도록 설정했습니다.

[그림 14-1]은 비정상 상태non-steady-state의 가비지 수집기와 샘플 프로파일을 비교한 것입니다. 정확한 마이크로벤치마크라기보단 로깅 동작을 대략 프로파일링한 것입니다. 141번 수집 중 평균 중단 시간이 약 7밀리초, 최대 중단 시간이 52밀리초로, 중요한 GC 사이클 정보가 표시돼 있습니다.

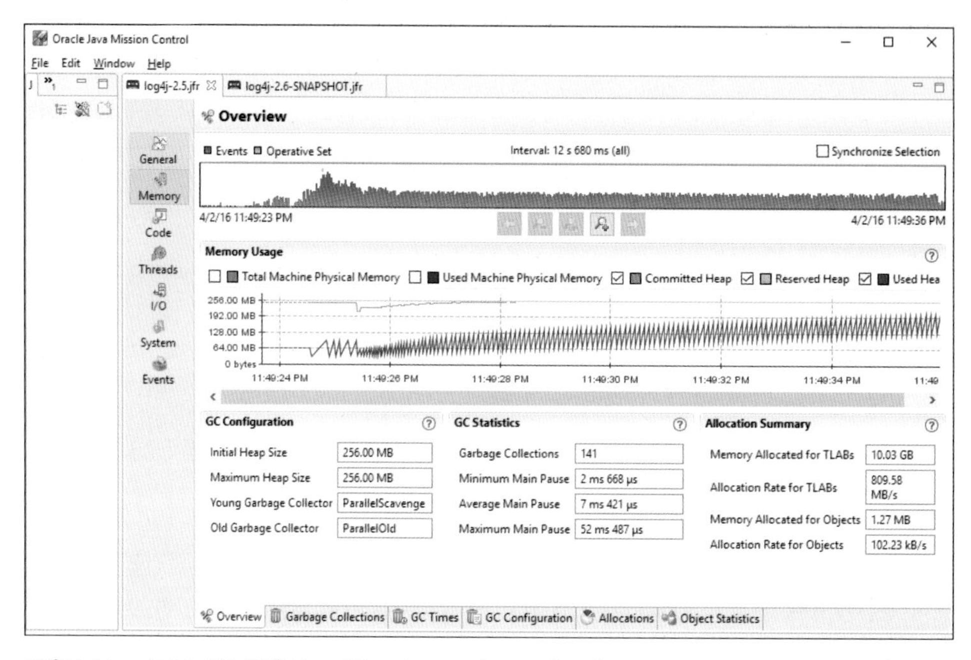

그림 14-1 Log4j 2.5 샘플 실행(*https://logging.apache.org/log4j/2.x/manual/garbagefree.html*)

Log4j 2.6으로 실행하니 놀랍게도 같은 기간 동안 GC 사이클이 한번도 발생하지 않았습니다(그림 14-2).

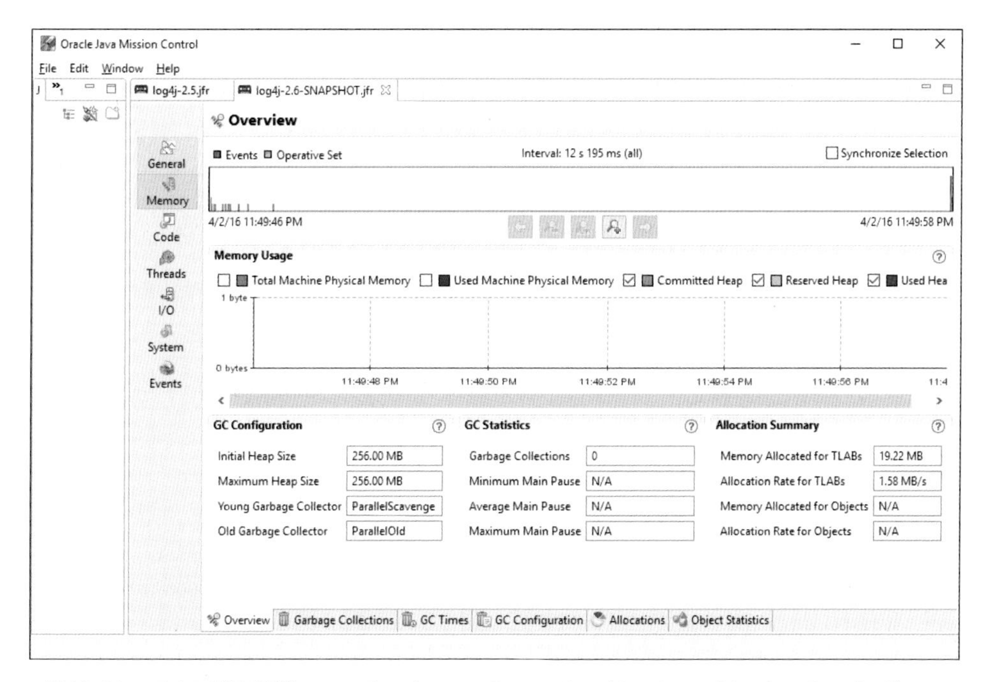

그림 14-2 Log4j 2.6 샘플 실행(*https://logging.apache.org/log4j/2.x/manual/garbagefree.html*)

[그림 14-2]만 보면 Log4j 2.6의 장점이 돋보이지만, 무할당zero-allocation 로거는 구현 방식상 다른 제약이 따릅니다. 늘 그렇듯 공짜 점심은 없는 법이죠!

Log4j 2.6에서 성능이 향상된 비결은, 각 로그 메시지마다 임시 객체를 생성했던 로직을 객체를 재사용하는 방향으로 수정한 것입니다. 바로 **객체 풀 패턴**object pool pattern[175]을 실천한 전형적인 사례입니다. Log4j 2.6은 `ThreadLocal` 필드를 이용해 스트링 → 바이트 변환 시 버퍼를 재사용하는 식으로 객체를 재사용합니다.

> **CAUTION_** 마이크로벤치마크만 쳐다보았다면 이런 결론을 얻지 못했겠죠. 항상 그렇듯이 큰 그림을 그려 보며 설계해야 합니다.

`ThreadLocal` 객체는 웹 컨테이너에서 문제가 될 수 있습니다. 특히, 웹 애플리케이션와 웹 컨테이너 사이에 로드/언로드하는 시점이 문제입니다. Log4j 2.6은 웹 컨테이너 내부에서 실행

175 역자주_ 필요한 객체를 바로 생성하지 않고 풀에 요청을 해서 반환받는 식으로 작업을 수행하는 패턴. JDBC 접속 풀, WAS 스레드 풀 등이 모두 이 패턴에 따라 구현한 결과물입니다.

시 `ThreadLocal`을 안 쓰지만, 성능 향상을 도모하고자 일부 공유된/캐시된 구조체를 사용합니다.

Log4j 구버전을 사용 중인 애플리케이션이라면, 바로 2.6 버전으로 업그레이드하고 설정한 내용을 잘 살펴보세요. Log4j는 임시 배열을 생성해 로그문에 전달되는 매개변수를 담고 가변인수varargs를 사용해 할당 횟수를 줄입니다. Log4j를 SLF4J[176]로 감싸면 퍼사드가 매개변수를 2개만 지원하기 때문에, 가비지-프리한 방식을 응용하거나 Log4j2 라이브러리를 직접 사용해서 코드 베이스를 리팩터링할 필요가 없습니다.

14.3 리얼 로직 라이브러리를 이용해 지연 줄이기

리얼 로직 Real Logic(*https://real-logic.co.uk/*)은 저수준 세부의 이해가 고성능 설계에 영향을 미친다는 기계 공감 접근 방식을 주장한 마틴 톰슨이 설립한 영국 회사입니다. 디스럽터 패턴(*https://lmax-exchange.github.io/disruptor/*)은 그가 자바 세계에 기여한, 가장 유명한 작품입니다.

> **NOTE_** 이름도 기계 공감인 마틴의 블로그(*https://mechanical-sympathy.blogspot.com*)와 그의 메일링 리스트(*https://groups.google.com/forum/?fromgroups#!forum/mechanical-sympathy*)는 애플리케이션 성능 한계에 도전하려는 개발자에게 훌륭한 참고 자료입니다.

리얼 로직 깃허브 페이지(*https://github.com/real-logic*)에는 마틴을 비롯한 여러 기여자들의 전문 지식을 바탕으로 구축된 다양한 유명 오픈 소스 프로젝트가 나열돼 있습니다.

아그로나

자바용 고성능 자료 구조 및 유틸리티 메서드

176 **역자주_** Simple Logging Facade for Java의 약자로, 이 장에 소개된 java.util.logging, Logback, Log4j 등의 여러 가지 로깅 프레임워크를 단순한 퍼사드로 추상화한 라이브러리. 덕분에 개발 단계에서는 SLF4J 규격에 맞춰 로깅을 구현하고 나중에 원하는 로깅 프레임워크를 선택해서 배포하는 일도 가능합니다.

단순 바이너리 인코딩(SBE)

고성능 메시지 코덱codec

에어론

효율적/안정적인 UDP 유니캐스트, UDP 멀티캐스트, IPC 메시지 전송

아티오

탄력적인 고성능 FIX 게이트웨이

이들 프로젝트가 자바 성능의 한계를 뛰어넘기 위해 어떤 설계 철학을 갖고 구축됐는지 다음 절부터 하나씩 살펴보겠습니다.

> **NOTE_** 리얼 로직은 이들 라이브러리를 응용한 탄력적인 고성능 FIX[177] 게이트웨이gateway도 관리하지만, 이 장의 내용과는 무관하므로 생략합니다.

14.3.1 아그로나

아그로나 프로젝트project agrona (*https://github.com/real-logic/agrona*)는 저지연 애플리케이션 전용 구성 요소를 담아놓은 라이브러리입니다(아그로나Agrona라는 명칭은 웨일스, 스코틀랜드 켈트족 신화에서 유래했습니다). 필자는 12.3절에서 바퀴를 다시 발명하지 않고[178] `java.util.concurrent` 패키지를 이용해 동시성을 적절히 추상화하는 방법을 설명했습니다.

아그로나는 진정한 저지연 애플리케이션용 라이브러리 세트를 제공합니다. 표준 라이브러리만으로 유스케이스를 충족시키기 어렵다는 사실이 밝혀졌다면 그다음은 직접 코드를 작성하기 전에 아그로나 라이브러리를 한번 검토해보는 수순이 합리적입니다. 이 프로젝트는 확실히 단

177 **역자주_** FIX(Financial Information eXchange, 금융 정보 교환)는 국제 금융 거래 시스템의 실시간 정보 교환을 위해 1992년에 마련된 사실상 표준 프로토콜.

178 **역자주_** 'reinvent the wheel(바퀴를 다시 발명하다)'은 거의 모든 IT 원서에 빠짐없이 등장하는 표현으로, 다른 사람이 이미 앞서 고민해서 만들어 놓은 것(코드나 라이브러리, 솔루션, 프레임워크 등)을 처음부터 본인이 직접 다시 만들려고 애쓰는 행위를 가리킵니다.

위 테스트를 수행해 검증을 마쳤고 문서화가 잘 되어 있습니다. 관련 커뮤니티 활동도 활발합니다.

버퍼

리차드 와버튼Richard Warburton은 버퍼에 관한 멋진 글(*http://insightfullogic.com/2015/Apr/18/agronas-threadsafe-offheap-buffers/*)에서 자바 버퍼의 문제점을 잘 설명해 놓았습니다.

자바에는 다이렉트/논다이렉트 버퍼를 추상화한 `ByteBuffer` 클래스(*https://docs.oracle.com/javase/8/docs/api/java/nio/ByteBuffer.html*)가 있습니다.

다이렉트 버퍼는 자바 힙 밖에 있기 때문에(하지만 전체 JVM 프로세스의 'C 힙' 내부에 있죠) 온-힙on-heap 버퍼(논다이렉트 버퍼)보다 할당/해제율은 낮은 편입니다. 다이렉트 버퍼의 장점은 중간 단계의 매핑 없이 직접 구조체에 명령어를 실행하는 것입니다.

`ByteBuffer`는 일반화한 유스케이스가 가장 큰 문제로, 버퍼 타입별로 최적화를 적용할 수 없습니다. 가령, `ByteBuffer`는 아토믹 연산을 지원하지 않으므로 생산자/소비자 방식의 버퍼를 구축할 때 제약이 따릅니다. 또 `ByteBuffer`를 사용하려면 매번 다른 구조체를 감쌀 때마다 하부 버퍼를 새로 할당해야 합니다. 아그로나는 복사를 지양하며 저마다 독특한 특성을 지닌 버퍼를 네 가지 지원합니다. 따라서 각 버퍼 객체마다 있음 직한 상호작용을 정의/제어할 수 있습니다.

- `DirectBuffer` 인터페이스: 버퍼에서 읽기만 가능하며 최상위 상속 계층에 위치한다.
- `MutableDirectBuffer` 인터페이스: `DirectBuffer`를 상속하며 버퍼 쓰기도 가능하다.
- `AtomicBuffer` 인터페이스: `MutableDirectBuffer`를 상속하며 메모리 액세스 순서까지 보장한다.
- `UnsafeBuffer` 클래스: `Unsafe`를 이용해 `AtomicBuffer`를 구현한 클래스이다.

[그림 14-3]은 아그로나 버퍼 클래스의 상속 계층도입니다.

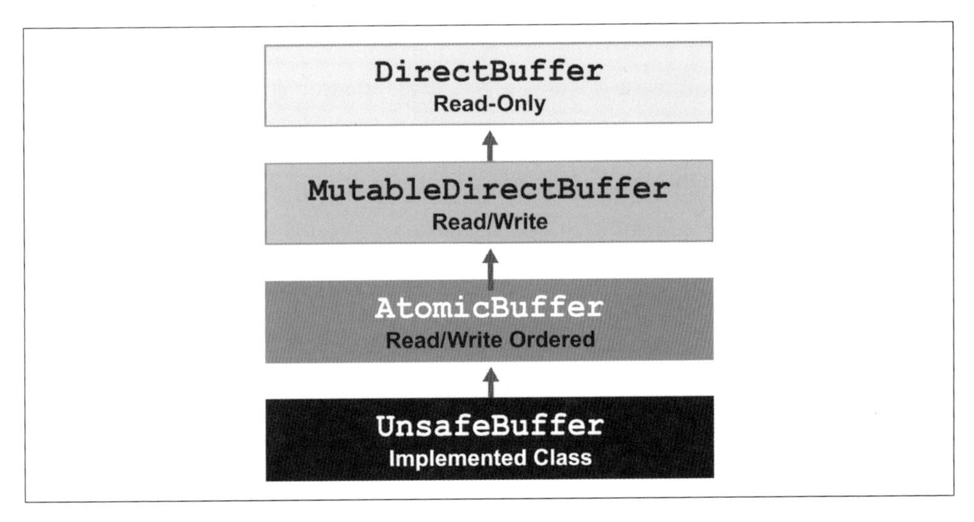

그림 14-3 아그로나 버퍼

다음 코드 조각처럼 아그로나 구현 코드는 매우 저수준이고 Unsafe를 광범위하게 사용합니다.

```
// 이 지저분한 코드 조각은 주소가 짝수일 때
// JVM이 memset()을 호출하게 하려고 만든 것이다.
// TODO: 자바 9가 나왔을 때도 이 코드가 잘 작동하는지 체크하기
UNSAFE.putByte(byteArray, indexOffset, value);
UNSAFE.setMemory(byteArray, indexOffset + 1, length - 1, value);
```

그렇다고 아그로나가 임시방편이란 소리는 아닙니다. 사실 그 반대죠. 이런 코드는, 지금은 반최적화antioptimization나 다름없는, 과거 JVM 내부에 적용된 낡은 최적화를 우회하기 위해서라도 꼭 필요합니다. 성능을 최대한 얻어내고자 라이브러리가 이 정도로 세부 수준까지 파고든 것입니다.

아그로나 버퍼를 이용하면 다양한 get 메서드를 통해 하부 데이터를 가져올 수 있습니다(예: getLong(int index)). 버퍼를 래핑하더라도 개발자는 데이터 인덱스가 어느 지점에 있는지 알고 있어야 합니다. put 메서드를 이용하면 버퍼의 특정 위치에 long값을 넣을 수 있습니다. 버퍼 타입은 어느 한 가지로 고정된 게 아니고, 가장 적합한 자료 구조를 선택/관리하는 일은 개발자의 몫입니다. 경계 검사 기능은 설정/해제가 가능하므로 불필요한 코드는 JIT 컴파일러로 최적화하면서 들어낼 수 있습니다.

리스트, 맵, 세트

아그로나는 int 또는 long형 배열에 기반한 리스트 구현체를 여럿 제공합니다. 자바는 11.1절에서 언급했듯이, 배열 안에서 객체를 나란히 배치하는 장치가 따로 없으며, 표준 컬렉션의 결과물은 항상 레퍼런스의 배열입니다. 표준 컬렉션에서 기본형 아닌 객체를 사용하라고 강요하다 보니 객체 자체의 크기 오버헤드도 있지만 자동박싱autoboxing/언박싱unboxing도 발생합니다. 아그로나 ArrayListUtil을 이용하면 리스트 순서는 안 맞지만 ArrayList에서 신속하게 원소를 제거할 수 있습니다.

아그로나 맵, 세트 구현체는 키/값을 해시 테이블 자료 구조에 나란히 저장합니다. 키가 충돌하면 다음 값은 해시 테이블의 해당 위치 바로 다음에 저장됩니다. 동일한 캐시 라인에 있는 기본형 매핑을 재빠르게 액세스할 때 딱 맞는 자료 구조입니다.

큐

아그로나의 동시성 패키지에는 큐, 링 버퍼를 비롯해 쓸만한 자료 구조 및 동시성 유틸리티가 있습니다.

아그로나 큐는 표준 java.util.Queue 인터페이스를 준수하므로 표준 큐 구현체 대신 쓸 수 있고, 순차 처리용 컨테이너 지원 기능이 부가된 org.agrona.concurrent.Pipe 인터페이스도 함께 구현되어 있습니다. 특히, Pipe는 원소를 카운팅하고, 수용 가능한 최대 원소 개수를 반환하고, 원소를 비우는 작업을 지원하므로 큐를 소비하는 코드와 원활하게 상호작용할 수 있습니다. 큐는 모두 락-프리하고 Unsafe를 사용하므로 저지연 시스템에 안성맞춤입니다. org.agrona.concurrent.AbstractConcurrentArrayQueue는 서로 다른 생산자/소비자 모델을 제공하는 일련의 큐를 1차적으로 지원하는 추상 클래스입니다. API에 포함된 다음 클래스는 눈여겨 볼 만합니다.

```
/**
 * Pad out a cache line to the left of a producer Fields
 * to prevent false sharing.
 */
class AbstractConcurrentArrayQueuePadding1
{
    @SuppressWarnings("unused")
    protected long p1, p2, p3, p4, p5, p6, p7, p8, p9, p10, p11, p12,
```

```
        p13, p14, p15;
}

/**
 * Values for the producer that are expected to be padded.
 */
class AbstractConcurrentArrayQueueProducer
        extends AbstractConcurrentArrayQueuePadding1
{
    protected volatile long tail;
    protected long headCache;
    protected volatile long sharedHeadCache;
}

/**
 * Pad out a cache line between the producer and consumer Fields to prevent
 * false sharing.
 */
class AbstractConcurrentArrayQueuePadding2
        extends AbstractConcurrentArrayQueueProducer
{
    @SuppressWarnings("unused")
    protected long p16, p17, p18, p19, p20, p21, p22, p23, p24, p25,
p26, p27, p28, p29, p30;
}

/**
 * Values for the consumer that are expected to be padded.
 */
class AbstractConcurrentArrayQueueConsumer
extends AbstractConcurrentArrayQueuePadding2
{
    protected volatile long head;
}

/**
 * Pad out a cache line between the producer and consumer Fields to
 * prevent false sharing.
 */
class AbstractConcurrentArrayQueuePadding3
    extends AbstractConcurrentArrayQueuePadding2
{
    @SuppressWarnings("unused")
    protected long p31, p32, p33, p34, p35, p36, p37, p38, p39, p40,
```

```
        p41, p42, p43, p44, p45;
}

/**
 * Leftover immutable queue Fields.
 */
public abstract class AbstractConcurrentArrayQueue<E>
    extends AbstractConcurrentArrayQueuePadding3
    implements QueuedPipe<E> {...}
```

NOTE_ 어쩌면 미래에 이런 종류의 캐시 라인 패딩을 `sun.misc.contended`(또는 `jdk.internal.vm.annotation.Contended`)로 생성할 수 있을 것입니다.

위 소스 코드를 잘 보면, 생산자, 소비자가 큐를 동시에 액세스할 경우 잘못된 공유를 방지하고자 큐 메모리를 영리하게(강제로) 배치합니다. 이런 패딩이 필요한 이유는, 자바/JVM이 메모리의 필드 레이아웃을 보장하지 않기 때문입니다.

생산자, 소비자를 각자 별개의 캐시 라인에 놓아두면 저지연, 고처리율 상황에서 만족할 만한 성능을 기대할 수 있습니다. 캐시 라인은 메모리를 액세스하기 위해 사용하지만, 생산자, 소비자가 동일한 캐시 라인을 공유하는 구조라면 캐시 라인을 동시 액세스할 때 문제가 불거지겠죠.

구현체는 다음 세 가지입니다. 이런 식으로 구현체를 분리하면 필요할 때에만 코드에서 조정하며 쓸 수 있습니다.

OneToOneConcurrentArrayQueue

하나의 생산자, 하나의 소비자는, '유일한 동시 액세스는 생산자, 소비자가 자료 구조에 동시 액세스할 때에만 발생한다'는 정책을 선택하는 것과 같습니다. 여기서 중요한 건, 한번에 하나의 스레드에 의해서만 업데이트되는 헤드, 테일의 위치입니다.

헤드는 큐에서 `poll()` 또는 `drain()`할 때에만, 테일은 `put()`할 때에만 업데이트할 수 있습니다. 이 모드를 선택하면 나머지 두 가지 큐에서 꼭 필요한, 부수적인 조정 체크를 하느라 쓸데없이 성능 누수를 유발할 일이 없습니다.

ManyToManyConcurrentArrayQueue

생산자가 다수일 경우에는, 테일 위치를 업데이트할 때 (다른 생산자가 업데이트했을지도 모르니) 부가적인 제어 로직이 필요합니다. `while` 루프에서 `Unsafe.compareAndSwapLong`를 사용하면 꼬리가 업데이트될 때까지 큐 테일을 안전하게, 락-프리하게 업데이트할 수 있습니다. 소비자는 하나밖에 없으니 소비자 쪽에는 이런 경합이 없습니다.

ManyToOneConcurrentArrayQueue

마지막으로, 생산자, 소비자가 모두 다수일 경우, 머리/테일 양쪽을 업데이트해야 합니다. 이 정도 수준으로 조정/제어하려면 `compareAndSwap`을 감싼 `while` 루프가 필요합니다. 셋 중 조정 과정이 가장 복잡하기 때문에 그만큼 안전이 보장돼야 할 경우에만 사용하는 게 좋습니다.

링 버퍼

아그로나가 제공하는 `org.agrona.concurrent.RingBuffer`는 프로세스 간 통신용 바이너리 인코딩binary encoding[179] 메시지를 교환하는 인터페이스입니다. `RingBuffer`는 `DirectBuffer`를 이용해 메시지 오프-힙off-heap 저장소를 관리합니다. 소스 코드[180]에 주석으로 포함된 다음 아스키 아트ASCII art[181] 덕분에 메시지가 `RecordDescriptor` 자료 구조에 저장된다는 사실을 알 수 있습니다.

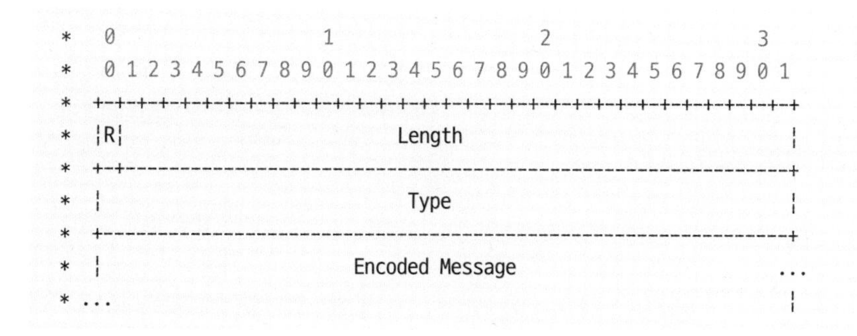

```
*   0                   1                   2                   3
*   0 1 2 3 4 5 6 7 8 9 0 1 2 3 4 5 6 7 8 9 0 1 2 3 4 5 6 7 8 9 0 1
*  +-+-+-+-+-+-+-+-+-+-+-+-+-+-+-+-+-+-+-+-+-+-+-+-+-+-+-+-+-+-+-+-+
*  |R|                         Length                              |
*  +-+-------------------------------------------------------------+
*  |                            Type                               |
*  +---------------------------------------------------------------+
*  |                       Encoded Message                        ...
* ...                                                              |
```

179 역자주_ 더 정확한 명칭은 바이너리-투-텍스트 인코딩(binary-to-text encoding)으로, 2진수로 구성된 바이너리 데이터를 표기 가능한(printable) 문자로 표현한 것. 현업에 계신 분들이라면 적어도 한번쯤은 보았을 Base64가 가장 대표적인 바이너리 인코딩 체계입니다.

180 역자주_ *https://github.com/real-logic/agrona/blob/master/agrona/src/main/java/org/agrona/concurrent/broadcast/RecordDescriptor.java*

181 역자주_ 아스키 코드를 사용해 그린 그림으로, 처음에는 주로 휴대폰의 이모티콘으로 많이 쓰였습니다.

```
 * +------------------------------------------------------------------+
```

아그로나에 내장된 링 버퍼 구현체는 `OneToOneRingBuffer`, `ManyToOneRingBuffer` 두 가지입니다. 쓰기 작업은 소스 버퍼를 전달받아 그 메시지를 별도의 버퍼에 써넣는 반면, 읽기 작업은 메시지 핸들러의 `onMessage()` 메서드로 콜백됩니다. `ManyToOneRingBuffer`에서 여러 생산자가 쓰기하고 있는 상황에서 `Unsafe.storeFence()` 메서드를 호출하면 수동으로 메모리 동기화를 통제할 수 있습니다. `storeFence()`는, '펜스를 치기 전의 스토어를, 펜스를 친 이후의 로드 또는 스토어와 순서를 바꾸지 못하게 하는' 메서드입니다.

이밖에도 아그로나에는 갖가지 저수준 구조와 흥미로운 특성들이 많습니다. 이 정도 수준까지 구축을 해야 한다면 이 프로젝트는 일단 처음에 실험해보기에 적당한 프로젝트입니다.

JCTools(*https://github.com/JCTools/JCTools*)처럼 동시 큐를 변형한 자료 구조를 제공하는 프로젝트도 있습니다. 유스케이스가 아주 독특한 경우가 아니라면, 개발자 여러분은 먼저 오픈 소스 라이브러리를 찾아보고 처음부터 바퀴를 발명하느라 고생하지 마세요.

14.3.2 단순 바이너리 인코딩

단순 바이너리 인코딩(SBE)는 저지연 성능에 알맞게 개발된 바이너리 인코딩 방식으로, 금융 시스템에서 쓰이는 FIX 프로토콜에 특화되어 있습니다.

> 저지연에 최적화된 SBE는 다른 바이너리 인코딩과는 그 특성이 사뭇 다릅니다. 이 새로운 FPL[182] 바이너리 인코딩은 시장 데이터의 대역폭을 줄이는 데 초점을 두고 2005년 개발된 기존 유일한 바이너리 인코딩(FAST)을 보완합니다.
>
> – SBE 명세 초안 1

SBE는 메시지를 인코딩/디코딩하는 애플리케이션 계층의 관심사입니다. 버퍼는 아그로나에서 빌려 쓰지요. SBE는 GC를 유발하지 않고 메모리 액세스 같은 문제를 최적화하지 않고도 효율적인 자료 구조를 통해 저지연 메시지를 전달할 수 있습니다. 특히, 시장 이벤트에 수 밀로초, 수 나노초 이내로 반응해야 하는, 고빈도 거래high frequency trading 환경에 맞춤 설계되었습

182 역자주_ FPL(FIX Protocol Limited)는 FIX 프로토콜을 관리하는 회사명.

니다.

> **NOTE_** SBE 인코딩은 구글 프로토콜 버퍼Google Protocol Buffer[183]와 ASN.1[184]으로 FIX를 인코딩하는 라이벌 제안서에 대응하고자 FIX 프로토콜 조직 내부에서 정의됐습니다.

고빈도 거래 환경에서는 작업이 꾸준히 신속해야 한다는, 핵심 비기능 요건이 있습니다. 필자 중에는 메시지를 꽤 높은 처리율로 처리하다가 GC 버그 탓에 시스템이 갑자기 2분 동안 중단됐던 경험을 한 사람이 있습니다. 저지연 애플리케이션에서 이러한 중단은 도저히 용납할 수 없는 일이죠. 일관된 성능을 보장하려면 가비지 수집이 한꺼번에 일어나는 걸 방지해야 합니다. 이런 종류의 성능 이슈는 흡수 테스트soak test[185]나 다른 장기적 성능 활동을 통해 발견됩니다.

저지연 애플리케이션의 목표는 수단과 방법을 가리지 않고 애플리케이션 성능을 최대한 짜내는 것입니다. 그래서 거래 애플리케이션의 임계 경로를 거치는 지연을 줄이고자 경쟁 거래사 간에 '군비 경쟁arms race'을 방불케 하는 노력이 치열합니다.

SBE 제작진은 일련의 설계 원리(*https://github.com/real-logic/simple-binary-encoding/wiki/Design-Principles*)를 제시하고 자신들의 견해를 밝혔습니다. 그들이 내린 설계 결정을 몇 가지 살펴보고 저지연 시스템 설계와의 연관성을 알아보겠습니다.

카피-프리, 네이티브 타입 매핑

복사는 비용이 듭니다. C++ 프로그래밍을 해 본 독자라면 다들 객체를 복사하는 실수를 저질러 곤란했던 기억이 있을 겁니다. 조그마한 객체는 별로 안 비싸지만, 크기가 커질수록 복사 비용도 함께 증가하죠.

메모리가 자동 관리되는 덕분에 레퍼런스만 갖고 작업하는 일이 당연한 자바 프로그래머는 이런 문제를 신경쓸 일이 거의 없습니다. SBE의 카피-프리(복사를 하지 않는) 기술은 중간 버

---

183 역자주_ *https://developers.google.com/protocol-buffers/?hl=ko*

184 역자주_ 플랫폼에 구애받지 않고 직렬화/역직렬화 가능한 자료 구조를 정의한 표준 인터페이스 기술 언어. 통신, 컴퓨터 네트워크, 특히 암호 분야에서 폭넓게 쓰입니다. (출처: 위키백과)

185 역자주_ 내구 테스트(endurance test)라고도 합니다. 애플리케이션이 실제 운영 환경에서 예상되는 정도의 부하를 꾸준히 받게 될 때 잘 버티는지 시험하는 것.

퍼를 쓰지 않고 메시지를 인코딩/디코딩하도록 설계됐습니다.

하지만, 하부 버퍼에 직접 쓰는 작업은 설계 비용이 듭니다. 버퍼에 집어넣지 못할 정도로 큰 메시지는 지원할 수 없기 때문에 메시지를 조각조각 나누어 다시 조립하는 프로토콜을 구축해야 이런 메시지도 지원 가능합니다.

어셈블리 명령어에 네이티브하게 매핑되는 타입 역시 카피-프리하게 작업하는 게 좋습니다. 어셈블리 연산을 적절히 잘 선택해 매핑하면 필드 검색 성능이 현저히 향상됩니다.

정상 상태 할당

저지연 애플리케이션 설계 시 자바의 객체 할당 방식은 당연히 문제가 됩니다. 할당 작업 자체도 (TLAB처럼 아주 작다고 해도) CPU 사이클을 소모하지만 사용을 마친 후 객체를 지우는 것도 문제입니다.

GC는 STW, 즉 중단을 자주 일으킵니다. 거의 동시 작동하는 고급 수집기도 마찬가집니다. 중단 시간 수치를 제한해도 GC 프로세스는 성능 모델에 유의미한 편차를 가져옵니다.

> **TIP_** C++로 개발하면 이런 문제는 그냥 해결되리라 생각하기 쉽지만, 할당/해제 메커니즘은 다른 문제를 일으킵니다. 특히, 락킹 메커니즘을 적용해서 성능을 해치는 메모리 풀도 있습니다.

SBE는 하부 버퍼에 플라이트웨이트 패턴flyweight pattern[186]을 사용하므로 할당-프리allocation-free합니다(할당이 일어나지 않습니다).

스트리밍/단어 정렬 액세스

자바에서 메모리 액세스는 범접할 수 없는 대상입니다. 11.1절에서 소개한 ObjectLayout은 C++ 벡터처럼 객체들을 나란히 저장하자고 제안합니다. 자바 배열은 보통 레퍼런스 배열 형태라서 메모리 순차 읽기는 불가능합니다.

SBE는 메시지를 진행 방향으로 인코딩/디코딩하도록 설계되어 있어서 정확하게 단어를 정렬

---

186 **역자주_** 동일하거나 유사한 객체들 사이에 가능한 많은 데이터를 서로 공유하여 사용하도록 하여 메모리 사용량을 최소화하는 소프트웨어 디자인 패턴. 종종 오브젝트의 일부 상태 정보는 공유될 수 있는데, 플라이웨이트 패턴에서는 이와 같은 상태 정보를 외부 자료 구조에 저장하여 플라이웨이트 오브젝트가 잠깐 동안 사용할 수 있도록 전달합니다. (출처: 위키백과)

할 수 있는 틀이 잡혀 있습니다. 정렬이 엉망인 상태에서는 프로세서 수준에서 성능 문제가 불거질 수 있습니다.

SBE 써보기

SBE 메시지는 메시지 레이아웃을 특정한 XML 스키마 파일로 나타냅니다. XML은 요즘 기피하는 포맷이지만, 스키마는 메시지 인터페이스를 정확하게 표현하기에 좋은 수단이고 이클립스나 인텔리J 같은 IDE는 XML을 기본 지원합니다.

다음과 같이 `sbe-tool`라는 SBE 명령줄 이용하면 주어진 스키마에 해당하는 인코더/디코더를 생성할 수 있습니다.

```
# 프로젝트를 포크하거나 복제한다.
git clone git@github.com:real-logic/simple-binary-encoding.git

# 자신이 선호하는 빌드 툴로 프로젝트를 빌드한다.
gradle

# sbe-tool는 다음 명령어로 생성한다.
sbe-tool/build/libs

# 단순 스키마로 sbe-tool을 실행한다. 샘플 스키마는 다음 URL에 있음.
# https://github.com/real-logic/simple-binary-encoding/blob/master/
    sbe-samples/src/main/resources/example-schema.xml
java -jar sbe-tool-1.7.5-SNAPSHOT-all.jar message-schema.xml

# 베이스라인 디렉터리에 위치한 전체 .java 파일 목록을 조회한다.
$ ls
BooleanType.java                GroupSizeEncodingEncoder.java
BoostType.java                  MessageHeaderDecoder.java
BoosterDecoder.java             MessageHeaderEncoder.java
BoosterEncoder.java             MetaAttribute.java
CarDecoder.java                 Model.java
CarEncoder.java                 OptionalExtrasDecoder.java
EngineDecoder.java              OptionalExtrasEncoder.java
EngineEncoder.java              VarStringEncodingDecoder.java
GroupSizeEncodingDecoder.java   VarStringEncodingEncoder.java
```

SBE 프로토콜에서는 반드시 스키마에 정의된 순서대로 메시지를 읽어야 한다는 점을 꼭 기억하세요. 메시지 작업에 관한 튜토리얼은 SBE 자바 유저 가이드(*https://github.com/real-logic/simple-binary-encoding/wiki/Java-Users-Guide*)에 잘 정리되어 있습니다.

NOTE_ 예제는 명령줄에서 SBE 툴을 사용했지만, 이 툴은 통상 빌드 파이프라인에 통합해서 사용합니다.

14.3.3 에어론

리얼 로직 스택의 마지막 제품은 바로 에어론입니다. 에어론을 제일 마지막에 소개하는 이유는, 에어론이 SBE와 아그로나에 기반한 툴이기 때문입니다. 에어론은 자바 및 C++ 용도로 개발된, UDP User Datagram Protocol (유저 데이터그램 프로토콜) 유니캐스트, 멀티캐스트, IPC Inter-Process Communication (프로세스 간 통신) 메시지를 전송하는 수단입니다. 미디어 계층에 무관하게 동작하므로 인피니밴드 InfiniBand[187]와도 잘 연동됩니다.

기본적으로 에어론은 애플리케이션이 같은 머신에서, 또는 네트워크를 넘나들며 IPC를 통해 서로 소통할 수 있게 해주는 것들을 망라한, 일반적인 메시지 프로토콜입니다. 최고의 처리율을 지향하는 에어론은 지연을 예측 가능한 방향으로 가장 낮게 (14.3.2절에서도 말했지만 일관성도 중요합니다) 유지하는 것을 목표합니다. 자, 그럼 에어론 API를 살펴보면서 제작진이 어떤 설계 결정을 내렸는지 알아보겠습니다.

굳이 새로운 걸 만든 이유는?

에어론 같은 신제품을 만드는 주된 이유는, 시장에 나와 있는 제품들이 점점 더 일반화되기 때문입니다. 사실, 고객들이 어떤 제품에 이런저런 특성을 요구하면(그 대가로 지갑을 열겠죠) 결국 더 많은 기능이 제품에 실리게 되고 원래 의도한 것보다 규모가 훨씬 더 커집니다. 급기야 프레임워크 수준에 이르기도 하죠.

저수준 자바에서 메시징 시스템은 만드는 재미가 쏠쏠해서 사내 또는 오픈 소스 커뮤니티에서 펫 프로젝트 pet project[188]로 시작되는 경우도 많습니다. 하지만, 경험 부족 탓에 저지연 관점에서

---

187 **역자주_** 고성능 컴퓨팅과 기업용 데이터 센터에서 사용되는 스위치 방식의 통신 연결 방식. 주요 특징으로는 높은 처리율과 낮은 지연 그리고 높은 안정성과 확장성을 들 수 있습니다. (출처: 위키백과)

188 **역자주_** 고객이 정식으로 의뢰하거나 사내의 중대한 사항이 아닌 개인적인 호기심이나 취향에서 비롯된 소규모 프로젝트.

무엇이 필요한지 모르는 상태에서는, 이런 펫 프로젝트가 상용화 가능한 수준의 제품까지 이어질 가능성은 작습니다. 애초부터 성능을 희생하지 않고 저지연을 목표로 제품을 개발하는 것은 지금도 여전히 난제입니다.

앞서 밝혔듯이, 강력한 설계 원리에 기반한 에어론은 처음부터 컴포넌트 라이브러리 형태로 제작됐습니다. 그래서 어떤 프레임워크에도 얽매이지 않으며, 저수준 자료 구조만 필요할 경우 다른 디펜던시를 갖다 쓸 필요 없이 아그로나에 탑재된 기능을 그대로 이용하면 됩니다.

발행자

에어론을 좀 더 자세히 살펴보기 전에, 구성 컴포넌트를 고수준에서 살펴보겠습니다(그림 14-4).

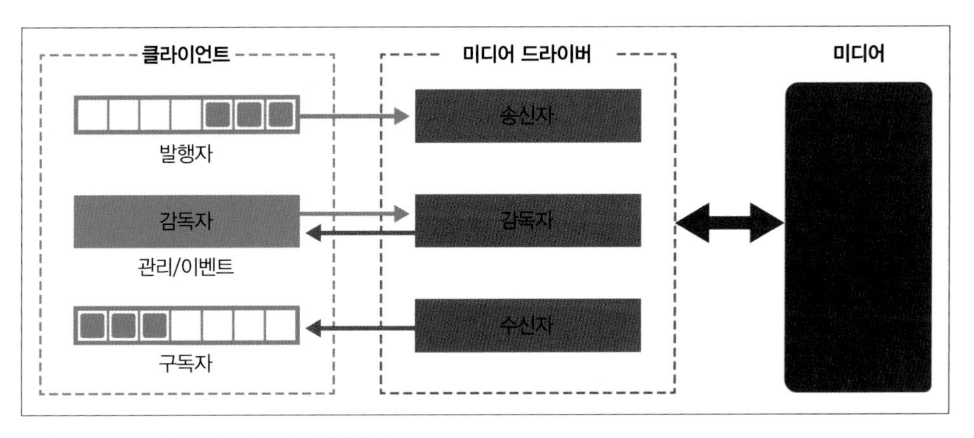

그림 14-4 주요 에어론 컴포넌트의 아키텍처 구조

- **미디어**media는 에어론이 통신하는 매개체입니다(예: UDP, IPC, 인피니밴드, 또는 기타 매체). 요는, 클라이언트로서 에어론이 이 매체들을 모두 추상화했다는 점입니다.
- **미디어 드라이버**media driver는 미디어와 에어론 사이의 연결 통로입니다. 원하는 전송 구성을 세팅해 통신할 수 있습니다.
- **감독자**conductor(컨덕터)는 전체 흐름을 관장합니다. 버퍼를 설정하거나 새 구독자/발행자 요청을 리스닝하는

등의 일을 하죠. 또 NAK Negative Acknowledgment (부정 응답 문자)[189]를 감지해 재전송을 준비하기도 합니다. 감독자 덕분에 송신자/수신자는 바이트를 주고받는 일만 집중해서 최대 처리율을 높일 수 있습니다.

- **송신자** sender는 생산자로부터 데이터를 읽어 소켓으로 전송합니다.
- **수신자** receiver는 소켓에서 데이터를 읽고 해당 채널/세션으로 내보냅니다.

보통 미디어 드라이버는 메시지 송수신에 사용하는 버퍼를 제공하는 별개 프로세스로 떠 있습니다. 다양한 미디어 드라이버가 준비되어 있어서 하드웨어 배포 환경에 맞게 최적화할 수 있습니다. `MediaDriver.Context`는 미디어 드라이버별 최적 설정값이 보관된 구성 클래스입니다. 또 미디어 드라이버는 동일 프로세스 내부에 임베디드 embedded 방식으로도 띄울 수 있습니다. 임베디드 프로세스는 컨텍스트나 시스템 프로퍼티로 구성할 수 있습니다. 다음은 임베디드 미디어 드라이버를 시작하는 코드입니다.

```
final MediaDriver driver = MediaDriver.launch();
```

에어론 애플리케이션은 발행자나 구독자, 어느 한 가지로 미디어 드라이버에 접속합니다. `Aeron` 클래스는 이 과정을 간소화하므로 `Context`라는 내부 클래스를 이용하면 설정값도 구성할 수 있습니다.

```
final Aeron.Context ctx = new Aeron.Context();
```

이제 `publication`에 접속해서 주어진 채널/스트림으로 통신하면 됩니다. `Publication`은 `AutoClosable`이라서 `try` 블록 실행 완료 후 자동으로 정리됩니다.

```
try (Publication publication = aeron.addPublication(CHANNEL, STREAM_ID))
{...}
```

메시지를 보내기 위해 발행자에게 버퍼를 제공하고 그 결과 메시지 상태값을 반환받습니다. `Publication`에는 `offer()` 메서드의 `long`형 결괏값과 대조할 수 있게 에러를 매핑한 `long`형 상수들이 정의돼 있습니다.[190]

---

189 역자주_ 데이터 수신에 오류가 있었음을 나타내는 통신 제어용 신호.

190 역자주_ *https://github.com/real-logic/aeron/blob/master/aeron-client/src/main/java/io/aeron/Publication.java* 소스 코드 참고

```
final long result = publication.offer(BUFFER, 0, messageBytes.length);
```

이처럼 메시지 전송은 단순한 작업이지만, 어디까지나 구독자가 동일한 미디어 드라이버를 리스닝하고 있어야 그 의미가 있겠죠.

구독자

미디어 드라이버를 가져와 에어론 클라이언트로 접속하는 과정은 구독자 역시 발행자와 비슷합니다. 다음 코드는 메시지 수신 시 작동시킬 콜백 함수를 등록합니다.

```
final FragmentHandler fragmentHandler =
    SamplesUtil.printStringMessage(STREAM_ID);

try (Aeron aeron = Aeron.connect(ctx);
     Subscription subscription = aeron.addSubscription(CHANNEL, STREAM_ID))
{
    SamplesUtil.subscriberLoop(fragmentHandler,
        FRAGMENT_COUNT_LIMIT, running).accept(subscription);
}
```

지금까지 예제는 아주 기본적인 설정들입니다. 에어론 프로젝트 홈페이지에 가 보면 고급 주제를 다룬 샘플(*https://github.com/real-logic/aeron/tree/master/aeron-samples/src/main/java/io/aeron/samples*)이 많습니다.

14.3.4 에어론의 설계 개념

마틴 톰슨은 스트레인지 루프Strange Loop(*https://www.youtube.com/watch?v=tM4YskS94b0&feature=youtu.be*) 콘퍼런스에서 에어론이란 무엇인지, 그리고 왜 에어론을 제작하게 됐는지 아주 멋지게 잘 소개했습니다. 이 절에서는 그가 동영상에서 거론한 주제들과 공개 문서를 함께 정리합니다.

전송 요건

에어론은 OSI 4 전송 계층에서 메시징을 하므로 반드시 준수해야 할 요건들이 있습니다.

정렬

전송 계층은 저수준에서 순서 없이 무작위로 패킷을 받기 때문에 순서가 뒤섞인 메시지는 다시 정렬해야 합니다.

신뢰성

데이터가 누락되면 큰 문제가 발생하므로 유실된 데이터는 재전송을 요청해야 합니다. 옛 데이터 요청을 처리하는 동안, 새 데이터를 수신하는 프로세스가 지연되면 곤란하겠죠. 이런 맥락에서 신뢰성이란, 세션 수준의 신뢰성이 아닌, 접속 수준의 신뢰성(즉, 멀티 프로세스 재시작에 대한 내고장성)을 뜻합니다.

배압

부하가 높아지면 구독자는 압박을 받습니다. 따라서 흐름 제어 및 배압 측정 서비스가 지원돼야 합니다.

혼잡

네트워크가 포화되면 혼잡이 일어날 수 있습니다. 저지연 애플리케이션에서는 혼잡이 주 관심사가 되어선 안 됩니다. 에어론은 혼잡 제어 기능을 옵션으로 제공합니다. 따라서 저지연 네트워크에 위치한 유저는 이 기능을 끄고, 다른 트래픽에 민감한 유저는 이 기능을 켜서 사용하면 됩니다. 혼잡 제어는 최적 경로에서 네트워크 용량이 충분한 제품에 영향을 미칠 수 있습니다.

다중화

전체 성능을 떨어뜨리지 않고 단일 채널에서 다중 정보 스트림을 처리할 수 있어야 합니다.

지연 및 애플리케이션 원칙

에어론은 8개 설계 원칙을 따릅니다. 다음은 에어론 위키(*https://github.com/real-logic/aeron/wiki/Design-Principles*)에 정리된 내용입니다.

정상 상태에서 가비지-프리 실현

자바 애플리케이션에서 GC 중단은 지연과 불가측성unpredictability을 일으키는 주원인입니다. 에어론은 GC 중단을 방지하기 위해 정상 상태를 보장하도록 설계되어 있기 때문에 이와 동일한 설계 결정을 따르는 애플리케이션에 에어론을 포함시킬 수 있습니다.

메시지 경로에 스마트 배칭 적용

스마트 배칭Smart Batching은 수신 메시지가 폭주하는 상황을 감안하여 설계된 알고리즘입니다. 메시징 시스템에서 하루종일 메시지가 일정한 비율로 수신되리라 기대하는 건 옳지 않겠죠. 실제로, 업무 이벤트에 따라 메시지 수신이 한꺼번에 몰리는 경우가 더 일반적입니다. 메시지 처리 도중 다른 메시지가 들어오면 용량이 허락하는 한도 내에서 같은 네트워크 패킷 안에 집어넣을 수 있습니다. 에어론은 적절한 자료 구조를 이용해 생산자가 공유 리소스에 쓰는 걸 지연시키지 않고도 이렇게 배칭을 수행합니다.

메시지 경로의 락-프리 알고리즘

락킹은 스레드를 블로킹하는 경합을 일으키며, 파킹이나 락에서 깨어나는 과정도 애플리케이션을 느려지게 만듭니다. 따라서 락을 없애면 느려질 일도 없습니다. 락과 락-프리 기법은 12장에서 자세히 살펴봤습니다.

메시지 경로의 논블로킹 I/O

블로킹 I/O는 스레드를 블로킹하며 깨우는 비용도 무시할 수 없습니다. 논블로킹 I/O로 수행하면 그럴 일이 없겠죠.

메시지 경로의 비예외 케이스

애플리케이션은 대부분의 시간을 소수 특이 케이스edge-case가 아닌, 기본 시나리오를 처리하는 데에 소비합니다. 물론, 특이 케이스도 잘 처리해야 하겠지만, 기본 시나리오의 실행 속도를 제물로 삼아서는 안 될 일입니다.

단일 출력기 원칙을 적용

14.3.1절(큐)에서 `ManyToOneConcurrentArrayQueue`와 함께 설명했듯이, 다중 출력기는 큐 액세스를 고도로 정교하게 제어/조정하는 작업이 수반됩니다. 단일 출력기를 쓰면 이 과정이 정말 단순해질뿐만 아니라 쓰기 경합도 줄어듭니다. 에어론 발행 객체는 스레드-안전하며 다중 출력기를 지원합니다. 그러나 구독자 객체는 구독하려는 스레드마다 하나씩 필요하므로 스레드-안전하지 않습니다.

공유 안 하는 상태가 더 좋다

단일 출력기는 큐의 경합 문제를 해결하지만, 가변 데이터를 공유해야 하는 문제를 유발합니다. 프라이빗 또는 로컬 상태를 유지하는 건 모든 소프트웨어 설계 계층에서 매우 바람직한 일이고 데이터 모델이 엄청나게 단순해집니다.

쓸데없이 데이터를 복사하지 말라

앞서 말했듯이 데이터 복사 비용은 그리 비싸지 않지만, 자바, C++ 모두 캐시 라인 무효화 및 다른 데이터 방출 가능성은 언제라도 문제가 될 수 있습니다. 복사를 가급적 줄이면 우발적인 메모리 변경을 방지하는 데 도움이 됩니다.

내부 작동 원리

기존 프로토콜은 대부분 효율적인 메시지 처리 시스템을 구축하기 위해 스킵 리스트skip list[191] 같은 복잡한 자료 구조를 동원합니다. 복잡도는 주로 포인터 간접화 탓에 가중되는데, 결국 시스템의 지연 양상을 더욱 예측하기 힘들게 만듭니다.

> 에어론은 기본적으로 복제된 영구 로그 메시지를 생성합니다.
>
> – 마틴 톰슨

에어론은 최대한 깔끔하고 단순한 방식으로 자료 구조에 메시지 시퀀스를 생성합니다. 별로 좋은 선택같지 않지만 에어론은 파일 개념을 폭넓게 활용합니다. 파일은 서로 연관된 프로세스끼

---

191 역자주_ 메모리를 더 사용해서 O(log n) 시간에 원소를 검색/삽입/삭제할 수 있는 정렬된 자료 구조(*https://en.wikipedia.org/wiki/Skip_list* 참고).

리 공유 가능한 매개체입니다. 리눅스의 메모리 맵 파일 아키텍처 덕분에 모든 파일 호출은 실제 물리적인 파일을 쓰는 게 아니라 메모리로 전달됩니다.

> **NOTE_** 에어론은 기본적으로 **tmpfs**(파일처럼 마운팅된 휘발성 메모리)에 매핑합니다. 당연히 성능은 디스크 메모리 맵 파일보다 월등히 낫지요.

테일 포인터는 최종 메시지가 쓰인 지점을 찾아가는 용도로 쓰입니다. [그림 14-5]는 현재 파일에 헤더를 지닌 단일 메시지를 쓰는 장면입니다.

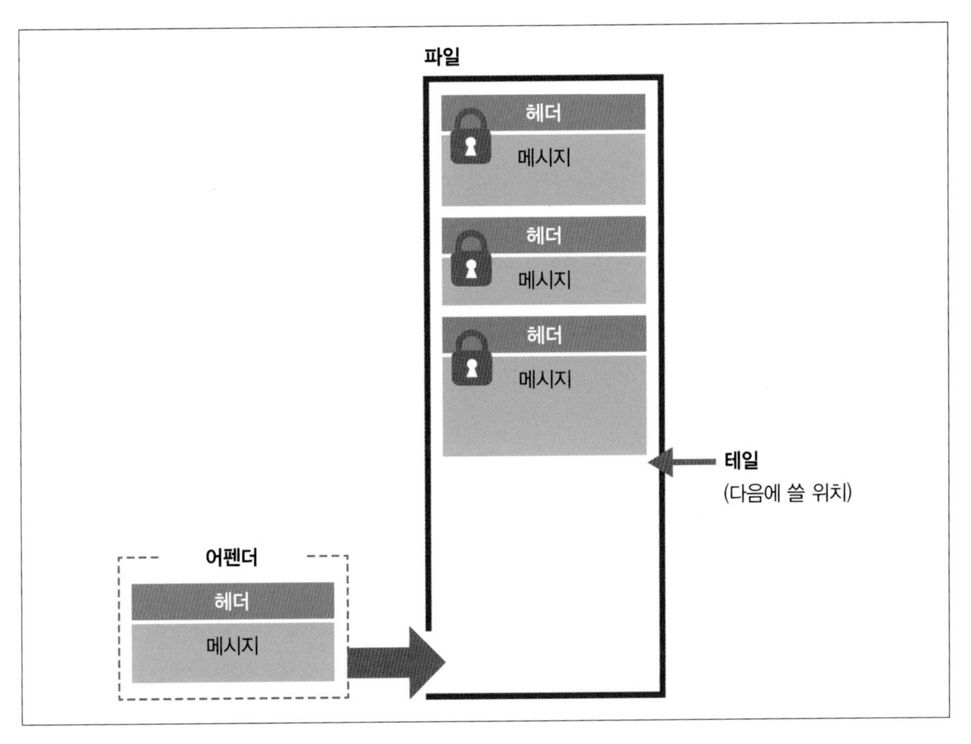

그림 14-5 파일에 메시지 쓰기

이때 이벤트를 시퀀싱하는 과정이 아주 흥미롭습니다. 테일 포인터는 파일 내부에 메시지 공간을 예약합니다. 테일 증분 작업은 아토믹하므로 출력기는 자기 영역의 처음과 끝이 어디인지 잘 알고 있습니다.

> **NOTE_** 이처럼 아토믹하게 증분하는 핵심 패치 업데이트critical patch update(CPU) 인트린직은 자바 8 일부로 추가됐습니다.

덕분에 다중 출력기가 락-프리하게 파일을 업데이트할 수 있고 파일 쓰기 프로토콜을 아주 효율적으로 작동시킬 수 있습니다. 메시지는 출력되지만 그 작업이 다 끝났는지는 어떻게 알까요? 헤더는 제일 마지막으로 아토믹하게 파일에 출력되므로 그 존재 여부로 메시지가 완성됐음을 알 수 있습니다.

파일은 쓰면 점점 커지지만 가만 놔두면 변하지 않는 영속적인 개체입니다. 파일에서 그냥 데이터를 읽기만 할 때에는 프로세스가 읽기 전용 모드로 열기 때문에 락은 필요 없습니다. 그냥 파일을 한없이 커지도록 놔둘 수는 없을까요?

그렇게 방치하면 방금 전 살펴봤던 메모리 맵 파일에서 페이지 폴트 같은 별의별 문제가 발생할 겁니다. 이 문제는 파일을 액티브active, 더티dirty, 클린clean 세 파일로 두어 해결합니다. 액티브는 현재 쓰고 있는 파일, 더티는 이전에 쓰인 파일, 클린은 바로 다음에 쓸 파일이죠. 큰 파일 때문에 지연되지 않도록 계속 파일을 순환시킵니다.

어떤 경우에도 메시지는 여러 파일을 넘나들 수 없습니다. 테일이 액티브 파일 끝에서 밀려나면, 삽입 프로세스는 파일의 나머지 부분을 채우고 메시지를 클린 파일에 씁니다. 트랜잭션 로그는 더티 파일에서 꺼내 아카이빙archiving(영구 보관)할 수 있습니다.

누락된 메시지를 처리하는 메커니즘도 진짜 영리해서 앞서 말한 스킵 리스트 등의 자료 구조는 필요 없습니다. 메시지 헤더 자체에 메시지 순서가 있으니까요. 메시지 삽입 시 순서가 안 맞으면 이전 메시지용 공간을 비우기 때문에 유실된 메시지가 들어오면 파일의 정확한 위치에 삽입할 수 있습니다. 이런 식으로 일체의 간극이나 다른 자료 구조 없이 계속 증가하는 메시지 시리즈를 만들 수 있습니다. 점진적으로 데이터를 정렬하면 기계 공감 측면에서 아주 신속하게 작업 가능한 추가 이점도 있습니다.

워터마크watermark는 최종 수신 메시지의 현재 위치입니다. 워터마크 및 테일이 일정 기간 동안 상이하다면 그건 메시지가 누락됐음을 의미합니다. 유실된 메시지는 복구해야 하므로 NAK를 보내 다시 요청하면 됩니다.

이 프로토콜에서 한 가지 흥미로운 부수 효과가 발생합니다. 모든 수신 메시지가 streamId,

sessionId, termId, termOffset에 따라 각 메시지의 바이트를 식별하는 고유한 방식으로 가진다는 사실이죠. 에어론 아카이브Aeron Archive(*https://github.com/real-logic/aeron/wiki/Aeron-Archive*)는 메시징 스트림을 기록/재생하는 용도로 쓰입니다. 이 고유한 표현 방식과 아카이브를 결합하면 역사상 모든 메시지를 유일하게 식별하는 것도 가능합니다.

로그파일은 속도 및 상태를 유지하는 에어론의 핵심 기능으로, 단순하고 우아하게 실행하도록 설계됐습니다. 덕분에 에어론은 잘 만든(그래서 가격도 비싼) 다른 멀티캐스트 제품과 비교해도 경쟁력 있는 제품입니다.

14.4 마치며

로깅은 모든 제품급 애플리케이션에서 필수불가결한 요소입니다. 어떤 종류의 로거를 사용할지에 따라 전체 애플리케이션 성능이 상당한 영향을 받을 수 있습니다. 로깅은 (단지 로그 문을 실행하는 것뿐만 아니라) 애플리케이션을 전체적으로 바라보면서 스레드 사용, 가비지 수집 등의 다른 JVM 서브시스템에 미칠 영향까지 감안하여 설계해야 합니다.

이 장에서는 가장 저수준부터 시작해서 전체 메시징 구현까지, 몇 가지 간단한 저지연 라이브러리를 예로 들었습니다. 저지연 시스템에서는 가장 저수준의 큐부터 고수준의 소프트웨어 스택에 이르기까지 그 목표와 원리가 일관되게 적용돼야 합니다. 저지연, 고처리율 시스템은 정교한 제어 등 여러모로 신경 써야 할 부분이 많은데, 필자가 언급한 오픈 소스 프로젝트는 수많은 사람들의 장구한 경험으로 빚어진 작품입니다. 저지연 시스템을 새로 구축할 때, 오픈 소스 프로젝트를 이용하면 개발 시간이 (몇 주까지는 아니더라도) 며칠은 절약될 겁니다. 물론, 최고 수준의 애플리케이션을 지향하는 저수준 설계 원칙을 잘 준수해야 가능한 일이죠.

이 장은 고처리율 애플리케이션을 구축하는 데 자바/JVM을 어느 정도 활용할 수 있는지 질문하는 것으로 시작했습니다. 어떤 언어를 쓰더라도 저지연, 고처리율 애플리케이션을 개발하는 과정은 험하고 힘들지만, 자바는 모든 언어를 통틀어 최고의 툴링과 생산성을 자랑합니다. 하지만 자바/JVM은 한 꺼풀 더 추상화한 언어라서 관리를 잘 해야 하고 문제를 우회해야 할 때도 있습니다. 하드웨어, JVM 성능, 그리고 훨씬 더 저수준의 관심사도 반드시 고려해야 합니다.

이와 같은 저수준의 관심사는 평소 자바 개발 중에는 좀처럼 잘 드러나지 않습니다. 이 장에서 소개한 할당-프리한 최신 로깅 라이브러리와 자료 구조, 메시징 프로토콜은 오픈 소스 커뮤니티에서 복잡도가 해결된 결과물이므로 별다른 진입 장벽 없이 자유롭게 활용할 수 있습니다.

CHAPTER 15

자바 9와 미래

이 책을 집필 중인 현재, 자바 9가 한창 개발 중입니다.[192] 새 릴리즈는 자바/JVM 애플리케이션 엔지니어가 눈여겨볼 만한 신기능을 여럿 선보이고 상당한 성능 개선이 이루어질 전망입니다.

이 장의 전반부는 성능 엔지니어가 자바 9 플랫폼에 대해서 꼭 알고 있어야 하는 신규/변경 사항을 살펴봅니다.

사실, 대부분 개발자들에게 자바 9는 '모듈과 그 나머지'입니다. 자바 8이 람다와 그 결과물(스트림, 디폴트 메서드, 함수형 프로그래밍 요소)에 중점을 두었다면 자바 9는 거의 모듈에 관한 버전이지요.

모듈은 소프트웨어를 개발/배포하는 완전히 새로운 방식이라서 하나씩 단계적으로 도입하기가 쉽지 않습니다. 모듈은 아키텍처가 잘 갖추어진 애플리케이션을 구축하는 최신 방법론이지만, 개발 프로젝트에 모듈을 적용해서 장기적인 효과를 보려면 다소 시간이 걸릴 수도 있습니다. 모듈이 실제 성능 측면에서 크게 중요한 비중을 차지하는 건 아니기 때문에 필자는 모듈을 초점을 맞추기보다는, 성능과 관련된 작은 변경 사항 위주로 설명하겠습니다.

---

192 **역자주_** 이 책을 옮기는 현재, 자바 SE 최신 버전은 11.0.1(LTS)입니다. 이미 11 버전이 나온 마당에 원서에서는 9 이후를 전망하고 있으니 시기에 맞지 않아 마지막 장은 읽을 가치가 없을 것처럼 보이지만, 오라클의 기업 전략(Open JDK + Oracle JDK 이원화 등)과 6개월 단위 릴리즈 계획 등으로 업데이트되는 버전 수치만 커졌을 뿐 사실 자바 9 이후로 일반 개발자에게 유의미한 큰 변화는 사실 거의 없습니다. 또 아직 국내에 자바 9를 이용한 모듈화 프로그래밍이 폭넓게 응용된다고 할 수는 없고(외려 하위 호환성 문제로 논란이 가중되는 측면도 있습니다) 2020년 12월까지는 자바 8 업데이트를 계속 내려받을 수 있으므로, 제 개인적으로는 여러분이 자바 8 버전까지 마스터한 개발자로서 (비록 11 버전까지 자바가 출시된 시점이긴 하나) 저자의 전망을 들어보는 것도 큰 도움이 되리라 생각합니다.

NOTE_ 자바 9 모듈에 관심 있는 독자는 『Java 9 Modularity』(O'Reilly, 2017)[193] (*http://shop.oreilly.com/product/0636920049494.do*) 등의 관련 도서를 참고하세요.

마지막 장은 주로 앞으로를 이야기합니다. 자바 플랫폼 생태계에는 JVM 애플리케이션의 성능 체계를 근본적으로 재형성할 이니셔티브initiative(중요한 변화를 가져올 계기가 될 만한 계획이나 동인)가 많습니다. 이에 관한 프로젝트는 어떤 것들이 있는지, 또 자바 성능 전문가는 어떤 부분에 관심을 가져야 하는지 살펴보면서 이 책을 마무리하고자 합니다.

15.1 자바 9에서 소소하게 개선된 성능

다음은 성능 측면에서 자바 9부터 개선된 사항입니다. 아주 소소한 것도 있지만, 애플리케이션에 따라서는 아주 중요한 개선 사항도 있습니다.

- 코드 캐시 세그먼트화
- 콤팩트 스트링
- 새로운 스트링 연결
- C2 컴파일러 개선
- G1 새 버전

15.1.1 코드 캐시 세그먼트화

먼저, 자바 9부터 코드 캐시 성능을 개선코자 다음 항목별 영역으로 분리했습니다(*http://openjdk.java.net/jeps/197*).

- 인터프리터 등의 논메서드 코드[194]
- 프로파일드 코드
- 논프로파일드 코드

193 역자주_ 국내에는 출간된 역서는 『자바 9 모듈화』(터닝포인트, 2018)

194 역자주_ 컴파일러 버퍼, 바이트코드 인터프리터 등 JVM 내부에 구현된, 논메서드(non-method) 코드. 이런 코드는 코드 캐시에 계속 남아 있습니다.

덕분에 (논메서드 영역은 스위핑할 필요가 없으므로) 스위퍼 가동 시간이 짧아지고 풀 최적화 코드에 대한 코드 지역성code locality이 향상됩니다. 다른 영역은 공간이 남아도는데 특정 영역이 꽉 채워질 수 있는 단점은 있습니다.

15.1.2 콤팩트 스트링

자바에서 스트링 콘텐츠는 항상 char[] 타입으로 저장됩니다. char는 16비트 타입이라서 ASCII 스트링을 저장하면 실제로 필요한 공간의 2배 정도를 더 차지합니다. 자바 플랫폼에서 유니코드를 단순하게 처리하려면 어쩔 수 없는 오버헤드로 취급했죠.

자바 9 이후는 **콤팩트 스트링**compact string 덕분에 스트링 단위로 최적화할 수 있습니다. 이제 Latin-1 캐릭터로 표기 가능한 스트링은 byte 배열로 나타낼 수 있으므로(각 바이트가 Latin-1 캐릭터에 정확히 대응되므로) 기존 char 배열로 나타낼 때 0으로 채워졌던 바이트 개수만큼 절약할 수 있습니다. 자바 9 String 클래스의 소스 코드는 다음과 같이 변경됐습니다.

```
private final byte[] value;

/**
 * The identiFier of the encoding used to encode the bytes in
 * {@code value}. The supported values in this implementation are
 *
 * LATIN1
 * UTF16
 *
 * @implNote This Field is trusted by the VM, and is a subject to
 * constant folding if String instance is constant. Overwriting this
 * Field after construction will cause problems.
 */
private final byte coder;

static final byte LATIN1 = 0;
static final byte UTF16  = 1;
```

자바 9부터는 value 필드 타입이 이전 버전과 달리 char[]가 아니라 byte[]입니다.

NOTE_ 콤팩트 스트링 기능은 -XX:-CompactStrings, -XX:+CompactStrings(디폴트) 스위치로 각각 끄고 켤 수 있습니다.

Latin-1(또는 ASCII) 스트링 데이터가 가득한 대용량 힙을 지닌 애플리케이션(예: 일래스틱서치ElasticSearch[195], 캐시, 기타 관련 컴포넌트)에서는 상당한 성능 효과를 기대할 수 있습니다. 이런 애플리케이션은 콤팩트 스트링 하나만으로도 자바 9로 런타임을 업그레이드할 명분이 확실합니다.

15.1.3 새로운 스트링 연결

다음 자바 코드를 봅시다.

```
public class Concat {
    public static void main(String[] args) {
        String s = "("+ args[0] + " : "+ args[1] +")";
        System.out.println(s);
    }
}
```

자바 5 이래로 개발자들은 이런 코드보다 StringBuilder 타입을 반환하는 메서드를 더 많이 써왔습니다. 그런데 다음에서 보다시피 바이트코드가 너무 많이 생성됩니다.

```
public static void main(java.lang.String[]);
  Code:
     0: new           #2      // class java/lang/StringBuilder
     3: dup
     4: invokespecial #3      // Method java/lang/StringBuilder."<init>":()V
     7: ldc           #4      // String (
     9: invokevirtual #5      // Method java/lang/StringBuilder.append:
                              // (Ljava/lang/String;)Ljava/lang/StringBuilder;
    12: aload_0
    13: iconst_0
    14: aaload
```

195 역자주_ 루씬(Lucene) 기반의 검색 엔진. HTTP 웹 인터페이스와 스키마에서 자유로운 JSON 문서와 함께 분산 멀티테넌트 지원 전문 검색 엔진을 제공합니다. (출처: 위키백과)

```
15: invokevirtual #5        // Method java/lang/StringBuilder.append:
                            // (Ljava/lang/String;)Ljava/lang/StringBuilder;
18: ldc           #6        // String  :
20: invokevirtual #5        // Method java/lang/StringBuilder.append:
                            // (Ljava/lang/String;)Ljava/lang/StringBuilder;
23: aload_0
24: iconst_1
25: aaload
26: invokevirtual #5        // Method java/lang/StringBuilder.append:
                            // (Ljava/lang/String;)Ljava/lang/StringBuilder;
29: ldc           #7        // String )
31: invokevirtual #5        // Method java/lang/StringBuilder.append:
                            // (Ljava/lang/String;)Ljava/lang/StringBuilder;
34: invokevirtual #8        // Method java/lang/StringBuilder.toString:
                            // ()Ljava/lang/String;
37: astore_1
38: getstatic     #9        // Field java/lang/System.out:
                            // Ljava/io/PrintStream;
41: aload_1
42: invokevirtual #10       // Method java/io/PrintStream.println:
                            // (Ljava/lang/String;)V
45: return
```

하지만 자바 9부터는 바이트코드가 사뭇 다릅니다.

```
public static void main(java.lang.String[]);
  Code:
     0: aload_0
     1: iconst_0
     2: aaload
     3: aload_0
     4: iconst_1
     5: aaload
     6: invokedynamic #2,  0  // InvokeDynamic #0:makeConcatWithConstants:
                              // (Ljava/lang/String;Ljava/lang/String;)
                              // Ljava/lang/String;
    11: astore_1
    12: getstatic     #3      // Field java/lang/System.out:
                              // Ljava/io/PrintStream;
    15: aload_1
    16: invokevirtual #4      // Method java/io/PrintStream.println:
                              // (Ljava/lang/String;)V
    19: return
```

9.1.1절에서 배웠던 invokedynamic을 활용한 것입니다. javap -verbose 명령으로 살펴보면 상수 풀에 bootstrap 메서드가 보입니다.

```
0: #17 REF_invokeStatic java/lang/invoke/StringConcatFactory.
   makeConcatWithConstants:(Ljava/lang/invoke/MethodHandles$Lookup;Ljava/
   lang/String;Ljava/lang/invoke/MethodType;Ljava/lang/String;
   [Ljava/lang/Object;)Ljava/lang/invoke/CallSite;
```

StringConcatFactory.makeConcatWithConstants()라는 팩토리 메서드로 스트링 연결 레시피를 제공합니다. 이 기법을 응용하면 새로운 커스텀 메서드용 바이트코드 작성 등 다양한 전략을 구사할 수 있습니다. 우직하게 스트링을 조합해서 SQL 문을 실행하는 대신 PreparedStatement를 쓰는 것과 마찬가지죠.

이렇게 바꾼다고 전체 성능이 급격히 달라지는 애플리케이션은 드물겠지만, 앞으로 자바 플랫폼이 invokedynamic을 더 폭넓게 응용하는 방향으로 진화할 거라는 점은 확실해 보입니다.

15.1.4 C2 컴파일러 개선

C2 컴파일러는 이제 많이 성숙했고 앞으로 현재 구조에서 눈에 띄는 개선은 없을 거라는 의견이 지배적입니다(트위터 같은 IT 회사와 클리프 클릭Cliff Click[196] 같은 전문가도 그렇게 생각합니다). 필요에 따라 어떤 식으로 개선을 하더라도 그 한계는 명백할 것입니다. 하지만, 현대 CPU에 선보인 **SIMD**single instruction multiple data 확장 기능을 응용하면 앞으로도 성능 개선을 기대할 수 있습니다.

다른 프로그래밍 환경에 비해 자바/JVM은 플랫폼 특성 덕분에 SIMD를 더 효과적으로 활용하기 좋은 조건을 갖고 있습니다.

- 바이트코드는 플랫폼과 무관하다.
- JVM은 시동 시 CPU를 탐색하므로 자신이 어떤 능력을 지닌 하드웨어에서 실행되고 있는지 런타임에 파악할 수 있다.
- JIT 컴파일은 코드를 동적 생성하기 때문에 사용 가능한 모든 명령을 호스트에서 사용할 수 있다.

196 **역자주_** JIT 컴파일러를 비롯한 JVM 여러 부문의 핵심 설계/개발을 담당했던 자바계의 구루(guru).

10.7절에서도 언급했듯이 이러한 개선은 VM 인트린직으로 구현할 수 있습니다.

> 핫스팟 VM이 애너테이션을 붙인 메서드를 수동 작성된 어셈블리 그리고/또는 컴파일러 IR로 치환하면 해당 메서드는 인트린직이 됩니다. 성능 향상을 위해 컴파일러 인트린직으로 만드는 것입니다.
>
> – @HotSpotIntrinsicCandidate 자바 문서

핫스팟은 이미 다음과 같은 x86 SIMD 명령어를 지원합니다.

- 자바 코드의 자동 벡터화automatic vectorization
- 순차 코드에서 SIMD 코드를 얻기 위해 C2에서 슈퍼워드superword 최적화
- 배열 복사/적재/비교 등의 JVM SIMD 인트린직

자바 9 버전은 SIMD의 장점 및 그와 연관된 프로세서 특성을 더 잘 활용하고자 기존 인트린직을 개선하거나 새로운 인트린직을 탑재했습니다. 릴리즈 노트에는 개선된 인트린직을 추가해 다음과 같은 이슈를 조치했다고 씌어 있습니다.

- 마스킹된 벡터 포스트 루프
- 슈퍼워드 루프 펼치기 분석
- 멀티버저닝으로 범위 체크 제거
- 배정도 제곱근 벡터화 지원
- 병렬 스트림의 벡터화 개선
- 슈퍼워드를 개선하여 인텔 AVX CPU상에서 벡터 조건부 이동(CMovVD) 지원

일반적으로 인트린직은 범용 기술이 아닌, 특정 해결책point fix이라고 봐야 합니다. 가볍고, 강력하고, 유연하지만 여러 아키텍처를 고루 지원해야 하므로 개발/유지보수 비용이 많이 들 가능성이 큽니다. SIMD은 유용한 기술이지만, 성능 엔지니어에게는 확실히 수확 체감diminishing return[197]을 안겨주는 접근 방법입니다.

---

197 역자주_ 수확 체감의 법칙은 원래 경제학 용어인데, 여기서는 성능을 개선하려는 목표를 성취하기 위한 단위 비용은 더 들어간다는, 즉 투자한 비용 대비 성능 개선 정도는 낮다는 뜻입니다.

15.1.5 G1 새 버전

7.4절에서도 말했듯이, G1은 중단 시간을 쉽게 튜닝하고 더 효과적으로 제어하는 특성을 지닌, 여러 가지 문제를 한꺼번에 해결하고자 설계된 수집기입니다. 결국 자바 9부터는 디폴트 가비지 수집기가 되었는데요, 이 때문에 어떤 수집기를 명시하지 않은 채 자바 8에서 9로 플랫폼을 이전하면 수집기 알고리즘이 달라져서 애플리케이션에 영향을 줄 수 있습니다. 게다가 자바 9 G1과 자바 8 G1은 버전도 다릅니다.

오라클은 자사 벤치마크 결과, 새로 나온 G1이 자바 8에 탑재된 구 버전보다 성능이 월등히 낫다고 밝혔습니다. 하지만 아직 이를 뒷받침할 만한 공식 연구/조사 결과는 없고, 현재로선 커뮤니티에서 오가는 말들이 유일한 증거입니다.

수집기 알고리즘이 변경됐다고 나쁜 영향을 받을 애플리케이션은 많지 않겠지만, 자바 9로 이전한 애플리케이션은 (자바 8에서 디폴트 수집기나 G1을 사용했다면) 별다른 문제는 없는지 성능 테스트를 꼼꼼히 해야 합니다.

15.2 자바 10과 그 이후 버전

이 글을 쓰는 현재, 자바 9가 막 릴리즈됐습니다. 앞으로 모든 개발 역량은 차기 버전인 자바 10에 집중될 것 같군요. 이 절에서는 지금까지 알려진 자바 10 릴리즈 모델을 살펴보면서 실제로 어떤 기능이 실리게 될지 미리 알아보겠습니다.

15.2.1 새로운 릴리즈 절차

오라클은 자바 9 릴리즈를 불과 며칠 앞둔 시점에, 자바 10부터 적용되는 완전히 새로운 릴리즈 모델을 발표했습니다. 역사적으로 자바는 특성 위주로 새 버전이 나왔습니다. 특정 릴리즈를 목표로 주요 변경 사항을 구현했고, 새로운 특성이 준비될 때까지 릴리즈를 미루는 경우도 있었죠. 자바 9 릴리즈도 그래서 상당히 지연됐고 이전 버전인 자바 8도 영향을 받았습니다.

특성 위주의 릴리즈 주기는 전체 자바 플랫폼 개발 속도와도 깊은 연관이 있습니다. 릴리즈를 개발 후 풀 테스트까지 시간이 오래 걸리는 탓에 소소한 특성이 주요 특성에 가려 빛을 보지 못하는 일이 많았습니다. 그래서 개발이 끝날 때까지 릴리즈가 미뤄지고 소스 코드 저장소는 꽤 오랫동안 (준)잠금 상태locked-down로 방치되기 일쑤였죠.

자바 10부터는 정확한 시기에 릴리즈되는 모델로 개편됐습니다. 이제 앞으로는 자바 새 버전이 6개월마다 한번씩 릴리즈됩니다. 이른바 **특성 릴리즈**feature release라고 하여, 기존 모델의 메이저major 릴리즈와 같은 개념입니다.

NOTE_ 차기 버전부터는 주요 특성도 이따끔 탑재되겠지만, 지금까지의 메이저 릴리즈만큼 많은 부분이 바뀌거나 신기능이 대거 수록되지는 않을 것입니다.

또 오라클은 일부 특성 릴리즈에 대해서 **장기 지원**long-term support(LTS)를 제공합니다. LTS는 오라클 상용 JDK 릴리즈만 대상이며, 여타 릴리즈는 (지금까지 오픈 소스 자바 빌드에 적용됐던 것과 동일한) GPLGNU Public License 2.0 with Classpath Exception 라이선스 하에 OpenJDK 바이너리로 배포될 예정입니다. 다른 벤더도 자사 바이너리 지원 서비스를 제공하거나, 필요하다면 LTS 아닌 다른 릴리즈를 지원할 수도 있습니다.

15.2.2 자바 10

JVM의 새로운 특성 및 개선 사항은 **자바 개선 프로세스**java enhancement process(JEP, *http://openjdk.java.net/jeps/1*)를 통해 관리하며, JDK 개선 제안서JDK enhancement proposal(JEP)마다 관리 번호를 하나씩 매깁니다. 다음은 자바 10의 주요 특성의 일부로서, 이들이 전부 성능과 연관되어 있거나 개발자가 직접 피부로 느낄 수 있는 건 아닙니다.[198]

- 286: 지역 변수 타입 추론
- 296: JDK 포레스트를 단일 리파지터리로 통합
- 304: 가비지 수집기 인터페이스
- 307: G1에서 풀 병렬 GC 구현
- 310: 애플리케이션 클래스 데이터 공유
- 312: 스레드 로컬 핸드쉐이크

198 역자주_ 자바 10은 2018년 3월 20일 공식 릴리즈(GA)됐습니다. 이 절에 소개한 내용을 포함해 총 12개 JEP가 특성에 반영됐습니다(*https://openjdk.java.net/projects/jdk/10/* 참고).

JEP 286이 구현되면 다음과 같이 지역 변수를 선언할 때 반복되는 코드를 줄여 쓸 수 있습니다.

```
var list = new ArrayList<String>();  // ArrayList<String> 추론
var stream = list.stream();          // Stream<String> 추론
```

이 구문은 for 루프의 초기자, 지역 변수에만 쓸 수 있게 제한될 것입니다. 사실 순전히 소스 코드 컴파일러에 구현될 로직이라서 바이트코드, 성능과는 전혀 무관하지만, 이에 관한 토론과 사람들의 반응을 들어보면, **와들러[199]의 법칙**Wadler's Law으로 잘 알려진 언어 설계의 중요한 단면을 관찰할 수 있습니다.

> 의미semantics → 구문syntax → 어휘 구문lexical syntax → 주석comment, 이렇게 하위 스케일로 내려갈수록 언어 특성을 둘러싼 감정적인 논쟁이 더욱 격해진다.

JEP 296은 완전히 내부적인 문제이고, JEP 304는 서로 다른 가비지 수집기의 코드를 더 분리해서 동일한 JDK 빌드에서 가비지 수집기 인터페이스를 깔끔하게 하자는 아이디어입니다. 둘 다 성능과는 무관합니다.

나머지 3개 특성은 미미하게나마 성능에 영향을 줄 수 있습니다. JEP 307은 앞서 언급하지 않았던 G1 가비지 수집기의 (어쩔 수 없이 풀 GC로 돌아가더라도 갑자기 성능이 뚝 떨어질 수 있는 고질적인) 문제점을 해결합니다. 자바 9 G1에 구현된 풀 GC는 싱글 스레드인(즉, 순차적인) 마크-스위프-컴팩트 알고리즘을 사용합니다. JEP 307는 이 알고리즘을 병렬화해서 G1에서 (드물게나마) 풀 GC가 발생할 경우, 같은 개수의 스레드를 그대로 동시 수집에 사용하자는 발상입니다.

JEP 310은 자바 5에서 도입된 **클래스 데이터 공유**class-data sharing(CDS) 특성을 확장시키는 제안입니다. JVM이 일습의 클래스를 기록해서 공유 아카이브 파일 하나로 처리하자는 겁니다. 그런 다음 이 파일을 메모리에 매핑하면 다음에 실행할 때 시작 시간을 아낄 수 있겠죠. 여러 JVM이 공유할 수도 있으니 같은 호스트에서 멀티 JVM를 실행하는 환경은 전체 메모리 사용량이 줄어듭니다.

---

199 필립 와들러(Philip Wadler)는 저명한 함수형 프로그래머이자 컴퓨터 과학자입니다.

자바 9에서 CDS는 부트스트랩 클래스로더에 한하여 아카이빙된 클래스를 로드할 수 있는 제약이 따릅니다. JEP 310의 취지는 애플리케이션, 커스텀 클래스로더도 아카이브 파일을 활용할 수 있게 확장하자는 겁니다. 사실 이 기능은 지금도 오라클 JDK에 구현되어 있지만 아쉽게도 OpenJDK에서는 쓸 수 없습니다. 결국, 오라클의 프라이빗 소스 코드를 공개 저장소로 옮기자는 움직임이나 마찬가지입니다.

끝으로, JEP 312는 전역 VM 세이브포인트를 수행하지 않고 애플리케이션 스레드에 콜백을 실행할 수 있게 해서 VM 성능을 개선하는 토대를 제공하자는 겁니다. JVM이 스레드 전체가 아니라, 개별 스레드 단위로 멈출 수 있게 하자는 생각이죠. 이 기능이 구현되면 다음과 같은 일도 가능합니다.

- 스택 트레이스 샘플을 획득하는 영향도를 낮출 수 있습니다.
- 신호 의존도가 줄어들어 스택 트레이스 샘플링을 더 잘할 수 있습니다.
- 바이어스를 취소할 때 개별 스레드만 중단시킬 수 있어서 바이어스 락킹 작업이 향상됩니다.
- JVM에서 일부 메모리 배리어를 제거합니다.

자바 10에서 주요한 성능 개선 포인트는 많지 않지만, 어쨌든 더 자주, 점진적으로 자바를 릴리즈하는 신규 개편 체제를 시작하는 첫 버전이라는 점에서 의미가 있습니다.

15.3 자바 9 Unsafe 그 너머

아직도 논란의 대상인 `sun.misc.Unsafe` 클래스와 그 후유증을 빼고서 자바의 미래를 논할 순 없겠죠. 12.3절에서도 설명했지만 `Unsafe`는 표준 API는 아니지만 자바 8부터 사실상 표준이 됐습니다.

라이브러리 개발자 입장에서 `Unsafe`에는 다양한 안전 기능이 버무려져 있습니다. CAS 하드웨어에 액세스하는 메서드는 기본적으로 완전히 안전하지만 비표준입니다. 다른 메서드는 전혀 안전하지 않은 데다 포인터 연산과 동등한 코드가 들어 있습니다. 그러나 이처럼 '전혀 안전하지 않은' 기능을 다른 방법으로는 얻을 수 없기 때문에 오라클은 이런 기능을 **핵심 내부 API** critical internal API라고 부릅니다(관련 JEP는 *http://openjdk.java.net/jeps/260* 참고).

문제는 sun.misc.Unsafe와 관련 클래스에 구현된 기능을 대체할 마땅한 기술이 없다면 주요 프레임워크와 라이브러리는 더 이상 제대로 작동하지 않을 거란 사실입니다. 결국, 다양한 프레임워크를 응용한 모든 애플리케이션에 간접적으로 영향을 미치게 될 텐데, 사실 요즘 환경에서는 자바 생태계에 존재하는 거의 모든 애플리케이션이 그 대상이 될 것입니다.

자바 9에는 --illegal-access라는 스위치가 추가돼서 이 API에 대한 런타임 액세스를 조정할 수 있습니다. 핵심 내부 API는 차기 버전에서 뾰족한 대안을 만들어 교체하려고 했지만, 자바 9 출시 전에는 이 작업을 미처 다 끝내지 못했습니다. 그 결과, 다음 클래스는 그대로 유지됐습니다.

- sun.misc.{Signal,SignalHandler}
- sun.misc.Unsafe
- sun.reflect.Reflection::getCallerClass(int)
- sun.reflect.ReflectionFactory
- com.sun.nio.file.{ExtendedCopyOption,ExtendedOpenOption, ExtendedWatchEventModifier,SensitivityWatchEventModifier}

자바 9에서 이들 API는 jdk.unsupported라는 JDK에 종속된 모듈에 다음과 같이 정의되어 있습니다.

```
module jdk.unsupported {
    exports sun.misc;
    exports sun.reflect;
    exports com.sun.nio.File;

    opens sun.misc;
    opens sun.reflect;
}
```

오라클의 임시 (마지못해 꺼내든) 지원책에도 불구하고 자바 9로 갈아타기가 곤란한 프레임워크/라이브러리가 아직도 많습니다. 더욱이 핵심 내부 API를 임시 지원하는 정책도 언제 철회할지 공식적으로 발표된 적이 없습니다.[200]

---

200 역자주_ 자바 11부터 sun.misc.Unsafe의 defineClass 메서드가 삭제되고 자바 9부터 추가된 java.lang.invoke.MethodHandles.Lookup.defineClass로 대체됐습니다.

그래도 이들 API의 대안을 마련하는 과정에서 분명히 성과는 있었습니다. 예를 들어, `getCallerClass()` 메서드는 JEP 259(*http://openjdk.java.net/jeps/259*)에서 발의된 스택-워킹stack-walking API[201]에서 사용할 수 있게 됐습니다. 그밖에 `Unsafe` 기능을 대체하려는 또 다른 아주 중요한 API가 있는데, 바로 다음 절에서 설명할 VarHandle입니다.

15.3.1 자바 9의 VarHandle

메서드 핸들(11장)은 실행 가능한 메서드의 레퍼런스를 직접 조작할 수 있게 해주지만, 게터/세터 액세스만 지원하고 필드까지 100% 완벽하게 지원하는 건 아닙니다. 자바 플랫폼은 단순한 유스케이스를 뛰어넘는 데이터 액세스 모드를 제공하므로 이 정도로는 불충분하죠.

자바 9부터 메서드 핸들은 JEP 193 **가변 핸들**variable handle까지 포괄하도록 확장됐습니다. 이 제안서의 의도는 `Unsafe`에 있는 API 일부를 안전하게 대체하여 간극을 메우자는 겁니다. 그중에는 CAS 기능도 있고 volatile 필드 및 배열에 액세스하는 대체 코드도 있겠죠. 또 다른 목적은, JDK 9에서 JMM 업데이트 중 하나로 가능해진 메모리 순서 모드memory order mode[202]로 저수준 액세스를 하는 것입니다.

`Unsafe`를 어떻게 대체하는지 간단한 예제를 보겠습니다.

```
public class AtomicIntegerWithVarHandles extends Number {

    private volatile int value = 0;
    private static final VarHandle V;

    static {
        try {
            MethodHandles.Lookup l = MethodHandles.lookup();
            V = l.FindVarHandle(AtomicIntegerWithVarHandles.class, "value",
                int.class);
        } catch (ReflectiveOperationException e) {
            throw new Error(e);
```

---

201 역자주_ 스택 트레이스(stack trace) 정보를 쉽게 필터링하고 지연 접근(lazy access)을 할 수 있게 지원하는 표준 API. 덕분에 주어진 기준에 부합하는 스택 프레임에서 멈출 수 있기 때문에 워킹(walking)이 단축되고, 전체 스택을 탐색하는 롱 워킹(long walking)도 지원합니다.

202 역자주_ 상세한 내용은 자바 동시성 유틸리티를 개발한 더그 리(Doug Lea)의 글을 읽어보세요. *http://gee.cs.oswego.edu/dl/html/j9mm.html*

```
        }
    }

    public final int getAndSet(int newValue) {
        int v;
        do {
            v = (int)V.getVolatile(this);
        } while (!V.compareAndSet(this, v, newValue));

        return v;
    }
    // 생략
```

사실, 이 코드는 12.3절에 보았던 아토믹 정수 예제와 동일합니다. `Unsafe`를 `VarHandle`로 어떻게 대체할 수 있는지 잘 보여주고 있습니다.

이 책을 쓰는 현재, 아직 `AtomicInteger` 클래스는 (순환 의존성cyclic dependency[203] 탓에) `VarHandle` 메커니즘을 사용하는 거로 바뀌지 않았고 `Unsafe`를 그대로 사용합니다.[204] 하지만 오라클은 가급적 빠른 시기에 모든 라이브러리/프레임워크가 새로 지원하는 메커니즘으로 갈아탈 것을 강력히 권고합니다.

15.4 발할라 프로젝트와 값 타입

발할라 프로젝트(*https://wiki.openjdk.java.net/display/valhalla/Main*)의 사명 선언문mission statement에는 이 프로젝트가 '고급 자바 VM 및 언어의 특성 후보feature candidate를 탐구/배양하는 장'이라고 합니다. 이 프로젝트의 주요 목표는 다음과 같습니다.

- JVM 메모리 레이아웃을 최신 하드웨어의 비용 모델에 맞게 조정한다.
- 제네릭스generics가 기본형, 값, 심지어 `void`까지 포함하도록 모든 타입에 추상화한다.
- 기존 라이브러리, 특히 JDK가 이러한 특성을 최대한 활용하는 방향으로 호환성을 유지하며 진화하도록 한다.

203 역자주_ 둘 이상의 모듈이 서로의 기능을 직/간접적으로 의존해서 작동하는 관계.

204 역자주_ 자바 10 이후 `AtomicInteger` 클래스는 `VarHandle`을 사용합니다.

사명 선언문을 읽어보면, JVM에서 **값 타입**의 사용 가능성을 모색하는 것이 이 프로젝트에서 가장 역점을 둔 연구 분야라는 사실을 알 수 있습니다.

9 버전 이전까지 자바에서 값 타입은 기본형, 참조형 두 가지뿐입니다. 개발자가 저수준 메모리 레이아웃을 직접 손대지 않게 하려고 자바 환경을 그렇게 만든 거죠. 자바는 구조체가 따로 없고 모든 복합 자료형은 오직 레퍼런스를 통해서만 액세스할 수 있습니다.

그 의미가 무엇인지 배열의 메모리 레이아웃을 예로 들어봅시다. [그림 15-1]은 기본형 `int` 타입 배열입니다. 원소들은 객체가 아니어서 인접한 메모리 위치에 나란히 배열됩니다.

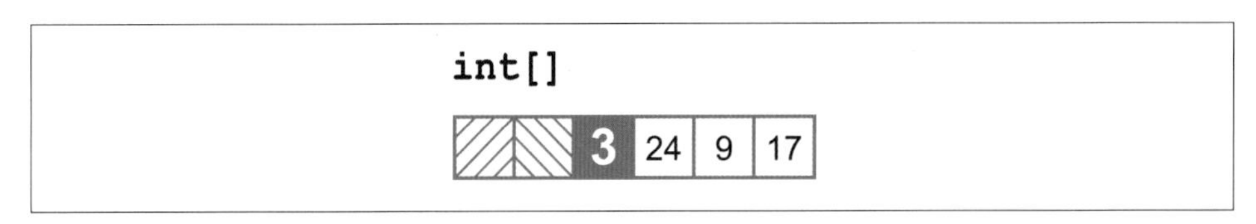

그림 15-1 int 배열

반면, 박싱된 Integer는 객체라서 레퍼런스로 참조하며, 당연히 Integer 객체 배열은 레퍼런스의 배열입니다(그림 15-2).

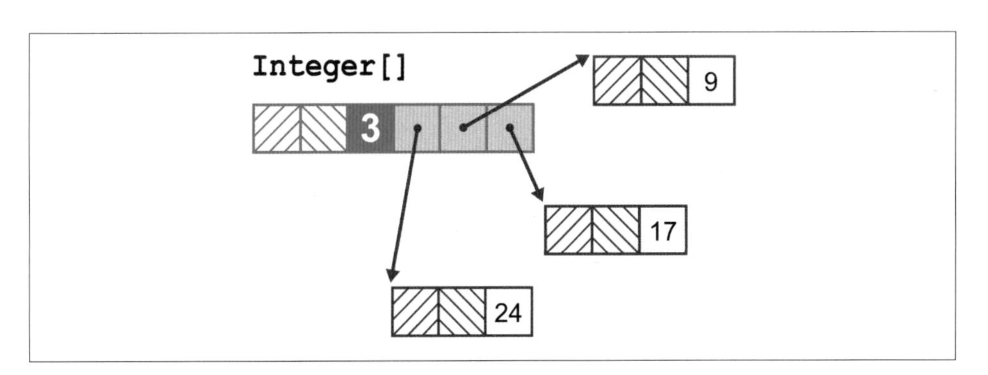

그림 15-2 `Integer` 배열

자바 플랫폼은 20년 넘게 이러한 메모리 레이아웃 패턴을 토대로 삼았습니다. 단순하다는 게 장점이지만, 객체 배열을 처리하려면 간접화는 불가피하며 캐시 미스도 수반되므로 성능 감소는 감수해야 합니다.

그래서 성능을 중시하는 프로그래머들은 메모리를 더 효과적으로 배치할 수 있는 타입을 직접 정의하고 싶어 했습니다. 이게 가능하면 복합 데이터 원소마다 풀 객체 헤더가 필요한 오버헤드도 줄일 수 있겠죠.

예를 들면, 3차원 공간의 한 점을 나타내는 다음 Point3D 클래스는 공간 좌표 3개로만 구성됩니다. 자바 9 버전까지는 세 필드를 지닌 객체 타입으로 표현할 수밖에 없습니다.

```
public final class Point3D {
    private final double x;
    private final double y;
    private final double z;

    public Point3D(double a, double b, double c) {
        x = a;
        y = b;
        c = z;
    }

    // 게터 및 다른 판박이 코드는 생략
}
```

[그림 15-3]은 Point3D 배열의 메모리 레이아웃입니다.

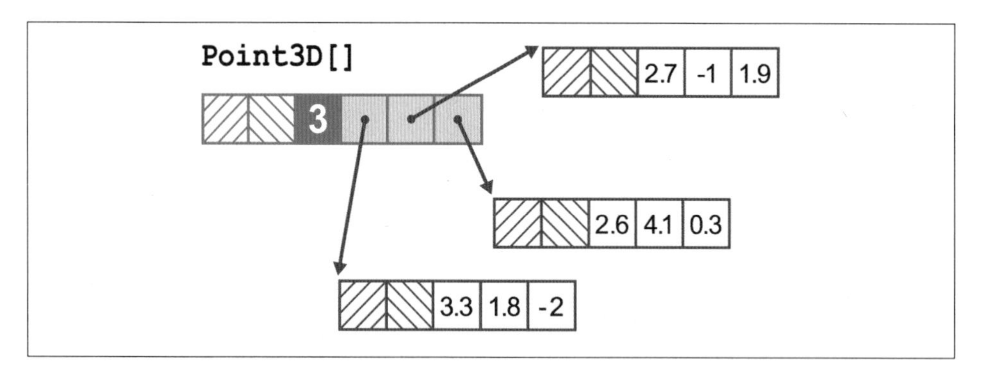

그림 15-3 Point3D 배열

이 배열을 처리할 때 각 원소의 좌푯값을 가져오려면 쓸데없이 추가적인 우회 경로를 거쳐야 합니다. 원소마다 캐시 미스가 일어날 가능성이 있으니 사실 하나도 좋을 게 없지요.

또 여기서 Point3D 타입의 객체 정체성은 아무 의미가 없습니다. 세 필드값이 모두 동등할 경우에만 두 객체가 동등하다고 볼 수 있죠. 자바 세계에서 값 타입이란 대략 이런 것입니다.

이 개념을 JVM에서 구현할 수 있으면 공간 좌표 같은 단순 타입 객체를 메모리에 [그림 15-4]처럼 배치할 수 있기 때문에 훨씬 효율적일 것입니다(사실상 구조체나 다름없는 배열이죠).

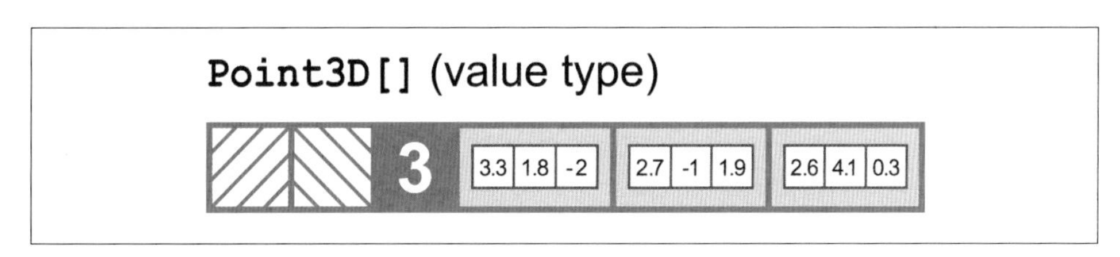

그림 15-4 '유사 구조체(struct-like)' Point3D 배열

이뿐만 아니라, 내장 기본형과 비슷하게 동작하는 사용자 정의 타입 등 다른 가능성도 모색할 수 있습니다.

하지만 이 분야에는 개념상 쉽지 않은 난관이 도사리고 있습니다. 자바 5부터 제네릭 타입이 등장하면서 결정된 설계 방향도 그중 하나입니다. 자바는 최상위 타입이 따로 없기 때문에 `Object`와 `int` 모두의 슈퍼타입은 존재하지 않습니다. 즉, 자바의 타입은 하나의 조상에서 분화된 체계가 아닙니다.

이런 이유로, 자바 제네릭스는 (Object 서브타입인) 참조형에만 적용됩니다. 가령, `List<int>`처럼 일관된 의미를 부여할 방법이 마땅치 않습니다. 자바는 **타입 소거**type erasure[205]를 이용해 참조형에 하위 호환성이 보장되는 제네릭 타입을 구현했지만, 최상위 타입의 부재와 그로 인한 기본형 컬렉션의 부재라는 문제를 이 불쾌하기 짝이 없는 메커니즘으로 해결할 수 있는 것도 아닙니다.

자바 플랫폼에 값 타입을 도입할 수 있다면, 그다음 질문은 '값 타입을 타입 매개변수 값으로 사용할 수 있느냐?'로 자연스레 넘어갑니다. 사용할 수 없다면 이렇게 공들여 확장한들 쓸모없을 공산이 큽니다. 따라서 값 타입은 반드시 제네릭스를 개선한 형태에서 타입 매개변수 값으로 유효하다는 전제하에 설계해야 합니다.

---

205 **역자주_** 예를 들어, 자바에서 `List<Bar> someBarList = readSomeList(id);`처럼 작성해도 컴파일 시점에서 `List someBarList = readSomeList(id);`로 바뀝니다. 즉, 자바 제네릭은 런타임에 타입 체크가 불가능한 중요한 한계가 있습니다.

이 책을 쓰는 현재, JVM 클래스 및 인터페이스 타입을 세 가지 형태로 두는 설계 방안(`http://cr.openjdk.java.net/~dlsmith/values-notes.html`)이 거론 중입니다.

- 참조형reference type(R): 정체성을 지니거나 null인 클래스 인스턴스를 가리키는 레퍼런스이다.
- 값 타입value type(Q): 정체성 없는 **값 클래스**의 인스턴스
- 만능 타입universal type(U): R, Q 둘 다 가능한 타입

그럼, 이런 의문이 들겠죠. '기존 클래스 파일에 있는 타입 정보는 어떻게 인식하나요?' 즉, 기존 (자바 9 클래스 파일에서 현재 타입을 가리키는) L 타입은 실제로 R 타입인지, U 타입인지, 이도 저도 아니면 그냥 우리가 한번도 본 적 없는 Q 타입인지 분간할 수 있을까요?

호환성 문제도 그렇고 Q 타입까지 포괄하도록 제네릭스를 확장시키려면, 아무래도 L 타입은 R 타입보다는 U 타입이라고 봐야 할 것입니다.

아직 초기 모형화 단계라 고민해야 할 설계 이슈가 많습니다(예: VM 수준에서 값 타입에 가변폭variable-width 값이 필요할지 등등).

자바 9에서 모든 타입은 VM 수준에서 고정폭fixed-width 값입니다. 기본형은 1, 2, 4, 8바이트 중 하나고, 객체 레퍼런스는 포인터(라서 폭이 1 워드)입니다. 따라서 레퍼런스는 하드웨어 아키텍처에 따라 32비트, 64비트 둘 중 하나입니다.

그럼, 값 타입을 추가하면 바이트코드 역시 가변폭 타입을 수용해야 할까요? 과연 그만한 명령어를 추가할 공간이 남아 있을까요? 지금은 딱 두 옵코드만 추가하면 될 듯싶습니다.

- vdefault: 값 클래스의 디폴트 Q 타입 인스턴스를 생성한다.
- withfield: 입력한 타입의 값을 새로 생성한다. 값이 아니거나 `null` 입력일 경우 예외를 던진다.

일부 바이트코드는 신생 Q 타입을 처리할 수 있게 맞춰야 하겠죠. VM 수준을 넘어 코어 라이브러리까지 탈바꿈시키려면 정말 광범위한 작업이 필요합니다.

> 발할라는 성능 문제를 고민하며 시작됐지만, 이 프로젝트는 성능을 포기하지 않고도 추상화, 캡슐화, 보안, 표현성, 유지 보수성을 개선하는 더 나은 방안을 추구합니다.
>
> – 브라이언 괴츠

릴리즈 스케줄이 바뀐 관계로 값 타입이 어느 자바 버전에서 공식 데뷔할지는 확실치 않습니다. 필자 생각에 2019년 중에 나올 것 같지만, 오라클이 공식 확인한 일정은 아닙니다.

15.5 그랄과 트러플

핫스팟에 내장된 C2 컴파일러는 매우 큰 성공을 거두었습니다. 하지만, 최근 수년간 수확 체감 현상이 두드러졌고 이렇다 할 컴파일러의 개선 사항도 반영된 적이 없습니다. 네, 사실상 C2는 거의 수명이 다 됐고 이제 교체할 시기가 됐습니다.

새로운 대체품을 찾는 연구 프로젝트는 현재 **그랄**Graal(특수한 JIT 컴파일러)과 **트러플**Truffle(JVM 런타임에 호스팅된 언어에 대한 인터프리터 생성기)위주로 진행되고 있습니다.

C2 컴파일러는 C ++로 작성되어 있어서 자칫 심각한 문제를 일으킬 소지가 있습니다. 여러분도 알다시피 C++는 개발자가 수동으로 직접 메모리를 관리하는, 안전하지 않은 언어라서 언제라도 C2 코드가 VM을 멎게 할 위험성이 있죠. 또 C2 코드를 수차례 고치는 과정을 거듭하며 관리/확장이 아주 힘들어졌습니다.

이런 부분을 개선하고자 그랄은 전혀 다른 방식으로 접근합니다. JVM용 JIT 컴파일러를 자바 언어로 개발하는 겁니다. JEP 243에서 발의돼 플랫폼에 추가된 JVMCIJVM Compiler Interface(JVM 컴파일러 인터페이스)는 JVM과 그랄이 소통하는 인터페이스입니다. 덕분에 자바 에이전트를 JVM에 장착하는 것과 비슷하게 자바 인터페이스를 JVM에 JIT 컴파일러로 탈착할 수 있습니다.

이 프로젝트의 사상은, JIT 컴파일러는 JVM 바이트코드를 받아 기계어를 생성하기만 하면 된다는 것입니다. 컴파일러는 저수준에서 `byte[]`(바이트코드)를 또 다른 `byte[]`(기계어)로 전환하는 프로그램인데, 이걸 자바로 구현하지 말라는 법은 없지요.

이렇게 자바를 자바로Java-in-Java 접근하는 방식은 단순함, 메모리 보안 등 여러 면에서 좋습니다. 또 극소수의 사람들만 이해하는 난해한 C++ 기술을 컴파일러 개발자가 몰라도 IDE, 디버거 등의 표준 자바 툴 세트를 이용할 수 있는 장점이 있습니다.

그 덕분에 C2가 아닌 그랄로 (10.5.3절에서 언급한) 부분 탈출 분석 등의 새로운 최적화 기법을 구현할 수 있게 됐습니다. 또 개발자가 커스텀 인트린직(즉, 커스텀 하드웨어) 또는 최적화 패스optimization pass 개발 등 자신의 애플리케이션에 맞게 그랄의 일부를 수정할 수 있는 유연성도 또 다른 장점입니다.

트러플은 JVM에 기반한 언어 전용 인터프리터를 개발하는 프레임워크로, 입력 언어에 대한 고성능 JIT 컴파일러를 인터프리터에서 자동 생성하는 라이브러리입니다. 그랄과 찰떡궁합으로 작동하도록 설계됐죠. 이는 **후타무라 사상**futamura projection 등의 **부분 특수화**partial specialization라는 컴퓨터 과학 학문에서 비롯된 기술로, 최근 (그중 일부 아이디어는 이미 수년 전부터 파이썬 파이파이Python PyPy 구현에 사용돼 왔지만) 실시간 시스템real-time system에서 점점 더 많이 응용되고 있습니다.

제이루비, 제이썬, 내시혼 등 JVM 기반으로 움직이는 기존 언어 구현체는 런타임에 바이트코드를 생성하는데, 트러플은 이런 방식의 대안입니다. 지금까지 성능 측정 자료로 보건대, 트러플과 그랄을 함께 사용하면 그 전보다 성능이 대폭 향상될 것입니다.

이 모든 작업이 **메트로폴리스 프로젝트**Project Metropolis라는 새로운 프로젝트의 일부로 진행 중입니다. 핫스팟 JIT 컴파일러와 인터프리터부터 시작해 VM의 더 많은 부분을 자바로 다시 작성하려는 움직임이지요.

메트로폴리스/그랄 기술은 자바 9에 탑재됐지만 아직은 시험 버전 수준입니다. 새 JIT 컴파일러를 사용하려면 다음 스위치를 사용하세요.

```
-XX:+UnlockExperimentalVMOptions -XX:+EnableJVMCI -XX:+UseJVMCICompiler
```

자바 9에서 그랄을 AOT 컴파일러 모드로 사용하면 C/C++처럼 자바가 직접 기계어로 컴파일됩니다. 자바 9에 있는 `jatoc`는 그랄을 이용해서 단계별 컴파일로 넘어가기 전까지의 시작 시간을 단축시키는 툴입니다. 지금은 특정 플랫폼(리눅스/ELF)에서 `java.base` 모듈만 지원하지만, 그 범위는 다음 릴리즈부터 점점 확대될 예정입니다.

다음과 같이 `jaotc` 툴을 사용하면 자바 클래스 파일에서 바이너리를 얻을 수 있습니다.

```
jaotc --output libHelloWorld.so HelloWorld.class
jaotc --output libjava.base.so --module java.base
```

끝으로, **서브스트레이트VM**SubstrateVM은, 지금까지 둘러본 기능을 더욱 확장시켜 아예 자바 애플리케이션과 JVM을 통째로 컴파일하여 정적으로 링크된 하나의 네이티브 실행 코드를 생성하려는 연구 프로젝트입니다. JVM을 설치할 필요 없이 수 킬로바이트에 불과할 만큼 작은 네이티브 바이너리를 수 밀리초만에 시동할 수 있는 환경을 구축하자는 거죠.

15.6 바이트코드의 향후 발전 방향

지금까지 VM에서 가장 큰 변화는 `invokedynamic` 명령어의 등장입니다. `invokedynamic`는 JVM 바이트코드 작성 방법을 다시 생각하게 만든 도화선 역할을 했습니다. 앞으로는 이 옵코드에 적용된 기술을 확장하여 플랫폼을 더욱 유연하게 만들려는 시도가 줄을 이을 것입니다.

가령, 9.1절에서 배운 `ldc`와 `const`의 차이점을 떠올려보면, 언뜻 보기보다 더 많은 의미가 내재돼 있습니다. 단순한 코드 조각 하나를 봅시다.

```
public static final String HELLO = "Hello World";
public static final double PI = 3.142;

public void showConstsAndLdc() {
    Object o = null;
    int i = -1;
    i = 0;
    i = 1;
    o = HELLO;
    double d = 0.0;
    d = PI;
}
```

컴파일하면 다음 바이트코드가 죽 나열되겠죠.

```
public void showConstsAndLdc();
   Code:
      0: aconst_null
      1: astore_1
      2: iconst_m1
      3: istore_2
      4: iconst_0
```

```
    5: istore_2
    6: iconst_1
    7: istore_2
    8: ldc           #3                 // String Hello World
   10: astore_1
   11: dconst_0
   12: dstore_3
   13: ldc2_w        #4                 // double 3.142d
   16: dstore_3
   17: return
```

상수 풀에도 일부 추가 항목이 있습니다.

```
   #3 = String             #29          // Hello World
   #4 = Double             3.142d
...
  #29 = Utf8               Hello World
```

기본 패턴은 이렇습니다. '진짜 상수'는 `const` 명령어로 표시하되, 상수 풀에서 로드하는 동작은 ldc 명령어로 나타냅니다.

`const`는 기본형 `0`, `1`, `null`처럼 몇 개 안 되는 상수들이고, `ldc`는 어떤 불변값도 상수로 받습니다. 최근 자바 버전은 상수 풀에 넣을 수 있는 상수 타입 가짓수가 크게 늘었습니다.

다음 자바 7(또는 이상) 코드도 11.7절에서 알아보았던 메서드 핸들을 활용하는 사례입니다.

```
public MethodHandle getToStringMH() throws NoSuchMethodException,
    IllegalAccessException {
    MethodType mt = MethodType.methodType(String.class);
    MethodHandles.Lookup lk = MethodHandles.lookup();
    MethodHandle mh = lk.FindVirtual(getClass(), "toString", mt);

    return mh;
}

public void callMH() {
    try {
        MethodHandle mh = getToStringMH();
        Object o = mh.invoke(this, null);
        System.out.println(o);
    } catch (Throwable e) {
```

```
            e.printStackTrace();
        }
    }
```

메서드 핸들이 상수 풀에 어떤 영향을 미치는지, 방금 전 ldc 및 const 예제에 다음 단순 메서드를 하나 추가합시다.

```
public void mh() throws Exception {
    MethodType mt = MethodType.methodType(void.class);
    MethodHandle mh = MethodHandles.lookup().FindVirtual
        (BytecodePatterns.class, "mh", mt);
}
```

생성된 바이트코드는 다음과 같습니다.

```
public void mh() throws java.lang.Exception;
  Code:
     0: getstatic     #6   // Field java/lang/Void.TYPE:Ljava/lang/Class;
     3: invokestatic  #7   // Method java/lang/invoke/MethodType.methodType:
                           // (Ljava/lang/Class;)Ljava/lang/invoke/MethodType;
     6: astore_1
     7: invokestatic  #8   // Method java/lang/invoke/MethodHandles.lookup:
                           // ()Ljava/lang/invoke/MethodHandles$Lookup;
    10: ldc           #2   // class optjava/bc/BytecodePatterns
    12: ldc           #9   // String mh
    14: aload_1
    15: invokevirtual #10  // Method java/lang/invoke/MethodHandles$Lookup.
                           // FindVirtual:(Ljava/lang/Class;Ljava/lang/
                           // String;Ljava/lang/invoke/MethodType;)Ljava/
                           // lang/invoke/MethodHandle;
    18: astore_2
    19: return
}
```

위 코드에는 BytecodePatterns.class 리터럴을 처리하는 ldc 명령어와 (java.lang.Void 타입에 손님으로 반드시 포함돼야 하는) void.class 객체에 관한 해결책이 들어 있습니다.

그뿐만 아니라, 메서드 핸들을 이용하면 상수 풀에도 아주 큰 영향을 미칩니다. 우선, 풀 항목을 잘 보면 새로운 타입이 몇 가지 눈에 띕니다.

```
#58 = MethodHandle  #6:#84  // invokestatic java/lang/invoke/LambdaMetafactory.
                            // metafactory:(Ljava/lang/invoke/MethodHandles
                            // $Lookup;Ljava/lang/String;Ljava/lang/invoke/
                            // MethodType;Ljava/lang/invoke/MethodType;Ljava/
                            // lang/invoke/MethodHandle;Ljava/lang/invoke/
                            // MethodType;)Ljava/lang/invoke/CallSite;
#59 = MethodType    #22     //  ()V
#60 = MethodHandle  #6:#85  // invokestatic optjava/bc/BytecodePatterns.
                            // lambda$lambda$0:()V
```

invokedynamic을 지원하려면 이런 새로운 종류의 상수가 필요합니다. 자바 플랫폼은 7 버전부터 차츰 이 기술의 활용도를 점점 더 넓혀가고 있습니다. 궁극적인 목표는, invokedynamic으로 메서드를 호출하더라도 기존 invokevirtual처럼 JIT 컴파일하기 좋고 성능도 좋게 나올 수 있게 만드는 것입니다.

어쩌면 앞으로 invokedynamic과 비슷한 'constant dynamic' 같은 기능이 추가될 수도 있습니다. 링크 타임에 해석되지 않고 제일 처음 사용할 때 계산되는 상수 풀 항목에 사용하는 거죠.

이 분야는 차기 자바 버전에서 아주 활발하게 논의될 JVM 연구 주제가 될 것입니다.

15.7 동시성의 향후 발전 방향

2장에서도 언급했지만, 자바가 일으킨 가장 큰 혁신 중에는 자동 메모리 관리 기능을 빼놓을 수 없습니다. 사실 요즘도 수동 메모리 관리를 새로운 프로그래밍 언어가 갖추어야 할 긍정적인 요소로 옹호하는 개발자는 거의 없습니다.

동시성을 다루는 자바의 발전 과정에서도 부분적으로 이러한 측면을 엿볼 수 있습니다. 당초 자바 스레딩 모델은 프로그래머가 모든 스레드를 직접 관리하고 가변 상태는 락으로 보호해야 한다는 설계 사상에 근거했습니다. 그래서 코드 어느 한 부분이라도 락킹을 정확히 구현하지 않으면 객체 상태가 무너질 수 있는 구조였지요.

NOTE_ 자바 스레딩의 기본 원리는 이렇게 표현할 수 있습니다. '동기화되지 않은 코드는 객체에 걸린 락의 상태를 바라보거나 락 상태에 상관없이 제멋대로 객체 상태를 액세스하거나 손상시킬 수 있다'

이러한 초기 설계와는 반대로 나중에 등장한 자바 버전은 좀 더 고수준의, 개발자 손이 덜 가고 일반적으로 더 안전하게, 사실상 런타임이 동시성을 관리하는 방향으로 진화했습니다.

최근 발표된 **룸 프로젝트**Project Loom도 그러한 노력의 일환입니다. 룸 프로젝트는 지금까지 동시성을 JVM상에서 지원했던 것과 달리, 더 저수준에서 지원하는 방안을 모색합니다. 코어 자바 스레드의 근본적인 문제점은 모든 스레드가 스택을 달고 다닌다는 사실입니다. 비용도 많이 들고 무한히 확장할 수도 없죠. 가령, 스레드가 10,000개 있으면 수 기가바이트에 달하는 메모리를 오롯이 바쳐야 합니다.

한 발짝 물러나 다른 방법을 궁리할 순 없을까요? OS가 직접 스케줄링할 수 없는 실행 유닛은 오버헤드가 낮고 어쩌면 '거의 죽은' 것이나 다름없죠(즉, 벽시계 시간을 상당 부분 점유할 필요가 없습니다).

이 부분이 다른 (JVM에 기반하거나 그렇지 않은) 언어의 접근 방법, 즉 고루틴goroutine[206], 파이버fiber[207], 연속체continuation 같은 저수준의 협력 체제와 멋진 조화를 이룹니다. 이런 추상화 장치들은 반드시 선점형이 아니라, 협동형 모드로 동작해야 합니다. OS가 바라볼 수 있는 범위 이하에서 작동하며 스케줄 가능한 항목을 자체 구성하지 않기 때문입니다.

이렇게 접근하려면 두 가지 기본 컴포넌트인, 피호출 코드의 표현형(즉, `Runnable` 같은 타입)과 스케줄러 컴포넌트가 필요합니다. 역설적으로 JVM은 7 버전부터 이런 추상화 장치를 스케줄링하는 컴포넌트를 지니고 있었습니다. 아직 다른 파트는 마련되어 있지 않은 상태인데 말이죠.

자바 7부터 등장한 포크/조인 API(12.5.3절 참고)는 실행 가능한 태스크의 재귀 분해recursive decomposition와 (한가한 스레드가 분주한 스레드의 큐에서 작업을 가져오는) 작업 훔쳐오기, 두 가지 개념에 기초합니다. `ForkJoinPool` 실행자가 바로 이 두 개념의 핵심으로, 작업 훔쳐오기 알고리즘 구현을 담당합니다.

재귀 분해가 모든 태스크에 다 유용한 건 아니지만, 작업 훔쳐오기 알고리즘이 가미된 실행자 스레드 풀은 다양한 상황에 적용할 수 있습니다. 가령, 아카 액터 프레임워크도 `ForkJoinPool`를 실행자로 채택했습니다.

206 역자주_ 고(go) 언어에서 고 런타임이 관리하는 가벼운 논리적(가상) 스레드.

207 역자주_ 스레드보다 더 가벼운 개념의 실행 스레드. 일반 스레드가 선점형 멀티태스킹(preemptive multitasking)을 하는 것에 반해, 협동형 멀티태스킹(cooperative multitasking)을 하는 차이점이 있습니다.

아직 룸 프로젝트는 걸음마 단계에 불과하지만, ForkJoinPool 실행자는 경량급 실행 객체용 스케줄링 컴포넌트로 활용될 가능성이 큽니다. 이런 기능을 VM 및 코어 라이브러리와 더불어 표준화하면 굳이 외부 라이브러리를 쓰지 않아도 되겠죠.

15.8 마치며

자바는 초기 버전 탄생 이후, 엄청난 변화를 거듭해왔습니다. 처음부터 고성능 언어로 설계된 건 아니었지만 결국 그런 언어가 되었죠. 자바가 이처럼 새로운 영역으로 가능성을 넓히는 중에도 코어 자바 플랫폼, 커뮤니티, 생태계는 늘 건강하고 활기가 넘쳤습니다.

메트로폴리스, 그랄 같은 대담한 신 계획은 코어 VM을 재구성하고 있습니다. `invokedynamic` 명령어는 핫스팟이 자체 한계의 틈새를 비집고 나와 다음 10년을 향한 새로운 모습으로 탈바꿈할 수 있게 했습니다. 자바는 값 타입을 추가하고 복잡하기 짝이 없는 제네릭스 문제와 다시 씨름하는 등 거침없이 변화할 준비가 됐습니다.

이 장에서 우리는 자바/JVM 성능은 아주 다이내믹한 분야고 아직도 여러 분야에서 진보의 노력들이 진행 중이라는 사실을 알았습니다. 자바/네이티브 코드 상호작용(파나마 프로젝트Project Panama), 오라클 ZGC 등의 새로운 가비지 수집기를 비롯해 지면상 언급하지 못한 프로젝트들도 많습니다.

어쨌든, 성능 엔지니어가 알아야 할 지식은 실로 광범위하므로 이 한 권의 책으로 완벽할 순 없습니다. 그래도 필자는 이 책이 여러분을 자바 성능의 세계로 친절히 안내하고 훌륭한 이정표를 제공한 길잡이가 되었길 바랍니다.

INDEX

주요 용어(국문)

ㅇ

주요 용어(영문)

INDEX

INDEX

주요 용어(기호)